喻海松　著

网络犯罪
二十讲

（第二版）

法律出版社
LAW PRESS·CHINA
北京

图书在版编目(CIP)数据

网络犯罪二十讲 / 喻海松著. -- 2 版. -- 北京：法律出版社，2022
ISBN 978-7-5197-6951-2

Ⅰ. ①网… Ⅱ. ①喻… Ⅲ. ①互联网络－计算机犯罪－研究 Ⅳ. ①D917.7

中国版本图书馆 CIP 数据核字(2022)第 134682 号

网络犯罪二十讲(第二版)
WANGLUO FANZUI ERSHIJIANG (DI-ER BAN)

喻海松 著

责任编辑 慕雪丹 章 雯
装帧设计 汪奇峰

出版发行 法律出版社
编辑统筹 法商出版分社
责任校对 赵明霞
责任印制 胡晓雅
经　　销 新华书店

开本 710 毫米×1000 毫米 1/16
印张 40.5 **字数** 636 千
版本 2022 年 10 月第 2 版
印次 2022 年 10 月第 1 次印刷
印刷 永清县金鑫印刷有限公司

地址:北京市丰台区莲花池西里 7 号(100073)
网址:www.lawpress.com.cn
投稿邮箱:info@lawpress.com.cn
举报盗版邮箱:jbwq@lawpress.com.cn

销售电话:010-83938349
客服电话:010-83938350
咨询电话:010-63939796

书号:ISBN 978-7-5197-6951-2
定价:168.00 元

凡购买本社图书,如有印装错误,我社负责退换。电话:010-83938349

作者简介

喻海松

男，1980年生，湖南新邵人。法学学士(2003年，西北政法学院)、法学硕士(2005年，中国人民大学法学院)、法学博士(2008年，中国人民大学法学院)。曾在德国马普外国刑法暨国际刑法研究所研修。现从事刑事司法工作，兼任中国刑法学研究会常务理事、副秘书长。独著《刑法的扩张》(人民法院出版社2015年版)、《文物犯罪理论与实务》(法律出版社2016年版)、《环境资源犯罪实务精释》(法律出版社2017年版)、《侵犯公民个人信息罪司法解释理解与适用》(中国法制出版社2018年版)、《网络犯罪二十讲》(法律出版社2018年版)、《刑事诉讼法修改与司法适用疑难解析》(北京大学出版社2021年版)；编著《实务刑法评注》(北京大学出版社2022年版)；发表论文近七十篇。

凡例

一、法律

1. 1997年3月14日第八届全国人民代表大会第五次会议修订的《中华人民共和国刑法》简称为《刑法》;与1979年《刑法》对照时,简称为1997年《刑法》。
2. 《中华人民共和国刑法修正案(×)》简称为《刑法修正案(×)》。例如:2015年8月29日第十二届全国人民代表大会常务委员会第十六次会议通过的《中华人民共和国刑法修正案(九)》简称为《刑法修正案(九)》。
3. 1996年3月17日第八届全国人民代表大会第四次会议修正的《中华人民共和国刑事诉讼法》简称为1996年《刑事诉讼法》。
4. 2012年3月14日第十一届全国人民代表大会第五次会议修正的《中华人民共和国刑事诉讼法》简称为2012年《刑事诉讼法》。
5. 2018年10月26日第十三届全国人民代表大会常务委员会第六次会议修正的《中华人民共和国刑事诉讼法》简称为《刑事诉讼法》;与2012年《刑事诉讼法》对照时,简称为2018年《刑事诉讼法》。

二、司法解释

1. 《最高人民法院关于执行〈中华人民共和国刑事诉讼法〉若干问题的解释》

（法释〔1998〕23 号）简称为 1998 年《刑事诉讼法解释》。

2.《最高人民法院关于审理非法出版物刑事案件具体应用法律若干问题的解释》（法释〔1998〕30 号）简称为《非法出版物犯罪解释》。

3.《最高人民法院、最高人民检察院关于办理利用互联网、移动通讯终端、声讯台制作、复制、出版、贩卖、传播淫秽电子信息刑事案件具体应用法律若干问题的解释》（法释〔2004〕11 号）简称为《淫秽电子信息犯罪解释（一）》。

4.《最高人民法院关于审理破坏公用电信设施刑事案件具体应用法律若干问题的解释》（法释〔2004〕21 号）简称为《破坏公用电信设施罪解释》。

5.《最高人民法院、最高人民检察院关于办理利用互联网、移动通讯终端、声讯台制作、复制、出版、贩卖、传播淫秽电子信息刑事案件具体应用法律若干问题的解释（二）》（法释〔2010〕3 号）简称为《淫秽电子信息犯罪解释（二）》。

6.《最高人民法院、最高人民检察院关于办理诈骗刑事案件具体应用法律若干问题的解释》（法释〔2011〕7 号）简称为《诈骗罪解释》。

7.《最高人民法院、最高人民检察院关于办理危害计算机信息系统安全刑事案件应用法律若干问题的解释》（法释〔2011〕19 号）简称为《危害计算机信息系统安全犯罪解释》。

8.《最高人民法院关于适用〈中华人民共和国刑事诉讼法〉的解释》（法释〔2012〕21 号）简称为 2012 年《刑事诉讼法解释》。

9.《最高人民法院、最高人民检察院关于办理侵犯公民个人信息刑事案件适用法律若干问题的解释》（法释〔2017〕10 号）简称为《侵犯公民个人信息罪解释》。

10.《最高人民法院、最高人民检察院关于办理扰乱无线电通讯管理秩序等刑事案件适用法律若干问题的解释》（法释〔2017〕11 号）简称为《扰乱无线电通讯管理秩序罪解释》。

11.《最高人民法院、最高人民检察院关于利用网络云盘制作、复制、贩卖、传播淫秽电子信息牟利行为定罪量刑问题的批复》（法释〔2017〕19 号）简称为《网络云盘批复》。

12.《最高人民法院、最高人民检察院关于办理组织考试作弊等刑事案件适用法律若干问题的解释》（法释〔2019〕13 号）简称为《考试作弊犯罪解释》。

13.《最高人民法院、最高人民检察院关于办理非法利用信息网络、帮助信息网络犯罪活动等刑事案件适用法律若干问题的解释》(法释〔2019〕15号)简称为《新型信息网络犯罪解释》。
14.《最高人民法院关于适用〈中华人民共和国刑事诉讼法〉的解释》(法释〔2021〕1号)简称为2021年《刑事诉讼法解释》。

三、规范性文件

1.《最高人民法院、最高人民检察院、公安部关于办理网络赌博犯罪案件适用法律若干问题的意见》(公通字〔2010〕40号)简称为《网络赌博犯罪意见》。
2.《公安部、最高人民法院、最高人民检察院、国家安全部、工业和信息化部、中国人民银行、中国银行业监督管理委员会关于办理流动性团伙性跨区域性犯罪案件有关问题的意见》(公通字〔2011〕14号)简称为《流动性团伙性跨区域性犯罪意见》。
3.《最高人民法院、最高人民检察院、公安部、国家安全部、司法部、全国人大常委会法制工作委员会关于实施刑事诉讼法若干问题的规定》(2012年12月26日)简称为《关于实施刑事诉讼法若干问题的规定》。
4.《最高人民法院、最高人民检察院、公安部关于依法惩处侵害公民个人信息犯罪活动的通知》(公通字〔2013〕12号)简称为《惩处侵害公民个人信息犯罪通知》。
5.《最高人民法院、最高人民检察院、公安部、国家安全部关于依法办理非法生产销售使用“伪基站”设备案件的意见》(公通字〔2014〕13号)简称为《“伪基站”犯罪意见》。
6.《最高人民法院、最高人民检察院、公安部关于办理网络犯罪案件适用刑事诉讼程序若干问题的意见》(公通字〔2014〕10号)简称为2014年《网络犯罪程序意见》。
7.《最高人民法院、最高人民检察院、公安部关于办理刑事案件收集提取和审查判断电子数据若干问题的规定》(法发〔2016〕22号)简称为《刑事电子数据规定》。
8.《最高人民法院、最高人民检察院、公安部关于办理电信网络诈骗等刑事案件适用法律若干问题的意见》(法发〔2016〕32号)简称为《电信网络诈骗犯罪意见(一)》。

9.《最高人民法院、最高人民检察院、公安部关于办理电信网络诈骗等刑事案件适用法律若干问题的意见(二)》(法发〔2021〕22号)简称为《电信网络诈骗犯罪意见(二)》。

10.《最高人民法院刑事审判第三庭、最高人民检察院第四检察厅、公安部刑事侦查局关于"断卡"行动中有关法律适用问题的会议纪要》(2022年3月22日)简称为《断卡会议纪要》。

11.《最高人民法院、最高人民检察院、公安部关于办理信息网络犯罪案件适用刑事诉讼程序若干问题的意见》(法发〔2022〕23号)简称为《网络犯罪程序意见》。

目录

第一章

网络犯罪的刑事对策

第一讲

网络犯罪的态势与刑事对策的调整

一、网络犯罪的蔓延与传统刑事对策的失灵

（一）互联网的发展与网络犯罪的蔓延

作为20世纪最伟大的发明之一，互联网深刻影响了社会运作模式和生产生活方式。信息、物质、能源成为当今社会的三大基础元素，计算机、互联网组成的网络虚拟社会也已形成。全世界互联网网民超过30亿，全球范围内实现了网络互联、信息互通。“同一个世界，同一个网络。”互联网的发展与全球化相互促进，把世界变成了“地球村”。互联网融入社会生活的方方面面，对政治、经济、文化、社会、军事等领域产生了深刻影响，有力推动了人类社会的发展。自1994年接入国际互联网以来，[①]我国充分利用后发优势，实现了信息技术的飞速发展和网络空间日益扩大。据《中国互联网络发展状况统计报告（第50次）》[②]，截至2022年6月，我国网民规模达10.51亿，互联网普及率达74.4%，

① 20世纪80年代中后期，我国科研人员和学者就积极尝试利用互联网。在1992年、1993年国际互联网年会等场合，我国计算机界的专家学者曾多次提出接入国际互联网的要求，并得到国际同行们的理解与支持。1994年4月，在美国华盛顿召开中美科技合作联委会会议期间，我国代表与美国国家科学基金会最终就接入国际互联网达成一致意见。1994年4月20日，北京中关村地区教育与科研示范网接入国际互联网的64K专线开通，实现了与国际互联网的全功能连接，这标志着我国正式接入国际互联网。参见中华人民共和国国务院新闻办公室：《中国互联网状况（2010年6月）》，载《人民日报》2010年6月9日，第14版。

② 自1997年11月起，中国互联网络信息中心（CNNIC）首次发布《中国互联网络发展状况统计报告》，并形成半年一次的报告发布机制。该报告已经成为最权威的互联网发展数据的报告之一。

网民使用手机上网的比例达 99.6%，手机是上网的最主要设备；在网络基础资源方面，我国域名总数达 3380 万个，IPv6 地址数量达 63079 块/32，我国十亿用户接入互联网，形成了全球最为庞大的数字社会，为我国经济社会快速发展提供了强大内生动力，极大地促进了科技、经济、政治、社会、文化的发展。随着网络强国建设整体推进，网络安全保障能力稳步提升，互联网在经济社会发展中的重要作用更加凸显。

早在 1935 年，学者芒福德在其出版的全球技术史名著《技术与文明》中就对人类发出警告，指出无论技术如何发展，它都是人类文化中的一个元素，它所起的作用的好坏取决于社会集团对其利用的好坏，机器本身不提出任何要求，也不保证做什么。[①] 信息技术是一把"双刃剑"，互联网加快了社会发展步伐，同时信息技术的安全隐患和威胁也逐渐显现，特别是利用计算机网络实施的各类犯罪迅速蔓延，社会危害严重。从世界范围来看，1965 年，美国斯坦福研究所的计算机专家在调查与计算机有关的事故和犯罪时，发现一位电子工程师通过篡改程序在存款余额上做了手脚，这起案件是世界上第一起受到追诉的计算机犯罪案件。我国破获的第一起计算机犯罪案件于 1986 年发生在深圳。进入 20 世纪 90 年代，我国计算机犯罪以惊人的速度增长，特别是在互联网普及后，计算机网络犯罪迅速蔓延。当前，除了非法获取计算机信息系统数据、破坏计算机信息系统等网络犯罪不断凸显外，盗窃、诈骗等传统犯罪也日益通过计算机网络实施。除了强奸罪等必须以行为人自身或者他人的人身作为犯罪工具的传统犯罪外，其他犯罪基本都可以通过互联网实施。即使是前述传统犯罪，也日益涉互联网，甚至与互联网交织在一起，如通过互联网雇凶杀人。[②]

---

① 参见朱迅垚：《勒索病毒暴露了网络安全的脆弱性》，载《南方周末》2017 年 5 月 18 日，第 B18 版。

② 例如，作为中国"硅谷"的北京海淀，传统犯罪网络化趋势明显。从海淀区人民法院审理的案件情况来看，较之将网络作为犯罪对象的新型信息网络犯罪，将网络作为实施犯罪行为的中介、场所的更为常见，尤其是网络诈骗、网络传播淫秽物品、网络盗窃、网络销售违禁品等。此类犯罪是传统犯罪网络化的表现，2007 年至 2016 年该院审结此类网络犯罪案件共计 230 件（全部网络犯罪案件为 322 件）。参见《2007 年至 2016 年海淀区人民法院审结网络犯罪案件情况调研报告》，载海淀法院网，最后访问日期：2017 年 11 月 23 日。

当今社会,“技术”变“骗术”的事情层出不穷,网络犯罪已成为一个无法回避的“科技之痛”。据统计,在英、美等国家,网络犯罪已成为第一大犯罪类型。在我国,网络犯罪在犯罪总数中亦占比不小,而且每年还在大量增加。① 从人民法院的数据来看,2016 年至 2018 年,网络犯罪案件已结 4.8 万余件,案件量在全部刑事案件总量中的占比均呈逐年上升趋势,2018 年案件量显著增加,同比升幅为 50.91%。② 从人民检察院的数据来看,检察机关办理网络犯罪案件数量逐年大幅上升,年平均增幅达34%以上。2018 年至2019 年,检察机关共批准逮捕网络犯罪嫌疑人 89167 人,提起公诉 105658 人,较前两年分别上升 78.8% 和 95.1%。③ 对比人民法院的数据可以发现,由于统计口径存在不同,法检两家的数据有一定出入,但两者反映出的网络犯罪蔓延迅速、案件快速增长这一趋势是一致的。网络犯罪不仅严重侵害公民的人身安全和财产安全,而且严重影响社会秩序甚至国家安全,依法有效惩治网络犯罪已经成为当前及未来一段时期的重要任务。特别是随着云计算、大数据、物联网、区块链、人工智能等新技术的快速发展与广泛应用,网络犯罪的风险被聚集放大,防范和惩治的难度也会进一步加大。④

(二)传统刑事对策的成效与不足

犯罪是复杂的社会现象,需要运用多种社会手段进行治理,而刑事手段是

---

① 参见《充分发挥法治对创新的引领规范作用 善用法治方式提高社会治理效能》,载《法制日报》2016 年 10 月 14 日,第 1 版。

② 参见《网络犯罪大数据报告及电信网络诈骗犯罪典型案例新闻发布会》,载最高人民法院官网,http://www.court.gov.cn/zixun-xiangqing-200651.html,最后访问日期:2020 年 3 月 21 日。

③ 参见《最高检发布第十八批指导性案例发布的三件网络犯罪案件均为我国“首例”检察机关办理网络犯罪案件数量逐年大幅上升》,载最高人民检察院官网,http://www.spp.gov.cn/spp/zdgz/202004/t20200409_458325.shtml,最后访问日期:2020 年 4 月 13 日。

④ 2017 年,一款叫作 WannaCry 的病毒在全球范围内快速爆发,被该款病毒攻击的计算机几乎所有文件都被加密锁定,尔后黑客会向用户索要价值 300—600 美元的比特币作为赎金。全球 150 多个国家的网络被攻击。中、英两国受害程度最为严重,英国的 NHS 服务器遭受大规模的网络攻击,至少 40 家医疗机构内网被黑客攻陷。在中国,北京、上海、天津、江苏等多地的出入境、派出所等公安网也疑似遭遇了病毒攻击,众多高校成为重灾区。参见朱迅垚:《勒索病毒暴露了网络安全的脆弱性》,载《南方周末》2017 年 5 月 18 日,第 B18 版。

其中的重要方式。应该说,我国惩治犯罪的刑事对策主要是以传统犯罪为基准设置的,故应对传统犯罪较为有效。经过不懈努力,当前我国社会治安形势持续好转,严重暴力犯罪持续下降,人民群众安全感稳步上升。2017 年,我国每 10 万人中发生命案 0.81 起,是命案发案率最低的国家之一;严重暴力犯罪案件比 2012 年下降 51.8%;人民群众对社会治安满意度从 2012 年的 87.55% 上升到 2017 年的 95.55%。①

然而,与之形成反差的是网络犯罪的态势。近年来,网络犯罪案件的上升趋势日渐显著②,电信网络诈骗、侵犯公民个人信息等新类型犯罪层出不穷。网络犯罪已成为危害社会的一大"毒瘤"。上述局面的形成,究其原因,就是我国仍沿袭传统犯罪的对策应对网络犯罪,没有充分考虑网络犯罪自身的特点,导致刑事对策在一定程度上失灵。从某种意义上讲,网络犯罪是"现代"的,而应对网络犯罪的对策却还是传统的,所形成的局面可能就是"人在天上飞,我在地下追"。

二、网络犯罪的样态特点与刑事对策的及时调整

(一)网络犯罪的样态与特点

计算机网络犯罪有一个发展演变的过程。计算机犯罪(computer crime)是相当长时期内使用最为广泛的概念,这反映出当时此类犯罪主要侵犯单个的计算机,网络化特征尚未显现。随着网络技术的发展,此类犯罪突破时空限制,跨国跨区域实施成为常态,故网络犯罪(cybercrime)的概念在 21 世纪初被提出并广泛运用。

网络犯罪是犯罪在互联网上的新型表现形式,虽然其犯罪本质与传统犯罪相同,但具有迥异于传统犯罪的特点。从不同视角观察网络犯罪,对其特点的概括可能会有不同观点。本书认为,与传统犯罪相比,网络犯罪的如下特点值

---

① 参见徐隽:《2017 年我国每 10 万人中发生命案 0.81 起》,载中青在线,http://news.cyol.com/content/2018-01/24/content_16895536.htm,最后访问日期:2018 年 2 月 2 日。

② 北京海淀区人民法院近十年审理的网络犯罪总体态势增长较快。自 2015 年以来,犯罪数量呈现稳中有升的趋势,2015 年审结案件相较 2014 年增长 68.9%。参见《2007 年至 2016 年海淀区人民法院审结网络犯罪案件情况调研报告》,载海淀法院网,最后访问日期:2017 年 11 月 23 日。

得特别关注：

一是犯罪行为隐蔽，技术性强。网络犯罪将犯罪行为与信息技术结合，是典型的技术型犯罪。例如，黑客犯罪往往需要运用非法侵入计算机信息系统、非法获取计算机信息系统数据、非法控制计算机信息系统等技术手段。又如，网络盗窃、电信网络诈骗，则是传统盗窃、诈骗与技术方法的结合，虽然本质上仍属于诈骗和盗窃的范畴，但其作案技术性特征更加明显；而且，网络犯罪借助互联网实施，彼此不见面、作案易得手，且容易通过加密等措施掩盖犯罪事实、隐蔽身份，使得相关案件的侦破难度进一步加大。

二是突破时空限制，跨地域犯罪突出。由于网络的无地域性，通过互联网实施的犯罪可以突破时空限制，全方位全时段实施，极易在短时间内通过网络组织多地不特定人员共同参与犯罪活动，也极易通过网络针对大量不特定人实施犯罪。因此，跨地域针对或者组织、教唆、帮助不特定多数人实施犯罪的现象日益增多。例如，在网上设立一个 QQ 群，很容易在短时间内纠集成百上千的人员共同实施贩卖毒品等犯罪活动；设立诈骗网站，很容易对成千上万人实施诈骗。

三是犯罪成本低廉，非法获利巨大。过去相当长的一段时期，网络犯罪，特别是涉众型网络犯罪，往往存在"广撒网，积少成多"的获利模式，即面向不特定多数人犯罪，对每名被害人的犯罪所得数额有限，但累计起来的数额相当可观。这一现象在近年来有了较大变化，随着公民个人信息的泄露，通过非法获取的公民个人信息实施精准网络犯罪的情况日益突出，极大地提升了诈骗得逞的可能性，促使犯罪获利数额不断攀升。网络犯罪的非法获利数额，可能会大大冲击我们对传统"犯罪所得"的概念。例如，贵州都匀诈骗案是我国近年来单笔诈骗金额最大的一起电信诈骗案，被骗资金达到 1.17 亿元。[①]

四是犯罪集团化，帮助行为凸显。网络犯罪基本不会是"单打独斗"，通常表现为"协同作案"。从人民法院审理的网络犯罪案件情况来看，平均每件网络犯罪案件涉及 2.73 名被告；超四成网络犯罪案件为两人及以上团伙犯罪，三人

---

① 参见刘子阳：《创新打法最大限度挽回群众损失——访公安部刑侦局局长杨东》，载《法制日报》2016 年 3 月 22 日，第 3 版。

及以上共同犯罪的案件占比逐年提高。[①] 值得进一步关注的是，网络犯罪不仅表现为共同犯罪凸显和共犯人数众多，更为重要的是形成了分工负责、利益共享的利益链条和“流水线”式的作业，行为人从中牟取了巨大利润，也使相关犯罪的“技术门槛”日益降低。例如，在司法实践中，很多实施危害计算机信息系统安全犯罪活动的行为人只有初中文化程度，其往往是通过购买用于破坏计算机信息系统功能、数据的程序、工具或者获取技术帮助进而实施危害计算机信息系统安全犯罪。[②] 从某种意义上说，当今的网络犯罪已经不是“白领犯罪”“高科技犯罪”，其技术门槛日益降低。

五是犯罪群体集中，地域特点明显。从法院的统计数据来看，大部分网络犯罪案件分布于东南沿海，京、沪、津、渝地区法院审结网络犯罪案件合计总量仅占6.81%；福建、浙江、山西等十地利用网络手段实施犯罪的案件占比超过全国平均水平。[③] 电信网络诈骗犯罪更是呈现出明显的地域性职业群体特征，地域性职业电信诈骗犯罪重点地区凸显。

六是行为主体年龄集中，低龄化特征突出。从法院的统计数据来看，四分之三的网络犯罪案件被告人年龄在20周岁至40周岁之间，其中年龄为28周岁

---

① 参见《网络犯罪大数据报告及电信网络诈骗犯罪典型案例新闻发布会》，载最高人民法院官网，http://www.court.gov.cn/zixun-xiangqing-200651.html，最后访问日期：2020年3月21日。

② 不仅危害计算机信息系统安全犯罪如此，就整个网络犯罪而言，低学历人群数量不断增加，犯罪人文化水平逐渐下降。据统计，2015年被起诉的网络犯罪嫌疑人中，大部分是无业人员，17%是农民，农民工也占了4%。在所有网络犯罪嫌疑人中，86%都是高中及以下学历，其中超过一半只有初中文化程度。参见《网络犯罪嫌疑人激增沿海省份占总数的一半以上过半仅初中文化程度》，载南方网，http://it.southcn.com/9/2016-10/18/content_157704586.htm，最后访问日期：2017年11月23日。网络帮助行为的泛滥，使犯罪手段工具化，尤其在新型信息网络犯罪中，犯罪行为借助工具即可实施，对高超的计算机技术依赖性下降。以非法控制计算机信息系统犯罪和扰乱无线电通讯管理秩序犯罪为例，前者常见手段是利用软件植入他人计算机，控制“傀儡机”之后发动DDoS攻击；后者则是利用车载“伪基站”设备发送垃圾信息。参见《应对网络新型犯罪：做足功课拿出对策》，载《人民法院报》2017年3月5日，第3版。

③ 参见《网络犯罪大数据报告及电信网络诈骗犯罪典型案例新闻发布会》，载最高人民法院官网，http://www.court.gov.cn/zixun-xiangqing-200651.html，最后访问日期：2020年3月21日。

的被告人最多。[①]

在此,有必要提及当前受到高度关注的人工智能犯罪的问题。人工智能(artificial intelligence,AI)这一概念,自1956年由计算机学家约翰·麦卡锡(John McCarthy)在达特茅斯会议上首次正式提出,随后在计算机领域内得到了广泛的重视和认可。此次会议上,约翰·麦卡锡将人工智能定义为"就是要让机器的行为看起来就像是人所表现出的智能行为一样",这也是关于"人工智能"较为流行的定义。显而易见,这个定义侧重于强人工智能,即有知觉和有自我意识的机器。但是,当前主流科研集中在弱人工智能(即人造机器所表现出来的智能性)上,而且已经取得了可观成果和广泛应用。未来,关于人工智能、特别是强人工智能的发展或许难以预估;但立足当下,强人工智能的发展尚需时日。正因如此,强人工智能犯罪在未来或许会成为计算机网络犯罪的新型样态;但当下与人工智能技术相结合的犯罪,也就是弱人工智能犯罪,尚未突破网络犯罪的特征属性,仍然是网络犯罪的当代变异发展而已。

例如,浙江绍兴警方曾宣称破获了全国首例人工智能犯罪大案,但该案实际上仍然是一起利用信息网络手段侵犯公民个人信息的案件,并非与网络犯罪完全不同的强人工智能犯罪案件。该案所涉及的犯罪链条主要由数据获取、数据撞库、数据销售、数据犯罪四个环节组成。具体而言,以黄某为首的团伙先非法获取网站后台用户数据后,分类整理后将数据卖给下线;然后以吴某为代表的制作撞库转件团伙,通过软件验证所盗来的账号密码是否匹配。撞库人员将相关数据与"快啊"打码平台对接,进行批量撞库、匹配,将各类账号与密码匹配成功的账户贩卖给网络诈骗团伙。一般而言,登录网站要求各种各样的验证码,此类输入验证码的环节依靠人工手动,传统的打码犯罪亦如此。但在本案中,"快啊"打码平台利用人工智能技术自动识别验证码,识别速度快、准确率高,每秒钟可打码1000条以上,准确率超过98%。[②] 可见,该案所涉及的人工智

---

① 参见《网络犯罪大数据报告及电信网络诈骗犯罪典型案例新闻发布会》,载最高人民法院官网,http://www.court.gov.cn/zixun-xiangqing-200651.html,最后访问日期:2020年3月21日。

② 参见《绍兴警方实行全链条打击　破获全国首例利用AI人工智能犯罪大案》,载法制网,http://www.legaldaily.com.cn/locality/content/2017-09/22/content_7327598.htm,最后访问日期:2020年3月21日。

能技术实际上就是机器智能，即所谓的弱人工智能，仍系利用现代信息技术实施的犯罪，与传统网络犯罪相比尚未表现出明显的代际差异。

（二）网络犯罪刑事对策的及时调整

法治是社会治理的最优模式，刑法是社会治理的重要手段。互联网时代，以云计算、物联网、大数据、人工智能等为代表的信息技术正在改变人们的生活，但同时也带来了新的问题和挑战。网络空间不能成为违法犯罪的温床。适应信息时代网络犯罪的新形势，实现刑法在治理网络犯罪方面的积极作为，有力惩治和防范网络犯罪，促进互联网的健康发展，是深入推进社会治理创新和社会治理现代化的应有之义。

"正如地形发生变化后，只能修改地图一样"①，互联网时代刑事对策的谋划必须置身于互联网生活之中，充分考虑网络犯罪的态势与特点。宽严相济的刑事政策是党和国家在惩罚犯罪、维护社会稳定的长期实践中形成的基本刑事政策。与传统的刑事犯罪比较，网络犯罪具有主体的智能性、行为的隐蔽性、手段的多样性、犯罪的连续性、传播的广泛性、犯罪成本低、后果难以控制和预测等突出特点，而且，随着信息技术的飞速发展，网络犯罪迅速蔓延，不断出现新的形态。针对不断变化的网络犯罪，要在宽严相济刑事政策之下，根据网络犯罪的自身特点及时调整对策，实现与网络犯罪作斗争的对策适当转型。

（三）网络犯罪刑事对策调整之下的立法与司法

刑法是应对犯罪的重要手段，大体涉及刑事实体法和程序法两大类别。世界主要国家的刑法、刑事诉讼法均制定于 20 世纪，大多制定在互联网产生之前，甚至在计算机诞生之前，自然难以考虑到对网络犯罪的有效应对，我国亦是如此。面对与传统犯罪迥异的网络犯罪，以传统犯罪为基准制定的刑事实体法和程序法在适用之中均呈现出一些困难，亟须加以解决。新近以来，我国刑事立法和司法解释、规范性文件的制定修改过程集中体现了在网络犯罪刑事对策

---

① 皮勇：《从计算机犯罪到网络犯罪：互联网对刑法的冲击》，载《信息网络安全》2007 年第 2 期。

调整之下刑事立法和司法应对的不断完善和健全。

1. 网络犯罪的刑事实体立法与司法。为应对日益增长的网络犯罪,世界各国刑法都在不断完善相关规定,以形成打击网络犯罪的高压态势。我国 1997 年《刑法》制定于接入互联网的初始阶段,网络犯罪的猖獗态势尚未显现,当时的刑法自然不可能对网络犯罪有过多考虑。为有效应对网络犯罪,我国刑法通过新增罪名、扩充罪状、降低门槛、增加单位犯罪主体等多种方式,不断扩充网络犯罪的范围。刑法的修改完善,为网络犯罪的有效应对奠定了坚实基础,提供了有效法律依据;各级公检法机关依据刑法规定,依法严惩网络犯罪,切实维护网络安全,为维护国家安全、社会秩序和人民群众合法权益发挥了重要作用。但是,刑法关于网络犯罪的规定相对原则,在查办网络犯罪案件的过程中,各方反映相关定罪量刑标准不易把握,且有一些法律适用问题存在认识分歧,这影响了案件办理。鉴于此,为保障刑法的正确、统一适用,依法严厉惩治、有效防范网络犯罪,最高人民法院、最高人民检察院等部门通过制定发布一系列的司法解释、规范性文件、指导性案例,进一步明确了相关网络犯罪的定罪量刑标准和有关法律适用问题:

一是危害计算机信息系统安全犯罪解释。2011 年 8 月,最高人民法院、最高人民检察院正式对外发布《危害计算机信息系统安全犯罪解释》,自 2011 年 9 月 1 日起施行。

二是新型信息网络犯罪解释。2019 年 10 月,最高人民法院、最高人民检察院正式对外发布《新型信息网络犯罪解释》,自 2019 年 11 月 1 日起施行。

三是涉网犯罪司法解释、规范性文件。利用信息网络技术实施的犯罪形式多样,除了危害计算机信息系统安全犯罪等狭义的网络犯罪以外,更多的是利用互联网实施的涉网犯罪。此类网络犯罪表现形式多样,有的是传统犯罪与信息网络技术结合而成的犯罪形式,如电信网络诈骗、考试作弊网络犯罪等;有的则是在信息技术手段之上滋生的新型犯罪形式,如侵犯公民个人信息网络犯罪、“伪基站”、“黑广播”犯罪等。就数量而言,涉网犯罪在整个网络犯罪中占据绝对多数,有的涉网犯罪甚至替代了传统犯罪形式,如淫秽物品犯罪当前主要表现为淫秽电子信息犯罪。基于此,涉网犯罪也成为近年来网络犯罪司法解释、规范性文件的重要关注点。限于篇幅,这里只能择其要者而列之:

（1）淫秽电子信息犯罪解释。2004 年 9 月，最高人民法院、最高人民检察院联合发布《淫秽电子信息犯罪解释（一）》；2010 年 2 月，最高人民法院、最高人民检察院联合发布《淫秽电子信息犯罪解释（二）》；2017 年 11 月，最高人民法院、最高人民检察院联合发布《网络云盘批复》。

（2）网络赌博犯罪意见。2010 年 8 月，最高人民法院、最高人民检察院、公安部联合发布《网络赌博犯罪意见》。

（3）电信网络诈骗犯罪意见。2016 年 12 月，最高人民法院、最高人民检察院、公安部联合发布《电信网络诈骗犯罪意见（一）》；2021 年 6 月，最高人民法院、最高人民检察院、公安部联合发布《电信网络诈骗犯罪意见（二）》。

（4）侵犯公民个人信息罪解释。随着信息网络的普及，非法获取、出售、提供公民个人信息活动大多依托互联网、移动电子设备，通过即时通讯工具、电子邮件等方式实施，互联网日益成为侵犯公民个人信息犯罪的主要领域。2017 年 5 月，最高人民法院、最高人民检察院联合发布《侵犯公民个人信息罪解释》。

（5）扰乱无线电通讯管理秩序罪解释。2017 年 6 月，最高人民法院、最高人民检察院联合发布《扰乱无线电通讯管理秩序罪解释》。

（6）考试作弊犯罪解释。近年来，考试作弊违法犯罪活动运用无线电等信息技术在考试中作弊的现象日益突出。2019 年 9 月，最高人民法院、最高人民检察院联合发布《考试作弊犯罪解释》。

四是网络犯罪指导性案例。最高人民法院、最高人民检察院发布的指导案例，均有涉及网络犯罪的案例。2018 年 12 月，最高人民法院发布第二十批共 5 件依法严惩网络犯罪指导性案例（指导案例 102—106 号），涵盖破坏计算机信息系统、网上开设赌场等犯罪行为。2017 年 10 月，最高人民检察院发布第十批共 6 件网络犯罪指导性案例（检例第 33—38 号），涉及非法获取计算机信息系统数据、破坏计算机信息系统案以及网络诈骗等犯罪行为。2020 年 4 月，最高人民检察院发布第十八批共 3 件网络犯罪指导性案例（检例第 67—69 号），分别为我国首例从境外将我国台湾籍犯罪嫌疑人押解回大陆进行司法审判的电信网络诈骗案、首例撞库打码案、首例全链条打击黑客跨境攻击案。

2. 网络犯罪的刑事程序立法与司法。刑事实体法的规定必须通过刑事程序才能转化为司法实务。如何通过刑事诉讼程序实现对网络犯罪的有效规制，也是必须关注的问题。我国《刑事诉讼法》制定于1979年，首次修正于1996年，当时的法律并未针对网络犯罪在刑事诉讼程序方面作出专门规定；后来，网络犯罪的跨地域性、技术性、分工合作等特点导致传统刑事诉讼程序相关规定存在很多与网络犯罪不适应的地方，特别是近年来迅速蔓延的移动互联网犯罪带来的跨境作案频发、团伙关系松散等特点进一步加剧了传统刑事程序应对网络犯罪的困境，使得相关网络犯罪案件的办理呈现出侦破难、追诉难的局面。由此可见，传统刑事程序规定直接适用于网络犯罪案件，呈现出众多不适应的地方。

2012年第二次修改《刑事诉讼法》之时，我国网络犯罪已呈现出蔓延迅速、危害严重的趋势，对此在修法时有所考虑。具体而言，2012年《刑事诉讼法》进一步完善了涉及网络犯罪刑事诉讼程序的相关规定，特别是将电子数据增设为新的证据种类。根据2012年《刑事诉讼法》的规定，2012年《刑事诉讼法解释》对包括电子数据审查判断在内的网络犯罪案件适用刑事诉讼程序的问题作出了相应规定。[①] 根据《刑事诉讼法》和2012年《刑事诉讼法解释》的规定，一批涉网络犯罪刑事诉讼程序的司法解释、规范性文件得以发布，如《电信网络诈骗犯罪意见（一）》对电信网络诈骗犯罪的管辖、证据收集与审查判断、涉案财物处理等刑事诉讼程序问题作了专门规定。但是，关于网络犯罪刑事诉讼程序的规定主要集中于两部规范性文件：（1）2014年5月4日，最高人民法院、最高人民检察院、公安部联合发布2014年《网络犯罪程序意见》，根据法律及有关司法解释的规定，结合侦查、起诉、审判实践，对网络犯罪案件的管辖、初查、跨地域取证、电子数据的取证与审查及其他问题作了系统规定。为进一步规范信息网络犯罪案件办理程序，最高人民法院、最高人民检察院、公安部对2014年《网络犯罪程序意见》进行了修订，形成了《网络犯罪程序意见》，自2022年9月1日起施行。（2）2016年9月9日，最高人民法院、最高人民检察院、公安部正式对外发布《刑事电子数据规定》。这是最高人民法院、最高人民检察院、公安部首次

---

① 2018年修改《刑事诉讼法》，主要针对人民检察院侦查职权的调整、刑事缺席审判制度的建立、刑事案件认罪认罚从宽制度的完善和速裁程序的增加以及法律衔接规定的修改等，未涉及网络犯罪程序的有关内容。因此，在网络犯罪刑事诉讼程序方面，2012年《刑事诉讼法》和2018年《刑事诉讼法》的规定没有区别。

就电子数据制定的专门性文件。当下，以《刑事诉讼法》为依据、以《网络犯罪程序意见》和《刑事电子数据规定》为主干的网络犯罪刑事诉讼程序体系已经初步构建形成。

三、网络犯罪刑事对策调整的主要着力点

回顾新近以来我国与网络犯罪作斗争的刑事立法和司法应对的演进历程，可以发现，网络犯罪刑事对策调整的主要着力点集中体现在适度扩张网络犯罪圈的范围、充分发挥网络刑事法的功能、适度前移网络犯罪的刑事防线、有效惩治网络犯罪黑灰产业链、深度融合法律规范与技术规则等五个方面。

（一）适度扩张网络犯罪圈的范围

刑法面临的挑战来自社会变革，源于社会形势的变化。随着信息技术的不断发展，与网络犯罪作斗争必然会面临新情况、新问题，刑法的漏洞必然会不断显现。面对日益增长的网络犯罪，刑法亟须更新，不断完善相关规定，以形成打击网络犯罪的高压态势。刑法立法的基本走向源于社会政治经济发展状况，网络刑法是随着信息社会的兴起和网络犯罪的增长而产生的。1997 年《刑法》制定于我国接入互联网的初始阶段，网络犯罪的猖獗态势尚未显现，当时的刑法不可能对网络犯罪有过多考虑。进入 21 世纪，针对计算机信息系统本身的网络攻击破坏活动日益增多，危害愈发严重。2009 年《刑法修正案（七）》全面系统完善了危害计算机信息系统安全犯罪的刑法规定，实现了网络犯罪的第一次集中扩张。随着技术的发展，传统犯罪日益向互联网迁移，以互联网为手段的新型信息网络犯罪不断凸显，危害日益严重。针对这一情况，2015 年《刑法修正案（九）》突出了对网络犯罪的关注，有八个条文直接针对新型信息网络犯罪进行规定，涉及新增犯罪、扩充罪状、降低门槛、增加单位犯罪主体等多种方式。这些规定对于加大对信息网络保护力度，促进互联网的健康发展，维护广大人民群众的合法权益，具有重要意义。然而，可以预见，网络犯罪还将在相当长的时期内处于高发、频发态势，且规制的难度将逐渐加大。为实现更好地应对，网络刑法的扩张也应是长期、不间断的过程，在今后相当长的时期内，主要的趋势仍然是不断扩充网络犯罪的犯罪圈。

值得关注的是，1997 年《刑法》第 285 条、第 286 条规定的危害计算机信息系统安全犯罪，规制的对象是针对计算机信息系统本身的网络攻击破坏活动，可以称之为“传统信息网络犯罪”；《刑法修正案（九）》增设的《刑法》第 286 条之一和第 287 条之一、之二规定的拒不履行信息网络安全管理义务罪、非法利用信息网络罪、帮助信息网络犯罪活动罪，则是在信息网络日益普及的时代背景下，针对犯罪与信息网络交织的情况，通过强化信息网络安全管理义务、前移信息网络犯罪的刑事防线、惩治信息网络犯罪黑灰产业链而增设的专门罪名，可以称之为“新型信息网络犯罪”。

顺带提及的是，《刑法修正案（九）》关于新型信息犯罪的增设，折射出信息网络时代对罪刑法定原则把握的些许变化，值得关注。作为现代刑法的基石，罪刑法定是世界各国普遍承认的刑法立法和司法的基本原则。我国《刑法》第 3 条明文确立了罪刑法定原则，规定：“法律明文规定为犯罪行为的，依照法律定罪处刑；法律没有明文规定为犯罪行为的，不得定罪处刑。”在信息网络时代，既要坚定捍卫罪刑法定原则，又要力戒机械、形式的理解，防止人为形成刑法规制的漏洞，以实现刑法在有效维护正常社会秩序与保障法的安定性之间的平衡。按照罪刑法定原则的要求，刑法分则条文在构成要件方面应当增强可操作性，尽量使用叙明罪状，使立法实现细密化、明确化。[①] 由于“立法宜粗不宜细”的指导思想，1979 年《刑法》分则的条文设置未能将明确性原则的要求贯彻落实到位。特别是投机倒把罪、流氓罪等犯罪构成要件规定笼统、界限不清、内容庞杂，加之受司法适用随意的影响，备受诟病，甚至被称为“口袋罪”。一段时期以来，刑法理论界和实务界谈“口袋罪”色变，力主刑法分则条文的明确和清晰。然而，正如有论者所指出的：“罪刑法定所强调的明确性要求必然会与现代刑法体系的开放性形成尖锐的矛盾。”[②]特别是在信息网络时代，犯罪形式的变异速度很快，刑法分则条文的滞后已是不争的事实。[③] 在我国当前这样一个社会转

---

① 参见王作富主编：《刑法》（第 6 版），中国人民大学出版社 2016 年版，第 18 页。

② 劳东燕：《罪刑法定的明确性困境及其出路》，载《法学研究》2004 年第 6 期。

③ 例如，当前网络犯罪黑灰产业链迹象愈演愈烈，但对其刑事规制困难，多数行为游离在刑法之外。其原因构成当然复杂，但刑法分则关于信息网络犯罪的规定包容性不强，设立时无法预料到相关犯罪的日后衍变形式，是重要原因之一。

型期和信息网络犯罪蔓延期相互叠加的时代，设置一些包容性相对较强的刑法分则条文，以尽可能囊括业已存在和可能异化的重大社会危害行为，已是必然选择。应当承认，《刑法修正案（九）》增设的拒不履行信息网络安全管理义务罪、非法利用信息网络罪、帮助信息网络犯罪活动罪，其罪状设置较之1997年《刑法》第285条、第286条规定的传统信息网络犯罪，包容性无疑更强。例如，设立非法利用信息网络罪，将利用信息网络设立用于实施违法犯罪活动的网站、通讯群组，发布违法犯罪信息以及为实施违法犯罪活动发布信息的行为独立入罪。在信息网络时代，刑法分则规定的行为绝大多数可以通过上述方式实施，故非法利用信息网络罪的包容性可见一斑。可以说，非法利用信息网络罪有可能成为未来信息网络犯罪的“兜底罪名”①，即利用信息网络实施刑法分则规定的行为，在无法构成其他犯罪的前提下，可以适用非法利用信息网络罪这一轻罪名予以惩治，以堵塞刑法规制漏洞，适度扩张网络犯罪圈的范围。又如，自2020年10月10日“断卡”行动开始至今，帮助信息网络犯罪活动刑事案件呈“井喷”态势，进一步证实了帮助信息网络犯罪活动罪具有较强的包容性。

（二）充分发挥网络刑事法的功能

刑法是现代社会治理的重要方式。应对网络犯罪，刑法责无旁贷。网络犯罪的严峻态势，要求我们必须准确把握而不能片面理解刑法的谦抑原则。② 实际上，刑法的谦抑并不意味着刑法的惰性，应对急剧增长的网络犯罪，须充分发挥刑法的功能和作用。刑法在网络治理中应当处于什么样的地位，并非简单的谦抑性的问题，而是惩治网络犯罪应当如何进行政策考量的问题。

通常认为，刑法是其他部门法的保障法，刑法的相关规定（特别是行政犯）应有其他部门法的规定作为前置条件。然而，由于各种原因，我国关于网络的法律体系尚不健全，不少网络犯罪欠缺前置规定。一方面，应当及时完善其他

---

① 亦可以称之为“堵截性罪名”。在刑法分则设置兜底或者堵截性犯罪，并非我国刑法独有。例如，德国等大陆法系国家刑法将侵占罪设置为所有权犯罪的兜底犯罪构成，使其发挥堵截作用。

② 正如有论者所指出的，“网络犯罪下刑法的谦抑性需要以刑事政策为前提，谦抑要分界度，分类型，分区域”。石亚淙：《网络时代的刑法面孔——“网络犯罪的刑事立法与刑事司法前沿问题”学术研讨会综述》，载《人民检察》2016年第15期。

部门法的规定;另一方面,刑法也可以主动作为,在其他部门法管控不力时率先封住底线。[①] 侵犯公民个人信息犯罪的刑法规定就是佐证。近年来,非法获取、出售、提供公民个人信息的违法犯罪日趋普遍,危害日益严重。与之同时,关于公民个人信息保护专门法律未能出台。在此种情况下,立法机关于 2009 年通过《刑法修正案(七)》先行增设了侵犯公民个人信息的专门犯罪,并于 2015 年通过《刑法修正案(九)》作出较大幅度的修改完善。可以说,刑法先于其他部门法明确了侵犯公民个人信息犯罪的界限,通过刑法积极适用防止侵犯公民个人信息的违法犯罪行为持续蔓延,为系统治理奠定基础。而后,对网络公民个人信息保护作出集中规定的《网络安全法》《个人信息保护法》先后于 2016 年、2021 年通过。[②]

惩治网络犯罪,要正确把握宽严相济刑事政策的总体要求,细化宽严相济的具体标准,根据经济社会的发展和治安形势的变化,在法律规定的范围内,适时适度调整从宽和从严的对象、范围和力度,增强政策的可操作性。传统社会,犯罪的危害主要表现为对生命、自由、财产等权益的侵犯,但网络犯罪对法益侵害的情形更为多元。现代社会,"在主观认知层面上,公民对犯罪的恐惧感日益增加,他们也期待着国家应对新型风险以确保安全"。[③] 例如,不少侵犯公民个人信息、扰乱无线电通讯管理秩序案件表现为"骚扰电话""垃圾短信"的形式,侵犯的实体是生活安宁的权益,这同直接侵犯财产、人身的传统犯罪存在较大差异。刑法功能因时而变,根据现实情况的变化及时调整刑法功能的发挥,已是必然。在具体政策的考量上,既要考量惩罚犯罪的必要,又要兼顾预防犯罪的需要。预防的理念已经深深植根于网络刑法的立法与适用之中,无论是网络

① 正如有论者所指出的,"在网络犯罪的规制中,刑法是最后手段。但其他法在没有制定出来、其他措施难以应对时,可以先用刑法封住底线"。石亚淙:《网络时代的刑法面孔——"网络犯罪的刑事立法与刑事司法前沿问题"学术研讨会综述》,载《人民检察》2016 年第 15 期。

② 当然,刑法的积极作为不意味着刑法的万能,刑法在网络犯罪治理中虽然作用明显,但只能治标,尚难治本。有效应对网络违法犯罪,要靠提升网络社会治理能力,要靠综合施策,实现防范、打击、治理一体化。特别应注意,运用刑法惩治网络犯罪切不可"一打了之""一味从重",要注重分析相应犯罪滋生的原因,既要靠刑法惩治,更要靠行政管理、行业自治等手段。

③ [德]乌尔里希·齐白:《全球风险社会与信息社会中的刑法:二十一世纪刑法模式的转换》,周遵友、江溯等译,中国法制出版社 2012 年版,作者自序。

刑法防线的前移，还是网络帮助行为的独立入罪，彰显的都是积极预防的刑法观。特别是，在网络社会规则不健全的当下，针对网络社会治理中的突出问题，通过刑法惩治为有关行业、群体确立必要的基本规则，发挥好刑事司法在规范社会行为、引领社会风尚中的重要作用，是刑法在网络时代发挥功能的应有之义。

（三）适度前移网络犯罪的刑事防线

当前，网络犯罪迅速蔓延，危害严重。网络犯罪迅速蔓延和泛滥，一个主要原因是网络的无地域性，极易在短时间内通过网络组织多地不特定人员共同参与犯罪活动，也极易通过网络针对大量不特定人实施犯罪。对于网上发现的犯罪线索，通常需要查清其在现实社会的犯罪活动后才能够打击；而到查清时，通常犯罪已蔓延到很大规模，这也是网络犯罪案件的行为人、被害人动辄成千上万的原因。为应对网络犯罪迅速蔓延的势头，要求从刑事政策的角度适应网络时代的形势变化，对网络犯罪采取“打早打小”的基本策略，在犯罪活动尚未形成规模时即予以打击，而不能放任这类行为泛滥之后再予以规制。

根据网络犯罪“打早打小”的策略要求，应当实现网络犯罪刑法防线的适度前移，有针对性地对尚处于预备阶段的网络犯罪行为入罪处罚，实现从规制刑法向预防刑法的适度转型。这当然可以在司法适用中充分利用犯罪预备、犯罪未遂的刑法规定。例如，《诈骗罪解释》立足已有刑法规定，明确利用发送短信、拨打电话、互联网等电信技术手段对不特定多数人实施诈骗，诈骗数额难以查证的，可以根据具体情况以诈骗罪（未遂）定罪处罚。然而，上述做法也只是应急之策，可操作性较弱。从立法完善的角度，应当统筹考虑，“一揽子”解决有关问题。基于此，《刑法修正案（九）》增设非法利用信息网络罪，将为实施诈骗、销售违禁品、管制物品等违法犯罪活动而设立网站、通讯群组、发布信息的行为独立入罪。可以说，设立非法利用信息网络罪，目的就是解决网络犯罪中带有预备和未遂性质的行为如何处理的问题，将刑法规制的环节前移，以适应惩治网络犯罪的现实需要。

（四）有效惩治网络犯罪黑灰产业链

信息时代，网络犯罪一个极为重要的特点就是犯罪活动分工细化，形成利益链条。[1] 当前网络犯罪呈现分工细化的态势，并逐步形成由各个作案环节构成的利益链条，这是网络犯罪泛滥的主要原因之一。以电信网络诈骗为例，其团伙通常分工明确，各司其职，如在支付领域针对支付宝、财付通等支付工具进行网络犯罪，从号码盗窃、聊天诈骗到取款等各环节，分工负责，流水作业，形成地下黑灰产业链。以危害计算机信息系统安全犯罪为例，为这类犯罪提供用于破坏计算机信息系统功能、数据的程序，提供互联网接入、服务器托管、网络存储空间、通讯传输通道、费用结算、交易服务、广告服务、技术培训、技术支持等帮助，通过委托其推广软件、投放广告等方式向其提供资金等行为十分突出。可以说，危害计算机信息系统安全犯罪活动的分工细化和进而形成的利益链条，导致危害计算机信息系统安全犯罪活动迅速蔓延。

打击网络犯罪的关键是要斩断利益链，突出对网络犯罪黑灰产业链的惩治。立足现行刑法规定，对于利益链条的打击主要靠适用共同犯罪的有关规定。需要注意的是，网络环境下共同犯罪具有殊于传统共犯的特性，固守传统共犯理论难以有效解决问题。因此，亟须对网络共同犯罪中的帮助行为作出专门规制。对此，大致有两种路径：一种路径是提供侵入、非法控制计算机信息系统程序、工具罪的立法模式。《刑法修正案（七）》增设《刑法》第 285 条第 3 款，规定："提供专门用于侵入、非法控制计算机信息系统的程序、工具，或者明知他人实施侵入、非法控制计算机信息系统的违法犯罪行为而为其提供程序、工具，情节严重的，依照前款的规定处罚。"这实际上就是将本来的一个共同犯罪行为中的帮助行为独立入罪，作为单独的犯罪处理。[2] 另一种路径是帮助信息网络犯罪活动罪的立法模式。《刑法修正案（九）》针对无法构成共同犯罪，或者按照共同犯罪处罚较轻的情况，将明知他人利用信息网络实施犯罪，为其犯罪提供互联网接入、服务器托管、网络存储、通讯传输等技术支持，或者提供广告推广、支付结算等帮助，情节严重的行为规定为帮助信息网络犯罪活动罪，并配置

① 顺带提及的是，当今网络犯罪的牟利性动机越发突出，已不同于 21 世纪初网络犯罪行为人普遍有炫耀技术动机的情形。

② 参见黄太云：《〈刑法修正案（七）〉解读》，载《人民检察》2009 年第 6 期。

专门刑罚规定。显而易见，上述做法目的在于有效斩断利益链条。[①]

（五）深度融合法律规范与技术规则

应对技术日新月异的网络犯罪，必须注重法律规制的“因时而变”“因技而变”，及时根据信息技术的发展趋势，实现网络犯罪刑事规制的现代化。但显然，传统刑事对策没有跟上网络犯罪的现代步伐。网络犯罪时代，“动动键盘就能骗钱，追捕依然要千里奔波；戳戳屏幕就可能受骗，追回损失却困难重重”。[②]如何解决好技术领先与法律滞后之间的矛盾，对瞬息万变、持续扩张的网络犯罪加以有效规制，是网络犯罪刑事对策面临的现实挑战。要实现“魔高一尺道高一丈”，必须根据技术的发展状况，特别是网络犯罪的技术特征，适时调整刑事法律规范。无论是实体罪刑规范，还是司法管辖、证据规则、诉讼程序等程序规则，都亟须创新制度设计，实现刑事规制的现代化。以证据为例，科学技术的发展，使证明案件事实的材料不断扩展，以计算机和网络为依托的电子数据在证明案件事实的过程中发挥着越来越重要的作用。刑事诉讼法无法对电子数据的运用“视而不见”，而只能“顺势而为”，及时将电子数据纳入规制范围。

实现网络犯罪刑事对策现代化的必经路径是深度融合法律规范与技术规则，真正做到技术为法律所用。未来一段时期，网络犯罪刑事规范的技术化是必然趋势。[③] 网络犯罪是现代信息技术发展的产物，其以互联网技术为工具，故

---

① 顺带提及的是，对网络帮助行为的单独规制，惩治网络犯罪黑灰产业链，并不会误伤“中立帮助行为”。只要准确把握网络犯罪帮助行为的主客观要件，中立帮助行为不会进入刑法的规制范围。相反，如何改变当前司法实践中对不少已成为网络犯罪直接帮凶的帮助行为难以刑事规制的现状，更值得各方关注。

② 《人民日报评论：网络犯罪日益“现代”，维护安全岂能“传统”》，载网易新闻，http://news.163.com/16/0920/17/C1E3UFGQ00014SEH.html，最后访问日期：2017 年 11 月 23 日。

③ 在这一过程中，还需要妥当把握法律干预与技术发展之间的关系。一方面，法律要尊重技术，为技术创新和发展提供足够空间，为其“保驾护航”；另一方面，法律要防止技术滥用，有效规制和预防因为技术滥用对社会可能带来的风险与危害。对此，正如有论者所指出的，“网络犯罪是典型的法律与技术的对话。法律对技术的干预要尊重技术，法律对互联网行业、互联网行为的规制一定要以技术为基础，特别是以网络服务提供商的服务类型为基础，法律不要粗暴的干预技术，妨碍技术发展。另外，技术不要被滥用，技术滥用必然带来现代社会不可控的法律风险”。石亚淙：《网络时代的刑法面孔——“网络犯罪的刑事立法与刑事司法前沿问题”学术研讨会综述》，载《人民检察》2016 年第 15 期。

无论是增设罪名，还是完善现有罪刑规范，都必须考虑技术的要素，确保相应规范满足实践所需。否则，可能出现的局面就是法律与技术“自说自话”。法律专家与技术专家合作，实现技术与法律相结合的刑事一体化，恐是发展的必然趋势。不仅刑事实体规则如此，程序规则亦是如此。仍然以电子数据为例，该类证据是计算机信息技术发展的产物，对其的收集、提取自然应当符合相关技术标准。同时，对电子数据的收集、提取是刑事诉讼的取证活动，自然应当遵从刑事诉讼规则的基本要求。申言之，只有“遵守法定程序，遵循相关技术标准”，在具体规则设计上突出法律规则与技术规范的融合，才能规范电子数据的收集提取与审查判断，确保相关电子数据的真实、完整。

相关规定

《网络犯罪案件技术法律术语解释汇编（一）》（最高人民检察院第一检察厅发布，2019 年 7 月 9 日）

1. IP 地址（Internet Protocol Address）：是指互联网协议地址，是为了保证互联网上计算机设备之间的正常通信而为互联网上的每台设备分配的唯一的数字串编号。

在网络犯罪案件的办理过程中，通过对 IP 地址的追踪可以确定用于作案的设备的地理位置（经纬度等），为判断人机同一问题提供有利参考。

2. 域名：是由一串用点分隔的英文字母等符号组合的互联网上某一台计算机或计算机组的名称，用于在数据传输时标识计算机的电子方位。例如“www.baidu.com”是一个域名，和 IP 地址“220.181.38.148”对应。域名的产生，使计算机设备使用人在访问互联网上计算机设备时，不需要输入较难记忆的 IP 地址数字串，只需要输入方便好记的域名即可。

3. 域名解析：域名与 IP 地址之间是一一对应的，它们之间的转换工作称为域名解析。域名解析需要由专门的域名服务器（DNS）来完成，整个过程是自动进行的。

4. 域名服务器（Domain Name Server，DNS）：是进行域名和与之对应的 IP 地址转换的服务器。当一个计算机设备使用人在浏览器地址框打入某一个域名，或者从其他网站点击链接来到这个域名，浏览器向这个用户的上网接入商发出域名请求，接入商的 DNS 服务器要查询域名数据库，看这个域名的 DNS 服务器是什么，然后到该服务器中抓取 DNS 记录，也就是获取这个域名指向哪一个 IP 地址。在获得这个 IP 信息后，接入商的服务器就去这个 IP 地址所对应的服务器上抓取网页内容，然后传输给发出请求的浏览器。

5. 流量劫持：是指攻击者通过技术手段，非法拦截、修改或控制用户上网的行为，以此达到网络流量的引流甚至诱导用户安装木马程序、获取用户数据的非法行为。

流量劫持黑产链条主要包含两类作案团伙：一是有推广 APP、网站、广告等流量需求的团伙，希望通过不法手段实现广告弹窗、网页跳转、主页锁定、安装推广、暗扣刷量等进行引流，从而变现牟利；二是流量劫持团伙，通过弹窗木马软件、捆绑流氓软件、DNS 劫持、运营商基础设施劫持等，对用户进行流量劫持，对访问者的客户端进行主页锁定、网页跳转，向访问者推出弹窗广告、安装推广 APP、暗扣流量等，从而与业务推广需求商进行分成牟利。

司法判决中，对流量劫持类案件的处理，主要分为两类：一类是以网页中带有误导性广告、下拉框、菜单等手段，诱导用户进入特定网站，从而实现流量劫持的目的，并未采取技术手段控制、破坏他人计算机系统，一般以不正当竞争论处，归类为"非强制性"流量劫持；另一类是以非法控制、破坏他人计算机信息系统等方法，强制改变他人网站访问路径，归类为"强制性"流量劫持，应予刑事打击。司法实践中，流量劫持行为的刑事判例主要涉及到非法控制计算机信息系统罪、非法获取计算机信息系统数据罪、非法侵入计算机信息系统罪等罪名。

6. DNS 劫持：是流量劫持的手段之一，是指攻击者通过一定的技术手段，篡改某个域名解析的结果，使得指向该域名的 IP 变成另一个 IP，导致对相应网址的访问被劫持到另一个不可达的网址或假冒的网址。最高人民检察院 2017 年发布的指导性案例（检例第 33 号）将非法控制或修改他人域名解析系统，造成计算机信息系统不能正常运行的行为，定性为破坏计算机信息系统罪。

7. DoS（Denial of Service，拒绝服务）攻击：是指通过利用各类网络通信协议中所存在的漏洞，使用对应网络通信协议下合理的服务请求来占用过多的服务资源，从而使正常用户无法得到服务的响应的一种网络攻击方式，是黑客常用的攻击手段之一。DoS 攻击采用一对一的方式，当攻击目标服务器性能不高时,它的效果较为明显。随着计算机与网络技术的发展,计算机的处理能力迅速增长,DoS 攻击的困难程度加大。这时,分布式的拒绝服务攻击手段(DDoS)就应运而生。

8. DDoS 攻击(Distributed Denial of Service,分布式拒绝服务)攻击:是指通过控制“肉鸡”等资源,对一个或多个目标发动攻击,致使目标服务器断网或资源用尽,最终停止提供服务。DDoS 攻击常伴随敲诈金钱、打击报复、同行恶意竞争等行为。

DDoS 攻击的黑产链条主要包括发单人(出资并发出对具体网站或服务器的攻击需求)、攻击实施者、攻击程序作者、“肉鸡”商(侵入计算机信息系统的实施人,或者买卖被侵入计算机系统权限的中间商,他们通过后门程序配合各种安全漏洞,获得个人计算机和服务器的控制权,通过植入木马,使得计算机变成能实现 DDoS 攻击的“肉鸡”)、高宽带服务器租售者和担保人(在发单、购买“肉鸡”、购买流量等各个交易环节中,交易双方找到业内“信誉”较高的黑客作担保,负责买卖双方的资金中转,担保人从中抽取一定的好处费)。

司法判决中,对 DDoS 攻击的处理主要涉及到两个罪名:一是破坏计算机信息系统罪。理由是:DDoS 攻击虽然不直接对计算机信息系统功能进行增、删、改,但是却通过操纵网络资源,虚拟网络请求,对目标发动攻击,耗尽目标主机的资源和网络带宽,以达到瘫痪网络的目的,因此将此评价为对系统的干扰。二是非法控制计算机信息系统罪。理由是:一次完整的 DDoS 攻击包括前期的控制“肉鸡”等资源的行为和后期的直接攻击行为,二者为手段和目的的关系。但是一些案件中,行为人只参与了前半程行动,没有实施直接攻击行为,而在证据上难以认定前后行为存在共谋,则只对前半程行为单独认定;或者后半程行为证据缺失,则也只能对前半程控制行为予以认定。

9. 反射型 DDoS 攻击:DDoS 攻击的变种。攻击者并不直接攻击目标服务器 IP 地址,而是利用互联网上的某些提供开放服务的服务器,通过伪造被攻击者的 IP 地址、向多个有开放服务的服务器发送请求数据的报文,后者会根据报文请求将数倍于请求报文的回复数据发送到被攻击者 IP,从而对被攻击者间接形成 DDoS 攻击。在反射型 DDoS 攻击中,攻击者利用网络协议的缺陷或者漏洞进行 IP 欺骗,主要是因为很多协议(例如 ICMP、UDP 等)对源 IP 不进行认证。反射型 DDoS 攻击通过第三方开放性服务器的“反射”,攻击能力成倍增加并远超普通 DDoS 攻击,危害极大。

办理 DDoS 攻击类案件的难点在于证实危害行为和危害结果间的因果关系。在反射型 DDoS 攻击案件中,这一证明难点更加凸显。在犯罪嫌疑人被抓获后,公安机关应当及时查证 DDoS 攻击路径中的网站建立者、攻击者。从网站建立者的服务器中及时勘查攻击者注册信息,网站建立者使用网站进行攻击的记录,调取案发时间攻击者在攻击网站输入的被害人 IP 记录。

10. 肉鸡(也称“肉机”“傀儡机”):是指已经被黑客或者其他人员远程控制的服务器或者计算机。“肉鸡”通常被利用实施 DDoS 攻击。“肉鸡”可以是一家公司、企业、学校甚至是政府军队的服务器,还可以是摄像头、机顶盒等物联网设备。

公安机关可以通过勘验“肉鸡”内相关数据,获取侵入“肉鸡”的远程控制程序的服务器 IP 地址,从而锁定实施攻击行为的真实服务器。“肉鸡”一般出现在非法侵入计算机信息系统、破坏计算机信息系统、利用钓鱼软件实施的网络诈骗等案件中。

11. Ping:是 Windows、Unix 和 Linux 系统下的一个命令。Ping 也属于一个通信协议,是 TCP/IP 协议的一部分。利用 Ping 命令可以检查网络是否连通,在通常情况下,Ping 可以用于分析和判定网络故障。在危害计算机信息系统安全案件中,行为人往往会首先使用 Ping 来获知其要攻击的被害人服务器 IP 地址,在使用攻击软件攻击被害人的 IP 地址后,往往会再使用 Ping 来测试攻击效果。在办理危害计算机信息系统安全犯罪案件中,应当注意勘查犯罪嫌疑人的计算机设备中使用过的 Ping 命令中是否输入过被害人 IP 地址,以此印证犯罪嫌疑人对被害人实施攻击行为的事实。

12. 流量清洗、黑洞:“流量清洗”和“黑洞”都是阿里云服务器为其用户提供的防御 DDoS 攻击的服务。当网络流量达到阈值,系统就会自动对该 IP 流量进行清洗。关于“流量清洗”,是指将流量从原始网络路径定向到清洗设备上,通过清洗设备对该 IP 的流量成分进行正常和异常的判断,丢弃异常流量,并对最终到达服务器的流量实施限流,减缓攻击对服务器造成的损失。关于“黑洞”,是指云服务器遭受大量攻击且超过免费防御的流量值时,进入的防护状态。“流量清洗”和“黑洞”是两个不同的防护操作,互不影响,黑洞期间流量清洗也有可能继续执行。流量清洗对较小的异常流量的访问请求予以拒绝，以保障正常流量的访问请求不受影响。黑洞触发时阿里云后台会拒绝该服务器所有的访问请求，包括正常流量和异常流量。黑洞期间，服务器处于完全瘫痪状态，不能响应任何请求。在办理破坏阿里云服务器用户计算机信息系统案件时，应及时从阿里云服务器中调取“流量清洗”和“黑洞”的起止时间，以此认定计算机信息系统不能正常运行的累计时间。

13. 封堵：是腾讯云为用户提供的免费 DDoS 攻击防护服务。当外网 IP 被攻击峰值超过 2G bps，腾讯云会执行 IP 封堵操作，一般封堵的时长为 2 小时，大流量攻击时，封堵的时长从 24 小时到 72 小时不等。

阿里云、腾讯云在面对 DDoS 攻击时的防御措施存在差异。阿里云会先进行流量清洗再置黑洞，而腾讯云在发现服务器异常大流量涌入时会采取封堵措施。在办理破坏计算机信息系统案时，应及时从腾讯云服务器中调取封堵的起止时间，以此来判断计算机信息系统不能正常运行的累计时间。根据腾讯云封堵时间的设置，DDoS 攻击只要激活腾讯云的封堵操作，则起步时间即为 2 小时。

第二章

网络犯罪的实体问题

第二讲

危害计算机信息系统安全犯罪

一、危害计算机信息系统安全犯罪的立法规定与司法解释

（一）危害计算机信息系统安全犯罪的立法沿革

随着计算机信息技术和互联网业的快速发展，计算机信息系统在现代社会中发挥着越来越重要的作用，大量的经济活动、社会交往和日常生活都依赖于计算机信息系统的正常运行。然而，计算机信息系统的普及在极大地方便了人民群众的工作生活的同时，其自身的安全问题也日益突出。为保护计算机信息系统的安全，1997 年《刑法》对危害计算机信息系统安全的犯罪作了规定，第 285 条、第 286 条分别规定了非法侵入计算机信息系统罪、破坏计算机信息系统罪。其中，第 285 条第 1 款规定："违反国家规定，侵入国家事务、国防建设、尖端科学技术领域的计算机信息系统的，处三年以下有期徒刑或者拘役。"第 286 条规定："违反国家规定，对计算机信息系统功能进行删除、修改、增加、干扰，造成计算机信息系统不能正常运行，后果严重的，处五年以下有期徒刑或者拘役；后果特别严重的，处五年以上有期徒刑。""违反国家规定，对计算机信息系统中存储、处理或者传输的数据和应用程序进行删除、修改、增加的操作，后果严重的，依照前款的规定处罚。""故意制作、传播计算机病毒等破坏性程序，影响计算机系统正常运行，后果严重的，依照第一款的规定处罚。"

随着信息技术的进一步发展，信息网络犯罪也呈持续增长蔓延之势，网络安全形势十分严峻。公安部提出，为有效打击破坏计算机网络安全犯罪活动，

亟须对刑法有关规定作出进一步完善，主要包括如下三个方面：[①](1)1997年《刑法》第285条仅对非法侵入国家事务、国防建设、尖端科学技术领域的计算机信息系统的行为作了规定，而当前绝大多数攻击侵入的是普通的计算机信息系统和网站，无法适用1997年《刑法》第285条。从非法侵入他人计算机信息系统的目的来看，绝大多数是为了窃取他人计算机信息系统中的信息倒卖牟利，或者对他人计算机实施非法控制以组建“僵尸网络”，进而实施其他非法行为。因此，有必要对采用非法手段侵入普通计算机信息系统，对他人计算机实施非法控制，情节严重的行为追究刑事责任。(2)非法侵入他人计算机信息系统或者利用其他技术手段实施计算机网络犯罪的主要目的之一，是非法窃取他人在计算机系统存储、处理和传输的数据；其中，包括网上银行账号、密码等在内的网上金融信息是窃取的重点。上述行为严重危害了公民的信息安全和财产安全，有必要对非法获取计算机信息系统中存储、处理或者传输的数据的行为追究刑事责任。(3)非法侵入计算机信息系统和非法获取计算机信息系统数据的活动之所以如此泛滥，重要原因在于有人专门制作、销售用于实施非法侵入、控制计算机信息系统或者非法获取计算机信息系统数据的程序、工具，大大降低了网络犯罪的技术门槛。因此，有必要对制作、非法提供上述程序、工具的行为追究刑事责任。

针对维护计算机信息系统安全方面出现的新情况，2009年2月28日《刑法修正案(七)》对1997年《刑法》关于危害计算机信息系统安全的犯罪作了补充，在《刑法》第285条增设了第2款、第3款，规定了非法获取计算机信息系统数据、非法控制计算机信息系统罪，提供侵入、非法控制计算机信息系统程序、工具罪。其中，第2款规定：“违反国家规定，侵入前款规定以外的计算机信息系统或者采用其他技术手段，获取该计算机信息系统中存储、处理或者传输的数据，或者对该计算机信息系统实施非法控制，情节严重的，处三年以下有期徒刑或者拘役，并处或者单处罚金；情节特别严重的，处三年以上七年以下有期徒刑，并处罚金。”第3款规定：“提供专门用于侵入、非法控制计算机信息系统的

① 参见黄太云：《刑法修正案解读全编——根据刑法修正案(八)全新阐释》，人民法院出版社2011年版，第152－153页。

程序、工具,或者明知他人实施侵入、非法控制计算机信息系统的违法犯罪行为而为其提供程序、工具,情节严重的,依照前款的规定处罚。”这些规定对于惩治计算机网络犯罪、维护计算机信息系统安全发挥了重要作用。[①]

(二)危害计算机信息系统安全犯罪的司法困境

2010年6月,国务院新闻办公室发表《中国互联网状况》白皮书。据《中国互联网状况》白皮书,近年来,网络犯罪呈上升趋势,我国面临黑客攻击、网络病毒等违法犯罪活动的严重威胁,是世界上黑客攻击的主要受害国之一。据不完全统计,2009年,我国被境外控制的计算机IP地址达100多万个;被黑客篡改的网站达4.2万个;被“飞客”蠕虫网络病毒感染的计算机每月达1800万台,约占全球感染主机数量的30%。[②] 而且,通过非法控制计算机信息系统、非法获取计算机信息系统数据、制作销售黑客工具等行为牟取巨额利润,进而逐步形成由制作黑客工具、销售黑客工具、非法获取计算机信息系统数据、非法控制计算机信息系统、倒卖非法获取的计算机信息系统数据、倒卖非法控制的计算机信息系统的控制权等各个环节构成的利益链条。

严厉打击危害计算机信息系统安全犯罪、加大对信息网络安全的保护力度已刻不容缓。然而,在办理危害计算机信息系统案件的过程中,适用刑法相关规定遇到了一些问题,需要进一步明确:(1)《刑法》第285条、第286条规定的有关术语,如“专门用于侵入、非法控制计算机信息系统的程序、工具”和“计算机病毒等破坏性程序”等含义需作进一步明确。(2)对犯罪行为的情节和后果缺乏可量化的衡量标准。《刑法》第285条、第286条涉及的“情节严重”“情节特别严重”“后果严重”“后果特别严重”等规定缺乏具体认定标准,办案部门认识不一,难以操作。(3)对于倒卖计算机信息系统数据、控制权等行为的定性、以单位名义或者形式实施危害计算机信息系统安全犯罪的处理、危害计算机信

---

① 此后,2015年8月29日《刑法修正案(九)》针对单位实施危害计算机信息系统安全犯罪的情况,将单位增加规定为非法侵入计算机信息系统罪,非法获取计算机信息系统数据、非法控制计算机信息系统罪,提供侵入、非法控制计算机信息系统程序、工具罪和破坏计算机信息系统罪的主体。

② 参见中华人民共和国国务院新闻办公室:《中国互联网状况(2010年6月)》,载《人民日报》2010年6月9日,第14版。

息系统安全共同犯罪的处理等疑难问题,司法实务部门反映突出。

(三)危害计算机信息系统安全犯罪的司法解释

为适应司法实践需要,明确危害计算机信息系统安全犯罪的法律适用问题,在中央有关部门的大力协作下,最高人民法院会同最高人民检察院,于2009年下半年启动了专门司法解释的制定工作。在充分了解当前危害计算机信息系统安全犯罪活动情况、司法实践遇到的问题的基础上,有关部门多次研究论证,拟出了解释初稿。2010年3月至6月,最高人民法院研究室、最高人民检察院法律政策研究室、公安部网络安全保卫局,对解释初稿进行了多次研究、修改,并前往案件多发地区进行调研,听取当地法院、检察、公安系统同志的意见。2010年7月至8月,将解释稿送请最高人民法院、最高人民检察院相关部门征求意见,并征求了全国部分高级人民法院、省级人民检察院和公安厅(局)的意见。随后根据反馈意见,形成专家论证稿,听取了法律专家和技术专家的意见之后,将解释稿送请全国人大常委会法工委刑法室、工业和信息化部办公厅、国家安全部法制办、国家保密局政法司征求意见。几经综合研究,反复修改,形成了送审稿,分别于2011年6月20日由最高人民法院审判委员会第1524次会议、2011年7月11日由最高人民检察院第十一届检察委员会第63次会议通过。2011年8月,最高人民法院、最高人民检察院正式对外发布《危害计算机信息系统安全犯罪解释》,自2011年9月1日起施行。

《危害计算机信息系统安全犯罪解释》根据法律规定和立法精神,结合司法实际,对危害计算机信息系统安全犯罪的定罪量刑标准、有关术语范围及法律适用疑难问题作了规定。《危害计算机信息系统安全犯罪解释》的颁行,对于依法惩治危害计算机信息系统安全犯罪活动,维护正常的计算机网络运行秩序,具有重要意义。《危害计算机信息系统安全犯罪解释》共11个条文,大体而言,可以划分为如下三大块内容:(1)明确危害计算机信息系统安全犯罪的定罪量刑标准,对《刑法》第285条、第286条涉及的“情节严重”“情节特别严重”“后果严重”“后果特别严重”的具体情形作出规定;(2)界定危害计算机信息系统安全犯罪的术语范围,对“计算机信息系统”“计算机系统”“专门用于侵入、非法控制计算机信息系统的程序、工具”“计算机病毒等破坏性程序”等术语的内涵与外延予以明确;(3)解决办理危害计算机信息系统安全犯罪中有关法律适用疑难问题,对掩饰、隐瞒计算机信息系统数据、控制权行为的定性,以单位名义或者形式实施危害计算机信息系统安全犯罪的处理原则,危害计算机信息系统安全共同犯罪的处理原则等问题作出明确规定。

为确保《危害计算机信息系统安全犯罪解释》的内容科学合理,能够适应形势发展、满足司法实践需要,在《危害计算机信息系统安全犯罪解释》起草过程中,着重把握了以下几点:(1)科学合理确定危害计算机信息系统安全犯罪的定罪量刑标准。为给司法实务提供可操作的定罪量刑标准,《危害计算机信息系统安全犯罪解释》的不少条款涉及数量或者数额问题,基于严厉打击危害计算机信息系统安全犯罪的考虑,根据司法实践的情况和宽严相济刑事政策的要求,对数量数额标准作出了相应规定。在制定过程中,组织专门力量深入司法实践、了解具体案件,为确定行为的社会危害性程度提供了依据,并充分听取了各方意见,最终确定了定罪量刑的相关数量或者数额标准。例如,根据数据的重要程度不同对非法获取计算机信息系统数据罪的入罪标准予以合理区分,非法获取支付结算、证券交易、期货交易等网络金融服务的身份认证信息 10 组以上的构成犯罪,而非法获取其他身份认证信息 500 组以上的构成犯罪;根据司法实践的具体情况,并考虑有效惩治和震慑非法控制计算机信息系统犯罪的需要,将非法控制计算机信息系统罪的入罪标准规定为 20 台以上。(2)注重斩断危害计算机信息系统安全犯罪的利益链条。近年来,危害计算机信息系统安全犯罪猖獗和泛滥的深层次原因,是形成了环环相扣的利益链条。因此,打击危害计算机信息系统安全犯罪的关键是要斩断利益链,这是制定《危害计算机信息系统安全犯罪解释》所要解决的核心问题之一。《危害计算机信息系统安全犯罪解释》的相关规定明确了制作黑客工具、销售黑客工具、非法获取计算机信息系统数据、非法控制计算机信息系统、倒卖非法获取的计算机信息系统数据、倒卖非法控制的计算机信息系统的控制权等行为的刑事责任,有利于从源头上切断利益链条,有效遏制危害计算机信息系统安全犯罪的蔓延和泛滥。(3)有效解决惩治危害计算机信息系统安全犯罪司法实践中反映突出的法律适用问题。多年来,司法机关在办理危害计算机信息系统安全犯罪案件的过程中遇到了困难。在《危害计算机信息系统安全犯罪解释》起草过程中,为适应司法实践需要，明确了危害计算机信息系统安全犯罪的定罪量刑标准，并特别解决了掩饰、隐瞒计算机信息系统数据、控制权行为的定性、以单位名义或者形式实施危害计算机信息系统安全犯罪的处理原则、危害计算机信息系统安全共同犯罪的处理原则等长期困扰司法实践的突出问题。

（四）危害计算机信息系统安全犯罪的术语界定

1.“计算机信息系统”与“计算机系统”的范围。《刑法》第 286 条关于破坏计算机信息系统罪的规定使用了“计算机信息系统”与“计算机系统”两个概念，其中《刑法》第 286 条第 3 款有关制作、传播计算机病毒等破坏性程序的条款中使用“计算机系统”的概念，其他条款使用“计算机信息系统”的概念。①

经研究认为，对“计算机信息系统”与“计算机系统”两个概念不应作区分，而应进行统一解释。主要考虑如下：一是区分这两个概念不具有实质意义。立法区分这两者的原意可能是考虑侵入计算机信息系统、破坏计算机信息系统的对象应当是数据库、网站等提供信息服务的系统，而传播计算机病毒如果只影响计算机操作系统（计算机系统）本身，即使不对系统上的信息服务造成影响也应当受到处罚。但实质上，对这两者作出区分并无实质意义，因为随着计算机技术的发展，计算机操作系统与提供信息服务的系统已密不可分。如很多操作系统自身也提供 WEB（互联网）服务、FTP（文件传输协议）服务，而侵入操作系统也就能够实现对操作系统上提供信息服务的系统实施控制，破坏操作系统的数据或者功能也就能够破坏操作系统上提供信息服务的系统的数据或者功能，从立法的角度上无法准确划分出提供信息服务的系统和操作系统。二是从保护计算机信息系统安全这一目的出发，对这两个概念进行区分没有必要。不管破坏的是计算机系统本身还是破坏提供信息服务的信息系统，只要造成严重后果或者有严重的情节，都应当受到同等的处罚。三是经对美国、德国等发达国家网络犯罪立法调研，这些国家都在立法中使用单一的计算机系统、计算机等名词，而未对计算机信息系统和计算机系统作出区分。

---

① 此外，《刑法》第 287 条使用了“计算机”的概念。而《刑法修正案（九）》增设的第 286 条之一、第 287 条之一、第 287 条之二还使用了“信息网络”的概念。

基于以上考虑,《危害计算机信息系统安全犯罪解释》第 11 条第 1 款规定,“计算机信息系统”和“计算机系统”是指具备自动处理数据功能的系统,包括计算机、网络设备、通信设备、自动化控制设备等。① 具体而言:(1)具备自动处理数据功能的设备都可能成为被攻击的对象,有必要将其纳入刑法保护范畴。随着信息技术的发展,各类内置有可以编程、安装程序的操作系统的数字化设备广泛应用于各个领域,其本质与传统的计算机系统已没有任何差别。这些设备都可能受到攻击破坏:互联网上销售的专门用于控制手机的木马程序,可以通过无线网络获取手机中的信息;通过蓝牙、Wi - Fi(将电脑、手持设备等终端以无线方式互相连接的技术)等无线网络传播病毒的案件也呈现快速增长态势;工业控制设备中可能植入破坏性程序,使工业控制设备在特定条件下运行不正常;在打印机、传真机等设备中可以内置程序秘密获取相关数据。总之,任何内置有操作系统的智能化设备都可能成为入侵、破坏和传播计算机病毒的对象,因此应当将这些设备的安全纳入刑法保护范畴。(2)本定义借鉴了多个国家有关法律的相关定义。如美国将计算机定义为“具备自动处理数据的功能的一个或者一组设备”,欧盟网络犯罪公约将计算机定义为“由软件和硬件构成的用于自动处理数据的设备”,其出发点都是将保护计算机信息系统安全的法律适用于所有具有自动处理数据功能的设备。我国《计算机信息系统安全保护条例》(2011 年修订)对计算机信息系统作了定义,其中规定:“本条例所称的计算机信息系统,是指由计算机及其相关的和配套的设备、设施(含网络)构成的,按照一定的应用目标和规则对信息进行采集、加工、存储、传输、检索等处理的人机系统。”综合上述定义,应将“计算机信息系统”和“计算机系统”界定为“具备自动处理数据功能的系统”,而不强调是“由软件和硬件构成的”,因为所有自动处理数据的功能必定是由软件实现的(有的是固化在硬件中的软件,有的是可以自行安装修改的软件),无须专门强调。(3)为使相关界定更加明确,方便司

---

① 1997 年《刑法》施行后,2000 年 12 月 28 日全国人大常委会《关于维护互联网安全的决定》第 1 条规定,故意制作、传播计算机病毒等破坏性程序,攻击计算机系统及通信网络,致使计算机系统及通信网络遭受损害,构成犯罪的,依照刑法有关规定追究刑事责任。根据《危害计算机信息系统安全犯罪解释》第 11 条第 1 款的规定,“计算机系统”无疑包括通信网络在内。故而,对此种行为追究刑事责任应当适用《刑法》第 286 条第 3 款的规定。

法实践适用，采用了概括加列举的解释方法，即在对“计算机信息系统”“计算机系统”作归纳定义的同时，还列举“计算机”“网络设备”“通信设备”“自动化控制设备”等具体情形。其中，网络设备是指路由器、交换机等组成的用于连接网络的设备；通信设备包括手机、通信基站等用于提供通信服务的设备；自动化控制设备是指在工业中用于实施自动化控制的设备，如电力系统中的监测设备、制造业中的流水线控制设备等。

2.“身份认证信息”的范围。由于《危害计算机信息系统安全犯罪解释》多处涉及“身份认证信息”这一术语，第 11 条第 2 款明确了“身份认证信息”的内涵和外延。考虑到司法实践的具体情形，采用了概括加列举的方法，将“身份认证信息”界定为用于确认用户在计算机信息系统上操作权限的数据，包括账号、口令、密码、数字证书等。从实践来看，数字签名、生物特征等都属于身份认证信息。

3.“经济损失”的范围。根据《危害计算机信息系统安全犯罪解释》的规定，危害计算机信息系统安全犯罪以造成经济损失的数额作为入罪标准之一。为统一法律适用，《危害计算机信息系统安全犯罪解释》第 11 条第 3 款明确了“经济损失”的计算范围，具体包括危害计算机信息系统犯罪行为给用户直接造成的经济损失，以及用户为恢复数据、功能而支出的必要费用。需要注意的是，破坏计算机信息系统功能、数据给用户带来的预期利益的损失不能纳入“经济损失”的计算范围。具体而言包括：

(1)危害计算机信息系统犯罪行为给用户直接造成的经济损失。对于非法获取计算机信息系统数据犯罪而言，合法用户获取该数据应当支付的费用属于行为给用户直接造成的经济损失。例如，付费后才能查阅小说的文学网站，如果非法获取该网站中的小说，则查阅这些小说的合法用户应当支付的费用属于该网站运营者的经济损失；如果不需要付费就可以获得的数据，则未造成损失；如果不管付不付费都不对外提供的数据，则难以衡量经济损失，如侵入他人计算机并获取该用户的私人照片，则无法衡量经济损失，只能按照其他量刑标准处理。

对于通过非法控制计算机信息系统使用的计算机信息系统资源，合法用户使用该计算机信息系统资源应当支付的费用属于行为给用户直接造成的经济损失。例如,侵入某个托管主机并使用该托管主机的虚拟空间,则其少支付的费用属于托管主机运营商的经济损失。对于并未提供付费服务的计算机信息系统,由于属于使用盗窃范畴,则难以衡量其经济损失,只能按照其他量刑标准处理。

计算机信息系统不能正常运行期间支付的网络带宽费用等合理支出费用。对于造成计算机信息系统功能无法正常运行,比如对某个网站实施拒绝服务攻击,则该网站的所有者在被拒绝服务攻击期间支付的主机托管、系统维护等费用都属于造成的损失。

(2)用户为恢复数据、功能而支出的必要费用。在计算机信息系统功能或者数据被破坏后,通常需要采取各种应急响应措施使其恢复到正常状态,如对于被删除的数据采取数据恢复措施,被拒绝服务攻击的网站增加数据分流设备、增加带宽等,这都属于造成的经济损失。

(3)用户预期利益的损失不纳入"经济损失"的计算范围。越来越多的经济活动对计算机信息系统的依赖程度很强,如果破坏计算机信息系统的数据或者功能可能对经济活动造成重大的收入损失。但是,如果该损失属于预期利益的损失,如丧失商业合作机会造成的经济损失,则不能纳入"经济损失"的计算范围。

二、非法侵入计算机信息系统罪的定罪量刑

(一)非法侵入计算机信息系统罪的概念与构成特征

非法侵入计算机信息系统罪,是指违反国家规定,侵入国家事务、国防建设、尖端科学技术领域的计算机信息系统的行为。本罪的构成特征如下:

1. 非法侵入计算机信息系统罪的客体是国家事务、国防建设、尖端科技领域计算机信息系统的安全。本罪的对象是国家事务、国防建设、尖端科技领域的计算机信息系统,即国家事务、国防建设、尖端科技领域中具备自动处理数据功能的系统。

2. 非法侵入计算机信息系统罪的客观方面表现为违反国家规定,侵入国家事务、国防建设、尖端科学技术领域的计算机信息系统的行为。(1)违反国家规定,即违反我国关于计算机信息系统管理的各项法律、法规,包括《网络安全

法》、《计算机信息系统安全保护条例》(2011 年修订)、《计算机信息网络国际联网管理暂行规定》(1997 年修正)等。(2)实施侵入国家事务、国防建设、尖端科技领域的计算机信息系统的行为。“侵入国家事务、国防建设、尖端科技领域的计算机信息系统”是指无权或者超越权限进入三大领域计算机信息系统的情形。司法实践中,一些侵入、破坏计算机信息系统等危害计算机信息系统安全犯罪案件,往往采用植入木马等黑客手段,具有相当的技术含量。但是,就规范意义而言,即使行为人非法获悉了他人的用户名和密码,直接进入计算机信息系统,亦属无权进入,构成“侵入”。

3. 非法侵入计算机信息系统罪的主体是一般主体,凡年满 16 周岁、具有刑事责任能力的人都可以成为本罪的主体。根据《刑法修正案(九)》增设的《刑法》第 285 条第 4 款的规定,单位可以成为非法侵入计算机信息系统罪的主体。

4. 非法侵入计算机信息系统罪的主观方面表现为故意,即行为人明知其非法侵入三大领域的计算机信息系统,而故意为之。

根据《刑法》第 285 条第 1 款的规定,犯非法侵入计算机信息系统罪的,处 3 年以下有期徒刑或者拘役。

(二)非法侵入计算机信息系统罪的对象范围

根据《刑法》第 285 条第 1 款的规定,非法侵入计算机信息系统罪的对象限于“三大领域的计算机信息系统”,即国家事务、国防建设、尖端科技领域的计算机信息系统。[①] 司法实践一直反映,“国家事务、国防建设、尖端科学技术领域的计算机信息系统”的概念较为模糊,难以系统性地准确把握。比如“尖端科学技术”包括哪些领域的科学技术,难以一一列举,且科学技术发展迅速,当前尖端的科学技术在未来不一定属于尖端科学技术,未来也可能出现新的目前并无法预见到的尖端科学技术。因此,有必要对三大领域的计算机信息系统的范围予

---

① 域外关于侵入计算机信息系统犯罪的规定与此规定存在较大差异。例如,我国台湾地区“刑法”第 358 条规定:“(入侵他人电脑或相关设备罪)无故输入他人账号密码、破解使用电脑之保护措施或利用电脑系统之漏洞,而入侵他人之电脑或其相关设备者,处三年以下有期徒刑或科或并科十万元以下罚金。”可见,我国台湾地区“刑法”对入侵他人电脑或相关设备罪并未限定为特定领域的电脑或者设备。当然,该罪须告诉乃论。

以明确。但是,由于各方对这一术语的内涵和外延认识分歧较大,《危害计算机信息系统安全犯罪解释》没有对这一术语作出界定,但是第 10 条规定,对于是否属于“国家事务、国防建设、尖端科学技术领域的计算机信息系统”难以确定的,“应当委托省级以上负责计算机信息系统安全保护管理工作的部门检验。司法机关根据检验结论,并结合案件具体情况认定”。

1. 根据信息安全等级保护制度设定三大领域计算机信息系统的范围的意见。《计算机信息系统安全保护条例》第 4 条规定:“计算机信息系统的安全保护工作,重点维护国家事务、经济建设、国防建设、尖端科学技术等重要领域的计算机信息系统的安全。”第 9 条规定:“计算机信息系统实行安全等级保护。安全等级的划分标准和安全等级保护的具体办法,由公安部会同有关部门制定。”公安部、国家保密局、国家密码管理局、原国务院信息化工作办公室于 2007 年 6 月 22 日联合下发《关于印发〈信息安全等级保护管理办法〉的通知》(公通字〔2007〕43 号)。信息安全等级保护管理制度的基本目标是根据系统的重要性对系统进行定级,对不同的安全级别的系统规定不同的安全保护要求并实施定期的安全检测,同时应当到公安机关备案,由公安机关定期组织对其实施安全检查。《信息安全等级保护管理办法》将计算机信息系统的安全保护等级分为五级:第一级为自主保护级。适用于一般的信息系统,其受到破坏后,会对公民、法人和其他组织的合法权益造成损害,但不损害国家安全、社会秩序和公共利益。第二级为指导保护级。适用于一般的信息系统,其受到破坏后,会对公民、法人和其他组织的合法权益产生严重损害,或者对社会秩序和公共利益造成损害,但不损害国家安全。第三级为监督保护级。适用于涉及国家安全、社会秩序和公共利益的重要信息系统,其受到破坏后,会对社会秩序和公共利益造成严重损害,或者对国家安全造成损害。第四级为强制保护级。适用于涉及国家安全、社会秩序和公共利益的重要信息系统,其受到破坏后,会对社会秩序和公共利益造成特别严重损害,或者对国家安全造成严重损害。第五级为专控保护级。适用于涉及国家安全、社会秩序和公共利益的重要信息系统,其受到破坏后,会对国家安全造成特别严重损害。

针对涉密计算机信息系统的特殊情况,《保守国家秘密法》第 23 条第 1 款规定:“存储、处理国家秘密的计算机信息系统(以下简称涉密信息系统)按照涉密程度实行分级保护。"《信息安全等级保护管理办法》第25条第1款规定:"涉密信息系统按照所处理信息的最高密级,由低到高分为秘密、机密、绝密三个等级。"第27条第2款规定:"涉密信息系统建设使用单位应当依据涉密信息系统分级保护管理规范和技术标准,按照秘密、机密、绝密三级的不同要求,结合系统实际进行方案设计,实施分级保护,其保护水平总体上不低于国家信息安全等级保护第三级、第四级、第五级的水平。"

结合信息安全等级保护行政管理制度,《危害计算机信息系统安全犯罪解释》拟规定:"国家机关、军队、国防工业、科研领域中的下列计算机信息系统属于刑法第二百八十五条第一款规定的'国家事务、国防建设、尖端科学技术领域的计算机信息系统':(一)安全保护等级达到三级以上的计算机信息系统;(二)秘密级以上的涉密计算机信息系统;(三)其他关系国家安全、社会秩序和公共利益的重要计算机信息系统。"起草过程中特别考虑了如下问题:(1)将"国家事务"这一模糊的概念弱化为"国家机关"这一明确的概念,将"国防建设"明确为"军队、国防工业",将"尖端科学技术"转为意义更为广泛的"科研领域"。(2)考虑到国家事务、国防建设、尖端科学技术领域中既有重要的系统也有非重要的系统,通过等级保护制度将三大领域中非重要的系统排除在外,避免保护范围过宽。(3)考虑到信息安全等级保护管理制度正处在逐步建设中,国家机关、军队、国防工业、科研领域中尚未进行安全保护等级备案或者未确定涉密保护等级的其他重要计算机信息系统也可能关系国家安全、社会秩序和公共利益,故专门作出上述规定。

对于上述方案,征求意见过程中存在不同认识,有意见提出,目前信息安全等级保护行政管理制度尚处在完善过程之中,国家机关、军队、国防工业、科研领域中不少计算机信息系统的安全保护等级尚未达到三级以上,如采取上述方案,不利于对三大领域计算机信息系统的保护。此外,对于侵入安全保护等级达到三级以上的计算机信息系统,证明行为人在主观上具有明知较难,不利于司法实践的操作。经研究认为,上述意见确有道理,故未维持根据信息安全等级保护制度设定三大领域计算机信息系统范围的方案。

2. 根据侵入的后果设定三大领域计算机信息系统的范围的意见。经综合研究有关方面意见,《危害计算机信息系统安全犯罪解释》拟规定:涉及国家在政治、经济、国防、外交、社会管理等领域安全、利益的计算机信息系统，应当认定为《刑法》第285条第1款规定的“国家事务、国防建设、尖端科学技术领域的计算机信息系统”。针对这一规定，有意见认为，根据《刑法》第285条的规定，侵入“国家事务、国防建设、尖端科学技术领域的计算机信息系统”即构成犯罪，上述规定未能清晰界定三大领域计算机信息系统的范围。也有意见主张“国家事务、国防建设、尖端科学技术领域的计算机信息系统”不限于国家机关、军队、国防工业和科研领域，并主张进行更为宽泛的界定。还有意见建议将“国家事务、国防建设、尖端科学技术领域的计算机信息系统”限定在涉密计算机信息系统。

3. 不对三大领域计算机信息系统作出明确界定。研究过程中，有意见认为，对于非法侵入计算机信息系统罪的适用，应当以慎用、少用为原则。[①] 主要考虑如下：(1)《刑法》第285条第1款和第2款的适用范围之间存在此消彼长的关系。根据《刑法》第285条第1款、第2款的规定，非法获取计算机信息系统数据、非法控制计算机信息系统罪的对象是国家事务、国防建设、尖端科学技术领域的计算机信息系统以外的计算机信息系统。如果某个计算机信息系统被认定为国家事务、国防建设、尖端科学技术领域的计算机信息系统，则侵入该计算机信息系统即构成犯罪，但如果继续实施了非法获取计算机信息系统数据、非法控制计算机信息系统的行为，则无法适用《刑法》第285条第2款的规定。(2)《刑法》第285条第1款与第2款之间的罪刑均衡问题，需要特别把握。

---

① 有论者进一步指出，非法获取计算机信息系统数据、非法控制计算机信息系统罪的缺陷是，“本应受到重点保护的国家事务、国防建设、尖端科学技术领域的计算机信息系统不受该罪的保护。如果行为人非法侵入以上计算机系统，非法获取其中的不属于国家秘密、商业秘密的数据的，即使情节特别严重，也只能依《刑法》第285条第1款的规定处罚，最高处3年有期徒刑……第285条第1款确认了以上计算机信息系统及其中数据是受法律重点保护的计算机信息系统，理应得到更全面的法律保护，该罪的立法逻辑与前者相悖”。皮勇：《我国新网络犯罪立法若干问题》，载《中国刑事法杂志》2012年第12期。应该说，上述论断正确地指出了我国《刑法》第285条第1款与第2款之间的逻辑缺陷，对此最佳的解决方案无疑是修改完善刑法规定，但目前看来并不可行。在现行刑法规定的框架内，如何通过合理解释尽量避免《刑法》第285条第1款与第2款之间的逻辑矛盾，是《危害计算机信息系统安全犯罪解释》起草的重点考虑之一。从实施情况来看，司法解释的方案基本上解决了可能存在的逻辑缺陷。

根据《刑法》第 285 条第 1 款的规定，非法侵入三大领域的计算机信息系统的，只能处 3 年以下有期徒刑或者拘役；而根据第 2 款的规定，非法侵入三大领域以外的计算机信息系统并不构成犯罪，但是进而非法获取数据或者非法控制计算机信息系统，情节特别严重的，可处 3 年以上 7 年以下有期徒刑，并处罚金。可见，从立法精神看，必须严格限缩三大领域计算机信息系统的范围，确保侵入三大领域计算机信息系统并进而实施其他行为的能够在刑法中找到其他可以适用的条款，如非法获取国家秘密罪，为境外窃取、刺探、收买、非法提供国家秘密、情报罪等条款，以免出现罪刑失衡。总之，《刑法》第 285 条第 1 款在立法上应当属于保留条款，即备用条款，不应当大范围地适用；案件能够靠上其他罪名的，就不应当适用非法侵入计算机信息系统罪。基于上述考虑，建议不对“国家事务、国防建设、尖端科学技术领域的计算机信息系统”作出明确界定。但是，考虑到“国家事务、国防建设、尖端科学技术领域的计算机信息系统”的司法认定专业性强，为确保相关案件依法得到稳妥、正确处理，可以对其认定程序作出规定。经研究认为，上述规定确有道理，予以采纳。

4. 涉及“国家事务、国防建设、尖端科学技术领域的计算机信息系统”案件的处理。本书认为，基于《危害计算机信息系统安全犯罪解释》的价值取向，对于非法侵入计算机信息系统罪的适用，应当坚持慎用、少用的原则。如前所述，对于三大领域的计算机信息系统的范围界定，如果坚持体系解释的观点，则应当尽量限缩其范围。实际上，司法实务部门希望能够明确三大领域计算机信息系统的范围，为适用这一条款提供法律依据。甚至有意见反映《刑法》第 285 条第 1 款在司法实践中运用不畅，希望能够明确三大领域计算机信息系统的范围，以扩大非法侵入计算机信息系统罪的适用范围。这些意见反映的情况确实存在，但是也是有特殊背景的。实际上，司法实践中适用非法侵入计算机信息系统罪的案件，很少有案件只是侵入，而没有实施任何其他危害行为，如对数据增删改。如果没有任何进一步的危害行为，案发比较困难，查处起来应该也有难度。实践中大部分案件实际上都有进一步的获取数据、破坏数据或者系统的行为。在《危害计算机信息系统安全犯罪解释》施行之前，由于对非法获取计算机信息系统数据、非法控制计算机信息系统罪、破坏计算机信息系统罪构成犯罪所要求的“情节严重”“后果严重”等缺乏明确解释，司法实务中适用这些罪名较为困难,而适用《刑法》第285条第1款不需要"情节严重"或者"后果严重"的构成要件,所以实务部门很多时候希望能够将所侵入的计算机信息系统靠上三大领域的计算机信息系统,以适用非法侵入计算机信息系统罪。但是,《危害计算机信息系统安全犯罪解释》对"情节严重""后果严重"等予以了明确,绝大部分案件可以适用《刑法》第285条第1款以外的罪名,没有必要适用非法侵入计算机信息系统罪。况且,其他罪名的法定刑更为严厉,不会存在打击不力的问题。近些年来,我国遭受黑客攻击的政府网站的数量增长很快,而政府网站是通常所说的三大领域计算机信息系统的最为可能的构成部分;若网站被篡改,则行为人肯定对数据进行了增删改。《危害计算机信息系统安全犯罪解释》第4条第2款第3项专门明确了破坏政府机关网站的行为,对篡改政府网站后果严重的行为完全可以适用破坏计算机信息系统罪定罪处罚,没有必要再界定到三大计算机信息系统里面,然后再适用非法侵入计算机信息系统罪。

此外,应当严格适用《危害计算机信息系统安全犯罪解释》第10条的程序性规定。对于一些案件,涉嫌构成非法侵入计算机信息系统罪的,主要问题就是判断行为人所侵入的计算机信息系统是不是属于三大领域的计算机信息系统。要严格适用第10条的程序性规定,"委托省级以上负责计算机信息系统安全保护管理工作的部门检验",并由司法机关依法最终作出认定。

当然,非法侵入国家事务、国防建设、尖端科学技术领域的计算机信息系统,并进而实施其他行为,同时构成非法侵入计算机信息系统罪和其他犯罪的,依照处罚较重的规定定罪处罚。

三、非法获取计算机信息系统数据、非法控制计算机信息系统罪的定罪量刑

(一)非法获取计算机信息系统数据、非法控制计算机信息系统罪的概念与构成特征

非法获取计算机信息系统数据、非法控制计算机信息系统罪,是指违反国家规定,侵入国家事务、国防建设、尖端科学技术领域以外的计算机信息系统或者采用其他技术手段,获取该计算机信息系统中存储、处理或者传输的数据,或

者对该计算机信息系统实施非法控制,情节严重的行为。非法获取计算机信息系统数据、非法控制计算机信息系统罪是《刑法修正案(七)》新增设的犯罪。本罪的构成特征如下:

1. 非法获取计算机信息系统数据、非法控制计算机信息系统罪的客体为复杂客体,包括国家对计算机信息系统安全的管理秩序、计算机信息系统的正常运行秩序及计算机信息系统及其存储、处理或者传输的数据的安全。犯罪对象为国家事务、国防建设、尖端科学技术领域以外的计算机信息系统及其存储、处理或者传输的数据。

2. 非法获取计算机信息系统数据、非法控制计算机信息系统罪的客观方面表现为违反国家规定,侵入国家事务、国防建设、尖端科学技术领域以外的计算机信息系统或者采用其他技术手段,获取该计算机信息系统中存储、处理或者传输的数据,或者对该计算机信息系统实施非法控制的行为。

(1)非法获取计算机信息系统数据。非法获取计算机信息系统数据的方法包括侵入计算机信息系统或者采用其他技术手段。

所谓侵入计算机信息系统,是指未经授权或者超越授权,获得删除、增加、修改或者获取计算机信息系统存储、处理或者传输的数据的权限。对于侵入计算机信息系统,应当注意把握如下几点:①侵入的本质特征是未经授权或者超越授权。获得对计算机信息系统存储、处理或者传输的数据进行删除、增加、修改或者获取的权限是否具有违法性、能否称为“侵入”,关键就在于是否获得授权。如果未经授权或者超越授权,取得对计算机信息系统存储、处理或者传输的数据进行删除、增加、修改或者获取的权限,则属于“侵入”。②侵入的结果是获得操作权限。侵入是指未经授权或者超越授权,获得删除、增加、修改或者获取计算机信息系统存储、处理或者传输的数据的权限,也可以是通过对数据的增、删、改,进而执行计算机信息系统的特定功能或者对功能进行增、删、改。需要注意的是,这里的操作权限不限于全部权限,还应当包括部分权限。也就是说,侵入行为在很多时候并不能获取对全部数据的增、删、改权限,只是获得对部分数据的增、删、改权限,但这并不妨碍将其认定为“侵入”。③超越授权的具体情形。从司法实践来看,对于超越授权的具体情形,要注意把握以下两点:其一,通过技术手段提高权限,获得对计算机信息系统存储、处理或者传输的数据的更高的增、删、改权限的，属于超越授权，应当认定为侵入。例如，在网络攻击中，很多攻击方法属于“提升权限”的攻击方法，亦即通过合法渠道获得某个系统的一般权限后，利用系统的漏洞将自己的权限提升到管理员的权限以获得对系统的控制权。其二，违反授权的权限范围或者时间范围，删除、增加、修改或者获取计算机信息系统存储、处理或者传输的数据，属于超越授权，应当认定为侵入。例如，有的公司雇员在辞职后仍然使用在原公司拥有的登录权限获取原公司计算机中存储的数据，即属于违反授权的时间范围超越授权进行访问。

例如，2017 年 3 月至 12 月，被告人温某某作为某网络技术公司对接公安网接口数据服务的技术人员，利用配置给其的公安内网电脑，通过弱口令猜解进入某省公安厅服务器并利用远程非法控制服务器工具获取进入该服务器的系统权限，后又以设置账户密码的方式取得该服务器的完整控制权；再通过远程登录在该服务器上放置由其本人编写的脚本程序，利用该脚本程序侵入公安部人口信息管理系统、公安局交通管理信息系统及出入境管理系统内窃取系统数据库内常住人口信息、车辆信息、驾驶员信息、出入境证照及记录信息共计数十亿条。[①] 被告人作为技术人员，没有进入公安部人口信息管理系统、公安局交通管理信息系统及出入境管理系统数据库的权限，其通过弱口令猜解进入服务器并通过进一步方法获取数据的方式，应当认定为“侵入”。当然，由于所获取的数据系公民个人信息，法院择一重罪处断，以侵犯公民个人信息罪定罪处罚。

所谓采用其他技术手段，是指侵入以外的技术手段，如利用“钓鱼网站”“中途”劫持等技术手段，非法获取他人计算机信息系统存储、处理或者传输的数据或者对计算机信息系统实施非法控制的行为。实践中常见的是通过“钓鱼网站”获取计算机系统存储、处理或传输的数据。具体而言，如冒充国家机关、金融系统已经建立的网站设立“钓鱼网站”，或者以国家机关、金融机构等名义建立并不存在的网站，骗取其他计算机信息系统用户登录并注册信息，从而并不需要进入他人计算机信息系统就可获取他人计算机信息系统存储、处理或传输的数据。

（2）非法控制计算机信息系统。所谓“非法控制计算机信息系统”，是指未

---

① 参见浙江省杭州市滨江区人民法院刑事判决书，（2018）浙 0108 刑初 234 号。

经授权或者超越授权控制计算机信息系统执行特定操作。在非法侵入计算机信息系统后,并未破坏计算机信息系统的功能或者数据,而是通过控制计算机实施特定的操作的行为被称为"非法控制计算机信息系统"。

司法实务中应把握以下两点:一是非法控制计算机信息系统的本质。根据《刑法》第 285 条第 2 款的规定,非法控制计算机信息系统的方法包括侵入或者其他技术手段。如前所述,侵入是未经授权或者超越授权获得对计算机信息系统存储、处理或者传输的数据增、删、改或者获取的权限,其本质在于未经授权或者超越授权;采用其他技术手段非法控制他人计算机信息系统,其本质也在于未经授权或者超越授权,否则就无所谓非法。因此,非法控制的本质在于未经授权或者超越授权。二是控制的后果是控制计算机信息系统执行特定的操作。需要注意的是,这里的控制是指使用了控制权的行为,如取得网站管理员账号密码后实施了登录行为,在计算机上植入木马并控制这些计算机反向连接到某个中心控制服务器(如僵尸网络)或者控制这些计算机实施点击网站等操作。如果仅仅持有控制权,即控制权的"持有"状态,如取得网站的管理员和账号密码,使攻击者仅是可以随时登录该网站的行为,就不能认定为"控制"。控制不限于行为人直接使用了控制权,也可以是通过"计算机程序"等媒介使用了控制权,比如取得账号密码后登录到计算机上系"人"直接使用控制权,而在计算机上植入木马程序后该木马程序自动回连到某台计算机上或者自动执行攻击者预设的操作,系程序使用了计算机的控制权,也应当属于"控制"的范围。

(3)构成非法获取计算机信息系统数据、非法控制计算机信息系统罪,要求必须是情节严重。

3. 非法获取计算机信息系统数据、非法控制计算机信息系统罪的主体是一般主体,凡年满 16 周岁、具有刑事责任能力的自然人都可以成为本罪的主体。根据《刑法修正案(九)》增设的《刑法》第 285 条第 4 款的规定,单位可以成为非法获取计算机信息系统数据、非法控制计算机信息系统罪的主体。

4. 非法获取计算机信息系统数据、非法控制计算机信息系统罪的主观方面由故意构成,即行为人明知是他人的计算机信息系统,仍然故意获取该计算机信息系统中存储、处理或者传输的数据,或者对计算机信息系统实施控制。

根据《刑法》第 285 条第 2 款的规定,犯非法获取计算机信息系统数据、非法控制计算机信息系统罪的，处3年以下有期徒刑或者拘役，并处或者单处罚金；情节特别严重的，处3年以上7年以下有期徒刑，并处罚金。

（二）非法获取计算机信息系统数据、非法控制计算机信息系统罪定罪量刑标准设定的主要考虑

《危害计算机信息系统安全犯罪解释》第1条在准确把握立法精神，深入分析非法获取计算机信息系统数据、非法控制计算机信息系统行为的基础上，对“情节严重”“情节特别严重”的具体情形进行明确。

1. 非法获取计算机信息系统数据的行为分析。《刑法修正案（七）》将非法获取计算机信息系统数据的行为入罪，主要是为了解决网络盗窃的法律适用问题。具体而言：（1）对于非法获取法律属性尚未明确的计算机信息系统数据的行为，存在法律适用困难。当前，在计算机信息系统中存储、处理或者传输的数据，因其包含内容的不同而具有不同的法律属性。其中，有些计算机信息系统数据的法律属性明确，如非法获取涉及国家秘密、商业秘密的计算机信息系统数据的，可以依照非法获取国家秘密罪、侵犯商业秘密罪等犯罪论处。但是，也存在一些法律属性尚未明确的计算机信息系统数据，如作为当前网络盗窃主要对象的网络账号、网络游戏装备等“虚拟财产”。由于“虚拟财产”的财物性质尚存在争议，能否认定为公私财物存在不同意见；而且，即使认定为公私财物，由于发行数量与价格完全由网络运营商控制，与现实社会的物价指数无必然联系，难以制定出科学合理的价格认定的方法。因此，对于非法获取“虚拟财产”等计算机信息系统数据的行为，不宜也难以适用传统的盗窃罪。（2）对计算机信息系统数据“使用盗窃”的行为，难以适用盗窃罪准确定罪量刑。不少情况下，非法获取计算机信息系统数据行为所获得的只是数据的使用权，而不是数据的所有权。如非法获得拨号上网账号并使用该账号免费上网，实质上是属于使用盗窃，盗窃者获得的是账号的使用权而不是所有权。在合法用户包月使用的情况下，难以确定行为人究竟应当支付多少费用，也就难以衡量造成的经济损失或者获利情况。（3）对于非法获取计算机信息系统数据，但是尚未实际使用该数据的行为，难以适用盗窃罪等传统罪名。例如，非法获取网上银行账号、密码，但是尚未使用该账号、密码和转移其中的资金，可能难以按照盗窃罪定罪

处罚。基于上述原因,《刑法修正案(七)》将非法获取计算机信息系统数据行为单独入罪,规定为专门的非法获取计算机信息系统数据罪,以区别于传统的盗窃罪等犯罪。

根据《刑法》第285条第2款的规定,违反国家规定,侵入国家事务、国防建设、尖端科学技术领域的计算机信息系统以外的计算机信息系统或者采用其他技术手段,获取该计算机信息系统中存储、处理或者传输的数据的,构成非法获取计算机信息系统数据罪。因此,该罪所保护的主要是计算机信息系统安全。对于非法获取计算机信息系统数据进而实施其他犯罪规定进行的行为,可以依照其他犯罪规定进行处理,如非法获取网上银行账号、密码后转移账户资金的,可以按照盗窃罪定罪处罚。行为人非法获取网上银行账号、密码但并未窃取账户资金的行为,由于侵犯了计算机信息系统安全,如果情节严重,也应当按照非法获取计算机信息系统数据罪定罪处罚。

当前,非法获取计算机信息系统数据行为的主要动机是牟利。具体而言,表现为两种情形:一是直接获利。具体又包括两种方式:第一种方式是直接出售数据获利,如窃取医师资格考试证件信息后销售给他人制造假证件获利;第二种方式是在获取计算机信息系统数据后并不直接出售数据,而是通过使用该数据实施直接获利行为。例如,窃取网络游戏账号、密码后转移走游戏中的装备销售获利。二是通过减少支付费用间接获利。如通过获得他人网络账号后免费上网以减少上网费用;再如,教育部门对外开放有查询学历、学位信息的服务,使用该服务需要支付费用,有人盗窃他人账号实施查询操作以逃避支付费用。不以牟利为目的的非法获取数据行为较为少见,社会危害也相对较小,如盗窃他人QQ号码供自己使用。

2. 非法控制计算机信息系统行为分析。《刑法修正案(七)》将非法控制计算机信息系统行为入罪,主要是为了解决如下两个法律适用难题:(1)计算机信息系统的“使用盗窃”问题,也即侵入计算机信息系统后,并未破坏计算机信息系统的功能或者数据,而是通过控制计算机实施特定的操作获利的行为。比如,很多攻击者通过控制大量计算机信息系统形成僵尸网络(botnet),并通过操控这些僵尸网络实施特定的操作获利,如控制计算机信息系统点击网站并销售“流量”、控制计算机植入“插件”等,由于这些行为并不破坏计算机信息系统的功能和数据,只是使用了计算机信息系统的资源,因此难以按照破坏计算机信息系统功能或者数据相关条款定罪处罚。(2)非法控制计算机信息系统后实施的其他违法犯罪行为难以定罪的问题。在很多案件中,行为人在非法控制计算机信息系统后,非法获取这些计算机信息系统中的数据或者控制这些计算机信息系统实施拒绝服务攻击等破坏信息系统功能或者数据的行为,虽然理论上可以按照非法获取数据、破坏计算机信息系统功能或者数据等其他条款定罪处罚,但在具体实践中一旦攻击行为停止就很难获得相关的证据(如控制其他计算机实施拒绝服务攻击,如果攻击停止将无法采集到证明攻击实施的证据)。考虑到这些行为通常以非法控制计算机信息系统为前提,在控制计算机信息系统后可以实施的行为很多,难以一一列举,因此在立法中将"非法控制"计算机信息系统的行为入罪,而不对控制后实施的其他行为一一列举入罪,这解决了"非法控制"后续犯罪行为定罪困难的问题。

当前,非法控制计算机信息系统行为的主要动机也是牟利。通常而言,行为人非法控制计算机信息系统的主要目的是利用这些计算机信息系统实施特定操作获利,获利主要有两种途径:一是出售计算机信息系统控制权,也即互联网上的倒卖"肉鸡"行为。二是通过使用被控制的计算机信息系统的资源获利,如通过控制计算机植入"插件"、控制计算机点击网站、在计算机上弹出广告等,其本质都是使用计算机信息系统的资源执行特定操作获利。

3. 定罪量刑标准设定的主要考虑。基于上述分析,《危害计算机信息系统安全犯罪解释》第 1 条在设定非法获取计算机信息系统数据、非法控制计算机信息系统罪定罪量刑标准时主要有如下考虑:(1)非法获取计算机信息系统数据罪并不以数据自身的法律属性来衡量其犯罪情节,而应当主要以其对计算机信息系统的安全造成的危害程度来衡量其犯罪情节。(2)非法获取计算机信息系统数据罪应当解决的问题主要是数据的法律属性不明确,无法适用刑法其他条款的情形。比如获取国家秘密、商业秘密等法律属性明确的数据的,可以依照其他罪种定罪处罚,非法获取计算机信息系统数据罪主要是应当对非法获取数据行为定罪处罚而又无法按照刑法其他条款定罪处罚的情形提供法律依据。(3)无论是非法获取计算机信息系统数据,还是非法控制计算机信息系统,主要动机都是牟利,故应当将以牟利为目的的行为作为重点打击对象。

（三）非法获取计算机信息系统数据、非法控制计算机信息系统罪的定罪量刑标准

根据《刑法》第285条第2款的规定，非法获取计算机信息系统数据、非法控制计算机信息系统罪设有两个法定刑档次：情节严重的，符合基本法定刑档次，处3年以下有期徒刑或者拘役，并处或者单处罚金；情节特别严重的，构成情节加重犯，处3年以上7年以下有期徒刑，并处罚金。为统一司法适用，《危害计算机信息系统安全犯罪解释》第1条对非法获取计算机信息系统数据、非法控制计算机信息系统"情节严重""情节特别严重"的具体情形作了规定，明确了定罪量刑标准。

1. 获取网络金融服务的身份认证信息构成"情节严重"的情形。与计算机信息系统安全相关的数据中最为重要的是用于认证用户身份的身份认证信息（如口令、证书等），此类数据通常是网络安全的第一道防线，也是网络盗窃的最主要对象；特别是非法获取电子银行、证券交易、期货交易等网络金融服务的账号、口令等身份认证信息的活动非常猖獗。从实践来看，不少行为人在非法获取相关账号、密码后并不直接转移该账号中的资金，而是将账号、密码等数据销售给他人获利。基于此，《危害计算机信息系统安全犯罪解释》对网络金融服务的身份认证信息予以重点保护，根据司法实践的情况，综合行为的社会危害性，规定"获取支付结算、证券交易、期货交易等网络金融服务的身份认证信息十组以上的"，构成非法获取计算机信息系统数据"情节严重"。

需要提及的是，《危害计算机信息系统安全犯罪解释》起草过程中，有意见提出，非法获取网络金融服务的身份认证信息的入罪标准应当设定为一组以上，也即只要实施非法获取网络金融服务的身份认证信息的行为即构成犯罪。主要考虑如下：《最高人民法院、最高人民检察院关于办理妨害信用卡管理刑事案件具体应用法律若干问题的解释》第1条第1款规定："复制他人信用卡、将他人信用卡信息资料写入磁条介质、芯片或者以其他方法伪造信用卡一张以上的，应当认定为刑法第一百七十七条第一款第四项规定的'伪造信用卡'，以伪造金融票证罪定罪处罚。"非法获取网络金融服务的身份认证信息与"伪造信用卡"的性质基本相同，危害也基本一样，故规定非法获取网络金融服务的身份认

证信息1组以上的标准是适当的。但经研究认为，非法获取网络金融服务的身份认证信息的行为与伪造信用卡的行为存在一定的差异，前者可能并不能直接窃取账户资金（如在账户所有人修改密码的情况下），而后者可以直接窃取资金。基于此，两者在入罪标准方面应当有所差异。因此，综合考虑司法实践的情况，《危害计算机信息系统安全犯罪解释》将非法获取网络金融服务的身份认证信息的入罪标准设定为“十组以上”。

2. 获取其他身份认证信息构成“情节严重”的情形。对于网络金融服务的身份认证信息以外的其他网络服务的身份认证信息，如网络即时通讯、网络邮箱等的身份认证信息，网络盗窃者非法获取这些身份认证信息的案件也较为多发。实践中，网络盗窃者非法获取上述身份认证信息，通常有三种目的：一是通过销售这些账号信息或者窃取这些账号中的虚拟财产（如游戏装备、Q币等）获利；二是通过使用这些账号信息减少自己的费用支出，如盗窃他人拨号上网账号上网以减少支付费用；三是通过使用这些账号实施其他违法犯罪行为，如窃取QQ号码后骗取QQ好友的钱财，盗窃邮箱账号后查看他人邮箱内容等。根据司法实践中的具体情况，《危害计算机信息系统安全犯罪解释》规定获取网络金融服务以外的身份认证信息“五百组以上的”构成非法获取计算机信息系统数据“情节严重”。

需要注意的是，从司法实践来看，不以牟利或者实施其他违法犯罪活动为目的网络盗窃活动较为少见，但也确实存在。例如，非法侵入一个普通论坛后下载该论坛的数据库，等同于获得了该网站所有用户的账号密码信息（如数十万用户的账号信息），但此种行为的社会危害并不大。《危害计算机信息系统安全犯罪解释》起草过程中，有意见建议将获取网络金融服务以外的身份认证信息的入罪标准规定为“以牟利为目的，获取其他身份认证信息十组以上的”情形。经研究认为，由于非法获取计算机信息系统数据罪主要目的是保护计算机信息系统安全，因此，一概将非出于牟利或者实施其他违法犯罪活动为目的的非法获取身份认证信息的行为排除在犯罪之外，有违立法本意。当然，在适用中，确有必要对上述情形予以出罪的，可以适用《刑法》第13条“但书”的规定。因此，《危害计算机信息系统安全犯罪解释》最终大幅上调了获取网络金融服务以外的身份认证信息的入罪数量标准，同时未明确规定不以牟利或者实施其他违法犯罪活动为目的非法获取身份认证信息的行为不构成犯罪。司法实践中，对于出于好奇、炫耀网络技术等目的而实施的打包盗窃论坛身份认证信息等行为，即使获取身份认证信息超过五百组的，由于社会危害性不大，也应当适用《刑法》第 13 条“但书”的规定，不宜纳入刑事打击的范围。

司法实践中，要准确把握《危害计算机信息系统安全犯罪解释》规定的一“组”身份认证信息的概念。所谓一组身份认证信息，是指可以确认用户在计算机信息系统上操作权限的认证信息的一个组合，比如某些网上银行需要用户名、密码和动态口令就可以转账，那么用户名、密码和动态口令就是一组身份认证信息；有的网上银行除上述三项信息外还需要手机认证码才可以转账，缺一不可，那么这四项信息才能构成一组身份认证信息。但是，对于身份认证信息，特别是密码信息，很多用户有经常更改密码的习惯，故认定一组身份认证信息不应以在办案过程中是否可以实际登录使用为判断标准，而应结合其非法获取身份认证信息的方法判断该身份认证信息在被非法获取时是否可用为依据，如使用的木马程序能有效截获用户输入的账号密码，则不管该密码当前是否可用，只要是使用该木马程序截获的账号、密码，就应认定为一组有效身份认证信息。

3. 非法控制计算机信息系统构成“情节严重”的情形。在非法侵入计算机信息系统后，并未破坏计算机信息系统的功能或者数据，而是通过控制计算机信息系统实施特定操作的行为被称为“非法控制计算机信息系统”。很多攻击者通过控制大量计算机信息系统形成僵尸网络，据统计，全世界的僵尸网络有相当比例位于我国，有的僵尸网络控制的计算机信息系统甚至多达数十万台，这已成为我国互联网安全的重大隐患。针对上述问题，《危害计算机信息系统安全犯罪解释》将非法控制计算机信息系统台数作为衡量情节严重的标准之一，即非法控制计算机信息系统 20 台以上的，应当认定为“情节严重”。

例如，被告人耿某在 2015 年至 2016 年间，通过互联网以利用电脑漏洞植入木马的方式，非法控制计算机信息系统后出租给他人，以牟取不法利益。经勘验耿某于 2016 年 1 月 29 日非法控制计算机信息系统 50 台。法院经审理认为，被告人耿某违反国家规定，非法控制计算机信息系统，其行为已构成非法控制计算机信息系统罪，判处有期徒刑 1 年 6 个月，处罚金人民币 2 万元。[①]

4. 违法所得或者造成经济损失构成“情节严重”的情形。非法获取计算机信息系统数据、非法控制计算机信息系统行为的主要目的是牟利，且易给权利人造成经济损失，因此，《危害计算机信息系统安全犯罪解释》将违法所得数额和财产损失数额作为衡量情节严重的标准之一。

从实践来看，难以对身份认证信息以外的计算机信息系统数据的入罪标准作出统一规定。例如，入侵教育部门证件信息查询系统并获取毕业证、学位证信息的行为，具体的入罪标准就难以设定。此外，有些非法获取身份认证信息、非法控制计算机信息系统的行为，虽然数量未达到前述标准，但非法获利数额可能非常大，如盗窃一个 QQ 号码销售获利数万元，对此就有必要予以刑事惩治。基于上述考虑，《危害计算机信息系统安全犯罪解释》将违法所得作为入罪标准之一，规定违法所得 5000 元以上的构成“情节严重”。

非法获取计算机信息系统数据和非法控制计算机信息系统可能造成经济损失，如获取他人拨号上网账号后使用该账号免费上网，可能给网络接入服务商造成经济损失；获取网上需要付费的服务（如网上查询高考成绩通常需要付费）的账号并使用该账号获得服务并规避支付费用，实质上给服务提供商造成了收入上的损失；非法控制计算机信息系统，如控制托管服务商的主机并免费使用主机上的存储空间建设网站，实际上造成了托管服务商的主机出租收入的损失。基于此，《危害计算机信息系统安全犯罪解释》将造成经济损失作为入罪标准之一，规定造成经济损失 1 万元以上的构成“情节严重”。

5. 其他构成“情节严重”的情形。考虑到司法实践的情况十分复杂，《危害计算机信息系统安全犯罪解释》设置了兜底项，对于不符合上述情形，但确实达到情节严重程度，如造成恶劣社会影响的，也可以按照犯罪处理。

6. 构成“情节特别严重”的情形。《危害计算机信息系统安全犯罪解释》根据非法获取计算机信息系统数据、非法控制计算机信息系统犯罪的性质和危害

---

① 参见《海淀法院召开“海淀区人民法院 2007 年至 2016 年审结网络犯罪案件情况调研报告新闻发布会”》，载中国法院网，http://www.live.chinacourt.org/chat/chat/2017/03/id/46975.shtml，最后访问日期：2017 年 4 月 23 日。

程度，并参照以往有关司法解释，以“情节严重”的5倍为标准，对“情节特别严重”作了规定。

（四）非法使用计算机信息系统控制权行为的定性

明知是他人非法控制的计算机信息系统，而对该计算机信息系统的控制权加以利用，使该计算机信息系统继续处于被控制状态，实际上是对该计算机信息系统实施控制，应当认定为非法控制计算机信息系统。因此，《危害计算机信息系统安全犯罪解释》明确规定对此种行为适用关于非法控制计算机信息系统行为的定罪量刑标准。

四、提供侵入、非法控制计算机信息系统程序、工具罪的定罪量刑

（一）提供侵入、非法控制计算机信息系统程序、工具罪的概念与构成特征

提供侵入、非法控制计算机信息系统程序、工具罪，是指提供专门用于侵入、非法控制计算机信息系统的程序、工具，或者明知他人实施侵入、非法控制计算机信息系统的违法犯罪行为而为其提供程序、工具，情节严重的行为。提供侵入、非法控制计算机信息系统程序、工具罪是《刑法修正案（七）》增设的犯罪。本罪的构成特征如下：

1. 提供侵入、非法控制计算机信息系统程序、工具罪的客体为国家对计算机信息系统的管理秩序。由于入侵计算机信息系统和非法获取数据、非法控制他人计算机有一定的技术门槛，目前不法分子大多是通过向其他人购买盗号木马、入侵程序等专用程序和工具来实施相关犯罪行为。向他人提供侵入、非法控制计算机信息系统的程序、工具的犯罪行为，大大降低了网络犯罪的技术门槛，不法分子几乎不需要专业计算机网络知识即可实施侵入计算机信息系统、非法获取计算机信息系统数据、非法控制计算机信息系统犯罪，因而严重破坏了计算机系统安全管理秩序，给计算机信息系统安全造成极大的威胁。当前，职业化制作、提供和出售此类程序已成为信息网络犯罪快速增长的主要原因之一。

2. 提供侵入、非法控制计算机信息系统程序、工具罪的客观方面表现为提

供专门用于侵入、非法控制计算机信息系统的程序、工具,或者明知他人实施侵入、非法控制计算机信息系统的违法犯罪行为而为其提供程序、工具,情节严重的行为。提供侵入、非法控制计算机信息系统程序、工具罪行为,本质上是为计算机犯罪提供作案工具的犯罪行为,是一种"帮助行为"。但是,考虑到实践中提供侵入、非法控制计算机信息系统程序、工具的行为在网络犯罪中所起的重要作用和对网络信息安全造成的严重危害,以及司法实践中的操作便利性,《刑法》第285条第3款将此种行为明确规定为独立的犯罪。

(1)实施了提供专门用于侵入、非法控制计算机信息系统专用程序、工具的行为。需要注意的是,此处的提供对象必须是"专门用于侵入、非法控制计算机信息系统专用程序、工具",但不要求行为人明知他人实施侵入、非法控制计算机信息系统的行为。

(2)明知他人实施侵入、非法控制计算机信息系统的行为而为其提供程序、工具。这里的"他人",既包括自然人,也包括单位。需要注意的是,这里不再强调程序、工具的"专用"性,即所提供的程序、工具可以不是专门用于侵入、非法控制计算机信息系统的程序、工具,而是在其他领域可能具有正当的功能和用途的程序、工具,但由于明知他人的非法用途而提供帮助,因而构成犯罪。

(3)无论是提供专门用于侵入、非法控制计算机信息系统的程序、工具,还是明知他人实施侵入、非法控制计算机信息系统的违法犯罪行为而为其提供程序、工具,必须达到"情节严重"的程度才构成犯罪。

3. 提供侵入、非法控制计算机信息系统程序、工具罪的主体是一般主体,凡年满16周岁、具有刑事责任能力的自然人都可以成为本罪的主体。根据《刑法修正案(九)》增设的《刑法》第285条第4款的规定,单位可以成为提供侵入、非法控制计算机信息系统程序、工具罪的主体。

4. 提供侵入、非法控制计算机信息系统程序、工具罪在主观方面表现为故意,且为直接故意,过失不构成本罪。实践中,实施提供侵入、非法控制计算机信息系统程序、工具罪一般具有牟利的目的,但具有牟利的目的不是本罪的必备要件。

(二)"专门用于侵入、非法控制计算机信息系统的程序、工具"的范围

《刑法》第285条第3款规定了提供侵入、非法控制计算机信息系统程序、

工具罪,具体包括提供专门用于侵入、非法控制计算机信息系统的程序、工具和明知他人实施侵入、非法控制计算机信息系统的违法犯罪行为而为其提供程序、工具两种行为方式。因此,明确“专门用于侵入、非法控制计算机信息系统的程序、工具”的范围,是正确处理相关案件的前提和基础。

1.“专门用于侵入、非法控制计算机信息系统的程序、工具”与“专门用于非法获取计算机信息系统数据的程序、工具”的关系。《刑法》第285条第3款的用语是“专门用于侵入、非法控制计算机信息系统的程序、工具”,从字面上看,没有涉及专门用于非法获取数据的工具。但是,“所谓‘专门用于侵入计算机系统的程序、工具’,主要是指专门用于非法获取他人登录网络应用服务、计算机系统的账号、密码等认证信息以及智能卡等认证工具的计算机程序、工具”。[①] 很显然,除专门用于实施非法侵入计算机信息系统的程序、工具外,通过非法侵入计算机信息系统而非法获取数据的专门性程序、工具也应当纳入“专门用于侵入计算机信息系统的程序、工具”的范畴,这并未超越刑法用语的规范含义。因此,“专门用于侵入、非法控制计算机信息系统的程序、工具”,既包括专门用于侵入、非法控制计算机信息系统的程序、工具,也包括通过侵入计算机信息系统而非法获取数据的专门性程序、工具。顺带需要提及的是,基于同样的理由,《刑法》第285条第3款后半句规定的“明知他人实施侵入、非法控制计算机信息系统的违法犯罪行为而为其提供程序、工具”,这里的“侵入”既包括非法侵入计算机信息系统行为,也包括通过侵入计算机信息系统而非法获取数据的行为。

具体而言,根据《刑法》第285条规定的犯罪行为,可以将“专门用于侵入、非法控制计算机信息系统的程序、工具”分为三类:一是专门用于实施非法侵入计算机信息系统的程序、工具;二是通过非法侵入计算机信息系统而非法获取数据的专门性程序、工具;三是专门用于非法控制计算机信息系统的程序、工具。

2.“专门用于侵入、非法控制计算机信息系统的程序、工具”与中性程序、工具的界分。界定“专门用于侵入、非法控制计算机信息系统的程序、工具”,关键

---

① 黄太云:《〈刑法修正案(七)〉解读》,载《人民检察》2009年第6期。

在于明确“专门”一词的含义。《刑法》第 285 条第 3 款的“专门用于侵入、非法控制计算机信息系统的程序、工具”，“是指行为人所提供的程序、工具只能用于实施非法侵入、非法控制计算机信息系统的用途”。[①] 可见，其区别于一般的程序、工具之处在于此类程序、工具专门是用于违法犯罪目的，而不包括那些既可以用于违法犯罪目的又可以用于合法目的的“中性程序”。因此，“专门”是对程序、工具本身的用途非法性的限定，是通过程序、工具本身的用途予以体现的。而程序、工具本身的用途又是由其功能所决定的，如果某款程序、工具在功能设计上就只能用来实施控制、获取数据的违法行为，则可以称之为“专门”工具、程序。经研究认为，从功能设计上可以对“专门用于侵入、非法控制计算机信息系统的程序、工具”作如下限定：

首先，程序、工具本身具有获取计算机信息系统数据、控制计算机信息系统的功能。如前所述，就刑法规范的逻辑而言，《刑法》第 285 条第 3 款应当是前两款的工具犯。《刑法》第 285 条第 3 款规定的“专门用于侵入、非法控制计算机信息系统的程序、工具”实质上是指专门用于实施《刑法》第 285 条规定之罪的程序、工具。需要注意的是，由于专门用于实施非法侵入计算机信息系统的程序、工具较为少见，而且难以从功能上对其作出界定，故对其主要应通过主观设计目的予以判断(《危害计算机信息系统安全犯罪解释》第 2 条第 3 项的规定)。基于上述考虑，这里主要强调了程序、工具本身的获取数据和控制功能。

其次，程序、工具本身具有避开或者突破计算机信息系统安全保护措施的功能。有不少木马程序既可用于合法目的也可用于非法目的，属于“中性程序”，比如 Windows 系统自带的 Terminal Service(终端服务)也可以用于远程控制计算机信息系统，很多商用用户运用这种远程控制程序以远程维护计算机信息系统。通常情况下，攻击者使用的木马程序必须故意逃避杀毒程序的查杀和防火墙的控制，故此类木马程序区别于“中性的”商用远程控制程序的主要特征是其具有“避开或者突破计算机信息系统安全保护措施”的特征，如具有自动停止杀毒软件的功能、自动卸载杀毒软件功能等，在互联网上广泛销售的所谓“免

---

① 全国人大常委会法制工作委员会刑法室编：《中华人民共和国刑法条文说明、立法理由及相关规定》，北京大学出版社 2009 年版，第 592 页。

杀”木马程序即属于此种类型的木马程序。因此,《危害计算机信息系统安全犯罪解释》将专门用于“避开或者突破计算机信息系统安全保护措施”作为界定标准之一。

最后,程序、工具获取数据和控制的功能,在设计上即能在未经授权或者超越授权的状态下得以实现,这是专门程序、工具区别于“中性程序、工具”的典型特征,是该类程序违法性的集中体现。如“网银大盗”程序,其通过键盘记录的方式,监视用户操作,当用户使用个人网上银行进行交易时,该程序会恶意记录用户所使用的账号和密码,记录成功后,程序会将盗取的账号和密码发送给行为人。该程序在功能设计上即可在无须权利人授权的情况下获取其网上银行账号、密码等数据。“中性”程序、工具不具备在未经授权或超越授权的情况下自动获取数据或者控制他人计算机信息系统的功能。

3.“专门用于侵入、非法控制计算机信息系统的程序、工具”的具体范围。基于上述考虑,《危害计算机信息系统安全犯罪解释》第 2 条对“专门用于侵入、非法控制计算机信息系统的程序、工具”的具体范围作了规定。第 1 项、第 2 项将具有避开或者突破计算机信息系统安全保护措施,未经授权或者超越授权获取计算机信息系统数据的功能或者对计算机信息系统实施控制的功能的程序、工具列为“专门用于侵入、非法控制计算机信息系统的程序、工具”。这两类程序都符合了上述三个要件,明显有别于“中性程序”,能够被认定为“专门性程序、工具”。此外,第 3 项还列出了其他专门设计用于侵入、非法控制计算机信息系统、非法获取计算机信息系统数据的程序、工具。在黑客攻击破坏活动中还存在很多专门为实施违法犯罪活动而设计的程序、工具,比如攻击者针对某类网吧管理系统的漏洞专门设计的侵入程序,针对某个网络银行系统设计的专用侵入程序,此类程序难以进行详细分类并一一列举,也难以准确地概括其违法性的客观特征。因此,此处规定并不是通过程序的客观特性界定其范围,而是通过设计者的主观动机予以界定,哪些程序属于这一范畴应当根据情况具体分析。

司法实践中需要注意木马程序的认定问题。木马程序(trojan horse,全称为特洛伊木马),是指潜伏在电脑中,受外部用户控制以窃取本机信息或者控制权的程序。木马程序对计算机信息系统的破坏十分有限,难以纳入“计算机病毒等破坏性程序”的范围。对于其中的恶意木马程序,应当认定为“专门用于侵入、非法控制计算机信息系统的程序、工具”。需要注意的是,与制作、传播病毒等破坏性程序构成破坏计算机信息系统罪要求出现“影响计算机信息系统正常运行”不同,根据《刑法》第285条第3款的规定,提供侵入、非法控制计算机信息系统的程序、工具,只要情节严重的,既可构成犯罪,无须判断是否出现影响计算机信息系统正常运行的结果。例如,在“温柔”系列木马案中,2007年6月至2008年8月,被告人吕某某、曾某某等先后编写出针对40余款网络游戏的木马程序。2008年2月起,被告人严某某接受曾某某委托,将该系列木马程序以其女友陈某某的网名“温柔”命名并总代理销售。此后,吕某某又将该木马程序修改后分包给不同的一级代理商张某甲、张某乙等人。由此,逐步形成了以严某某、陈某某为总代理,张某甲、张某乙等数十人为分代理的销售网络。至案发前,吕某某等人制售的“温柔”系列木马程序达28款,盗窃游戏账号、密码超过530万组。被告人吕某某、曾某某二人共同获利64.5万余元,严某某、陈某某共获利31万元。吕某某、曾某某、严某某等11名被告人分别因犯提供侵入计算机信息系统程序罪和非法获取计算机信息系统数据罪被法院判处刑罚。对于此类案件,主要是从提供的程序、工具的人次,违法所得和经济损失数额等方面判断行为的情节严重程度,从而判断是否构成提供侵入、非法控制计算机信息系统程序、工具罪,而是否影响计算机信息系统正常运行并非该罪的构成要件。

4.“专门用于侵入、非法控制计算机信息系统的程序、工具”的认定程序。专门用于侵入、非法控制计算机信息系统的程序、工具由于专业性较强,根据《危害计算机信息系统安全犯罪解释》第10条的规定,“应当委托省级以上负责计算机信息系统安全保护管理工作的部门检验。司法机关根据检验结论,并结合案件具体情况认定”。关于所涉部门的具体范围,应当根据《计算机信息系统安全保护条例》第6条的规定确定。该条规定:“公安部主管全国计算机信息系统安全保护工作。国家安全部、国家保密局和国务院其他有关部门,在国务院规定的职责范围内做好计算机信息系统安全保护的有关工作。”因此,在司法实践中,应当根据案件的具体情况,由公安机关、安全机关或者保密部门等部门出具。必要时,为了确保司法认定的准确性,也可以委托具有相关鉴定资质的司法鉴定机构进行鉴定，相关部门结合鉴定意见综合判断后出具意见。最终，司法机关根据上述，并结合案件具体情况认定。①

需要注意的是，根据《电子数据规定》的规定，对电子数据涉及的专门性问题难以确定的，由司法鉴定机构出具鉴定意见，或者由公安部指定的机构出具报告。据此，对于是否属于专门用于侵入、非法控制计算机信息系统的程序、工具，也可以由公安部指定的机构出具报告。

（三）提供侵入、非法控制计算机信息系统程序、工具罪的定罪量刑标准

根据《刑法》第285条第3款的规定，提供侵入、非法控制计算机信息系统程序、工具罪设有两个法定刑档次：情节严重的，符合基本法定刑档次，处3年以下有期徒刑或者拘役，并处或者单处罚金；情节特别严重的，构成情节加重犯，处3年以上7年以下有期徒刑，并处罚金。为统一司法适用，《危害计算机信息系统安全犯罪解释》第3条对提供侵入、非法控制计算机信息系统程序、工具"情节严重""情节特别严重"的具体情形作了规定，明确了定罪量刑标准。

1. 提供侵入、非法控制计算机信息系统程序、工具罪的入罪标准。根据《危害计算机信息系统安全犯罪解释》第3条第1款的规定，对于提供专门用于侵入、非法控制计算机信息系统的程序、工具，或者明知他人实施侵入、非法控制计算机信息系统的违法犯罪行为而为其提供程序、工具的行为，主要从以下几个方面认定"情节严重"：

一是提供的程序、工具的人次。其中，对于提供网银木马等"能够用于非法获取支付结算、证券交易、期货交易等网络金融服务的身份认证信息的专门性程序、工具"的行为，第1项规定提供5人次以上的即属"情节严重"；对于提供盗号程序、远程控制木马程序等其他专门用于侵入、非法控制计算机信息系统

① 顺带提及的是，《危害计算机信息系统安全犯罪解释》第10条的规定实际上为技术术语与法律概念的转化提供了可能。司法实践中，一些鉴定意见只是载明所涉计算机信息系统、程序的用途、功能，而对该系统、程序是否属于刑法条文规定的"三大领域计算机信息系统""专门用于侵入、非法控制计算机信息系统的程序、工具""计算机病毒等破坏性程序"则语焉不详，而司法机关由于缺乏专业知识，亦难以作出准确判断。故而，设置这样一道转化程序，有利于专门术语的准确认定和案件的妥善处理。

的程序、工具的，第2项规定提供20人次以上的属于“情节严重”；对于明知他人实施非法获取支付结算、证券交易、期货交易等网络金融服务的身份认证信息的违法犯罪行为而为其提供程序、工具的，第3项规定提供5人次以上的即属“情节严重”；对于明知他人实施其他侵入、非法控制计算机信息系统的违法犯罪行为而为其提供程序、工具的，第4项规定提供20人次以上的属于“情节严重”。

二是违法所得和经济损失数额。由于提供此类工具的行为主要以获利为目的，正是在非法获利的驱动下，互联网上销售各类黑客工具的行为才会泛滥，且往往会给权利人造成经济损失，故第5项将违法所得5000元以上或者造成经济损失1万元以上作为认定“情节严重”的标准之一。

三是对于其他无法按照提供的人次、违法所得数额、经济损失数额定罪的，第6项设置了兜底条款。

2. 提供侵入、非法控制计算机信息系统程序、工具罪的情节加重标准。根据《危害计算机信息系统安全犯罪解释》第3条第2款的规定，“情节严重”和“情节特别严重”之间为5倍的倍数关系。

（四）提供侵入、非法控制计算机信息系统程序、工具犯罪案件办理中应当注意的问题

《刑法》第285条第3款实际上是《刑法》第285条第1款、第2款的工具犯。该款规定，提供专门用于侵入（包括通过侵入计算机信息系统实施的非法获取数据）、非法控制计算机信息系统的程序、工具，或者明知他人实施侵入（包括通过侵入计算机信息系统实施的非法获取数据）、非法控制计算机信息系统的违法犯罪行为而为其提供程序、工具，情节严重的，以提供侵入、非法控制计算机信息系统程序、工具罪论处。在司法实践中，要注意把握《刑法》第285条第1款、第2款与第3款相交织的情形：

1. 明知他人实施侵入（包括通过侵入计算机信息系统实施的非法获取数据）、非法控制计算机信息系统的违法犯罪行为，而为其提供程序、工具行为的定性。从立法背景来看，《刑法修正案（七）》增设了《刑法》第285条第3款，将非法侵入计算机信息系统、非法获取计算机信息系统数据、非法控制计算机信

息系统共同犯罪中的提供工具行为独立化,单独规定为犯罪,并配置了独立的法定刑。在此背景下,对于明知他人实施侵入(包括通过侵入计算机信息系统实施的非法获取数据)、非法控制计算机信息系统的违法犯罪行为,而为其提供程序、工具的,无论是否构成共同犯罪,均宜以提供侵入、非法控制计算机信息系统程序、工具罪论处。

2. 明知他人实施侵入(包括通过侵入计算机信息系统实施的非法获取数据)、非法控制计算机信息系统的违法犯罪行为,而为其提供程序、工具,并参与实施了非法侵入计算机信息系统、非法获取计算机信息系统数据、非法控制计算机信息系统的具体犯罪行为的定性。本书认为,行为人实施的行为既符合了非法侵入计算机信息系统罪或者非法获取计算机信息系统数据、非法控制计算机信息系统罪,也符合了提供侵入、非法控制计算机信息系统程序、工具罪,但是考虑到两个行为之间前后相连,密不可分,不宜再数罪并罚。较为妥善的处理方案是,按照"从一重处断"原则,即比较两罪轻重,按照重罪处断。

五、破坏计算机信息系统罪的定罪量刑

(一)破坏计算机信息系统罪的概念与构成特征

破坏计算机信息系统罪,是指违反国家规定,对计算机信息系统功能进行删除、修改、增加、干扰,造成计算机信息系统不能正常运行,或者对计算机信息系统中存储、处理或者传输的数据和应用程序进行删除、修改、增加的操作,或者故意制作、传播计算机病毒等破坏性程序,影响计算机系统正常运行,后果严重的行为。

1. 破坏计算机信息系统罪的客体为计算机信息系统安全。犯罪对象为计算机信息系统功能、数据和应用程序。为了更好地维护计算机信息系统的安全和有效运行,国家对计算机信息系统制定了严格的管理制度。随着计算机信息技术的发展,计算机网络犯罪也在迅速地滋长蔓延。在各种计算机网络犯罪中,破坏计算机信息系统功能、数据和应用程序,以及故意制作、传播计算机病毒的行为,具有严重的社会危害性,严重危害了计算机信息系统安全,必须严厉打击。

2. 破坏计算机信息系统罪的客观方面表现为违反国家规定,对计算机信息

系统功能进行删除、修改、增加、干扰，造成计算机信息系统不能正常运行，或者对计算机信息系统中存储、处理或者传输的数据和应用程序进行删除、修改、增加的操作，或者故意制作、传播计算机病毒等破坏性程序，影响计算机系统正常运行，后果严重的行为。

具体而言，破坏计算机信息系统包括三种行为方式：(1)破坏计算机信息系统功能。《刑法》第 286 条第 1 款规定："违反国家规定，对计算机信息系统功能进行删除、修改、增加、干扰，造成计算机信息系统不能正常运行，后果严重的，处五年以下有期徒刑或者拘役；后果特别严重的，处五年以上有期徒刑。"根据该款规定，所谓破坏计算机信息系统功能，是指对计算机信息系统功能进行删除、修改、增加、干扰的操作。实施破坏计算机信息系统功能的行为，必须造成计算机信息系统不能正常运行，才能构成犯罪。(2)破坏计算机信息系统数据、应用程序。《刑法》第 286 条第 2 款规定："违反国家规定，对计算机信息系统中存储、处理或者传输的数据和应用程序进行删除、修改、增加的操作，后果严重的，依照前款的规定处罚。"根据该款规定，破坏计算机信息系统数据、应用程序，是指对计算机信息系统中存储、处理或者传输的数据、应用程序进行删除、修改、增加的操作。(3)以传播计算机病毒等破坏性程序形式破坏计算机系统。《刑法》第 286 条第 3 款规定："故意制作、传播计算机病毒等破坏性程序，影响计算机系统正常运行，后果严重的，依照第一款的规定处罚。"根据该款规定，故意制作、传播计算机病毒等破坏性程序，影响计算机系统正常运行的，也属于破坏计算机信息系统的方式之一。

根据《刑法》第 286 条的规定，实施上述破坏计算机信息系统的行为，必须是产生了严重后果的才构成犯罪。

3. 破坏计算机信息系统罪的主体是一般主体，凡年满 16 周岁、具有刑事责任能力的自然人都可以成为本罪的主体。根据《刑法修正案(九)》增设的《刑法》第 286 条第 4 款的规定，单位可以成为破坏计算机信息系统罪的主体。

4. 破坏计算机信息系统罪的主观方面由故意构成，即行为人明知自己的行为会发生破坏计算机信息系统的后果，仍然希望或者放任这种危害结果发生。

根据《刑法》第 286 条的规定，犯破坏计算机信息系统罪的，处 5 年以下有期徒刑或者拘役；后果特别严重的，处 5 年以上有期徒刑。

（二）破坏计算机信息系统功能、数据或者应用程序的定罪量刑标准

1. 破坏计算机信息系统功能、数据或者应用程序定罪量刑标准设定的主要考虑。根据《刑法》第 286 条第 1 款、第 2 款的规定，破坏计算机信息系统功能、数据或者应用程序行为设有两个法定刑档次：后果严重的，符合基本法定刑档次，处 5 年以下有期徒刑或者拘役；后果特别严重的，构成结果加重犯，处 5 年以上有期徒刑。为统一司法适用，《危害计算机信息系统安全犯罪解释》第 4 条对“后果严重”“后果特别严重”的具体情形作了明确。主要考虑如下：

其一，数据、应用程序均可以成为破坏计算机信息系统行为的对象。《刑法》第 286 条第 2 款规定：“违反国家规定，对计算机信息系统中存储、处理或者传输的数据和应用程序进行删除、修改、增加的操作，后果严重的，依照前款的规定处理。”需要注意的是，关于“数据和应用程序”之间究竟是择一关系还是并列关系，即破坏计算机信息系统数据或者应用程序，就可构成破坏计算机信息系统罪，还是只有同时破坏计算机信息系统数据和应用程序，才能构成破坏计算机信息系统罪，存有不同认识。基于司法实践的具体情况，从体系解释的角度，应当将其理解为择一关系，即《刑法》第 286 条第 2 款规定的“数据和应用程序”应当理解为数据、应用程序均可以成为犯罪对象。主要考虑如下：（1）从司法实践来看，破坏数据、应用程序的案件，主要表现为对数据进行删除、修改、增加的操作，鲜有破坏应用程序的案件。因此，对于《刑法》第 286 条“对计算机信息系统中存储、处理或者传输的数据和应用程序进行删除、修改、增加的操作”的规定，应当理解为数据、应用程序均可以成为犯罪对象，并不要求一次破坏行为必须同时破坏数据和应用程序，这样才能实现对计算机信息系统中存储、处理或者传输的数据、应用程序的有效保护，维护计算机信息系统安全。（2）上述认识在其他的司法解释中有例可循。《最高人民法院、最高人民检察院关于办理走私刑事案件适用法律若干问题的解释》第 9 条就将《刑法》第 151 条第 2 款

规定的“珍贵动物及其制品”解释为“珍贵动物或者其制品”。[①] 因此，数据、应用程序均可以成为破坏计算机信息系统罪的对象，并不要求一次破坏行为必须同时破坏数据和应用程序。基于这一认识，《危害计算机信息系统安全犯罪解释》第4条第1款第2项规定，对20台以上计算机信息系统中存储、处理或者传输的数据进行删除、修改、增加操作的，即构成破坏计算机信息系统罪。需要注意的是，由于以计算机信息系统应用程序为破坏对象的案件很少，这里并未规定以被破坏应用程序的计算机信息系统的台数为定罪量刑标准，而主要是通过违法所得和造成经济损失的数额定罪量刑。

其二，破坏计算机信息系统数据、应用程序的把握。根据《刑法》第286条第2款的规定，破坏计算机信息系统数据、应用程序行为有删除、修改、增加三种方式。所谓“删除”，是指将计算机信息系统中存储、处理或者传输的数据、应用程序删去，既可以是全部删除，也可以是部分删除。所谓“修改”，是指对计算机信息系统数据、应用程序进行改动。所谓“增加”，是指在计算机信息系统中增加新的数据、应用程序。需要注意的是，对计算机信息系统数据、应用程序删除、修改、增加的三种操作方式，即通常所讲的对数据、应用程序的“增删改”，在社会危害性上没有什么区别，都是破坏数据、应用程序，这一点在司法实践中宜注意把握。

破坏计算机信息系统数据、应用程序入罪不以被破坏的数据无法恢复为要

---

① 《最高人民法院、最高人民检察院关于办理走私刑事案件适用法律若干问题的解释》第9条规定：“走私国家一、二级保护动物未达到本解释附表中（一）规定的数量标准，或者走私珍贵动物制品数额不满二十万元的，可以认定为刑法第一百五十一条第二款规定的‘情节较轻’。”“具有下列情形之一的，依照刑法第一百五十一条第二款的规定处五年以上十年以下有期徒刑，并处罚金：（一）走私国家一、二级保护动物达到本解释附表中（一）规定的数量标准的；（二）走私珍贵动物制品数额在二十万元以上不满一百万元的；（三）走私国家一、二级保护动物未达到本解释附表中（一）规定的数量标准，但具有造成该珍贵动物死亡或者无法追回等情节的。”“具有下列情形之一的，应当认定为刑法第一百五十一条第二款规定的‘情节特别严重’：（一）走私国家一、二级保护动物达到本解释附表中（二）规定的数量标准的；（二）走私珍贵动物制品数额在一百万元以上的；（三）走私国家一、二级保护动物达到本解释附表中（一）规定的数量标准，且属于犯罪集团的首要分子，使用特种车辆从事走私活动，或者造成该珍贵动物死亡、无法追回等情形的。”“不以牟利为目的，为留作纪念而走私珍贵动物制品进境，数额不满十万元的，可以免予刑事处罚；情节显著轻微的，不作为犯罪处理。”

件。根据《刑法》第286条第2款的规定,只要有对计算机信息系统数据进行删除、修改、增加的操作即可,至于被破坏的数据是否可以恢复到破坏前的状态,并非入罪要件。而且,将被破坏的数据是否可以恢复作为入罪条件,也不具有可操作性。被破坏的数据,一般技术人员无法恢复的,可能技术专家就能恢复,故被破坏的数据是否可以恢复是一个无从判断的标准。此外,与其他两种破坏计算机信息系统的行为方式不同,破坏计算机信息系统数据和应用程序构成破坏计算机信息系统罪,并不要求达到"造成计算机信息系统不能正常运行"或者"影响计算机系统正常运行"的结果。换言之,破坏计算机信息系统数据、应用程序的情形,在入罪要件方面不同于其他两类破坏计算机信息系统的情形。

其三,对《刑法》第286条第2款"依照前款的规定处罚"的理解。《刑法》第286条第2款规定破坏计算机信息系统数据和应用程序"后果严重的,依照前款的规定处罚",《刑法》第286条第3款规定的以传播计算机病毒等破坏性程序形式破坏计算机信息系统"后果严重的,依照第一款的规定处罚",而《刑法》第286条第1款既规定了"后果严重"的法定刑配置,也规定了"后果特别严重"的法定刑配置。由此带来了一个争议问题:破坏计算机信息系统的数据、应用程序,以及以传播计算机病毒等破坏性程序形式破坏计算机信息系统,有无"后果特别严重"的处罚规定。[①] 对此,应认为,《刑法》第286条第2款和第3款规定的"依照前款的规定处罚"和"依照第一款的规定处罚"都包括两档量刑幅度。主要考虑如下:(1)这是立法技术问题,即立法为了避免烦琐,进行了简略表述。主张存在"情节特别严重"和"后果特别严重"的处罚条款的认识,并不违反罪刑法定原则。(2)从罪责刑均衡的角度论证。罪刑均衡是《刑法》第5条规定的基本原则,即刑罚的轻重,应当与犯罪分子所犯罪行和承担的刑事责任相适应。这首先要求的是立法上的罪责刑相适应,即法定刑配置应均衡。以破坏计算机信息系统为例,以制作、传播计算机病毒的形式破坏计算机信息系统,比《刑法》第286条第1款规定的对计算机信息系统功能进行删除、修改、增加、干扰的行为更为严重,社会危害性也更大,立法没有理由认为第1款的行为

① 与此相类似,《刑法》第285条第3款规定的提供侵入、非法控制计算机信息系统程序、工具罪也存在有无"情节特别严重"的处罚条款的疑问。

存在“后果严重”“后果特别严重”两种情形，可以在5年以下和5年以上量刑，而以制作、传播计算机病毒形式破坏计算机信息系统的行为只有“后果严重”，而没有“后果特别严重”的情形，只能在5年以下量刑。这明显有违罪责刑相适应原则。①

其四，针对特定类型或者特定领域的计算机信息系统的特殊保护。在网络上存在很多为其他计算机信息系统提供基础服务的系统，如域名解析服务器、路由器、身份认证服务器、计费服务器等，对这些服务器实施攻击可能导致大量的计算机信息系统瘫痪，比如一个域名解析服务器可能为数万个网站提供域名解析服务，对其实施拒绝服务攻击将可能导致数万个网站无法访问，表面上其攻击行为仅破坏了一台服务器的功能，但由此引发的后果却远大于此。此外，国家机关或者金融、电信、交通、教育、医疗、能源等领域提供公共服务的计算机信息系统承担着公共服务职能，对其的攻击破坏后果更为严重，社会危害性更大。因此，针对特定类型或者特定领域计算机信息系统的攻击是互联网上危害最为严重的攻击行为，应当对其作出专门规定。②

在《危害计算机信息系统安全犯罪解释》在起草过程中，曾将针对特定类型或者特定领域的计算机信息系统破坏活动规定为破坏计算机信息系统罪的从重处罚情节。经研究认为，为了体现对特定领域计算机信息系统的特殊保护，应当设定单独的定罪量刑标准。因此，《危害计算机信息系统安全犯罪解释》将破坏国家机关或者金融、电信、交通、教育、医疗、能源等领域提供公共服务的计算机信息系统的功能、数据或者应用程序，致使生产、生活受到严重影响或者造成恶劣社会影响的情形直接规定为“后果特别严重”。

---

① 同样，提供侵入、非法控制计算机信息系统程序、工具罪也应当有“情节严重”和“情节特别严重”两个量刑幅度。

② 从域外情况来看，对特定领域计算机信息系统予以特殊保护系惯例。例如，我国台湾地区“刑法”在规定了入侵他人电脑或相关设备罪、变更他人电脑或其相关设备之电磁记录罪、干扰他人电脑或其相关设备罪的基础上，在第361条进一步规定：“对于公务机关之电脑或其相关设备犯前三条之罪者，加重其刑至二分之一。”《德国刑法典》第203条b“破坏计算机”也有“如果涉及他人公司、企业或者政府机构的重要数据处理的，处五年以下自由刑或者罚金刑”的规定，而不同于一般情形下“处三年以下自由刑或者罚金刑”。

2. 破坏计算机信息系统功能、数据或者应用程序的定罪量刑标准。《危害计算机信息系统安全犯罪解释》第 4 条第 1 款规定了“后果严重”的具体认定标准。对于破坏计算机信息系统功能、数据或者应用程序行为，主要从以下几个方面认定“后果严重”：

一是破坏计算机信息系统的数量。(1)《危害计算机信息系统安全犯罪解释》规定造成 10 台以上计算机信息系统的主要软件或者硬件不能正常运行的，属于“后果严重”。需要注意的是，“计算机信息系统的主要软件或者硬件不能正常运行”，不能仅仅理解为计算机信息系统不能启动或者不能进入操作系统等极端情况，而是既包括计算机信息系统主要软件或者硬件的全部功能不能正常运行，也包括计算机信息系统主要软件或者硬件的部分功能不能正常运行。(2)对 20 台以上计算机信息系统中存储、处理或者传输的数据进行删除、修改、增加操作的，应当认定为“后果严重”。

二是违法所得、经济损失的数额。从司法实践来看，存在通过破坏计算机信息系统功能、数据或者应用程序直接获利或者间接获利的情形。比如对于拒绝服务攻击，有的收取他人费用并帮助他人实施拒绝服务攻击，也有的通过拒绝服务攻击他人网站后向被攻击的网站的管理者推销防火墙等产品获利，这两种情况分别属于直接获利或者间接获利。基于此，《危害计算机信息系统安全犯罪解释》规定违法所得 5000 元以上或者造成经济损失 1 万元以上的属于“后果严重”。

在《危害计算机信息系统安全犯罪解释》起草过程中，关于“违法所得数额”能否作为确定“后果严重”“后果特别严重”的标准问题，有意见提出了质疑。经慎重研究，认为“违法所得数额”是目前司法实践中最好操作的标准，而且违法所得越多，通常也会给权利人带来相应严重的后果，故具有相对合理性。因此，对“违法所得数额”予以保留。

三是针对特定类型的计算机信息系统作出特殊规定。《危害计算机信息系统安全犯罪解释》规定造成为 100 台以上计算机信息系统提供域名解析、身份认证、计费等基础服务或者为一万以上用户提供服务的计算机信息系统不能正常运行累计一小时以上的，属于“后果严重”。司法实务中应当注意的是，认定被破坏的计算机信息系统是否属于第 4 条第 1 款第 4 项中的“为一万以上用户提供服务的计算机信息系统”和第4条第2款第2项中“为五万以上用户提供服务的计算机信息系统”，可采用如下方法：有注册用户的按照其注册用户数量统计，没有注册用户的按照其服务对象的数量统计。此外，第4条第1款第5项为兜底条款。

此外，《危害计算机信息系统安全犯罪解释》第4条第2款规定了“后果特别严重”的具体情形。第1项规定，在通常情况下，“后果严重”和“后果特别严重”之间为5倍的倍数关系。第2项针对为其他计算机信息系统提供基础服务或者其他服务的特定类型计算机信息系统作出特殊规定。此外，国家机关或者金融、电信、交通、教育、医疗、能源领域的计算机信息系统主要用于提供公共服务。考虑到此类计算机信息系统的特殊性，第3项将破坏该类计算机信息系统的功能或者数据，致使生产、生活受到严重影响或者造成恶劣社会影响的情形规定为“后果特别严重”。

（三）故意制作、传播计算机病毒等破坏性程序的定罪量刑标准

1. “计算机病毒等破坏性程序”的范围。《刑法》第286条第3款将故意制作、传播计算机病毒等破坏性程序的行为规定为犯罪。因此，准确界定“计算机病毒等破坏性程序”的范围，对于处理相关案件至关重要。

设定“计算机病毒等破坏性程序”范围，主要考虑如下两点：(1)将传播计算机病毒程序的行为入罪，并非强调传播方法的违法性(如自动复制导致大规模传播、利用计算机信息系统软硬件漏洞进行强行传播)，而是强调该程序自身的违法性。例如，利用网站挂马大规模向计算机信息系统强行植入程序，该程序自身并不具备破坏性，虽然其传播方法具有违法性，却不应纳入刑事打击范围。(2)对于大规模传播程序的行为，如果程序本身不具有破坏性，则难以定罪处罚。如果该程序用于非法控制计算机信息系统、非法获取数据、破坏计算机信息系统功能或者数据，则可以按照《刑法》第285条，第286条第1款、第2款规定定罪处罚；如果不用于非法控制计算机信息系统、非法获取数据、破坏计算机信息系统功能或者数据，则难以纳入计算机病毒等破坏性程序的范围。

基于上述考虑，《危害计算机信息系统安全犯罪解释》第5条对“计算机病毒等破坏性程序”的具体范围作了规定。具体包括：(1)计算机病毒，即能够通

过网络、存储介质、文件等媒介，将自身的部分、全部或者变种进行复制、传播，并破坏计算机系统功能、数据或者应用程序的程序。计算机病毒的危害性主要是其传播方式容易引起大规模传播，而且一经传播即无法控制其传播面，也无法对被侵害的计算机逐一取证确认其危害后果。换言之，计算机病毒的传播必然会影响计算机系统正常运行，属于破坏性程序的范畴。需要说明的是，《危害计算机信息系统安全犯罪解释》第5条第1项最初无“并破坏计算机系统功能、数据或者应用程序的”表述，主要考虑是“自我复制、传播”已足以体现了该类程序的破坏性，无须再进行相关限定；而有意见认为，原有界定未能体现出“破坏性”的特性，建议再斟酌。为了使解释条文更加明确、清晰，充分考量有关方面的意见，故加上了“并破坏计算机系统功能、数据的”这一表述。(2)逻辑炸弹，即能够在预先设定条件下自动触发，并破坏计算机系统功能、数据或者应用程序的程序。此类程序一旦被触发即可破坏计算机信息系统数据、功能或者应用程序，但在未触发之前仍存在潜在的破坏性。同样，此种程序应当纳入破坏性程序的范畴。(3)其他专门设计用于破坏计算机系统功能、数据或者应用程序的程序。

同“专门用于侵入、非法控制计算机信息系统的程序、工具”的认定一样，根据《危害计算机信息系统安全犯罪解释》第10条的规定，对于“计算机病毒等破坏性程序”难以确定的，“应当委托省级以上负责计算机信息系统安全保护管理工作的部门检验。司法机关根据检验结论，并结合案件具体情况认定”。此外，根据《刑事电子数据规定》的规定，对电子数据涉及的专门性问题难以确定的，由司法鉴定机构出具鉴定意见，或者由公安部指定的机构出具报告。据此，对于是否属于计算机病毒等破坏性程序，也可以由公安部指定的机构出具报告。

2. 故意制作、传播计算机病毒等破坏性程序的定罪量刑标准设定的主要考虑。根据《刑法》第286条第3款的规定，故意制作、传播计算机病毒等破坏性程序行为设有两个法定刑档次：后果严重的，符合基本法定刑档次，处5年以下有期徒刑或者拘役；后果特别严重的，构成结果加重犯，处5年以上有期徒刑。为统一司法适用，《危害计算机信息系统安全犯罪解释》第6条对“后果严重”“后果特别严重”的具体情形作了明确。根据《刑法》第286条第3款的规定，故意制作、传播计算机病毒等破坏性程序，影响计算机系统正常运行，是破坏计算机信息系统的一种情形。《危害计算机信息系统安全犯罪解释》在起草过程中，着重考虑了如下两个问题：

其一，故意制作、传播计算机病毒行为并非独立的提供工具犯。[①]《刑法》第286条第3款对制作、传播计算机病毒等破坏性程序作出了规定，但这一规定有别于《刑法》第285条第3款关于提供侵入、非法控制计算机信息系统程序、工具罪的规定，后者是独立的提供工具犯，对于提供侵入、非法控制计算机信息系统的程序、工具的行为可予以独立打击，而前者并非独立的工具犯罪，制作、销售计算机病毒等破坏性程序的行为是否构成犯罪取决于其是否“影响计算机系统正常运行”。故意制作、传播计算机病毒等破坏性程序是破坏计算机信息系统罪的一种行为方式，故意制作计算机病毒并销售，但病毒并未被植入计算机信息系统的，不可能给计算机信息系统造成影响，不能依照破坏计算机信息系统罪定罪处罚。[②] 因此，对于互联网上制作、销售计算机病毒等破坏性程序的行为无法像制作、提供专门用于非法控制计算机信息系统、非法获取数据的程序的行为那样进行独立打击，只有制作、提供的计算机病毒等破坏性程序最终被使用并产生影响计算机信息系统正常运行后果的行为，才能依据破坏计算机信息系统罪予以打击。例如，备受社会各界关注的“熊猫烧香”病毒案。2006年10月，行为人李某编写了“熊猫烧香”病毒并在网上广泛传播，并且以自己出售和由他人代卖的方式，在网络上将该病毒销售给120余人，非法获利10万余元。经病毒购买者进一步传播，导致该病毒的各种变种在网上大面积传播，对互联网用户的计算机安全造成了严重破坏。李某还于2003年编写了“武

① 从域外情况来看，不少规定将制作、传播计算机病毒的行为单独入罪。例如，我国台湾地区“刑法”第362条规定了“制作专供犯罪电脑程式罪”，规定“制作专供犯本章之罪之电脑程式，而供自己或他人犯本章之罪，致生损害于公众或他人者，处五年以下有期徒刑、拘役或科或并科二十万元以下罚金”。该罪中所涉及的“电脑程式”既包括变更他人电脑或其相关设备之电磁记录的电脑程式（木马），也包括干扰他人电脑或相关设备的电脑程式（病毒）。

② 关于《刑法》第286条第3款规定的“制作、传播计算机病毒等破坏性程序”的具体行为方式，学界存在不同认识，有观点认为是制作、传播、制作并传播三种，也有观点认为是传播、制作并传播两种。参见皮勇：《论我国刑法中的计算机病毒相关犯罪》，载《法学评论》2004年第2期。本书赞同第二种观点，对于单纯制作计算机病毒等破坏性程序而未传播的行为，由于不可能影响计算机系统正常运行，不能以破坏计算机信息系统罪定罪处罚。

汉男生”病毒,并于2005年编写了“武汉男生2005”病毒及“QQ尾巴”病毒。此外,其他行为人通过改写、传播“熊猫烧香”等病毒,构建“僵尸网络”,通过盗窃各种游戏和QQ账号等方式非法牟利。法院认定被告人李某行为构成破坏计算机信息系统罪,判处有期徒刑4年;其他被告人也构成破坏计算机信息系统罪,判处相应刑罚。本案中,行为人李某等制作、传播“熊猫烧香”等病毒,若未造成影响计算机信息系统正常运行的后果,尚不构成破坏计算机信息系统罪。但在本案中,被告人李某等制作、传播的计算机病毒,特别是“熊猫烧香”病毒及其变种,在互联网上通过多种方式大规模传播,并将感染该病毒的所有程序文件改成熊猫举着三根香的模样,同时该病毒还具有盗取用户游戏账号、QQ账号等功能。该病毒传播速度快,危害范围广,有上百万个人用户、网吧及企业局域网用户遭受感染和破坏,严重影响了众多计算机系统的正常运行,后果严重,应当认定为破坏计算机信息系统罪。

其二,将一对一提供计算机病毒等破坏性程序的情形纳入刑事规制范围。基于危害计算机信息系统安全犯罪的特殊性,宜将一对一的情形也理解为“传播”,即针对某个计算机实施病毒破坏的行为,也应视为“故意传播计算机病毒等破坏性程序”。但是上述行为必须最终导致“影响计算机信息系统正常运行”,即其制作、提供的计算机病毒等破坏性程序最终被使用并产生后果,否则不能认定为破坏计算机信息系统罪。

3. 故意制作、传播计算机病毒等破坏性程序行为的定罪量刑标准。《危害计算机信息系统安全犯罪解释》第6条第1款明确了故意制作、传播计算机病毒等破坏性程序“后果严重”的具体认定标准。该司法解释第5条第1项规定了计算机病毒程序具有自我复制传播特性,其传播方式决定了其容易引起大规模传播。由于此类程序一经传播即无法控制其传播面,也无法对被侵害的计算机逐一取证确认其危害后果,因此,《危害计算机信息系统安全犯罪解释》规定制作、提供、传输该类程序,只要导致该程序通过网络、存储介质、文件等媒介传播的,即应当认定为“后果严重”。而“逻辑炸弹”等其他破坏性程序在未触发之前,并不破坏计算机信息系统,只存在潜在的破坏性,只有向被害计算机信息系统植入该程序,才满足“影响计算机信息系统正常运行”的要件。因此,《危害计算机信息系统安全犯罪解释》规定向20台以上计算机系统植入其他破坏性程序的，应当认定为“后果严重”。以提供计算机病毒等破坏性程序的人次、违法所得数额、经济损失数额作为衡量“后果严重”的标准，《危害计算机信息系统安全犯罪解释》规定提供计算机病毒等破坏性程序10人次以上、违法所得5000元以上或者造成经济损失1万元以上属于“后果严重”。此外，《危害计算机信息系统安全犯罪解释》第6条还设置了兜底条款。①

《危害计算机信息系统安全犯罪解释》第6条第2款规定了“后果特别严重”的认定标准。计算机病毒容易被大规模传播，且一经传播即无法控制其传播面，故第6条第2款第1项特别规定制作、提供、传输计算机病毒，导致该程序通过网络、存储介质、文件等媒介传播，致使生产、生活受到严重影响或者造成恶劣社会影响的，应属“后果特别严重”。其他情况下，“后果严重”和“后果特别严重”之间为5倍的倍数关系。

---

① 对此，有论者质疑“导致该程序通过网络、存储介质、文件等媒介传播”以及“提供计算机病毒等破坏性程序十人次以上”情形“并不是制作、传播计算机病毒所造成的‘影响计算机系统正常运作’的后果，而是行为情节，并且，从目前网络安全环境看，发生这两种情况时，并不会必然出现‘影响计算机系统正常运作’的‘严重后果’”。“它不仅没有解决故意制作、传播计算机病毒所造成的严重后果的认定标准，还使在前述两项规定的情形中实际上将结果犯按照行为犯的标准来认定，这明显超出了司法解释的权限，属于越权对罪状的修改。”皮勇：《我国新网络犯罪立法若干问题》，载《中国刑事法杂志》2012年第12期。本书认为，上述论断似存在对《危害计算机信息系统安全犯罪解释》相关规定的误读：其一，《危害计算机信息系统安全犯罪解释》第6条的表述是：“故意制作、传播计算机病毒等破坏性程序，影响计算机系统正常运行，具有下列情形之一的，应当认定为刑法第二百八十六条第三款规定的‘后果严重’：（一）制作、提供、传输第五条第（一）项规定的程序，导致该程序通过网络、存储介质、文件等媒介传播的……（三）提供计算机病毒等破坏性程序十人次以上的……”显然，该条文只是明确了“后果严重”的具体情形，并未对“影响计算机系统正常运行”作出解释，故不存在对罪状的修改，更没有将《刑法》第286条第3款由结果犯调整为行为犯。其二，《危害计算机信息系统安全犯罪解释》第5条对“计算机病毒等破坏性程序”作了明确界定，特别限定该类程序必须“破坏计算机系统功能、数据或者应用程序”（第3项是将主观目的限定为此种情形）。故而，该条第1项规定的计算机病毒必须具有“破坏计算机系统功能、数据或者应用程序”的情形，否则无法认定。据此，计算机病毒只要“通过网络、存储介质、文件等媒介”传播的，无疑会影响计算机系统正常运行，即可以依据破坏计算机信息系统罪定罪处罚。当然，就“提供计算机病毒等破坏性程序十人次以上的”情形中，还需要进一步判断该类程序是否传播或者植入计算机系统，否则不能认为影响计算机系统正常运行，尚不能以破坏计算机信息系统罪定罪处罚。

（四）非法删除交通违章信息案件的处理

1. 非法删除交通违章信息犯罪的案件。道路交通违法信息管理系统是交通警察部门内部管理道路违法信息的综合性系统，包括处罚违章、银行对账等子系统。该系统版权所有者为公安部交通管理局，系全国联网，由公安部统一管理，地方具体执行。根据公安部交通管理局的有关规定，各地交通警察支队应定期将本地所有的交通违法业务数据通过“省内交换平台”上传到省级公安机关交通管理机构违法查询数据库。

被告人童某自2005年2月至2009年6月、被告人蔡某某自2000年3月至2005年6月，分别被公安局交通警察大队聘为协管员，因工作关系掌握了通过计算机信息系统对车辆违章行为作出行政处罚的程序，以及相关的计算机操作知识和工作流程。2009年4月，被告人童某、蔡某某预谋通过盗用交警大队干警和财务的银行对账用户名和密码的方式进入道路交通违法信息管理系统，在该系统上对电子监控的车辆违章行为进行虚假处罚后，在未打印、送达《行政处罚决定书》和被处罚人未实际缴纳罚款的情况下，变造收款票据号码，撤销罚款（造成罚款已缴纳的假象，系统校验通过后，写入本地违法数据库，并通过接口函数更新网上公布的违法数据），从而清除被处罚人的网上违章记录，收取违章人员给付的“处理费”后两人平分。2009年4月至6月，被告人蔡某某通过邹某某（另案处理）等人向他人收集机动车违章信息，谎称可以按罚款金额的35%收费后，对其违章行为予以内部处理，且不扣分。被告人童某根据被告人蔡某某提供的交通违章信息，在交通警察大队配给其使用的电脑上，采用盗用他人的用户名、猜试密码（部分工作人员的密码所有协管员都知道，但部分工作人员的密码是利用工作之便偷看并记住其中一部分后，通过猜试的方式得到的）的方式进入道路交通违法信息管理系统，非法处理违章车辆37部、违章记录770条、应缴纳罚款金额共计人民币80850元。被告人童某、蔡某某从中非法获利人民币25000余元。案发后，被告人童某、蔡某某主动向公安机关投案，并如实供述了自己的主要犯罪事实。被告人童某退还赃款人民币7500元，被告人蔡某某退还赃款人民币15000元。

2. 非法删除交通违章信息犯罪的定性争议。关于本案的定性，审理过程中，关于本案的定性主要有如下几种意见：

第一种观点认为构成盗窃罪。主要理由如下：(1)被告人童某、蔡某某利用协警员工作便利，窃取计算机信息系统密码，通过对计算机信息系统相关数据的删除，向违章人员收取所谓的违章处罚款，主观上具有非法占有的目的。(2)客观上，两被告人采取破坏计算机信息系统数据的手段，窃取交警部门应得的国家经济利益。两被告人删除信息是秘密进行的，取得钱财相对交警部门而言是秘密的，采取的手段也是秘密的。(3)两被告人虽有破坏计算机信息系统的行为，但未达到后果严重的程度，不构成破坏计算机信息系统罪。

第二种观点认为构成诈骗罪。主要理由如下：被告人童某、蔡某某明知自己处理交通违章信息的行为不具合法性，但仍以非法占有他人私有财产为目的，制造假象，对外谎称可以少罚款、不扣分地处理交通违章信息，骗取交通违章行为人的信任，使被处罚人自愿交付财物计人民币25000元，数额较大，其行为构成诈骗罪。

第三种观点认为构成破坏计算机信息系统罪。主要理由如下：(1)被告人童某、蔡某某违反国家规定，对计算机信息系统中存储的数据进行删除，破坏了交警部门计算机信息系统管理秩序，致使违章者应缴纳的罚款不能及时缴入国库，给国家造成重大经济损失。同时，两被告人非法处理了700余条的违章记录，在社会上造成恶劣影响，达到后果严重的程度，构成破坏计算机信息系统罪。(2)全国各地对类似案件的处理均以破坏计算机信息系统罪定罪处罚，有先例可循。

第四种观点认为构成非国家工作人员受贿罪。主要理由如下：两被告人利用童某担任交警大队协管员的职务之便，向交通违章行为人收取“处理费”，为违章人消除违章记录，构成非国家工作人员受贿罪。

3. 本书认为，违反国家规定，对交警部门计算机信息系统中存储的交通违章信息进行删除，收取违章人员的好处，应当认定为《刑法》第286条第2款规定的对计算机信息系统中存储、处理、传输的数据进行删除的操作，以破坏计算机信息系统罪定罪处罚。[①]

第一,符合破坏计算机信息系统罪的构成。本案中,被告人童某、蔡某某系共同犯罪,童某系实行犯,故后文关于侵入计算机信息系统、非法控制计算机信息系统、破坏计算机信息系统等部分内容的分析主要围绕实行犯童某的行为进行。具体而言:

(1)本案以计算机信息系统数据为犯罪对象,侵犯的客体主要是计算机信息系统管理秩序。本案中,行为人对道路交通违法信息管理系统中的数据进行非法删除,显然侵害了正常的计算机信息系统管理秩序,危害了计算机信息系统管理者和使用者的合法权益,符合破坏计算机信息系统罪的犯罪客体要件。而且,作为本案犯罪对象的道路交通违法信息管理系统中的违章车辆的违章记录,系计算机信息系统数据,根据前述分析,仅仅对计算机信息系统数据的破坏即可构成《刑法》第286条第2款规定的破坏计算机信息系统罪。

(2)本案符合破坏计算机信息系统罪的客观方面要件。如前所述,违反国家规定,对计算机信息系统中存储、处理或者传输的数据进行删除、修改、增加的操作,可以构成破坏计算机信息系统罪。①本案中童某侵入道路交通违法信息管理系统并删除系统数据的行为,显然违反了《计算机信息系统安全保护条例》以及国家对计算机信息系统管理的其他有关规定。②被告人童某实施了删除计算机信息系统数据的行为。需要注意的是,对计算机信息系统中存储、处理或者传输的数据进行破坏,以进入该计算机信息系统为前提,如未进入计算

---

① 司法实践中对此类案件的定性基本如此。例如,武某系江苏省溧水县公安局交巡警大队协管员。武某私自收取违章司机的钱财后,通过盗用民警计算机信息系统账户,登录公安交通管理综合应用平台,帮助机动车司机消除交通违章记录。2011年4月13日至8月2日,武某对2752起交通违章记录非正常强行对账后删除,涉及金额48万余元,非法获取28万余元。溧水县人民法院认为,武某违反国家规定,对计算机信息系统中存储、处理的数据进行删除、修改的操作,后果特别严重,其行为构成破坏计算机信息系统罪。2012年4月10日,溧水县人民法院以破坏计算机信息系统罪,一审判处被告人武某有期徒刑5年6个月。参见《江苏一被告人犯破坏计算机信息系统罪获刑》,载《人民法院报》2012年4月14日,第3版。

机信息系统,则无法对其中的数据进行破坏。[①] 本案中,被告人童某实施的显然是“侵入计算机信息系统”。“侵入计算机信息系统”是指无权或者超越权限进入计算机信息系统的情形。司法实践中,一些侵入、破坏计算机信息系统等危害计算机信息系统的犯罪案件,往往表现为借助植入木马等黑客手段,具有相当高的技术含量;而本案中,被告人童某主要通过多次猜试密码的方式进入道路交通违法信息管理系统,该种进入计算机信息系统的手段并无过高技术含量。但是,对于行为是否符合犯罪构成要件,不应拘泥于具体形式,应当从规范角度予以评判。本案中,被告人童某虽然系交警大队协管员,但并不具有进入道路交通违法信息管理系统的权限。因此,其通过试密码的方式进入该计算机信息系统的行为,从规范意义上无疑属于“侵入”。[②] 就规范意义而言,即使被告人童某非法获悉了他人的用户名和密码,从而直接进入计算机信息系统,也属于无权进入,构成“侵入”。在进入道路交通违法信息管理系统的行为被认定为“侵入”的前提下,被告人童某后续实施的对该计算机信息系统中存储的违章记录的删除行为,自然属于非法删除计算机信息系统数据。③本案在审理过程中,曾就被告人童某删除的违章记录是否可以恢复进行过专门研究。如前所述,这些被删除的违章记录是否可以恢复,并不影响本罪的成立。此外,破坏计算机信息系统数据也不要求造成计算机信息系统不能正常运行和影响计算机信息系统正常运行的后果,因此,本案中童某侵入道路交通违法信息管理系统并删除该计算机信息系统中数据的行为,虽未影响该计算机信息系统的正常运行,但已经符合了破坏计算机信息系统罪的客观构成要件。

(3)破坏计算机信息系统罪的主体为一般主体,主观方面为故意。本案中,

---

① 当然,进入包括但不限于侵入计算机信息系统。如果行为人虽然具有进入某计算机信息系统的权限,但合法进入该计算机信息系统后,非法删除其中数据的行为,也可以构成破坏计算机信息系统罪。

② 实际上,此种猜试密码的方式不能被认为完全没有技术含量。目前,作为黑客常用获取密码方式的暴力破解,本质上也是猜试密码,即运用穷举法(将密码进行逐个推算直到找到真正的密码为止)的密码破解方法。例如,一个已知是 4 位且全部由数字组成的密码,其可能有 10000 种组合,故最多猜试 10000 次就能找到正确的密码。只是在这一猜试的过程中,黑客使用了暴力破解工具进行猜试操作而已。

被告人童某作为交警大队的协管员,明知是道路交通违法信息管理系统中违章车辆的违章信息,而故意予以删除,无疑符合破坏计算机信息系统罪的主体和主观方面要件。

第二,不宜适用其他罪名。具体而言:

(1)本案不构成盗窃罪。本案中,被告人童某、蔡某某系以缴纳部分罚款可内部处理,并不扣分为名,而收取车主所交的好处费,不符合盗窃公私财物的特征,不能认为两被告人窃取了违章车辆车主的财产。而且,当时违章车辆车主应当缴纳的罚款尚未缴纳,在罚款未交付之前,钱款仍然属于违章车辆车主所有,不能认为这些钱款属于国家财产,故亦不能认为两被告人窃取了国家财产。

(2)本案不构成诈骗罪。诈骗罪是指以非法占有为目的,用虚构事实或者隐瞒事实真相的方法,骗取数额较大的公私财物的行为。诈骗罪的核心特征是:行为人虚构事实、隐瞒真相,使被害人产生错误认识,被害人基于错误认识"自愿"给付财物。综观本案审理认定的事实、证据,被告人的行为并不符合诈骗罪的构成,原因如下:①违章人员对于被告人系违法处理交通违章信息这一点并未产生错误认识,甚至主动委托其处理车辆违章信息,并自愿给付处理费,故违章人员不存在被骗问题,不属于诈骗被害人。②被告人童某、蔡某某系以缴纳部分罚款可内部处理,并不扣分为名,而收取车主所交的好处费,并为车主实施了相应的处理违章信息的行为,虽然所实际实施的行为与宣称的事项之间有所出入,但毕竟实施了与收取好处费基本相对应的后续行为,且被告人兑现了清除交通违章记录的允诺,故不宜认定为以虚构事实骗取财物。③至于本案案发后,交警部门仍要对违章人员依法处罚,导致其先前支付给被告人的"好处费"受损,并不能反推其当初是被骗。因为上述人员对这一结果是应当有认识、自愿承受的。

(3)本案不构成非法侵入计算机信息系统罪。《刑法》第 285 条第 1 款规定:"违反国家规定,侵入国家事务、国防建设、尖端科学技术领域的计算机信息系统的,处三年以下有期徒刑或者拘役。"基于上述认识,本案中,被告人童某在交警大队配给其使用的电脑上,采用盗用他人的用户名、猜试密码的方式非法进入道路交通违法信息管理系统,确实属于违反国家规定,非法侵入计算机信息系统,但显然不能适用非法侵入计算机信息系统罪。主要考虑如下:①道路交通违法信息管理系统虽然属于公安部统一管理、地方具体执行的政府网站,但显然不属于“国家事务领域的计算机信息系统”。②被告人童某侵入道路交通违法信息管理系统后,实施了删除被处罚人网上违章记录的行为,即删除该计算机信息系统数据的后续行为。对于上述行为,认定为破坏计算机信息系统数据,进而适用破坏计算机信息系统罪予以评价,更能全面评价其行为的性质,不应当也没有必要适用非法侵入计算机信息系统罪。③从惩治犯罪的角度考虑,对本案适用破坏计算机信息系统罪也优于非法侵入计算机信息系统罪,更符合罪责刑相适应的刑法原则。

(4)本案不构成非法控制计算机信息系统罪。非法控制计算机信息系统,是指在非法侵入计算机信息系统后,通过控制计算机信息系统实施特定操作的行为。本案中,被告人童某侵入道路交通违法信息管理系统,仅仅实施了删除其中数据的行为,《刑法》第285条第2款将其评价为破坏计算机信息系统罪,而其并未控制该计算机信息系统实施其他操作,故不构成非法控制计算机信息系统罪。

(5)本案不构成非国家工作人员受贿罪。非国家工作人员受贿罪以利用职务上的便利为构成要件,而本案中,被告人童某侵入道路交通违法信息管理系统并删除被处罚人网上违章记录,并不在被告人童某的职权范围内。而且,被告人童某偷看他人部分密码的行为也不能被认定为利用职务上的便利。例如,利用与财务人员在同一办公室的便利条件,偷配钥匙,非法从该财务人员保险柜中窃取现金的行为不能被认定为利用了职务上的便利,这一认识在刑法理论和实务中都没有争议;同理,本案被告人童某利用的也并非职务上的便利。

六、掩饰、隐瞒计算机信息系统数据、控制权的处理

(一)掩饰、隐瞒计算机信息系统数据、控制权的泛滥态势

危害计算机信息系统安全犯罪活动的一个重要特点是分工细化。例如,在非法获取计算机信息系统数据活动中,制作非法获取数据的程序、传播用于非法获取数据的程序、非法获取数据、获取数据后销赃获利、使用数据等行为通常由不同人员实施。这些行为由于行为人之间事前无通谋,欠缺共同犯罪故意,故实践中难以依据共同犯罪予以打击。目前,收购、代为销售或者以其他方法

掩饰、隐瞒计算机信息系统数据、控制权的行为已经非常泛滥，甚至形成了大规模的网上交易平台。

实际上，上述问题并非我国独有的问题，在域外网络犯罪的实践中亦出现了类似情形。以德国为例，《德国刑法典》中有第202条a“刺探数据罪”、第202条b“截留数据罪”以及第202条c“预备刺探或者截留数据罪”的规定。然而，上述罪名只能惩罚直接刺探或者截留数据的行为人，对于中间窝藏数据的行为人无法加以处罚。而与此同时，在德国也存在大量的数据非法交易行为，客观上刺激了刺探或者截留数据的蔓延。为此，德国在2015年12月18日生效的《通信数据的存储义务与最高存储期限引入法》涉及对《德国刑法典》的修正，新增的第202条d规定：“以牟利或者损害他人为目的，获取、传播或者向第三人给予他人非法获取的非公开信息的，处三年以下自由刑或者罚金刑。”“该刑罚不得重于前行为所受的刑罚。”“第1款不适用于专门为了履行法定职务或者作为业务职责的行为。”

（二）掩饰、隐瞒计算机信息系统数据、控制权的司法应对

对于掩饰、隐瞒计算机信息系统数据、控制权行为的规制，我国没有采用类似于德国的修改刑法方式，而是通过司法解释明确了相关问题的法律适用。具体而言，在《危害计算机信息系统安全犯罪解释》起草过程中，最初拟将明知是非法获取计算机信息系统数据犯罪所获取的数据、非法控制计算机信息系统犯罪所获取的计算机信息系统控制权而予以倒卖的行为，以非法获取计算机信息系统数据、非法控制计算机信息系统罪的共同犯罪论处。但经深入研究，未采纳上述方案。主要考虑如下：其一，倒卖非法获取的计算机信息系统数据犯罪所获取的数据、非法控制计算机信息系统犯罪所获取的计算机信息系统控制权的行为，在危害计算机信息系统安全犯罪中起到了重要的作用，实际危害十分严重。如果将其作为共同犯罪处理，假如非法获取计算机信息系统数据、非法控制计算机信息系统的行为人未达到入罪的标准，则实践中难以将倒卖者作为共犯处理。其二，计算机信息系统数据、控制权的倒卖通常环节众多，规模庞大，要查清每个计算机信息系统数据、控制权的具体来源几乎不可能，如果按照共同犯罪处理，则获利最大的倒卖者容易逃避打击。

《刑法修正案(六)》《刑法修正案(七)》均对1997年《刑法》第312条进行了修改,形成了现在的表述。从现行规定来看,《刑法》第312条的对象不限于赃物,而是涵括除《刑法》第191条规定的洗钱罪的上游犯罪以外的所有犯罪的犯罪所得及其产生的收益。因此,“刑法第三百一十二条的适用范围就扩大到了除刑法第一百九十一条规定的上游犯罪以外的所有犯罪”。① 基于上述考虑,《刑法》第285条第2款涉及的行为也应当在《刑法》第312条的适用范围内。明知是非法获取计算机信息系统数据犯罪所获取的数据、非法控制计算机信息系统犯罪所获取的计算机信息系统控制权,而予以转移、收购、代为销售或者以其他方法掩饰、隐瞒的,应当构成掩饰、隐瞒犯罪所得罪。针对司法实践的具体情形,《危害计算机信息系统安全犯罪解释》第7条第1款规定,明知是非法获取计算机信息系统数据犯罪所获取的数据、非法控制计算机信息系统犯罪所获取的计算机信息系统控制权,而予以转移、收购、代为销售或者以其他方法掩饰、隐瞒的,违法所得数额在5000元以上的,以掩饰、隐瞒犯罪所得罪追究刑事责任;②第2款规定违法所得数额在5万元以上的,应当认定为《刑法》第312条第1款规定的“情节严重”;针对单位犯罪的情形,第3款规定单位实施第1款规定行为的,定罪量刑标准依照自然人犯罪的定罪量刑标准执行。

---

① 黄太云:《〈刑法修正案(六)〉的理解与适用(下)》,载《人民检察》2006年第15期。

② 需要注意的是,对于掩饰、隐瞒计算机信息系统数据、控制权行为适用掩饰、隐瞒犯罪所得罪,限于事后行为,如果事前通谋,应当以共同犯罪论处。例如,2015年4月至8月28日,杨某掌握了利用北京玩蟹科技有限公司所开发并负责运营的苹果客户端手机游戏《大掌门》《忍将》充值系统漏洞从而非法获取系统内的数据(游戏币)的方法,通过陈某、武某向玩家出售获利,杨某在不实际支付货币的情况下对玩家上述两款游戏账号进行反复充值,以此获利人民币877750元。本案中,陈某、武某明知杨某所经营的用于代充值《大掌门》《忍将》两款游戏中的游戏币系非法途径取得的情况下,仍在网络上向玩家出售,并通过将玩家欲充值游戏账号及密码告知杨某,由杨某完成充值后,二人收取玩家钱款,赚取差额的方式获利。其中陈某销售总额共计109280元,获利共计1475元;武某销售总额共计105575元,获利共计1425元。本案中,被告人陈某、武某明知需要由其向杨某提供玩家游戏账户信息,由杨某操作才能最终完成充值,二被告人对协助杨某利用非法手段完成充值具有概括性故意。而且,杨某利用计算机信息系统的漏洞非法获取系统内数据(游戏币)的犯罪行为的完成,需要被告人陈某、武某的协助。因此,本案实际上是事前通谋行为,故法院最终以非法获取计算机信息系统数据罪分别判处被告人陈某、武某有期徒刑1年6个月,并处罚金1万元。参见《协助他人非法获取游戏币,如何担责?》,载《人民法院报》2017年1月19日,第3版。

需要说明的是,《刑法》第 312 条规定的“犯罪所得”过去多限于财产、物品等,将其适用于计算机信息系统数据、控制权,是否可行,有关方面认识不一。经慎重研究认为,计算机信息系统数据、控制权可以成为掩饰、隐瞒犯罪所得罪的犯罪对象。[①] 主要有如下考虑:一是计算机信息系统数据、控制权是一种无形物,属于“犯罪所得”的范畴,理应成为掩饰、隐瞒犯罪所得罪的对象。将计算机信息系统数据、控制权解释为犯罪所得,符合罪刑法定原则。二是从刑法体系来看,《刑法》第 312 条的掩饰、隐瞒犯罪所得罪的上游犯罪应该涵盖第 191 条洗钱罪规定的上游犯罪以外的所有犯罪,理应适用于危害计算机信息系统安全犯罪。三是作出这种解释,也是司法实践的现实需要。从危害计算机信息系统安全犯罪的现状来看,掩饰、隐瞒计算机信息系统数据、控制权的现象十分突出,不予以打击将无法切断危害计算机信息系统安全犯罪的利益链条,难以切实保障计算机信息系统安全。

此外,在司法解释起草过程中,有建议主张对倒卖计算机信息系统控制权的行为直接按非法控制计算机信息系统罪定罪处罚。经认真研究,对此未予采纳。因为在倒卖控制权的过程中,行为人可能事实上并未控制他人计算机信息系统,故不宜按照非法控制计算机信息系统罪定罪处罚,而只能适用掩饰、隐瞒犯罪所得罪。

七、单位危害计算机信息系统安全犯罪的处理

(一)司法解释的规定

1997 年《刑法》第 285 条、第 286 条规定的危害计算机信息系统安全犯罪系

---

① 当然,《危害计算机信息系统安全犯罪解释》第 7 条的规定突破了传统意义上的“犯罪所得”的范围。对此,有论者指出,该司法解释条文反映了信息时代社会的实际状况,不仅在法治的框架下解决了司法实践中的新问题,也推动了刑法理论随时代进步发展,为犯罪对象相关理论的创新发展提供了司法依据。而且,相较于传统刑法学关于犯罪对象系“刑法分则条文规定的犯罪行为直接作用的具体的人或物”的主张,该司法解释条文不仅再次为将犯罪对象涵盖数据类信息提供了司法依据,还创造性地将计算机信息系统的控制权解释为犯罪对象或行为对象,值得对信息社会环境下关于犯罪对象的刑法理论继续深入研究。参见皮勇:《我国新网络犯罪立法若干问题》,载《中国刑事法杂志》2012 年第 12 期。

自然人犯罪。而从司法实践来看,非法侵入计算机信息系统,非法获取计算机信息系统数据,非法控制计算机信息系统,提供侵入、非法控制计算机信息系统的程序、工具以及破坏计算机信息系统行为,不少是由单位实施的。公安机关查处这类案件后,往往难以处理。为切实惩治危害计算机信息系统安全犯罪,确保相关案件顺利移送起诉、依法审判,《危害计算机信息系统安全犯罪解释》规定以单位名义或者形式实施危害计算机信息系统安全犯罪,达到该解释规定的定罪量刑标准的,应当依照《刑法》第 285 条、第 286 条的规定追究直接负责的主管人员和其他直接责任人员的刑事责任。主要考虑如下:对以单位名义或者形式实施危害计算机信息系统安全犯罪的案件追究直接负责的主管人员和其他直接责任人员的刑事责任,是司法实践的现实需要。由于危害计算机信息系统安全活动的实施有一定的技术、资金要求,实践中此类案件不少是一些网络公司、增值服务公司所为。这些公司并非为了进行违法犯罪活动而设立,设立后也不是以实施犯罪为主要活动,故无法按照自然人犯罪对其追究刑事责任。在此背景下,如对以单位名义或者形式实施的危害计算机信息系统安全犯罪不作出明确规定,司法机关将难以对此种行为追究刑事责任,必然会导致不少严重危害计算机信息系统安全的行为无法得到有效惩治。故追究直接负责的主管人员和其他直接责任人员的刑事责任,符合刑法的规定,也符合当前打击犯罪、维护社会秩序的需要。

(二)立法解释的规定

随着单位实施未规定为单位犯罪的刑法危害社会行为的现象日益增多,刑法实务和理论不断深化对这一现象的思考,进而不断调整对这一问题的应对。如前所述,《危害计算机信息系统安全犯罪解释》等司法解释明确规定单位实施刑法规定的危害社会的行为,刑法分则未规定追究单位的刑事责任的,可追究单位直接负责的主管人员和其他直接责任人员的刑事责任。但是,刑法规定的其他危害社会行为,刑法分则未规定为单位犯罪,司法解释也未对处理规则作出规定,单位实施这些行为的,应当如何处理,仍然存在不同看法,这影响了有关案件的处理。因此,有关部门一致认为,这一问题已经到了非解决不可的时候,应当通过刑法修正或者立法解释对这一问题作出统一明确规定。

全国人民代表大会常务委员会根据司法实践中遇到的情况，讨论了《刑法》第30条的含义及公司、企业、事业单位、机关、团体等单位实施刑法规定的危害社会的行为，法律未规定追究单位的刑事责任的，如何适用刑法有关规定的问题。全国人大常委会于2014年4月24日发布的《关于〈中华人民共和国刑法〉第三十条的解释》规定："公司、企业、事业单位、机关、团体等单位实施刑法规定的危害社会的行为，刑法分则和其他法律未规定追究单位的刑事责任的，对组织、策划、实施该危害社会行为的人依法追究刑事责任。"在上述立法解释通过后，《危害计算机信息系统安全犯罪解释》所规定的以单位名义或者单位形式实施危害计算机信息系统安全犯罪的处理规则已是当然之义。实际上，《危害计算机信息系统安全犯罪解释》所规定的"直接负责的主管人员和其他直接责任人员"与立法解释所规定的"组织、策划、实施危害行为的人"[①]范围一致，仅在表述上有所不同。

（三）《刑法修正案（九）》的规定

《危害计算机信息系统安全犯罪解释》施行以来，以单位名义或者形式实施的危害计算机信息系统安全犯罪，得以顺利移送起诉、依法审判。根据《危害计算机信息系统安全犯罪解释》的规定，虽然能够对直接负责的主管人员和其他直接责任人员予以惩治，但无法对实施犯罪行为的单位判处罚金，难以充分实现对此类犯罪的有效惩治和震慑。[②] 因此，就立法完善的角度而言，对于《刑法》第285条规定的危害计算机信息系统安全犯罪，有必要增设单位为犯罪主体，以更为有效地惩治单位实施危害计算机信息系统安全犯罪的行为。根据有

---

① 对于这里的"组织、策划、实施该危害社会行为的人"不能作过于狭义的理解，无论是单位直接负责的主管人员，抑或其他直接责任人员，只要组织、策划、实施了相应的危害社会行为，就可以认定为这里的"组织、策划、实施该危害社会行为的人"，依法追究刑事责任。参见喻海松：《刑法的扩张——〈刑法修正案（九）〉及新近刑法立法解释司法适用解读》，人民法院出版社2015年版，第406页。

② 即使在2014年4月24日《全国人民代表大会常务委员会关于〈中华人民共和国刑法〉第三十条的解释》施行后，对于单位实施危害计算机信息系统安全犯罪的，仍然无法追究单位的刑事责任。

关方面的建议,《刑法修正案(九)》将单位增加规定为非法侵入计算机信息系统罪,非法获取计算机信息系统数据、非法控制计算机信息系统罪,提供侵入、非法控制计算机信息系统程序、工具罪,破坏计算机信息系统罪的主体。

八、危害计算机信息系统安全共同犯罪的认定

(一)危害计算机信息系统安全共同犯罪的规定

危害计算机信息系统安全犯罪活动分工细化和进而形成的利益链条,导致了危害计算机信息系统安全犯罪活动迅速蔓延。打击危害计算机信息系统安全犯罪的关键是要斩断利益链。立足现行刑法规定,对于利益链条的打击主要靠适用共同犯罪的有关规定。然而,在网络环境下,共同犯罪具有殊于传统共犯的特性。在传统犯罪中,一个人通常只能是一个或者数个人的共犯;而在网络犯罪中,一个人往往能够成为很多人的共犯。例如,用于破坏计算机信息系统功能、数据的程序、工具的制造者,可以向数以万计甚至更多的破坏计算机信息系统行为人提供程序、工具,成为破坏计算机信息系统实行行为的帮助犯。在这种背景下,一方面,要求抓获所有接受帮助行为的实行犯并查清相关情况,在司法实践中不具有可操作性。以提供程序、工具的帮助为例,提供者通常是以层层代理的方式销售,规模庞大,要查清每个销售出去的程序和工具是否被用于实施网络攻击几乎是不可能的,因此获利最大的提供者很容易逃避打击。另一方面,可能存在所有的实行行为均未达到入罪标准,但帮助犯由于向数以万计实行行为提供了帮助,出现其行为性质非常严重的情况,对此具有刑罚必要性。例如,行为人开发了程序,并将这个程序通过层层代理的方式销售。依据传统的共同犯罪理论,只有使用犯罪工具的人,也就是通常所说的实行犯构成犯罪,才能对帮助犯予以刑事处罚,假如使用这些程序的人员实施的行为不够刑事处罚,则无法将提供者作为共犯处理。

可以说,网络共同犯罪的问题非常复杂,但是这种现象又非常普遍,必须予以解决,才能妥善处理网络犯罪刑事法律适用的问题。从刑法、司法解释、规范性文件的相关规定来看,解决网络共同犯罪的问题,主要有以下三种途径:

第一,将为实施网络犯罪提供帮助的行为,也就是网络犯罪帮助行为独立规定为犯罪,规定单独的定罪量刑标准。这是最为理想的一种解决方式,也是

适用中最无争议的方式。实际上,立法已经尝试在这方面努力了。针对非法获取计算机信息系统数据、非法控制计算机信息系统犯罪中提供犯罪工具的现象十分突出的情况,《刑法修正案(七)》在《刑法》第 285 条第 3 款增设了独立的提供侵入、非法控制计算机信息系统程序、工具罪。《刑法修正案(七)》通过立法的方式实现了“共犯行为独立化”,将本来是非法获取计算机信息系统数据、非法控制计算机信息系统犯罪中的帮助行为独立化,作为单独的犯罪处理。

第二,通过司法解释明确对一些网络帮助犯罪行为按照独立的犯罪处理。由刑法将网络共同犯罪独立化,规定单独的罪名,是解决网络共同犯罪问题最为理想的方式。但是,在立法统一修改前,有些时候还得依靠司法解释来明确其中的相关问题。例如,《淫秽电子信息犯罪解释(二)》第 4 条至第 6 条规定对有关行为按照《刑法》第 363 条、第 364 条规定的独立犯罪处理;而此前,《淫秽电子信息犯罪解释(一)》规定对这些行为按照共同犯罪处理,但是,实践证明,对这些行为适用共同犯罪处理存在操作困难。因此,《淫秽电子信息犯罪解释(二)》作出扩大解释,明确对这些行为按照独立的犯罪处理。通过制定司法解释的方式,明确对一些网络帮助犯罪行为按照独立犯罪处理,也是一种比较理想的方式,但必须符合刑法的相关规定,符合罪刑法定原则的要求。

第三,作为共同犯罪处理,但是规定单独的定罪量刑标准。实践中存在一些网络帮助犯罪行为,刑法既没有将其独立规定为单独的犯罪,也无法通过扩大解释的方式将其解释为独立犯罪。针对这些情形,有关司法解释和规范性文件专门规定了独立的定罪量刑标准。

例如,《淫秽电子信息犯罪解释(二)》第 7 条规定,实施通过投放广告等方式向淫秽网站直接或者间接提供资金,或者提供费用结算服务行为,构成制作、复制、出版、贩卖、传播淫秽物品牟利罪的共同犯罪,但是设置了独立的标准:第 1 项以提供资金的网站数量为标准,即向 10 个以上淫秽网站投放广告或者以其他方式提供资金的构成犯罪;第 2 项以投放广告数量为标准,即向淫秽网站投放广告在 20 条以上的构成犯罪;第 3 项以向其提供费用结算服务的淫秽网站数量为标准,即向 10 个以上淫秽网站提供费用结算服务的构成犯罪;第 4 项以提供资金的数量为标准,即以投放广告或者其他方式向淫秽网站提供资金数额在 5 万元以上的构成犯罪;第 5 项以提供费用结算服务所收取服务费数额为标准，即为淫秽网站提供费用结算服务，收取服务费数额在2万元以上的构成犯罪；第6项是关于兜底条款的规定。

又如，《网络赌博犯罪意见》第2条“关于网上开设赌场共同犯罪的认定和处罚”规定，明知是赌博网站，而为其提供下列服务或者帮助的，属于开设赌场罪的共同犯罪，依照《刑法》第303条第2款的规定处罚：(1)为赌博网站提供互联网接入、服务器托管、网络存储空间、通讯传输通道、投放广告、发展会员、软件开发、技术支持等服务，收取服务费数额在2万元以上的；(2)为赌博网站提供资金支付结算服务，收取服务费数额在1万元以上或者帮助收取赌资20万元以上的；(3)为10个以上赌博网站投放与网址、赔率等信息有关的广告或者为赌博网站投放广告累计100条以上的。

(二)危害计算机信息系统安全共同犯罪的处理

基于宽严相济刑事政策的考量，按照《淫秽电子信息犯罪解释(二)》第7条、《网络赌博犯罪意见》第2条的思路，《危害计算机信息系统安全犯罪解释》对于共犯的成立设置了独立的定罪量刑标准，对情节严重的行为予以刑事惩治。《危害计算机信息系统安全犯罪解释》第9条的目的就是打击黑客攻击破坏活动相关利益链条：由于《刑法》第285条第3款将明知他人实施侵入、非法控制计算机信息系统而向其提供程序、工具的行为入罪，而对于“明知他人实施破坏计算机信息系统功能或者数据的犯罪行为，而为其提供用于破坏计算机信息系统功能、数据或者应用程序的程序或者工具”的行为并未单独入罪处罚，而在第1项将其作为共犯处理；第2项将向危害计算机系统安全行为提供帮助获利的行为作为共犯处理；第3项将从危害计算机信息系统安全行为获得帮助并向其提供资金的行为作为共犯处理。①

在司法适用过程中，需要注意以下两个问题：(1)跨国共同犯罪的处理问题。由于网络的无国界，危害计算机信息系统安全犯罪行为和犯罪结果可能分

---

① 《刑法修正案(九)》增设的《刑法》第287条之二规定了帮助信息网络犯罪活动罪，其中第3款规定：“有前两款行为，同时构成其他犯罪的，依照处罚较重的规定定罪处罚。”据此，本书认为，在《刑法修正案(九)》施行后，上述行为有可能同时构成危害计算机信息系统犯罪的共同犯罪和帮助信息网络犯罪活动罪，对此应当“择一重罪处断”。

别发生在中华人民共和国领域内外。根据《刑法》第 6 条的规定，犯罪的行为或者结果有一项发生在中华人民共和国领域内的，就认为是在中华人民共和国领域内犯罪。因此，对于这类危害计算机信息系统安全犯罪案件，只要其危害后果最终发生在中华人民共和国领域内，应当认为是在中华人民共和国领域内犯罪，应当适用我国刑法的相关规定。在此前提下，可能对境外实行犯无法实际行使刑事管辖权，在境外实行犯未归案的情况下，对于为境外实行犯提供帮助的境内行为人，应当依照本条确定的规则处理。(2)帮助犯在共同犯罪中的类型认定问题。与传统犯罪不同，网络环境中的帮助犯在共同犯罪中所起的作用具有一定的特殊性和复杂性，并非只起次要和辅助作用，也可能起主要作用。因此，对于行为人帮助他人实施《刑法》第 285 条、第 286 条规定的行为的，应当根据其在共同犯罪中的作用予以认定，既可以将其认定为主犯，也可以认定为从犯。

相关规定

《中华人民共和国刑法》

第二百八十五条　【非法侵入计算机信息系统罪】违反国家规定，侵入国家事务、国防建设、尖端科学技术领域的计算机信息系统的，处三年以下有期徒刑或者拘役。

【非法获取计算机信息系统数据、非法控制计算机信息系统罪】违反国家规定，侵入前款规定以外的计算机信息系统或者采用其他技术手段，获取该计算机信息系统中存储、处理或者传输的数据，或者对该计算机信息系统实施非法控制，情节严重的，处三年以下有期徒刑或者拘役，并处或者单处罚金；情节特别严重的，处三年以上七年以下有期徒刑，并处罚金。

【提供侵入、非法控制计算机信息系统程序、工具罪】提供专门用于侵入、非法控制计算机信息系统的程序、工具，或者明知他人实施侵入、非法控制计算机信息系统的违法犯罪行为而为其提供程序、工具，情节严重的，依照前款的规定处罚。

单位犯前三款罪的，对单位判处罚金，并对其直接负责的主管人员和其他直接责任人员，依照各该款的规定处罚。

第二百八十六条　【破坏计算机信息系统罪】违反国家规定，对计算机信息系统功能进行删除、修改、增加、干扰，造成计算机信息系统不能正常运行，后果严重的，处五年以下有期徒刑或者拘役；后果特别严重的，处五年以上有期徒刑。

违反国家规定，对计算机信息系统中存储、处理或者传输的数据和应用程序进行删除、修改、增加的操作，后果严重的，依照前款的规定处罚。

故意制作、传播计算机病毒等破坏性程序，影响计算机系统正常运行，后果严重的，依照第一款的规定处罚。

单位犯前三款罪的，对单位判处罚金，并对其直接负责的主管人员和其他直接责任人员，依照第一款的规定处罚。

第二百八十七条　【利用计算机实施犯罪的提示性规定】利用计算机实施金融诈骗、盗窃、贪污、挪用公款、窃取国家秘密或者其他犯罪的，依照本法有关规定定罪处罚。

《全国人民代表大会常务委员会关于维护互联网安全的决定》（2009 年修正）

我国的互联网，在国家大力倡导和积极推动下，在经济建设和各项事业中得到日益广泛的应用，使人们的生产、工作、学习和生活方式已经开始并将继续发生深刻的变化，对于加快我国国民经济、科学技术的发展和社会服务信息化进程具有重要作用。同时，如何保障互联网的运行安全和信息安全问题已经引起全社会的普遍关注。为了兴利除弊，促进我国互联网的健康发展，维护国家安全和社会公共利益，保护个人、法人和其他组织的合法权益，特作如下决定：

一、为了保障互联网的运行安全，对有下列行为之一，构成犯罪的，依照刑法有关规定追究刑事责任：

（一）侵入国家事务、国防建设、尖端科学技术领域的计算机信息系统；

（二）故意制作、传播计算机病毒等破坏性程序，攻击计算机系统及通信网络，致使计算机系统及通信网络遭受损害；

（三）违反国家规定，擅自中断计算机网络或者通信服务，造成计算机网络或者通信系统不能正常运行。

二、为了维护国家安全和社会稳定，对有下列行为之一，构成犯罪的，依照

刑法有关规定追究刑事责任:

(一)利用互联网造谣、诽谤或者发表、传播其他有害信息,煽动颠覆国家政权、推翻社会主义制度,或者煽动分裂国家、破坏国家统一;

(二)通过互联网窃取、泄露国家秘密、情报或者军事秘密;

(三)利用互联网煽动民族仇恨、民族歧视,破坏民族团结;

(四)利用互联网组织邪教组织、联络邪教组织成员,破坏国家法律、行政法规实施。

三、为了维护社会主义市场经济秩序和社会管理秩序,对有下列行为之一,构成犯罪的,依照刑法有关规定追究刑事责任:

(一)利用互联网销售伪劣产品或者对商品、服务作虚假宣传;

(二)利用互联网损害他人商业信誉和商品声誉;

(三)利用互联网侵犯他人知识产权;

(四)利用互联网编造并传播影响证券、期货交易或者其他扰乱金融秩序的虚假信息;

(五)在互联网上建立淫秽网站、网页,提供淫秽站点链接服务,或者传播淫秽书刊、影片、音像、图片。

四、为了保护个人、法人和其他组织的人身、财产等合法权利,对有下列行为之一,构成犯罪的,依照刑法有关规定追究刑事责任:

(一)利用互联网侮辱他人或者捏造事实诽谤他人;

(二)非法截获、篡改、删除他人电子邮件或者其他数据资料,侵犯公民通信自由和通信秘密;

(三)利用互联网进行盗窃、诈骗、敲诈勒索。

五、利用互联网实施本决定第一条、第二条、第三条、第四条所列行为以外的其他行为,构成犯罪的,依照刑法有关规定追究刑事责任。

六、利用互联网实施违法行为,违反社会治安管理,尚不构成犯罪的,由公安机关依照《治安管理处罚法》予以处罚;违反其他法律、行政法规,尚不构成犯罪的,由有关行政管理部门依法给予行政处罚;对直接负责的主管人员和其他直接责任人员,依法给予行政处分或者纪律处分。

利用互联网侵犯他人合法权益,构成民事侵权的,依法承担民事责任。

七、各级人民政府及有关部门要采取积极措施，在促进互联网的应用和网络技术的普及过程中，重视和支持对网络安全技术的研究和开发，增强网络的安全防护能力。有关主管部门要加强对互联网的运行安全和信息安全的宣传教育，依法实施有效的监督管理，防范和制止利用互联网进行的各种违法活动，为互联网的健康发展创造良好的社会环境。从事互联网业务的单位要依法开展活动，发现互联网上出现违法犯罪行为和有害信息时，要采取措施，停止传输有害信息，并及时向有关机关报告。任何单位和个人在利用互联网时，都要遵纪守法，抵制各种违法犯罪行为和有害信息。人民法院、人民检察院、公安机关、国家安全机关要各司其职，密切配合，依法严厉打击利用互联网实施的各种犯罪活动。要动员全社会的力量，依靠全社会的共同努力，保障互联网的运行安全与信息安全，促进社会主义精神文明和物质文明建设。

《全国人民代表大会常务委员会关于〈中华人民共和国刑法〉第三十条的解释》(2014 年 4 月 24 日发布)

全国人民代表大会常务委员会根据司法实践中遇到的情况，讨论了刑法第三十条的含义及公司、企业、事业单位、机关、团体等单位实施刑法规定的危害社会的行为，法律未规定追究单位的刑事责任的，如何适用刑法有关规定的问题，解释如下：

公司、企业、事业单位、机关、团体等单位实施刑法规定的危害社会的行为，刑法分则和其他法律未规定追究单位的刑事责任的，对组织、策划、实施该危害社会行为的人依法追究刑事责任。

《最高人民法院、最高人民检察院关于办理危害计算机信息系统安全刑事案件应用法律若干问题的解释》(法释〔2011〕19 号)

为依法惩治危害计算机信息系统安全的犯罪活动，根据《中华人民共和国刑法》、《全国人民代表大会常务委员会关于维护互联网安全的决定》的规定，现就办理这类刑事案件应用法律的若干问题解释如下：

第一条　非法获取计算机信息系统数据或者非法控制计算机信息系统，具有下列情形之一的，应当认定为刑法第二百八十五条第二款规定的“情节严重”：

（一）获取支付结算、证券交易、期货交易等网络金融服务的身份认证信息十组以上的；

（二）获取第（一）项以外的身份认证信息五百组以上的；

（三）非法控制计算机信息系统二十台以上的；

（四）违法所得五千元以上或者造成经济损失一万元以上的；

（五）其他情节严重的情形。

实施前款规定行为，具有下列情形之一的，应当认定为刑法第二百八十五条第二款规定的"情节特别严重"：

（一）数量或者数额达到前款第（一）项至第（四）项规定标准五倍以上的；

（二）其他情节特别严重的情形。

明知是他人非法控制的计算机信息系统，而对该计算机信息系统的控制权加以利用的，依照前两款的规定定罪处罚。

第二条　具有下列情形之一的程序、工具，应当认定为刑法第二百八十五条第三款规定的"专门用于侵入、非法控制计算机信息系统的程序、工具"：

（一）具有避开或者突破计算机信息系统安全保护措施，未经授权或者超越授权获取计算机信息系统数据的功能的；

（二）具有避开或者突破计算机信息系统安全保护措施，未经授权或者超越授权对计算机信息系统实施控制的功能的；

（三）其他专门设计用于侵入、非法控制计算机信息系统、非法获取计算机信息系统数据的程序、工具。

第三条　提供侵入、非法控制计算机信息系统的程序、工具，具有下列情形之一的，应当认定为刑法第二百八十五条第三款规定的"情节严重"：

（一）提供能够用于非法获取支付结算、证券交易、期货交易等网络金融服务身份认证信息的专门性程序、工具五人次以上的；

（二）提供第（一）项以外的专门用于侵入、非法控制计算机信息系统的程序、工具二十人次以上的；

（三）明知他人实施非法获取支付结算、证券交易、期货交易等网络金融服务身份认证信息的违法犯罪行为而为其提供程序、工具五人次以上的；

（四）明知他人实施第（三）项以外的侵入、非法控制计算机信息系统的违法犯罪行为而为其提供程序、工具二十人次以上的；

（五）违法所得五千元以上或者造成经济损失一万元以上的；

（六）其他情节严重的情形。

实施前款规定行为，具有下列情形之一的，应当认定为提供侵入、非法控制计算机信息系统的程序、工具"情节特别严重"：

（一）数量或者数额达到前款第（一）项至第（五）项规定标准五倍以上的；

（二）其他情节特别严重的情形。

第四条　破坏计算机信息系统功能、数据或者应用程序，具有下列情形之一的，应当认定为刑法第二百八十六条第一款和第二款规定的"后果严重"：

（一）造成十台以上计算机信息系统的主要软件或者硬件不能正常运行的；

（二）对二十台以上计算机信息系统中存储、处理或者传输的数据进行删除、修改、增加操作的；

（三）违法所得五千元以上或者造成经济损失一万元以上的；

（四）造成为一百台以上计算机信息系统提供域名解析、身份认证、计费等基础服务或者为一万以上用户提供服务的计算机信息系统不能正常运行累计一小时以上的；

（五）造成其他严重后果的。

实施前款规定行为，具有下列情形之一的，应当认定为破坏计算机信息系统"后果特别严重"：

（一）数量或者数额达到前款第（一）项至第（三）项规定标准五倍以上的；

（二）造成为五百台以上计算机信息系统提供域名解析、身份认证、计费等基础服务或者为五万以上用户提供服务的计算机信息系统不能正常运行累计一小时以上的；

（三）破坏国家机关或者金融、电信、交通、教育、医疗、能源等领域提供公共服务的计算机信息系统的功能、数据或者应用程序，致使生产、生活受到严重影响或者造成恶劣社会影响的；

（四）造成其他特别严重后果的。

第五条　具有下列情形之一的程序，应当认定为刑法第二百八十六条第三款规定的"计算机病毒等破坏性程序"：

（一）能够通过网络、存储介质、文件等媒介，将自身的部分、全部或者变种进行复制、传播，并破坏计算机系统功能、数据或者应用程序的；

（二）能够在预先设定条件下自动触发，并破坏计算机系统功能、数据或者应用程序的；

（三）其他专门设计用于破坏计算机系统功能、数据或者应用程序的程序。

第六条　故意制作、传播计算机病毒等破坏性程序，影响计算机系统正常运行，具有下列情形之一的，应当认定为刑法第二百八十六条第三款规定的"后果严重"：

（一）制作、提供、传输第五条第（一）项规定的程序，导致该程序通过网络、存储介质、文件等媒介传播的；

（二）造成二十台以上计算机系统被植入第五条第（二）、（三）项规定的程序的；

（三）提供计算机病毒等破坏性程序十人次以上的；

（四）违法所得五千元以上或者造成经济损失一万元以上的；

（五）造成其他严重后果的。

实施前款规定行为，具有下列情形之一的，应当认定为破坏计算机信息系统"后果特别严重"：

（一）制作、提供、传输第五条第（一）项规定的程序，导致该程序通过网络、存储介质、文件等媒介传播，致使生产、生活受到严重影响或者造成恶劣社会影响的；

（二）数量或者数额达到前款第（二）项至第（四）项规定标准五倍以上的；

（三）造成其他特别严重后果的。

第七条　明知是非法获取计算机信息系统数据犯罪所获取的数据、非法控制计算机信息系统犯罪所获取的计算机信息系统控制权，而予以转移、收购、代为销售或者以其他方法掩饰、隐瞒，违法所得五千元以上的，应当依照刑法第三百一十二条第一款的规定，以掩饰、隐瞒犯罪所得罪定罪处罚。

实施前款规定行为，违法所得五万元以上的，应当认定为刑法第三百一十二条第一款规定的"情节严重"。

单位实施第一款规定行为的，定罪量刑标准依照第一款、第二款的规定执行。

第八条 以单位名义或者单位形式实施危害计算机信息系统安全犯罪，达到本解释规定的定罪量刑标准的，应当依照刑法第二百八十五条、第二百八十六条的规定追究直接负责的主管人员和其他直接责任人员的刑事责任。

第九条 明知他人实施刑法第二百八十五条、第二百八十六条规定的行为，具有下列情形之一的，应当认定为共同犯罪，依照刑法第二百八十五条、第二百八十六条的规定处罚：

（一）为其提供用于破坏计算机信息系统功能、数据或者应用程序的程序、工具，违法所得五千元以上或者提供十人次以上的；

（二）为其提供互联网接入、服务器托管、网络存储空间、通讯传输通道、费用结算、交易服务、广告服务、技术培训、技术支持等帮助，违法所得五千元以上的；

（三）通过委托推广软件、投放广告等方式向其提供资金五千元以上的。

实施前款规定行为，数量或者数额达到前款规定标准五倍以上的，应当认定为刑法第二百八十五条、第二百八十六条规定的“情节特别严重”或者“后果特别严重”。

第十条 对于是否属于刑法第二百八十五条、第二百八十六条规定的“国家事务、国防建设、尖端科学技术领域的计算机信息系统”、“专门用于侵入、非法控制计算机信息系统的程序、工具”、“计算机病毒等破坏性程序”难以确定的，应当委托省级以上负责计算机信息系统安全保护管理工作的部门检验。司法机关根据检验结论，并结合案件具体情况认定。

第十一条 本解释所称“计算机信息系统”和“计算机系统”，是指具备自动处理数据功能的系统，包括计算机、网络设备、通信设备、自动化控制设备等。

本解释所称“身份认证信息”，是指用于确认用户在计算机信息系统上操作权限的数据，包括账号、口令、密码、数字证书等。

本解释所称“经济损失”，包括危害计算机信息系统犯罪行为给用户直接造成的经济损失，以及用户为恢复数据、功能而支出的必要费用。

指导性案例

1. 付宣豪、黄子超破坏计算机信息系统案(指导案例102号)

【关键词】

刑事　破坏计算机信息系统罪　DNS劫持　后果严重　后果特别严重

【裁判要点】

1. 通过修改路由器、浏览器设置、锁定主页或者弹出新窗口等技术手段,强制网络用户访问指定网站的"DNS劫持"行为,属于破坏计算机信息系统,后果严重的,构成破坏计算机信息系统罪。

2. 对于"DNS劫持",应当根据造成不能正常运行的计算机信息系统数量、相关计算机信息系统不能正常运行的时间,以及所造成的损失或者影响等,认定其是"后果严重"还是"后果特别严重"。

【相关法条】

《中华人民共和国刑法》第286条

【基本案情】

2013年底至2014年10月,被告人付宣豪、黄子超等人租赁多台服务器,使用恶意代码修改互联网用户路由器的DNS设置,进而使用户登录"2345.com"等导航网站时跳转至其设置的"5w.com"导航网站,被告人付宣豪、黄子超等人再将获取的互联网用户流量出售给杭州久尚科技有限公司(系"5w.com"导航网站所有者),违法所得合计人民币754,762.34元。

2014年11月17日,被告人付宣豪接民警电话通知后自动至公安机关,被告人黄子超主动投案,二被告人到案后均如实供述了上述犯罪事实。

被告人及辩护人对罪名及事实均无异议。

【裁判结果】

上海市浦东新区人民法院于2015年5月20日作出(2015)浦刑初字第1460号刑事判决:一、被告人付宣豪犯破坏计算机信息系统罪,判处有期徒刑三年,缓刑三年。二、被告人黄子超犯破坏计算机信息系统罪,判处有期徒刑三年,缓刑三年。三、扣押在案的作案工具以及退缴在案的违法所得予以没收,上缴国库。一审宣判后,二被告人均未上诉,公诉机关未抗诉,判决已发生法律效力。

【裁判理由】

法院生效裁判认为,根据《中华人民共和国刑法》第二百八十六条的规定,对计算机信息系统功能进行破坏,造成计算机信息系统不能正常运行,后果严重的,构成破坏计算机信息系统罪。本案中,被告人付宣豪、黄子超实施的是流量劫持中的"DNS 劫持"。DNS 是域名系统的英文首字母缩写,作用是提供域名解析服务。"DNS 劫持"通过修改域名解析,使对特定域名的访问由原 IP 地址转入到篡改后的指定 IP 地址,导致用户无法访问原 IP 地址对应的网站或者访问虚假网站,从而实现窃取资料或者破坏网站原有正常服务的目的。二被告人使用恶意代码修改互联网用户路由器的 DNS 设置,将用户访问"2345. com"等导航网站的流量劫持到其设置的"5w. com"导航网站,并将获取的互联网用户流量出售,显然是对网络用户的计算机信息系统功能进行破坏,造成计算机信息系统不能正常运行,符合破坏计算机信息系统罪的客观行为要件。

根据《最高人民法院、最高人民检察院关于办理危害计算机信息系统安全刑事案件应用法律若干问题的解释》,破坏计算机信息系统,违法所得人民币二万五千元以上或者造成经济损失人民币五万元以上的,应当认定为"后果特别严重"。本案中,二被告人的违法所得达人民币 754,762. 34 元,属于"后果特别严重"。

综上,被告人付宣豪、黄子超实施的"DNS 劫持"行为系违反国家规定,对计算机信息系统中存储的数据进行修改,后果特别严重,依法应处五年以上有期徒刑。鉴于二被告人在家属的帮助下退缴全部违法所得,未获取、泄露公民个人信息,且均具有自首情节,无前科劣迹,故依法对其减轻处罚并适用缓刑。

2. 徐强破坏计算机信息系统案(指导案例 103 号)

【关键词】

刑事　破坏计算机信息系统罪　机械远程监控系统

【裁判要点】

企业的机械远程监控系统属于计算机信息系统。违反国家规定,对企业的机械远程监控系统功能进行破坏,造成计算机信息系统不能正常运行,后果严重的,构成破坏计算机信息系统罪。

【相关法条】

《中华人民共和国刑法》第286条第1款、第2款

【基本案情】

为了加强对分期付款的工程机械设备的管理，中联重科股份有限公司（以下简称中联重科）投入使用了中联重科物联网GPS信息服务系统，该套计算机信息系统由中联重科物联网远程监控平台、GPS终端、控制器和显示器等构成，该系统具备自动采集、处理、存储、回传、显示数据和自动控制设备的功能，其中，控制器、GPS终端和显示器由中联重科在工程机械设备的生产制造过程中安装到每台设备上。

中联重科对“按揭销售”的泵车设备均安装了中联重科物联网GPS信息服务系统，并在产品买卖合同中明确约定“如买受人出现违反合同约定的行为，出卖人有权采取停机、锁机等措施”以及“在买受人付清全部货款前，产品所有权归出卖人所有。即使在买受人已经获得机动车辆登记文件的情况下，买受人未付清全部货款前，产品所有权仍归出卖人所有”的条款。然后由中联重科总部的远程监控维护平台对泵车进行监控，如发现客户有拖欠、赖账等情况，就会通过远程监控系统进行“锁机”，泵车接收到“锁机”指令后依然能发动，但不能作业。

2014年5月间，被告人徐强使用“GPS干扰器”先后为钟某某、龚某某、张某某名下或管理的五台中联重科泵车解除锁定。具体事实如下：

1. 2014年4月初，钟某某发现其购得的牌号为贵A77462的泵车即将被中联重科锁机后，安排徐关伦帮忙打听解锁人。徐某某遂联系龚某某告知钟某某泵车需解锁一事。龚某某表示同意后，即通过电话联系被告人徐强给泵车解锁。2014年5月18日，被告人徐强携带“GPS干扰器”与龚某某一起来到贵阳市清镇市，由被告人徐强将“GPS干扰器”上的信号线连接到泵车右侧电控柜，再将“GPS干扰器”通电后使用干扰器成功为牌号为贵A77462的泵车解锁。事后，钟某某向龚某某支付了解锁费用人民币40000元，龚某某亦按约定将其中人民币9600元支付给徐某某作为介绍费。当日及次日，龚某某还带着被告人徐强为其管理的其妹夫黄某从中联重科及长沙中联重科二手设备销售有限公司以分期付款方式购得的牌号分别为湘AB0375、湘AA6985、湘AA6987的

三台泵车进行永久解锁。事后,龚某某向被告人徐强支付四台泵车的解锁费用共计人民币 30000 元。

2. 2014 年 5 月间,张某某从中联重科以按揭贷款的方式购买泵车一台,因拖欠货款被中联重科使用物联网系统将泵车锁定,无法正常作业。张某某遂通过电话联系到被告人徐强为其泵车解锁。2014 年 5 月 17 日,被告人徐强携带"GPS 干扰器"来到湖北襄阳市,采用上述同样的方式为张某某名下牌号为鄂 FE7721 的泵车解锁。事后,张某某向被告人徐强支付解锁费用人民币 15000 元。

经鉴定,中联重科的上述牌号为贵 A77462、湘 AB0375、湘 AA6985、湘 AA6987 泵车 GPS 终端被拆除及控制程序被修改后,中联重科物联网 GPS 信息服务系统无法对泵车进行实时监控和远程锁车。

2014 年 11 月 7 日,被告人徐强主动到公安机关投案。在本院审理过程中,被告人徐强退缴了违法所得人民币 45000 元。

【裁判结果】

湖南省长沙市岳麓区人民法院于 2015 年 12 月 17 日作出(2015)岳刑初字第 652 号刑事判决:一、被告人徐强犯破坏计算机信息系统罪,判处有期徒刑二年六个月。二、追缴被告人徐强的违法所得人民币四万五千元,上缴国库。被告人徐强不服,提出上诉。湖南省长沙市中级人民法院于 2016 年 8 月 9 日作出(2016)湘 01 刑终 58 号刑事裁定:驳回上诉,维持原判。该裁定已发生法律效力。

【裁判理由】

法院生效裁判认为,《最高人民法院、最高人民检察院关于办理危害计算机信息系统安全刑事案件应用法律若干问题的解释》第十一条规定,"计算机信息系统"和"计算机系统",是指具备自动处理数据功能的系统,包括计算机、网络设备、通信设备、自动化控制设备等。本案中,中联重科物联网 GPS 信息服务系统由中联重科物联网远程监控平台、GPS 终端、控制器和显示器等构成,具备自动采集、处理、存储、回传、显示数据和自动控制设备的功能。该系统属于具备自动处理数据功能的通信设备与自动化控制设备,属于刑法意义上的计算机信息系统。被告人徐强利用"GPS 干扰器"对中联重科物联网 GPS 信息服务系统进行修改、干扰，造成该系统无法对案涉泵车进行实时监控和远程锁车，是对计算机信息系统功能进行破坏，造成计算机信息系统不能正常运行的行为，且后果特别严重。根据刑法第二百八十六条的规定，被告人徐强构成破坏计算机信息系统罪。徐强犯罪以后自动投案，如实供述了自己的罪行，系自首，依法可减轻处罚。徐强退缴全部违法所得，有悔罪表现，可酌情从轻处罚。针对徐强及辩护人提出"自己系自首，且全部退缴违法所得，一审量刑过重"的上诉意见与辩护意见，经查，徐强破坏计算机信息系统，违法所得45000元，后果特别严重，应当判处五年以上有期徒刑，一审判决综合考虑其自首、退缴全部违法所得等情节，对其减轻处罚，判处有期徒刑二年六个月，量刑适当。该上诉意见、辩护意见，不予采纳。原审判决认定事实清楚，证据确实充分，适用法律正确，量刑适当，审判程序合法。

3. 李森、何利民、张锋勃等人破坏计算机信息系统案（指导案例104号）

【关键词】

刑事 破坏计算机信息系统罪 干扰环境质量监测/采样/数据失真 后果严重

【裁判要点】

环境质量监测系统属于计算机信息系统。用棉纱等物品堵塞环境质量监测采样设备，干扰采样，致使监测数据严重失真的，构成破坏计算机信息系统罪。

【相关法条】

《中华人民共和国刑法》第286条第1款

【基本案情】

西安市长安区环境空气自动监测站（以下简称长安子站）系国家环境保护部（以下简称环保部）确定的西安市13个国控空气站点之一，通过环境空气质量自动监测系统采集、处理监测数据，并将数据每小时传输发送至中国环境监测总站（以下简称监测总站），一方面通过网站实时向社会公布，一方面用于编制全国环境空气质量状况月报、季报和年报，向全国发布。长安子站为全市两个国家直管监测子站之一，由监测总站委托武汉宇虹环保产业股份有限公司进行运行维护，不经允许，非运维方工作人员不得擅自进入。

2016年2月4日，长安子站回迁至西安市长安区西安邮电大学南区动力大楼房顶。被告人李森利用协助子站搬迁之机私自截留子站钥匙并偷记子站监控电脑密码，此后至2016年3月6日间，被告人李森、张锋勃多次进入长安子站内，用棉纱堵塞采样器的方法，干扰子站内环境空气质量自动监测系统的数据采集功能。被告人何利民明知李森等人的行为而没有阻止，只是要求李森把空气污染数值降下来。被告人李森还多次指使被告人张楠、张肖采用上述方法对子站自动监测系统进行干扰，造成该站自动监测数据多次出现异常，多个时间段内监测数据严重失真，影响了国家环境空气质量自动监测系统正常运行。为防止罪行败露，2016年3月7日、3月9日，在被告人李森的指使下，被告人张楠、张肖两次进入长安子站将监控视频删除。2016年2、3月间，长安子站每小时的监测数据已实时传输发送至监测总站，通过网站向社会公布，并用于环保部编制2016年2月、3月和第一季度全国74个城市空气质量状况评价、排名。2016年3月5日，监测总站在例行数据审核时发现长安子站数据明显偏低，检查时发现了长安子站监测数据弄虚作假问题，后公安机关将五被告人李森、何利民、张楠、张肖、张锋勃抓获到案。被告人李森、被告人张锋勃、被告人张楠、被告人张肖在庭审中均承认指控属实，被告人何利民在庭审中辩解称其对李森堵塞采样器的行为仅是默许、放任，请求宣告其无罪。

【裁判结果】

陕西省西安市中级人民法院于2017年6月15日作出(2016)陕01刑初233号刑事判决：一、被告人李森犯破坏计算机信息系统罪，判处有期徒刑一年十个月。二、被告人何利民犯破坏计算机信息系统罪，判处有期徒刑一年七个月。三、被告人张锋勃犯破坏计算机信息系统罪，判处有期徒刑一年四个月。四、被告人张楠犯破坏计算机信息系统罪，判处有期徒刑一年三个月。五、被告人张肖犯破坏计算机信息系统罪，判处有期徒刑一年三个月。宣判后，各被告人均未上诉，判决已发生法律效力。

【裁判理由】

法院生效裁判认为，五被告人的行为违反了国家规定。《中华人民共和国环境保护法》第六十八条规定禁止篡改、伪造或者指使篡改、伪造监测数据，《中华人民共和国环境大气污染防治法》第一百二十六条规定禁止对大气环境保护监督管理工作弄虚作假，《中华人民共和国环境计算机信息系统安全保护条例》

第七条规定不得危害计算机信息系统的安全。本案五被告人采取堵塞采样器的方法伪造或者指使伪造监测数据，弄虚作假，违反了上述国家规定。

五被告人的行为破坏了计算机信息系统。《最高人民法院、最高人民检察院关于办理危害计算机信息系统安全刑事案件应用法律若干问题的解释》第十一条规定，计算机信息系统和计算机系统，是指具备自动处理数据功能的系统，包括计算机、网络设备、通信设备、自动化控制设备等。根据《最高人民法院、最高人民检察院关于办理环境污染刑事案件适用法律若干问题的解释》第十条第一款的规定，干扰环境质量监测系统的采样，致使监测数据严重失真的行为，属于破坏计算机信息系统。长安子站系国控环境空气质量自动监测站点，产生的监测数据经过系统软件直接传输至监测总站，通过环保部和监测总站的政府网站实时向社会公布，参与计算环境空气质量指数并实时发布。空气采样器是环境空气质量监测系统的重要组成部分。PM10、PM2.5监测数据作为环境空气综合污染指数评估中的最重要两项指标，被告人用棉纱堵塞采样器的采样孔或拆卸采样器的行为，必然造成采样器内部气流场的改变，造成监测数据失真，影响对环境空气质量的正确评估，属于对计算机信息系统功能进行干扰，造成计算机信息系统不能正常运行的行为。

五被告人的行为造成了严重后果。(1)被告人李森、张锋勃、张楠、张肖均多次堵塞、拆卸采样器干扰采样，被告人何利民明知李森等人的行为而没有阻止，只是要求李森把空气污染数值降下来。(2)被告人的干扰行为造成了监测数据的显著异常。2016年2至3月间，长安子站颗粒物监测数据多次出现与周边子站变化趋势不符的现象。长安子站PM2.5数据分别在2月24日18时至25日16时、3月3日4时至6日19时两个时段内异常，PM10数据分别在2月18日18时至19日8时、2月25日20时至21日8时、3月5日19时至6日23时三个时段内异常。其中，长安子站的PM10数据在2016年3月5日19时至22时由361下降至213，下降了41%，其他周边子站均值升高了14%（由316上升至361），6日16时至17时长安子站监测数值由188上升至426，升高了127%，其他子站均值变化不大（由318降至310），6日17时至19时长安子站数值由426下降至309，下降了27%，其他子站均值变化不大（由310降至304）。可见，被告人堵塞采样器的行为足以造成监测数据的严重失真。上述数据的严重失真,与监测总站在例行数据审核时发现长安子站 PM10 数据明显偏低可以印证。(3)失真的监测数据已实时发送至监测总站,并向社会公布。长安子站空气质量监测的小时浓度均值数据已经通过互联网实时发布。(4)失真的监测数据已被用于编制环境评价的月报、季报。环保部在 2016 年二、三月及第一季度的全国 74 个重点城市空气质量排名工作中已采信上述虚假数据,已向社会公布并上报国务院,影响了全国大气环境治理情况评估,损害了政府公信力,误导了环境决策。据此,五被告人干扰采样的行为造成了严重后果,符合刑法第二百八十六条规定的“后果严重”要件。

综上,五被告人均已构成破坏计算机信息系统罪。鉴于五被告人到案后均能坦白认罪,有悔罪表现,依法可以从轻处罚。

4. 张竣杰等非法控制计算机信息系统案(指导案例 145 号)

【关键词】

刑事　非法控制计算机信息系统罪　破坏计算机信息系统罪　采用其他技术手段　修改增加数据　木马程序

【裁判要点】

1. 通过植入木马程序的方式,非法获取网站服务器的控制权限,进而通过修改、增加计算机信息系统数据,向相关计算机信息系统上传网页链接代码的,应当认定为刑法第二百八十五条第二款“采用其他技术手段”非法控制计算机信息系统的行为。

2. 通过修改、增加计算机信息系统数据,对该计算机信息系统实施非法控制,但未造成系统功能实质性破坏或者不能正常运行的,不应当认定为破坏计算机信息系统罪,符合刑法第二百八十五条第二款规定的,应当认定为非法控制计算机信息系统罪。

【相关法条】

《中华人民共和国刑法》第 285 条第 1 款、第 2 款

【基本案情】

自 2017 年 7 月开始,被告人张竣杰、彭玲珑、祝东、姜宇豪经事先共谋,为赚取赌博网站广告费用,在马来西亚吉隆坡市租住的 Trillion 公寓 B 幢 902 室内,相互配合,对存在防护漏洞的目标服务器进行检索、筛查后,向目标服务器

植入木马程序(后门程序)进行控制,再使用“菜刀”等软件链接该木马程序,获取目标服务器后台浏览、增加、删除、修改等操作权限,将添加了赌博关键字并设置自动跳转功能的静态网页,上传至目标服务器,提高赌博网站广告被搜索引擎命中几率。截止2017年9月底,被告人张竣杰、彭玲珑、祝东、姜宇豪链接被植入木马程序的目标服务器共计113台,其中部分网站服务器还被植入了含有赌博关键词的广告网页。后公安机关将被告人张竣杰、彭玲珑、祝东、姜宇豪抓获到案。公诉机关以破坏计算机信息系统罪对四人提起公诉。被告人张竣杰、彭玲珑、祝东、姜宇豪及其辩护人在庭审中均对指控的主要事实予以承认;被告人张竣杰、彭玲珑、祝东及其辩护人提出,各被告人的行为仅是对目标服务器的侵入或非法控制,非破坏,应定性为非法侵入计算机信息系统罪或非法控制计算机信息系统罪,不构成破坏计算机信息系统罪。

【裁判结果】

江苏省南京市鼓楼区人民法院于2019年7月29日作出(2018)苏0106刑初487号刑事判决:一、被告人张竣杰犯非法控制计算机信息系统罪,判处有期徒刑五年六个月,罚金人民币五万元。二、被告人彭玲珑犯非法控制计算机信息系统罪,判处有期徒刑五年三个月,罚金人民币五万元。三、被告人祝东犯非法控制计算机信息系统罪,判处有期徒刑五年,罚金人民币四万元。四、被告人姜宇豪犯非法控制计算机信息系统罪,判处有期徒刑二年六个月,罚金人民币二万元。一审宣判后,被告人姜宇豪以一审量刑过重为由提出上诉,其辩护人请求对被告人姜宇豪宣告缓刑。江苏省南京市中级人民法院于2019年9月16日作出(2019)苏01刑终768号裁定:驳回上诉,维持原判。

【裁判理由】

法院生效裁判认为,被告人张竣杰、彭玲珑、祝东、姜宇豪共同违反国家规定,对我国境内计算机信息系统实施非法控制,情节特别严重,其行为均已构成非法控制计算机信息系统罪,且系共同犯罪。南京市鼓楼区人民检察院指控被告人张竣杰、彭玲珑、祝东、姜宇豪实施侵犯计算机信息系统犯罪的事实清楚,证据确实、充分,但以破坏计算机信息系统罪予以指控不当。经查,被告人张竣杰、彭玲珑、祝东、姜宇豪虽对目标服务器的数据实施了修改、增加的侵犯行为,但未造成该信息系统功能实质性的破坏,或不能正常运行,也未对该信息系统内有价值的数据进行增加、删改，其行为不属于破坏计算机信息系统犯罪中的对计算机信息系统中存储、处理或者传输的数据进行删除、修改、增加的行为，应认定为非法控制计算机信息系统罪。部分被告人及辩护人提出相同定性的辩解、辩护意见，予以采纳。关于上诉人姜宇豪提出“量刑过重”的上诉理由及辩护人提出宣告缓刑的辩护意见，经查，该上诉人及其他被告人链接被植入木马程序的目标服务器共计113台，属于情节特别严重。一审法院依据本案的犯罪事实和上诉人的犯罪情节，对上诉人减轻处罚，量刑适当且与其他被告人的刑期均衡。综合上诉人犯罪行为的性质、所造成的后果及其社会危害性，不宜对上诉人适用缓刑。故对上诉理由及辩护意见，不予采纳。

5. 李丙龙破坏计算机信息系统案（检例第33号）

【关键词】

破坏计算机信息系统　劫持域名

【基本案情】

被告人李丙龙，男，1991年8月生，个体工商户。

被告人李丙龙为牟取非法利益，预谋以修改大型互联网网站域名解析指向的方法，劫持互联网流量访问相关赌博网站，获取境外赌博网站广告推广流量提成。2014年10月20日，李丙龙冒充某知名网站工作人员，采取伪造该网站公司营业执照等方式，骗取该网站注册服务提供商信任，获取网站域名解析服务管理权限。10月21日，李丙龙通过其在域名解析服务网站平台注册的账号，利用该平台相关功能自动生成了该知名网站二级子域名部分DNS（域名系统）解析列表，修改该网站子域名的IP指向，使其连接至自己租用境外虚拟服务器建立的赌博网站广告发布页面。当日19时许，李丙龙对该网站域名解析服务器指向的修改生效，致使该网站不能正常运行。23时许，该知名网站经技术排查恢复了网站正常运行。11月25日，李丙龙被公安机关抓获。至案发时，李丙龙未及获利。

经司法鉴定，该知名网站共有559万有效用户，其中邮箱系统有36万有效用户。按日均电脑客户端访问量计算，10月7日至10月20日邮箱系统日均访问量达12.3万。李丙龙的行为造成该知名网站10月21日19时至23时长达四小时左右无法正常发挥其服务功能，案发当日仅邮件系统电脑客户端访问量就从12.3万减少至4.43万。

【诉讼过程和结果】

本案由上海市徐汇区人民检察院于2015年4月9日以被告人李丙龙犯破坏计算机信息系统罪向上海市徐汇区人民法院提起公诉。11月4日,徐汇区人民法院作出判决,认定李丙龙的行为构成破坏计算机信息系统罪。根据《最高人民法院、最高人民检察院关于办理危害计算机信息系统安全刑事案件应用法律若干问题的解释》第四条规定,李丙龙的行为符合"造成为五万以上用户提供服务的计算机信息系统不能正常运行累计一小时以上""后果特别严重"的情形。结合量刑情节,判处李丙龙有期徒刑五年。一审宣判后,被告人未上诉,判决已生效。

【要旨】

以修改域名解析服务器指向的方式劫持域名,造成计算机信息系统不能正常运行,是破坏计算机信息系统的行为。

【指导意义】

修改域名解析服务器指向,强制用户偏离目标网站或网页进入指定网站或网页,是典型的域名劫持行为。行为人使用恶意代码修改目标网站域名解析服务器,目标网站域名被恶意解析到其他IP地址,无法正常发挥网站服务功能,这种行为实质是对计算机信息系统功能的修改、干扰,符合刑法第二百八十六条第一款"对计算机信息系统功能进行删除、修改、增加、干扰"的规定。根据《最高人民法院、最高人民检察院关于办理危害计算机信息系统安全刑事案件应用法律若干问题的解释》第四条的规定,造成为一万以上用户提供服务的计算机信息系统不能正常运行累计一小时以上的,属于"后果严重",应以破坏计算机信息系统罪论处;造成为五万以上用户提供服务的计算机信息系统不能正常运行累计一小时以上的,属于"后果特别严重"。

认定遭受破坏的计算机信息系统服务用户数,可以根据计算机信息系统的功能和使用特点,结合网站注册用户、浏览用户等具体情况,作出客观判断。

6. 李骏杰等破坏计算机信息系统案(检例第34号)

【关键词】

破坏计算机信息系统　删改购物评价　购物网站评价系统

【基本案情】

被告人李骏杰，男，1985年7月生，原系浙江杭州某网络公司员工。

被告人胡榕，男，1975年1月生，原系江西省九江市公安局民警。

被告人黄福权，男，1987年9月生，务工。

被告人董伟，男，1983年5月生，无业。

被告人王凤昭，女，1988年11月生，务工。

2011年5月至2012年12月，被告人李骏杰在工作单位及自己家中，单独或伙同他人通过聊天软件联系需要修改中差评的某购物网站卖家，并从被告人黄福权等处购买发表中差评的该购物网站买家信息300余条。李骏杰冒用买家身份，骗取客服审核通过后重置账号密码，登录该购物网站内部评价系统，删改买家的中差评347个，获利9万余元。

经查：被告人胡榕利用职务之便，将获取的公民个人信息分别出售给被告人黄福权、董伟、王凤昭。

2012年12月11日，被告人李骏杰被公安机关抓获归案。此后，因涉嫌出售公民个人信息、非法获取公民个人信息，被告人胡榕、黄福权、董伟、王凤昭等人也被公安机关先后抓获。

【诉讼过程和结果】

本案由浙江省杭州市滨江区人民检察院于2014年3月24日以被告人李骏杰犯破坏计算机信息系统罪、被告人胡榕犯出售公民个人信息罪、被告人黄福权等人犯非法获取公民个人信息罪，向浙江省杭州市滨江区人民法院提起公诉。2015年1月12日，杭州市滨江区人民法院作出判决，认定被告人李骏杰的行为构成破坏计算机信息系统罪，判处有期徒刑五年；被告人胡榕的行为构成出售公民个人信息罪，判处有期徒刑十个月，并处罚金人民币二万元；被告人黄福权、董伟、王凤昭的行为构成非法获取公民个人信息罪，分别判处有期徒刑、拘役，并处罚金。一审宣判后，被告人董伟提出上诉。杭州市中级人民法院二审裁定驳回上诉，维持原判。判决已生效。

【要旨】

冒用购物网站买家身份进入网站内部评价系统删改购物评价，属于对计算机信息系统内存储数据进行修改操作，应当认定为破坏计算机信息系统的行为。

【指导意义】

购物网站评价系统是对店铺销量、买家评价等多方面因素进行综合计算分值的系统，其内部储存的数据直接影响到搜索流量分配、推荐排名、营销活动报名资格、同类商品在消费者购买比较时的公平性等。买家在购买商品后，根据用户体验对所购商品分别给出好评、中评、差评三种不同评价。所有的评价都是以数据形式存储于买家评价系统之中，成为整个购物网站计算机信息系统整体数据的重要组成部分。

侵入评价系统删改购物评价，其实质是对计算机信息系统内存储的数据进行删除、修改操作的行为。这种行为危害到计算机信息系统数据采集和流量分配体系运行，使网站注册商户及其商品、服务的搜索受到影响，导致网站商品、服务评价功能无法正常运作，侵害了购物网站所属公司的信息系统安全和消费者的知情权。行为人因删除、修改某购物网站中差评数据违法所得25000元以上，构成破坏计算机信息系统罪，属于“后果特别严重”的情形，应当依法判处五年以上有期徒刑。

7. 曾兴亮、王玉生破坏计算机信息系统案（检例第35号）

【关键词】

破坏计算机信息系统　智能手机终端　远程锁定

【基本案情】

被告人曾兴亮，男，1997年8月生，农民。

被告人王玉生，男，1992年2月生，农民。

2016年10月至11月，被告人曾兴亮与王玉生结伙或者单独使用聊天社交软件，冒充年轻女性与被害人聊天，谎称自己的苹果手机因故障无法登录“iCloud”（云存储），请被害人代为登录，诱骗被害人先注销其苹果手机上原有的ID，再使用被告人提供的ID及密码登录。随后，曾、王二人立即在电脑上使用新的ID及密码登录苹果官方网站，利用苹果手机相关功能将被害人的手机设置修改，并使用“密码保护问题”修改该ID的密码，从而远程锁定被害人的苹果手机。曾、王二人再在其个人电脑上，用网络聊天软件与被害人联系，以解锁为条件索要钱财。采用这种方式，曾兴亮单独或合伙作案共21起，涉及苹果手机22部，锁定苹果手机21部，索得人民币合计7290元；王玉生参与作案12起，涉及苹果手机12部，锁定苹果手机11部，索得人民币合计4750元。2016年11月24日，二人被公安机关抓获。

【诉讼过程和结果】

本案由江苏省海安县人民检察院于2016年12月23日以被告人曾兴亮、王玉生犯破坏计算机信息系统罪向海安县人民法院提起公诉。2017年1月20日，海安县人民法院作出判决，认定被告人曾兴亮、王玉生的行为构成破坏计算机信息系统罪，分别判处有期徒刑一年三个月、有期徒刑六个月。一审宣判后，二被告人未上诉，判决已生效。

【要旨】

智能手机终端，应当认定为刑法保护的计算机信息系统。锁定智能手机导致不能使用的行为，可认定为破坏计算机信息系统。

【指导意义】

计算机信息系统包括计算机、网络设备、通信设备、自动化控制设备等。智能手机和计算机一样，使用独立的操作系统、独立的运行空间，可以由用户自行安装软件等程序，并可以通过移动通讯网络实现无线网络接入，应当认定为刑法上的"计算机信息系统"。

行为人通过修改被害人手机的登录密码，远程锁定被害人的智能手机设备，使之成为无法开机的"僵尸机"，属于对计算机信息系统功能进行修改、干扰的行为。造成10台以上智能手机系统不能正常运行，符合刑法第二百八十六条破坏计算机信息系统罪构成要件中"对计算机信息系统功能进行修改、干扰""后果严重"的情形，构成破坏计算机信息系统罪。

行为人采用非法手段锁定手机后以解锁为条件，索要钱财，在数额较大或多次敲诈的情况下，其目的行为又构成敲诈勒索罪。在这类犯罪案件中，手段行为构成的破坏计算机信息系统罪与目的行为构成的敲诈勒索罪之间成立牵连犯。牵连犯应当从一重罪处断。破坏计算机信息系统罪后果严重的情况下，法定刑为五年以下有期徒刑或者拘役；敲诈勒索罪在数额较大的情况下，法定刑为三年以下有期徒刑、拘役或管制，并处或者单处罚金。本案应以重罪即破坏计算机信息系统罪论处。

8. 卫梦龙、龚旭、薛东东非法获取计算机信息系统数据案(检例第36号)

【关键词】

非法获取计算机信息系统数据　超出授权范围登录　侵入计算机信息系统

【基本案情】

被告人卫梦龙,男,1987年10月生,原系北京某公司经理。

被告人龚旭,女,1983年9月生,原系北京某大型网络公司运营规划管理部员工。

被告人薛东东,男,1989年12月生,无固定职业。

被告人卫梦龙曾于2012年至2014年在北京某大型网络公司工作,被告人龚旭供职于该大型网络公司运营规划管理部,两人原系同事。被告人薛东东系卫梦龙商业合作伙伴。

因工作需要,龚旭拥有登录该大型网络公司内部管理开发系统的账号、密码、Token令牌(计算机身份认证令牌),具有查看工作范围内相关数据信息的权限。但该大型网络公司禁止员工私自在内部管理开发系统查看、下载非工作范围内的电子数据信息。

2016年6月至9月,经事先合谋,龚旭向卫梦龙提供自己所掌握的该大型网络公司内部管理开发系统账号、密码、Token令牌。卫梦龙利用龚旭提供的账号、密码、Token令牌,违反规定多次在异地登录该大型网络公司内部管理开发系统,查询、下载该计算机信息系统中储存的电子数据。后卫梦龙将非法获取的电子数据交由薛东东通过互联网出售牟利,违法所得共计37000元。

【诉讼过程和结果】

本案由北京市海淀区人民检察院于2017年2月9日以被告人卫梦龙、龚旭、薛东东犯非法获取计算机信息系统数据罪,向北京市海淀区人民法院提起公诉。6月6日,北京市海淀区人民法院作出判决,认定被告人卫梦龙、龚旭、薛东东的行为构成非法获取计算机信息系统数据罪,情节特别严重。判处卫梦龙有期徒刑四年,并处罚金人民币四万元;判处龚旭有期徒刑三年九个月,并处罚金人民币四万元;判处薛东东有期徒刑四年,并处罚金人民币四万元。一审宣判后,三被告人未上诉,判决已生效。

【要旨】

超出授权范围使用账号、密码登录计算机信息系统,属于侵入计算机信息系统的行为;侵入计算机信息系统后下载其储存的数据,可以认定为非法获取计算机信息系统数据。

【指导意义】

非法获取计算机信息系统数据罪中的“侵入”,是指违背被害人意愿、非法进入计算机信息系统的行为。其表现形式既包括采用技术手段破坏系统防护进入计算机信息系统,也包括未取得被害人授权擅自进入计算机信息系统,还包括超出被害人授权范围进入计算机信息系统。

本案中,被告人龚旭将自己因工作需要掌握的本公司账号、密码、Token令牌等交由卫梦龙登录该公司管理开发系统获取数据,虽不属于通过技术手段侵入计算机信息系统,但内外勾结擅自登录公司内部管理开发系统下载数据,明显超出正常授权范围。超出授权范围使用账号、密码、Token令牌登录系统,也属于侵入计算机信息系统的行为。行为人违反《计算机信息系统安全保护条例》第七条、《计算机信息网络国际联网安全保护管理办法》第六条第一项等国家规定,实施了非法侵入并下载获取计算机信息系统中存储的数据的行为,构成非法获取计算机信息系统数据罪。按照2011年《最高人民法院、最高人民检察院关于办理危害计算机信息系统安全刑事案件应用法律若干问题的解释》规定,构成犯罪,违法所得二万五千元以上,应当认定为“情节特别严重”,处三年以上七年以下有期徒刑,并处罚金。

9. 叶源星、张剑秋提供侵入计算机信息系统程序、谭房妹非法获取计算机信息系统数据案(检例第68号)

【关键词】

专门用于侵入计算机信息系统的程序　非法获取计算机信息系统数据　撞库　打码

【要旨】

对有证据证明用途单一,只能用于侵入计算机信息系统的程序,司法机关可依法认定为“专门用于侵入计算机信息系统的程序”;难以确定的,应当委托专门部门或司法鉴定机构作出检验或鉴定。

【基本案情】

叶源星，男，1977年3月10日出生，超市网络维护员。

张剑秋，男，1972年8月14日出生，小学教师。

谭房妹，男，1993年4月5日出生，农民。

2015年1月，被告人叶源星编写了用于批量登录某电商平台账户的“小黄伞”撞库软件（“撞库”是指黑客通过收集已泄露的用户信息，利用账户使用者相同的注册习惯，如相同的用户名和密码，尝试批量登陆其他网站，从而非法获取可登录用户信息的行为）供他人免费使用。“小黄伞”撞库软件运行时，配合使用叶源星编写的打码软件（“打码”是指利用人工大量输入验证码的行为）可以完成撞库过程中对大量验证码的识别。叶源星通过网络向他人有偿提供打码软件的验证码识别服务，同时将其中的人工输入验证码任务交由被告人张剑秋完成，并向其支付费用。

2015年1月至9月，被告人谭房妹通过下载使用“小黄伞”撞库软件，向叶源星购买打码服务，获取到某电商平台用户信息2.2万余组。

被告人叶源星、张剑秋通过实施上述行为，从被告人谭房妹处获取违法所得共计人民币4万余元。谭房妹通过向他人出售电商平台用户信息，获取违法所得共计人民币25万余元。法院审理期间，叶源星、张剑秋、谭房妹退缴了全部违法所得。

【指控与证明犯罪】

（一）审查起诉

2016年10月10日，浙江省杭州市公安局余杭区分局以犯罪嫌疑人叶源星、张剑秋、谭房妹涉嫌非法获取计算机信息系统数据罪移送杭州市余杭区人民检察院审查起诉。期间，叶源星、张剑秋的辩护人向检察机关提出二名犯罪嫌疑人无罪的意见。叶源星的辩护人认为，叶源星利用“小黄伞”软件批量验证已泄露信息的行为，不构成非法获取计算机信息系统数据罪。张剑秋的辩护人认为，张剑秋不清楚组织打码是为了非法获取某电商平台的用户信息。张剑秋与叶源星没有共同犯罪故意，不构成非法获取计算机信息系统数据罪。

杭州市余杭区人民检察院经审查认为，犯罪嫌疑人叶源星编制“小黄伞”撞库软件供他人使用，犯罪嫌疑人张剑秋组织码工打码，犯罪嫌疑人谭房妹非法获取网络用户信息并出售牟利的基本事实清楚，但需要进一步补强证据。2016年11月25日、2017年2月7日，检察机关二次将案件退回公安机关补充侦查，明确提出需要补查的内容、目的和要求。一是完善“小黄伞”软件的编制过程、运作原理、功能等方面的证据，以便明确“小黄伞”软件是否具有避开或突破某电商平台服务器的安全保护措施，非法获取计算机信息系统数据的功能。二是对扣押的张剑秋电脑进行补充勘验，以便确定张剑秋主观上是否明知其组织打码行为是为他人非法获取某电商平台用户信息提供帮助；调取张剑秋与叶源星的QQ聊天记录，以便查明二人是否有犯意联络。三是提取叶源星被扣押电脑的MAC地址（又叫网卡地址，由12个16进制数组成，是上网设备在网络中的唯一标识），分析“小黄伞”软件源代码中是否含有叶源星电脑的MAC地址，以便查明某电商平台被非法登陆过的账号与叶源星编制的“小黄伞”撞库软件之间是否存在关联性。四是对被扣押的谭房妹电脑和U盘进行补充勘验，调取其中含有账号、密码的文件，查明文件的生成时间和特征，以便确定被查获的存储介质中的某电商平台用户信息是否系谭房妹使用“小黄伞”软件获取。

公安机关按照检察机关的要求，对证据作了进一步补充完善。同时，检察机关就“小黄伞”软件的运行原理等问题，听取了技术专家意见。结合公安机关两次退查后补充的证据，案件证据中存在的问题已经得到解决：

一是明确了“小黄伞”软件具有以下功能特征：(1)“小黄伞”软件用途单一，仅针对某电商平台账号进行撞库和接入打码平台，这种非法侵入计算机信息系统获取用户数据的程序没有合法用途。(2)“小黄伞”软件具有避开或突破计算机信息系统安全保护措施的功能。在实施撞库过程中，一个IP地址需要多次登录大量账号，为防止被某电商平台识别为非法登陆，导致IP地址被封锁，“小黄伞”软件被编入自动拨号功能，在批量登陆几组账号后，会自动切换新的IP地址，从而达到避开该电商平台安全防护的目的。(3)“小黄伞”软件具有绕过验证码识别防护措施的功能。在他人利用非法获取的该电商平台账号登录时，需要输入验证码。“小黄伞”软件会自动抓取验证码图片发送到打码平台，由张剑秋组织的码工对验证码进行识别。(4)“小黄伞”软件具有非法获取计算机信息系统数据的功能。“小黄伞”软件对登陆成功的某电商平台账号，在未经授权的情况下,会自动抓取账号对应的昵称、注册时间、账号等级等信息数据。根据以上特征,可以认定"小黄伞"软件属于刑法规定的"专门用于侵入计算机信息系统的程序"。

二是从张剑秋和叶源星电脑中补充勘查到的QQ聊天记录等电子数据证实,叶源星与张剑秋聊天过程中曾提及"扫平台"、"改一下平台程序"、"那些人都是出码的";通过补充讯问张剑秋和叶源星,明确了张剑秋明知其帮叶源星打验证码可能被用于非法目的,仍然帮叶源星做打码代理。上述证据证实张剑秋与叶源星之间已经形成犯意联络,具有共同犯罪故意。

三是通过进一步补充证据,证实了使用撞库软件的终端设备的MAC地址与叶源星电脑的MAC地址、小黄伞软件的源代码里包含的MAC地址一致。上述证据证实叶源星就是"小黄伞"软件的编制者。

四是通过对谭房妹所有包含某电商平台用户账号和密码的文件进行比对,查明了谭房妹利用"小黄伞"撞库软件非法获取的某电商平台用户信息文件不仅包含账号、密码,还包含了注册时间、账号等级、是否验证等信息,而谭房妹从其他渠道非法获取的账号信息文件并不包含这些信息。通过对谭房妹电脑的进一步勘查和对谭房妹的进一步讯问,确定了谭房妹利用"小黄伞"软件登陆某电商平台用户账号的过程和具体时间,该登录时间与部分账号信息文件的生成时间均能一一对应。根据上述证据,最终确定谭房妹利用"小黄伞"撞库所得的网络用户信息为2.2万余组。

综上,检察机关认为案件事实已查清,但公安机关对犯罪嫌疑人叶源星、张剑秋移送起诉适用的罪名不准确。叶源星、张剑秋共同为他人提供专门用于侵入计算机信息系统的程序,均已涉嫌提供侵入计算机信息系统程序罪;犯罪嫌疑人谭房妹的行为已涉嫌非法获取计算机信息系统数据罪。

(二)出庭指控犯罪

2017年6月20日,杭州市余杭区人民检察院以被告人叶源星、张剑秋构成提供侵入计算机信息系统程序罪,被告人谭房妹构成非法获取计算机信息系统数据罪,向杭州市余杭区人民法院提起公诉。11月17日,法院公开开庭审理了本案。

庭审中,3名被告人对检察机关的指控均无异议。谭房妹的辩护人提出,谭房妹系初犯，归案后能如实供述罪行，自愿认罪，请求法庭从轻处罚。叶源星和张剑秋的辩护人提出以下辩护意见：一是检察机关未提供省级以上有资质机构的检验结论，现有证据不足以认定“小黄伞”软件是“专门用于侵入计算机信息系统的程序”。二是张剑秋与叶源星间没有共同犯罪的主观故意。三是叶源星和张剑秋的违法所得金额应扣除支付给码工的钱款。

针对上述辩护意见，公诉人答辩如下：一是在案电子数据、勘验笔录、技术人员的证言、被告人供述等证据相互印证，足以证实“小黄伞”软件具有避开和突破计算机信息系统安全保护措施，未经授权获取计算机信息系统数据的功能，属于法律规定的“专门用于侵入计算机信息系统的程序”。二是被告人叶源星与张剑秋具有共同犯罪的故意。QQ 聊天记录反映两人曾提及非法获取某电商平台用户信息的内容，能证实张剑秋主观明知其组织他人打码系用于批量登录该电商平台账号。张剑秋组织他人帮助打码的行为和叶源星提供撞库软件的行为相互配合，相互补充，系共同犯罪。三是被告人叶源星、张剑秋的违法所得应以其出售验证码服务的金额认定，给码工等相关支出均属于犯罪成本，不应扣除。二人系共同犯罪，应当对全部犯罪数额承担责任。四是 3 名被告人在庭审中认罪态度较好且上交了全部违法所得，建议从轻处罚。

（三）处理结果

浙江省杭州市余杭区人民法院采纳了检察机关的指控意见，判决认定被告人叶源星、张剑秋的行为已构成提供侵入计算机信息系统程序罪，且系共同犯罪；被告人谭房妹的行为已构成非法获取计算机信息系统数据罪。鉴于 3 名被告人均自愿认罪，并退出违法所得，对 3 名被告人判处三年有期徒刑，适用缓刑，并处罚金。宣判后，3 名被告人均未提出上诉，判决已生效。

【指导意义】

审查认定“专门用于侵入计算机信息系统的程序”，一般应要求公安机关提供以下证据：一是从被扣押、封存的涉案电脑、U 盘等原始存储介质中收集、提取相关的电子数据。二是对涉案程序、被侵入的计算机信息系统及电子数据进行勘验、检查后制作的笔录。三是能够证实涉案程序的技术原理、制作目的、功能用途和运行效果的书证材料。四是涉案程序的制作人、提供人、使用人对该程序的技术原理、制作目的、功能用途和运行效果进行阐述的言词证据，或能够展示涉案程序功能的视听资料。五是能够证实被侵入计算机信息系统安全保护措施的技术原理、功能以及被侵入后果的专业人员的证言等证据。六是对有运行条件的,应要求公安机关进行侦查实验。对有充分证据证明涉案程序是专门设计用于侵入计算机信息系统、非法获取计算机信息系统数据的,可直接认定为“专门用于侵入计算机信息系统的程序”。

证据审查中,可从以下方面对涉案程序是否属于“专门用于侵入计算机信息系统的程序”进行判断:一是结合被侵入的计算机信息系统的安全保护措施,分析涉案程序是否具有侵入的目的,是否具有避开或者突破计算机信息系统安全保护措施的功能。二是结合计算机信息系统被侵入的具体情形,查明涉案程序是否在未经授权或超越授权的情况下,获取计算机信息系统数据。三是分析涉案程序是否属于“专门”用于侵入计算机信息系统的程序。

根据《最高人民法院、最高人民检察院关于办理危害计算机信息系统安全刑事案件应用法律若干问题的解释》第十条和《最高人民法院、最高人民检察院、公安部关于办理刑事案件收集提取和审查判断电子数据若干问题的规定》第十七条的规定,对是否属于“专门用于侵入计算机信息系统的程序”难以确定的,一般应当委托省级以上负责计算机信息系统安全保护管理工作的部门检验,也可由司法鉴定机构出具鉴定意见,或者由公安部指定的机构出具报告。实践中,应重点审查检验报告、鉴定意见对程序运行过程和运行结果的判断,结合案件具体情况,认定涉案程序是否具有突破或避开计算机信息系统安全保护措施,未经授权或超越授权获取计算机信息系统数据的功能。

【相关规定】

《中华人民共和国刑法》第二百八十五条、第二十五条

《最高人民法院、最高人民检察院关于办理危害计算机信息系统安全刑事案件应用法律若干问题的解释》第一条、第二条、第三条、第十条、第十一条

《最高人民法院、最高人民检察院、公安部关于办理刑事案件收集提取和审查判断电子数据若干问题的规定》第十七条

10. 姚晓杰等 11 人破坏计算机信息系统案(检例第 69 号)

【关键词】

破坏计算机信息系统　网络攻击　引导取证　损失认定

【要旨】

为有效打击网络攻击犯罪，检察机关应加强与公安机关的配合，及时介入侦查引导取证，结合案件特点提出明确具体的补充侦查意见。对被害互联网企业提供的证据和技术支持意见，应当结合其他证据进行审查认定，客观全面准确认定破坏计算机信息系统罪的危害后果。

【基本案情】

被告人姚晓杰，男，1983 年 3 月 27 日出生，无固定职业。

被告人丁虎子，男，1998 年 2 月 7 日出生，无固定职业。

其他 9 名被告人基本情况略。

2017 年初，被告人姚晓杰等人接受王某某（另案处理）雇佣，招募多名网络技术人员，在境外成立"暗夜小组"黑客组织。"暗夜小组"从被告人丁虎子等 3 人处购买大量服务器资源，再利用木马软件操控控制端服务器实施 DDoS 攻击（指黑客通过远程控制服务器或计算机等资源，对目标发动高频服务请求，使目标服务器因来不及处理海量请求而瘫痪）。2017 年 2—3 月间，"暗夜小组"成员三次利用 14 台控制端服务器下的计算机，持续对某互联网公司云服务器上运营的三家游戏公司的客户端 IP 进行 DDoS 攻击。攻击导致三家游戏公司的 IP 被封堵，出现游戏无法登录、用户频繁掉线、游戏无法正常运行等问题。为恢复云服务器的正常运营，某互联网公司组织人员对服务器进行了抢修并为此支付 4 万余元。

【指控与证明犯罪】

（一）介入侦查引导取证

2017 年初，某互联网公司网络安全团队在日常工作中监测到多起针对该公司云服务器的大流量高峰值 DDoS 攻击，攻击源 IP 地址来源不明，该公司随即报案。公安机关立案后，同步邀请广东省深圳市人民检察院介入侦查、引导取证。

针对案件专业性、技术性强的特点，深圳市人民检察院会同公安机关多次召开案件讨论会，就被害单位云服务器受到的 DDoS 攻击的特点和取证策略进行研究，建议公安机关及时将被害单位报案提供的电子数据送国家计算机网络应急技术处理协调中心广东分中心进行分析，确定主要攻击源的 IP 地址。

2017年6—9月间,公安机关陆续将11名犯罪嫌疑人抓获。侦查发现,“暗夜小组”成员为逃避打击,在作案后已串供并将手机、笔记本电脑等作案工具销毁或者进行了加密处理。“暗夜小组”成员到案后大多作无罪辩解。有证据证实丁虎子等人实施了远程控制大量计算机的行为,但证明其将控制权出售给“暗夜小组”用于DDoS网络攻击的证据薄弱。

鉴于此,深圳市检察机关与公安机关多次会商研究“暗夜小组”团伙内部结构、犯罪行为和技术特点等问题,建议公安机关重点做好以下三方面工作:一是查明导致云服务器不能正常运行的原因与“暗夜小组”攻击行为间的关系。具体包括:对被害单位提供的受攻击IP和近20万个攻击源IP作进一步筛查分析,找出主要攻击源的IP地址,并与丁虎子等人出售的控制端服务器IP地址进行比对;查清主要攻击源的波形特征和网络协议,并和丁虎子等人控制的攻击服务器特征进行比对,以确定主要攻击是否来自于该控制端服务器;查清攻击时间和云服务器因被攻击无法为三家游戏公司提供正常服务的时间;查清攻击的规模;调取“暗夜小组”实施攻击后给三家游戏公司发的邮件。二是做好犯罪嫌疑人线上身份和线下身份同一性的认定工作,并查清“暗夜小组”各成员在犯罪中的分工、地位和作用。三是查清犯罪行为造成的危害后果。

(二)审查起诉

2017年9月19日,公安机关将案件移送广东省深圳市南山区人民检察院审查起诉。鉴于在案证据已基本厘清“暗夜小组”实施犯罪的脉络,“暗夜小组”成员的认罪态度开始有了转变。经审查,全案基本事实已经查清,基本证据已经调取,能够认定姚晓杰等人的行为已涉嫌破坏计算机信息系统罪:一是可以认定系“暗夜小组”对某互联网公司云服务器实施了大流量攻击。国家计算机网络应急技术处理协调中心广东分中心出具的报告证实,筛选出的大流量攻击源IP中有198个IP为僵尸网络中的被控主机,这些主机由14个控制端服务器控制。通过比对丁虎子等人电脑中的电子数据,证实丁虎子等人控制的服务器就是对三家游戏公司客户端实施网络攻击的服务器。分析报告还明确了云服务器受到的攻击类型和攻击采用的网络协议、波形特征,这些证据与“暗夜小组”成员供述的攻击资源特征一致。网络聊天内容和银行交易流水等证据证实“暗夜小组”向丁虎子等三人购买上述14个控制端服务器控制权的事实。电子邮件等证据进一步印证了“暗夜小组”实施攻击的事实。二是通过进一步提取犯罪嫌疑人网络活动记录、犯罪嫌疑人之间的通讯信息、资金往来等证据，结合对电子数据的分析，查清了“暗夜小组”成员虚拟身份与真实身份的对应关系，查明了小组成员在招募人员、日常管理、购买控制端服务器、实施攻击和后勤等各个环节中的分工负责情况。

审查中，检察机关发现，攻击行为造成的损失仍未查清：部分犯罪嫌疑人实施犯罪的次数，上下游间交易的证据仍欠缺。针对存在的问题，深圳市南山区人民检察院与公安机关进行了积极沟通，于2017年11月2日和2018年1月16日两次将案件退回公安机关补充侦查。一是鉴于证实受影响计算机信息系统和用户数量的证据已无法调取，本案只能以造成的经济损失认定危害后果。因此要求公安机关补充调取能够证实某互联网公司直接经济损失或为恢复网络正常运行支出的必要费用等证据，并交专门机构作出评估。二是进一步补充证实“暗夜小组”成员参与每次网络攻击具体情况以及攻击服务器控制权在“暗夜小组”与丁虎子等人间流转情况的证据。三是对丁虎子等人向“暗夜小组”提供攻击服务器控制权的主观明知证据作进一步补强。

公安机关按要求对证据作了补强和完善，全案事实已查清，案件证据确实充分，已经形成了完整的证据链条。

（三）出庭指控犯罪

2018年3月6日，深圳市南山区人民检察院以被告人姚晓杰等11人构成破坏计算机信息系统罪向深圳市南山区人民法院提起公诉。4月27日，法院公开开庭审理了本案。

庭审中，11名被告人对检察机关的指控均表示无异议。部分辩护人提出以下辩护意见：一是网络攻击无处不在，现有证据不能认定三家网络游戏公司受到的攻击均是“暗夜小组”发动的，不能排除攻击来自其他方面。二是即便认定“暗夜小组”参与对三家网络游戏公司的攻击，也不能将某互联网公司支付给抢修系统数据的员工工资认定为本案的经济损失。

针对辩护意见，公诉人答辩如下：一是案发时并不存在其他大规模网络攻击，在案证据足以证实只有“暗夜小组”针对云服务器进行了DDoS高流量攻击，每次的攻击时间和被攻击的时间完全吻合，攻击手法、流量波形、攻击源IP

和攻击路径与被告人供述及其他证据相互印证，现有证据足以证明三家网络游戏公司客户端不能正常运行系受“暗夜小组”攻击导致。二是根据法律规定，“经济损失”包括危害计算机信息系统犯罪行为给用户直接造成的经济损失以及用户为恢复数据、功能而支出的必要费用。某互联网公司为修复系统数据、功能而支出的员工工资系因犯罪产生的必要费用，应当认定为本案的经济损失。

（四）处理结果

2018年6月8日，广东省深圳市南山区人民法院判决认定被告人姚晓杰等11人犯破坏计算机信息系统罪；鉴于各被告人均表示认罪悔罪，部分被告人具有自首等法定从轻、减轻处罚情节，对11名被告人分别判处有期徒刑一年至二年不等。宣判后，11名被告人均未提出上诉，判决已生效。

【指导意义】

（一）立足网络攻击犯罪案件特点引导公安机关收集调取证据。对重大、疑难、复杂的网络攻击类犯罪案件，检察机关可以适时介入侦查引导取证，会同公安机关研究侦查方向，在收集、固定证据等方面提出法律意见。一是引导公安机关及时调取证明网络攻击犯罪发生、证明危害后果达到追诉标准的证据。委托专业技术人员对收集提取到的电子数据等进行检验、鉴定，结合在案其他证据，明确网络攻击类型、攻击特点和攻击后果。二是引导公安机关调取证明网络攻击是犯罪嫌疑人实施的证据。借助专门技术对攻击源进行分析，溯源网络犯罪路径。审查认定犯罪嫌疑人网络身份与现实身份的同一性时，可通过核查IP地址、网络活动记录、上网终端归属，以及证实犯罪嫌疑人与网络终端、存储介质间的关联性综合判断。犯罪嫌疑人在实施网络攻击后，威胁被害人的证据可作为认定攻击事实和因果关系的证据。有证据证明犯罪嫌疑人实施了攻击行为，网络攻击类型和特点与犯罪嫌疑人实施的攻击一致，攻击时间和被攻击时间吻合的，可以认定网络攻击系犯罪嫌疑人实施。三是网络攻击类犯罪多为共同犯罪，应重点审查各犯罪嫌疑人的供述和辩解、手机通信记录等，通过审查自供和互证的情况以及与其他证据间的印证情况，查明各犯罪嫌疑人间的犯意联络、分工和作用，准确认定主、从犯。四是对需要通过退回补充侦查进一步完善上述证据的，在提出补充侦查意见时，应明确列出每一项证据的补侦目的，以及为了达到目的需要开展的工作。在补充侦查过程中，要适时与公安机关面对面会商,了解和掌握补充侦查工作的进展,共同研究分析补充到的证据是否符合起诉和审判的标准和要求,为补充侦查工作提供必要的引导和指导。

(二)对被害单位提供的证据和技术支持意见需结合其他在案证据作出准确认定。网络攻击类犯罪案件的被害人多为大型互联网企业。在打击该类犯罪的过程中,司法机关往往会借助被攻击的互联网企业在网络技术、网络资源和大数据等方面的优势,进行溯源分析或对攻击造成的危害进行评估。由于互联网企业既是受害方,有时也是技术支持协助方,为确保被害单位提供的证据客观真实,必须特别注意审查取证过程的规范性;有条件的,应当聘请专门机构对证据的完整性进行鉴定。如条件不具备,应当要求提供证据的被害单位对证据作出说明。同时要充分运用印证分析审查思路,将被害单位提供的证据与在案其他证据,如从犯罪嫌疑人处提取的电子数据、社交软件聊天记录、银行流水、第三方机构出具的鉴定意见、证人证言、犯罪嫌疑人供述等证据作对照分析,确保不存在人为改变案件事实或改变案件危害后果的情形。

(三)对破坏计算机信息系统的危害后果应作客观全面准确认定。实践中,往往倾向于依据犯罪违法所得数额或造成的经济损失认定破坏计算机信息系统罪的危害后果。但是在一些案件中,违法所得或经济损失并不能全面、准确反映出犯罪行为所造成的危害。有的案件违法所得或者经济损失的数额并不大,但网络攻击行为导致受影响的用户数量特别大,有的导致用户满意度降低或用户流失,有的造成了恶劣社会影响。对这类案件,如果仅根据违法所得或经济损失数额来评估危害后果,可能会导致罪刑不相适应。因此,在办理破坏计算机信息系统犯罪案件时,检察机关应发挥好介入侦查引导取证的作用,及时引导公安机关按照法律规定,从扰乱公共秩序的角度,收集、固定能够证实受影响的计算机信息系统数量或用户数量、受影响或被攻击的计算机信息系统不能正常运行的累计时间、对被害企业造成的影响等证据,对危害后果作出客观、全面、准确认定,做到罪责相当、罚当其罪,使被告人受到应有惩处。

【相关规定】

《中华人民共和国刑法》第二百八十六条

《最高人民法院、最高人民检察院关于办理危害计算机信息系统安全刑事案件应用法律若干问题的解释》第四条、第六条、第十一条

第三讲

拒不履行信息网络安全管理义务罪

一、拒不履行信息网络安全管理义务罪的增设与司法解释

（一）网络服务提供者的网络安全管理义务

互联网不仅仅是一个媒体或者信息交换平台，其已经形成一个虚拟社会，现实社会的角色基本在互联网上都会有。网络安全是互联网一切活动的基础和前提，离开网络安全，则互联网上的一切行为将失控，互联网会成为违法犯罪的工具。当前，“网络安全问题也日益凸显。一是网络入侵、网络攻击等非法活动，严重威胁着电信、能源、交通、金融以及国防军事、行政管理等重要领域的信息基础设施的安全，云计算、大数据、物联网等新技术、新应用面临着更为复杂的网络安全环境。二是非法获取、泄露甚至倒卖公民个人信息，侮辱诽谤他人、侵犯知识产权等违法活动在网络上时有发生，严重损害公民、法人和其他组织的合法权益。三是宣扬恐怖主义、极端主义，煽动颠覆国家政权、推翻社会主义制度，以及淫秽色情等违法信息，借助网络传播、扩散，严重危害国家安全和社会公共利益。网络安全已成为关系国家安全和发展，关系人民群众切身利益的重大问题”。①

互联网有关各方在享有权利的同时，都应当承担维护网络安全的相应义务。《全国人民代表大会常务委员会关于维护互联网安全的决定》规定：“从事互联网业务的单位要依法开展活动，发现互联网上出现违法犯罪行为和有害信

① 《关于〈中华人民共和国网络安全法（草案）〉的说明》，载中国人大网，http://www.npc.gov.cn/npc/lfzt/rlyw/2015－07/08/content_1941286.htm，最后访问日期：2015 年 8 月 29 日。

息时，要采取措施，停止传输有害信息，并及时向有关机关报告。”自 2017 年 6 月 1 日起施行的《网络安全法》更是进一步规定了各类网络主体的合法权利和应当承担的网络安全义务。

（二）拒不履行信息网络安全管理义务罪的增设

有关部门提出，网络服务提供者不履行法律、行政法规规定的信息网络安全管理义务的，可予以行政责任的追究；对于情节严重，特别是造成严重后果的，应当追究刑事责任。例如，当前网络犯罪“高发低破”，网络服务提供者未能切实履行网络安全义务是其中的重要原因。如在发现和有效制止黑客攻击行为后，由于网络服务提供者未能有效留存登录日志等，无法追查到行为人，则无法有效惩治和预防这类行为。这严重影响追查危害互联网安全行为的进度，也对网络安全形成重大隐患，故情节严重的应当入刑。唯有如此，才能从当前被动应付危害网络安全违法犯罪行为的局面，转向主动防范危害互联网安全违法犯罪行为的局面，网络安全才能真正落到实处，互联网才能真正健康发展。经研究，为强化网络服务提供者的信息网络安全管理义务，《刑法修正案（九）》增设《刑法》第 286 条之一，规定拒不履行信息网络安全管理义务罪，将网络服务提供者不履行法律、行政法规规定的信息网络安全管理义务，经监管部门责令采取改正措施而拒不改正，情节严重的行为规定为犯罪。

信息网络犯罪的完善是《刑法修正案（九）》的重点内容。除了增设拒不履行信息网络安全管理义务罪外，《刑法修正案（九）》还增设了非法利用信息网络罪和帮助信息网络犯罪活动罪。《刑法》第 285 条、第 286 条规定的危害计算机信息系统安全犯罪，规制的对象是针对计算机信息系统本身的网络攻击破坏活动，可以称之为“传统信息网络犯罪”；而《刑法》第 286 条之一和第 287 条之一、之二规定的拒不履行信息网络安全管理义务罪、非法利用信息网络犯罪、帮助信息网络犯罪活动罪，则是在信息网络日益普及的时代背景下，针对犯罪与信息网络交织的情况，通过强化信息网络安全管理义务、前移信息网络犯罪的刑事防线、惩治信息网络犯罪黑灰产业链而增设的专门罪名，可以称之为“新型信息网络犯罪”。

（三）新型信息网络犯罪司法解释的制定

《刑法修正案（九）》自施行以来，各级公检法机关依据修正后《刑法》的规定，严肃惩处拒不履行信息网络安全管理义务、非法利用信息网络、帮助信息网络犯罪活动等网络犯罪。截至2019年9月，全国法院共审理相关网络犯罪案件260件，判决473人。其中，拒不履行信息网络安全管理义务刑事案件3件、3人，非法利用信息网络刑事案件159件、223人，帮助信息网络犯罪活动刑事案件98件、247人。[①] 依法严惩新型信息网络犯罪，切实维护网络安全，对于维护国家安全、社会秩序和人民群众合法权益，发挥了重要作用。但是，在查办案件过程中，有意见反映，《刑法修正案（九）》新增相关网络犯罪的定罪量刑标准较为原则，不易把握；另有一些法律适用问题存在认识分歧，影响了案件办理。鉴于此，为保障法律正确、统一适用，依法严厉惩治、有效防范网络犯罪，最高人民法院会同最高人民检察院，在公安部等部门的大力支持下，经深入调查研究、广泛征求意见、反复论证完善，起草了司法解释稿，分别于2019年6月3日由最高人民法院审判委员会第1771次会议、2019年9月4日由最高人民检察院第十三届检察委员会第二十三次会议审议通过。2019年10月，最高人民法院、最高人民检察院正式对外发布《新型信息网络犯罪解释》，自2019年11月1日起施行。

《新型信息网络犯罪解释》依照刑法、刑事诉讼法的规定，对拒不履行信息网络安全管理义务罪、非法利用信息网络罪、帮助信息网络犯罪活动罪的定罪量刑标准和相关法律适用问题作了较为全面、系统的规定。在起草过程中，着重有以下几点考虑：(1)贯彻刑法修改精神，依法严惩网络犯罪。网络犯罪不仅严重侵害公民的人身安全和财产安全，而且严重影响社会秩序甚至国家安全，依法有效惩治网络犯罪已经成为当前及未来一段时期的重要任务。基于当前网络犯罪的态势，根据修法精神，《新型信息网络犯罪解释》相关条文彰显了对

---

① 参见《〈最高人民法院、最高人民检察院关于办理非法利用信息网络帮助信息网络、犯罪活动等刑事案件适用法律若干问题的解释〉新闻发布会》，载最高人民法院官网，http://www.court.gov.cn/zixun-xiangqing-193671.html，最后访问日期：2020年3月21日。

网络犯罪的严惩立场:设置较低的入罪门槛,以适当减小取证工作难度,对网络犯罪“打早打小”;规制为网络犯罪提供技术支持和其他帮助的行为,对网络犯罪“全链条”惩治;在自由刑的基础上进一步加大职业禁止、禁止令和财产刑的适用力度,防止相关犯罪分子“重操旧业”。(2)坚持问题导向,有效解决司法实务问题。从调研情况来看,拒不履行信息网络安全管理义务罪、非法利用信息网络罪、帮助信息网络犯罪活动罪的定罪量刑标准尚不明确,“网络服务提供者”的范围、“经政府有关部门责令采取改正措施而拒不改正”的认定、非法利用信息网络罪中“违法犯罪”与帮助信息网络犯罪活动罪中“犯罪”的把握等法律适用问题存在较大争议,亟须通过司法解释加以明确。《新型信息网络犯罪解释》相关条文根据司法实践具体情况,全面解决办案实际中的难题,切实提升了打击实效。(3)坚持安全与发展并重,兼顾网络安全和网络服务业发展的需要。网络服务提供者依法切实履行信息网络安全管理义务,是维护网络安全的前提和基础。《新型信息网络犯罪解释》明确了拒不履行信息网络安全管理义务罪的入罪标准,以充分发挥刑法的威慑和教育功能,促进网络服务提供者认真履行防止违法信息传播、保护用户信息安全、留存刑事案件证据等义务,切实维护网络安全。同时,《新型信息网络犯罪解释》坚持实事求是和刑法谦抑原则,以确保相关刑事责任的追究依法、妥当、合理,促进网络服务业的健康、有序发展。

《新型信息网络犯罪解释》的具体内容,后文将在对拒不履行信息网络安全管理义务罪、非法利用信息网络罪、帮助网络犯罪活动罪的阐释中分别展开,在此提及一下同时适用于该三个罪名的共用规定:(1)单位实施相关网络犯罪的定罪量刑标准。拒不履行信息网络安全管理义务罪、非法利用信息网络罪、帮助信息网络犯罪活动罪的主体均可以是单位。为严惩单位实施的相关网络犯罪活动,《新型信息网络犯罪解释》第 14 条规定:“单位实施本解释规定的犯罪的,依照本解释规定的相应自然人犯罪的定罪量刑标准,对直接负责的主管人员和其他直接责任人员定罪处罚,并对单位判处罚金。”(2)相关网络犯罪的认罪认罚从宽规则。考虑到司法实践中的复杂情况,根据认罪认罚从宽制度的要求,《新型信息网络犯罪解释》第 15 条规定:“综合考虑社会危害程度、认罪悔罪态度等情节,认为犯罪情节轻微的,可以不起诉或者免予刑事处罚;情节显著轻微危害不大的,不以犯罪论处。”(3)相关网络犯罪的数量数额累计规则。《新型信息网络犯罪解释》第16条规定："多次拒不履行信息网络安全管理义务、非法利用信息网络、帮助信息网络犯罪活动构成犯罪，依法应当追诉的，或者二年内多次实施前述行为未经处理的，数量或者数额累计计算。"（4）相关网络犯罪的职业禁止和禁止令适用规则。刑法规定，因利用职业便利实施犯罪的，人民法院可以根据犯罪情况和预防再犯罪的需要，禁止其自刑罚执行完毕之日或者假释之日起从事相关执业，期限为3年至5年；判处管制、宣告缓刑的，可以根据犯罪情况，同时禁止犯罪分子在执行期间从事特定活动。鉴于网络犯罪相当程度存在再犯现象，不少行为人"重操旧业"的现实情况，《新型信息网络犯罪解释》第17条专门规定："对于实施本解释规定的犯罪被判处刑罚的，可以根据犯罪情况和预防再犯罪的需要，依法宣告职业禁止；被判处管制、宣告缓刑的，可以根据犯罪情况，依法宣告禁止令。"（5）相关网络犯罪的罚金刑适用规则。网络犯罪具有明显的牟利性，行为人实施该类犯罪主要是为了牟取非法利益。因此，有必要加大财产刑的适用力度，让行为人在经济上得不偿失，进而剥夺其再次实施犯罪的经济能力。基于此，《新型信息网络犯罪解释》第18条规定："对于实施本解释规定的犯罪的，应当综合考虑犯罪的危害程度、违法所得数额以及被告人的前科情况、认罪悔罪态度等，依法判处罚金。"

二、拒不履行信息网络安全管理义务罪的法律适用疑难

（一）"网络服务提供者"的范围

根据《刑法》第286条之一的规定，拒不履行信息网络安全管理义务罪的主体是"网络服务提供者"。因此，明确"网络服务提供者"的范围，是确保拒不履行信息网络安全管理义务罪准确适用的前提和基础。《网络安全法》第76条第1项规定："网络，是指由计算机或者其他信息终端及相关设备组成的按照一定的规则和程序对信息进行收集、存储、传输、交换、处理的系统。"第3项规定："网络运营者，是指网络的所有者、管理者和网络服务提供者。"可见，"网络"与"信息系统"含义相同，包括联入公共通信网的系统和未联入公共通信网的系统，涵括对外提供服务的系统和不对外提供服务而自用的系统。而《刑法》第286条之一使用了"网络服务提供者"，自然不能包括《网络安全法》规定的"网络运营者"的所有情形。经研究认为，"网络服务提供者"包括提供互联网服务

的“网络运营者”，也包括虽然提供内部网络服务、但涉及公共服务的“网络运营者”。基于此，《新型信息网络犯罪解释》第1条规定，提供下列服务的单位和个人，应当认定为《刑法》第286条之一第1款规定的“网络服务提供者”：(1)网络接入、域名注册解析等信息网络接入、计算、存储、传输服务；(2)信息发布、搜索引擎、即时通讯、网络支付、网络预约、网络购物、网络游戏、网络直播、网站建设、安全防护、广告推广、应用商店等信息网络应用服务；(3)利用信息网络提供的电子政务、通信、能源、交通、水利、金融、教育、医疗等公共服务。

从实践来看，网络服务提供者往往在各地设立分支机构。例如，某运营商是网络服务提供者，其在各地都有分支机构，但只有各省分公司具有法人资格，市级和县级分支机构未必具有法人资格。对于单位的分支机构(特别是不具有法人资格的主体)拒不履行信息网络安全管理义务的行为，实践中如何进行责令改正以及如何追究刑事责任，实践中存在不同认识。本书认为，单位的分支机构可以成为拒不履行信息网络安全义务管理罪的主体。主要考虑如下：第一，如果认为单位的分支机构不能成为本罪的主体，则意味着实践中进行责令改正，须向单位进行责令改正。如对某运营商省公司的责令改正文书须向总公司作出，不具有可操作性。第二，对于单位分支机构实施拒不履行信息网络安全管理义务犯罪，根据罪责自负原则，不宜由单位承担刑事责任，故应当将单位分支机构作为刑事责任追究的对象。

(二)“信息网络安全管理义务”的把握

在不作为犯罪中，行为人负有的作为义务是构成刑法上不作为的前提。根据《刑法》第286条之一的规定，行为人须负有信息网络安全管理义务，且须为法律、行政法规规定的义务。根据《网络安全法》等相关法律法规的规定，《刑法》第286条之一涉及的网络服务提供者的信息网络安全管理义务主要涉及如下几个方面：①

1. 防止违法信息传播义务。《网络安全法》第47条规定：“网络运营者应当

① 参见李永升、袁汉兴：《正确把握刑法中的信息网络管理义务》，载《人民法院报》2017年4月26日，第6版。

加强对其用户发布的信息的管理，发现法律、行政法规禁止发布或者传输的信息的，应当立即停止传输该信息，采取消除等处置措施，防止信息扩散，保存有关记录，并向有关主管部门报告。”据此，网络服务提供者对网络用户呈现于其控制、管理的网络领域的信息，发现系违法信息的，负有采取合理措施防止其传播的义务。

2. 防止用户信息泄露义务。《网络安全法》第 42 条第 2 款规定：“网络运营者应当采取技术措施和其他必要措施，确保其收集的个人信息安全，防止信息泄露、毁损、丢失。在发生或者可能发生个人信息泄露、毁损、丢失的情况时，应当立即采取补救措施，按照规定及时告知用户并向有关主管部门报告。”据此，网络服务提供者对网络用户呈现于其控制、管理的网络领域的用户信息，负有采取合理措施防止其泄露的义务。

3. 防止刑事案件证据灭失义务。《网络安全法》第 28 条规定：“网络运营者应当为公安机关、国家安全机关依法维护国家安全和侦查犯罪的活动提供技术支持和协助。”据此，网络服务提供者对网络用户呈现于其控制、管理的网络领域的信息，进行主动审查后，发现是刑事案件证据信息的，负有采取合理措施防止其灭失的义务。

（三）“经监管部门责令采取改正措施而拒不改正”的认定

根据《刑法》第 286 条之一第 1 款的规定，构成拒不履行信息网络安全管理义务罪，以“经监管部门责令采取改正措施而拒不改正”作为前提要件。① 根据司法实践情况，为统一司法适用，《新型信息网络犯罪解释》第 2 条对“经监管部门责令采取改正措施而拒不改正”的认定作了明确。司法适用中应当妥当把握这一要件，既要防止打击面不当扩大，也要切实发挥本罪的威慑和教育功能。

---

① 在《刑法修正案（九）（草案）》审议过程中，基于条文严谨性和可操作性的需要，对这一前提要件作了反复酝酿、集中讨论和多次调整，从一读稿的“经监管部门通知采取改正措施而拒绝执行”到二读稿的“经监管部门责令采取改正措施而仍不改正”，再到正式颁布的“经监管部门责令采取改正措施而拒不改正”。参见喻海松：《刑法的扩张——〈刑法修正案（九）〉及新近刑法立法解释司法适用解读》，人民法院出版社 2015 年版，第 233 页。这一过程足见修法中对拒不履行信息网络安全管理义务罪这一前提要件的重视程度。

1. 责令改正的主体和方式。《新型信息网络犯罪解释》第 2 条第 1 款明确了责令改正的主体和方式，其规定："刑法第二百八十六条之一第一款规定的'监管部门责令采取改正措施'，是指网信、电信、公安等依照法律、行政法规的规定承担信息网络安全监管职责的部门，以责令整改通知书或者其他文书形式，责令网络服务提供者采取改正措施。"

关于责令改正的主体。《网络安全法》第 8 条第 1 款规定："国家网信部门负责统筹协调网络安全工作和相关监督管理工作。国务院电信主管部门、公安部门和其他有关机关依照本法和有关法律、行政法规的规定，在各自职责范围内负责网络安全保护和监督管理工作。"据此，《新型信息网络犯罪解释》第 2 条第 1 款明确责令改正的主体为网信、电信、公安等依照法律、行政法规的规定承担信息网络安全监管职责的部门。

关于责令改正的主体的级别。讨论中，有意见认为，为规范责令改正行为，兼顾信息网络安全规制的现实需要，宜对责令改正的主体的级别作出限制（至少应当限于地市级以上的监管部门）。后经研究认为，责令采取改正措施，实际上是一种具体行政行为。关于责令改正的具体属性，尚存在不同认识，但通常认为属于行政命令。对于行政命令，只要相应的主体在其法定职权范围内作出处罚即可，通过司法解释限制作出的主体，于法无据。因此，《新型信息网络犯罪解释》最终未限定责令采取改正措施的监管部门的级别。

关于责令改正的方式。由于责令改正涉及刑事责任的追究，《新型信息网络犯罪解释》第 2 条第 1 款明确要求采取书面文书形式，即"以责令整改通知书或者其他文书形式"作出。值得进一步讨论的问题是，如果监管部门针对网络服务提供者不履行法律、行政法规规定的信息网络安全管理义务的行为直接作出行政处罚，能否认定为"监管部门责令采取改正措施"。对此，讨论中，有意见认为，行政处罚的强度明显大于责令改正，基于"举轻以明重"的法理，应当将监管部门作出行政处罚当然视为"监管部门责令采取改正措施"。[①] 本书不赞同

---

① 此种观点认为，由于责令改正的强度明显不如行政处罚，监管部门责令采取改正措施后符合条件的可以构成拒不履行信息网络安全管理义务罪，而监管部门作出行政处罚后出现相同情形的反而不构成犯罪，逻辑上似不合理。

上述观点，如果监管部门仅作出行政处罚，未同时作出责令改正，不能认定为“监管部门责令采取改正措施”。主要考虑如下：首先，《行政处罚法》第 9 条[①]对行政处罚的种类作了明确规定，责令改正与行政处罚存在不同属性。因此，不能以监管部门的行政处罚代替责令改正。其次，根据《行政处罚法》（2021 年修订）第 28 条第 1 款[②]的规定，行政机关实施行政处罚时有权责令当事人改正违法行为，但这并不意味着行政处罚可以替代责令改正。而且，根据《新型信息网络犯罪解释》第 2 条第 1 款的规定，责令改正必须以书面文书形式作出，而不能以口头方式。因此，监管部门在作出行政处罚决定时，要么在行政处罚决定书中一并要求责令改正，[③]要么在行政处罚决定书外另行作出责令整改通知书，方能认定为“监管部门责令采取改正措施”。

关于责令改正的对象。通常情况下，对于责令改正的对象不存在争议。需要注意的是，如前所述，单位的分支机构可以成为拒不履行信息网络安全义务管理罪的主体；故而，单位的分支机构不履行法律、行政法规规定的信息网络安全管理义务的，监管部门应当向单位的分支机构责令采取改正措施。

2.“经监管部门责令采取改正措施而拒不改正”的认定。根据司法实践反映的问题，基于拒不履行信息网络安全管理义务罪系不作为犯的属性，《新型信息网络犯罪解释》第 2 条第 2 款明确了认定“经监管部门责令采取改正措施而拒不改正”的考量因素，规定：“认定‘经监管部门责令采取改正措施而拒不改正’，应当综合考虑监管部门责令改正是否具有法律、行政法规依据，改正措施及期限要求是否明确、合理，网络服务提供者是否具有按照要求采取改正措施的能力等因素进行判断。”据此，考虑到信息网络服务安全的复杂性和高风险

---

① 《行政处罚法》（2021 年修订）第 9 条规定：“行政处罚的种类：（一）警告、通报批评；（二）罚款、没收违法所得、没收非法财物；（三）暂扣许可证件、降低资质等级、吊销许可证件；（四）限制开展生产经营活动、责令停产停业、责令关闭、限制从业；（五）行政拘留；（六）法律、行政法规规定的其他行政处罚。”

② 《行政处罚法》（2021 年修订）第 28 条第 1 款规定：“行政机关实施行政处罚时，应当责令当事人改正或者限期改正违法行为。”

③ 《新型信息网络犯罪解释》第 2 条第 1 款将责令改正的形式规定为“责令整改通知书或者其他文书形式”，而“其他文书形式”就包括了以行政处罚决定书责令改正的情形。

性，为使网络服务提供者不至于承担过重的安全责任，激发其从事信息网络服务的积极性，基于不作为犯罪的基本原理，对于网络服务提供者履行法律、行政法规规定的信息网络安全管理义务，或者虽未履行有关安全管理义务，但根据监管部门的责令采取改正措施，仍然出现违法信息大量传播、用户信息泄露或者刑事案件证据灭失等情形的，不构成犯罪。

关于责令改正的内容。责令改正的内容与网络服务提供者的网络管理义务范围直接相关。就网络服务行业的长远发展而言，当前似不宜赋予其过重且事实上无法做到的义务要求。因此，责令改正的内容原则上应当具体明确，通常应当限于已经发生的危害行为。实践中，不宜作出“下次不得再出现违法信息”“一经出现违法信息马上删除”等抽象的责令改正要求。[①] 但是，这并不意味着责令改正的具体措施不能涉及防范未来可能发生的危害行为。例如，责令网络服务提供者采取特定措施，以筛查违法信息的，应当属于可以责令改正的内容。

关于责令改正事项与拒不改正并有严重情节的事项的关联。拒不履行信息网络安全管理义务罪的行为实际上可以划分为两个阶段：第一阶段是网络服务提供者不履行法律、行政法规规定的信息网络安全管理义务，被监管部门责令采取改正措施；第二阶段是拒不改正，即不执行监管部门的责令改正措施，并有严重情节的。值得进一步探讨的是，监管部门责令改正的事项与网络服务提供者拒不改正并有严重情节的事项，是否必须具有相关性。本书持肯定立场。刑法之所以对拒不履行信息网络安全管理义务罪设置“经监管部门采取改正措施而拒不改正”的前提要件，旨在促使相关网络服务提供者按照监管部门的要求采取改正措施。基于此，如果责令改正的事项和拒不改正并有严重情节的事项不具有相关性，如监管部门因为网络服务提供者未落实用户信息安全保护措施而责令采取改正措施，但网络服务提供者未按照要求采取改正措施，而后出现了未落实证据留存义务致使刑事案件证据灭失的行为，由于责令改正未涉及落实证据留存义务，此时如果以拒不履行信息网络安全管理义务罪追究刑事责任，则明显不符合立法设置这一前提要件的精神。当然，对于责令改正事项和

---

① 参见涂龙科：《网络内容管理义务与网络服务提供者的刑事责任》，载《法学评论》2016 年第 3 期。

拒不改正并有严重情节的事项的相关性,也不能理解为同一性,如网络服务提供者未落实用户信息安全保护措施而致使用户的财产信息泄露,在监管部门据此责令采取改正措施后拒不执行,致使用户其他信息泄露的,虽然二者之间不是同一类用户信息,但因具有关联性,应当认为符合拒不履行信息网络安全管理义务罪的前提要件。

关于责令改正与追究刑事责任的主体地域分离问题。责令采取改正措施的监管部门和启动刑事追究的主体是否需要地域相同,值得进一步探讨。例如,某网络服务提供者未落实证据留存义务,被甲地监管部门责令采取改正措施后拒不改正,致使乙地的刑事案件的证据灭失,此时乙地公安机关能否以拒不履行信息网络安全管理义务罪启动刑事追究,实践中存在不同认识。对此,本书持肯定立场,主要考虑如下:(1)根据《刑法》第286条之一和《新型信息网络犯罪解释》的相关规定,并未限定责令改正的监管部门和启动刑事追究的主体必须地域相同,作此限制于法无据。(2)责令改正属于具体行政行为,应当适用行政行为的相应管辖标准;而对拒不履行信息网络安全管理义务罪的刑事管辖,则适用刑事诉讼法关于管辖的相关规定。两者在确定管辖时依据的法律标准不同,完全可能出现地域不同的情形,应当允许。

关于对责令改正申请行政复议或者提请行政诉讼的处理。如前所述,责令改正属于具体行政行为。根据《行政复议法》的规定,公民、法人或者其他组织认为行政机关的具体行政行为侵犯其合法权益的,可以申请行政复议;而根据《行政诉讼法》的相关规定,公民、法人或者其他组织还可以提起行政诉讼。据此,网络服务提供者可以针对监管部门的责令改正申请行政复议或者提起行政诉讼。刑事追究与之相关的问题是,监管部门责令采取改正措施后,网络服务提供者不仅拒不履行责令改正措施达到情节严重的程度,且认为监管部门的责令改正侵犯其合法权益进而申请行政复议或者提请行政诉讼的,应当如何处理?本书认为,对上述情形原则上宜采用“先行后刑”的方式处理。主要考虑如下:首先,拒不履行信息网络安全管理义务罪以“经政府有关部门责令改正而拒不改正”作为前提要件,如果责令改正本身存在问题,甚至被撤销,则网络服务提供者拒不改正的行为不构成本罪。基于此,在已经针对监管部门的责令改正申请行政复议或者提请行政诉讼的前提下,确认责令改正合法后再进行刑事追究，更为妥当。其次，虽然《行政复议法》第 21 条和《行政诉讼法》第 56 条规定行政复议或者诉讼期间原则上不停止具体行政行为的执行，但申请行政复议或者提请行政诉讼是网络服务提供者依法行使权利，也是其合理抗辩的举措，将刑事追究置于上述权利行使和救济措施用尽之后，更加符合刑法的谦抑要求。

（四）“情节严重”的认定

根据《刑法》第 286 条之一第 1 款的规定，构成拒不履行信息网络安全管理义务罪，以“有严重情节”作为入罪要件。对此，根据拒不履行信息网络安全管理义务罪的具体行为类型，《新型信息网络罪解释》第 3 条至第 6 条明确了入罪标准。

1. “致使违法信息大量传播”的情形。根据司法实践的情况，《新型信息网络犯罪解释》第 3 条主要从违法信息数量、传播范围等方面明确了“致使违法信息大量传播”的认定标准：根据违法信息的类型不同，第 1 项至第 3 项区分违法视频文件和其他违法信息设置不同标准；根据传播方式的不同，为传播用户账号数、通讯群组和社交网络账号数以及实际被点击数设置不同标准。具体而言，拒不履行信息网络安全管理义务，具有下列情形之一的，应当认定为《刑法》第 286 条之一第 1 款第 1 项规定的“致使违法信息大量传播”：（1）致使传播违法视频文件 200 个以上的；（2）致使传播违法视频文件以外的其他违法信息 2000 个以上的；（3）致使传播违法信息，数量虽未达到前述规定标准，但是按相应比例折算合计达到有关数量标准的；（4）致使向 2000 个以上用户账号传播违法信息的；（5）致使利用群组成员账号数累计 3000 以上的通讯群组或者关注人员账号数累计 3 万以上的社交网络传播违法信息的；（6）致使违法信息实际被点击数达到 5 万以上的；（7）其他致使违法信息大量传播的情形。

关于“违法信息”的范围。按照通常理解，法律、行政法规禁止制作、传播内容的信息属于内容违法的信息，自然属于此处规定的“违法信息”的范畴。[①] 本书认为，目的违法的信息，同样应当纳入“违法信息”的范畴。此类信息，内容本

---

① 此类信息可以根据《互联网信息服务管理办法》第 15 条规定的互联网信息服务提供者不得制作、复制、发布、传播含有所列内容的九类信息（即通常所称的“九不准”）予以把握。

身并未违法,但结合目的即可认定违法性,例如,诈骗信息的内容本身难以判断违法性,必须结合目的加以判断。当然,基于刑法谦抑原则的要求,对于目的违法信息可以适当限定范围,即限定为为实施刑法分则规定的行为而发布的信息。

关于“大量传播”的把握。讨论中,有意见认为,“大量传播”是指传播面,故而对于大量违法传播信息,但传播面不大的,不宜认定为“致使大量信息传播”。《新型信息网络犯罪解释》第 3 条最终未采纳上述观点,认为“致使违法信息大量传播”既可以是违法信息传播面大,即第 4 项规定的向多个账号传播、第 5 项规定的向成员账号多的通讯群组或者关注人员账号多的社交网络传播、第 6 项规定的被大量点击等情形;也可以是传播的违法信息数量多,即第 1 项至第 3 项规定的以违法信息的数量为认定标准的情形。

2.“致使用户信息泄露,造成严重后果”的情形。根据司法实践情况,《新型信息网络犯罪解释》第 4 条主要从泄露的用户信息数量、后果严重程度等方面明确了“致使用户信息泄露,造成严重后果”的认定标准。其中,与侵犯公民个人信息罪的入罪标准相协调,区分高度敏感信息、敏感信息、一般信息设置不同标准。具体而言,拒不履行信息网络安全管理义务,致使用户信息泄露,具有下列情形之一的,应当认定为《刑法》第 286 条之一第 1 款第 2 项规定的“造成严重后果”:(1)致使泄露行踪轨迹信息、通信内容、征信信息、财产信息 500 条以上的;(2)致使泄露住宿信息、通信记录、健康生理信息、交易信息等其他可能影响人身、财产安全的用户信息 5000 条以上的;(3)致使泄露一般用户信息 5 万条以上的;(4)数量虽未达到前述规定标准,但是按相应比例折算合计达到有关数量标准的;(5)造成他人死亡、重伤、精神失常或者被绑架等严重后果的;(6)造成重大经济损失的;(7)严重扰乱社会秩序的;(8)造成其他严重后果的。

关于“用户信息”的范围把握。《刑法》第 286 条之一第 1 款第 2 项“用户信息”的用语,有别于《刑法》第 253 条之一“公民个人信息”的用语,对二者不宜作完全一致的理解。“用户信息”与“公民个人信息”存在交叉竞合,但不能等同。一般认为,用户信息是指用户在接受信息网络服务中被采集、存储、传输的信息。具体而言,主要包括下列信息:(1)网络公民个人信息;(2)账号、密码、数字证书等用于确认用户操作权限的身份认证信息;(3)上网轨迹、交易记录、浏览记录、通信记录、位置记录等网络行为信息;(4)通信内容。

此外,对于“用户信息”的把握应当注意以下几个问题:(1)信息主体的问题。“公民个人信息”的主体只限于自然人,不包括单位在内。但是,与侵犯公民个人信息罪旨在保护公民个人信息权益存在不同,拒不履行信息网络安全管理义务罪保护的主要是信息网络安全,包括用户信息安全。因此,应当将公民、法人和其他组织等用户在接受信息网络服务中被采集、存储、传输的信息均涵括在内。(2)信息公开与否的问题。如果特定用户信息已经公开,即可以公开获取,则不存在致使用户信息“泄露”的问题。故而,此处规定的“用户信息”宜限定为不能被公开获取的用户信息。(3)信息真实与否的问题。对于致使泄露的用户信息,是否需要核实真实性(即相关信息是否通过使用真实身份注册),存在不同认识。本书认为,拒不履行信息网络安全管理义务罪保护的是用户信息不被泄露的安全。故而,特定用户信息是否系用户通过真实身份注册,与其应当受到信息安全保护并无关联。因此,办理相关案件,似不需要进一步核实致使泄露的用户信息是否系真实注册等情况。

关于“用户信息”的数量计算。《新型信息网络犯罪解释》第 4 条第 1 项至第 3 项根据致使泄露的信息类型,分别设置了 500 条、5000 条、5 万条的数量标准。需要注意的是,对于此处规定的信息数量计算,似应有别于公民个人信息的数量计算规则,因为侵犯公民个人信息罪的行为方式表现为非法获取或者提供,而本罪的行为方式表现为致使用户信息泄露;而且,如前所述,对于已经公开的用户信息,不宜再认定为“泄露”的对象。基于此,对于致使泄露的用户信息不宜重复计算。例如,某次黑客攻击活动导致 1000 条用户信息被非法获取,接下来的黑客攻击活动又导致 1000 条用户信息被非法获取,而两次攻击获取的用户信息中有 500 条信息是重复的,由于该 500 条信息第二次被非法获取不宜再认定为“泄露”,故不应重复计算。具体而言,基于可操作的角度,可以作如下处理:对于敏感用户信息①,由于入罪门槛较低,原则上应当逐条去重,即排除重复的信息;对于其他用户信息,基于可操作性考虑,可以根据泄露的数量直接

---

① 即《新型信息网络犯罪解释》第 4 条第 1 项、第 2 项规定的轨迹信息、通信内容、征信信息、财产信息以及住宿信息、通信记录、健康生理信息、交易信息等其他可能影响人身、财产安全的用户信息。

认定，但是有证据证明信息重复的亦应当予以排除。

3. “致使刑事案件证据灭失，情节严重”的情形。[①] 根据司法实践的情况，《新型信息网络犯罪解释》第 5 条主要从相关证据所涉案件重要程度、造成证据灭失的次数、对刑事诉讼程序的影响等方面明确了“致使刑事案件证据灭失，情节严重”的认定标准。具体而言，拒不履行信息网络安全管理义务，致使影响定罪量刑的刑事案件证据灭失，具有下列情形之一的，应当认定为《刑法》第 286 条之一第 1 款第 3 项规定的“情节严重”：(1)造成危害国家安全犯罪、恐怖活动犯罪、黑社会性质组织犯罪、贪污贿赂犯罪案件的证据灭失的；(2)造成可能判处 5 年有期徒刑以上刑罚犯罪案件的证据灭失的；(3)多次造成刑事案件证据灭失的；(4)致使刑事诉讼程序受到严重影响的；(5)其他情节严重的情形。

关于“刑事案件”的把握。《刑法》第 286 条之一第 1 款第 3 项的用语是“刑事案件”而非“刑事犯罪”或者“犯罪案件”。这就表明此处的“刑事案件”有别于最终被认定为犯罪的案件，而应当从程序意义上加以把握，即以刑事立案作为认定标准。

关于“刑事案件证据”的把握。基于刑法谦抑原则的要求，《新型信息网络犯罪解释》第 5 条未将刑事案件的所有证据涵括在内，而是限制在“影响定罪量刑的刑事案件证据”，以将其他与定罪量刑并无实质影响的证据排除在外。

关于“致使刑事案件证据灭失”的把握。对于证据“灭失”不宜作过于机械的理解，即该证据无法找回或者通过其他技术方法予以恢复才能认定为“灭失”，如此理解则会大幅限缩“灭失”的情形。特别是，如果相关影响定罪量刑的证据彻底灭失，可能使得刑事案件无法侦办，无法最终认定构成犯罪甚至无法启动刑事追究程序，可能出现无法适用该罪的情形，也将使得本罪促使网络服务提供者落实证据留存义务的立法旨向难以实现。正是基于此，《新型信息网络犯罪解释》第 5 条第 4 项专门设置了“致使刑事诉讼程序受到严重影响的”情

---

① 顺带提及的是，《刑法修正案(九)》(草案)审议过程中，将“致使刑事犯罪证据灭失，严重妨害司法机关依法追究犯罪的”调整为“致使刑事案件证据灭失，情节严重的”。应该说，这一调整是妥当的，原条文本身存在瑕疵：如果致使刑事犯罪证据灭失，相关刑事犯罪不能成立，则无所谓“严重妨害司法机关依法追究犯罪”。故而，调整后的表述在逻辑上更为周延。参见喻海松：《刑法的扩张——〈刑法修正案(九)〉及新近刑法立法解释司法适用解读》，人民法院出版社 2015 年版，第 233 页。

形，如未落实日志留存等证据留存义务，使得刑事立案后相关诉讼活动受到严重影响，但最终通过技术手段恢复了相关数据使得刑事诉讼得以推进，虽然相关证据最终被恢复了，未真正“灭失”，但如果致使刑事诉讼程序受到严重影响，也应当认为符合了入罪条件。

4.“有其他严重情节”的情形。根据司法实践的情况，《新型信息网络犯罪解释》第 6 条主要从拒不履行信息网络安全管理义务的重要程度、前科情况、造成后果等方面对“有其他严重情节”作了明确。具体而言，拒不履行信息网络安全管理义务，具有下列情形之一的，应当认定为《刑法》第 286 条之一第 1 款第 4 项规定的“有其他严重情节”：(1)对绝大多数用户日志未留存或者未落实真实身份信息认证义务的；(2)二年内经多次责令改正拒不改正的；(3)致使信息网络服务被主要用于违法犯罪的；(4)致使信息网络服务、网络设施被用于实施网络攻击，严重影响生产、生活的；(5)致使信息网络服务被用于实施危害国家安全犯罪、恐怖活动犯罪、黑社会性质组织犯罪、贪污贿赂犯罪或者其他重大犯罪的；(6)致使国家机关或者通信、能源、交通、水利、金融、教育、医疗等领域提供公共服务的信息网络受到破坏，严重影响生产、生活的；(7)其他严重违反信息网络安全管理义务的情形。

在此，有必要探讨拒不履行信息网络安全管理义务罪的主观罪过形式问题。这一问题涉及该罪系情节犯还是结果犯的问题，因为如果其主观罪过形式系过失，则应当以结果作为入罪要件，而如果本罪的主观罪过形式系故意，则可以不以结果而以情节作为入罪要件。如前所述，拒不履行信息网络安全管理义务罪以责令改正作为前提要件，即入罪考量的重在责令之后而非责令之前的行为，责令之前不履行信息网络安全管理义务出现的情形尚可能由过失构成，但责令之后即属于明知故犯，特别是“拒不改正”进一步限制了本罪主观方面系故意。① 加之《刑法》第 286 条之一第 1 款第 4 项设置了“有其他严重情节的”兜

① 有论者进一步指出拒不履行信息网络安全管理义务罪的主观方面职能由直接故意构成，认为：“由于本罪法条使用了‘经监管部门责令采取改正措施而拒不改正’这样的语句，而‘拒不改正’恰恰反映了行为人对危害结果的积极追求希望态度，故本罪不可能由间接故意（单纯的放任）行为构成。同样道理，过失行为不可能存在‘拒不改正’的问题。”谢望原：《论拒不履行信息网络安全管理义务罪》，载《中国法学》2017 年第 2 期。

底入罪要件,宜认为拒不履行信息网络安全管理义务罪属于情节犯而非结果犯。基于此,《新型信息网络犯罪解释》第 6 条对“有其他严重情节”的解释,既有造成严重后果的情形,也有基于拒不履行信息网络管理义务重要程度和前科情况等其他情节的考量。

此外,还有必要注意的是数量累计的时间限度问题。拒不履行信息网络安全管理义务罪的入罪,不少涉及数量累计的问题;而由于责令改正这一要件,还会涉及时间限度问题,即只累计责令改正之后的相关数量,还是将责令改正前和责令改正后的相关数量累计。本书认为,相关数量累计应当限于责令改正后的时间限度,即限于责令改正后仍然存在的相关数量①,主要考虑:(1)从修法精神来看,拒不履行信息网络安全管理义务罪旨在促使网络服务提供者按照监管部门的责令采取改正措施,落实信息网络安全管理义务。在责令改正前,网络服务提供者未履行法律、行政法规规定的信息网络安全管理义务,虽然也是客观事实,但并非刑事追究的缘由,因为此后网络服务提供者按照监管部门的责令改正采取措施了,则不构成本罪。基于此,只应计算责令改正后的相关数量。(2)如前所述,拒不履行信息网络安全管理义务罪是不作为犯罪。具体而言,不作为的重点不是网络服务提供者不履行信息网络安全管理义务,而是网络服务提供者未按照监管部门的责令采取改正措施。否则,行为人不履行信息网络安全管理义务,情节严重的,就应当直接入罪,而无须满足“经监管部门责令采取改正措施而拒不改正”这一要件。正是基于此,拒不履行信息网络安全管理义务罪评价不作为行为是否“有严重情节”,自然应当以责令改正后的情节作为基准。

---

① 但是,这并非指责令改正后才出现的相关数量。例如,网络服务提供者未落实信息网络安全管理义务,放任某违法视频在网站上传播的,监管部门责令采取删除的措施,但网络服务提供者拒绝执行。该视频信息并非责令改正后出现的信息,但在责令改正后仍然存在,故可以作为认定“致使违法信息大量传播”这一入罪要件。

相关规定

《中华人民共和国网络安全法》

第五十九条　网络运营者不履行本法第二十一条、第二十五条规定的网络安全保护义务的，由有关主管部门责令改正，给予警告；拒不改正或者导致危害网络安全等后果的，处一万元以上十万元以下罚款，对直接负责的主管人员处五千元以上五万元以下罚款。

关键信息基础设施的运营者不履行本法第三十三条、第三十四条、第三十六条、第三十八条规定的网络安全保护义务的，由有关主管部门责令改正，给予警告；拒不改正或者导致危害网络安全等后果的，处十万元以上一百万元以下罚款，对直接负责的主管人员处一万元以上十万元以下罚款。

第六十条　违反本法第二十二条第一款、第二款和第四十八条第一款规定，有下列行为之一的，由有关主管部门责令改正，给予警告；拒不改正或者导致危害网络安全等后果的，处五万元以上五十万元以下罚款，对直接负责的主管人员处一万元以上十万元以下罚款：

（一）设置恶意程序的；

（二）对其产品、服务存在的安全缺陷、漏洞等风险未立即采取补救措施，或者未按照规定及时告知用户并向有关主管部门报告的；

（三）擅自终止为其产品、服务提供安全维护的。

第六十一条　网络运营者违反本法第二十四条第一款规定，未要求用户提供真实身份信息，或者对不提供真实身份信息的用户提供相关服务的，由有关主管部门责令改正；拒不改正或者情节严重的，处五万元以上五十万元以下罚款，并可以由有关主管部门责令暂停相关业务、停业整顿、关闭网站、吊销相关业务许可证或者吊销营业执照，对直接负责的主管人员和其他直接责任人员处一万元以上十万元以下罚款。

第六十二条　违反本法第二十六条规定，开展网络安全认证、检测、风险评估等活动，或者向社会发布系统漏洞、计算机病毒、网络攻击、网络侵入等网络安全信息的，由有关主管部门责令改正，给予警告；拒不改正或者情节严重的，处一万元以上十万元以下罚款，并可以由有关主管部门责令暂停相关业务、停业整顿、关闭网站、吊销相关业务许可证或者吊销营业执照，对直接负责的主管人员和其他直接责任人员处五千元以上五万元以下罚款。

第六十四条　网络运营者、网络产品或者服务的提供者违反本法第二十二条第三款、第四十一条至第四十三条规定，侵害个人信息依法得到保护的权利的，由有关主管部门责令改正，可以根据情节单处或者并处警告、没收违法所得、处违法所得一倍以上十倍以下罚款，没有违法所得的，处一百万元以下罚款，对直接负责的主管人员和其他直接责任人员处一万元以上十万元以下罚款；情节严重的，并可以责令暂停相关业务、停业整顿、关闭网站、吊销相关业务许可证或者吊销营业执照。

违反本法第四十四条规定，窃取或者以其他非法方式获取、非法出售或者非法向他人提供个人信息，尚不构成犯罪的，由公安机关没收违法所得，并处违法所得一倍以上十倍以下罚款，没有违法所得的，处一百万元以下罚款。

第六十五条　关键信息基础设施的运营者违反本法第三十五条规定，使用未经安全审查或者安全审查未通过的网络产品或者服务的，由有关主管部门责令停止使用，处采购金额一倍以上十倍以下罚款；对直接负责的主管人员和其他直接责任人员处一万元以上十万元以下罚款。

第六十八条　网络运营者违反本法第四十七条规定，对法律、行政法规禁止发布或者传输的信息未停止传输、采取消除等处置措施、保存有关记录的，由有关主管部门责令改正，给予警告，没收违法所得；拒不改正或者情节严重的，处十万元以上五十万元以下罚款，并可以责令暂停相关业务、停业整顿、关闭网站、吊销相关业务许可证或者吊销营业执照，对直接负责的主管人员和其他直接责任人员处一万元以上十万元以下罚款。

电子信息发送服务提供者、应用软件下载服务提供者，不履行本法第四十八条第二款规定的安全管理义务的，依照前款规定处罚。

第六十九条　网络运营者违反本法规定，有下列行为之一的，由有关主管部门责令改正；拒不改正或者情节严重的，处五万元以上五十万元以下罚款，对直接负责的主管人员和其他直接责任人员，处一万元以上十万元以下罚款：

（一）不按照有关部门的要求对法律、行政法规禁止发布或者传输的信息，采取停止传输、消除等处置措施的；

（二）拒绝、阻碍有关部门依法实施的监督检查的；

（三）拒不向公安机关、国家安全机关提供技术支持和协助的。

第七十条　发布或者传输本法第十二条第二款和其他法律、行政法规禁止发布或者传输的信息的，依照有关法律、行政法规的规定处罚。

第七十二条　国家机关政务网络的运营者不履行本法规定的网络安全保护义务的，由其上级机关或者有关机关责令改正；对直接负责的主管人员和其他直接责任人员依法给予处分。

第七十四条　违反本法规定，给他人造成损害的，依法承担民事责任。

违反本法规定，构成违反治安管理行为的，依法给予治安管理处罚；构成犯罪的，依法追究刑事责任。

《中华人民共和国刑法》

第二百八十六条之一　【拒不履行信息网络安全管理义务罪】网络服务提供者不履行法律、行政法规规定的信息网络安全管理义务，经监管部门责令采取改正措施而拒不改正，有下列情形之一的，处三年以下有期徒刑、拘役或者管制，并处或者单处罚金：

（一）致使违法信息大量传播的；

（二）致使用户信息泄露，造成严重后果的；

（三）致使刑事案件证据灭失，情节严重的；

（四）有其他严重情节的。

单位犯前款罪的，对单位判处罚金，并对其直接负责的主管人员和其他直接责任人员，依照前款的规定处罚。

有前两款行为，同时构成其他犯罪的，依照处罚较重的规定定罪处罚。

《最高人民法院、最高人民检察院关于办理非法利用信息网络、帮助信息网络犯罪活动等刑事案件适用法律若干问题的解释》（法释〔2019〕15号）

第一条　提供下列服务的单位和个人，应当认定为刑法第二百八十六条之一第一款规定的“网络服务提供者”：

（一）网络接入、域名注册解析等信息网络接入、计算、存储、传输服务；

（二）信息发布、搜索引擎、即时通讯、网络支付、网络预约、网络购物、网络游戏、网络直播、网站建设、安全防护、广告推广、应用商店等信息网络应用服务；

（三）利用信息网络提供的电子政务、通信、能源、交通、水利、金融、教育、医疗等公共服务。

第二条　刑法第二百八十六条之一第一款规定的"监管部门责令采取改正措施"，是指网信、电信、公安等依照法律、行政法规的规定承担信息网络安全监管职责的部门，以责令整改通知书或者其他文书形式，责令网络服务提供者采取改正措施。

认定"经监管部门责令采取改正措施而拒不改正"，应当综合考虑监管部门责令改正是否具有法律、行政法规依据，改正措施及期限要求是否明确、合理，网络服务提供者是否具有按照要求采取改正措施的能力等因素进行判断。

第三条　拒不履行信息网络安全管理义务，具有下列情形之一的，应当认定为刑法第二百八十六条之一第一款第一项规定的"致使违法信息大量传播"：

（一）致使传播违法视频文件二百个以上的；

（二）致使传播违法视频文件以外的其他违法信息二千个以上的；

（三）致使传播违法信息，数量虽未达到第一项、第二项规定标准，但是按相应比例折算合计达到有关数量标准的；

（四）致使向二千个以上用户账号传播违法信息的；

（五）致使利用群组成员账号数累计三千以上的通讯群组或者关注人员账号数累计三万以上的社交网络传播违法信息的；

（六）致使违法信息实际被点击数达到五万以上的；

（七）其他致使违法信息大量传播的情形。

第四条　拒不履行信息网络安全管理义务，致使用户信息泄露，具有下列情形之一的，应当认定为刑法第二百八十六条之一第一款第二项规定的"造成严重后果"：

（一）致使泄露行踪轨迹信息、通信内容、征信信息、财产信息五百条以上的；

（二）致使泄露住宿信息、通信记录、健康生理信息、交易信息等其他可能影响人身、财产安全的用户信息五千条以上的；

（三）致使泄露第一项、第二项规定以外的用户信息五万条以上的；

（四）数量虽未达到第一项至第三项规定标准，但是按相应比例折算合计达到有关数量标准的；

（五）造成他人死亡、重伤、精神失常或者被绑架等严重后果的；

（六）造成重大经济损失的；

（七）严重扰乱社会秩序的；

（八）造成其他严重后果的。

第五条　拒不履行信息网络安全管理义务，致使影响定罪量刑的刑事案件证据灭失，具有下列情形之一的，应当认定为刑法第二百八十六条之一第一款第三项规定的“情节严重”：

（一）造成危害国家安全犯罪、恐怖活动犯罪、黑社会性质组织犯罪、贪污贿赂犯罪案件的证据灭失的；

（二）造成可能判处五年有期徒刑以上刑罚犯罪案件的证据灭失的；

（三）多次造成刑事案件证据灭失的；

（四）致使刑事诉讼程序受到严重影响的；

（五）其他情节严重的情形。

第六条　拒不履行信息网络安全管理义务，具有下列情形之一的，应当认定为刑法第二百八十六条之一第一款第四项规定的“有其他严重情节”：

（一）对绝大多数用户日志未留存或者未落实真实身份信息认证义务的；

（二）二年内经多次责令改正拒不改正的；

（三）致使信息网络服务被主要用于违法犯罪的；

（四）致使信息网络服务、网络设施被用于实施网络攻击，严重影响生产、生活的；

（五）致使信息网络服务被用于实施危害国家安全犯罪、恐怖活动犯罪、黑社会性质组织犯罪、贪污贿赂犯罪或者其他重大犯罪的；

（六）致使国家机关或者通信、能源、交通、水利、金融、教育、医疗等领域提供公共服务的信息网络受到破坏，严重影响生产、生活的；

（七）其他严重违反信息网络安全管理义务的情形。

第十四条　单位实施本解释规定的犯罪的，依照本解释规定的相应自然人犯罪的定罪量刑标准,对直接负责的主管人员和其他直接责任人员定罪处罚,并对单位判处罚金。

第十五条　综合考虑社会危害程度、认罪悔罪态度等情节,认为犯罪情节轻微的,可以不起诉或者免予刑事处罚;情节显著轻微危害不大的,不以犯罪论处。

第十六条　多次拒不履行信息网络安全管理义务、非法利用信息网络、帮助信息网络犯罪活动构成犯罪,依法应当追诉的,或者二年内多次实施前述行为未经处理的,数量或者数额累计计算。

第十七条　对于实施本解释规定的犯罪被判处刑罚的,可以根据犯罪情况和预防再犯罪的需要,依法宣告职业禁止;被判处管制、宣告缓刑的,可以根据犯罪情况,依法宣告禁止令。

第十八条　对于实施本解释规定的犯罪的,应当综合考虑犯罪的危害程度、违法所得数额以及被告人的前科情况、认罪悔罪态度等,依法判处罚金。

第十九条　本解释自 2019 年 11 月 1 日起施行。

第四讲

非法利用信息网络罪

一、非法利用信息网络罪的增设

(一)网络犯罪"打早打小"的策略

应对网络犯罪迅速蔓延的势头,要求从刑事政策的角度适应网络时代的形势变化,对网络犯罪采取"打早打小"的基本策略。然而,从实践来看,对于网络犯罪"打早打小"尚有不少法律障碍和操作困难:(1)由于网络犯罪的隐蔽性、跨地域性,大量案件中仅能查实犯罪行为的网络活动部分,而难以查实、查全其现实活动部分。比如,发布销售窃听器材、枪支、毒品等违禁品信息进而实施诈骗的案件,由于被害人未报案,难以获得相关证据,通常较易查清行为人发布此类信息的事实,但难以查实其诈骗的事实;又如,在网上设立贩卖枪支网站、招嫖网站,通常较易查实行为人设立网站的事实,但很难查实行为人贩卖枪支、组织卖淫的事实。此外,由于通常行为人、被害人众多,即使在有的案件能查实部分犯罪事实,但通常只是行为人实施的犯罪活动的一小部分,不能真实反映犯罪活动造成的危害。(2)仅掌握犯罪行为的网络活动部分难以独立定罪。很多行为人在互联网上大量发布虚假中奖信息、销售枪支、窃听器材、毒品等违禁品实施诈骗,发布招嫖信息组织卖淫,导致此类违法信息在互联网上大规模泛滥,群众反映强烈,但仅证明行为人发布了这些信息,通常难以定罪处罚。

为适应网络时代惩治犯罪的需要,特别是有效解决难以查实具体实行犯罪的问题,有关司法解释开始作出有针对性的规定,最为典型的是司法解释对电信诈骗犯罪的有关规定。从当前实际来看,由于电信诈骗案件的自身特点,要查明犯罪分子的具体诈骗数额往往存在众多困难,甚至不少电信诈骗案件的被害人都无法联系上。电信诈骗的运作模式给案发后的案件侦破,特别是具体诈骗数额的查证和认定带来了巨大困难,在打击处理过程中存在查处难、取证难、定罪量刑标准难以把握等实际困难。针对当前电信诈骗活动猖獗而查处工作存在实际困难的问题,立足现行刑法规定,《诈骗罪解释》第 5 条第 2 款、第 3 款规定:“利用发送短信、拨打电话、互联网等电信技术手段对不特定多数人实施诈骗,诈骗数额难以查证,但具有下列情形之一的,应当认定为刑法第二百六十六条规定的‘其他严重情节’,以诈骗罪(未遂)定罪处罚:(一)发送诈骗信息五千条以上的;(二)拨打诈骗电话五百人次以上的;(三)诈骗手段恶劣、危害严重的。”“实施前款规定行为,数量达到前款第(一)、(二)项规定标准十倍以上的,或者诈骗手段特别恶劣、危害特别严重的,应当认定为刑法第二百六十六条规定的‘其他特别严重情节’,以诈骗罪(未遂)定罪处罚。”上述规定根据实际情况,以电信诈骗中所发信息、所拨电话的数量、犯罪手段、危害等来认定和处罚电信诈骗犯罪,可以有效破解此类犯罪侦查取证工作中所存在的实际困难,同时也可以有效震慑犯罪分子,充分发挥刑罚预防功能。从司法实践来看,已有适用《诈骗罪解释》上述规定对电信诈骗行为定罪处罚的案件。例如,自 2013 年 3 月 2 日起至案发,被告人谢某永、宋某斌驾驶以谢某永名义租用的轿车从湖南省长沙市到河南省郑州市、平顶山市、洛阳市、三门峡市等地的人员密集地段,使用车载的手机信号收集设备、短信管理器等设备(据介绍,该作案工具即为“伪基站”设备),收集周围手机信号,向周围手机群发内容为“钱还没打吧,之前那个账号不能用了,请把那钱打到这个工行卡上,账号:622202240800387 × ×55,姓名:王某”的诈骗短信。经查,被告人谢某永、宋某斌向不特定人群发送上述诈骗短信共计 727782 条。河南省三门峡市湖滨区法院经审理认为,被告人谢某永、宋某斌伙同他人以非法占有为目的,对不特定多数人实施诈骗,情节特别严重,其行为已构成诈骗罪。被告人谢某永、宋某斌在实施犯罪时,因意志以外的原因未能得逞,系犯罪未遂,对其均可以比照既遂犯减轻处罚。在共同犯罪过程中,被告人谢某永、宋某斌均积极参与,相互协作,不区分主、从犯,但应根据其所起作用的大小区别量刑。综合本案事实、情节,一审以诈骗罪分别判处被告人谢某永有期徒刑 6 年 6 个月,并处罚金 5 万元;被告人宋某斌有期徒刑 5 年 6 个月,并处罚金 4 万元;相关作案工具予以没收。一审宣判后,被告人宋某斌不服提出上诉。三门峡市中级人民法院作出终审裁定,驳回上诉,维持原判。[①]

然而,上述解决思路并不完美,仍然存在需进一步完善的地方:(1)上述规定的前提是利用发送短信、拨打电话、互联网等电信技术手段对不特定多数人实施诈骗,但是诈骗数额难以查证,即针对的是已经处于诈骗实行阶段的行为,仍然不符合前述对此类网络犯罪"打早打小"的基本策略。在犯罪分子租借服务器、搭设网络平台、为后续诈骗行为进行准备的阶段,仍然难以对行为人予以惩治,而这种不惩治实际上是放任后续诈骗行为的实施。而且,一旦后续的电信诈骗行为实施,无论是查处取证,还是对具体诈骗数额的认定,都较为困难,查处的效果明显不佳。(2)按照犯罪未遂定罪处罚的方式并不合理,难以有效打击和震慑犯罪。(3)上述通过司法解释的解决思路也仅是应急之策,可操作性较弱。如果采取这一方式解决问题,则意味着对于群发贩卖毒品、贩卖枪支等违法犯罪活动信息的行为,都需要出台相关的司法解释明确定罪量刑标准,不具有可行性。

(二)非法利用信息网络罪的增设与司法解释

就立法完善的角度而言,根据对网络犯罪"打早打小"的策略要求,应当有针对性地对尚处于预备阶段的网络犯罪行为单独入罪处罚,而不能放任这类行为泛滥之后再予以规制。因此,有关部门建议将网络犯罪预备行为独立入罪,以有效控制网络犯罪的蔓延趋势。经慎重研究,《刑法修正案(九)》增设《刑法》第287条之一,规定非法利用信息网络罪,明确利用信息网络实施下列行为之一,情节严重的,构成犯罪:(1)设立用于实施诈骗、传授犯罪方法、制作或者销售违禁物品、管制物品等违法犯罪活动的网站、通讯群组的;(2)发布有关制作或者销售毒品、枪支、淫秽物品等违禁物品、管制物品或者其他违法犯罪信息的;(3)为实施诈骗等违法犯罪活动发布信息的。[②] 在此基础上,《新型信息网

---

① 参见赵曜:《使用"伪基站"群发诈骗短信　两被告人犯诈骗罪被判刑》,载《人民法院报》2014年4月23日,第3版。

② 当然,细究起来,非法利用信息网络罪并非仅仅对处于预备阶段的网络犯罪行为单独入罪,部分情形下也是对已经实行犯罪,但尚未实行终了的行为入罪,如为实施诈骗等违法犯罪活动发布信息的行为。

络犯罪解释》对非法利用信息网络罪的定罪量刑标准和有关法律适用问题作了进一步明确。

二、非法利用信息网络罪的法律适用疑难

（一）非法利用信息网络罪的客观行为界定

1."违法犯罪"的内涵。《刑法》第287条之一多处涉及"违法犯罪"的表述,包括"用于实施诈骗、传授犯罪方法、制作或者销售违禁物品、管制物品等违法犯罪活动的网站、通讯群组""有关制作或者销售毒品、枪支、淫秽物品等违禁物品、管制物品或者其他违法犯罪信息""为实施诈骗等违法犯罪活动发布信息"等。可见,正确适用非法利用信息网络罪的前提是厘清"违法犯罪"的内涵。经研究,《新型信息网络犯罪解释》第7条规定:"刑法第二百八十七条之一规定的'违法犯罪',包括犯罪行为和属于刑法分则规定的行为类型但尚未构成犯罪的违法行为。"①

罪刑法定原则,不仅是立法的基本原则,更是司法适用的基本原则。按照这一原则要求,在刑事司法领域,特别是刑事司法解释,宜坚持实质解释的立场,考量行为的实质社会危害性,确保解释结论符合一般人的预期。《新型信息网络犯罪解释》第7条对非法利用信息网络罪中"违法犯罪"的解释,正是体现了这一要求。从字面上理解,"犯罪"是指刑法分则规定应当受到刑罚处罚的行为,"违法"则可以宽泛理解为除犯罪以外的违法行为,既包括符合刑法分则规定但尚未构成犯罪的违法行为,也包括刑法规定以外的其他违法行为。但是,《新型信息网络犯罪解释》第7条未作上述宽泛理解,而是将非法利用信息网络罪中的"违法犯罪"限缩解释为"犯罪行为和属于刑法分则规定的行为类型但尚未构成犯罪的违法行为"。根据罪刑法定原则的要求,刑事追究应当以刑法明文规定为限。因此,对于利用信息网络实施的行为构成犯罪,也应当以刑法

---

① 据此,一方面,对《刑法》第287条之一规定中的"等",应当作等外的理解,即不只限于该条所明确列举的类型,也包括其他违法犯罪。另一方面,对于刑法未规定、仅在治安管理处罚法或者其他法律法规规定的行政违法行为,即使利用信息网络实施,也不应当构成非法利用信息网络罪。例如,对于买卖驾照计分的行为,目前无法直接追究刑事责任;对于此类行为,即使通过互联网、通信群组发布相关信息的,也不构成非法利用信息网络罪。

明文规定为限，对于刑法未规定、仅在治安管理处罚法或者其他法律法规规定的行政违法行为，即使利用信息网络实施，也不应当构成非法利用信息网络罪。否则，相关解释结论可能超出一般人的预期，进而使得罪刑法定原则确保一般人预测可能性的功能落空。[①] 例如，房屋出租人将房屋出租给无身份证件的人居住的行为违反了《治安管理处罚法》第57条第1款的规定[②]，但显然不属于刑法分则规定的构成要件行为，如果房屋出租人通过信息网络发布信息的方式将房屋出租给无身份证件的人居住，即认定为非法利用信息网络罪，则明显超出一般人的认知。[③]

2. "违法犯罪"的查证。设立非法利用信息网络罪，目的是解决网络犯罪中带有预备性质的行为如何处理的问题，将刑法规制的环节前移，以适应惩治犯罪的需要。[④] 现实中，大量网络犯罪案件可以查实设立网站、通讯群组或者发布信息等相关"网上"行为，但难以一一查实、查全"网下"各类违法犯罪活动。这也就是设立非法利用信息网络罪，实现以实施违法犯罪活动为目的的"网上"设立网站、通讯群组、发布信息行为独立入罪的背景。基于此，自然原则上不宜要求查证行为人所设立的网站、群组用于实施违法犯罪活动，或者所发布的信息内容有关违法犯罪或者为实施诈骗等违法犯罪活动，这本身并非非法利用信息网络罪的构成要件内容；而且，如果进一步查实相关"网下"活动，则通常可能会根据《刑法》第287条之一第3款的规定"择一重罪处断"。质言之，认定非法利用信息网络罪，以行为人为自己或者为他人所设立的网站、群组用于实施违法

---

① 当然，对于设立"销售违禁物品、管制物品"的网站、通讯群组和发布有关制作或者销售"违禁物品、管制物品"信息的行为，虽然制作或者销售违禁物品、管制物品本身可能不属于刑法分则规定的行为，但由于《刑法》第287条之一已作明文规定，故设立此类通讯群组、网站和发布相关信息的行为自然可以纳入非法利用信息网络罪的客观行为方式。

② 《治安管理处罚法》第57条第1款规定："房屋出租人将房屋出租给无身份证件的人居住的，或者不按规定登记承租人姓名、身份证件种类和号码的，处二百元以上五百元以下罚款。"

③ 此外，非法利用信息网络罪涉及的设立网站、通讯群组、发布信息等行为本质上是预备行为，至少是未实行终了的行为。如果实行行为都不符合刑法分则的规定，无法构成犯罪，却将该类行为的预备行为作为犯罪论处，也不符合罪责刑相适应原则的要求。

④ 参见雷建斌主编、全国人大常委会法制工作委员会刑法室编著：《〈中华人民共和国刑法修正案（九）〉释解与适用》，人民法院出版社2015年版，第157－158页。

犯罪活动，或者所发布的信息内容有关违法犯罪或者为实施诈骗等违法犯罪活动为前提。相关人员客观上是否实施相应违法犯罪活动，不影响非法利用信息网络罪的成立。例如，行为人发布有关制作或者销售枪支的信息，对其适用非法利用信息网络罪，而无须查实是否有人根据这一信息制作了枪支，或者是否有人根据这一信息购买了枪支。实践中也有此类判决。例如，谭某某、张某等非法利用信息网络案，法院二审判决认为："虽然本案中并无证据证实具体实施诈骗的行为人归案并受到刑事追究，但相关人员客观上是否实施了相应违法犯罪活动，不影响非法利用信息网络罪的成立。而且，有证据证实诈骗行为客观存在，并且达到构成犯罪的程度。综上，本院认为，上诉人谭某某、张某及原审被告人的行为已构成非法利用信息网络罪。"①当然，对于纯粹基于"恶作剧"发布销售毒品、枪支、淫秽物品等违禁物品、管制物品信息的行为，可以综合案件情况考虑是否认定为"情节严重"，必要时也可以根据《刑法》第 13 条但书的规定不作为犯罪处理。

3."违法犯罪"的认定。如前所述，对于设立网站、通讯群组或者发布信息所涉及的"违法犯罪"不需要查证"网下活动"，但这也给认定"违法犯罪"带来了困难。一般认为，对于发布有关"违法犯罪"的信息，可以从信息内容加以判断，这样相对容易。但是，如何认定所设立的网站、通讯群组用于"违法犯罪活动"②，所发布的信息有关"违法犯罪"或者系为实施"违法犯罪活动"，则需收集相关证据。从实际办案经验来看，可以结合相关网站、通讯群组的名称、内容，信息的内容，是否假冒机构或者他人名义，是否使用虚假身份，是否逃避监管或者规避调查等情况进行综合判断。

4.非法利用信息网络罪与帮助信息网络犯罪活动罪的界分。《刑法修正案（九）》同时增设了非法利用信息网络罪、帮助信息网络犯罪活动罪，两罪的构成要件具有一定相关性，对此，司法实践在具体案件中可能存在难以界分的问题。

---

① 参见江苏省宿迁市中级人民法院刑事判决书，(2018)苏 13 刑终 203 号。具体案情参见后引。

② 当然，《新型信息网络犯罪解释》第 8 条对"用于实施诈骗、传授犯罪方法、制作或者销售违禁物品、管制物品等违法犯罪活动的网站、通讯群组"，从设立目的和设立后活动情况两个角度作了指引性规定。

帮助信息网络犯罪活动罪通常须以帮助对象构成犯罪为前提，适用空间有限。为此，应当充分利用非法利用信息网络罪以涉及违法犯罪活动的网站、通讯群组或者信息为对象的要件规定，尽量扩大适用空间。故而，对非法利用信息网络罪的客观行为方式界定为包括行为人“为自己或者为他人”非法利用信息网络的情形。而且，为他人非法利用信息网络设立网站、通讯群组或者发布信息，虽然也属于帮助信息网络犯罪活动的情形，但其本质上还是一种非法利用信息网络的情形，且非法利用信息网络罪与帮助信息网络犯罪活动罪的法定刑配置完全一致，故作出上述规定符合《刑法》第 287 条之一的规范含义。

对非法利用信息网络罪与帮助信息网络犯罪活动罪的具体界分，应当把握住非法利用信息网络罪系“网上”行为独立入罪，而帮助信息网络犯罪活动罪系帮助行为独立入罪的本质属性，再结合具体构成要件，以准确界分；在两罪界分实在困难的情况下，宜优先适用非法利用信息网络罪。[①] 谭某某、张某等非法利用信息网络案[②]就是适例。一审法院认为，被告人谭某某、张某、秦某某以非法获利为目的，明知他人利用信息网络实施犯罪，仍为其犯罪提供广告推广帮助，构成帮助信息网络犯罪活动罪。但是，二审法院对本案的定性作了调整，认定为非法利用信息网络罪。本书赞同二审改判的罪名适用，主要考虑如下：其一，正如本案二审判决所提到的，帮助信息网络犯罪活动罪中的“广告推广”一般是指为推广网站、扩大犯罪活动范围所需的投放广告行为，故不宜将发送诈骗信

---

① 之所以主张对非法利用信息网络罪作扩大适用，主要考虑到非法利用信息网络罪的查证相对而言更为容易，只需要查实设立网站、通讯群组和发布信息等“网上”行为有关违法犯罪，而不需要进一步查证“网下”活动；而帮助信息网络犯罪活动罪，不仅要查实为信息网络犯罪提供技术支持或者帮助，而且要证明被帮助对象实施的犯罪可以确认，取证难度相对更大。

② 2016 年 12 月，为获取非法利益，被告人谭某某、张某商定在网络上从事为他人发送“刷单获取佣金”的诈骗信息业务，即通过“阿里旺旺”向不特定的淘宝用户发送信息，信息内容大致为“亲，我是×××，最近库存压力比较大，请你来刷单，一单能赚 10—30 元，一天能赚几百元，详情加 QQ×××，阿里旺旺不回复”。通常每 100 个人添加上述信息里的 QQ 号，谭某某、张某即可从让其发送信息的上家处获取平均约 5000 元的费用。谭某某、张某雇佣被告人秦某某等具体负责发送诈骗信息。2016 年 12 月至 2017 年 3 月，谭某某、张某通过上述方式共非法获利约人民币 80 余万元，秦某某在此期间以“工资”的形式非法获利人民币约 2 万元。被害人王某甲、洪某因添加谭某某、张某等人组织发送的诈骗信息中的 QQ 号，后分别被骗 31000 元和 30049 元。参见《非法利用信息网络罪、帮助信息网络犯罪活动罪典型案例》，载《人民法院报》2019 年 10 月 26 日，第 3－4 版。

息的行为理解为“广告推广”活动。其二，为信息网络诈骗活动发送诈骗信息的活动，虽然是帮助信息网络犯罪活动罪的情形，但更是非法利用信息网络罪所规定的“为实施诈骗等违法犯罪活动发布信息”的行为，更符合“网上”行为独立入罪的立法旨向①，故适用非法利用信息网络罪更为妥当。

（二）“设立用于实施违法犯罪活动的网站、通讯群组”“发布有关违法犯罪信息”的认定

《刑法》第287条之一第1款第1项、第2项规定的情形为“设立用于实施诈骗、传授犯罪方法、制作或者销售违禁物品、管制物品等违法犯罪活动的网站、通讯群组的”以及“发布有关制作或者销售毒品、枪支、淫秽物品等违禁物品、管制物品或者其他违法犯罪信息的”。

1.“违法犯罪”的含义。基于立法技术考虑，《刑法》第287条之一第1款只列举了诈骗，传授犯罪方法，制作或者销售违禁物品、管制物品等违法犯罪活动。从实践来看，常见的还包括传播宣扬恐怖主义、极端主义信息，侵犯知识产权，传销，侵犯公民个人信息，组织考试作弊等违法犯罪活动。

2.用于实施违法犯罪活动的网站、通讯群组的界定。《新型信息网络犯罪解释》明确了《刑法》第287条之一第1款第1项规定的“用于实施诈骗、传授犯罪方法、制作或者销售违禁物品、管制物品等违法犯罪活动的网站、通讯群组”的认定规则。为区别于用于正常活动的网站、通讯群组，《新型信息网络犯罪解释》第8条从网站、通讯群组的设立目的与设立后主要从事的活动两个方面予以明确，规定：“以实施违法犯罪活动为目的而设立或者设立后主要用于实施违法犯罪活动的网站、通讯群组，应当认定为刑法第二百八十七条之一第一款第一项规定的‘用于实施诈骗、传授犯罪方法、制作或者销售违禁物品、管制物品等违法犯罪活动的网站、通讯群组’。”

---

①　正如该案二审判决所分析的，上诉人谭某某、张某等人通过发送含有QQ号的刷单诈骗信息，目的是诱骗他人添加该QQ号，每达100人添加，其即向上家移交该QQ号，由于此时诈骗犯罪尚未着手实施，其行为在实质上属于诈骗犯罪预备，将其行为评价为非法利用信息网络性质也契合非法利用信息网络罪将网络犯罪预备行为独立入罪的情形。参见江苏省宿迁市中级人民法院刑事判决书，(2018)苏13刑终203号。

3. 设立用于实施违法犯罪活动的网站、通讯群组的认定。如前所述,对非法利用信息网络罪的客观行为方式应界定为包括行为人“为自己或者为他人”非法利用信息网络的情形。故而,对于设立有关网站、通讯群组亦应包括为自己和为他人设立网站、通讯群组的情形。从司法实践来看,将建立完整的网站、通讯群组进而转交给他人的行为认定为设立网站、通讯群组,应无问题。但是,网络犯罪的特点是分工细化、各管一段,实践中不少人不从事建立网站、通讯群组的完整工作,仅从事其中的一个环节。故而,为他人设立上述网站、通讯群组提供互联网接入、服务器托管、网络存储空间、通讯传输通道等帮助的,也应当认定为设立用于实施诈骗、传授犯罪方法、制作或者销售违禁物品、管制物品等违法犯罪活动的网站、通讯群组。

4. 发布信息的认定。《新型信息网络犯罪解释》明确了《刑法》第 287 条之一第 1 款第 2 项、第 3 项规定的“发布信息”的含义。实践中,有些行为人为逃避打击,不直接发布信息,而是发布信息的链接地址、截屏,或者将包含信息的文件放到网盘等存储空间后发布访问账号、密码。例如,行为人将大量淫秽视频存入网盘后,在网上发布网盘账号、密码。经研究认为,此种情形与直接发布信息并无差异,应当认定为“发布信息”。基于此,《新型信息网络犯罪解释》第 9 条规定:“利用信息网络提供信息的链接、截屏、二维码、访问账号密码及其他指引访问服务的,应当认定为刑法第二百八十七条之一第一款第二项、第三项规定的‘发布信息’。”

(三)“为实施诈骗等违法犯罪活动发布信息”的认定

根据《刑法》第 287 条之一第 1 款第 3 项的规定,非法利用信息网络罪的客观行为方式包括“为实施诈骗等违法犯罪活动发布信息”。从实践来看,为便利相关案件办理,对于“实施诈骗等违法犯罪活动”的主观目的,宜允许根据客观行为加以推定。具体而言,可以根据如下客观情形推断行为人主观上具有“实施诈骗等违法犯罪活动”的目的:(1)曾因发布违法犯罪信息受过刑事追究,或者曾因发布同类信息受过行政处罚的。这主要是从行为人的一贯表现推定行为人的主观目的。当然,由于刑事追究与行政处罚存在差异,故而,如果行为人曾因发布违法犯罪信息受过行政处罚,但此次发布的信息系不同类信息的,不宜推定行为人为实施违法犯罪活动发布信息。(2)为实施相关违法犯罪活动准备工具、制造条件或者已经着手实行的。例如,行为人已在购买相关作案工具,可以推定为实施相应违法犯罪活动发布信息。当然,由于上述情形系推定,应当允许行为人提出反证,即有证据证明确非为实施违法犯罪活动发布信息的除外。

此外,需要注意的是,在《刑法修正案(九)》施行前,根据《诈骗罪解释》第5条的规定[①],对于发送诈骗短信的行为,可以诈骗罪(未遂)定罪处罚。而此种行为实质上应当归属于"为实施诈骗等违法犯罪活动发布信息的"情形。那么,在《刑法修正案(九)》施行后,是否意味着对发送诈骗短信的行为应当适用非法利用信息网络罪,本书认为,从修法精神来看,增设非法利用信息网络罪是为了加大对网络犯罪的惩治力度,而不是减轻处罚力度。实践中查获的案件发送的诈骗短信通常数量大,故可以认定为《刑法》第266条规定的"其他特别严重情节"。故而,依据《刑法》第287条之一第3款的规定,对此类行为原则上仍应当以诈骗罪(未遂)定罪处罚。[②] 当然,例外情形下,如依照非法利用信息网络罪处罚较重的,可以考虑适用非法利用信息网络罪。

(四)"情节严重"的认定

根据《刑法》第287条之一第1款的规定,非法利用信息网络以"情节严重"作为入罪要件。根据司法实践的具体情况,《新型信息网络犯罪解释》第10条

① 《诈骗罪解释》第5条第2款、第3款规定:"利月发送短信、拨打电话、互联网等电信技术手段对不特定多数人实施诈骗,诈骗数额难以查证,但具有下列情形之一的,应当认定为刑法第二百六十六条规定的'其他严重情节',以诈骗罪(未遂)定罪处罚:(一)发送诈骗信息五千条以上的;(二)拨打诈骗电话五百人次以上的;(三)诈骗手段恶劣、危害严重的。""实施前款规定行为,数量达到前款第(一)、(二)项规定标准十倍以上的,或者诈骗手段特别恶劣、危害特别严重的,应当认定为刑法第二百六十六条规定的'其他特别严重情节',以诈骗罪(未遂)定罪处罚。"《最高人民法院、最高人民检察院、公安部关于办理电信网络诈骗等刑事案件适用法律若干问题的意见》实际上进一步重申和细化了上述规定。

② 具体裁量刑罚时,应充分考虑《诈骗罪解释》第5条第2款、第3款的定罪量刑标准偏低,而当前发送诈骗短信的数量往往较大的客观事实,充分利用"对于未遂犯,可以比照既遂犯从轻或者减轻处罚"的规定,以实现罪责刑相适应。

主要从设立网站、通讯群组、发布信息的数量,违法所得数额,前科情况等方面明确了“情节严重”的认定标准。具体而言,非法利用信息网络,具有下列情形之一的,应当认定为《刑法》第287条之一第1款规定的“情节严重”:(1)假冒国家机关、金融机构名义,设立用于实施违法犯罪活动的网站的。实践中,不少从事诈骗活动的犯罪分子会假冒国家机关或者金融机构名义设立用于实施违法犯罪活动的网站,如针对工商银行(icbc.com.cn)制作钓鱼网站,犯罪分子将网站内容托管到服务器后申请诸如“lcbc.com”“1cbc.cn”“icdc.cn”等与工商银行域名相似的虚假域名指向网站后台。基于此,可将此种情形规定为“情节严重”。(2)设立用于实施违法犯罪活动的网站,数量达到3个以上或者注册账号数累计达到2000以上的。(3)设立用于实施违法犯罪活动的通讯群组,数量达到5个以上或者群组成员账号数累计达到1000以上的。(4)发布有关违法犯罪的信息或者为实施违法犯罪活动发布信息,具有下列情形之一的:①在网站上发布有关信息100条以上的;②向2000个以上用户账号发送有关信息的;③向群组成员数累计达到3000以上的通讯群组发送有关信息的;④利用关注人员账号数累计达到3万以上的社交网络传播有关信息的。(5)违法所得1万元以上的。从实践来看,非法利用信息网络设立网站、通讯群组或者发布信息,可能获取广告费、会员注册费或者其他违法所得。基于此,可将违法所得数额确定为“情节严重”的认定标准之一。(6)二年内曾因非法利用信息网络、帮助信息网络犯罪活动、危害计算机信息系统安全受过行政处罚,又非法利用信息网络的。(7)其他情节严重的情形。

相关规定

《中华人民共和国网络安全法》

第六十七条　违反本法第四十六条规定,设立用于实施违法犯罪活动的网站、通讯群组,或者利用网络发布涉及实施违法犯罪活动的信息,尚不构成犯罪的,由公安机关处五日以下拘留,可以并处一万元以上十万元以下罚款;情节较重的,处五日以上十五日以下拘留,可以并处五万元以上五十万元以下罚款。关闭用于实施违法犯罪活动的网站、通讯群组。

单位有前款行为的,由公安机关处十万元以上五十万元以下罚款,并对直接负责的主管人员和其他直接责任人员依照前款规定处罚。

《中华人民共和国刑法》

第二百八十七条之一　【非法利用信息网络罪】利用信息网络实施下列行为之一，情节严重的，处三年以下有期徒刑或者拘役，并处或者单处罚金：

（一）设立用于实施诈骗、传授犯罪方法、制作或者销售违禁物品、管制物品等违法犯罪活动的网站、通讯群组的；

（二）发布有关制作或者销售毒品、枪支、淫秽物品等违禁物品、管制物品或者其他违法犯罪信息的；

（三）为实施诈骗等违法犯罪活动发布信息的。

单位犯前款罪的，对单位判处罚金，并对其直接负责的主管人员和其他直接责任人员，依照第一款的规定处罚。

有前两款行为，同时构成其他犯罪的，依照处罚较重的规定定罪处罚。

《最高人民法院、最高人民检察院关于办理非法利用信息网络、帮助信息网络犯罪活动等刑事案件适用法律若干问题的解释》（法释〔2019〕15号）

第七条　刑法第二百八十七条之一规定的“违法犯罪”，包括犯罪行为和属于刑法分则规定的行为类型但尚未构成犯罪的违法行为。

第八条　以实施违法犯罪活动为目的而设立或者设立后主要用于实施违法犯罪活动的网站、通讯群组，应当认定为刑法第二百八十七条之一第一款第一项规定的“用于实施诈骗、传授犯罪方法、制作或者销售违禁物品、管制物品等违法犯罪活动的网站、通讯群组”。

第九条　利用信息网络提供信息的链接、截屏、二维码、访问账号密码及其他指引访问服务的，应当认定为刑法第二百八十七条之一第一款第二项、第三项规定的“发布信息”。

第十条　非法利用信息网络，具有下列情形之一的，应当认定为刑法第二百八十七条之一第一款规定的“情节严重”：

（一）假冒国家机关、金融机构名义，设立用于实施违法犯罪活动的网站的；

（二）设立用于实施违法犯罪活动的网站，数量达到三个以上或者注册账号数累计达到二千以上的；

（三）设立用于实施违法犯罪活动的通讯群组，数量达到五个以上或者群组成员账号数累计达到一千以上的；

（四）发布有关违法犯罪的信息或者为实施违法犯罪活动发布信息，具有下列情形之一的：

1. 在网站上发布有关信息一百条以上的；

2. 向二千个以上用户账号发送有关信息的；

3. 向群组成员数累计达到三千以上的通讯群组发送有关信息的；

4. 利用关注人员账号数累计达到三万以上的社交网络传播有关信息的；

（五）违法所得一万元以上的；

（六）二年内曾因非法利用信息网络、帮助信息网络犯罪活动、危害计算机信息系统安全受过行政处罚，又非法利用信息网络的；

（七）其他情节严重的情形。

第十四条　单位实施本解释规定的犯罪的，依照本解释规定的相应自然人犯罪的定罪量刑标准，对直接负责的主管人员和其他直接责任人员定罪处罚，并对单位判处罚金。

第十五条　综合考虑社会危害程度、认罪悔罪态度等情节，认为犯罪情节轻微的，可以不起诉或者免予刑事处罚；情节显著轻微危害不大的，不以犯罪论处。

第十六条　多次拒不履行信息网络安全管理义务、非法利用信息网络、帮助信息网络犯罪活动构成犯罪，依法应当追诉的，或者二年内多次实施前述行为未经处理的，数量或者数额累计计算。

第十七条　对于实施本解释规定的犯罪被判处刑罚的，可以根据犯罪情况和预防再犯罪的需要，依法宣告职业禁止；被判处管制、宣告缓刑的，可以根据犯罪情况，依法宣告禁止令。

第十八条　对于实施本解释规定的犯罪的，应当综合考虑犯罪的危害程度、违法所得数额以及被告人的前科情况、认罪悔罪态度等，依法判处罚金。

第十九条　本解释自 2019 年 11 月 1 日起施行。

第五讲

帮助信息网络犯罪活动罪

一、帮助信息网络犯罪活动罪的增设

(一)网络犯罪“分工细化”与利益链条惩治

当前网络犯罪呈现分工细化的态势,并逐步形成由各个作案环节构成的利益链条,导致网络犯罪迅速蔓延。打击网络犯罪的关键是要斩断利益链,有效惩治网络犯罪帮助行为。然而,立足现行刑法规定,适用共同犯罪的有关规定惩治网络犯罪的帮助行为存在诸多法律障碍。具体如下:

1. 网络犯罪帮助行为往往缺乏明确的主犯,难以作为共犯处理。有别于传统犯罪的帮助行为,由于互联网的跨地域特性,网络犯罪中的帮助行为往往没有固定的帮助对象,即传统的共犯一般是“一对一”的关系,而网络上的共犯通常是“一对多”的关系。以网络赌博为例,有专门为赌博活动提供网站代码、提供投注软件、发布广告的,按照现行规定,此种行为人只能作为赌博罪或者开设赌场罪的共犯处理;但是销售赌博网站代码的行为人往往向位于全国各地的大量赌博团伙销售赌博网站代码,以致难以确定其应当作为哪个赌博团伙的共犯,也难以查清其帮助的所有主犯。申言之,由于网络犯罪的跨地域特性和分工合作特性,网络犯罪利益链条中的帮助行为本质上是一种相对独立的行为,故应当独立定罪。

2. 网络犯罪帮助行为往往是网络犯罪中获利最大的环节。由于帮助对象数量很大,网络犯罪帮助行为实际上成为犯罪活动获利最大的环节。以网络第三方支付平台为例,网上的淫秽色情、赌博、传销等活动大多通过第三方支付平台支付,很多第三方支付平台在明知他人实施犯罪的情况下仍为其提供支付服务并从中提成获利。就每个网络淫秽色情、赌博案件而言,第三方支付平台获利数额并不大,但由于其客户数量巨大,实际成为网络犯罪中获利最大的环节之一。

3. 几乎所有类别的犯罪在互联网上的帮助犯都存在立法真空问题。近年来,通过修改刑法或者制定司法解释,解决了一部分帮助犯的定罪量刑问题。但是,几乎所有的犯罪迁移到互联网上之后都存在这一问题,亟须加以规制。

4. 网络犯罪的帮助犯是网络犯罪泛滥的主要原因之一,其社会危害性往往大于网络犯罪本身。当前网络犯罪的分工细化、形成利益链条是网络犯罪泛滥的主要原因。例如,销售赌博网站代码,导致大量人员可以建设赌博网站;销售黑客工具,导致一般人员可以实施网络攻击破坏活动;专门为诈骗分子建设网站,导致网络诈骗活动易于实施。传统犯罪中帮助行为通常只是加速了正犯行为的发生,其危害性体现在正犯行为中且小于正犯行为;而在网络犯罪中,帮助行为的危害性却未必小于正犯行为。

基于以上原因,宜对“明知他人利用计算机网络实施违法犯罪活动,而为其提供帮助”的帮助犯行为独立入罪,以解决各类传统犯罪向互联网迁移并分工细化给打击防范网络犯罪带来的困难。

(二)帮助信息网络犯罪活动罪的增设与司法解释

近年来,有关部门建议在刑法中对帮助行为独立入罪,以有效斩断网络犯罪的利益链条。针对帮助网络犯罪现象多发的情况,《刑法修正案(九)》增设《刑法》第287条之二,规定帮助信息网络犯罪活动罪,将明知他人利用信息网络实施犯罪,为其犯罪提供互联网接入、服务器托管、网络存储、通讯传输等技术支持,或者提供广告推广、支付结算等帮助,情节严重的行为规定为犯罪。在此基础上,《新型信息网络犯罪解释》对帮助信息网络犯罪活动罪的定罪量刑标准和有关法律适用问题作了进一步明确。

二、帮助信息网络犯罪活动罪的法律适用疑难

自“断卡”行动开始以来,帮助信息网络犯罪活动罪的适用激增。据统计,自2021年4月,“一年来,全国共破获电信网络诈骗案件39.4万起,抓获犯罪

嫌疑人63.4万名，同比分别上升28.5%和76.6%。各部门持续推进‘断卡’行动，打掉‘两卡’违法犯罪团伙4.2万个，查处犯罪嫌疑人44万名”。① 从2021年1至9月全国检察机关起诉罪名来看，排名第四的是帮助信息网络犯罪活动罪7.9万人，同比上升21.3倍。② 2022年上半年，全国检察机关起诉帮助信息网络犯罪活动罪6.4万人，而非法买卖“两卡”尤其是银行卡，为上游犯罪提供转移支付、套现、取现的工具，占起诉总数的80%以上。③ 从2021年人民法院案件审理情况来看，帮助信息网络犯罪活动罪首次进入案件量前十，排名第七。④ 然而，司法实践中，对帮信罪的适用仍存在诸多疑难争议问题，亟须加以解决。

在下文具体讨论之前，本书先行阐明帮助信息网络犯罪活动罪司法适用的探讨角度。正如有论者所指出的，《刑法修正案（九）》之所以增设帮助信息网络犯罪活动罪，是以传统的共同犯罪理论为前提的。⑤ 本书主张，对帮助信息网络犯罪活动罪的司法适用，应当以传统共同犯罪理论为基础，但也需要根据网络犯罪帮助行为的现实情况作出明晰和适当突破。⑥

（一）帮助信息网络犯罪活动罪的入罪标准

根据《刑法》第287条之二的规定，帮助信息网络犯罪活动以“情节严重”为入罪门槛。根据司法实践的具体情况，《新型信息网络犯罪解释》第12条第1

---

① 《一年来打击治理电信网络诈骗犯罪成效显著》，载《人民法院报》2022年4月15日，第1版。

② 《2021年1至9月全国检察机关主要办案数据》，载《检察日报》2021年10月19日，第2版。

③ 《检察机关上半年起诉帮信罪6.4万人》，载《检察日报》2022年7月23日，第1版。

④ 《〈最高人民法院工作报告〉解读系列全媒体直播访谈第二场》，载最高人民法院官网，https://www.court.gov.cn/fabu-xiangqing-349631.html，最后访问日期：2022年6月12日。

⑤ 参见张明楷：《论帮助信息网络犯罪活动罪》，载《政治与法律》2016年第2期。

⑥ 有论者指出：“网络犯罪帮助行为正犯化却在一定程度上与刑法教义学有关中立帮助行为理论以及共犯的从属性原理存在冲突，其正当性和合理性备受学界质疑。”熊亚文、黄雅珠：《帮助信息网络犯罪活动罪的司法适用》，载《人民司法（应用）》2016年第31期。本书认为，一方面，帮助信息网络犯罪活动罪的司法适用应当充分遵从中立帮助行为理论和共犯从属性原理的基本要求，对此通过合理的解释（如后文所述的主客观限制）完全可以实现；另一方面，网络犯罪时代，相关刑法理论也应当根据实践情况作出适当完善，特别是共犯从属性理论是以传统“一对一”“一对少”的帮助模式为基准的，应当根据网络犯罪“一对多”的帮助模式作出适当调整。

款明确了“情节严重”的认定标准，具体而言，明知他人利用信息网络实施犯罪，为其犯罪提供帮助，具有下列情形之一的，应当认定为“情节严重”：(1)为3个以上对象提供帮助的；[①](2)支付结算金额20万元以上的；[②③](3)以投放广告等

① 根据《断卡会议纪要》第2条的规定，“为三个以上对象提供帮助”，应理解为分别为3个以上行为人或团伙组织提供帮助，且被帮助的行为人或团伙组织实施的行为均达到犯罪程度。为同一对象提供3次以上帮助的，不宜理解为“为三个以上对象提供帮助”。

② 根据《断卡会议纪要》第4条的规定，出租、出售的信用卡被用于实施电信网络诈骗，达到犯罪程度，该信用卡内流水金额超过30万元的，按照符合《新型信息网络犯罪解释》第12条规定的“情节严重”处理。在适用时应把握单向流入涉案信用卡中的资金超过30万元，且其中至少3000元经查证系涉诈骗资金。行为人能够说明资金合法来源和性质的，应当予以扣除。以上述情形认定行为“情节严重”的，要注重审查行为人的主观明知程度，出租、出售信用卡的张数、次数，非法获利的数额以及造成的其他严重后果，综合考虑与《新型信息网络犯罪解释》第12条第1款其他项适用的相当性。行为人出租、出售的信用卡被用于接收电信网络诈骗资金，但行为人未实施代为转账、套现、取现等行为，或者未实施为配合他人转账、套现、取现而提供刷脸等验证服务的，不宜认定为《新型信息网络犯罪解释》第12条第1款第2项规定的“支付结算”行为。据此，本书进一步认为，对于“资金支付结算业务”不宜作过于泛化的理解，从而将为提供银行卡供人接收流转资金等行为也纳入其中，以符合社会一般观念的认知。《断卡会议纪要》第4条实际系依据流水金额适用兜底项入罪。

③ 对于《断卡会议纪要》第4条的关于依据流水金额入罪的规定，需要注意的问题有三：(1)流水金额30万元的标准系针对单张信用卡而言。由于《电信网络诈骗意见(二)》第9条设置了收购、出售、出租信用卡五张以上的罪量标准，如果在涉案信用卡数量未达到五张的前提下，允许对流水金额累计计算，进而适用帮助信息网络犯罪活动罪，则可能会实际架空依据信用卡数量建立的标准，对涉案信用卡数量在五张以下的案件亦入罪处罚，似有不妥。当然，对此目前存在不同意见，还需要在深入研究的基础上进一步统一认识。(2)对流水金额只能作单项计算。实践中，流水金额存在进项和出项两种情形。为了防止重复评价，由于入项与诈骗等犯罪行为直接相关，只宜对入项作计算；如果确实入项出项无法区分，但能够查实整个流水金额的，也可以考虑计算总数的基础上再作平均。实践中可能存在更为极端的个案，行为人提供多张信用卡，而基于逃避侦查的考虑，一笔资金被先后流入上述多张卡。对此，不作重复计算，即对于10万元资金从行为人提供的A卡流入，再流出进入B卡，最后流入C卡，如果上述三张卡都属于同一行为人提供的，原则上只计算流水金额10万元。(3)对流水金额不宜作绝对标准。依据通行法理和实践管理，对兜底项的适用限于必要情形，且应当考虑与所列明项之间的相当性。基于此，宜认为“三十万元+三千元”的标准是底线标准，而不宜认为达到这一标准即可径直入罪，完全不顾其他情节。特别是，由于流水金额相对而言属于客观事实，行为人在收购、出售、出租之时虽有概括故意，但信用卡的后续使用实际难以控制。基于此，对于综合全案情节考量，特别是行为人的主观明知程度、出租、出售信用卡的张数、次数、非法获利的数额以及造成的其他严重后果，认为与《新型信息网络犯罪解释》第12条列明的其他项不具有相当性的，则不宜认定为“情节严重”。

方式提供资金5万元以上的;(4)违法所得1万元以上的;[①](5)二年内曾因非法利用信息网络、帮助信息网络犯罪活动、危害计算机信息系统安全受过行政处罚,又帮助信息网络犯罪活动的;(6)被帮助对象实施的犯罪造成严重后果的;(7)其他情节严重的情形。

根据《电信网络诈骗意见(二)》第7条的规定,为他人利用信息网络实施犯罪而实施下列行为,可以认定为《刑法》第287条之二规定的"帮助"行为:(1)收购、出售、出租信用卡、银行账户、非银行支付账户、具有支付结算功能的互联网账号密码、网络支付接口、网上银行数字证书的;(2)收购、出售、出租他人手机卡、流量卡、物联网卡的。

根据《电信网络诈骗意见(二)》第9条的规定,明知他人利用信息网络实施犯罪,为其犯罪提供下列帮助之一的,可以认定为《新型信息网络犯罪解释》第12条第1款第7项规定的"其他情节严重的情形":(1)收购、出售、出租信用卡、银行账户、非银行支付账户、具有支付结算功能的互联网账号密码、网络支付接口、网上银行数字证书5张(个)以上的;(2)收购、出售、出租他人手机卡、流量卡、物联网卡20张以上的。

(二)帮助信息网络犯罪活动罪中"犯罪"的认定

根据《刑法》第287条之二第1款的规定,帮助信息网络犯罪活动罪的客观方式表现为为他人利用信息网络实施"犯罪"提供技术支持或者帮助。对于此处规定的"犯罪"的理解,将直接影响本罪的适用范围。

1. 根据《刑法》第287条之二第1款的规定,常态情形下,帮助信息网络犯罪活动罪中被帮助对象的行为必须构成犯罪,但是对此处规定的"犯罪"只应理解为相关犯罪查证属实,而不能理解为要求经人民法院生效裁判确认。同时,即使被帮助对象的行为符合刑法规定的其他构成要件,但基于行为人未达到刑事责任年龄等原因依法未予追究刑事责任的,也不应影响帮助信息网络犯罪活动罪的认定。基于此,《新型信息网络犯罪解释》第13条规定:"被帮助对象实

---

① 根据《断卡会议纪要》第3条的规定,"违法所得"应理解为行为人为他人实施信息网络犯罪提供帮助,由此所获得的所有违法款项或非法收入。行为人收卡等"成本"费用无须专门扣除。

施的犯罪行为可以确认，但尚未到案、尚未依法裁判或者因未达到刑事责任年龄等原因依法未予追究刑事责任的，不影响帮助信息网络犯罪活动罪的认定。”

2. 从字面意义上理解，“犯罪”应当是指刑法分则规定应当受到刑罚处罚的行为。经广泛听取各方意见，慎重考虑，《新型信息网络犯罪解释》第 12 条第 2 款作了专门规定，实质上将帮助信息网络犯罪活动罪中的“犯罪”作了扩大解释，从而将符合刑法分则规定的行为类型但尚未构成犯罪的行为涵括在内。本书认为，上述规定是信息网络时代必须作出的合理解释，且对未来类似罪名的适用会带来“示范”效应，以促使更好地应对当下犯罪日益分工细化、进而形成利益链条的现状。

信息网络犯罪活动分工细化，逐步形成由各个作案环节构成的利益链条，甚至“流水线”式作业，从而导致信息犯罪日益泛滥，已是不争的事实。[①] 传统犯罪中，帮助行为通常有固定的被帮助对象，呈现出“一对一”的关系；由于信息网络的跨地域特性，网络犯罪中的帮助行为往往没有固定的帮助对象，呈现出“一对多”的关系。单个帮助行为社会危害尚可能有限，但帮助行为累计下来的社会危害巨大。可以说，网络犯罪的帮助行为相较于传统的帮助行为，对于完成犯罪起着越来越大甚至决定性作用，社会危害性凸显；有的如果全案衡量，“累计”社会危害，明显超过正犯。[②] 也正是基于此，有论者主张帮助犯所帮助对象的罪量因素可以叠加累计，从而因应信息网络技术对共犯参与模式带来的冲击。[③] 上述主张系基于将为信息网络犯罪提供帮助的行为适用帮助犯进行处理的模式下提出的，有进一步探讨的价值和空间。但是，从实操角度来看，如果已查实被帮助对象实施的具体罪量因素，则可能择一重罪按照帮助犯进行处理；需要按照帮助信息网络犯罪活动罪论处的帮助行为，正是被帮助对象实施的具体罪量因素无法查明的情形。而且，后一种情形恰恰是当下信息网络犯罪

---

① 以电信网络诈骗为例，其团伙通常分工明确，各司其职，如在支付领域针对各种支付工具进行网络犯罪，从号码盗窃、聊天诈骗到取款等环节，分工负责，流水作业，形成地下黑灰产业链。

② 理论上可以举出的例子是，提供网络盗窃工具帮助 1 万个对象实施盗窃，每个帮助对象均盗窃 500 元钱，对正犯无法以盗窃罪追究刑事责任，对提供网络盗窃程序的行为也无法按照帮助犯追究刑事责任。但实际上综合全案可以发现，帮助犯的危害性实际大于正犯。

③ 参见王华伟：《网络语境中的共同犯罪与罪量要素》，载《中国刑事法杂志》2019 年第 2 期。

的常态现象。[①] 因此,基于有效惩治信息网络犯罪活动产业链的现实需要,当下似更应在被帮助对象利用信息网络实施“犯罪”的解释上再做文章。

《刑法修正案(九)》设立帮助信息网络犯罪活动罪,旨在将为信息网络犯罪提供帮助的行为独立入罪,以更为准确、有效地打击各种网络犯罪帮助行为。如果不顾及司法实践中的具体情况,特别是在不少帮助信息网络犯罪活动的对象是否达到犯罪的程度难以查实的实际情况下,一律将帮助对象限制为犯罪,将会导致设立帮助信息网络犯罪活动罪的立法本意无法体现。根据修法精神,为体现信息网络犯罪帮助行为的独立社会危害,《新型信息网络犯罪解释》第12条第2款允许在例外情况下,将对涉众型帮助利用信息网络实施刑法分则规定的行为但无法查证是否达到犯罪程度的情形纳入帮助信息网络犯罪活动罪的规制范围。应该说,这一规定较为妥当地解决了信息网络时代“一对多”帮助情形带来的挑战,只要被帮助对象实施了刑法分则规定的行为,无论是否达到犯罪程度,对帮助犯即使无法按照共犯追究刑事责任,至少可以适用帮助信息网络犯罪活动罪这一兜底罪名,以严密刑事惩治法网。[②]

---

① 虽然理论上可能存在前述例子所涉及的被帮助对象均未达到入罪罪量要素的情形,但整体而言,仍应为个例而非通例。

② 这一条文实际上还为刑法类似罪名的适用提供了可资借鉴的先例。例如,《刑法》第312条规定的掩饰、隐瞒犯罪所得、犯罪所得收益罪,要求对象为“犯罪所得及其产生的收益”。《最高人民法院关于审理掩饰、隐瞒犯罪所得、犯罪所得收益刑事案件适用法律若干问题的解释》第8条第1款亦明确规定:“认定掩饰、隐瞒犯罪所得、犯罪所得收益罪,以上游犯罪事实成立为前提。”应该说,传统的掩饰、隐瞒犯罪所得、犯罪所得收益案件,通常是从上游犯罪查起,如查获盗窃犯进而找到销赃对象,作上述限定问题不大。但是,当下各类犯罪的分工细化和进而带来的利益链条现象日益显现,掩饰、隐瞒类案件不少呈现出的特点是为多个对象掩饰、隐瞒,一则对象的相关情况难以查清,二则有些案件对象还存在“难以责众”的困境。例如,在候鸟迁徙季节,鸟贩子向迁徙必经地的农民收购捕获的候鸟。不少情况下,难以一一查明捕获者;即使查明的,也可能出现单个捕鸟者的数量并不大,且捕获的鸟系一般“三有动物”而非珍贵、濒危野生动物,难以适用非法狩猎罪或者相关犯罪。但是,对于收购捕获的候鸟的行为,受上游犯罪成立的限制,亦难以适用掩饰、隐瞒犯罪所得罪,因为其背离了一般民众的法感情,这也使得此类行为长期游离在刑法的规制以外。本书认为,未来宜借鉴帮助信息网络犯罪活动罪的解释思路,对掩饰、隐瞒犯罪所得、犯罪所得收益罪作出类似解释。事实上,《最高人民法院、最高人民检察院关于办理危害药品安全刑事案件适用法律若干问题的解释》(高检发释字〔2022〕1号)第13条已经借鉴了这一模式:第1款针对明知系利用医保骗保购买的药品而非法收购、销售的行为单独设置了掩饰、隐瞒犯罪所得罪的入罪标准,并在第2款明确规定:“利用医保骗保购买药品的行为人是否被追究刑事责任,不影响对非法收购、销售有关药品的行为人定罪处罚。”

《新型信息网络犯罪解释》第 12 条第 2 款规定:“实施前款规定的行为,确因客观条件限制无法查证被帮助对象是否达到犯罪的程度,但相关数额总计达到前款第二项至第四项规定标准五倍以上,或者造成特别严重后果的,应当以帮助信息网络犯罪活动罪追究行为人的刑事责任。”适用本款时应当注意:一是此种情形下通常是被帮助对象人数众多,对于帮助单个或者少数对象利用信息网络实施犯罪的,必须以被帮助对象构成犯罪为入罪前提;二是确因客观条件限制无法证实被帮助对象实施的行为达到犯罪程度,但经查证确系刑法分则规定的行为的,则如果是一般的违法行为也不能适用这一例外规则;三是情节远高于“情节严重”的程度,即此种情形下虽然无法查证被帮助对象构成犯罪,但帮助行为本身具有十分严重的社会危害性,达到独立刑事惩处的程度。

(三)帮助信息网络犯罪活动罪主观明知的认定

根据《刑法》第 287 条之二第 1 款的规定,帮助信息网络犯罪活动罪的主观要件为“明知他人利用信息网络实施犯罪”。为减轻司法实践对于主观明知的认定困难,可以考虑依据客观行为加以推定。应当注意的是,对于“明知”不应解释为泛化的可能性认知,而应当限制为相对具体的认知(不要求达到确知的程度),以防止将并非追求不法目的的正常业务行为纳入刑事惩治范围。[①] 具体而言,对帮助信息网络犯罪活动罪主观明知的认定,应当结合一般人的认知水平和行为人的认知能力,相关行为是否违反法律的禁止性规定,行为人是否履行管理职责,是否逃避监管或者规避调查,是否因同类行为受过处罚,以及行为人的供述和辩解等情况进行综合判断。根据司法实践的情况,《新型信息网络

---

① 现代社会,正常的业务行为可能会对他人利用信息网络实施犯罪提供帮助,而行为人在主观上对可能性也是有认知的。例如,网络运营商当然明知诈骗犯可能利用自己提供的互联网接入服务实施诈骗犯罪,但不可能要求网络运营商停止所有的接入服务以防范诈骗犯罪,也不可以对此种行为以帮助信息网络犯罪活动罪论处;但是,如果该网络运营商对诈骗犯利用自己提供的互联网接入服务实施诈骗犯罪具有相对具体的认知,如对特定服务对象收取高于正常服务的费用或者被有关部门告知涉嫌犯罪的具体服务对象,则应当对此种行为以帮助信息网络犯罪活动罪论处。同时,由于“情节严重”要件对客观行为的限制,也通常不会将所有的帮助行为入罪处罚。因此,在对帮助信息网络犯罪活动罪的主客观方面作出如上限制后,不会将“中立的帮助行为”纳入刑事处罚范围。

犯罪解释》第11条总结了主观明知的推定情形。具体而言,为他人实施犯罪提供技术支持或者帮助,具有下列情形之一的,可以认定行为人明知他人利用信息网络实施犯罪,但是有相反证据的除外:

1. 经监管部门告知后仍然实施有关行为的。例如,监管部门告知某运营商所提供的某项互联网接入服务被用于诈骗活动的,该运营商应当依法中断互联网接入,如果继续提供服务,主观上当然认定为明知。随着信息技术的发展,监管部门不一定通过专门文书进行告知,甚至未必采用书面告知方式,特别是遇到紧急事件时,监管部门往往通过即时通讯群组、电话、短信、电子邮件等多种方式告知,只要有相关证据可以证明监管部门已经告知即可,故未限定告知方式。

2. 接到举报后不履行法定管理职责的。网络服务提供者在为网络应用提供服务的同时也担负相关的管理职责,但现实中服务商不可能对所有服务对象进行相关管理。如网站托管服务商一般只负责网站软硬件环境的建设和维护,对网站内容不予管理,故不能要求服务商主动发现全部违法犯罪行为,但在接到举报后,服务商应当履行法定管理职责。例如,网站托管服务商在接到举报某服务对象托管的网站为淫秽色情网站后,仍不依法采取关停、删除、报案等措施,继续为该网站提供服务的,可以认定其主观明知。

3. 交易价格或者方式明显异常的。例如,第三方支付平台从一般的支付活动中收取1.5%的费用,而在有的赌博案件中收取超过10%的费用。从这明显收费异常的情况中,可以看出该第三方支付平台对服务对象从事犯罪活动实际上是“心知肚明”的,故推定其具有主观明知。

4. 提供专门用于违法犯罪的程序、工具或者其他技术支持、帮助的。实践中,随着网络犯罪案件的分工日益细化,滋生出许多专门用于违法犯罪的活动,如替人开卡,充当取钱“车手”,贩卖“多卡合一”套装(银行卡、电话卡、支付宝账号、微信账号、身份证),解冻被支付宝、微信等支付工具安全策略冻结的未实名账户等服务;此外,还有专门用于违法犯罪活动的程序、工具,如仿冒银行、执法部门网站的“钓鱼网站”。可以说,这些活动或者程序、工具并非社会正常活动所需,而系为违法犯罪活动提供帮助的专门服务,故相关从业人员对其服务对象系可能涉嫌犯罪主观上实际是明知的,故将此种情形推定为主观明知。

5. 频繁采用隐蔽上网、加密通信、销毁数据等措施或者使用虚假身份，逃避监管或者规避调查的。实践中，一些行为人在帮助信息网络犯罪活动中长期使用加密措施或者虚假身份，对于此类逃避监管或者规避调查的行为，可以推定行为人主观明知。

6. 为他人逃避监管或者规避调查提供技术支持、帮助的。与前一项情形相比，这是指行为人本身并未逃避监管或者规避调查，但为他人逃避监管或者规避调查的行为提供了帮助。

7. 其他足以认定行为人明知的情形。实践中还有一些情形可以推断行为人主观明知。例如，故意避开监管措施的，实践中，一些行为人在帮助信息网络犯罪活动中采取了故意避开监管措施的方式，如带着头套去 ATM 替人取钱，以防备摄像头。对于类似避开监管措施的行为，可以推定行为人主观明知。又如，在执法人员调查时，通过销毁证据等方式规避调查或者向犯罪分子通风报信的，可以通过行为人案发后规避调查、通风报信等事后表现推定其主观明知。此外，如取钱人持有多张户主不同的银行卡或者多张假身份证，无法说明缘由的，亦可以推定其主观明知。

从司法适用来看，帮助信息网络犯罪活动罪主观明知认定涉及的下列具体问题值得进一步探讨：

1. 正常业务帮助行为的否定。只要对帮助信息网络犯罪活动罪的主观明知作妥当把握，则完全可以将中立帮助行为中的正常业务活动排除在外。正如有论者所指出的："一般所称的中立的帮助行为具有三个特点，一是外表上属于日常生活行为或者业务行为；二是行为人并不追求非法目的；三是客观上对他人的犯罪起到了帮助行为。"[①]因此，在主观明知认定的前提下，并不存在真正的"中立帮助行为"。[②] 具体而言，对本罪的"明知"不宜理解为泛化的可能性认知，而应当限定为相对具体的认知、但不要求达到确知的程度。此种情况下，即使帮助行为披着中立帮助行为的"外衣"，将其纳入刑事规制的范畴也无

---

① 张明楷：《论帮助信息网络犯罪活动罪》，载《政治与法律》2016 年第 2 期。

② 对此，有论证明确指出："帮助信息网络犯罪活动罪的危害行为不属于中立帮助行为。"皮勇：《论新型网络犯罪立法及其适用》，载《中国社会科学》2018 年第 10 期。

异议。

2. 专门用于违法犯罪的帮助的认定。实践中，随着信息网络犯罪的分工日益细化，滋生出专门用于违法犯罪的程序、工具或者其他技术支持、帮助，如替人开卡、取钱等。这些活动并非正常社会生活所需，通常只能为违法犯罪活动提供帮助。基于此，此种情形可以直接推定行为人对被帮助对象实施犯罪主观上是明知的。对此，《新型信息网络犯罪解释》第 11 条第 4 项专门将“提供专门用于违法犯罪的程序、工具或者其他技术支持、帮助的”情形推定为主观明知。与之相对应，《新型信息网络犯罪解释》第 6 条第 3 项将“致使信息网络服务被主要用于违法犯罪的”规定为拒不履行信息网络安全管理义务罪中“有其他严重情节”的具体情形之一。实际上，上述两者是存在明显区别的，具体适用中不应混淆。前者所涉活动并非正常社会所需，通常只能用于违法犯罪；但后者所涉活动有正常用途，只是客观上被主要用于违法犯罪而已。例如，某网络公司研制了一款棋牌游戏，本身可以用于正常娱乐活动，但后来发现其客观上主要用于实施网络赌博，则不能认定为《新型信息网络犯罪解释》第 11 条第 4 项规定的“专门用于违法犯罪的程序、工具”，因为无法推定该网络公司“明知他人利用信息网络实施犯罪”，不能适用帮助信息网络犯罪活动罪；但是，可以认定为《新型信息网络犯罪解释》第 6 条第 3 项规定的“信息网络服务被主要用于违法犯罪”，如果满足“经监管部门责令采取改正措施而拒不改正”要件，那么可以构成拒不履行信息网络安全管理义务罪。本书认为，在《刑法》专设相关规定之前①，对于网络犯罪所涉及的黑灰产业链的刑事规制，如果没有其他合适罪名可以适用，可以依据上述规则予以处理，即对于通常难有正常用途的黑产可

---

① 本书认为，对于信息网络犯罪黑灰产业链的刑事规制，长远而言，宜在刑法理论增设专门罪名。网络犯罪黑灰产，虽然表现形式不同，但实质都是扰乱网络管理秩序的行为，其实施须通过破坏身份真实性、交易真实性、信息内容真实性等重要网络秩序而进行。基于此，似可以考虑在刑法中增设扰乱信息网络管理秩序罪，将违反法律、行政法规的规定，实施下列破坏信息网络管理秩序的行为纳入刑事规制范围：(1)使用虚假身份信息、冒用他人身份信息或者以其他方式破坏用户真实身份查验秩序的；(2)虚构交易、编造用户评价，或者以其他方式故意进行虚假宣传、评价，破坏信息网络交易秩序的；(3)编造、发布虚假信息或者通过信息网络提供有偿删除信息服务，破坏信息真实性的；(4)其他严重破坏信息网络管理秩序的情形。

以适用非法利用信息网络罪，对于虽有正常用途、但客观上主要被用于犯罪的灰产，在责令改正拒不改正的前提条件下适用拒不履行信息网络安全管理义务罪。

3. 主观明知认定宽松迹象的防范。司法实践之中存在对帮助信息网络犯罪活动罪主观明知认定宽松的现象，有的案件中行为人在办理银行卡时被提示银行卡不得买卖，由此即推定出行为人主观上的明知。① 这实际上是帮助信息网络犯罪活动罪主观明知的认定泛化。对此，《断卡会议纪要》第1条作了专门规定，强调认定行为人是否“明知”他人利用信息网络实施犯罪，应当坚持主客观相一致原则，即要结合行为人的认知能力、既往经历、交易对象、与信息网络犯罪行为人的关系、提供技术支持或者帮助的时间和方式、获利情况、出租、出售“两卡”的次数、张数、个数，以及行为人的供述等主客观因素，同时注重听取行为人的辩解并根据其辩解合理与否，予以综合认定。司法办案中既要防止片面倚重行为人的供述认定明知；也要避免简单客观归罪，仅以行为人有出售“两卡”行为就直接认定明知。特别是对于交易双方存在亲友关系等信赖基础，一方确系偶尔向另一方出租、出售“两卡”的，要根据在案事实证据，审慎认定“明知”。

具体而言，在办案过程中，可着重审查行为人是否具有以下特征及表现，综合全案证据，对其构成“明知”与否作出判断：(1)跨省或多人结伙批量办理、收购、贩卖“两卡”的；(2)出租、出售“两卡”后，收到公安机关、银行业金融机构、非银行支付机构、电信服务提供者等相关单位部门的口头或书面通知，告知其所出租、出售的“两卡”涉嫌诈骗、洗钱等违法犯罪，行为人未采取补救措施，反而继续出租、出售的；(3)出租、出售的“两卡”因涉嫌诈骗、洗钱等违法犯罪被冻结，又帮助解冻，或者注销旧卡、办理新卡，继续出租、出售的；(4)出租、出售的具有支付结算功能的网络账号因涉嫌诈骗、洗钱等违法犯罪被查封，又帮助解封，继续提供给他人使用的；(5)频繁使用隐蔽上网、加密通信、销毁数据等措

---

① 参见《帮助信息网络犯罪活动罪的司法适用——首期实务刑法论坛研讨实录》，载民主与法制网，http://www.mzyfz.com/html/1349/2022-02-22/content-1555648.html，最后访问日期：2022年6月12日。

施或者使用虚假身份,逃避监管或者规避调查的;(6)事先串通设计应对调查的话术口径的;(7)曾因非法交易“两卡”受过处罚或者信用惩戒、训诫谈话,又收购、出售、出租“两卡”的等。

(四)帮助信息网络犯罪活动罪与帮助犯的限缩适用

根据《刑法》第287条之二第3款的规定,帮助信息网络犯罪活动,同时构成其他犯罪的,应当择一重罪处断。这就给司法实践中妥当界分帮助信息网络犯罪活动罪与其他犯罪的帮助犯提出了要求。在以往的司法实践中,不少司法解释、规范性文件规定,只要行为人明知他人实施犯罪而为其提供帮助的,即成立共同犯罪。[①] 但是,这是在为相关犯罪提供帮助的行为未能独立入罪前提下的解决方案。如前所述,帮助信息网络犯罪活动罪的实质是帮助行为独立入罪。本书认为,在此背景下,宜对帮助信息网络犯罪活动适用共同犯罪处理的情形作出适当限制,以扩大帮助信息网络犯罪活动罪的规制范围,彰显修法的精神。具体而言,对于帮助他人利用信息网络实施犯罪,适用共同犯罪以帮助犯论处的,宜限于“通谋”的情形;对于主观上仅具有明知,且对于后续实施的信息网络犯罪未实际参与的,原则上宜以帮助信息网络犯罪活动罪论处。这也是当下司法具体案件的做法。[②]

---

① 例如,《最高人民法院、最高人民检察院关于办理组织、利用邪教组织破坏法律实施等刑事案件适用法律若干问题的解释》(法释〔2017〕3号)第13条规定:“明知他人组织、利用邪教组织实施犯罪,而为其提供经费、场地、技术、工具、食宿、接送等便利条件或者帮助的,以共同犯罪论处。”又如,《诈骗罪解释》第7条规定:“明知他人实施诈骗犯罪,为其提供信用卡、手机卡、通讯工具、通讯传输通道、网络技术支持、费用结算等帮助的,以共同犯罪论处。”

② 本书亦赞同王勇同志提出的观点,即“结合行为人主观恶性、社会危害性等综合判断是否达到了罪刑均衡的标准。如果行为人的行为与其他诈骗共犯、掩饰、隐瞒犯罪所得罪的关联被告人相比,判处三年以下有期徒刑明显违背罪责刑相适应原则时,可以考虑认定为共犯;如果行为人的行为判处三年以下有期徒刑可以实现罪刑均衡的,认定共犯就要慎重”。《帮助信息网络犯罪活动罪的司法适用——首期实务刑法论坛研讨实录》,载民主与法制网,http://www.mzyfz.com/html/1349/2022-02-22/content-1555648.html,最后访问日期:2022年6月12日。

例如,赵某帮助信息网络犯罪活动案①。该案中,被告人赵某明知非法代理的网络支付接口可能被用于犯罪资金走账和洗钱,即对于被帮助对象利用信息网络实施犯罪具有主观明知,则其构成帮助信息网络犯罪自然没有问题。但是,由于被告人赵某未参与后续的犯罪活动,也不存在主观上的通谋,似不宜要求其为被骗资金50万元承担帮助犯的刑事责任,否则也不符合罪责刑相适应原则的要求。又如,王某某等帮助信息网络犯罪活动案。2018年6月19日,被告人王某某等从我国台湾地区进入我国大陆办理银行卡,用于违法犯罪活动。行为人明知开的银行卡可能用于犯罪活动,但为了高额回报,积极参加。经查询全国反电信诈骗平台,与王某某等人此前来办理的银行卡有涉的案件涉案金额达数千万元。本案中,由于被告人王某某只实施了开卡行为,并未参与后续诈骗,也不存在通谋,故似不宜要求被告人王某某对开卡后实施的数千万元诈骗行为承担帮助犯的刑事责任。故而,法院最终以帮助信息网络犯罪活动罪判处被告人王某某有期徒刑2年6个月,并处罚金人民币3万元。② 再如,2020年11月,被告人石某因贩卖电话卡被公安机关教育训诫,公安机关告知其相关电话卡会被用于电信网络诈骗等活动。石某被训诫后继续收购他人电话卡并转卖牟利,获利6万余元。经查,上述部分电话卡被用于电信网络诈骗活动,但电信网络诈骗行为人未被抓获到案。③ 本案中,石某虽然被公安机关教育训诫,但不能由此得出其主观上对他人利用电话卡实施犯罪具有确切的明知,故可以帮

---

① 被告人赵某经营的网络科技有限公司的主营业务为第三方支付公司网络支付接口代理。赵某在明知申请支付接口需要提供商户营业执照、法人身份证等五证信息和网络商城备案域名,且明知非法代理的网络支付接口可能被用于犯罪资金走账和洗钱的情况下,仍通过事先购买的企业五证信息和假域名备案在第三方公司申请支付账号,以每个账号收取2000元至3500元不等的接口费将账号卖给他人,并收取该账号入账金额3‰左右的分成。2016年11月17日,被害人赵某被骗600万元。其中,被骗资金50万元经他人账户后转入在第三方某股份有限公司开户的某贸易有限公司商户账号内流转,该商户账号由赵某通过上述方式代理。法院以帮助信息网络犯罪活动罪判处被告人赵某有期徒刑7个月,并处罚金人民币3000元。参见《非法利用信息网络罪、帮助信息网络犯罪活动罪典型案例》,载《人民法院报》2019年10月26日,第3版。

② 参见浙江省金华市婺城区人民法院刑事判决书,(2019)浙0702刑初81号。

③ 参见《帮助信息网络犯罪活动罪的司法适用——首期实务刑法论坛研讨实录》,载民主与法制网,http://www.mzyfz.com/html/1349/2022-02-22/content-1555648.html,最后访问日期:2022年6月12日。

助信息网络犯罪活动罪定罪处罚。

与之不同，2020 年 9 月，被告人张某通过网络找到一份帮他人看管 GOIP 设备（用于境外人员拨打境内电话的中转设备）的工作。张某按照上家指示架设 GOIP 设备，将电话卡插入设备后每日看管，根据上家指示更换设备中无法使用的电话卡，并通过聊天软件每小时向上家报送数字“1”表示一切安全；若上家超过 1 小时未收到报送的“1”，则该窝点将予以废弃。同时，张某还负责为上家收购电话卡。张某辩称其知道该 GOIP 设备被用于境外人员拨打境内电话实施违法犯罪时使用，但具体如何实施及实施何种犯罪并不清楚。经查，插入该 GOIP 设备的相关电话卡被用于网络诈骗及网络敲诈勒索等犯罪活动，但具体行为人未被抓获到案。[①] 本案中，张某主观上不但具有确切明知，客观上还通过聊天软件每小时向上家报送数字“1”表示一切安全等，实质参与相关犯罪活动，综合全部行为可以认定其为相关网络犯罪的共犯。

（五）帮助信息网络犯罪活动罪的刑事政策把握[②]

关于帮助信息网络犯罪活动罪的适用，要切实防止两方面的问题：一是该严未严，即本来应以更重的诈骗罪共犯或者掩饰、隐瞒犯罪所得罪论处，但却按相对较轻的帮助信息网络犯罪“降格”处理了；二是当宽未宽，即本可不作为犯罪处理甚至并不符合帮信罪构成要件的，却按帮助信息网络犯罪“升格”处理了。两方面都应当注意防范，但结合当前帮助信息网络犯罪案件“井喷”的实际，后一方面的问题更需要注意：既要严格遵循罪刑法定原则，防止因为对法律规定理解不当导致错误入罪，又要严格落实宽严相济刑事政策，防止刑事打击面不当扩大。

---

① 参见《帮助信息网络犯罪活动罪的司法适用——首期实务刑法论坛研讨实录》，载民主与法制网，http://www.mzyfz.com/html/1349/2022-02-22/content-1555648.html，最后访问日期：2022 年 6 月 12 日。

② 参见《帮助信息网络犯罪活动罪的司法适用——首期实务刑法论坛研讨实录》，载民主与法制网，http://www.mzyfz.com/html/1349/2022-02-22/content-1555648.html，最后访问日期：2022 年 6 月 12 日。

其一,准确把握惩治的重点。一是对犯罪集团中的组织者、指挥者、策划者和骨干分子,贩卖“两卡”团伙头目和骨干,以及对境外电诈集团提供帮助者,要依法从严处理;二是对利用未成年人、老年人、残疾人特殊群体实施犯罪的,要依法从严;三是对惯犯、职业“卡商”、行业“内鬼”等,要依法从严。

其二,坚决贯彻少捕的原则。目前帮助信息网络犯罪活动罪的逮捕数量达到了整个刑事案件的第二位,但抓的人主要是“马仔”,更高级别的“卡商”有限。所以,对帮助信息网络犯罪活动罪还是要贯彻少捕的原则,不能为了办案的便利而忽视了社会危险性的评价。

其三,妥当把握从宽的范围。对帮助信息网络犯罪活动案件是否作为犯罪处理,关键是要注意贯彻体现罪责刑相适应原则、主客观相统一原理。要综合帮信行为造成的客观危害、行为人在网络犯罪中的参与程度、行为人的认知能力、主观恶性和人身危险性等情节,恰当评价行为人行为的社会危害程度,不能简单仅以涉案“两卡”的数量、银行卡的流水金额作为定罪量刑的标准。要保证案件处理能够体现法理情统一,符合人民群众的公平正义观念。特别是对于人数众多的案件,要区分对象,对于按照工作指示从事辅助性劳务性工作、参与时间较短、仅领取少量报酬等发挥作用较小的人员依法从宽处理,考虑出罪处理。要注意宽以济严,对初犯、偶犯、未成年人、在校学生,特别是其中被胁迫或蒙蔽出售本人名下“两卡”,违法所得、涉案数额较少且认罪认罚的,以教育、挽救为主,落实“少捕慎诉慎押”的刑事司法政策,依法从宽处理甚至出罪处理,确保达到良好的社会效果。

其四,有效促进社会治理。从犯罪治理角度看,还应当要重视落实源头治理、综合治理的要求。要切实贯彻全链条惩治网络犯罪的精神,防止因为有帮助信息网络犯罪活动罪“兜底”、帮助信息网络犯罪活动罪简单好办而放松对危害更大的电诈犯罪组织者、实施者的查证和追诉,否则,不仅影响帮助信息网络犯罪活动案件的处理效果,也会影响网络犯罪的有效治理。此外,应当结合案件办理,借助司法建议、检察建议等方式,促使有关部门进一步严格手机卡、银行卡的管理,严格实名制的落实。藉此,不给犯罪分子可乘之机,也不让人因为贪图小利而身陷囹圄,促进完善社会治理。

相关规定

《中华人民共和国网络安全法》

第六十三条　违反本法第二十七条规定，从事危害网络安全的活动，或者提供专门用于从事危害网络安全活动的程序、工具，或者为他人从事危害网络安全的活动提供技术支持、广告推广、支付结算等帮助，尚不构成犯罪的，由公安机关没收违法所得，处五日以下拘留，可以并处五万元以上五十万元以下罚款；情节较重的，处五日以上十五日以下拘留，可以并处十万元以上一百万元以下罚款。

单位有前款行为的，由公安机关没收违法所得，处十万元以上一百万元以下罚款，并对直接负责的主管人员和其他直接责任人员依照前款规定处罚。

违反本法第二十七条规定，受到治安管理处罚的人员，五年内不得从事网络安全管理和网络运营关键岗位的工作；受到刑事处罚的人员，终身不得从事网络安全管理和网络运营关键岗位的工作。

《中华人民共和国刑法》

第二百八十七条之二　【帮助信息网络犯罪活动罪】明知他人利用信息网络实施犯罪，为其犯罪提供互联网接入、服务器托管、网络存储、通讯传输等技术支持，或者提供广告推广、支付结算等帮助，情节严重的，处三年以下有期徒刑或者拘役，并处或者单处罚金。

单位犯前款罪的，对单位判处罚金，并对其直接负责的主管人员和其他直接责任人员，依照第一款的规定处罚。

有前两款行为，同时构成其他犯罪的，依照处罚较重的规定定罪处罚。

《最高人民法院、最高人民检察院关于办理非法利用信息网络、帮助信息网络犯罪活动等刑事案件适用法律若干问题的解释》（法释〔2019〕15号）

第十一条　为他人实施犯罪提供技术支持或者帮助，具有下列情形之一的，可以认定行为人明知他人利用信息网络实施犯罪，但是有相反证据的除外：

（一）经监管部门告知后仍然实施有关行为的；

（二）接到举报后不履行法定管理职责的；

（三）交易价格或者方式明显异常的；

（四）提供专门用于违法犯罪的程序、工具或者其他技术支持、帮助的；

（五）频繁采用隐蔽上网、加密通信、销毁数据等措施或者使用虚假身份，逃避监管或者规避调查的；

（六）为他人逃避监管或者规避调查提供技术支持、帮助的；

（七）其他足以认定行为人明知的情形。

第十二条 明知他人利用信息网络实施犯罪，为其犯罪提供帮助，具有下列情形之一的，应当认定为刑法第二百八十七条之二第一款规定的"情节严重"：

（一）为三个以上对象提供帮助的；

（二）支付结算金额二十万元以上的；

（三）以投放广告等方式提供资金五万元以上的；

（四）违法所得一万元以上的；

（五）二年内曾因非法利用信息网络、帮助信息网络犯罪活动、危害计算机信息系统安全受过行政处罚，又帮助信息网络犯罪活动的；

（六）被帮助对象实施的犯罪造成严重后果的；

（七）其他情节严重的情形。

实施前款规定的行为，确因客观条件限制无法查证被帮助对象是否达到犯罪的程度，但相关数额总计达到前款第二项至第四项规定标准五倍以上，或者造成特别严重后果的，应当以帮助信息网络犯罪活动罪追究行为人的刑事责任。

第十三条 被帮助对象实施的犯罪行为可以确认，但尚未到案、尚未依法裁判或者因未达到刑事责任年龄等原因依法未予追究刑事责任的，不影响帮助信息网络犯罪活动罪的认定。

第十四条 单位实施本解释规定的犯罪的，依照本解释规定的相应自然人犯罪的定罪量刑标准，对直接负责的主管人员和其他直接责任人员定罪处罚，并对单位判处罚金。

第十五条 综合考虑社会危害程度、认罪悔罪态度等情节，认为犯罪情节轻微的，可以不起诉或者免予刑事处罚；情节显著轻微危害不大的，不以犯罪论处。

第十六条 多次拒不履行信息网络安全管理义务、非法利用信息网络、帮助信息网络犯罪活动构成犯罪，依法应当追诉的，或者二年内多次实施前述行为未经处理的，数量或者数额累计计算。

第十七条 对于实施本解释规定的犯罪被判处刑罚的，可以根据犯罪情况和预防再犯罪的需要，依法宣告职业禁止；被判处管制、宣告缓刑的，可以根据犯罪情况，依法宣告禁止令。

第十八条 对于实施本解释规定的犯罪的，应当综合考虑犯罪的危害程度、违法所得数额以及被告人的前科情况、认罪悔罪态度等，依法判处罚金。

第十九条 本解释自2019年11月1日起施行。

《最高人民法院、最高人民检察院、公安部关于办理电信网络诈骗等刑事案件适用法律若干问题的意见（二）》（法发〔2021〕22号）

为进一步依法严厉惩治电信网络诈骗犯罪，对其上下游关联犯罪实行全链条、全方位打击，根据《中华人民共和国刑法》《中华人民共和国刑事诉讼法》等法律和有关司法解释的规定，针对司法实践中出现的新的突出问题，结合工作实际，制定本意见。

一、电信网络诈骗犯罪地，除《最高人民法院、最高人民检察院、公安部关于办理电信网络诈骗等刑事案件适用法律若干问题的意见》规定的犯罪行为发生地和结果发生地外，还包括：

（一）用于犯罪活动的手机卡、流量卡、物联网卡的开立地、销售地、转移地、藏匿地；

（二）用于犯罪活动的信用卡的开立地、销售地、转移地、藏匿地、使用地以及资金交易对手资金交付和汇出地；

（三）用于犯罪活动的银行账户、非银行支付账户的开立地、销售地、使用地以及资金交易对手资金交付和汇出地；

（四）用于犯罪活动的即时通讯信息、广告推广信息的发送地、接受地、到达地；

（五）用于犯罪活动的“猫池”（Modem Pool）、GOIP设备、多卡宝等硬件设备的销售地、入网地、藏匿地；

（六）用于犯罪活动的互联网账号的销售地、登录地。

二、为电信网络诈骗犯罪提供作案工具、技术支持等帮助以及掩饰、隐瞒犯罪所得及其产生的收益，由此形成多层级犯罪链条的，或者利用同一网站、通讯群组、资金账户、作案窝点实施电信网络诈骗犯罪的，应当认定为多个犯罪嫌疑人、被告人实施的犯罪存在关联，人民法院、人民检察院、公安机关可以在其职责范围内并案处理。

三、有证据证实行为人参加境外诈骗犯罪集团或犯罪团伙，在境外针对境内居民实施电信网络诈骗犯罪行为，诈骗数额难以查证，但一年内出境赴境外诈骗犯罪窝点累计时间30日以上或多次出境赴境外诈骗犯罪窝点的，应当认定为刑法第二百六十六条规定的"其他严重情节"，以诈骗罪依法追究刑事责任。有证据证明其出境从事正当活动的除外。

四、无正当理由持有他人的单位结算卡的，属于刑法第一百七十七条之一第一款第（二）项规定的"非法持有他人信用卡"。

五、非法获取、出售、提供具有信息发布、即时通讯、支付结算等功能的互联网账号密码、个人生物识别信息，符合刑法第二百五十三条之一规定的，以侵犯公民个人信息罪追究刑事责任。

对批量前述互联网账号密码、个人生物识别信息的条数，根据查获的数量直接认定，但有证据证明信息不真实或者重复的除外。

六、在网上注册办理手机卡、信用卡、银行账户、非银行支付账户时，为通过网上认证，使用他人身份证件信息并替换他人身份证件相片，属于伪造身份证件行为，符合刑法第二百八十条第三款规定的，以伪造身份证件罪追究刑事责任。

使用伪造、变造的身份证件或者盗用他人身份证件办理手机卡、信用卡、银行账户、非银行支付账户，符合刑法第二百八十条之一第一款规定的，以使用虚假身份证件、盗用身份证件罪追究刑事责任。

实施上述两款行为，同时构成其他犯罪的，依照处罚较重的规定定罪处罚。法律和司法解释另有规定的除外。

七、为他人利用信息网络实施犯罪而实施下列行为，可以认定为刑法第二百八十七条之二规定的"帮助"行为：

（一）收购、出售、出租信用卡、银行账户、非银行支付账户、具有支付结算功能的互联网账号密码、网络支付接口、网上银行数字证书的；

（二）收购、出售、出租他人手机卡、流量卡、物联网卡的。

八、认定刑法第二百八十七条之二规定的行为人明知他人利用信息网络实施犯罪，应当根据行为人收购、出售、出租前述第七条规定的信用卡、银行账户、非银行支付账户、具有支付结算功能的互联网账号密码、网络支付接口、网上银行数字证书，或者他人手机卡、流量卡、物联网卡等的次数、张数、个数，并结合行为人的认知能力、既往经历、交易对象、与实施信息网络犯罪的行为人的关系、提供技术支持或者帮助的时间和方式、获利情况以及行为人的供述等主客观因素，予以综合认定。

收购、出售、出租单位银行结算账户、非银行支付机构单位支付账户，或者电信、银行、网络支付等行业从业人员利用履行职责或提供服务便利，非法开办并出售、出租他人手机卡、信用卡、银行账户、非银行支付账户等的，可以认定为《最高人民法院、最高人民检察院关于办理非法利用信息网络、帮助信息网络犯罪活动等刑事案件适用法律若干问题的解释》第十一条第（七）项规定的"其他足以认定行为人明知的情形"。但有相反证据的除外。

九、明知他人利用信息网络实施犯罪，为其犯罪提供下列帮助之一的，可以认定为《最高人民法院、最高人民检察院关于办理非法利用信息网络、帮助信息网络犯罪活动等刑事案件适用法律若干问题的解释》第十二条第一款第（七）项规定的"其他情节严重的情形"：

（一）收购、出售、出租信用卡、银行账户、非银行支付账户、具有支付结算功能的互联网账号密码、网络支付接口、网上银行数字证书5张（个）以上的；

（二）收购、出售、出租他人手机卡、流量卡、物联网卡20张以上的。

十、电商平台预付卡、虚拟货币、手机充值卡、游戏点卡、游戏装备等经销商，在公安机关调查案件过程中，被明确告知其交易对象涉嫌电信网络诈骗犯罪，仍与其继续交易，符合刑法第二百八十七条之二规定的，以帮助信息网络犯罪活动罪追究刑事责任。同时构成其他犯罪的，依照处罚较重的规定定罪处罚。

十一、明知是电信网络诈骗犯罪所得及其产生的收益，以下列方式之一予以转账、套现、取现，符合刑法第三百一十二条第一款规定的，以掩饰、隐瞒犯罪所得、犯罪所得收益罪追究刑事责任。但有证据证明确实不知道的除外。

（一）多次使用或者使用多个非本人身份证明开设的收款码、网络支付接口等，帮助他人转账、套现、取现的；

（二）以明显异于市场的价格，通过电商平台预付卡、虚拟货币、手机充值卡、游戏点卡、游戏装备等转换财物、套现的；

（三）协助转换或者转移财物，收取明显高于市场的“手续费”的。

实施上述行为，事前通谋的，以共同犯罪论处；同时构成其他犯罪的，依照处罚较重的规定定罪处罚。法律和司法解释另有规定的除外。

十二、为他人实施电信网络诈骗犯罪提供技术支持、广告推广、支付结算等帮助，或者窝藏、转移、收购、代为销售及以其他方法掩饰、隐瞒电信网络诈骗犯罪所得及其产生的收益，诈骗犯罪行为可以确认，但实施诈骗的行为人尚未到案，可以依法先行追究已到案的上述犯罪嫌疑人、被告人的刑事责任。

十三、办案地公安机关可以通过公安机关信息化系统调取异地公安机关依法制作、收集的刑事案件受案登记表、立案决定书、被害人陈述等证据材料。调取时不得少于两名侦查人员，并应记载调取的时间、使用的信息化系统名称等相关信息，调取人签名并加盖办案地公安机关印章。经审核证明真实的，可以作为证据使用。

十四、通过国（区）际警务合作收集或者境外警方移交的境外证据材料，确因客观条件限制，境外警方未提供相关证据的发现、收集、保管、移交情况等材料的，公安机关应当对上述证据材料的来源、移交过程以及种类、数量、特征等作出书面说明，由两名以上侦查人员签名并加盖公安机关印章。经审核能够证明案件事实的，可以作为证据使用。

十五、对境外司法机关抓获并羁押的电信网络诈骗犯罪嫌疑人，在境内接受审判的，境外的羁押期限可以折抵刑期。

十六、办理电信网络诈骗犯罪案件，应当充分贯彻宽严相济刑事政策。在侦查、审查起诉、审判过程中，应当全面收集证据、准确甄别犯罪嫌疑人、被告人在共同犯罪中的层级地位及作用大小，结合其认罪态度和悔罪表现，区别对待，宽严并用，科学量刑，确保罚当其罪。

对于电信网络诈骗犯罪集团、犯罪团伙的组织者、策划者、指挥者和骨干分子，以及利用未成年人、在校学生、老年人、残疾人实施电信网络诈骗的，依法从严惩处。

对于电信网络诈骗犯罪集团、犯罪团伙中的从犯，特别是其中参与时间相对较短、诈骗数额相对较低或者从事辅助性工作并领取少量报酬，以及初犯、偶犯、未成年人、在校学生等，应当综合考虑其在共同犯罪中的地位作用、社会危害程度、主观恶性、人身危险性、认罪悔罪表现等情节，可以依法从轻、减轻处罚。犯罪情节轻微的，可以依法不起诉或者免予刑事处罚；情节显著轻微危害不大的，不以犯罪论处。

十七、查扣的涉案账户内资金，应当优先返还被害人，如不足以全额返还的，应当按照比例返还。

《最高人民法院刑事审判第三庭、最高人民检察院第四检察厅、公安部刑事侦查局关于“断卡”行动中有关法律适用问题的会议纪要》(2022 年 3 月 22 日)①

各省、自治区、直辖市高级人民法院刑事审判庭、人民检察院刑事检察部、公安厅(局)刑侦局、刑侦(警)总队，新疆维吾尔自治区高级人民法院生产建设兵团分院刑事审判庭、新疆生产建设兵团人民检察院刑事检察部、新疆生产建设兵团公安局刑侦总队：

在国务院打击治理电信网络新型违法犯罪工作部际联席会议办公室的统一部署下，各级人民法院、人民检察院和公安机关认真落实习近平总书记重要指示批示精神，加强协作配合，积极履职作为，“断卡”行动深入推进，打击整治成效日益明显，有力遏制了电信网络诈骗犯罪持续高发的势头。2021 年 6 月，最高人民法院、最高人民检察院、公安部联合发布《关于办理电信网络诈骗等刑事案件适用法律若干问题的意见(二)》(以下简称“《意见(二)》”)，进一步解决了实践中的部分难点重点问题，为打击治理专项工作提供了有力法律保障。

当前，涉“两卡”(即手机卡、信用卡)犯罪形势依旧复杂严峻，犯罪类型多样且不断发展，需要进一步统一认识，明确依据，更好实现打击治理的目的。为

① 参见“刑法规范总整理”微信公众号，访问日期：2022 年 3 月 31 日。

此,2021年11月26日和2022年1月7日,最高人民法院刑事审判第三庭、最高人民检察院第四检察厅和公安部刑事侦查局先后召开联席会议,就当前"断卡"行动中各地反映的突出法律适用问题进行研究,就相关问题形成共识。现将会议纪要下发,供各地在办案中参考。

一、关于帮助信息网络犯罪活动罪中"明知他人利用信息网络实施犯罪"的理解适用。认定行为人是否"明知"他人利用信息网络实施犯罪,应当坚持主客观相一致原则,即要结合行为人的认知能力、既往经历、交易对象、与信息网络犯罪行为人的关系、提供技术支持或者帮助的时间和方式、获利情况、出租、出售"两卡"的次数、张数、个数,以及行为人的供述等主客观因素,同时注重听取行为人的辩解并根据其辩解合理与否,予以综合认定。司法办案中既要防止片面倚重行为人的供述认定明知;也要避免简单客观归罪,仅以行为人有出售"两卡"行为就直接认定明知。特别是对于交易双方存在亲友关系等信赖基础,一方确系偶尔向另一方出租、出售"两卡"的,要根据在案事实证据,审慎认定"明知"。

在办案过程中,可着重审查行为人是否具有以下特征及表现,综合全案证据,对其构成"明知"与否作出判断:(1)跨省或多人结伙批量办理、收购、贩卖"两卡"的;(2)出租、出售"两卡"后,收到公安机关、银行业金融机构、非银行支付机构、电信服务提供者等相关单位部门的口头或书面通知,告知其所出租、出售的"两卡"涉嫌诈骗、洗钱等违法犯罪,行为人未采取补救措施,反而继续出租、出售的;(3)出租、出售的"两卡"因涉嫌诈骗、洗钱等违法犯罪被冻结,又帮助解冻,或者注销旧卡、办理新卡,继续出租、出售的;(4)出租、出售的具有支付结算功能的网络账号因涉嫌诈骗、洗钱等违法犯罪被查封,又帮助解封,继续提供给他人使用的;(5)频繁使用隐蔽上网、加密通信、销毁数据等措施或者使用虚假身份,逃避监管或者规避调查的;(6)事先串通设计应对调查的话术口径的;(7)曾因非法交易"两卡"受过处罚或者信用惩戒、训诫谈话,又收购、出售、出租"两卡"的等。

二、关于《最高人民法院、最高人民检察院关于办理非法利用信息网络、帮助信息网络犯罪活动等刑事案件适用法律若干问题的解释》(以下简称"《解释》")第十二条第一款第(一)项的理解适用。该项所规定的"为三个以上对象提供帮助”，应理解为分别为三个以上行为人或团伙组织提供帮助，且被帮助的行为人或团伙组织实施的行为均达到犯罪程度。为同一对象提供三次以上帮助的，不宜理解为“为三个以上对象提供帮助”。

三、关于《解释》第十二条第一款第（四）项的理解适用。该项所规定“违法所得一万元”中的“违法所得”，应理解为行为人为他人实施信息网络犯罪提供帮助，由此所获得的所有违法款项或非法收入。行为人收卡等“成本”费用无须专门扣除。

四、关于《关于深入推进“断卡”行动有关问题的会议纪要》（以下简称“《2020年会议纪要》”）中列举的符合《解释》第十二条规定的情节严重情形的理解适用。《2020年会议纪要》第五条规定，出租、出售的信用卡被用于实施电信网络诈骗，达到犯罪程度，该信用卡内流水金额超过三十万元的，按照符合《解释》第十二条规定的“情节严重”处理。在适用时应把握单向流入涉案信用卡中的资金超过三十万元，且其中至少三千元经查证系涉诈骗资金。行为人能够说明资金合法来源和性质的，应当予以扣除。以上述情形认定行为“情节严重”的，要注重审查行为人的主观明知程度、出租、出售信用卡的张数、次数、非法获利的数额以及造成的其他严重后果，综合考虑与《解释》第十二条第一款其他项适用的相当性。行为人出租、出售的信用卡被用于接收电信网络诈骗资金，但行为人未实施代为转账、套现、取现等行为，或者未实施为配合他人转账、套现、取现而提供刷脸等验证服务的，不宜认定为《解释》第十二条第一款第（二）项规定的“支付结算”行为。

五、关于正确区分帮助信息网络犯罪活动罪、掩饰、隐瞒犯罪所得、犯罪所得收益罪与诈骗罪的界限。在办理涉“两卡”犯罪案件中，存在准确界定前述三个罪名之间界限的问题。应当根据行为人的主观明知内容和实施的具体犯罪行为，确定其行为性质。以信用卡为例：（1）明知他人实施电信网络诈骗犯罪，参加诈骗团伙或者与诈骗团伙之间形成较为稳定的配合关系，长期为他人提供信用卡或者转账取现的，可以诈骗罪论处。（2）行为人向他人出租、出售信用卡后，在明知是犯罪所得及其收益的情况下，又代为转账、套现、取现等，或者为配合他人转账、套现、取现而提供刷脸等验证服务的，可以掩饰、隐瞒犯罪所得、犯罪所得收益罪论处。（3）明知他人利用信息网络实施犯罪，仅向他人出租、出售信用卡，未实施其他行为，达到情节严重标准的，可以帮助信息网络犯罪活动罪论处。

在司法实践中，应当具体案情具体分析，结合主客观证据，重视行为人的辩解理由，确保准确定性。

六、关于《意见（二）》第三条的理解适用。为严厉打击跨境电信网络诈骗团伙犯罪，该条规定，有证据证实行为人参加境外诈骗犯罪集团或犯罪团伙，在境外针对境内居民实施电信网络诈骗犯罪行为，诈骗数额难以查证，但一年内出境赴境外诈骗犯罪窝点累计时间30日以上或多次出境赴境外诈骗犯罪窝点的，以诈骗罪依法追究刑事责任。在司法适用时，要注意把握以下三个要求：(1)有证据证明行为人参加了境外电信网络诈骗犯罪集团或犯罪团伙，且在境外针对境内居民实施了具体的诈骗犯罪行为；(2)行为人一年内出境赴境外诈骗犯罪窝点累计30日以上，应当从行为人实际加入境外诈骗犯罪窝点的日期开始计算时间；(3)诈骗数额难以查证，是指基于客观困难，确实无法查清行为人实施诈骗的具体数额。在办案中，应当首先全力查证具体诈骗数额；在诈骗数额难以查清的情况下，根据《最高人民法院、最高人民检察院关于办理诈骗刑事案件具体应用法律若干问题的解释》和《最高人民法院、最高人民检察院、公安部关于办理电信网络诈骗等刑事案件适用法律若干问题的意见》的规定，还应当查证发送诈骗信息条数和拨打诈骗电话次数，如二者均无法查明，才适用该条规定。

七、关于收购、出售、出租信用卡的行为，可否以窃取、收买、非法提供信用卡信息罪追究刑事责任的问题。《刑法修正案（五）》设立了窃取、收买、非法提供信用卡信息罪，主要考虑是：利用信用卡信息资料复制磁条卡的问题在当时比较突出，严重危害持卡人的财产安全和国家金融安全，故设立本罪，相关司法解释将本罪入罪门槛规定为1张（套）信用卡。其中的“信用卡信息资料”，是指用于伪造信用卡的电子数据等基础信息，如有关发卡行代码、持卡人账户、密码等内容的加密电子数据。在“断卡”行动破获的此类案件中，行为人非法交易信用卡的主要目的在于直接使用信用卡，而非利用其中的信息资料伪造信用卡。故当前办理“断卡”行动中的此类案件，一般不以窃取、收买、非法提供信用卡信息罪追究刑事责任。

八、关于收购、出售、出租信用卡“四件套”行为的处理。行为人收购、出售、出租信用卡“四件套”（一般包括信用卡，身份信息，U盾，网银），数量较大的，可能同时构成帮助信息网络犯罪活动罪、妨害信用卡管理罪等。“断卡”行动中破获的此类案件，行为人收购、出售、出租的信用卡“四件套”，主要流向电信网络诈骗犯罪团伙或人员手中，用于非法接收、转移诈骗资金，一般以帮助信息网络犯罪活动罪论处。对于涉案信用卡“四件套”数量巨大，同时符合妨害信用卡管理罪构成要件的，择一重罪论处。

九、关于重大电信网络诈骗及其关联犯罪案件的管辖。对于涉案人数超过80人，以及在境外实施的电信网络诈骗及其关联犯罪案件，公安部根据工作需要指定异地管辖的，指定管辖前应当商最高人民检察院和最高人民法院。

各级人民法院、人民检察院、公安机关要充分认识到当前持续深入推进“断卡”行动的重要意义，始终坚持依法从严惩处和全面惩处的方针，坚决严惩跨境电信网络诈骗犯罪集团和人员、贩卖“两卡”团伙头目和骨干、职业“卡商”、行业“内鬼”等。同时，还应当注重宽以济严，对于初犯、偶犯、未成年人、在校学生，特别是其中被胁迫或蒙骗出售本人名下“两卡”，违法所得、涉案数额较少且认罪认罚的，以教育、挽救为主，落实“少捕慎诉慎押”的刑事司法政策，可以依法从宽处理，确保社会效果良好。

各省级人民法院、人民检察院、公安机关要尽快传达并转发本会议纪要，不断提高办案能力，依法准确办理涉“两卡”犯罪案件，确保“断卡”行动深入健康开展。在司法实践中如遇有重大疑难问题，应及时对口上报。

第三章

网络犯罪的程序问题

第六讲

网络犯罪刑事诉讼的现实困境与司法应对

信息技术的迅速发展,在促进社会运作模式和人们生活方式转型的同时,也带来新的安全隐患和威胁。特别是利用计算机网络实施的各类犯罪迅速蔓延,社会危害严重。刑事实体法的规定必须通过刑事程序才能转化为司法实务,故如何通过刑事诉讼程序法的立法制定与司法适用实现对信息网络犯罪的有效规制,也是必须关注的问题。与传统犯罪不同,信息网络犯罪的跨地域性、技术性、分工合作等特点导致传统刑事诉讼程序相关规定与现实实践存在很多不适应的地方,给信息网络犯罪案件的侦查、起诉和审判带来不少困难,亟须作出相应的完善。基于此,根据《刑事诉讼法》的规定,相关司法解释、规范性文件对信息网络犯罪刑事诉讼程序问题作出相应规定。

一、网络犯罪案件适用刑事诉讼程序的难点

近年来,我国互联网迅速发展,特别是移动互联网发展势头迅猛。与此同时,利用计算机网络实施的犯罪活动快速增长,危害严重。而且,由于行为人跨境作案、团伙关系松散等特点以及案件管辖不清、资金数额认定困难等涉网刑事程序法律障碍,网络犯罪案件的办理呈现出侦破难、追诉难的局面。

网络犯罪是犯罪在互联网上的新型表现形式,虽然其犯罪本质与传统犯罪并无差异,但具有迥异于传统犯罪的特点。特别是从刑事诉讼程序的视角来看,以下几个特点值得关注:(1)形成利益链条。当前网络犯罪已形成分工负责、利益共享的利益链条,不同的行为人分别负责网站建设、广告推广、资金流转、技术支持等环节的工作,一个行为人可能同时为众多其他行为人提供帮助。

这使行为人之间形成错综复杂的关系，同时也大大降低了作案技术门槛，导致网络犯罪进一步泛滥。例如，某网购木马诈骗案件涉及写马、免杀、网购黑店、洗钱以及实施诈骗的人员，其中任何一个中间环节都会给大量不同的诈骗行为人提供犯罪所需要的技术支持。(2)跨地域针对或者组织、教唆、帮助不特定多数人实施犯罪。一方面，借助网络跨地域针对不特定人实施诈骗、敲诈勒索等犯罪活动，以积少成多的方式牟取暴利；另一方面，借助网络跨地域组织、教唆、帮助不特定人共同实施网络攻击、网络赌博等犯罪活动。(3)技术性、隐蔽性强。很多传统犯罪与技术方法相结合，形成新型的技术型犯罪，如通过盗窃QQ号码欺骗好友汇款、通过盗窃银行账户窃取资金，虽然本质上仍属于诈骗和盗窃的范畴，但其作案技术性特征更加明显。而且，此类犯罪借助互联网实施，容易通过加密等措施隐蔽犯罪事实、隐蔽身份，侦查难度进一步加大。

我国《刑事诉讼法》制定于1979年，首次修正于1996年，此后于2012年和2018年又作过两次修正。《刑事诉讼法》未针对网络犯罪的特殊情况在刑事诉讼程序方面作出专门规定。2012年第二次修正《刑事诉讼法》时，我国网络犯罪已呈现出蔓延迅速、危害严重的趋势，对此在修法时有所考虑。具体而言，2012年《刑事诉讼法》进一步完善了涉及网络犯罪刑事诉讼程序的相关规定，特别是将电子数据增设为新的证据种类。根据2012年《刑事诉讼法》的规定，2012年《刑事诉讼法解释》对包括电子数据审查判断在内的网络犯罪案件适用刑事诉讼程序的问题作出了相应规定。[1] 而且，其他司法解释、规范性文件也进一步明确了网络犯罪的法律适用问题，如《网络赌博犯罪意见》对网络赌博犯罪案件的管辖、电子证据的收集与保全等问题作了专门规定。但是，总体而言，由于网络犯罪与传统犯罪有着很大差异，特别是网络犯罪具有跨地域性、技术性、分工合作等特点，若将传统办案程序相关规定直接适用于网络犯罪案件尚存在很多不适应的地方，主要表现在以下几个方面：

1. 案件管辖不明确。计算机网络具有跨地域特性，相应的网络犯罪也存在跨地域特性，与犯罪相关的人员(被害人、行为人)以及相关的资源(银行账户、

---

① 在网络犯罪刑事诉讼程序方面，2012年《刑事诉讼法》和2018年修正后的现行《刑事诉讼法》的规定没有区别。

虚拟身份、网站）等基本要素分布在不同的地方。如在网络赌博、传销等案件中，行为人通过层层发展下线形成金字塔形的组织结构，涉及全国多地，且人数众多。此类案件中，由于法律缺乏明确规定，导致有关机关常因管辖权问题产生争议。

2. 跨地域取证困难。网络犯罪相关网络数据、银行账户等要素分布在不同地方，动辄涉及全国各地，根据传统取证程序，通常需要办案地派民警携带法律文书到证据所在地开展证据调取工作，工作量巨大，且难以有效调取相关证据。特别是，行为人通常借助计算机网络对不特定人实施侵害或者组织不特定人实施犯罪的案件，被害人和涉案人员众多，公安机关难以逐一取证认定被害人数、被侵害计算机信息系统数、违法所得等犯罪事实。例如，2011 年某地公安机关侦办一起网络诈骗案件，被骗万余人分布在全国各地，每位被害人被骗金额 100 元至 2000 元不等，无法对所有被害人逐一取证认定被害人数以及诈骗数额，这一问题严重制约对网络诈骗等网络侵财犯罪的打击。目前，网络诈骗每年发案数量达数十万起，占网络犯罪发案数量的相当比例，群众反映十分强烈。

3. 立案前可采取的侦查措施不明。刑事诉讼法对刑事立案前公安机关可以采取的调查措施未作明确规定。然而，大量的网上违法犯罪线索如不经过调查则很难确定是否达到立案标准，如网上发布信息声称销售枪支、毒品，如未进行调查则无法确定是否存在销售枪支的事实，难以立案。这一问题致使大量网上违法犯罪线索难以进入侦查程序，也使很多违法犯罪行为人肆无忌惮地发布销售违禁品的信息。当前，互联网上销售枪支、毒品、个人信息、窃听器材、人体器官等违禁品的网站和信息泛滥，但公安机关难以开展打击，造成这些违法信息在互联网上大肆蔓延，屡删屡发，人民群众反映非常强烈。因此，有必要对网络犯罪案件立案前的调查措施作出规范。

4. 电子数据取证程序有待规范。认定网络犯罪事实都需要电子数据的支撑，刑事诉讼法虽然已明确将电子数据作为新的法定证据类型，但对电子数据的提取、固定、出示、辨认、质证等活动缺乏明确的规定。具体而言，主要存在四个方面的突出问题：一是由于电子数据具有易篡改性，若缺乏明确的电子数据取证程序规范，将导致电子数据的完整性、真实性受到质疑，进而影响电子数据的证明力。二是很多电子数据无法通过扣押原始存储介质的方式进行取证，也无法通过重复取证过程展现电子数据的原始性。比如，境外主机上存储的信息无法通过扣押计算机机器存储介质的方式进行取证，计算机内存中存储的数据会因主机关机而丢失，对于此类电子数据的取证程序和要求应当进一步予以明确，否则会影响电子数据的证明力。三是不少电子数据是传统书证、音视频证据的电子化形式，对于此类可以直接展示的电子数据应当以何种形式展示、使用缺乏明确的规定。四是很多电子数据无法直接展示，如计算机病毒程序、网站代码、网络攻击日志等电子数据无法通过直接展示的方式说明其所证明的事实，对于此种电子数据应当如何使用，须进一步明确规定。

二、《网络犯罪程序意见》的制定与修订

（一）《网络犯罪程序意见》的制定与修订经过

2012 年 1 月，根据公安部网络安全保卫局的建议，最高人民法院研究室会同最高人民检察院法律政策研究室、公安部网络安全保卫局，决定就网络犯罪案件适用刑事实施程序有关问题制定规范性文件。在充分了解当前网络犯罪活动情况、司法实践遇到的问题的基础上，有关部门多次研究论证，于 2012 年 6 月拟出了初稿。根据 2012 年《刑事诉讼法》的规定，经进一步听取上海、浙江、江苏、福建等部分案件多发地方人民法院、人民检察院、公安机关的意见，形成了征求意见稿，送请相关部门征求意见。最终，经综合各方意见，认真研究修改，最高人民法院、最高人民检察院、公安部于 2014 年 5 月正式印发 2014 年《网络犯罪程序意见》。

针对办理信息网络犯罪案件的新情况和新问题，最高人民法院研究室会同最高人民检察院第四检察厅、公安部网络安全保卫局，决定在 2014 年《网络犯罪程序意见》的基础上制定新的网络犯罪程序规范性文件。经综合各方意见，认真研究修改，形成了新的《网络犯罪程序意见》，于 2022 年 8 月正式对外发布，自 2022 年 9 月 1 日起施行。

（二）《网络犯罪程序意见》的适用范围

利用计算机网络实施的犯罪形式多样，概括而言，可以大致划分为如下四类：

1. 危害计算机信息系统犯罪（黑客犯罪），即针对计算机网络实施的黑客攻

击破坏活动的犯罪案件，主要包括《刑法》第 285 条、第 286 条规定的非法侵入计算机信息系统，非法获取计算机信息系统数据、非法控制计算机信息系统，提供侵入、非法控制计算机信息系统的程序、工具，破坏计算机信息系统等犯罪案件。

2. 新型信息网络犯罪，即《刑法》第 286 条之一、第 287 条之一、第 287 条之二规定的拒不履行信息网络安全管理义务、非法利用信息网络、帮助信息网络犯罪活动的犯罪案件。

3. 网上犯罪，即主要行为通过信息网络实施的犯罪。此类案件的犯罪行为主要在互联网上实施，用于认定犯罪事实的证据是在互联网上传输、存储的电子数据。例如，通过计算机网络传播淫秽信息（淫秽电子信息在互联网上传输）、利用计算机网络投注实施赌博（投注在互联网上实施）、在互联网上传播盗版软件等侵权电子数据（侵权电子信息在互联网上传输）、在互联网上架设网络游戏私服等侵权网络服务（侵权服务在互联网上运营）、在互联网上传销虚拟物品（传销在网络空间中进行）、在互联网上销售公民个人信息（公民个人信息通过互联网传递）等。

4. 涉网犯罪，即利用计算机网络组织勾连但主要犯罪行为在线下实施的犯罪案件。比如，利用计算机网络勾连实施传销、抢劫、盗窃、贩卖枪支、销售违禁品等犯罪活动。对于此类案件，犯罪行为不可能在计算机网络上直接实施，计算机网络只是用于勾连的平台。此类犯罪又可以分为两类：一类是通过设立网站、通讯群组、大量发布信息等方式组织或者针对不特定人实施犯罪。比如，通过设立虚假电子商务网站实施购物诈骗，设立传销网站组织传销，大量发布销售假币、假发票等违禁品信息以实施销售违禁品的犯罪。另一类是特定人利用互联网组织勾连实施的传统犯罪或者针对特定人实施的犯罪。比如，犯罪分子通过互联网勾连实施杀人、抢劫等犯罪活动。同前一类犯罪不同，在此类犯罪活动中，行为人通常不会在互联网上设立网站或通讯群组。

当前，随着网络的普及和应用，越来越多的犯罪与网络交织或者发生关联。但是，《网络犯罪程序意见》基于网络犯罪司法实践难题的解决，对网络犯罪的有关法律适用问题作了特别规定，不宜不加区别地将其适用于所有与网络有关的犯罪（涉网犯罪）。实际上，有些犯罪虽然与网络有关联，但实际上与传统犯罪并无差异,如通过网络聊天工具与他人结识后实施伤害行为。基于司法实践的情况,2022 年《网络犯罪程序意见》将所称网络犯罪案件限定如下:(1)危害计算机信息系统安全犯罪案件;(2)拒不履行信息网络安全管理义务、非法利用信息网络、帮助信息网络犯罪活动的犯罪案件;(3)主要行为通过信息网络实施的诈骗、赌博、侵犯公民个人信息等其他犯罪案件,以将一般涉网犯罪排除在外。

(三)《网络犯罪程序意见》的主要内容

《网络犯罪程序意见》共 24 条,根据法律及有关司法解释的规定,结合侦查、起诉、审判实践,对信息网络犯罪案件的范围、管辖、调查核实、取证及其他问题作了规定,大致可以归纳为如下五个方面的问题:

1. 关于信息网络犯罪案件的范围。2022 年《网络犯罪程序意见》所称信息网络犯罪案件包括危害计算机信息系统安全犯罪案件,新型网络犯罪案件,以及主要行为通过信息网络实施的其他犯罪案件。

2. 关于信息网络犯罪案件的管辖。2022 年《网络犯罪程序意见》针对网络犯罪跨地域特性和案件办理过程中推诿责任、争抢案件的突出问题,对管辖作出统一规定。

3. 关于信息网络犯罪案件的调查核实。2022 年《网络犯罪程序意见》明确关于信息网络犯罪案件的调查核实问题,以规范网上违法犯罪线索的调查核实活动。

4. 关于信息网络犯罪案件的取证。为节约取证资源,规范取证行为,2022 年《网络犯罪程序意见》对信息网络犯罪案件的取证作出明确规定。

5. 关于信息网络犯罪案件的其他问题。2022 年《网络犯罪程序意见》对网络技侦证据材料的移送、涉众型信息网络犯罪的证据认定、涉案财物处置等作出专门规定。

三、《刑事电子数据规定》的制定

(一)《刑事电子数据规定》的制定经过

科学技术的发展使证明案件事实的材料不断扩展,不断有新的证据种类被纳入刑事诉讼法之中。在互联网时代,以计算机和网络为依托的电子数据在证明案件事实的过程中发挥着越来越重要的作用,缺乏电子数据的支撑将难以认定相关犯罪事实。为此,2012 年《刑事诉讼法》将电子数据增列为新的证据种类,进一步丰富了证据的外延。根据 2012 年《刑事诉讼法》的规定,2012 年《刑事诉讼法解释》对电子数据的审查判断作了专门规定。在此基础上,2014 年《网络犯罪程序意见》对电子数据取证人员资质与技术要求、电子数据取证原则、收集提取电子数据的笔录制作要求、电子数据的移送规则和电子数据的鉴定等问题作了进一步明确。

近年来,云计算、物联网等互联网应用迅猛发展,传统犯罪快速向互联网迁移,犯罪手段不断翻新。各类刑事案件几乎都涉及电子数据,电子数据广泛应用于刑事诉讼活动。然而,关于电子数据的收集提取和审查判断,《刑事诉讼法》和相关司法解释、规范性文件仅有原则性规定,可操作性不强。基于此,为进一步统一和细化电子数据证据规则,最高人民法院研究室会同最高人民检察院法律政策研究室、公安部网络安全保卫局,联合启动了关于刑事电子数据专门规范性文件的起草工作。在充分听取地方网安部门和互联网企业意见的基础上,经多次研究论证,于 2015 年 6 月拟出了初稿。此后,在重庆、厦门召开座谈会,两次听取来自上海、广东、重庆、江苏、浙江、福建、新疆等网络犯罪案件多发地方公检法部门一线人员和有关法律、技术专家的意见。根据各方意见作出研究修改,形成征求意见稿,送请相关部门征求意见。经综合各方意见,认真研究修改后完成会签程序,最高人民法院、最高人民检察院、公安部于 2016 年 9 月正式对外发布《刑事电子数据规定》,自 2016 年 10 月 1 日起正式施行。

为规范公安机关办理刑事案件电子数据取证工作,确保电子数据取证质量,提高电子数据取证效率,公安部发布了《公安机关办理刑事案件电子数据取证规则》(公通字〔2018〕41 号),自 2019 年 2 月 1 日起施行。该取证规则全面落实了《刑事电子数据规定》的相关要求,对公安机关收集提取电子数据、电子数据的检查和侦查实验、电子数据委托检验与鉴定等问题作了进一步细化规定。

(二)《刑事电子数据规定》的主要特点

作为“两高一部”首次就电子数据制定的专门性文件,《刑事电子数据规定》对规范电子数据的收集提取和审查判断,提高刑事案件办理质量具有重要意义。《刑事电子数据规定》的相关条文体现了如下特点:

1. 规则延续与丰富发展的并进。根据2012年《刑事诉讼法》的规定,2012年《刑事诉讼法解释》对电子数据的审查判断作了专门规定。在此基础上,2014年《网络犯罪程序意见》对电子数据取证人员资质与技术要求、电子数据取证原则、收集提取电子数据的笔录制作要求、电子数据的移送规则和电子数据的鉴定等问题作了进一步明确。然而,《刑事诉讼法》和相关司法解释、规范性文件关于电子数据的收集提取和审查判断的规定较为原则,可操作性不强。基于此,为顺利开展电子数据刑事诉讼活动,亟须进一步统一和细化电子数据证据规则。《刑事电子数据规定》沿用了2012年《刑事诉讼法解释》、2014年《网络犯罪程序意见》关于电子数据收集、提取、移送、审查的相关规定,同时针对司法实践出现的新情况、新问题,进一步贯彻证据裁判原则的要求,不断丰富发展电子数据收集提取和审查判断的规则。

2. 体系完备与问题导向的兼顾。《刑事电子数据规定》从"一般规定""电子数据的收集与提取""电子数据的移送与展示""电子数据的审查与判断""附则"五个方面,对电子数据刑事诉讼活动作了全面规定。同时,《刑事电子数据规定》突出了问题导向,深入调研公检法各部门在电子数据相关刑事诉讼活动中面临的问题,通过剖析典型案例,既总结各地成功的经验,也剖析其中存在的不足,以规范电子数据的收集提取和审查判断。例如,《刑事电子数据规定》关于见证人、电子数据的冻结、电子数据完整性的保护及审查判断等条文,均是对司法实践突出问题作出的针对性规定。

3. 惩罚犯罪与保障人权的统一。同其他刑事诉讼活动一样,电子数据的收集提取与审查判断应当兼顾惩罚犯罪与保障人权的机能,不可偏废。基于严厉惩治网络犯罪的现实需要,《刑事电子数据规定》对在线提取电子数据,采取打印、拍照、录像等方式固定电子数据,电子数据冻结,电子数据的检查,电子数据侦查实验等问题作了明确,以进一步方便相关案件的办理。同时,《刑事电子数据规定》突出了人权保障的机能,规定电子数据的收集、调取须依法进行,要求采取技术方法保证电子数据的完整性,严格网络远程勘验的适用,细化电子数据的审查与判断要求,明确电子数据的补正与排除,以有效防范相关侦查活动对隐私权、通信自由等权利的侵犯。

4. 法律规则与技术规范的融合。电子数据是计算机信息技术发展的产物，电子数据的收集、提取应当符合相关技术标准。同时，电子数据的收集、提取是刑事诉讼的取证活动，自然应当遵从刑事诉讼规则的基本要求。因此，对于收集、提取的电子数据的审查判断，应当坚持技术与法律的双重标准。《刑事电子数据规定》突出了法律规则与技术规范的融合，通过规范电子数据的收集提取与审查判断，确保了相关电子数据的真实、完整。

（三）《刑事电子数据规定》的主要内容

根据刑事诉讼法及有关司法解释的规定，结合侦查、起诉、审判实践，《刑事电子数据规定》通过30个条文对电子数据的收集与提取、移送与展示、审查与判断作了全面规定。大致而言，可以归纳为如下四个方面的问题：

1. 一般规定。该部分主要涉及电子数据的界定、收集提取和审查判断电子数据的原则性要求，以及初查过程中收集、提取的电子数据和通过网络在线提取的电子数据的证据资格等内容。

2. 电子数据的收集与提取。该部分主要涉及电子数据收集、提取方式、电子数据的冻结、电子数据的调取、电子数据的检查、电子数据专门性问题的鉴定等内容。

3. 电子数据的移送与展示。该部分主要涉及电子数据的移送、电子数据的说明、电子数据的补充移送和补正、电子数据的展示等内容。

4. 电子数据的审查与判断。该部分主要涉及电子数据真实性、完整性、合法性、关联性的审查判断，电子数据鉴定人的出庭、瑕疵电子数据的补正和非法电子数据的排除等内容。

相关规定

《最高人民法院、最高人民检察院、公安部关于办理信息网络犯罪案件适用刑事诉讼程序若干问题的意见》（法发〔2022〕23号）

为依法惩治信息网络犯罪活动，根据《中华人民共和国刑法》《中华人民共和国刑事诉讼法》以及有关法律、司法解释的规定，结合侦查、起诉、审判实践，现就办理此类案件适用刑事诉讼程序问题提出以下意见。

一、关于信息网络犯罪案件的范围

1. 本意见所称信息网络犯罪案件包括：

(1)危害计算机信息系统安全犯罪案件；

(2)拒不履行信息网络安全管理义务、非法利用信息网络、帮助信息网络犯罪活动的犯罪案件；

(3)主要行为通过信息网络实施的诈骗、赌博、侵犯公民个人信息等其他犯罪案件。

23. 本意见自2022年9月1日起施行。《最高人民法院、最高人民检察院、公安部关于办理网络犯罪案件适用刑事诉讼程序若干问题的意见》(公通字〔2014〕10号)同时废止。

《最高人民法院、最高人民检察院、公安部印发〈关于办理刑事案件收集提取和审查判断电子数据若干问题的规定〉的通知》(法发〔2016〕22号)

为规范电子数据的收集提取和审查判断，提高刑事案件办理质量，根据《中华人民共和国刑事诉讼法》等有关法律规定，结合司法实际，制定本规定。

《公安机关办理刑事案件电子数据取证规则》(公通字〔2018〕41号)

第一条 为规范公安机关办理刑事案件电子数据取证工作，确保电子数据取证质量，提高电子数据取证效率，根据《中华人民共和国刑事诉讼法》《公安机关办理刑事案件程序规定》等有关规定，制定本规则。

第七讲

网络犯罪案件的管辖

一、刑事案件管辖的一般规定

《刑事诉讼法》第 25 条规定,“刑事案件由犯罪地的人民法院管辖”。对于“犯罪地”的范围是仅仅包括犯罪的行为发生地,还是也包括犯罪的结果发生地,起初有关方面存在不同认识。而 1998 年《刑事诉讼法解释》第 2 条明确规定:“犯罪地是指犯罪行为发生地。以非法占有为目的的财产犯罪,犯罪地包括犯罪行为发生地和犯罪分子实际取得财产的犯罪结果发生地。”这一规定实际上对“犯罪地”作出较小范围的界定,主要是为了避免滋生地方保护主义,防范个别地方的办案机关以追究犯罪为名插手经济纠纷。

我国《刑法》第 6 条第 3 款规定:“犯罪的行为或者结果有一项发生在中华人民共和国领域内的,就认为是在中华人民共和国领域内犯罪。”2012 年《刑事诉讼法》修正后,有意见认为,当前犯罪行为复杂化和犯罪地易变化的特点日益显现,应将犯罪地明确为包括犯罪行为发生地和犯罪结果发生地,以及时有效惩治犯罪,维护被害人合法权益,减少当前不断增多的指定管辖和管辖争议问题。但是,也有不同意见认为,《刑法》第 6 条的规定主要是明确我国的属地管辖权和司法主权问题,是就国与国之间的司法管辖问题而言的,而《刑事诉讼法》中关于犯罪地的规定,是就如何划分我国相关机关之间或同一部门上下级之间的管辖分工而言的,二者性质不同。如对刑事实体法和程序法中的犯罪地作一致理解,认为《刑事诉讼法》中的犯罪地也包括犯罪结果发生地,势必导致管辖范围大大扩大,加剧管辖权争议,滋生地方保护主义问题。经研究认为,规定犯罪地包括犯罪的行为发生地和结果发生地,有法理基础,也是同犯罪作斗争的需要,符合国家大局和长远利益;而且,如果将犯罪地局限于犯罪行为发生地,也可能存在犯罪行为地的地方保护主义问题。因此,《关于实施刑事诉讼法若干问题的规定》第2条明确规定,刑事诉讼法规定的"犯罪地",包括犯罪的行为发生地和结果发生地。

二、《网络犯罪程序意见》关于网络犯罪案件管辖的规定

当前针对和利用计算机网络所实施的犯罪不断增多,犯罪地日趋复杂。网络犯罪案件的跨地域性往往导致其管辖的复杂性。即使对于单一的网络犯罪案件而言,网站、通讯工具、犯罪嫌疑人、被害人、被攻击的计算机等与案件有关的要素通常位于不同地方,哪个地方有管辖权没有明确规定,这往往导致管辖的确定十分复杂。可以说,网络犯罪的跨区域性特征使其与我国传统的管辖原则存在内在的紧张关系。基于惩治网络犯罪的现实需要,《网络犯罪程序意见》对网络犯罪案件的管辖作了专门规定。

(一)网络犯罪案件的管辖原则

2022年《网络犯罪程序意见》第2条明确了网络犯罪案件的管辖原则,规定:"信息网络犯罪案件由犯罪地公安机关立案侦查。必要时,可以由犯罪嫌疑人居住地公安机关立案侦查。""信息网络犯罪案件的犯罪地包括用于实施犯罪行为的网络服务使用的服务器所在地,网络服务提供者所在地,被侵害的信息网络系统及其管理者所在地,犯罪过程中犯罪嫌疑人、被害人或者其他涉案人员使用的信息网络系统所在地,被害人被侵害时所在地以及被害人财产遭受损失地等。""涉及多个环节的信息网络犯罪案件,犯罪嫌疑人为信息网络犯罪提供帮助的,其犯罪地、居住地或者被帮助对象的犯罪地公安机关可以立案侦查。"具体而言,对于网络犯罪案件的管辖原则,应当注意以下两个问题:

1. 网络犯罪案件的管辖与传统犯罪一样,以犯罪地管辖为原则,以居住地管辖为补充。需要注意的是,由于网络犯罪案件的跨地域性,网络犯罪案件可能涉及多个犯罪地,包括用于实施犯罪行为的网络服务使用的服务器所在地,网络服务提供者所在地,被侵害的信息网络系统及其管理者所在地,犯罪过程中犯罪嫌疑人、被害人或者其他涉案人员使用的信息网络系统所在地,被害人

被侵害时所在地以及被害人财产遭受损失地等。考虑到网络犯罪案件的跨地域性特征，特别是犯罪嫌疑人与被害人、帮助犯与实行犯往往处于分离状态，专门明确被害人被侵害时所在地以及帮助犯犯罪地或者居住地公安机关也可以立案侦查。

2. 考虑到网络犯罪案件的特殊性，2022 年《网络犯罪程序意见》第 2 条在列举网络犯罪案件犯罪地的具体情形后专门增加了“等”，以适应司法实践的复杂情况。例如，通过互联网向甲地的网民兜售假币、假发票或者煽动甲地的人员非法游行集会等情形，按照传统管辖规定，甲地公安机关能否依据犯罪结果地立案侦查，可能存在争议，而其他有管辖权的地区也往往由于没有现实危害未立案侦查。本书认为，为了有力惩治网络犯罪，对于此种情形，甲地公安机关可以依据《网络犯罪程序意见》立案侦查。

（二）网络犯罪案件管辖争议的处理

2022 年《网络犯罪程序意见》第 3 条对涉及多地的网络犯罪案件的管辖原则和网络犯罪案件管辖争议的处理原则作了规定。《刑事诉讼法》第 26 条规定：“几个同级人民法院都有权管辖的案件，由最初受理的人民法院审判。在必要的时候，可以移送主要犯罪地的人民法院审判。”这一规定明确了涉及多地的刑事案件的管辖确定原则。考虑到涉及多地的网络犯罪案件可能存在管辖争议，《网络犯罪程序意见》进一步重申了此类案件管辖争议的处理原则，并对后续提请批准逮捕、移送审查起诉、提起公诉事宜进行了明确，规定：“有多个犯罪地的信息网络犯罪案件，由最初受理的公安机关或者主要犯罪地公安机关立案侦查。有争议的，按照有利于查清犯罪事实、有利于诉讼的原则，协商解决；经协商无法达成一致的，由共同上级公安机关指定有关公安机关立案侦查。需要提请批准逮捕、移送审查起诉、提起公诉的，由立案侦查的公安机关所在地的人民检察院、人民法院受理。”

（三）网络犯罪的并案处理

1. 并案管辖的一般规定。对同一犯罪嫌疑人、被告人实施多个犯罪，共同犯罪，犯罪嫌疑人、被告人的犯罪行为之间存在关联等情形，并案处理有利于案件证据和信息的统一使用，有利于全面认定犯罪嫌疑人、被告人的社会危害性和刑事责任，也有利于综合认定不同犯罪嫌疑人、被告人在犯罪中的作用和地位，保障司法公正，提高诉讼效率。然而，实践中，具体在何种情况下、对哪些案件可以并案处理，往往存在不同认识，这影响了案件的公正、及时办理。而且，这一问题涉及刑事诉讼的各个阶段和公安机关、人民检察院、人民法院的相互协调配合。因此，《关于实施刑事诉讼法若干问题的规定》第3条明确了可以并案处理的情形。[①] 具体而言，对于一人犯数罪，共同犯罪，共同犯罪的犯罪嫌疑人、被告人还实施其他犯罪，多个犯罪嫌疑人、被告人实施的犯罪存在关联，并案处理有利于查明案件事实等情形的，人民法院、人民检察院、公安机关可以在其职责范围内并案处理。由于网络犯罪案件的分工合作特点，不同的网络犯罪案件之间相互关联，依据上述规定妥当处理并案处理的问题，更显必要。

需要注意的是，根据《关于实施刑事诉讼法若干问题的规定》第3条的规定，所涉情形的并案处理是“可以”而非“应当”。换言之，对于所涉情形，原则上应当并案处理，但是，为了更有利于查明案件事实，或者为了防止诉讼过分拖延，对于一些根据该条可以并案处理的案件，也可以分案处理。[②]

2. 网络犯罪案件的并案处理规则。网络犯罪分工合作，形成了错综复杂的关系，导致此类犯罪在管辖方面更为复杂。例如，甲地公安机关在侦办某团伙涉嫌犯罪案件中发现，该团伙为多个位于甲地以外的诈骗团伙提供网络技术服务，那么甲地公安机关可否对这多个诈骗团伙一并立案侦查，往往存在较大争议。

从实践来看，网络犯罪案件的典型关系有两类：第一类是紧密的层级关系。比如赌博、传销案件中，通常通过逐级发展下线的方式组织实施犯罪，一个地方在打击本地分支时，是否能够追查其上线源头，追查到其上线后对于上线在各地发展的其他分支是否能够打击，在管辖上经常存在争议。第二类是松散的复杂关系。比如，一个枪支配件制造的团伙可能向多个贩卖枪支团伙销售配件，

① 参见王尚新主编、全国人大常委会法制工作委员会刑法室编著：《关于实施刑事诉讼法若干问题的规定解读》，中国法制出版社2013年版，第12－14页。

② 参见王尚新主编、全国人大常委会法制工作委员会刑法室编著：《关于实施刑事诉讼法若干问题的规定解读》，中国法制出版社2013年版，第18页。

一个贩卖枪支团伙可能从多个枪支配件制造团伙购买配件；一个木马程序贩卖团伙可能向多个盗号团伙销售木马，一个盗号团伙可能从多个木马程序贩卖团伙购买木马。对于此类案件通常“牵一发而动全身”，在管辖权的确定方面较之前一类型更为复杂。

针对网络犯罪案件的特殊情况，《网络犯罪程序意见》第 4 条第 1 款对网络犯罪案件并案处理的情形重申了《关于实施刑事诉讼法若干问题的规定》第 3 条的规定，明确：“具有下列情形之一的，公安机关、人民检察院、人民法院可以在其职责范围内并案处理：(1)一人犯数罪的；(2)共同犯罪的；(3)共同犯罪的犯罪嫌疑人、被告人还实施其他犯罪的；(4)多个犯罪嫌疑人、被告人实施的犯罪行为存在关联，并案处理有利于查明全部案件事实的。”需要注意的是，第 1 项“一人犯数罪”和第 2 项“共同犯罪”的情形，理应属于并案管辖的范围。由于网络犯罪呈现出分工合作的特征，第 3 项“共同犯罪的犯罪嫌疑人、被告人还实施其他犯罪的”(如一个诈骗网站建设团伙同时为多个诈骗团伙建立诈骗网站，或者第三方支付平台为多种不同网络犯罪团伙提供资金结算服务)情形，属于网络犯罪中较为常见的情形，对于此种情形允许主办地公安机关一并立案侦查，这能够对整个网络犯罪顺线打击，以适应网络犯罪分层级组织结构的特点。第 4 项“多个犯罪嫌疑人实施的犯罪存在关联，并案处理有利于查明案件事实的”情形，如网络贩卖枪支团伙会从不同团伙处购买枪支配件，组装后再贩卖，同时，贩卖枪支配件的团伙也会向不同的贩枪团伙提供帮助，允许对存在关联的网络犯罪顺线追查，从而有利于更好地侦查网络犯罪。

在此基础上，《网络犯罪程序意见》第 4 条第 2 款明确，对为信息网络犯罪提供程序开发、互联网接入、服务器托管、网络存储、通讯传输等技术支持，或者广告推广、支付结算等帮助，涉嫌犯罪的，可以依照第一款的规定并案侦查。

同时，为确保相关案件顺利批准逮捕、移送审查起诉、提起公诉，《网络犯罪程序意见》第 4 条第 3 款专门规定，有关公安机关依照前两款规定并案侦查的案件，需要提请批准逮捕、移送审查起诉、提起公诉的，由该公安机关所在地的人民检察院、人民法院受理。

(四)并案侦查的网络犯罪案件的分案处理

基于便利侦查的考虑，《网络犯罪程序意见》第 4 条规定公安机关可以在其职责范围内并案处理。同案同审是诉讼的一般原则。但从实践看,有的网络犯罪案件,同案被告人多达几十人甚至上百人,如作为一个案件审理,势必会大大加长诉讼周期,这既影响诉讼质量和效率,也会大大增加当事人等诉讼参与人的诉累。对此类案件,分案移送审查起诉,有其现实必要性。基于此,《网络犯罪程序意见》第 5 条明确,并案侦查的共同犯罪或者关联犯罪案件,犯罪嫌疑人人数众多、案情复杂的,公安机关可以分案移送审查起诉。分案移送审查起诉的,应当对并案侦查的依据、分案移送审查起诉的理由作出说明。对于前款规定的案件,人民检察院可以分案提起公诉,人民法院可以分案审理。分案处理应当以有利于保障诉讼质量和效率为前提,并不得影响当事人质证权等诉讼权利的行使。①

此外,针对司法实践之中存在对部分并案处理的案件在分案后可能影响管辖权的情形,《网络犯罪程序意见》第 6 条专门规定,依照前条规定分案处理的,公安机关、人民检察院、人民法院在分案前有管辖权的,分案后对相关案件的管辖权不受影响。根据具体情况,分案处理的相关案件可以由不同审级的人民法院分别审理。

(五)网络共同犯罪的先行追诉及后到案犯罪嫌疑人、被告人的管辖

网络犯罪由于跨地域实施且分工合作,经常出现只抓获部分犯罪嫌疑人,而其他犯罪嫌疑人没到案的情形(有些案件的犯罪嫌疑人甚至位于境外)。对于此种情形,《网络犯罪程序意见》第 7 条规定,“对于共同犯罪或者已并案侦查的关联犯罪案件,部分犯罪嫌疑人未到案,但不影响对已到案共同犯罪或者关联犯罪的犯罪嫌疑人、被告人的犯罪事实认定的,可以先行追究已到案犯罪嫌疑人、被告人的刑事责任”。需要说明的是,这一规定有先例可循。《网络赌博犯罪意见》规定:“如果有开设赌场的犯罪嫌疑人尚未到案,但是不影响对已到案共同犯罪嫌疑人、被告人的犯罪事实认定的,可以依法对已到案者定罪处

① 就影响实体上的公正而言,可以举出的例子是,当事人因在两地走私同时在两地受审,其实当事人是涉同一类行为与同一罪名,两地也明知,但互不移送。此种情形下,分案处理明显有碍实体公正。

罚。”《流动性团伙性跨区域性犯罪意见》第 7 条也规定:“对部分共同犯罪嫌疑人、被告人在逃的案件,现有证据能够认定已到案犯罪嫌疑人、被告人为共同犯罪的,可以先行追究已到案犯罪嫌疑人、被告人的刑事责任。”

据实践反映,在对部分犯罪嫌疑人、被告人先行追究刑事责任后,对于后到案的犯罪嫌疑人的管辖,实践中存在较大争议,特别是指定管辖的案件。例如,某地办理跨国电信诈骗案中,由于犯罪嫌疑人全部位于境外,遍及印尼、马来西亚、泰国、越南、柬埔寨、斯里兰卡等东南亚国家,受限于国际执法合作的流程和所在国的内政等诸多因素,被抓获的 505 名犯罪嫌疑人分 6 批才全部遣返回国。由于检法部门的指定管辖均是指定到人,因此也需要分批申请,这给办案带来很大困难,该地公检法部门仅申请指定管辖工作前后共耗时半年之久,且易导致超期羁押等问题。因此,《网络犯罪程序意见》第 7 条进一步明确规定,“之前未到案的犯罪嫌疑人、被告人归案后,可以由原办案机关所在地公安机关、人民检察院、人民法院管辖其所涉及的案件”。

(六)重大和境外信息网络犯罪案件的异地指定管辖

2022 年《网络犯罪程序意见》对重大和境外信息网络犯罪案件的异地指定管辖作出规定。实践中,对于极个别具有特殊情况的网络犯罪案件,如犯罪嫌疑人与本地有关部门有密切联系,有必要指定其他地方公安机关立案侦查。因此,《网络犯罪程序意见》第 8 条规定:“对于具有特殊情况,跨省(自治区、直辖市)指定异地公安机关侦查更有利于查清犯罪事实、保证案件公正处理的重大信息网络犯罪案件,以及在境外实施的信息网络犯罪案件,公安部可以商最高人民检察院和最高人民法院指定侦查管辖。”据此,此种情况下由公安部商最高人民检察院和最高人民法院指定管辖。

此外,根据《断卡会议纪要》第 9 条的规定,对于涉案人数超过 80 人,以及在境外实施的电信网络诈骗及其关联犯罪案件,公安部根据工作需要指定异地管辖的,指定管辖前应当商最高人民检察院和最高人民法院。

(七)对于审查起诉案件发现没有管辖权的处理

由于网络犯罪具有管辖地复杂、犯罪活动关系复杂的特点,人民检察院对于公安机关移送审查起诉的网络犯罪案件，可能出现经审查发现没有管辖权的情形。对此，《网络犯罪程序意见》第 9 条规定，人民检察院对于审查起诉的案件，按照刑事诉讼法的管辖规定，认为应当由上级人民检察院或者同级其他人民检察院起诉的，应当将案件移送有管辖权的人民检察院，并通知移送起诉的公安机关。人民检察院认为需要依照刑事诉讼法的规定指定审判管辖的，应当协商同级人民法院办理指定管辖有关事宜。

（八）网络犯罪案件的合并处理

对于被害人众多的涉众型网络犯罪案件，宜根据《网络犯罪程序意见》第 4 条的规定，予以并案处理，以更好地查明案件事实和定罪量刑。然而，从当前的司法实践来看，由于主客观原因，经常存在不同地方公安机关根据不同被害人的报案分别立案侦查的情形。[①] 人民法院或者人民检察院发现这一问题后，如果继续分案处理，难以对涉众型网络犯罪的案件事实作出全面、准确的审查、认定，进而将影响案件公正处理；对本可合并审理的案件分案处理，也会影响诉讼效率，耗费司法资源，且无法及时疏导和化解社会矛盾，不利于维护社会的稳定。此外，分案处理后，将来需要对被告人的同种漏罪并罚，可能加重其刑罚，不利于维护被告人的权益，也影响人民法院判决的稳定性。

基于此，《网络犯罪程序意见》第 10 条专门对网络犯罪案件的合并处理作了规定，明确不同诉讼阶段对网络犯罪案件合并处理的情形：(1) 犯罪嫌疑人被多个公安机关立案侦查的，有关公安机关一般应当协商并案处理，并依法移送案件。协商不成的，可以报请共同上级公安机关指定管辖。(2) 人民检察院对于审查起诉的案件，发现犯罪嫌疑人还有犯罪被异地公安机关立案侦查的，应当通知移送审查起诉的公安机关。(3) 人民法院对于提起公诉的案件，发现被告人还有其他犯罪被审查起诉、立案侦查的，可以协商人民检察院、公安机关并

---

① 有论者指出，各地法院在审理网络犯罪案件时经常遇到以下情形：一是受案法院在通知被取保候审的被告人出庭接受审判时，发现被告人已经被异地（甚至是外省）公安机关抓捕归案，或者是已经在异地审判机关接受审判，导致案件无法正常审理。二是被告人在接受审判后，又因同一事由被异地法院进行审判。参见李玉萍：《理顺网络犯罪案件的管辖入口》，载《人民法院报》2017 年 2 月 15 日，第 2 版。

案处理，但可能造成审判过分迟延的除外。决定对有关犯罪并案处理，符合《刑事诉讼法》第 204 条规定的，人民检察院可以建议人民法院延期审理。

相关规定

《中华人民共和国刑事诉讼法》

第二十五条　刑事案件由犯罪地的人民法院管辖。如果由被告人居住地的人民法院审判更为适宜的，可以由被告人居住地的人民法院管辖。

第二十六条　几个同级人民法院都有权管辖的案件，由最初受理的人民法院审判。在必要的时候，可以移送主要犯罪地的人民法院审判。

《最高人民法院、最高人民检察院、公安部、国家安全部、司法部、全国人大常委会法制工作委员会关于实施刑事诉讼法若干问题的规定》（2012 年 12 月 26 日）

2. 刑事诉讼法第二十四条中规定："刑事案件由犯罪地的人民法院管辖。"刑事诉讼法规定的"犯罪地"，包括犯罪的行为发生地和结果发生地。

3. 具有下列情形之一的，人民法院、人民检察院、公安机关可以在其职责范围内并案处理：

（一）一人犯数罪的；

（二）共同犯罪的；

（三）共同犯罪的犯罪嫌疑人、被告人还实施其他犯罪的；

（四）多个犯罪嫌疑人、被告人实施的犯罪存在关联，并案处理有利于查明案件事实的。

23. 上级公安机关指定下级公安机关立案侦查的案件，需要逮捕犯罪嫌疑人的，由侦查该案件的公安机关提请同级人民检察院审查批准；需要提起公诉的，由侦查该案件的公安机关移送同级人民检察院审查起诉。

人民检察院对于审查起诉的案件，按照刑事诉讼法的管辖规定，认为应当由上级人民检察院或者同级其他人民检察院起诉的，应当将案件移送有管辖权的人民检察院。人民检察院认为需要依照刑事诉讼法的规定指定审判管辖的，应当协商同级人民法院办理指定管辖有关事宜。

《最高人民法院、最高人民检察院、公安部关于办理信息网络犯罪案件适用刑事诉讼程序若干问题的意见》(法发〔2022〕23号)

二、关于信息网络犯罪案件的管辖

2. 信息网络犯罪案件由犯罪地公安机关立案侦查。必要时,可以由犯罪嫌疑人居住地公安机关立案侦查。

信息网络犯罪案件的犯罪地包括用于实施犯罪行为的网络服务使用的服务器所在地,网络服务提供者所在地,被侵害的信息网络系统及其管理者所在地,犯罪过程中犯罪嫌疑人、被害人或者其他涉案人员使用的信息网络系统所在地,被害人被侵害时所在地以及被害人财产遭受损失地等。

涉及多个环节的信息网络犯罪案件,犯罪嫌疑人为信息网络犯罪提供帮助的,其犯罪地、居住地或者被帮助对象的犯罪地公安机关可以立案侦查。

3. 有多个犯罪地的信息网络犯罪案件,由最初受理的公安机关或者主要犯罪地公安机关立案侦查。有争议的,按照有利于查清犯罪事实、有利于诉讼的原则,协商解决;经协商无法达成一致的,由共同上级公安机关指定有关公安机关立案侦查。需要提请批准逮捕、移送审查起诉、提起公诉的,由立案侦查的公安机关所在地的人民检察院、人民法院受理。

4. 具有下列情形之一的,公安机关、人民检察院、人民法院可以在其职责范围内并案处理:

(1)一人犯数罪的;

(2)共同犯罪的;

(3)共同犯罪的犯罪嫌疑人、被告人还实施其他犯罪的;

(4)多个犯罪嫌疑人、被告人实施的犯罪行为存在关联,并案处理有利于查明全部案件事实的。

对为信息网络犯罪提供程序开发、互联网接入、服务器托管、网络存储、通讯传输等技术支持,或者广告推广、支付结算等帮助,涉嫌犯罪的,可以依照第一款的规定并案侦查。

有关公安机关依照前两款规定并案侦查的案件,需要提请批准逮捕、移送审查起诉、提起公诉的,由该公安机关所在地的人民检察院、人民法院受理。

5. 并案侦查的共同犯罪或者关联犯罪案件,犯罪嫌疑人人数众多、案情复杂的，公安机关可以分案移送审查起诉。分案移送审查起诉的，应当对并案侦查的依据、分案移送审查起诉的理由作出说明。

对于前款规定的案件，人民检察院可以分案提起公诉，人民法院可以分案审理。

分案处理应当以有利于保障诉讼质量和效率为前提，并不得影响当事人质证权等诉讼权利的行使。

6. 依照前条规定分案处理，公安机关、人民检察院、人民法院在分案前有管辖权的，分案后对相关案件的管辖权不受影响。根据具体情况，分案处理的相关案件可以由不同审级的人民法院分别审理。

7. 对于共同犯罪或者已并案侦查的关联犯罪案件，部分犯罪嫌疑人未到案，但不影响对已到案共同犯罪或者关联犯罪的犯罪嫌疑人、被告人的犯罪事实认定的，可以先行追究已到案犯罪嫌疑人、被告人的刑事责任。之前未到案的犯罪嫌疑人、被告人归案后，可以由原办案机关所在地公安机关、人民检察院、人民法院管辖其所涉及的案件。

8. 对于具有特殊情况，跨省（自治区、直辖市）指定异地公安机关侦查更有利于查清犯罪事实、保证案件公正处理的重大信息网络犯罪案件，以及在境外实施的信息网络犯罪案件，公安部可以商最高人民检察院和最高人民法院指定侦查管辖。

9. 人民检察院对于审查起诉的案件，按照刑事诉讼法的管辖规定，认为应当由上级人民检察院或者同级其他人民检察院起诉的，应当将案件移送有管辖权的人民检察院，并通知移送起诉的公安机关。人民检察院认为需要依照刑事诉讼法的规定指定审判管辖的，应当协商同级人民法院办理指定管辖有关事宜。

10. 犯罪嫌疑人被多个公安机关立案侦查的，有关公安机关一般应当协商并案处理，并依法移送案件。协商不成的，可以报请共同上级公安机关指定管辖。

人民检察院对于审查起诉的案件，发现犯罪嫌疑人还有犯罪被异地公安机关立案侦查的，应当通知移送审查起诉的公安机关。

人民法院对于提起公诉的案件，发现被告人还有其他犯罪被审查起诉、立案侦查的,可以协商人民检察院、公安机关并案处理,但可能造成审判过分迟延的除外。决定对有关犯罪并案处理,符合《中华人民共和国刑事诉讼法》第二百零四条规定的,人民检察院可以建议人民法院延期审理。

第八讲

网络犯罪案件的调查核实与取证

一、网络犯罪案件的调查核实

在网络犯罪案件的办理中，大量的网上违法犯罪线索如不经过调查核实，很难确定其是否达到立案标准。例如，对于网上诈骗案件，嫌疑人通常诈骗大量被害人，通过聚少成多的方式谋取大量非法利益，但经常出现一个被害人报案，但其被骗金额达不到立案标准以致难以立案，但不立案又无法查询银行账户，不查询银行账户也就无法发现其他诈骗案件、认定其诈骗金额。可见，案件调查核实问题在网络犯罪的办案实践中十分突出。

《公安机关办理刑事案件程序规定》第 174 条规定："对接受的案件，或者发现的犯罪线索，公安机关应当迅速进行审查。发现案件事实或者线索不明的，必要时，经办案部门负责人批准，可以进行调查核实。""调查核实过程中，公安机关可以依照有关法律和规定采取询问、查询、勘验、鉴定和调取证据材料等不限制被调查对象人身、财产权利的措施。但是，不得对被调查对象采取强制措施，不得查封、扣押、冻结被调查对象的财产，不得采取技术侦查措施。"为了进一步明确网络犯罪案件的调查核实问题，规范公安机关在网络犯罪案件调查核实中可以采取的调查措施，《网络犯罪程序意见》对网络犯罪案件的调查核实问题也作出规定，第 11 条规定："公安机关对接受的案件或者发现的犯罪线索，在审查中发现案件事实或者线索不明，需要经过调查才能够确认是否达到刑事立案标准的，经公安机关办案部门负责人批准，可以进行调查核实；经过调查核实达到刑事立案标准的，应当及时立案。"第 12 条规定："调查核实过程中，可以采取询问、查询、勘验、检查、鉴定、调取证据材料等不限制被调查对象人身、财产权利的措施,不得对被调查对象采取强制措施,不得查封、扣押、冻结被调查对象的财产,不得采取技术侦查措施。”

《刑事电子数据规定》第 6 条明确规定:“初查过程中收集、提取的电子数据,以及通过网络在线提取的电子数据,可以作为证据使用。”这一规定首次明确了调查核实过程中收集、提取的电子数据具有刑事证据资格。《网络犯罪程序意见》第 13 条进一步规定:“公安机关在调查核实过程中依法收集的电子数据等材料,可以根据有关规定作为证据使用。”“调查核实过程中收集的材料作为证据使用的,应当随案移送,并附批准调查核实的相关材料。”“调查核实过程中收集的证据材料经查证属实,且收集程序符合有关要求的,可以作为定案依据。”

二、网络犯罪案件的取证

网络犯罪相关银行账户、网络数据往往分布在不同地方,特别是在犯罪违法所得的认定方面,由于不少网络犯罪通过借助计算机网络对不特定人实施侵害或者组织不特定人实施犯罪,涉案人员和被害人往往位于不同区域。例如,2006 年某地公安机关侦办的一起网银盗窃案,涉案银行账号 6 万余个,涉及全国所有省市。根据传统取证程序,通常需要办案地派两名民警携带法律文书到证据所在地开展调取工作,此项工作工作量巨大,难以有效调取相关证据。因此,《网络犯罪程序意见》根据实践中的具体情况,专门对信息网络犯罪案件的取证的有关问题作了规定。具体而言:

1. 向网络服务提供者调取电子数据及其审查规则。《网络犯罪程序意见》第 14 条明确了公安机关向网络服务提供者调取电子数据的具体问题:(1)公安机关向网络服务提供者调取电子数据的,应当制作调取证据通知书,注明需要调取的电子数据的相关信息。调取证据通知书及相关法律文书可以采用数据电文形式。跨地域调取电子数据的,可以通过公安机关信息化系统传输相关数据电文。(2)网络服务提供者向公安机关提供电子数据的,可以采用数据电文形式。采用数据电文形式提供电子数据的,应当保证电子数据的完整性,并制作电子证明文件,载明调证法律文书编号、单位电子公章、完整性校验值等保护电子数据完整性方法的说明等信息。(3)数据电文形式的法律文书和电子证明文件，应当使用电子签名、数字水印等方式保证完整性。

在此基础上，《网络犯罪程序意见》第17条规定，依照上述规定调取的电子数据，人民检察院、人民法院可以通过核验电子签名、数字水印、电子数据完整性校验值及调证法律文书编号是否与证明文件相一致等方式，对电子数据进行审查判断。对调取的电子数据有疑问的，由公安机关、提供电子数据的网络服务提供者作出说明，或者由原调取机关补充收集相关证据。

2. 异地询（讯）问的规则。《网络犯罪程序意见》第15条规定，询（讯）问异地证人、被害人以及与案件有关联的犯罪嫌疑人的，可以由办案地公安机关通过远程网络视频等方式进行并制作笔录。远程询（讯）问的，应当由协作地公安机关事先核实被询（讯）问人的身份。办案地公安机关应当将询（讯）问笔录传输至协作地公安机关。询（讯）问笔录经被询（讯）问人确认并逐页签名、捺指印后，由协作地公安机关协作人员签名或者盖章，并将原件提供给办案地公安机关。询（讯）问人员收到笔录后，应当在首页右上方写明“于某年某月某日收到”，并签名或者盖章。远程询（讯）问的，应当对询（讯）问过程同步录音录像，并随案移送。异地证人、被害人以及与案件有关联的犯罪嫌疑人亲笔书写证词、供词的，参照执行上述规定。

此外，需要注意的是，根据《网络犯罪程序意见》第16条的规定，人民检察院依法自行侦查、补充侦查，或者人民法院调查核实相关证据的，适用上述规定。

相关规定

《最高人民法院、最高人民检察院、公安部关于办理信息网络犯罪案件适用刑事诉讼程序若干问题的意见》（法发〔2022〕23号）

三、关于信息网络犯罪案件的调查核实

11. 公安机关对接受的案件或者发现的犯罪线索，在审查中发现案件事实或者线索不明，需要经过调查才能够确认是否达到刑事立案标准的，经公安机关办案部门负责人批准，可以进行调查核实；经过调查核实达到刑事立案标准的，应当及时立案。

12. 调查核实过程中，可以采取询问、查询、勘验、检查、鉴定、调取证据材料等不限制被调查对象人身、财产权利的措施，不得对被调查对象采取强制措施，不得查封、扣押、冻结被调查对象的财产，不得采取技术侦查措施。

13. 公安机关在调查核实过程中依法收集的电子数据等材料，可以根据有关规定作为证据使用。

调查核实过程中收集的材料作为证据使用的，应当随案移送，并附批准调查核实的相关材料。

调查核实过程中收集的证据材料经查证属实，且收集程序符合有关要求的，可以作为定案依据。

四、关于信息网络犯罪案件的取证

14. 公安机关向网络服务提供者调取电子数据的，应当制作调取证据通知书，注明需要调取的电子数据的相关信息。调取证据通知书及相关法律文书可以采用数据电文形式。跨地域调取电子数据的，可以通过公安机关信息化系统传输相关数据电文。

网络服务提供者向公安机关提供电子数据的，可以采用数据电文形式。采用数据电文形式提供电子数据的，应当保证电子数据的完整性，并制作电子证明文件，载明调证法律文书编号、单位电子公章、完整性校验值等保护电子数据完整性方法的说明等信息。

数据电文形式的法律文书和电子证明文件，应当使用电子签名、数字水印等方式保证完整性。

15. 询（讯）问异地证人、被害人以及与案件有关联的犯罪嫌疑人的，可以由办案地公安机关通过远程网络视频等方式进行并制作笔录。

远程询（讯）问的，应当由协作地公安机关事先核实被询（讯）问人的身份。办案地公安机关应当将询（讯）问笔录传输至协作地公安机关。询（讯）问笔录经被询（讯）问人确认并逐页签名、捺指印后，由协作地公安机关协作人员签名或者盖章，并将原件提供给办案地公安机关。询（讯）问人员收到笔录后，应当在首页右上方写明“于某年某月某日收到”，并签名或者盖章。

远程询（讯）问的，应当对询（讯）问过程同步录音录像，并随案移送。

异地证人、被害人以及与案件有关联的犯罪嫌疑人亲笔书写证词、供词的，参照执行本条第二款规定。

16. 人民检察院依法自行侦查、补充侦查，或者人民法院调查核实相关证据的，适用本意见第 14 条、第 15 条的有关规定。

17. 对于依照本意见第 14 条的规定调取的电子数据，人民检察院、人民法院可以通过核验电子签名、数字水印、电子数据完整性校验值及调证法律文书编号是否与证明文件相一致等方式，对电子数据进行审查判断。

对调取的电子数据有疑问的，由公安机关、提供电子数据的网络服务提供者作出说明，或者由原调取机关补充收集相关证据。

第九讲

电子数据的收集提取与审查判断

一、电子数据的法定地位确立

科学技术的发展,使证明案件事实的材料不断扩展,不断有新的证据种类被纳入刑事诉讼法之中。随着计算机和互联网信息技术的飞速发展,计算机和互联网已经成为人们日常生活、工作的重要组成部分。由于网络空间的虚拟性,网络犯罪行为留下的踪迹通常为电子数据。在互联网时代,以计算机和网络为依托的电子数据在证明案件事实的过程中发挥着越来越重要的作用,缺乏电子数据的支撑将难以认定相关犯罪事实。因此,将电子数据作为一种新的证据种类加以规定,已是必然选择。

1996 年《刑事诉讼法》第 42 条并未将电子数据列为证据的种类,这导致司法实践中对电子数据的运用处于两难境地:一方面,可以用于证明案件事实的材料都是证据,与案件相关的电子数据自然属于证据的范畴;另一方面,1996 年《刑事诉讼法》又将证据限定为七种,并未涉及电子数据,电子数据应当作为何种类的证据于法无据。面对这一局面,刑事司法实务部门采取了两类举措:一类举措是在规范性文件中直接将电子数据作为一类证据形式。例如,《最高人民法院、最高人民检察院、公安部、国家安全部、司法部〈关于办理死刑案件审查判断证据若干问题的规定》在"证据的分类审查与认定"部分直接规定了对电子邮件、电子数据交换、网上聊天记录、网络博客、手机短信、电子签名、域名等电子证据的审查内容。另一类举措则是将电子数据转化为法定证据种类再予以使用,实践中不少都是转化为勘验、检查笔录予以使用。例如,《网络赌博犯罪意见》在"关于电子证据的收集与保全"部分规定:"侦查机关对于能够证明赌博犯罪案件真实情况的网站页面、上网记录、电子邮件、电子合同、电子交易记录、电子账册等电子数据，应当作为刑事证据予以提取、复制、固定。侦查人员应当对提取、复制、固定电子数据的过程制作相关文字说明，记录案由、对象、内容以及提取、复制、固定的时间、地点、方法，电子数据的规格、类别、文件格式等，并由提取、复制、固定电子数据的制作人、电子数据的持有人签名或者盖章，附所提取、复制、固定的电子数据一并随案移送。”从这一规定可以看出，该规范性文件实际上是要求对电子数据按照勘验、检查笔录这一法定证据种类进行提取和转换的。以上两类举措都是司法实务部门囿于电子数据未作为法定证据种类，不得已而为之的举措。

当前，电子数据在刑事诉讼中的广泛应用已是不争的事实，2012 年修正《刑事诉讼法》之时，为适应现代信息技术的发展，根据刑事诉讼的新情况和实践需要，将电子数据增设为法定证据种类，进一步丰富了证据的外延，有利于规范司法实务部门对于电子数据的提取和运用，更好地证明案件事实。

近年来，云计算、物联网等互联网应用的迅猛发展，传统犯罪快速向互联网迁移，犯罪手段不断翻新。各类刑事案件几乎都会涉及电子数据，电子数据广泛应用于刑事诉讼活动。随着云计算、大数据等技术的发展，收集、提取电子数据的难度增加，取证更是要求有较高的信息和网络技术支持。而且，电子数据的客观性、关联性等问题在实践中容易引发争议。为规范电子数据的收集提取和审查判断，提高刑事案件办理质量，《刑事电子数据规定》对电子数据的收集与提取、移送与展示、审查与判断作了全面规定。而且，2021 年《刑事诉讼法解释》也吸收了《刑事电子数据规定》的主要规定，在第四章“证据”的第七节“视听资料、电子数据的审查与认定”中对电子数据审查与判断的有关要点作了明确。这就意味着《刑事电子数据规定》的相关规定得到进一步强化，相关要求得到进一步落实。

二、电子数据的一般规定

（一）电子数据的界定

1. 电子数据的特点。电子数据，也称电子证据，是指以电子数据形式存在并可以用于证明案件事实的材料。电子数据具有如下特征：

(1)该类证据以电子数据形式存在。所有的电子数据都是基于计算机应用和通信等电子化技术手段形成的用以表示文字、图形符号、数字、字母等信息的资料。与其他证据种类不同,电子数据本质上是以电子形式存储或者传输的数据。

(2)该类证据具有开放性的特征。从司法实践来看,作为证据使用的电子数据越来越与日益开放的互联网联系在一起,而网络电子数据的一个重要特点是可以不受时空限制获取数据。就传统证据种类而言,必须前往一定的场所(案发现场或者其他证据存在处)或者询问一定的对象(犯罪嫌疑人、证人、被害人)才能获取,而获取一些电子数据却可以通过一定的技术手段不受时空限制地获取,这是电子数据开放性的表现,也是对该类证据的收集亟须加以规范的地方。

(3)该类证据具有易变性与稳定性并存的特征。就传统证据而言,一般认为,诸如证人证言之类的言词证据存在易变性的特征,而物证等实物证据具有稳定性的特征。但就电子数据而言,一方面,这类证据是以电子数据形式存在的,只需要敲击键盘,即可对其进行增加、删除、修改,可谓具有易变性;另一方面,绝大多数情况下对于电子数据的增加、删除、修改都会留有一定的痕迹,而且被破坏的数据多数情况下可以通过技术手段被恢复到破坏前的状态,这就足以体现该类证据的稳定性。

2. 电子数据的范围。根据《刑事诉讼法》的规定,电子数据是一类独立的证据种类。而且,电子数据可以被视为其他 7 类证据的电子数据化。"同七种传统证据形式相比,应该说电子证据来源于七种证据,是将各种传统证据部分地剥离出来而泛称的一种新证据形式。"①电子数据的兴起,与计算机的产生、发展和普及直接相关,与信息技术的发展密不可分。随着信息技术的发展,传统的证据种类逐渐出现了一些新的特点,如在计算机网络产生之前,共同犯罪人之间的共谋经常是当面或者通过电话、书信等方式进行,而现在很多共同犯罪人之间通过 QQ 聊天等方式进行共谋。信息化时代所获取的聊天记录这种书证的形式与传统的书证具有很大差异,在司法实践中运用 QQ 聊天记录直接证明

① 何家弘、刘品新:《证据法学》(第 4 版),法律出版社 2011 年版,第 185 页。

案件事实，由于欠缺法律的明确规定，各部门之间存在认识分歧，操作起来并不顺畅，往往需要将这些电子数据转换成勘验笔录等其他证据形式才能在刑事诉讼中被使用。这严重影响了刑事诉讼的效率，最终结果是立法将电子数据作为新的证据种类进行规定。但如果换一个视角，QQ 聊天记录也是通过其所表示的内容来证明案情的，其实就是以电子数据形式存在的书证。再如，行为人贩卖淫秽书刊、录像带、光盘的，淫秽书刊、录像带、光盘是证明行为人贩卖淫秽物品的物证；而如果是在网络上贩卖淫秽视频、音频文件，那么淫秽视频、音频文件也是证明行为人贩卖淫秽物品（淫秽电子信息）的物证，只不过是电子物证而已。

《刑事电子数据规定》第 1 条采取"概括 + 例举 + 排除"的方式，对电子数据作了明确界定。具体而言，第 1 款对电子数据作了概括规定："电子数据是案件发生过程中形成的，以数字化形式存储、处理、传输的，能够证明案件事实的数据。"之所以限定为"案件发生过程中"，是为了将案件发生后形成的证人证言、被害人陈述以及犯罪嫌疑人、被告人供述和辩解等电子化的言词证据排除在外。需要注意的是，对于"案件发生过程中"不应作过于狭义的把握，从而理解为必须是实行行为发生过程中。例如，性侵害犯罪发生前行为人与被害人往来的短信、网络诈骗实施前行为人设立的"钓鱼"网站等，只要与案件事实相关的，均可以视为"案件发生过程中"形成的电子数据。

根据《刑事电子数据规定》第 1 条第 2 款的规定，电子数据包括但不限于下列信息、电子文件：（1）网页、博客、微博客、朋友圈、贴吧、网盘等网络平台发布的信息；（2）手机短信、电子邮件、即时通信、通讯群组等网络应用服务的通信信息；（3）用户注册信息、身份认证信息、电子交易记录、通信记录、登录日志等信息；（4）文档、图片、音视频、数字证书、计算机程序等电子文件。需要注意的是，其一，以数字化形式存储的音视频属于电子数据而非视听资料，而以模拟信号存储的磁带、录像带等音视频则属于视听资料。其二，上述信息虽然都属于电子数据，但对不同类型的电子数据的取证程序要求可能存在差别，如对于通信信息的收集、提取可能涉及技术侦查措施，应当经过严格的批准手续。

3. 电子数据与视听资料的界分。视听资料的出现本身是现代科学技术发展的产物，而科学技术、特别是信息技术的发展，又导致了音像资料本身的进一步发展：传统的音像资料主要储存在磁带、录像带、VCD、DVD 等实物中，但现在越来越多的音像资料是以电子数据的形式存在的。在 1996 年《刑事诉讼法》施行期间，由于电子数据未被规定为独立的证据种类，电子数据在很多情况下是被纳入视听资料的范畴，从而用以证明犯罪事实的。[①] 这种做法是法学理论和实务针对立法局限的有效举措，无可厚非。但是，在《刑事诉讼法》已经将电子数据作为独立证据种类的背景下，对于以电子数据的形式存在的音像资料就不能再纳入视听资料的范畴，而应当作为电子数据加以运用。电子数据虽然与视听资料同列于《刑事诉讼法》第 50 条第 2 款第 8 项，但并不能否认二者之间的区别，不能否认电子数据是独立的证据种类。本书认为，电子数据不同于视听资料，二者之间存在明显区别，不存在交叉重合的地方。视听资料是指以录音、录像等形式储存，通过声音、图像来证明案件事实的证据材料。视听资料成为证据种类也是现代科学技术发展的产物，是录音磁带、录像带、唱片、CD、光盘等音像资料存储介质出现后而被运用于证明案件事实的。如果说在电子数据成为独立的证据种类之前，有主张将以电子数据形式存在的视听资料也纳入视听资料的范畴的话，那么在修改后《刑事诉讼法》施行后，这类视听资料应当被纳入电子数据的范畴。因此，可以认为，电子数据是现代科学技术进一步发展的产物：以录音磁带、录像带、唱片、CD、光盘等实物存储介质存储的音像资料是视听资料；但是以电子数据形式存在的电子视听资料，则是电子数据。例如 QQ 视频语音聊天记录，虽然是音像资料，但因为其是以电子数据形式存在的，且未存放在实物介质中，故不属于视听资料，而是电子数据。

4. 电子数据与言词证据的界分。电子数据是一种新的证据类型。目前，对于如何科学划分电子数据与其他类型证据、特别是言词证据的界限，存在不同认识。例如，讯问过程的录音录像究竟应归为“犯罪嫌疑人、被告人供述和辩解”，还是应归为“视听资料”“电子数据”，或者既是“犯罪嫌疑人、被告人供述

---

① 例如，有论者认为：“视听资料是载有能够证明有关案件事实内容的录音带、录像带、电影胶片、电子计算机的磁盘等，以其所载的音响、活动影像和图形，以及电子计算机所存储的资料等来证明案件事实的证据。”陈光中主编：《刑事诉讼法》（第 3 版），北京大学出版社、高等教育出版社 2009 年版，第 205 页。在这一界定中，至少有一部分电子数据，即电子计算机所存储的资料，是被纳入视听资料范围的。

和辩解”也是“视听资料”“电子数据”呢？经研究认为，不宜单纯依据载体形式区分证据类型。以笔录形式记载的证人证言、被害人陈述以及犯罪嫌疑人、被告人供述和辩解等言词证据，虽然记载形式是笔录，但在证据分类上应纳入言词证据而非笔录的范畴。同理，以数字化形式记载的言词证据，虽然载体是电子数据，但在证据分类上也应纳入言词证据而非电子数据的范畴。更重要的是，根据《刑事诉讼法》的规定，不同类型的证据在取证方法、取证程序上有不同的要求，对有关证据审查判断的要点也不同。例如，对于以录像形式反映的犯罪嫌疑人口供，不仅要审查录像提取、保管、移送等是否符合相应要求，更要审查讯问的主体、方法、程序等是否符合法律规定。鉴于此，为更为充分地保护刑事诉讼相关主体的合法权益，《刑事电子数据规定》第 1 条第 3 款规定：“以数字化形式记载的证人证言、被害人陈述以及犯罪嫌疑人、被告人供述和辩解等证据，不属于电子数据。确有必要的，对相关证据的收集、提取、移送、审查，可以参照适用本规定。”当然，对电子数据与其他类型证据的区分问题，还可以进一步研究探讨。

（二）收集提取和审查判断电子数据的原则

1. 收集提取与审查判断电子数据的原则。一方面，由于电子数据是现代科学技术发展的产物，电子数据的收集必须运用专业的电子取证技术，确保所收集的电子数据在收集过程中免受人为破坏；另一方面，刑事诉讼中电子数据的收集是用于证明案件事实，是刑事诉讼程序的重要组成部分，故必须符合《刑事诉讼法》对证据的一般要求，必须符合现代法治的基本要求。相应地，对于电子数据的审查判断，也应当从合技术性和合法律性两个角度予以审查。基于此，《刑事电子数据规定》第 2 条规定：“侦查机关应当遵守法定程序，遵循有关技术标准，全面、客观、及时地收集、提取电子数据；人民检察院、人民法院应当围绕真实性、合法性、关联性审查判断电子数据。”

2. 依法收集调取电子数据的权力与如实提供的义务。根据《刑事诉讼法》第 54 条第 1 款“人民法院、人民检察院和公安机关有权向有关单位和个人收集、调取证据。有关单位和个人应当如实提供证据”的规定，《刑事电子数据规定》第 3 条重申了公检法机关收集调取电子数据的依法原则与有关单位的配合义务，明确规定："人民法院、人民检察院和公安机关有权依法向有关单位和个人收集、调取电子数据。有关单位和个人应当如实提供。"需要注意的是，对于公检法机关而言，法无授权不可为，具体的适格取证主体和程序须严格遵守相关规定。例如，根据《宪法》第 40 条的规定，对通信进行检查限于因国家安全或者追查刑事犯罪的需要，且只能由公安机关或者检察机关依照法律规定的程序进行。

3. 电子数据的保密义务。《刑事电子数据规定》第 4 条明确了公检法机关和有关主体对电子数据的保密义务，规定："电子数据涉及国家秘密、商业秘密、个人隐私的，应当保密。"

（三）保护电子数据完整性的方法

1. "电子数据完整性"概念的提出。与物证、书证等传统证据种类不同，电子数据以数据形式存在，人们难以见到电子数据的本身，通常见到的是电子数据的外在表现形式，如文本、图片等。电子数据有别于传统证据的最主要方面在于其易丢失特性（如境外主机上的数据、计算机内存的数据，一旦获取之后可能无法再次获取）及其易篡改特性（侦查机关获取数据后可以很容易对该数据进行篡改，如果没有规范的工作要求，则难以证明该数据的真实性），因此，应当严格规范收集、提取电子数据的程序，以确保电子数据的真实性（获取数据的过程真实且不会导致数据变更为错误的数据）和完整性（数据在获取之后没被篡改）。可以说，电子数据完整性是真实性的要素之一，甚至是最重要的要素。

2. 保护电子数据完整性的方法。《刑事电子数据规定》第 5 条规定了完整性的保护方法。具体而言，对作为证据使用的电子数据，应当采取以下一种或者几种方法保护电子数据的完整性：(1)扣押、封存电子数据原始存储介质。存储介质，是指具备数据信息存储功能的电子设备、硬盘、光盘、优盘、记忆棒、存储卡、存储芯片等载体。原始存储介质即存储电子数据的原始载体。司法实践中，对于有条件扣押电子数据原始存储介质的，应当依法扣押并封存原始存储介质。(2)计算电子数据完整性校验值。完整性校验值，是指为防止电子数据被篡改或者破坏，而使用散列算法等特定算法对电子数据进行计算，得出的用于校验数据完整性的数据值。取证时要求第一时间计算完整性校验值，并在笔录中注明。当需要验证电子数据是否完整、是否被增加、删除、修改时，便可以采用同一算法对电子数据再计算一次，并将两次所得的值进行比较，如果一致则电子数据没有发生变化，如果不一致则证明电子数据发生了变化。(3)制作、封存电子数据备份。具体操作中，可以制作多个备份，封存其中部分备份件，将其余备份件用于进一步的侦查。(4)冻结电子数据。(5)对收集、提取电子数据的相关活动进行录像。鉴于录音相较于录像反映的信息量不足，故此处要求录像，而非录音或者录像。(6)其他保护电子数据完整性的方法。需要强调的是，收集、提取电子数据的情形复杂多样，实践中应当灵活掌握相应的完整性保护方法，至少采取一种，有条件的情况下应当采取多种。

(四)初查及网络在线提取的电子数据的使用

当前司法实践过程中，初查过程中收集、提取电子数据，以及通过网络在线提取电子数据的应用越来越广泛，已经成为重要的取证方式。但是，长期以来，对于初查过程中收集的电子数据是否能够作为证据使用，尚无明确规定；同样，通过网络在线提取的电子数据能否作为证据使用亦无明确规定。办案部门强烈建议明确上述电子数据的使用问题。经慎重研究，并与有关部门交换意见，《刑事电子数据规定》第6条明确规定："初查过程中收集、提取的电子数据，以及通过网络在线提取的电子数据，可以作为证据使用。"需要特别注意的是，强制侦查措施、技术侦查措施只有在刑事立案后才能采取，故而，初查过程中采取上述侦查措施收集、提取的电子数据不具有合法性，应当依法排除。

三、电子数据的收集与提取

(一)取证主体与取证方法要求

1. 2014年《网络犯罪程序意见》的规定。电子数据的取证与传统物证的取证方式和过程有很大差别，电子数据的取证需要取证人员具有一定的专业知识和技术水平，且取证设备和过程也要符合一定的技术规范和操作流程。基于此，2014年《网络犯罪程序意见》对电子数据的取证的人员资质与技术要求作了明确，规定："收集、提取电子数据，应当由二名以上具备相关专业知识的侦查人员进行。取证设备和过程应当符合相关技术标准，并保证所收集、提取的电子数据的完整性、客观性。”

2.《刑事电子数据规定》的完善。根据司法实践的具体情况，《刑事电子数据规定》对上述规定作了进一步完善，主要表现为两个方面：

一是关于取证主体，2014 年《网络犯罪程序意见》第 13 条要求“收集、提取电子数据，应当由二名以上具备相关专业知识的侦查人员进行”。但是，随着信息网络技术的发展，收集、提取电子数据已经成为一项基础性、普遍性侦查工作。例如，过去公安机关内部通常由网络安全保卫部门负责收集、提取电子数据，但在越来越多类型的案件涉及电子数据的情况下，经侦、治安、刑侦、禁毒等警种甚至派出所都需要承担相应的电子数据收集、提取任务，电子数据取证呈现普及化趋势。在这种情况下，《刑事电子数据规定》第 7 条顺应当前司法实践的发展变化，未再明确要求侦查人员具备相关专业知识，即“收集、提取电子数据，应当由二名以上侦查人员进行”。但是，就侦查机关自身而言，仍应尽量选派具有相关专业知识的侦查人员收集、提取电子数据，以更好地完成相关取证工作。当前，随着公安机关对电信诈骗等网络犯罪的办理越来越广泛，吸收相关网络技术人员参与案件侦查的现象日益多见。需要注意的是，此种情形下仍然是侦查人员作为取证主体，相关网络技术人员只是提供协助。

二是关于取证方法，2014 年《网络犯罪程序意见》第 13 条同时规定“取证设备和过程应当符合相关技术标准”。但是，实践中发现，由于网络技术的发展，取证设备的发展日新月异，不断有新式取证设备投入实战，相关技术标准很难跟得上取证设备的发展；并且，实践中甚至还存在没有现成取证设备，而需要现场研发的情形。上述新式取证设备和侦查人员自己开发的取证设备可能没有相应的技术标准，如果以取证设备没有技术标准为由，将收集、提取的电子数据排除，显然不合适。为此，《刑事电子数据规定》第 7 条未要求取证设备符合相关技术标准，仅要求“取证方法应当符合相关技术标准”。

（二）电子数据的取证规则

为确保电子数据的真实性和完整性，2012 年《刑事诉讼法解释》第 93 条对电子数据的审查判断作了明确要求，其中确立的规则就是“以收集原始存储介质为原则，以直接提取电子数据为例外”。2014 年《网络犯罪程序意见》沿用上述原则，并作出进一步明确。《刑事电子数据规定》第 8 条、第 9 条和第 10 条对此进行了重申，并作了具体细化规定和进一步补充，正式确立了“以扣押原始存储介质为原则，以提取电子数据为例外，以打印、拍照、录像等方式固定为补充”规则。

1．“原始存储介质”概念的提出。与传统证据种类不同，电子数据没有“原始电子数据”的概念，只有“原始存储介质”的概念。由于电子数据的电子性，电子数据不同于物证、书证等其他证据种类，其可以完全同原始存储介质分离开来。例如，存储在计算机的电子文档，可以同计算机这一存储介质分离开来，存储于移动硬盘、优盘等存储介质之中。而且，对电子数据的复制可以确保与原数据的完全一致性，复制后的电子数据与原数据没有任何差异。与此不同，物证、书证等证据无法同原始存储介质完全区分开来，更无法采取确保与原物、原件完全一致的方式予以复制。例如，一封作为书证使用的书信，书信的原始内容无法同原始载体完全分离开来，只能存在于原始的纸张这一载体之上，即使采取彩色复印等方式进行复制，也无法确保复制后的书信同原件的完全一致性。不仅物证、书证等传统证据如此，视听资料这一随着技术发展而兴起的新型证据亦是如此。① 基于上述考虑，使用“原始电子数据”这个概念没有任何意义，对于电子数据而言，不存在“原始电子数据”的概念。但是，电子数据原始存储介质这个概念是有意义的，这表明电子数据是存储在原始的介质之中，即取证时是将存储介质予以扣押，并作为证据移送，而非运用移动存储介质将该电子数据从原始介质中提取，如直接从现场扣押行为人使用的电脑中提取。因此，可以将电子数据区分为电子数据是随原始存储介质移送，还是在无法移送原始存储介质的情况下（如大型服务器中的电子数据）通过其他存储介质予以收集。为保证电子数据的完整性，收集电子数据时应尽量获取电子数据原始存储介质，对于无法获取或者封存原始存储介质的，应当通过见证人、录音录像等方式确保其完整性。

2．扣押、封存原始存储介质。《刑事电子数据规定》第 8 条第 1 款规定：“收

① 需要注意，这一论断的前提是，随着电子数据成为独立的证据种类，以电子数据形式存在的视听资料是电子数据，不再属于视听资料的范畴。

集、提取电子数据，能够扣押电子数据原始存储介质的，应当扣押、封存原始存储介质，并制作笔录，记录原始存储介质的封存状态。”实践中，在可行的情况下，应尽量封存原始存储介质，以保证其完整性和真实性。同时，《刑事电子数据规定》第 8 条第 2 款、第 3 款对原始存储介质的封存要求作了专门规定，即“封存电子数据原始存储介质，应当保证在不解除封存状态的情况下，无法增加、删除、修改电子数据。封存前后应当拍摄被封存原始存储介质的照片，清晰反映封口或者张贴封条处的状况”。“封存手机等具有无线通信功能的存储介质，应当采取信号屏蔽、信号阻断或者切断电源等措施。”需要强调的是，实践中对原始存储介质的封存方法灵活多样，既可以装入物证袋封存，又可以通过对电源接口以及机箱螺钉处加贴封条达到封存目的。但是，对于手机等具有无线通信功能的存储介质，除采取普通封存方式（如装入物证袋封存）外，还应当附加其他保护措施，如拔出电池，设置为飞行模式且关闭“寻回”功能，或者直接装入屏蔽袋（盒）。

3. 提取电子数据。《刑事电子数据规定》第 9 条规定可以在无法扣押原始存储介质的情况下提取电子数据（包括直接提取电子数据和通过网络在线提取电子数据）。具体包括如下情形：（1）原始存储介质不便封存的。从实践来看，有些情况下难以将原始存储介质封存或者全盘复制、提取，比如网络服务器一般采取集中存储的方式，其硬盘动辄成百上千 T，但其中很多内容与案件无关，不必收集，在这种情况下一般只提取与案件相关的部分数据。（2）提取计算机内存数据、网络传输数据等不是存储在存储介质上的电子数据的。由于这些数据不是存储在存储介质之上，自然无法封存原始存储介质。而且，这些信息必须在开机运行的状态下获取，一旦关机或者重新启动系统，电子数据就会消失，难以再次获取。当然，此处的“存储介质”以稳定存储为前提，如果不作此限定，则传输电子数据的网线也可能瞬间存储电子数据，可以成为存储介质。（3）原始存储介质位于境外的。对位于境外的服务器无法直接获取原始存储介质，一般只能通过网络在线提取电子数据。对于远程计算机信息系统上的电子数据，也可以通过网络在线提取。（4）其他无法扣押原始存储介质的情形。

4. 通过打印、拍照、录像等方式固定。《刑事电子数据规定》对实践中存在的既不能扣押原始存储介质又不能提取电子数据情形下电子数据的固定方法作了补充规定。具体而言，实践中，数额较小的网络侵财类案件不仅数量大，而且涉及老百姓切身利益，在社会中受到广泛关注。这类案件大部分由派出所管辖，往往没有专业取证设备，无法提取电子数据，而受害人即使报案也不愿将手机交给公安机关。再如，目前市场上出现了一种“阅后即焚”的通信模式，越来越多的即时通信软件具备了“阅后即焚”功能（如“支付宝”和“钉钉”即时通信软件）。信息接收者收到信息后，点击阅读信息后5秒左右自动删除，无法及时提取数据，并且难以恢复，即使扣押封存了也毫无意义。又如，船舶的导航系统等部分工控系统，只有操作界面，无接口可以导出数据，也无法把整个船舶或者大型系统扣押。基于此，《刑事电子数据规定》第10条明确规定：“由于客观原因无法或者不宜依据第八条、第九条的规定收集、提取电子数据的，可以采取打印、拍照或者录像等方式固定相关证据，并在笔录中说明原因。”自此，电子数据取证确立了“以扣押原始存储介质为原则，以直接提取电子数据为例外，以打印、拍照、录像等方式固定为补充”原则。

（三）网络远程勘验和网络在线提取电子数据

网络在线提取可以理解为简单的下载动作，既包括对公开的门户网站上的网页信息进行下载，也包括在网络远程勘验过程中在线提取电子数据。网络远程勘验是指通过网络对远程计算机信息系统实施勘验，发现、提取与犯罪有关的电子数据，记录计算机信息系统状态，判断案件性质，分析犯罪过程，确定侦查方向和范围，为侦查破案、刑事诉讼提供线索和证据的侦查活动。可以说，网络远程勘验的最终目的也是在线提取电子数据，但它有一个勘验的过程，甚至涉及技术侦查措施的使用。

鉴于此，《刑事电子数据规定》第9条第2款、第3款对通过网络在线提取电子数据和网络远程勘验作了明确规定：“对于原始存储介质位于境外或者远程计算机信息系统上的电子数据，可以通过网络在线提取。”“为进一步查明有关情况，必要时，可以对远程计算机信息系统进行网络远程勘验。进行网络远程勘验，需要采取技术侦查措施的，应当依法经过严格的批准手续。”需要注意的是，网络远程勘验如涉及技术侦查措施的适用，必须按照有关规定依法经过严格的批准手续。

(四)电子数据的冻结

随着云计算等信息技术的发展,越来越多的电子数据存储在云系统中,或者服务器位于境外、大型在线系统中,这些情形下电子数据的原始存储介质无法封存且提取困难,给侦查工作带来巨大的困扰。为适应实践需要,针对云计算、大数据环境下,难以将海量数据封存、扣押,以及数据难以提取的问题,《刑事电子数据规定》第 11 条、第 12 条规定了电子数据的冻结。

具体而言,具有下列情形之一的,经县级以上公安机关负责人或者检察长批准,可以对电子数据进行冻结:(1)数据量大,无法或者不便提取的。如在一起传播淫秽物品牟利案中,涉案 70 个网络云盘涉及淫秽视频 150 余万部,共 1000T,按照传统固定证据方式,这需要 500 块 2T 的硬盘,是案发城市电子数据取证过去十年消耗硬盘的总合。(2)提取时间长,可能造成电子数据被篡改或者灭失的。如在一起网络贩卖、传播淫秽视频案中,共查扣涉案网盘近千个,按照一条 100 兆光纤(属较高级别带宽)下载速度及运营商能够提供的最高限速,在全程无中断情况下,预计时间为 15—16 个月。[①] (3)通过网络应用可以更为直观地展示电子数据的。如在一起非法集资案中,大量电子数据是从云系统提取的,这些数据只有在云环境下才能方便地查看、筛选,为提取后查看、筛选这些数据,侦查机关不得已耗费了大量人力、物力又搭建了一个相同的云环境,这增加了不必要的办案成本。(4)其他需要冻结的情形。

对于冻结电子数据的具体操作,《刑事电子数据规定》第 12 条明确规定:“冻结电子数据,应当制作协助冻结通知书,注明冻结电子数据的网络应用账号等信息,送交电子数据持有人、网络服务提供者或者有关部门协助办理。解除冻结的,应当在三日内制作协助解除冻结通知书,送交电子数据持有人、网络服务提供者或者有关部门协助办理。冻结电子数据,应当采取以下一种或者几种方法:(一)计算电子数据的完整性校验值;(二)锁定网络应用账号;(三)其他

---

① 例如,四川绵阳“12 · 21”云盘传播淫秽物品案也反映了云盘案件中对电子数据采用传统方式提取存在的困难。据介绍,涉案的一个“母盘”账号就是 5T 内容,即使电脑 24 小时工作也需要下载整整五天时间。参见《四川破坏网络云盘传播淫秽视频案》,载《法制日报》2016 年 4 月 12 日,第 8 版。

防止增加、删除、修改电子数据的措施。”实践中，部分服务提供商已经面向用户开展冻结服务，并且具备相关技术操作规范，技术上可行。据了解，公安部将就冻结的具体技术问题制定相应行业标准，以进一步保证适用的效果。

（五）电子数据的调取

根据《刑事电子数据规定》第 13 条的规定，调取电子数据，应当制作调取证据通知书，注明需要调取电子数据的相关信息，通知电子数据持有人、网络服务提供者或者有关部门执行。

（六）收集、提取电子数据的笔录

为保证获取的电子数据的完整性和真实性，应当对相关案件情况，对象信息以及取证过程、方法和获取的电子数据的完整性校验值等信息作出记录，以便必要时可以追溯。因此，2014 年《网络犯罪程序意见》要求电子数据取证应当制作笔录，并对笔录的具体内容作了规定。而且，2014 年《网络犯罪程序意见》专门要求远程提取电子数据和通过数据恢复、破解等方式获取的被删除、隐藏或者加密的电子数据，应当在笔录中作出相应说明。需要特别注意的是，为了确保电子数据的真实性，2014 年《网络犯罪程序意见》特别要求第一时间计算完整性校验值，并在笔录中注明，以确保其在正式取证、分析前不会被修改。《刑事电子数据规定》重申了上述规定，对收集、提取电子数据的笔录要求作了明确，第 14 条规定：“收集、提取电子数据，应当制作笔录，记录案由、对象、内容、收集、提取电子数据的时间、地点、方法、过程，并附电子数据清单，注明类别、文件格式、完整性校验值等，由侦查人员、电子数据持有人（提供人）签名或者盖章；电子数据持有人（提供人）无法签名或者拒绝签名的，应当在笔录中注明，由见证人签名或者盖章。有条件的，应当对相关活动进行录像。”

（七）收集、提取电子数据的见证人

1. 见证人的范围。在刑事诉讼中，一些刑事诉讼活动需要见证，以观察、监督公安司法人员的刑事诉讼活动是否依法进行，相关笔录和清单的记录是否属实，这对确保刑事诉讼活动的公正具有重要意义。例如，根据《刑事诉讼法》的

规定，侦查人员对于与犯罪有关的场所、物品、人身、尸体应当进行勘验或者检查时，对犯罪嫌疑人以及可能隐藏罪犯或者犯罪证据的人的身体、物品、住处和其他有关的地方进行搜查，查封、扣押可用以证明犯罪嫌疑人有罪或者无罪的各种财物、文件，都应当邀请见证人到场，上述活动的笔录或者清单必须由见证人签名或者盖章。在刑事案件审理过程中，勘验、检查等笔录是否有见证人签名或者盖章是审判人员应当着重审查的内容之一。因此，无论是基于法律和相关规定，还是实务操作层面，见证人制度都是我国刑事诉讼制度的重要组成部分，具有重要地位。

然而，对于见证人制度的相关内容，《刑事诉讼法》和司法解释及其他规范性文件此前均未作出明确规定。例如，关于见证人的范围，2012 年《刑事诉讼法》只在第 137 条等条款中有“家属，邻居或者其他见证人”等类似规定，但是对于见证人的具体范围没有明确。1998 年《刑事诉讼法解释》亦未对见证人的范围作出明确规定。而在司法实践中，见证人身份不当的现象时有发生。一些案件中，实施侦查活动的侦查人员以外的侦查人员、联防队员、社保队员成为见证人。还有的案件，侦查人员既是侦查活动的实施者，又是侦查活动的见证人。上述案件中，见证人的身份不当，严重影响了见证人对相关侦查活动的公正见证，难以监督侦查人员合法、正确进行勘验、检查、搜查、扣押等侦查活动。

基于上述原因，2012 年《刑事诉讼法解释》对见证人的范围作出明确规定。据此，行使勘验、检查、搜查、扣押等刑事诉讼职权的公安、司法机关的工作人员或者其聘用的人员，原则上不得充当见证人。这是因为，设立见证人的目的在于监督相关刑事诉讼活动的依法进行，确保相关笔录和清单的客观公正，因此，应当由实施相关刑事诉讼活动的主体以外的人进行见证，以避免“自己监督自己”现象的发生。征求意见过程中，有意见提出，如果不允许辅警、保安人员等担任见证人，实践中有两种情形难以解决：一是在一些偏远地区的案件现场，或者深夜发现的现场，可能难以找到群众做见证人；二是在当前司法环境下，出于各种顾虑，有的群众不愿意担任见证人，公安机关不可能强迫他人做见证人。经研究认为，上述意见确有一定道理，所反映的是当前的实际情况。基于此，2012 年《刑事诉讼法解释》专门规定：“由于客观原因无法由符合条件的人员担任见证人的，应当在笔录材料中注明情况，并对相关活动进行录像。”在网络犯罪案件的办理过程中，收集、提取电子数据经常需要见证人的见证，此种情形应当严格依照上述规定执行。

起草过程中，2012 年《刑事诉讼法解释》拟规定，专业性的刑事诉讼活动的见证人应当由具备相应专业知识或者能力的人担任，如电子数据的提取活动应当由具备相应计算机专业知识或者能力的人担任见证人。对此，有两种不同意见：一种意见主张删除上述规定，主要理由是：(1) 见证人仅仅是见证相关刑事诉讼活动的程序是否规范，并不见证相关活动的内容，不需要具备相应专业或者能力。(2) 以电子数据提取为例，侦查实践中，通常是先查扣涉案的电子设备，然后由专业人员对设备中的内容进行筛选、甄别、发现有价值的线索和证据，所以在查扣现场，查扣的仅仅是硬件设备，见证人有没有计算机知识意义不大。(3)“相应专业知识或者能力”的表述模糊，且实践中可能存在难以找到适格见证人的情况，不利于相关案件的办理。另一种意见主张保留上述规定，主要理由是：(1) 见证人对相关刑事诉讼活动的程序和内容都负有见证任务。(2) 专业性的刑事诉讼活动带有较强的专业性，见证人如果不具备相应的专业知识或者能力，则无法有效监督刑事诉讼法的开展，无法真正实现见证。(3) 在专业性的刑事诉讼活动中，有无相关专业知识或者能力，对见证的作用影响重大。此种情形下，让不具备相关知识的人见证同没有见证人的情况没有本质差异。(4) 这一规定在司法实践中不会影响相关案件的处理，具备相应专业知识或者能力的人并非一定指专业人士，范围相对比较宽泛。经研究认为，由于有关方面对此问题存在不同认识，且当前确实存在在部分专业性刑事诉讼活动中难以由具备相应专业知识或者能力的人担任见证人的情况，故 2012 年《刑事诉讼法解释》对此问题未作明确规定。

2. 收集、提取电子数据的见证人。《刑事电子数据规定》进一步重申了关于见证人的上述规定，第 15 条对收集、提取电子数据的见证人问题作出明确，规定：“收集、提取电子数据，应当根据刑事诉讼法的规定，由符合条件的人员担任见证人。由于客观原因无法由符合条件的人员担任见证人的，应当在笔录中注明情况，并对相关活动进行录像。”“针对同一现场多个计算机信息系统收集、提取电子数据的，可以由一名见证人见证。”

（八）电子数据的检查

电子数据同传统证据不同，传统物证、书证等在侦查过程中一般只涉及两个阶段，即现场勘验、搜查、提取、扣押阶段以及鉴定阶段，一般工作在现场即可完成，对于专门性技术问题通过鉴定就可以解决。但是，电子数据仅通过两个阶段并不能实现所有侦查目的，实践中电子数据的形式、来源复杂多样，通过简单收集、提取的电子数据很难清晰地证明某一犯罪事实，如提取了一个加密文件，需要解密后才能移送；再如，在现场制作了某存储介质的镜像文件，需要对该文件进一步恢复才能提取被删除的电子数据，而不是直接移送。对于这些问题，也不需要都作为专门性问题进行鉴定。为此，对于电子数据需要在现场取证和鉴定之间增加一个阶段，即扣押后由侦查人员对电子数据的进一步恢复、破解、统计、关联、比对等处理。该阶段处于现场取证和鉴定之间，是现场取证工作的自然延续，不属于专门性技术问题的鉴定。《刑事电子数据规定》第 16 条将这个过程规定为电子数据检查，即“对扣押的原始存储介质或者提取的电子数据，可以通过恢复、破解、统计、关联、比对等方式进行检查。必要时，可以进行侦查实验”。

需要说明的是，《刑事电子数据规定》并没有明确要求见证人对电子数据检查进行见证。关于检查过程电子数据的真实性、完整性的保护，《刑事电子数据规定》第 16 条第 2 款规定：“电子数据检查，应当对电子数据存储介质拆封过程进行录像，并将电子数据存储介质通过写保护设备接入到检查设备进行检查；有条件的，应当制作电子数据备份，对备份进行检查；无法使用写保护设备且无法制作备份的，应当注明原因，并对相关活动进行录像。”第 3 款进一步规定：“电子数据检查应当制作笔录，注明检查方法、过程和结果，由有关人员签名或者盖章。进行侦查实验的，应当制作侦查实验笔录，注明侦查实验的条件、经过和结果，由参加实验的人员签名或者盖章。”

（九）电子数据的侦查实验

《刑事诉讼法》第 135 条第 1 款规定，“为了查明案情，在必要的时候，经公安机关负责人批准，可以进行侦查实验”。但是，当前是否可以进行电子数据侦查实验未明确规定。随着信息技术的发展，犯罪手法借助新技术不断翻新，电子数据侦查实验已经成为公安机关解决新问题、查明案情的重要侦查方法。如在一起手机木马吸费案中，行为人在手机生产时植入硬件级木马，不仅恶意吸收用户话费，而且利用用户手机大量发送诈骗短信，实施诈骗活动，单笔诈骗金额高达500万元。但是，当前对于生产时植入手机的木马实施诈骗的犯罪手法尚无专门的鉴定技术，没有一家公安机关或者鉴定机构具备提取或者分析硬件级木马的能力，公安机关只有利用侦查实验分析硬件级手机木马功能，来证明被控制的手机数量等事实。基于此，《刑事电子数据规定》第16条明确对电子数据可以进行侦查实验，并要求“进行侦查实验的，应当制作侦查实验笔录，注明侦查实验的条件、经过和结果，由参加实验的人员签名或者盖章”。

（十）电子数据的鉴定意见与报告

1. 司法鉴定的有关问题。我国的司法鉴定体制是从中华人民共和国成立初期开始起步，不断发展完善起来的。在这一发展过程中，有一个标志性的事件，就是《全国人民代表大会常务委员会关于司法鉴定管理问题的决定》（自2005年10月1日起施行，2015年修正，以下简称《关于司法鉴定管理问题的决定》）。在此之前，人民法院、人民检察院和公安机关各自组建了本部门的司法鉴定组织体系。此外，司法行政机关的部分附属机构、部分科研院校也建有司法鉴定机构。为了加强对鉴定人和鉴定机构的管理，适应司法机关和公民、组织进行诉讼的需要，保障诉讼活动的顺利进行，《关于司法鉴定管理问题的决定》对司法鉴定工作进行统一规范管理：人民法院和司法行政部门不得设立鉴定机构；侦查机关根据侦查工作的需要设立的鉴定机构，不得面向社会接受委托从事司法鉴定业务；国务院司法行政部门主管全国鉴定人和鉴定机构的登记管理工作，省级人民政府司法行政部门依照规定，负责对鉴定人和鉴定机构的登记、名册编制和公告。

根据《关于司法鉴定管理问题的决定》的规定，国家对从事下列司法鉴定业务的鉴定人和鉴定机构实行登记管理制度：（1）法医类鉴定，包括法医病理鉴定、法医临床鉴定、法医精神病鉴定、法医物证鉴定和法医毒物鉴定；（2）物证类鉴定，包括文书鉴定、痕迹鉴定和微量鉴定；（3）声像资料鉴定，包括对录音带、录像带、磁盘、光盘、图片等载体上记录的声音、图像信息的真实性、完整性及其所反映的情况过程进行的鉴定和对记录的声音、图像中的语言、人体、物体作出种类或者同一认定；（4）根据诉讼需要，由国务院司法行政部门商最高人民法院、最高人民检察院确定的其他应当对鉴定人和鉴定机构实行登记管理的鉴定事项。[①] 需要注意的是，法律对上述事项的鉴定人和鉴定机构的管理另有规定的，从其规定。

鉴定意见是证据的种类之一，和其他证据种类一样，必须经过审查判断，确定其属实的，才能作为定案的根据。由于鉴定是解决刑事诉讼中的专门性问题，而解决专门性问题的鉴定机构和鉴定人应当具有相应的资质，才能确保鉴定意见的可靠性，因此，根据刑事诉讼法和有关规定，对鉴定机构和鉴定人法定资质的审查是其中的重要内容。鉴定人和鉴定机构不具备法定资质的鉴定意见不得作为定案的依据。

2. 报告的有关问题。对于根据诉讼需要由国务院司法行政部门商最高人民法院、最高人民检察院确定的其他应当对鉴定人和鉴定机构实行登记管理的鉴定事项，目前并未有相关规范性文件对此作出明确规定。而且，我国改革后的司法鉴定体制也处于建设之中，原有的鉴定机构需要重新进行资质审查和登记注册。这样一来，在我国刑事诉讼中出现了很多需要鉴定的领域欠缺具有资质的司法鉴定机构的现象，导致刑事诉讼中的许多专门性问题无法获取有资质的鉴定人出具的鉴定意见，影响了对案件事实的查实和诉讼程序的顺利进行。[②] 毋庸置疑，这是我国司法鉴定体制从过去的多元局面向目前的规范管理迈进必然要历经的阶段，不会影响我国司法鉴定体制改革的良好局面。但是，对于目

---

① 2016 年 1 月，最高人民法院、最高人民检察院、司法部和环境保护部就环境损害司法鉴定实行统一登记管理和规范环境损害司法鉴定工作作出明确规定。这是《关于司法鉴定管理问题的决定》施行以来，就“其他应当对鉴定人和鉴定机构实行登记管理的鉴定事项”作出的唯一具体规定。

② 顺带需要提及的是，对于法医类鉴定、物证类鉴定、声像资料鉴定“三大类鉴定”以外的鉴定事项，在部分地方司法行政机关赋予了其司法鉴定资质，实际上也有违《关于司法鉴定管理问题的决定》的规定。因为对于“三大类鉴定”以外的鉴定事项，系由国务院司法行政部门商最高人民法院、最高人民检察院确定的其他应当对鉴定人和鉴定机构实行登记管理的鉴定事项，并不应当由司法行政机关一家予以确定。而在一些案件审理过程中，也有当事人质疑司法行政机关指定的“三大类鉴定”以外的鉴定机关的资质。

前存在的一些领域司法鉴定机构缺失或者较少的现象，应当及时采取相应措施，以确保相关案件的及时、顺利办理。

作为应对，部分司法解释针对司法实践中的现实情况，规定可以委托一些尚不具备司法鉴定资质的机构对一些专门性问题出具报告。[①] 这些部门出具的报告，可以作为定罪量刑的参考，此为解决这一问题的妥善办法。此外，在办理案件的过程中，在对于所要处理的专门性问题没有鉴定机构的情形下，侦查机关或者有关部门委托一些实际上具备这方面的专业知识，但尚未取得鉴定资质的机构出具报告，司法机关可以结合案件情况对所出具的意见报告进行审查，并根据情况可以作为证明案件事实的参考。需要注意的是，在前述情形下，司法机关并不是依据鉴定意见对案件事实进行证明，而且，报告也只能作为定罪量刑的参考。为了进一步规范报告的有关问题，2012 年《刑事诉讼法解释》第 87 条第 1 款规定："对案件中的专门性问题需要鉴定，但没有法定司法鉴定机构，或者法律、司法解释规定可以进行检验的，可以指派、聘请有专门知识的人进行检验，检验报告可以作为定罪量刑的参考。"根据司法实践反映的问题，《刑事诉讼法解释》第 100 条第 1 款规定："因无鉴定机构，或者根据法律、司法解释的规定，指派、聘请有专门知识的人就案件的专门性问题出具的报告，可以作为证据使用。"

3. 电子数据鉴定意见与报告的规则确立。办理网络犯罪案件，经常会涉及电子数据的专门性问题，如计算机病毒、计算机程序功能、数据统计数量、数据同一性认定等问题，或者对电子数据存在疑问的时候，需要由司法鉴定机构出具鉴定意见。但是，目前具有电子数据鉴定资质的机构[②]较少、费用昂贵，难以满足办案实践需求。实际上，上述现象已经引起了有关方面的重视，并采取了针对性措施。《危害计算机信息系统安全犯罪解释》第 10 条规定："对于是否属

---

① 《最高人民法院、最高人民检察院关于办理盗窃刑事案件适用法律若干问题的解释》第 4 条第 1 款第 1 项规定："被盗财物有有效价格证明的，根据有效价格证明认定；无有效价格证明，或者根据价格证明认定盗窃数额明显不合理的，应当按照有关规定委托估价机构估价。"此处的"委托估价机构估价"，实际上就是由价格认证机构对价格进行认证，而这并不是司法鉴定，所出具的价格认证意见就是报告。

② 实际上，对于电子数据鉴定是否属于《关于司法鉴定管理问题的决定》规定的三大类鉴定事项，也是存在不同认识的。

于刑法第二百八十五条、第二百八十六条规定的‘国家事务、国防建设、尖端科学技术领域的计算机信息系统’、‘专门用于侵入、非法控制计算机信息系统的程序、工具’、‘计算机病毒等破坏性程序’难以确定的，应当委托省级以上负责计算机信息系统安全保护管理工作的部门检验。司法机关根据检验结论，并结合案件具体情况认定。”司法解释之所以作出这样的规定，就是考虑到司法实践中没有或者很少有能够对这些事项进行鉴定的司法鉴定机构。

为确保相关案件的及时、顺利办理，经综合有关方面意见，2014 年《网络犯罪程序意见》决定对电子数据的鉴定问题作出专门规定。经研究，2014 年《网络犯罪程序意见》在起草过程中拟规定：“对电子数据有疑问的，应当由地市级以上公安机关进行检验或者由司法鉴定机构对公安机关出具的电子数据进行鉴定。司法机关根据检验意见或者鉴定意见，并结合案件具体情况进行审查。”有意见认为，从实践来看，除地市级公安机关外，有些机构（如一些电子数据实验室）虽然未取得司法鉴定资质，但实际上具有对电子数据进行分析判断的技术条件和相关人员，建议对这些机构通过公安部指定的方式赋予其对电子数据出具报告的资质。经慎重研究，2014 年《网络犯罪程序意见》最终规定：“对电子数据涉及的专门性问题难以确定的，由司法鉴定机构出具鉴定意见，或者由公安部指定的机构出具检验报告。”自此，对电子数据涉及的专门性问题难以确定的，确立了鉴定意见与报告“两条腿走路”的原则。在此基础上，《刑事电子数据规定》作出进一步完善，第 17 条规定：“对电子数据涉及的专门性问题难以确定的，由司法鉴定机构出具鉴定意见，或者由公安部指定的机构出具报告。对于人民检察院直接受理的案件，也可以由最高人民检察院指定的机构出具报告。”关于这一制度的具体操作规定，下一步由公安部、最高人民检察院分别制定。

4. 鉴定意见与报告“两条腿走路”。鉴定意见系《刑事诉讼法》第 50 条规定的法定证据种类，而报告系司法解释根据刑事案件的办案需要而规定其可以作为参考的证据材料。因此，在《刑事电子数据规定》规定对电子数据可以进行鉴定与出具报告并行后，在司法实践中必须面临的问题就是如何取舍对待鉴定意见与报告的效力问题。对于难以确定的电子数据，既有鉴定机构出具的鉴定意见，又有指定机构出具的报告，特别是在鉴定意见与报告所提出的意见有所出入甚至截然相反时，如何取舍，亟待统一认识。本书认为，在《刑事电子数据规定》确立了电子数据鉴定意见与报告“两条腿走路”原则的基础下，不能因为鉴定意见与报告的形式而当然采纳鉴定意见，应当进行实质审查判断。主要考虑是：(1)2012 年《刑事诉讼法》第 48 条第 1 款规定：“可以用于证明案件事实的材料，都是证据。”无论是鉴定意见，还是报告，无疑都可以用于证明案件事实，都是证据材料，自然不宜因形式而当然排除，而应当进行进一步的实质审查。(2)电子数据的判断较为复杂，在存在不同认定意见的情况下，对鉴定意见和报告的进一步审查，对于更好地判定专门性问题，更好地证明案件事实，确保案件的公正处理，具有积极意义。

5. 鉴定意见和报告的审查判断。2021《刑事诉讼法解释》第 97 条规定：“对鉴定意见应当着重审查以下内容：(一)鉴定机构和鉴定人是否具有法定资质；(二)鉴定人是否存在应当回避的情形；(三)检材的来源、取得、保管、送检是否符合法律、有关规定，与相关提取笔录、扣押清单等记载的内容是否相符，检材是否可靠；(四)鉴定意见的形式要件是否完备，是否注明提起鉴定的事由、鉴定委托人、鉴定机构、鉴定要求、鉴定过程、鉴定方法、鉴定日期等相关内容，是否由鉴定机构盖章并由鉴定人签名；(五)鉴定程序是否符合法律、有关规定；(六)鉴定的过程和方法是否符合相关专业的规范要求；(七)鉴定意见是否明确；(八)鉴定意见与案件事实有无关联；(九)鉴定意见与勘验、检查笔录及相关照片等其他证据是否矛盾；存在矛盾的，能否得到合理解释；(十)鉴定意见是否依法及时告知相关人员，当事人对鉴定意见有无异议。”因此，对于电子数据的鉴定意见，应当根据上述规定事项进行审查判断，经查证属实的，才能作为定案的依据。

2021 年《刑事诉讼法解释》第 100 条第 2 款规定，对报告的审查与认定，参照适用该司法解释第四章第五节的有关规定。因此，对于电子数据的报告，也应当参照上述规定事项认真审查判断报告的真实性、关联性和合法性，对出具报告相关人员的资质、对象的有关情况、报告形成过程的科学性、报告的形式等进行综合判断，经查证属实的，才能将报告作为定罪量刑的参考。

四、电子数据的移送与展示

(一)电子数据的移送

关于电子数据的移送规则，在 2014 年《网络犯罪程序意见》有关规定的基

础上,《刑事电子数据规定》第 18 条、第 19 条作出专门规定。具体而言,主要明确了如下几个问题:

1. 考虑到电子数据存在易丢失的问题,同时也为了便于审查电子数据是否被改动,要求原始存储介质或者提取的电子数据以封存状态移送,并制作电子数据的备份一并移送。对于此处规定的备份,可以根据案件情况具体把握,不要求是全部电子数据,主要是与案件事实相关的电子数据。对于虽存储在已封存的存储介质中,但明显与案件事实无关的电子数据,可以不制作备份;对于直接提取的电子数据,原则上应当全部制作备份。

2. 从司法实践来看,电子数据可以分为两类:一类是可以直接展示的电子数据,如电子文档、图片等;另一类是无法直接展示的电子数据,如计算机病毒等破坏性程序等。对于前者,可以直接通过展示电子数据查看,没有必要移送打印件(特别是在电子文档等特别大,导致打印件的数量繁多的情况下);而对于后者,则无法以打印件的形式予以展示,无法移送打印件。因此,2012 年《刑事诉讼法解释》未要求移送电子数据的打印件。然而,司法实践中,有意见提出,当前少数基层法院的法庭设备尚无法展示诸多格式的电子数据,庭审中对关键电子数据的质证和审查仍通过打印件的形式进行。基于这一实际情况,2014 年《网络犯罪程序意见》专门规定:“人民法院、人民检察院因设备等条件限制无法直接展示电子数据的,公安机关应当随案移送打印件。”同时,为了便于人民检察院、人民法院审查,2014 年《网络犯罪程序意见》专门规定对于可以直接展示的电子数据必须附有展示方法说明和展示工具。《刑事电子数据规定》重申了上述原则,第 18 条第 2 款规定:“对网页、文档、图片等可以直接展示的电子数据,可以不随案移送打印件;人民法院、人民检察院因设备等条件限制无法直接展示电子数据的,侦查机关应当随案移送打印件,或者附展示工具和展示方法说明。”

3. 对于计算机病毒等无法直接展示的电子数据,本就无所谓打印件的问题。为了便于人民检察院、人民法院审查,2014 年《网络犯罪程序意见》专门要求附有相关说明。《刑事电子数据规定》重申了上述原则,第 19 条第 1 款规定:“对侵入、非法控制计算机信息系统的程序、工具以及计算机病毒等无法直接展示的电子数据,应当附电子数据属性、功能等情况的说明。”

4. 实践中,对于数据统计数量、数据同一性等问题的审查经常出现,且审查难度较大,故 2014 年《网络犯罪程序意见》专门要求由公安机关出具说明。《刑事电子数据规定》重申了上述原则,第 19 条第 2 款规定:“对数据统计量、数据同一性等问题,侦查机关应当出具说明。”数据统计数量在网络赌博、网络传销等案件中经常涉及,不同网站对投注额与虚拟点数对应的算法不一致,同一网站对不同层级用户的计算方法也会不同。比如,2012 年侦办的某网络传销案件中,该传销组织借助电子商务,通过诚信渠道商制度来吸纳会员,采取分级方式进行传销活动,共分为金卡会员、全球诚信渠道商等共 17 级,每个级别交纳相应等级的保证金,积累相应等级的 PV 积分(网站虚拟点数),成为不同等级的诚信渠道商。其中,最低金卡会员需要交纳 1000 元,积累 10PV,最高等级全球诚信渠道商需交纳 7000 万元,积累 1000 万 PV。各级会员金额转换率都有具体规定,侦查人员需要根据不同算法将虚拟点数折算成真实金额后再提交证据。关于数据同一性,如侵权案件中需要认定盗版软件与正版软件的同一性,一般包括软件代码的相似度,安装软件后生成的文件对比,或者在使用过程中屏幕显示内容、功能设置等项目的比对,通常情况下相似度达到一定程度的都会认定为侵权盗版。

5. 对冻结的电子数据,应当移送被冻结电子数据的清单,注明类别、文件格式、冻结主体、证据要点、相关网络应用账号,并附查看工具和方法的说明。

(二)电子数据的补充与补正

针对实践中电子数据移送不规范的问题,《刑事电子数据规定》第 20 条作出有针对性的规定,即“公安机关报请人民检察院审查批准逮捕犯罪嫌疑人,或者对侦查终结的案件移送人民检察院审查起诉的,应当将电子数据等证据一并移送人民检察院。人民检察院在审查批准逮捕和审查起诉过程中发现应当移送的电子数据没有移送或者移送的电子数据不符合相关要求的,应当通知公安机关补充移送或者进行补正。对于提起公诉的案件,人民法院发现应当移送的电子数据没有移送或者移送的电子数据不符合相关要求的,应当通知人民检察院。公安机关、人民检察院应当自收到通知后三日内移送电子数据或者补充有关材料”。

（三）电子数据的展示

关于在庭审中如何展示电子数据,《刑事电子数据规定》第 21 条规定可以根据电子数据的具体类型,借助多媒体设备出示、播放或者演示。必要时,可以聘请具有专门知识的人进行操作,并就相关技术问题作出说明。

五、电子数据的审查与判断

（一）电子数据真实性的审查与判断

电子数据具有开放性特征,其越来越与日益开放的互联网联系在一起,另外,网络电子数据的一个重要特点是可以不受时空限制获取数据。同时,电子数据又有易变性与稳定性并存的特征。这些特征决定了对电子数据真实性审查不可避免要具有一定的技术性,同时司法实务也希望能够出台更具可操作性的审查规范。基于此,《刑事电子数据规定》第 22 条规定从以下五个方面审查电子数据的真实性:

1. 是否移送原始存储介质;在原始存储介质无法封存、不便移动时,有无说明原因,并注明收集、提取过程及原始存储介质的存放地点或者电子数据的来源等情况。

2. 电子数据是否具有数字签名、数字证书等特殊标识。数字签名,是指利用特定算法对电子数据进行计算,得出的用于验证电子数据来源和完整性的数据值。数字证书,是指包含数字签名并对电子数据来源、完整性进行认证的电子文件。实践中,可以通过对电子数据附带的数字签名或者数字证书进行认证,以验证电子数据的真实性。例如,从某黑客教学网站通过网络在线提取了一个可公开下载的恶意软件,当审查该软件的真实性时,一般可以通过重复提取进行验证,但是可能出现该软件已经被网站删除而无法重复提取的情况。如果最初提取该软件时同时提取了该软件附带的数字签名（通常包含数字签名和网站证书,一般网站均带有证书）,即使在网站上软件已被删除的情况下,通过验证数字签名仍然可以证明该软件来自该网站。实践中,对数字签名、数字证书的验证既可以由审判人员通过简单的软件工具进行验证,也可以请具有专门知识的人帮助验证,还可以请有关侦查人员进行验证演示。需要强调的是,并非所有的电子数据都有数字签名或者数字证书,故不能因为电子数据没有数字签名或者数字证书就否定其真实性。

3. 电子数据的收集、提取过程是否可以重现。电子数据即使已经被提取,其提取过程仍然可以被完全、准确、一致地重现,审查电子数据时,也可以充分利用该特性通过复现收集、提取过程进行审查,比如审查电子数据检查过程中从扣押的原始存储介质中恢复的电子数据真实性时,除了审查扣押时的有关笔录和原始存储介质的封存状态外,还可以再次进行数据恢复,并比较两次数据恢复的内容是否相同。鉴于此,《刑事电子数据规定》提出了复现性审查来判断电子数据真实性的相应规则。需要强调的是,实践中并非所有的电子数据收集、提取过程都可以复现,比如拒绝服务攻击案件中从网络截取的攻击数据包,或者从计算机内存中提取的电子数据,这些数据在拒绝服务攻击结束或者计算机关机后就会消失,收集、提取过程无法复现,但不能因收集、提取过程不能重现就否定电子数据的真实性。

4. 电子数据如有增加、删除、修改等情形的,是否附有说明。一般情况下,电子数据发生增加、删除、修改,其真实性必然受到质疑。但是,电子数据发生增加、删除、修改的,并不必然导致其不真实,如为了使部分损坏的视频文件能够正常播放,在视频文件的文件头增加某些信息;为了查看乱码电子文档,修改文档文件头的某些字节;或者为了打开部分损坏的电子图片,对文件错误的字节进行修改(通常修改的数据很少,目的是正常展示图片,不会影响图片的内容)。为此,在审查电子数据真实性过程中,当发现电子数据存在增加、删除、修改的情形时,应当作进一步审查:如果增删改是为了顺利展示或者分析电子数据,对电子数据所承载的内容或者证明的事实没有影响,可以认为其是真实的;如果是故意篡改或者保管不当导致的增加、删除、修改,则无法保证电子数据所承载的内容不受影响,也就无法保证其真实性。

5. 电子数据的完整性是否可以保证。电子数据完整性是保证电子数据真实的重要因素,如果电子数据完整性遭到破坏,则意味着电子数据可能被篡改或者破坏,其真实性也无法保证。鉴于此,《刑事电子数据规定》在审查电子数据时,仍然从证据的三性出发,即从真实性、合法性、关联性的角度提出审查要点。同时,将电子数据完整性纳入了真实性范畴,在进行真实性审查时必须进行完整性审查。

（二）电子数据完整性的审查与判断

《刑事电子数据规定》第23条以第5条规定的电子数据完整性保护方法为基础，规定了审查电子数据完整性的方法。具体而言：(1)对于扣押、封存电子数据原始存储介质的，应当审查原始存储介质的扣押、封存状态；(2)对收集、提取电子数据的相关活动进行录像的，应当审查电子数据的收集、提取过程，查看录像；(3)对计算电子数据的完整性校验值的，应当比对电子数据完整性校验值；(4)对制作、封存电子数据备份的，应当与备份的电子数据进行比较；(5)对冻结的电子数据，应当审查冻结后的访问操作日志（访问操作日志，是指为审查电子数据是否被增加、删除或者修改，由计算机信息系统自动生成的对电子数据访问、操作情况的详细记录）；(6)其他方法。

（三）电子数据合法性的审查与判断

对于收集、提取电子数据合法性的审查判断，《刑事电子数据规定》第24条从以下几个方面作出规定：(1)收集、提取电子数据是否由二名以上侦查人员进行，取证方法是否符合相关技术标准。(2)收集、提取电子数据，是否附有笔录、清单，并经侦查人员、电子数据持有人（提供人）、见证人签名或者盖章；没有持有人（提供人）签名或者盖章的，是否注明原因；对电子数据的类别、文件格式等是否注明清楚。(3)是否依照有关规定由符合条件的人员担任见证人，是否对相关活动进行录像。审查见证人签名或者录像，是核实电子数据完整性的必要手段，因此应当对上述情况进行审查。需要注意的是，通常只有在刑事诉讼法及有关规定要求见证人见证的情况下，才应审查是否由符合条件的人员担任见证人，在无见证人的情况下，审查是否对相关活动进行了录像。(4)对于进行电子数据检查的，还应当审查电子数据检查是否将电子数据存储介质通过写保护设备接入到检查设备；有条件的，是否制作电子数据备份，并对备份进行检查；无法制作备份且无法使用写保护设备的，是否附有录像。

（四）电子数据关联性的审查与判断

电子数据与案件事实有无关联。通过前述审查，在判断电子数据的合法性和真实性之余，还应当对电子数据与案件事实的关联性进行审查。只有与案件事实有关联的电子数据，才能作为证据使用；不具有关联性的，不应当作为证据使用。

司法实践中经常遇到虚拟身份与真实身份对应以及存储介质的关联判断问题。例如，经常出现一人使用多个虚拟身份，或一个虚拟身份多人使用，多人共享同一上网线路的情况。同时由于部分网络服务提供商不保存日志，或移动上网日志中只保存 IP 地址和时间，不保存端口号，导致 IP 地址无法对应到唯一当事人或 IP 地址无法落地，虚实身份关联的唯一性难以认定。[①] 为方便司法适用，《刑事电子数据规定》第 25 条规定："认定犯罪嫌疑人、被告人的网络身份与现实身份的同一性，可以通过核查相关 IP 地址、网络活动记录、上网终端归属、相关证人证言以及犯罪嫌疑人、被告人供述和辩解等进行综合判断。认定犯罪嫌疑人、被告人与存储介质的关联性，可以通过核查相关证人证言以及犯罪嫌疑人、被告人供述和辩解等进行综合判断。"需要注意的是，对于存储介质的关联性判断，还可以提取必要的指纹、DNA 等痕迹物证进行综合判断。

此外，由于技术原因，电子数据的形式多种多样，涉及面较宽，故涉及案件事实的电子数据的范围也较宽。因此，在司法实践中，要注意全面收集与案件事实有关联的电子数据，避免有所遗漏。"要全面审查电子数据，既要审查存在于计算机软硬件上的电子数据，也要审查其他相关外围设备中的电子数据；既要审查文本信息，也要审查图像、视频等信息；既要审查对犯罪嫌疑人不利的证据，也要审查对其有利的证据，通过全面综合审查，审查电子数据与其他证据之间的关系，确认电子数据与待证事实之间的关系。"[②]特别是，对于犯罪分子删除或者基于其他原因被删除的电子数据，应当借助一定的技术手段予以恢复，以更为全面地证明案件事实。

---

① 在网络世界中，外网的 IP 地址具有唯一性，每个独立的网络都有一个独一无二的 IP 地址。以发送电子邮件为例，如果能够找到发件人的 IP 地址，也就能够确定发件人的身份，即通过 IP 地址就可以获知行为人的网络位置，从而进一步查明行为人的现实位置。需要注意的是：(1)内网 IP 地址随机分配，不对外显示；(2)通过 IP 地址锁定了某台电脑，也无法直接推定该电脑的所有者或者使用者即为被告人，还需要证明特定的时间点，该电脑系行为人在使用。

② 熊皓、郑兆龙：《如何审查运用电子数据》，载《检察日报》2012 年 6 月 5 日，第 3 版。

（五）鉴定人、出具报告人及有专门知识的人出庭

1. 鉴定人和出具报告人员出庭。《刑事诉讼法》第192条第3款规定："公诉人、当事人或者辩护人、诉讼代理人对鉴定意见有异议，人民法院认为鉴定人有必要出庭的，鉴定人应当出庭作证……"这一规定确定了鉴定人出庭的基本规则。该款进一步明确了鉴定人经人民法院通知拒不出庭作证的法律后果，规定："经人民法院通知，鉴定人拒不出庭作证的，鉴定意见不得作为定案的根据。"在《刑事诉讼法》已经要求鉴定人出庭作证的情况下，针对本来已作例外规定的报告，没有理由赋予出具报告人不出庭的特权。

基于此，《刑事电子数据规定》第26条明确规定："公诉人、当事人或者辩护人、诉讼代理人对电子数据鉴定意见有异议，可以申请人民法院通知鉴定人出庭作证。人民法院认为鉴定人有必要出庭的，鉴定人应当出庭作证"。"经人民法院通知，鉴定人拒不出庭作证的，鉴定意见不得作为定案的根据。对没有正当理由拒不出庭作证的鉴定人，人民法院应当通报司法行政机关或者有关部门。""公诉人、当事人或者辩护人、诉讼代理人可以申请法庭通知有专门知识的人出庭，就鉴定意见提出意见。""对电子数据涉及的专门性问题的报告，参照适用前三款规定。"

2. 有专门知识的人出庭。电子数据的判断需要较强的科学技术和专业知识的支持，其依赖相关领域专家的特殊专业知识。因此，在英美等发达国家的网络犯罪案件的办理过程中，"专家意见"在电子数据的审查过程中发挥着十分重要的作用。如果说"专家意见"主要是英美法系国家的特色制度的话，在我国刑事诉讼中，与之相呼应的是2012年修正《刑事诉讼法》时增设了有专门知识的人出庭制度。

自意大利1998年刑事司法改革引入技术顾问制度之后，越来越多的大陆法系国家开始考虑建立这一制度的必要性和可行性。在我国，是否在刑事诉讼中引入专家辅助人制度一直以来都是学术界和实务界探讨的焦点问题。[①]《刑

① 参见汪建成：《司法鉴定模式与专家证人模式的融合——中国刑事司法鉴定制度改革的方向》，载《国家检察官学院学报》2011年第4期。

事诉讼法》最终引入“有专门知识的人”制度，在法庭审理过程中由有专门知识的人对鉴定人作出的鉴定意见提出意见，实现有专门知识的人与鉴定人的对抗。《刑事诉讼法》第 197 条第 2 款规定：“公诉人、当事人和辩护人、诉讼代理人可以申请法庭通知有专门知识的人出庭，就鉴定人作出的鉴定意见提出意见。”

对于电子数据的鉴定意见和报告的判断需要较强的专业性知识，人民法院在审理案件的过程中，可以依据刑事诉讼法的规定，充分运用有专门知识的人这一“外力”，更好地审查电子数据的鉴定意见或者报告。《刑事电子数据规定》第 26 条第 3 款明确规定：“公诉人、当事人或者辩护人、诉讼代理人可以申请法庭通知有专门知识的人出庭，就鉴定意见提出意见。”实际上，具有电子数据专门知识的人出庭，就电子数据的鉴定意见或者报告发表意见，为公诉人、当事人、诉讼参与人等提供专业辅助，一方面，可以为审判人员审查判断鉴定意见、报告提供参考，有利于其作出科学的判断，且也能够在一定程度上减少重复鉴定、重复出具报告的发生，节约诉讼资源，提高审判工作的效率；另一方面，有专门知识的人出庭，就电子数据的鉴定意见或者报告进行对抗，能够增进对鉴定意见或者报告的审查，减少错误鉴定或者错误报告对法官裁判的影响，从而能够更好地维护当事人的合法权益，增强刑事诉讼的人权保障功能。

需要注意的是，根据司法解释的规定，有专门知识的人并不要求具备鉴定人资质。因此，在网络犯罪案件的审理过程中，可以出庭的有专门知识的人只要具备电子数据专业知识即可，并不限定为有关鉴定机构的鉴定人。

此外，2021 年《刑事诉讼法解释》第 250 条第 2 款规定：“申请有专门知识的人出庭，不得超过二人。有多种类鉴定意见的，可以相应增加人数。”因此，在网络犯罪案件的审理过程中，控辩双方原则上可以各申请两名具有电子数据专门知识的人出庭。

（六）电子数据的补正与排除

结合司法实践，《刑事电子数据规定》第 27 条列举了以下收集、提取电子数据存在瑕疵的情形：（1）未以封存状态移送的；（2）笔录或者清单上没有侦查人员、电子数据持有人（提供人）、见证人签名或者盖章的；（3）对电子数据的名称、类别、格式等注明不清的;(4)有其他瑕疵的。对于具有上述情形之一的电子数据,经补正或者作出合理解释的,可以采用;不能补正或者作出合理解释的,不得作为定案的根据。

此外,《刑事电子数据规定》第28条规定电子数据具有下列情形之一的,应当予以排除,不得作为定案的根据:(1)对电子数据结合证人证言、被告人供述、被害人陈述等其他证据材料,通过庭外调查核实及鉴定等方式综合审查后,确定电子数据系篡改、伪造或者无法确定真伪的。(2)经综合审查,证明电子数据确被增加、删除、修改,并且影响电子数据真实性的(非前文所述的善意增删改情形)。(3)其他无法保证电子数据真实性的情形。对于电子数据应当着重审查其真实性,如果通过综合审查判断,仍然无法保证真实性,则应当依法予以排除。

相关规定

《中华人民共和国刑事诉讼法》

第五十条　可以用于证明案件事实的材料,都是证据。

证据包括:

(一)物证;

(二)书证;

(三)证人证言;

(四)被害人陈述;

(五)犯罪嫌疑人、被告人供述和辩解;

(六)鉴定意见;

(七)勘验、检查、辨认、侦查实验等笔录;

(八)视听资料、电子数据。

证据必须经过查证属实,才能作为定案的根据。

第一百三十五条　为了查明案情,在必要的时候,经公安机关负责人批准,可以进行侦查实验。

侦查实验的情况应当写成笔录,由参加实验的人签名或者盖章。

侦查实验,禁止一切足以造成危险、侮辱人格或者有伤风化的行为。

第一百三十九条　在搜查的时候，应当有被搜查人或者他的家属，邻居或者其他见证人在场。

搜查妇女的身体，应当由女工作人员进行。

《最高人民法院关于适用〈中华人民共和国刑事诉讼法〉的解释》（法释〔2021〕1号）

第八十条　下列人员不得担任见证人：

（一）生理上、精神上有缺陷或者年幼，不具有相应辨别能力或者不能正确表达的人；

（二）与案件有利害关系，可能影响案件公正处理的人；

（三）行使勘验、检查、搜查、扣押、组织辨认等监察调查、刑事诉讼职权的监察、公安、司法机关的工作人员或者其聘用的人员。

对见证人是否属于前款规定的人员，人民法院可以通过相关笔录载明的见证人的姓名、身份证件种类及号码、联系方式以及常住人口信息登记表等材料进行审查。

由于客观原因无法由符合条件的人员担任见证人的，应当在笔录材料中注明情况，并对相关活动进行全程录音录像。

第一百一十条　对电子数据是否真实，应当着重审查以下内容：

（一）是否移送原始存储介质；在原始存储介质无法封存、不便移动时，有无说明原因，并注明收集、提取过程及原始存储介质的存放地点或者电子数据的来源等情况；

（二）是否具有数字签名、数字证书等特殊标识；

（三）收集、提取的过程是否可以重现；

（四）如有增加、删除、修改等情形的，是否附有说明；

（五）完整性是否可以保证。

第一百一十一条　对电子数据是否完整，应当根据保护电子数据完整性的相应方法进行审查、验证：

（一）审查原始存储介质的扣押、封存状态；

（二）审查电子数据的收集、提取过程，查看录像；

（三）比对电子数据完整性校验值；

（四）与备份的电子数据进行比较；

（五）审查冻结后的访问操作日志；

（六）其他方法。

第一百一十二条 对收集、提取电子数据是否合法，应当着重审查以下内容：

（一）收集、提取电子数据是否由二名以上调查人员、侦查人员进行，取证方法是否符合相关技术标准；

（二）收集、提取电子数据，是否附有笔录、清单，并经调查人员、侦查人员、电子数据持有人、提供人、见证人签名或者盖章；没有签名或者盖章的，是否注明原因；对电子数据的类别、文件格式等是否注明清楚；

（三）是否依照有关规定由符合条件的人员担任见证人，是否对相关活动进行录像；

（四）采用技术调查、侦查措施收集、提取电子数据的，是否依法经过严格的批准手续；

（五）进行电子数据检查的，检查程序是否符合有关规定。

第一百一十三条 电子数据的收集、提取程序有下列瑕疵，经补正或者作出合理解释的，可以采用；不能补正或者作出合理解释的，不得作为定案的根据：

（一）未以封存状态移送的；

（二）笔录或者清单上没有调查人员或者侦查人员、电子数据持有人、提供人、见证人签名或者盖章的；

（三）对电子数据的名称、类别、格式等注明不清的；

（四）有其他瑕疵的。

第一百一十四条 电子数据具有下列情形之一的，不得作为定案的根据：

（一）系篡改、伪造或者无法确定真伪的；

（二）有增加、删除、修改等情形，影响电子数据真实性的；

（三）其他无法保证电子数据真实性的情形。

第一百一十五条 对视听资料、电子数据，还应当审查是否移送文字抄清材料以及对绰号、暗语、俗语、方言等不易理解内容的说明。未移送的，必要时，可以要求人民检察院移送。

《最高人民法院、最高人民检察院、公安部关于办理刑事案件收集提取和审查判断电子数据若干问题的规定》（法发〔2016〕22 号）

为规范电子数据的收集提取和审查判断，提高刑事案件办理质量，根据《中华人民共和国刑事诉讼法》等有关法律规定，结合司法实际，制定本规定。

一、一 般 规 定

第一条　电子数据是案件发生过程中形成的，以数字化形式存储、处理、传输的，能够证明案件事实的数据。

电子数据包括但不限于下列信息、电子文件：

（一）网页、博客、微博客、朋友圈、贴吧、网盘等网络平台发布的信息；

（二）手机短信、电子邮件、即时通信、通讯群组等网络应用服务的通信信息；

（三）用户注册信息、身份认证信息、电子交易记录、通信记录、登录日志等信息；

（四）文档、图片、音视频、数字证书、计算机程序等电子文件。

以数字化形式记载的证人证言、被害人陈述以及犯罪嫌疑人、被告人供述和辩解等证据，不属于电子数据。确有必要的，对相关证据的收集、提取、移送、审查，可以参照适用本规定。

第二条　侦查机关应当遵守法定程序，遵循有关技术标准，全面、客观、及时地收集、提取电子数据；人民检察院、人民法院应当围绕真实性、合法性、关联性审查判断电子数据。

第三条　人民法院、人民检察院和公安机关有权依法向有关单位和个人收集、调取电子数据。有关单位和个人应当如实提供。

第四条　电子数据涉及国家秘密、商业秘密、个人隐私的，应当保密。

第五条　对作为证据使用的电子数据，应当采取以下一种或者几种方法保护电子数据的完整性：

（一）扣押、封存电子数据原始存储介质；

（二）计算电子数据完整性校验值；

（三）制作、封存电子数据备份；

（四）冻结电子数据；

（五）对收集、提取电子数据的相关活动进行录像；

（六）其他保护电子数据完整性的方法。

第六条　初查过程中收集、提取的电子数据，以及通过网络在线提取的电子数据，可以作为证据使用。

二、电子数据的收集与提取

第七条　收集、提取电子数据，应当由二名以上侦查人员进行。取证方法应当符合相关技术标准。

第八条　收集、提取电子数据，能够扣押电子数据原始存储介质的，应当扣押、封存原始存储介质，并制作笔录，记录原始存储介质的封存状态。

封存电子数据原始存储介质，应当保证在不解除封存状态的情况下，无法增加、删除、修改电子数据。封存前后应当拍摄被封存原始存储介质的照片，清晰反映封口或者张贴封条处的状况。

封存手机等具有无线通信功能的存储介质，应当采取信号屏蔽、信号阻断或者切断电源等措施。

第九条　具有下列情形之一，无法扣押原始存储介质的，可以提取电子数据，但应当在笔录中注明不能扣押原始存储介质的原因、原始存储介质的存放地点或者电子数据的来源等情况，并计算电子数据的完整性校验值：

（一）原始存储介质不便封存的；

（二）提取计算机内存数据、网络传输数据等不是存储在存储介质上的电子数据的；

（三）原始存储介质位于境外的；

（四）其他无法扣押原始存储介质的情形。

对于原始存储介质位于境外或者远程计算机信息系统上的电子数据，可以通过网络在线提取。

为进一步查明有关情况，必要时，可以对远程计算机信息系统进行网络远程勘验。进行网络远程勘验，需要采取技术侦查措施的，应当依法经过严格的批准手续。

第十条　由于客观原因无法或者不宜依据第八条、第九条的规定收集、提取电子数据的，可以采取打印、拍照或者录像等方式固定相关证据，并在笔录中说明原因。

第十一条　具有下列情形之一的，经县级以上公安机关负责人或者检察长批准，可以对电子数据进行冻结：

（一）数据量大，无法或者不便提取的；

（二）提取时间长，可能造成电子数据被篡改或者灭失的；

（三）通过网络应用可以更为直观地展示电子数据的；

（四）其他需要冻结的情形。

第十二条　冻结电子数据，应当制作协助冻结通知书，注明冻结电子数据的网络应用账号等信息，送交电子数据持有人、网络服务提供者或者有关部门协助办理。解除冻结的，应当在三日内制作协助解除冻结通知书，送交电子数据持有人、网络服务提供者或者有关部门协助办理。

冻结电子数据，应当采取以下一种或者几种方法：

（一）计算电子数据的完整性校验值；

（二）锁定网络应用账号；

（三）其他防止增加、删除、修改电子数据的措施。

第十三条　调取电子数据，应当制作调取证据通知书，注明需要调取电子数据的相关信息，通知电子数据持有人、网络服务提供者或者有关部门执行。

第十四条　收集、提取电子数据，应当制作笔录，记录案由、对象、内容、收集、提取电子数据的时间、地点、方法、过程，并附电子数据清单，注明类别、文件格式、完整性校验值等，由侦查人员、电子数据持有人（提供人）签名或者盖章；电子数据持有人（提供人）无法签名或者拒绝签名的，应当在笔录中注明，由见证人签名或者盖章。有条件的，应当对相关活动进行录像。

第十五条　收集、提取电子数据，应当根据刑事诉讼法的规定，由符合条件的人员担任见证人。由于客观原因无法由符合条件的人员担任见证人的，应当在笔录中注明情况，并对相关活动进行录像。

针对同一现场多个计算机信息系统收集、提取电子数据的，可以由一名见证人见证。

第十六条　对扣押的原始存储介质或者提取的电子数据，可以通过恢复、破解、统计、关联、比对等方式进行检查。必要时，可以进行侦查实验。

电子数据检查，应当对电子数据存储介质拆封过程进行录像，并将电子数据存储介质通过写保护设备接入到检查设备进行检查；有条件的，应当制作电子数据备份，对备份进行检查；无法使用写保护设备且无法制作备份的，应当注明原因，并对相关活动进行录像。

电子数据检查应当制作笔录，注明检查方法、过程和结果，由有关人员签名或者盖章。进行侦查实验的，应当制作侦查实验笔录，注明侦查实验的条件、经过和结果，由参加实验的人员签名或者盖章。

第十七条　对电子数据涉及的专门性问题难以确定的，由司法鉴定机构出具鉴定意见，或者由公安部指定的机构出具报告。对于人民检察院直接受理的案件，也可以由最高人民检察院指定的机构出具报告。

具体办法由公安部、最高人民检察院分别制定。

三、电子数据的移送与展示

第十八条　收集、提取的原始存储介质或者电子数据，应当以封存状态随案移送，并制作电子数据的备份一并移送。

对网页、文档、图片等可以直接展示的电子数据，可以不随案移送打印件；人民法院、人民检察院因设备等条件限制无法直接展示电子数据的，侦查机关应当随案移送打印件，或者附展示工具和展示方法说明。

对冻结的电子数据，应当移送被冻结电子数据的清单，注明类别、文件格式、冻结主体、证据要点、相关网络应用账号，并附查看工具和方法的说明。

第十九条　对侵入、非法控制计算机信息系统的程序、工具以及计算机病毒等无法直接展示的电子数据，应当附电子数据属性、功能等情况的说明。

对数据统计量、数据同一性等问题，侦查机关应当出具说明。

第二十条　公安机关报请人民检察院审查批准逮捕犯罪嫌疑人，或者对侦查终结的案件移送人民检察院审查起诉的，应当将电子数据等证据一并移送人民检察院。人民检察院在审查批准逮捕和审查起诉过程中发现应当移送的电子数据没有移送或者移送的电子数据不符合相关要求的，应当通知公安机关补充移送或者进行补正。

对于提起公诉的案件，人民法院发现应当移送的电子数据没有移送或者移送的电子数据不符合相关要求的，应当通知人民检察院。

公安机关、人民检察院应当自收到通知后三日内移送电子数据或者补充有关材料。

第二十一条　控辩双方向法庭提交的电子数据需要展示的，可以根据电子数据的具体类型，借助多媒体设备出示、播放或者演示。必要时，可以聘请具有专门知识的人进行操作，并就相关技术问题作出说明。

四、电子数据的审查与判断

第二十二条　对电子数据是否真实，应当着重审查以下内容：

（一）是否移送原始存储介质；在原始存储介质无法封存、不便移动时，有无说明原因，并注明收集、提取过程及原始存储介质的存放地点或者电子数据的来源等情况；

（二）电子数据是否具有数字签名、数字证书等特殊标识；

（三）电子数据的收集、提取过程是否可以重现；

（四）电子数据如有增加、删除、修改等情形的，是否附有说明；

（五）电子数据的完整性是否可以保证。

第二十三条　对电子数据是否完整，应当根据保护电子数据完整性的相应方法进行验证：

（一）审查原始存储介质的扣押、封存状态；

（二）审查电子数据的收集、提取过程，查看录像；

（三）比对电子数据完整性校验值；

（四）与备份的电子数据进行比较；

（五）审查冻结后的访问操作日志；

（六）其他方法。

第二十四条　对收集、提取电子数据是否合法，应当着重审查以下内容：

（一）收集、提取电子数据是否由二名以上侦查人员进行，取证方法是否符合相关技术标准；

（二）收集、提取电子数据，是否附有笔录、清单，并经侦查人员、电子数据持有人（提供人）、见证人签名或者盖章；没有持有人（提供人）签名或者盖章的，是否注明原因；对电子数据的类别、文件格式等是否注明清楚；

（三）是否依照有关规定由符合条件的人员担任见证人，是否对相关活动进行录像；

（四）电子数据检查是否将电子数据存储介质通过写保护设备接入到检查设备；有条件的，是否制作电子数据备份，并对备份进行检查；无法制作备份且无法使用写保护设备的，是否附有录像。

第二十五条　认定犯罪嫌疑人、被告人的网络身份与现实身份的同一性，可以通过核查相关 IP 地址、网络活动记录、上网终端归属、相关证人证言以及犯罪嫌疑人、被告人供述和辩解等进行综合判断。

认定犯罪嫌疑人、被告人与存储介质的关联性，可以通过核查相关证人证言以及犯罪嫌疑人、被告人供述和辩解等进行综合判断。

第二十六条　公诉人、当事人或者辩护人、诉讼代理人对电子数据鉴定意见有异议，可以申请人民法院通知鉴定人出庭作证。人民法院认为鉴定人有必要出庭的，鉴定人应当出庭作证。

经人民法院通知，鉴定人拒不出庭作证的，鉴定意见不得作为定案的根据。对没有正当理由拒不出庭作证的鉴定人，人民法院应当通报司法行政机关或者有关部门。

公诉人、当事人或者辩护人、诉讼代理人可以申请法庭通知有专门知识的人出庭，就鉴定意见提出意见。

对电子数据涉及的专门性问题的报告，参照适用前三款规定。

第二十七条　电子数据的收集、提取程序有下列瑕疵，经补正或者作出合理解释的，可以采用；不能补正或者作出合理解释的，不得作为定案的根据：

（一）未以封存状态移送的；

（二）笔录或者清单上没有侦查人员、电子数据持有人（提供人）、见证人签名或者盖章的；

（三）对电子数据的名称、类别、格式等注明不清的；

（四）有其他瑕疵的。

第二十八条　电子数据具有下列情形之一的，不得作为定案的根据：

（一）电子数据系篡改、伪造或者无法确定真伪的；

（二）电子数据有增加、删除、修改等情形，影响电子数据真实性的；

（三）其他无法保证电子数据真实性的情形。

五、附　　则

第二十九条　本规定中下列用语的含义：

（一）存储介质，是指具备数据信息存储功能的电子设备、硬盘、光盘、优盘、记忆棒、存储卡、存储芯片等载体。

（二）完整性校验值，是指为防止电子数据被篡改或者破坏，使用散列算法等特定算法对电子数据进行计算，得出的用于校验数据完整性的数据值。

（三）网络远程勘验，是指通过网络对远程计算机信息系统实施勘验，发现、提取与犯罪有关的电子数据，记录计算机信息系统状态，判断案件性质，分析犯罪过程，确定侦查方向和范围，为侦查破案、刑事诉讼提供线索和证据的侦查活动。

（四）数字签名，是指利用特定算法对电子数据进行计算，得出的用于验证电子数据来源和完整性的数据值。

（五）数字证书，是指包含数字签名并对电子数据来源、完整性进行认证的电子文件。

（六）访问操作日志，是指为审查电子数据是否被增加、删除或者修改，由计算机信息系统自动生成的对电子数据访问、操作情况的详细记录。

第三十条　本规定自2016年10月1日起施行。之前发布的规范性文件与本规定不一致的，以本规定为准。

《公安机关办理刑事案件电子数据取证规则》(公通字〔2018〕41号)

第一章　总　　则

第一条　为规范公安机关办理刑事案件电子数据取证工作,确保电子数据取证质量,提高电子数据取证效率,根据《中华人民共和国刑事诉讼法》《公安机关办理刑事案件程序规定》等有关规定,制定本规则。

第二条　公安机关办理刑事案件应当遵守法定程序,遵循有关技术标准,全面、客观、及时地收集、提取涉案电子数据,确保电子数据的真实、完整。

第三条　电子数据取证包括但不限于:

(一)收集、提取电子数据;

(二)电子数据检查和侦查实验;

(三)电子数据检验与鉴定。

第四条　公安机关电子数据取证涉及国家秘密、警务工作秘密、商业秘密、个人隐私的,应当保密;对于获取的材料与案件无关的,应当及时退还或者销毁。

第五条　公安机关接受或者依法调取的其他国家机关在行政执法和查办案件过程中依法收集、提取的电子数据可以作为刑事案件的证据使用。

第二章　收集提取电子数据

第一节　一 般 规 定

第六条　收集、提取电子数据,应当由二名以上侦查人员进行。必要时,可以指派或者聘请专业技术人员在侦查人员主持下进行收集、提取电子数据。

第七条　收集、提取电子数据,可以根据案情需要采取以下一种或者几种措施、方法:

(一)扣押、封存原始存储介质;

(二)现场提取电子数据;

(三)网络在线提取电子数据;

(四)冻结电子数据;

(五)调取电子数据。

第八条　具有下列情形之一的,可以采取打印、拍照或者录像等方式固定相关证据:

(一)无法扣押原始存储介质并且无法提取电子数据的;

(二)存在电子数据自毁功能或装置,需要及时固定相关证据的;

(三)需现场展示、查看相关电子数据的。

根据前款第二、三项的规定采取打印、拍照或者录像等方式固定相关证据后,能够扣押原始存储介质的,应当扣押原始存储介质;不能扣押原始存储介质但能够提取电子数据的,应当提取电子数据。

第九条　采取打印、拍照或者录像方式固定相关证据的,应当清晰反映电子数据的内容,并在相关笔录中注明采取打印、拍照或者录像等方式固定相关证据的原因,电子数据的存储位置、原始存储介质特征和所在位置等情况,由侦查人员、电子数据持有人(提供人)签名或者盖章;电子数据持有人(提供人)无法签名或者拒绝签名的,应当在笔录中注明,由见证人签名或者盖章。

第二节　扣押、封存原始存储介质

第十条　在侦查活动中发现的可以证明犯罪嫌疑人有罪或者无罪、罪轻或者罪重的电子数据,能够扣押原始存储介质的,应当扣押、封存原始存储介质,并制作笔录,记录原始存储介质的封存状态。

勘验、检查与电子数据有关的犯罪现场时,应当按照有关规范处置相关设备,扣押、封存原始存储介质。

第十一条　对扣押的原始存储介质,应当按照以下要求封存:

(一)保证在不解除封存状态的情况下,无法使用或者启动被封存的原始存储介质,必要时,具备数据信息存储功能的电子设备和硬盘、存储卡等内部存储介质可以分别封存;

(二)封存前后应当拍摄被封存原始存储介质的照片。照片应当反映原始存储介质封存前后的状况,清晰反映封口或者张贴封条处的状况;必要时,照片还要清晰反映电子设备的内部存储介质细节;

(三)封存手机等具有无线通信功能的原始存储介质,应当采取信号屏蔽、信号阻断或者切断电源等措施。

第十二条 对扣押的原始存储介质,应当会同在场见证人和原始存储介质持有人(提供人)查点清楚,当场开列《扣押清单》一式三份,写明原始存储介质名称、编号、数量、特征及其来源等,由侦查人员、持有人(提供人)和见证人签名或者盖章,一份交给持有人(提供人),一份交给公安机关保管人员,一份附卷备查。

第十三条 对无法确定原始存储介质持有人(提供人)或者原始存储介质持有人(提供人)无法签名、盖章或者拒绝签名、盖章的,应当在有关笔录中注明,由见证人签名或者盖章。由于客观原因无法由符合条件的人员担任见证人的,应当在有关笔录中注明情况,并对扣押原始存储介质的过程全程录像。

第十四条 扣押原始存储介质,应当收集证人证言以及犯罪嫌疑人供述和辩解等与原始存储介质相关联的证据。

第十五条 扣押原始存储介质时,可以向相关人员了解、收集并在有关笔录中注明以下情况:

(一)原始存储介质及应用系统管理情况,网络拓扑与系统架构情况,是否由多人使用及管理,管理及使用人员的身份情况;

(二)原始存储介质及应用系统管理的用户名、密码情况;

(三)原始存储介质的数据备份情况,有无加密磁盘、容器,有无自毁功能,有无其它移动存储介质,是否进行过备份,备份数据的存储位置等情况;

(四)其他相关的内容。

第三节　现场提取电子数据

第十六条 具有下列无法扣押原始存储介质情形之一的,可以现场提取电子数据:

(一)原始存储介质不便封存的;

(二)提取计算机内存数据、网络传输数据等不是存储在存储介质上的电子数据的;

(三)案件情况紧急,不立即提取电子数据可能会造成电子数据灭失或者其他严重后果的;

(四)关闭电子设备会导致重要信息系统停止服务的;

（五）需通过现场提取电子数据排查可疑存储介质的；

（六）正在运行的计算机信息系统功能或者应用程序关闭后，没有密码无法提取的；

（七）其他无法扣押原始存储介质的情形。

无法扣押原始存储介质的情形消失后，应当及时扣押、封存原始存储介质。

第十七条 现场提取电子数据可以采取以下措施保护相关电子设备：

（一）及时将犯罪嫌疑人或者其他相关人员与电子设备分离；

（二）在未确定是否易丢失数据的情况下，不能关闭正在运行状态的电子设备；

（三）对现场计算机信息系统可能被远程控制的，应当及时采取信号屏蔽、信号阻断、断开网络连接等措施；

（四）保护电源；

（五）有必要采取的其他保护措施。

第十八条 现场提取电子数据，应当遵守以下规定：

（一）不得将提取的数据存储在原始存储介质中；

（二）不得在目标系统中安装新的应用程序。如果因为特殊原因，需要在目标系统中安装新的应用程序的，应当在笔录中记录所安装的程序及目的；

（三）应当在有关笔录中详细、准确记录实施的操作。

第十九条 现场提取电子数据，应当制作《电子数据现场提取笔录》，注明电子数据的来源、事由和目的、对象、提取电子数据的时间、地点、方法、过程、不能扣押原始存储介质的原因、原始存储介质的存放地点，并附《电子数据提取固定清单》，注明类别、文件格式、完整性校验值等，由侦查人员、电子数据持有人（提供人）签名或者盖章；电子数据持有人（提供人）无法签名或者拒绝签名的，应当在笔录中注明，由见证人签名或者盖章。

第二十条 对提取的电子数据可以进行数据压缩，并在笔录中注明相应的方法和压缩后文件的完整性校验值。

第二十一条 由于客观原因无法由符合条件的人员担任见证人的，应当在《电子数据现场提取笔录》中注明情况，并全程录像，对录像文件应当计算完整性校验值并记入笔录。

第二十二条　对无法扣押的原始存储介质且无法一次性完成电子数据提取的，经登记、拍照或者录像后，可以封存后交其持有人（提供人）保管，并且开具《登记保存清单》一式两份，由侦查人员、持有人（提供人）和见证人签名或者盖章，一份交给持有人（提供人），另一份连同照片或者录像资料附卷备查。

持有人（提供人）应当妥善保管，不得转移、变卖、毁损，不得解除封存状态，不得未经办案部门批准接入网络，不得对其中可能用作证据的电子数据增加、删除、修改。必要时，应当保持计算机信息系统处于开机状态。

对登记保存的原始存储介质，应当在七日以内作出处理决定，逾期不作出处理决定的，视为自动解除。经查明确实与案件无关的，应当在三日以内解除。

第四节　网络在线提取电子数据

第二十三条　对公开发布的电子数据、境内远程计算机信息系统上的电子数据，可以通过网络在线提取。

第二十四条　网络在线提取应当计算电子数据的完整性校验值；必要时，可以提取有关电子签名认证证书、数字签名、注册信息等关联性信息。

第二十五条　网络在线提取时，对可能无法重复提取或者可能会出现变化的电子数据，应当采用录像、拍照、截获计算机屏幕内容等方式记录以下信息：

（一）远程计算机信息系统的访问方式；

（二）提取的日期和时间；

（三）提取使用的工具和方法；

（四）电子数据的网络地址、存储路径或者数据提取时的进入步骤等；

（五）计算完整性校验值的过程和结果。

第二十六条　网络在线提取电子数据应当在有关笔录中注明电子数据的来源、事由和目的、对象，提取电子数据的时间、地点、方法、过程，不能扣押原始存储介质的原因，并附《电子数据提取固定清单》，注明类别、文件格式、完整性校验值等，由侦查人员签名或者盖章。

第二十七条　网络在线提取时需要进一步查明下列情形之一的，应当对远程计算机信息系统进行网络远程勘验：

（一）需要分析、判断提取的电子数据范围的；

（二）需要展示或者描述电子数据内容或者状态的；

（三）需要在远程计算机信息系统中安装新的应用程序的；

（四）需要通过勘验行为让远程计算机信息系统生成新的除正常运行数据外电子数据的；

（五）需要收集远程计算机信息系统状态信息、系统架构、内部系统关系、文件目录结构、系统工作方式等电子数据相关信息的；

（六）其他网络在线提取时需要进一步查明有关情况的情形。

第二十八条 网络远程勘验由办理案件的县级公安机关负责。上级公安机关对下级公安机关刑事案件网络远程勘验提供技术支援。对于案情重大、现场复杂的案件，上级公安机关认为有必要时，可以直接组织指挥网络远程勘验。

第二十九条 网络远程勘验应当统一指挥，周密组织，明确分工，落实责任。

第三十条 网络远程勘验应当由符合条件的人员作为见证人。由于客观原因无法由符合条件的人员担任见证人的，应当在《远程勘验笔录》中注明情况，并按照本规则第二十五条的规定录像，录像可以采用屏幕录像或者录像机录像等方式，录像文件应当计算完整性校验值并记入笔录。

第三十一条 远程勘验结束后，应当及时制作《远程勘验笔录》，详细记录远程勘验有关情况以及勘验照片、截获的屏幕截图等内容。由侦查人员和见证人签名或者盖章。

远程勘验并且提取电子数据的，应当按照本规则第二十六条的规定，在《远程勘验笔录》注明有关情况，并附《电子数据提取固定清单》。

第三十二条 《远程勘验笔录》应当客观、全面、详细、准确、规范，能够作为还原远程计算机信息系统原始情况的依据，符合法定的证据要求。

对计算机信息系统进行多次远程勘验的，在制作首次《远程勘验笔录》后，逐次制作补充《远程勘验笔录》。

第三十三条 网络在线提取或者网络远程勘验时，应当使用电子数据持有人、网络服务提供者提供的用户名、密码等远程计算机信息系统访问权限。

采用技术侦查措施收集电子数据的，应当严格依照有关规定办理批准手续。收集的电子数据在诉讼中作为证据使用时，应当依照刑事诉讼法第一百五十四条规定执行。

第三十四条　对以下犯罪案件，网络在线提取、远程勘验过程应当全程同步录像：

（一）严重危害国家安全、公共安全的案件；

（二）电子数据是罪与非罪、是否判处无期徒刑、死刑等定罪量刑关键证据的案件；

（三）社会影响较大的案件；

（四）犯罪嫌疑人可能被判处五年有期徒刑以上刑罚的案件；

（五）其他需要全程同步录像的重大案件。

第三十五条　网络在线提取、远程勘验使用代理服务器、点对点传输软件、下载加速软件等网络工具的，应当在《网络在线提取笔录》或者《远程勘验笔录》中注明采用的相关软件名称和版本号。

第五节　冻结电子数据

第三十六条　具有下列情形之一的，可以对电子数据进行冻结：

（一）数据量大，无法或者不便提取的；

（二）提取时间长，可能造成电子数据被篡改或者灭失的；

（三）通过网络应用可以更为直观地展示电子数据的；

（四）其他需要冻结的情形。

第三十七条　冻结电子数据，应当经县级以上公安机关负责人批准，制作《协助冻结电子数据通知书》，注明冻结电子数据的网络应用账号等信息，送交电子数据持有人、网络服务提供者或者有关部门协助办理。

第三十八条　不需要继续冻结电子数据时，应当经县级以上公安机关负责人批准，在三日以内制作《解除冻结电子数据通知书》，通知电子数据持有人、网络服务提供者或者有关部门执行。

第三十九条　冻结电子数据的期限为六个月。有特殊原因需要延长期限的，公安机关应当在冻结期限届满前办理继续冻结手续。每次续冻期限最长不得超过六个月。继续冻结的，应当按照本规则第三十七条的规定重新办理冻结手续。逾期不办理继续冻结手续的，视为自动解除。

第四十条　冻结电子数据，应当采取以下一种或者几种方法：

（一）计算电子数据的完整性校验值；

（二）锁定网络应用账号；

（三）采取写保护措施；

（四）其他防止增加、删除、修改电子数据的措施。

第六节　调取电子数据

第四十一条　公安机关向有关单位和个人调取电子数据，应当经办案部门负责人批准，开具《调取证据通知书》，注明需要调取电子数据的相关信息，通知电子数据持有人、网络服务提供者或者有关部门执行。被调取单位、个人应当在通知书回执上签名或者盖章，并附完整性校验值等保护电子数据完整性方法的说明，被调取单位、个人拒绝盖章、签名或者附说明的，公安机关应当注明。必要时，应当采用录音或者录像等方式固定证据内容及取证过程。

公安机关应当协助因客观条件限制无法保护电子数据完整性的被调取单位、个人进行电子数据完整性的保护。

第四十二条　公安机关跨地域调查取证的，可以将《办案协作函》和相关法律文书及凭证传真或者通过公安机关信息化系统传输至协作地公安机关。协作地办案部门经审查确认后，在传来的法律文书上加盖本地办案部门印章后，代为调查取证。

协作地办案部门代为调查取证后，可以将相关法律文书回执或者笔录邮寄至办案地公安机关，将电子数据或者电子数据的获取、查看工具和方法说明通过公安机关信息化系统传输至办案地公安机关。

办案地公安机关应当审查调取电子数据的完整性，对保证电子数据的完整性有疑问的，协作地办案部门应当重新代为调取。

第三章　电子数据的检查和侦查实验

第一节　电子数据检查

第四十三条　对扣押的原始存储介质或者提取的电子数据，需要通过数据恢复、破解、搜索、仿真、关联、统计、比对等方式，以进一步发现和提取与案件相关的线索和证据时，可以进行电子数据检查。

第四十四条　电子数据检查，应当由二名以上具有专业技术的侦查人员进行。必要时，可以指派或者聘请有专门知识的人参加。

第四十五条　电子数据检查应当符合相关技术标准。

第四十六条　电子数据检查应当保护在公安机关内部移交过程中电子数据的完整性。移交时，应当办理移交手续，并按照以下方式核对电子数据：

（一）核对其完整性校验值是否正确；

（二）核对封存的照片与当前封存的状态是否一致。

对于移交时电子数据完整性校验值不正确、原始存储介质封存状态不一致或者未封存可能影响证据真实性、完整性的，检查人员应当在有关笔录中注明。

第四十七条　检查电子数据应当遵循以下原则：

（一）通过写保护设备接入到检查设备进行检查，或者制作电子数据备份、对备份进行检查；

（二）无法使用写保护设备且无法制作备份的，应当注明原因，并全程录像；

（三）检查前解除封存、检查后重新封存前后应当拍摄被封存原始存储介质的照片，清晰反映封口或者张贴封条处的状况；

（四）检查具有无线通信功能的原始存储介质，应当采取信号屏蔽、信号阻断或者切断电源等措施保护电子数据的完整性。

第四十八条　检查电子数据，应当制作《电子数据检查笔录》，记录以下内容：

（一）基本情况。包括检查的起止时间，指挥人员、检查人员的姓名、职务，检查的对象，检查的目的等；

（二）检查过程。包括检查过程使用的工具，检查的方法与步骤等；

（三）检查结果。包括通过检查发现的案件线索、电子数据、等相关信息。

（四）其他需要记录的内容。

第四十九条　电子数据检查时需要提取电子数据的，应当制作《电子数据提取固定清单》，记录该电子数据的来源、提取方法和完整性校验值。

第二节　电子数据侦查实验

第五十条　为了查明案情，必要时，经县级以上公安机关负责人批准可以进行电子数据侦查实验。

第五十一条　电子数据侦查实验的任务包括：

（一）验证一定条件下电子设备发生的某种异常或者电子数据发生的某种变化；

（二）验证在一定时间内能否完成对电子数据的某种操作行为；

（三）验证在某种条件下使用特定软件、硬件能否完成某种特定行为、造成特定后果；

（四）确定一定条件下某种计算机信息系统应用或者网络行为能否修改、删除特定的电子数据；

（五）其他需要验证的情况。

第五十二条　电子数据侦查实验应当符合以下要求：

（一）应当采取技术措施保护原始存储介质数据的完整性；

（二）有条件的，电子数据侦查实验应当进行二次以上；

（三）侦查实验使用的电子设备、网络环境等应当与发案现场一致或者基本一致；必要时，可以采用相关技术方法对相关环境进行模拟或者进行对照实验；

（四）禁止可能泄露公民信息或者影响非实验环境计算机信息系统正常运行的行为。

第五十三条　进行电子数据侦查实验，应当使用拍照、录像、录音、通信数据采集等一种或多种方式客观记录实验过程。

第五十四条　进行电子数据侦查实验，应当制作《电子数据侦查实验笔录》，记录侦查实验的条件、过程和结果，并由参加侦查实验的人员签名或者盖章。

第四章　电子数据委托检验与鉴定

第五十五条　为了查明案情，解决案件中某些专门性问题，应当指派、聘请有专门知识的人进行鉴定，或者委托公安部指定的机构出具报告。

需要聘请有专门知识的人进行鉴定，或者委托公安部指定的机构出具报告的，应当经县级以上公安机关负责人批准。

第五十六条　侦查人员送检时，应当封存原始存储介质、采取相应措施保护电子数据完整性，并提供必要的案件相关信息。

第五十七条　公安部指定的机构及其承担检验工作的人员应当独立开展业务并承担相应责任，不受其他机构和个人影响。

第五十八条　公安部指定的机构应当按照法律规定和司法审判机关要求承担回避、保密、出庭作证等义务，并对报告的真实性、合法性负责。

公安部指定的机构应当运用科学方法进行检验、检测，并出具报告。

第五十九条　公安部指定的机构应当具备必需的仪器、设备并且依法通过资质认定或者实验室认可。

第六十条　委托公安部指定的机构出具报告的其他事宜，参照《公安机关鉴定规则》等有关规定执行。

第五章　附　　则

第六十一条　本规则自2019年2月1日起施行。公安部之前发布的文件与本规则不一致的，以本规则为准。

第十讲

信息网络犯罪的其他程序问题

一、网络技术侦查措施的规制

（一）技侦证据材料的规范

随着社会发展和现代科学技术的不断进步，犯罪手段和方式也不断发生变异，常规的侦查措施已难以应对那些日益隐蔽和智能的犯罪行为。为有效侦查犯罪，在不断应用和改进常规侦查措施的同时，电子监听、电话监听、电子监控、秘密拍照、秘密录像等技术侦查措施逐渐兴起。我国首次规定“技术侦查措施”的立法是1993年制定的《国家安全法》，[①]1995年制定的《人民警察法》也对“技术侦查措施”加以规定。[②] 1996年《刑事诉讼法》未规定技术侦查措施。从司法实践来看，国家安全机关和公安机关已经依据《国家安全法》和《人民警察法》的规定开展技术侦查工作多年。[③] 应该说，技术侦查措施是发现、控制和防范隐蔽犯罪活动、获取犯罪证据必不可少的重要手段，故不少国家立法都允许侦查

---

① 《国家安全法》（1993年）第10条规定：“国家安全机关因侦察危害国家安全行为的需要，根据国家有关规定，经过严格的批准手续，可以采取技术侦察措施。”2015年《国家安全法》将该条删除，该条现规定于《反间谍法》第12条中。

② 《人民警察法》（1995年）第16条规定：“公安机关因侦查犯罪的需要，根据国家有关规定，经过严格的批准手续，可以采取技术侦察措施。”

③ 实际上，早在1993年之前，有关机关就已经采用了技术侦查措施，而且公安机关也在协助检察机关对贪污贿赂案件和重大的经济犯罪的调查中使用技术侦查手段。

机关使用技术侦查措施，国际公约也对技术侦查措施进行了专门规定。[①] 然而，在我国，作为基本法律的刑事诉讼法未对技术侦查措施加以规定，不利于对此类侦查措施使用的规范。[②] 基于此，2012 年修正《刑事诉讼法》之时，总结国家安全机关和公安机关多年来开展技术侦查工作的实践经验，在“立案、侦查和提起公诉”编“侦查”章增设了“技术侦查措施”一节，用 5 个条文对技术侦查措施加以规定，以规范技术侦查措施的使用和管理，规范执法行为。特别是，2018 年《刑事诉讼法》第 154 条对采取技术侦查措施收集的证据材料在刑事诉讼中的使用作出了规定，这一条文既从立法层面明确了技侦材料在刑事诉讼中的证据资格，同时也对审判人员在案件审判过程中对技侦材料的查证属实提出了明确要求。[③] 2021 年《刑事诉讼法解释》第四章第八节对技术调查、侦查证据的审查与认定作出专节规定。

---

① 《联合国打击跨国有组织犯罪公约》和《联合国反腐败公约》均作出专门规定。《联合国打击跨国有组织犯罪公约》第 20 条第 1 款规定：“各缔约国均应在其本国法律基本原则许可的情况下，视可能并根据本国法律所规定的条件采取必要措施，允许其主管当局在其境内适当使用控制下交付并在其认为适当的情况下使用其他特殊侦查措施，如电子或其他形式的监控和特工行动，以有效打击有组织犯罪。”《联合国反腐败公约》第 50 条第 1 款规定：“为有效地打击腐败，各缔约国均应当在其本国法律制度基本原则许可的范围内并根据本国法律规定的条件在其力所能及的情况下采取必要措施，允许其主管机关在其领域内酌情使用控制下交付和在其认为适当时使用诸如电子或者其他监视形式和特工行动等其他特殊侦查手段，并允许法庭采信由这些手段产生的证据。”参见宋英辉主编：《刑事诉讼法修改问题研究》，中国人民公安大学出版社 2007 年版，第 332－333 页。

② 对于技术侦查措施，国外有三种立法模式：(1)诉讼法律模式，即在刑事诉讼法中对技术侦查措施作出规定；(2)综合法律模式，即在以打击和控制犯罪为基本内容的综合性法律中对技术侦查措施作出规定；(3)专门法律模式，即通过专门立法对技术侦查措施作出规定。参见何家弘：《秘密侦查立法之我见》，载《法学杂志》2004 年第 6 期。在此次《刑事诉讼法》修改之前，我国虽然在《国家安全法》和《人民警察法》中有规定，但规定过于粗疏，未对技术侦查措施的启动、期限、限制、所获取证据的效力等问题作出规定，对技术侦查措施使用的规制有待加强。修改后《刑事诉讼法》在刑事基本法律中对技术侦查措施作出较为具体明确的规定，既有利于技术侦查措施进一步充分发挥其侦查案件的作用，也有利于对其的规范，避免其滥用，应予充分肯定。

③ 除《刑事诉讼法》对技术侦查措施的规定外，《监察法》对技术调查措施也作了相应规定。鉴于网络犯罪案件主要涉及技术侦查措施，本部分的阐释主要围绕《刑事诉讼法》关于技术侦查措施的相关规定展开，暂未涉及《监察法》关于技术调查措施的相关规定。

(二)网络技侦证据材料的有关问题

从实践来看,网络犯罪案件侦查过程中技术侦查措施的运用也有待规范,因此,《网络犯罪程序意见》第18条、第19条作了专门规定。①

1. 网络技侦证据的随案移送规则。由于技侦证据材料的特殊性,使用不当可能暴露有关人员的身份、技术方法,以致增强潜在犯罪人的反调查能力或反侦查能力,造成严重后果。基于此,世界各国对技侦证据的使用都恪守"最后使用"原则,即如果根据在案其他证据足以认定案件事实,就不使用技侦证据,技侦证据的使用只限于不可替代的场合。基于此,2021年《刑事诉讼法解释》第116条规定明确了技侦证据随案移送规则,规定:"依法采取技术调查、侦查措施收集的材料在刑事诉讼中可以作为证据使用。""采取技术调查、侦查措施收集的材料,作为证据使用的,应当随案移送。"与之相应,2021年《刑事诉讼法解释》第122条进一步规定:"人民法院认为应当移送的技术调查、侦查证据材料未随案移送的,应当通知人民检察院在指定时间内移送。人民检察院未移送的,人民法院应当根据在案证据对案件事实作出认定。"在此基础上,《网络犯罪程序意见》第18条第1款对网络技侦证据重申了随案移送规则。

2. 网络技侦证据的移送。2021年《刑事诉讼法解释》第117条、第118条进一步明确了移送、使用技术调查、侦查证据材料应当注意的问题。具体而言:(1)使用采取技术调查、侦查措施收集的证据材料可能危及有关人员的人身安全,或者可能产生其他严重后果的,可以采取下列保护措施:使用化名等代替调查、侦查人员及有关人员的个人信息;不具体写明技术调查、侦查措施使用的技术设备和技术方法;其他必要的保护措施。(2)移送技术调查、侦查证据材料的,应当附采取技术调查、侦查措施的法律文书、技术调查、侦查证据材料清单和有关说明材料。移送采取技术调查、侦查措施收集的视听资料、电子数据的,应当制作新的存储介质,并附制作说明,写明原始证据材料、原始存储介质的存

---

① 此外,鉴于网络远程勘验过程中往往涉及技术侦查措施的适用,《刑事电子数据规定》第9条第3款规定:"为进一步查明有关情况,必要时,可以对远程计算机信息系统进行网络远程勘验。进行网络远程勘验,需要采取技术侦查措施的,应当依法经过严格的批准手续。"

放地点等信息，由制作人签名，并加盖单位印章。

《网络犯罪程序意见》第 18 条规定："采取技术侦查措施收集的材料作为证据使用的，应当随案移送，并附采取技术侦查措施的法律文书、证据材料清单和有关说明材料。""移送采取技术侦查措施收集的视听资料、电子数据的，应当由两名以上侦查人员制作复制件，并附制作说明，写明原始证据材料、原始存储介质的存放地点等信息，由制作人签名，并加盖单位印章。"

3. 网络技侦证据材料的审查重点。技侦证据并非单独的证据种类，而是通常表现为视听资料、电子数据等类型，故根据 2021 年《刑事诉讼法解释》第四章第二节至第七节关于证据分类审查规定进行审查判断即可。根据 2021 年《刑事诉讼法解释》第 119 条的规定，还应当着重审查以下内容：(1)技术调查、侦查措施所针对的案件是否符合法律规定；(2)技术调查措施是否经过严格的批准手续，按照规定交有关机关执行；技术侦查措施是否在刑事立案后，经过严格的批准手续；(3)采取技术调查、侦查措施的种类、适用对象和期限是否按照批准决定载明的内容执行；(4)采取技术调查、侦查措施收集的证据材料与其他证据是否矛盾；存在矛盾的，能否得到合理解释。

4. 网络技侦证据材料的审查方式。《刑事诉讼法》第 50 条第 3 款规定："证据必须经过查证属实，才能作为定案的根据。"第 154 条对采取技术调查、侦查措施收集的证据材料的核实方法的规定本身暗含的就是对此类证据必须进行查证属实的内容。但是，由于采取技术调查、侦查措施收集的证据材料本身的特殊性，对其的查证属实有别于一般证据材料。根据《刑事诉讼法》第 154 条的规定，如果使用采取技术调查、侦查措施收集的证据可能危及有关人员的人身安全，或者可能产生其他严重后果的，应当采取不暴露有关人员身份、技术方法等保护措施，必要的时候，可以由审判人员在庭外对证据进行核实。据此，2021 年《刑事诉讼法解释》第 120 条规定："采取技术调查、侦查措施收集的证据材料，应当经过当庭出示、辨认、质证等法庭调查程序查证。""当庭调查技术调查、侦查证据材料可能危及有关人员的人身安全，或者可能产生其他严重后果的，法庭应当采取不暴露有关人员身份和技术调查、侦查措施使用的技术设备、技术方法等保护措施。必要时，审判人员可以在庭外对证据进行核实。"在此基础上，《网络犯罪程序意见》第 19 条规定："采取技术侦查措施收集的证据材料，应当经过当庭出示、辨认、质证等法庭调查程序查证。”“当庭调查技术侦查证据材料可能危及有关人员的人身安全,或者可能产生其他严重后果的,法庭应当采取不暴露有关人员身份和技术侦查措施使用的技术设备、技术方法等保护措施。必要时,审判人员可以在庭外对证据进行核实。”

根据上述规定,结合司法实践的具体情形,对于采取网络技侦措施收集的证据材料的核实,通常有以下三种方式:

(1)对于网络技侦证据材料,通过当庭出示、辨认、质证等法庭调查程序进行核实。这是对技侦材料进行核实的常态方式。

(2)对于网络技侦证据材料,采取不暴露有关人员的身份、技术方法等保护措施进行核实。如果要求使用技术调查、侦查措施所收集的证据材料一律在法庭上公开进行出示、质证等法庭调查程序,一方面,可能会暴露侦查人员、特情人员等相关人员,容易招致不法分子的报复,危及有关侦查人员和特情人员的人身安全;另一方面,这可能会泄露技术调查、侦查手段,影响今后该类措施在侦查犯罪过程中效果的发挥。因此,《刑事诉讼法》第 154 条规定,此种情况下应当采取不暴露有关人员身份、技术方法等保护措施。采取上述核实方法,前提要求使用该证据可能危及有关人员的人身安全,或者可能产生其他严重后果。从实践来看,所谓“有关人员的人身安全”,是指相关调查人员、侦查人员、线人的人身安全;而“其他严重后果”,主要是指使用该证据会造成泄密、提高罪犯的反侦查能力、妨碍对其他案件的侦破等后果。[1] 如毒品案件中的秘密侦查员一旦暴露身份,就可能面临人身危险。所谓“不暴露有关人员身份”,是指不公开有关人员的真实姓名、住址和工作单位等个人信息,使用化名或者代号,以对上述人员进行隐名保护。而且,相关人员确需出庭作证的,也应当在庭审活动中采取不暴露外貌、真实声音等出庭作证措施,即在有关人员出庭作证时,用脸罩或隔离板等遮蔽上述人员的外貌,通过技术手段改变上述人员的声音,以避免为其他庭审参加人员知悉,对其进行遮蔽保护。所谓“不暴露有关技术方法”,是指对所采取的技术调查、侦查措施的技术方法不向庭审人员和外界透

① 参见王尚新、李寿伟主编:《〈关于修改刑事诉讼法的决定〉释解与适用》,人民法院出版社 2012 年版,第 163 页。

露，以防止该类信息的泄露。

（3）对于网络技侦证据材料，由审判人员在庭外进行核实。根据2012年《刑事诉讼法》第154条的规定，采取上述核实方法，限于“必要的时候”。所谓“必要的时候”，主要指两种情形：一是采取不暴露有关人员身份、技术方法不足以使审判人员确信这些证据材料的真实性、可靠性，无法作出判决；二是采取不暴露有关人员身份、技术方法等保护措施还是无法防止严重后果的发生。[①]

司法实践中，对于庭外核实需要注意以下几个问题：①庭外核实与采取不暴露有关人员的身份、技术方法等保护措施核实，该两种核实技术调查、侦查证据材料的方法并非互相排斥，而是存在递进关系，可以结合使用。在使用该证据可能危及有关人员的人身安全，或者可能产生其他严重后果的情况下，采取不暴露有关人员身份、技术方法等保护措施对证据材料进行核实，如果审判人员仍然无法判断该证据材料的真实性、合法性和关联性，可以进一步采取庭外核实的方法。②庭外核实的具体方法。庭外核实可以要求调查、侦查人员在庭外展示侦查的方法、过程、收集的证据材料及相关录音录像资料。审判人员通过对相关方法、过程等进行核实，查看收集的证据材料，观看相关录音录像，以及向相关人员了解情况，从而对证据材料进行审查判断。③参加庭外核实的人员范围。关于技术调查、侦查证据材料庭外核实的人员范围，特别是辩护人或者辩护律师是否到场的问题，起草《关于实施刑事诉讼法若干问题的规定》时有过讨论，但存在较大分歧。有意见认为，庭外核实的人员范围仅限于审判人员以及具体承办案件起诉的检察人员和具体负责案件调查、侦查和采取技术调查、侦查措施的人员；也有意见认为，庭外核实的人员范围应当包括辩护律师，此种情况下的技侦证据材料当庭不出示，庭外核实如果又不让辩护律师参加核实，无法保障辩护方对技侦证据材料的质证权。经研究认为，技侦证据材料的庭外核实系2012年《刑事诉讼法》修改新增设的制度，缺乏司法实践经验；而且，各方面意见分歧较大，对此问题作出统一规定的时机尚不成熟，宜由司法实务适用一段时间后再视情作出规定。因此，有关司法解释、规范性文件对此问

① 参见王尚新、李寿伟主编：《〈关于修改刑事诉讼法的决定〉释解与适用》，人民法院出版社2012年版，第163页。

题未作明确规定。司法实践中,庭外核实时,人民法院应当加强与检察机关、侦查机关、调查机关沟通,以确定宜否通知辩护人参加。根据具体情况通知辩护律师到场的,到场的辩护人应当签署保密承诺书。

5. 裁判文书对网络技侦证据的表述。经法定程序查证的技侦证据,无论是否通过当庭出示、辨认、质证等法庭调查程序进行核实,均应当在裁判文书中予以表述,并作为定案的根据。为了避免公开技术调查、侦查措施的过程及方法,2021 年《刑事诉讼法解释》第 121 条规定:“采用技术调查、侦查证据作为定案根据的,人民法院在裁判文书中可以表述相关证据的名称、证据种类和证明对象,但不得表述有关人员身份和技术调查、侦查措施使用的技术设备、技术方法等。”实际上,对于其他证据,在裁判文书中一般也不会表述是通过何种具体途径获得该证据材料的。

二、涉众型网络犯罪的证明规则

(一)涉众型网络犯罪的取证困境

网络犯罪的一个重要特点就是其被害人、行为人分散在全国各地,对于以被害人数、被侵害的计算机信息系统数量、涉案资金数额等作为定罪量刑标准的犯罪案件,通常难以逐一对被害人、行为人或是计算机信息系统进行取证。例如,对于网络诈骗案件,被害人动辄成千上万,实践中不具备向所有被害人取证认定行为人违法所得的可能性;对于黑客入侵案件,黑客通过网站挂马等方式可以在短时间内控制成百上万台计算机,在取证中也不可能逐一核实其是否已控制被入侵计算机。如某公安机关侦办的一起网络诈骗案件,经统计仅 2013 年 3 月 4 日至 5 月 23 日,该团伙就预谋诈骗 11664 次,预谋诈骗金额 2.4362 亿元,成功诈骗金额高达 251 万余元。公安机关先后组织两次抓捕行动,出动警力 80 余人,分赴全国 16 个省市、26 个地市抓捕,抓获各环节主要犯罪嫌疑人 28 人,花费办案经费上百万元。该案报案的被害人被骗 490 元,尚不够追诉标准。在该案办理过程中,有意见认为,针对诈骗类案件,被害人与犯罪嫌疑人要一一对应、犯罪嫌疑人涉案金额要逐一查证,但本案被害人上万,遍及全国。根据公安机关的侦查,在整个诈骗团伙中间,只有拉单人、租马人可以和被害人一一对应,而隐藏在后面的洗钱人、写马人、免杀人等均无法和被害人一一对应;而且,犯罪嫌疑人均供述承认其犯罪事实，但其自己确实无法记清诈骗过谁或者为哪些团伙提供过帮助。例如，免杀人并不清楚给木马做完免杀之后，该款木马被植入哪个受害人的计算机里。因此，无法做到受害人和犯罪团伙中每一个利益链条上的人员都能一一对应。

（二）涉众型信息网络犯罪案件的抽样取证

不少信息网络犯罪，涉案的证据材料数量特别众多，无法逐一取证。例如，对于非法控制计算机信息系统犯罪案件，黑客通过网站挂马等方式可以在短时间内控制上百万台计算机，不可能逐一核实被控制的计算机信息系统进而认定被控制的计算机信息系统数量。但是，相关证据材料往往具有同质性，这就为抽样取证创造了条件。基于此，《网络犯罪程序意见》第 20 条对抽样取证的规则作了专门规定。具体而言：（1）抽样取证的使用规则。办理信息网络犯罪案件，对于数量特别众多且具有同类性质、特征或者功能的物证、书证、证人证言、被害人陈述、视听资料、电子数据等证据材料，确因客观条件限制无法逐一收集的，应当按照一定比例或者数量选取证据，并对选取情况作出说明和论证。（2）抽样取得的证据的审查规则。人民检察院、人民法院应当重点审查取证方法、过程是否科学。经审查认为取证不科学的，应当由原取证机关作出补充说明或者重新取证。（3）抽样取得的证据的采信规则。人民检察院、人民法院应当结合其他证据材料，以及犯罪嫌疑人、被告人及其辩护人所提辩解、辩护意见，审查认定取得的证据。经审查，对相关事实不能排除合理怀疑的，应当作出有利于犯罪嫌疑人、被告人的认定。

（三）涉众型信息网络犯罪案件的账户资金推定规则

目前，网络诈骗等侵财性案件高发多发，但打击处理的比例较低。为解决这一问题，《网络犯罪程序意见》对涉众型网络犯罪的证明规则作出明确，第 21 条规定："对于涉案人数特别众多的信息网络犯罪案件，确因客观条件限制无法收集证据逐一证明、逐人核实涉案账户的资金来源，但根据银行账户、非银行支付账户等交易记录和其他证据材料，足以认定有关账户主要用于接收、流转涉案资金的，可以按照该账户接收的资金数额认定犯罪数额，但犯罪嫌疑人、被告人能够作出合理说明的除外。案外人提出异议的,应当依法审查。”

具体而言,对于涉众型信息网络犯罪案件的账户资金推定规则需要注意以下几点:(1)适用范围为涉案人数特别众多的信息网络犯罪案件,对于一般的网络犯罪案件,不能适用。(2)有银行账户、非银行支付账户等交易记录和其他证据材料,即对于基本犯罪事实已经有相应的客观性证据证明。然而,对这些证据由于客观条件的限制,无法收集证据逐一证明、逐人核实涉案账户的资金来源。如电信诈骗中犯罪嫌疑人的银行账号中往往有成千上万笔汇款记录,无法一一找到被害人并做笔录。(3)经抽样取证,足以认定有关账户主要用于接收、流转涉案资金的,可以按照该账户接收的资金数额认定犯罪数额,但犯罪嫌疑人、被告人能够作出合理说明的除外。例如,犯罪嫌疑人提出涉嫌诈骗的账户里有合法收入并提供证据,经查证属实或不能排除相关财产系合法收入的合理怀疑的,则不能认定该笔犯罪事实。此外,对于案外人提出异议的,应当依法审查。

需要说明的是,对于涉众型网络犯罪,有关规范性文件已经作出了类似本条的规定。《网络赌博犯罪意见》规定:“对于开设赌场犯罪中用于接收、流转赌资的银行账户内的资金,犯罪嫌疑人、被告人不能说明合法来源的,可以认定为赌资。向该银行账户转入、转出资金的银行账户数量可以认定为参赌人数。如果查实一个账户多人使用或多个账户一人使用的,应当按照实际使用的人数计算参赌人数。”为了解决办理组织、领导传销活动刑事案件中无法逐一收集言词证据的问题,《最高人民法院、最高人民检察院、公安部关于办理组织领导传销活动刑事案件适用法律若干问题的意见》(公通字〔2013〕37 号)规定:“办理组织、领导传销活动刑事案件中,确因客观条件的限制无法逐一收集参与传销活动人员的言词证据的,可以结合依法收集并查证属实的缴纳、支付费用及计酬、返利记录、视听资料,传销人员关系图,银行账号交易记录,互联网电子数据,鉴定意见等证据,综合认定参与传销的人数、层级数等犯罪事实。”《最高人民法院、最高人民检察院、公安部关于办理非法集资刑事案件适用法律若干问题的意见》(公通字〔2014〕16 号)规定:“办理非法集资刑事案件中,确因客观条件的限制无法逐一收集集资参与人的言词证据的,可结合已收集的集资参与人的言词证据和依法收集并经查证属实的书面合同、银行账户交易记录、会计凭证及会计账簿、资金收付凭证、审计报告、互联网电子数据等证据,综合认定非法集资对象人数和吸收资金数额等犯罪事实。”

三、信息网络犯罪案件涉案财物的处理

《网络犯罪程序意见》第22条规定，办理信息网络犯罪案件，应当依法及时查封、扣押、冻结涉案财物，督促涉案人员退赃退赔，及时追赃挽损。具体就公检法三机关的职责而言，公安机关应当全面收集证明涉案财物性质、权属情况、依法应予追缴、没收或者责令退赔的证据材料，在移送审查起诉时随案移送并作出说明。其中，涉案财物需要返还被害人的，应当尽可能查明被害人损失情况。人民检察院应当对涉案财物的证据材料进行审查，在提起公诉时提出处理意见。人民法院应当依法作出判决，对涉案财物作出处理。

此外，《网络犯罪程序意见》第22条还明确了被害人财产的返还规则。具体而言，对应当返还被害人的合法财产，权属明确的，应当依法及时返还；权属不明的，应当在人民法院判决、裁定生效后，按比例返还被害人，但已获退赔的部分应予扣除。

相关规定

《中华人民共和国刑事诉讼法》

第一百五十条 公安机关在立案后，对于危害国家安全犯罪、恐怖活动犯罪、黑社会性质的组织犯罪、重大毒品犯罪或者其他严重危害社会的犯罪案件，根据侦查犯罪的需要，经过严格的批准手续，可以采取技术侦查措施。

人民检察院在立案后，对于利用职权实施的严重侵犯公民人身权利的重大犯罪案件，根据侦查犯罪的需要，经过严格的批准手续，可以采取技术侦查措施，按照规定交有关机关执行。

追捕被通缉或者批准、决定逮捕的在逃的犯罪嫌疑人、被告人，经过批准，可以采取追捕所必需的技术侦查措施。

第一百五十一条 批准决定应当根据侦查犯罪的需要，确定采取技术侦查措施的种类和适用对象。批准决定自签发之日起三个月以内有效。对于不需要继续采取技术侦查措施的，应当及时解除；对于复杂、疑难案件，期限届满仍有必要继续采取技术侦查措施的，经过批准，有效期可以延长，每次不得超过三个月。

第一百五十二条　采取技术侦查措施，必须严格按照批准的措施种类、适用对象和期限执行。

侦查人员对采取技术侦查措施过程中知悉的国家秘密、商业秘密和个人隐私，应当保密；对采取技术侦查措施获取的与案件无关的材料，必须及时销毁。

采取技术侦查措施获取的材料，只能用于对犯罪的侦查、起诉和审判，不得用于其他用途。

公安机关依法采取技术侦查措施，有关单位和个人应当配合，并对有关情况予以保密。

第一百五十三条　为了查明案情，在必要的时候，经公安机关负责人决定，可以由有关人员隐匿其身份实施侦查。但是，不得诱使他人犯罪，不得采用可能危害公共安全或者发生重大人身危险的方法。

对涉及给付毒品等违禁品或者财物的犯罪活动，公安机关根据侦查犯罪的需要，可以依照规定实施控制下交付。

第一百五十四条　依照本节规定采取侦查措施收集的材料在刑事诉讼中可以作为证据使用。如果使用该证据可能危及有关人员的人身安全，或者可能产生其他严重后果的，应当采取不暴露有关人员身份、技术方法等保护措施，必要的时候，可以由审判人员在庭外对证据进行核实。

《最高人民法院、最高人民检察院、公安部、国家安全部、司法部、全国人大常委会法制工作委员会关于实施刑事诉讼法若干问题的规定》(2012年12月26日)

20. 刑事诉讼法第一百四十九条中规定："批准决定应当根据侦查犯罪的需要，确定采取技术侦查措施的种类和适用对象。"采取技术侦查措施收集的材料作为证据使用的，批准采取技术侦查措施的法律文书应当附卷，辩护律师可以依法查阅、摘抄、复制，在审判过程中可以向法庭出示。

《最高人民法院关于适用〈中华人民共和国刑事诉讼法〉的解释》(法释〔2021〕1号)

第一百一十六条　依法采取技术调查、侦查措施收集的材料在刑事诉讼中可以作为证据使用。

采取技术调查、侦查措施收集的材料,作为证据使用的,应当随案移送。

第一百一十七条 使用采取技术调查、侦查措施收集的证据材料可能危及有关人员的人身安全,或者可能产生其他严重后果的,可以采取下列保护措施:

(一)使用化名等代替调查、侦查人员及有关人员的个人信息;

(二)不具体写明技术调查、侦查措施使用的技术设备和技术方法;

(三)其他必要的保护措施。

第一百一十八条 移送技术调查、侦查证据材料的,应当附采取技术调查、侦查措施的法律文书、技术调查、侦查证据材料清单和有关说明材料。

移送采用技术调查、侦查措施收集的视听资料、电子数据的,应当制作新的存储介质,并附制作说明,写明原始证据材料、原始存储介质的存放地点等信息,由制作人签名,并加盖单位印章。

第一百一十九条 对采取技术调查、侦查措施收集的证据材料,除根据相关证据材料所属的证据种类,依照本章第二节至第七节的相应规定进行审查外,还应当着重审查以下内容:

(一)技术调查、侦查措施所针对的案件是否符合法律规定;

(二)技术调查措施是否经过严格的批准手续,按照规定交有关机关执行;技术侦查措施是否在刑事立案后,经过严格的批准手续;

(三)采取技术调查、侦查措施的种类、适用对象和期限是否按照批准决定载明的内容执行;

(四)采取技术调查、侦查措施收集的证据材料与其他证据是否矛盾;存在矛盾的,能否得到合理解释。

第一百二十条 采取技术调查、侦查措施收集的证据材料,应当经过当庭出示、辨认、质证等法庭调查程序查证。

当庭调查技术调查、侦查证据材料可能危及有关人员的人身安全,或者可能产生其他严重后果的,法庭应当采取不暴露有关人员身份和技术调查、侦查措施使用的技术设备、技术方法等保护措施。必要时,审判人员可以在庭外对证据进行核实。

第一百二十一条 采用技术调查、侦查证据作为定案根据的,人民法院在裁判文书中可以表述相关证据的名称、证据种类和证明对象，但不得表述有关人员身份和技术调查、侦查措施使用的技术设备、技术方法等。

第一百二十二条　人民法院认为应当移送的技术调查、侦查证据材料未随案移送的，应当通知人民检察院在指定时间内移送。人民检察院未移送的，人民法院应当根据在案证据对案件事实作出认定。

《最高人民法院、最高人民检察院、公安部关于办理信息网络犯罪案件适用刑事诉讼程序若干问题的意见》（法发〔2022〕23号）

五、关于信息网络犯罪案件的其他问题

18. 采取技术侦查措施收集的材料作为证据使用的，应当随案移送，并附采取技术侦查措施的法律文书、证据材料清单和有关说明材料。

移送采取技术侦查措施收集的视听资料、电子数据的，应当由两名以上侦查人员制作复制件，并附制作说明，写明原始证据材料、原始存储介质的存放地点等信息，由制作人签名，并加盖单位印章。

19. 采取技术侦查措施收集的证据材料，应当经过当庭出示、辨认、质证等法庭调查程序查证。

当庭调查技术侦查证据材料可能危及有关人员的人身安全，或者可能产生其他严重后果的，法庭应当采取不暴露有关人员身份和技术侦查措施使用的技术设备、技术方法等保护措施。必要时，审判人员可以在庭外对证据进行核实。

20. 办理信息网络犯罪案件，对于数量特别众多且具有同类性质、特征或者功能的物证、书证、证人证言、被害人陈述、视听资料、电子数据等证据材料，确因客观条件限制无法逐一收集的，应当按照一定比例或者数量选取证据，并对选取情况作出说明和论证。

人民检察院、人民法院应当重点审查取证方法、过程是否科学。经审查认为取证不科学的，应当由原取证机关作出补充说明或者重新取证。

人民检察院、人民法院应当结合其他证据材料，以及犯罪嫌疑人、被告人及其辩护人所提辩解、辩护意见，审查认定取得的证据。经审查，对相关事实不能排除合理怀疑的，应当作出有利于犯罪嫌疑人、被告人的认定。

21. 对于涉案人数特别众多的信息网络犯罪案件，确因客观条件限制无法收集证据逐一证明、逐人核实涉案账户的资金来源，但根据银行账户、非银行支付账户等交易记录和其他证据材料，足以认定有关账户主要用于接收、流转涉案资金的，可以按照该账户接收的资金数额认定犯罪数额，但犯罪嫌疑人、被告人能够作出合理说明的除外。案外人提出异议的，应当依法审查。

22. 办理信息网络犯罪案件，应当依法及时查封、扣押、冻结涉案财物，督促涉案人员退赃退赔，及时追赃挽损。

公安机关应当全面收集证明涉案财物性质、权属情况、依法应予追缴、没收或者责令退赔的证据材料，在移送审查起诉时随案移送并作出说明。其中，涉案财物需要返还被害人的，应当尽可能查明被害人损失情况。人民检察院应当对涉案财物的证据材料进行审查，在提起公诉时提出处理意见。人民法院应当依法作出判决，对涉案财物作出处理。

对应当返还被害人的合法财产，权属明确的，应当依法及时返还；权属不明的，应当在人民法院判决、裁定生效后，按比例返还被害人，但已获退赔的部分应予扣除。

《最高人民法院、最高人民检察院、公安部关于办理刑事案件收集提取和审查判断电子数据若干问题的规定》(法发〔2016〕22号)

第九条第三款　为进一步查明有关情况，必要时，可以对远程计算机信息系统进行网络远程勘验。进行网络远程勘验，需要采取技术侦查措施的，应当依法经过严格的批准手续。

第四章

网络犯罪的实务问题

第十一讲

网络外挂程序犯罪

一、网络外挂程序案件罪名适用的演进历程

随着信息技术的迅速发展，针对网络游戏和其他程序的外挂案件频频发生。网络外挂违反了程序运行规则，损害了开发运行者甚至其他用户的利益，具有一定的法益侵害性。基于此，对网络外挂程序案件加以刑事规制已成为司法常态，但司法实践对具体罪名尚未形成统一适用，理论研究也存在较大争议。

基于此，本部分在实证研究相关裁判文书的基础上，对网络外挂程序案件罪名适用的演进历程进行分析。相关裁判文书的样本来自中国裁判文书网①和北大法律信息网②，检索方法如下：在中国裁判文书网全文检索"外挂 + 网络 + 程序 + 销售"，案件类型选择"刑事案件"，裁判时间截至 2020 年 12 月 31 日，获取 465 份样本③；在北大法律信息网"司法案例"全文检索"外挂 + 网络 + 程序 + 销售"，案件类型选择"刑事案件"，裁判时间截至 2013 年 12 月 31 日，获取 73 份样本。将样本合并后进一步筛选，排除重复与不相关的文书④，共获得有效判

① https://wenshu.court.gov.cn，最后访问日期：2021 年 3 月 30 日。

② https://www.chinalawinfo.com，最后访问日期：2021 年 3 月 30 日。

③ 中国裁判文书网系于 2013 年 11 月 27 日完成与各高级人民法院裁判文书传送平台联通，故公布的主要为 2014 年之后的裁判文书。

④ 有些裁判文书虽然含有上述词语，但所涉"外挂"系空调"外挂"机或者企业对"外挂"靠，或者谎称出售"外挂"程序实施诈骗等。这些"外挂"显然与所讨论的"外挂"并非一回事，予以排除；此外，有些裁判文书虽然提及涉案程序系"外挂"，但根据后文的论述，不应纳入"外挂"的范畴，故也一并予以排除。

决书345份（一审判决书314份，二审裁定、判决书31份①）；经进一步分析组合，得到325件案件。经对上述案件进行分析，可以发现网络外挂程序刑事案件呈逐年增长的明显态势，2018年至2020年的案件增长更为突出（见图11－1）；②所适用的罪名以非法经营罪，侵犯著作权罪（销售侵权复制品罪），提供侵入、非法控制计算机信息系统程序、工具罪为绝对多数，同时涉及非法获取计算机信息系统数据罪、破坏计算机信息系统罪等其他罪名（见图11－2、图11－3）。③

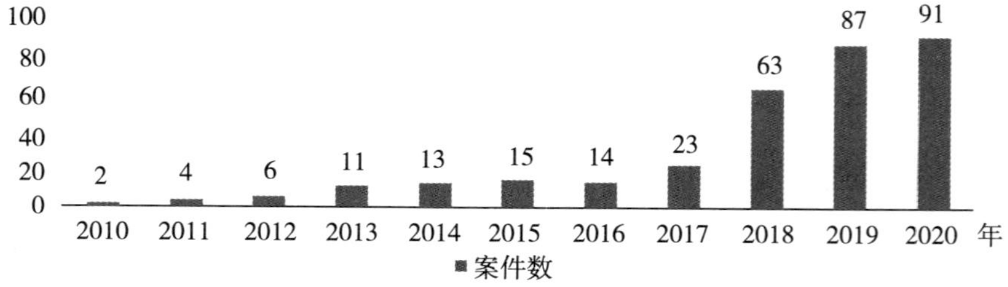

图11－1　网络外挂刑事案件审判变化情况（2010—2020年）

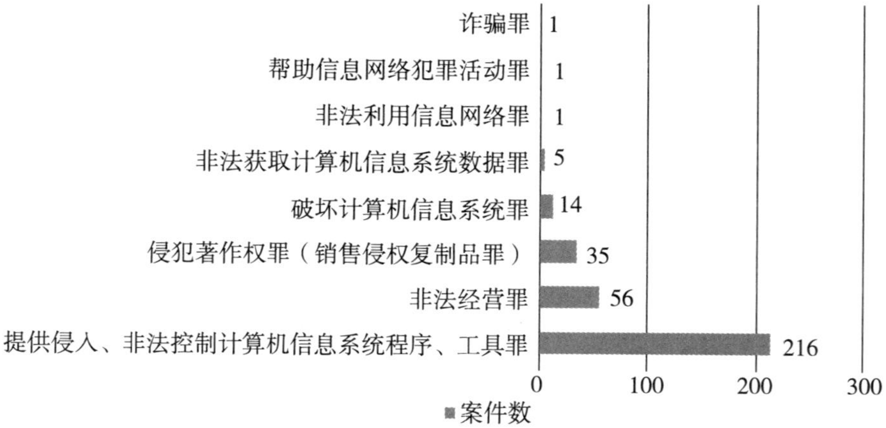

图11－2　网络外挂刑事案件罪名适用情况（2010—2020年）

① 二审裁判文书相对较少，可能与该类案件的非监禁刑（单处罚金、缓刑等）适用率很高（后文有具体阐述）直接相关，即绝大多数一审判决未引发上诉。

② 2018—2020年的案件主要集中在江苏，比例分别高达73%、63%、60%。经深入分析发现，江苏部分案件存在人为拆分的迹象，如某基层法院2019年超过十个以上的相连案号所涉判决书的被告人人数均为一名，涉及的网络外挂程序基本相同，且各被告人之间存在一定关联。但是，从整体情况来看，即使排除上述因素，江苏案件也遥遥领先其他地方。

③ 年份以判决作出的时间为准，案件既有一审判决又有二审裁判的，以二审裁判作出时间为准。

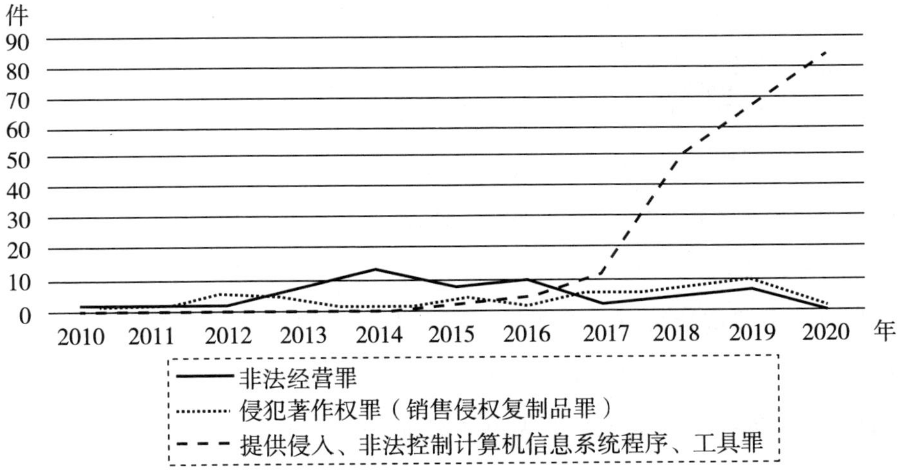

图 11－3　网络外挂程序刑事案件主要罪名适用变化情况

在上述实证分析的基础上，结合相关理论研究成果，可以将网络外挂程序案件的罪名适用划分为如下三个阶段：

（一）非法经营罪的主流适用阶段（2010 年之前）

2010 年之前，网络外挂程序刑事裁判文书较少，但立足现有资料，可以认为罪名基本适用非法经营罪。主要依据如下：（1）据相关报道，全国第一起和第二起网游外挂刑事案件（见例 1、例 2）于 2007 年作出生效裁判，均适用了非法经营罪。（2）2010 年上海两起宣判的网络游戏外挂案件均适用了非法经营罪。①

例 1：被告人谈某某等三人开发网络游戏《传奇 3》的外挂软件进行销售，经营数额达 281 万元。北京市海淀区人民法院一审判决、北京市第一中级人民法院二审判决以非法经营罪判处被告人谈某某有期徒刑六年，并处罚金 50 万元；被告人刘某某有期徒刑三年，缓刑四年，并处罚金 10 万元；被告人沈某某判处有期徒刑二年，缓刑三年，并处罚金 10 万元。②

例 2：被告人张某等五人开发网络游戏《QQ 幻想》外挂软件进行销售。广

① 参见上海市徐汇区人民法院（2010）徐刑初字第 152 号刑事判决书、上海市浦东新区人民法院（2010）浦刑初字第 972 号刑事判决书。

② 参见史迹、关芳、江伟：《IT“精英”制造网游外挂刑事案》，载《中国审判》2007 年第 10 期。

东省深圳市南山区人民法院以非法经营罪判处被告人张某有期徒刑一年六个月，其他四名被告人有期徒刑一年一个月。[①]

这一时期，适用非法经营罪，主要受到如下因素的影响：(1)原新闻出版总署、原信息产业部、原国家工商行政管理总局、国家版权局、全国“扫黄”“打非”工作小组办公室《关于开展对“私服”、“外挂”专项治理的通知》(新出联〔2003〕19号)明确提出：“‘私服’、‘外挂’违法行为属于非法互联网出版活动，应依法予以严厉打击。”这就为刑事惩治提供了前置行政依据。(2)《非法出版物犯罪解释》第11条、第15条的规定成为相关案件适用非法经营罪的司法解释依据。(3)这一时期理论上的论述基本为单罪名说，[②]且不少主张对网络外挂程序案件适用非法经营罪。[③]

(二)非法经营罪与侵犯著作权罪的并行适用阶段(2011—2016年)

2011年至2016年，网络外挂程序刑事案件呈逐年增长之势，且罪名适用开始多元，涉及非法经营罪、侵犯著作权罪、非法获取计算机信息系统数据罪、破坏计算机信息系统罪和提供侵入、非法控制计算机信息系统的程序、工具罪等多个罪名。此时，非法经营罪仍广泛适用，但是其绝对主体地位开始动摇；与之同时，侵犯著作权罪的适用开始受到重视。基于这一态势，可以认为这一时期对网络外挂程序案件的罪名适用进入非法经营罪和侵犯著作权罪的并行适用阶段。

例3：2007年起，被告人张某伙同被告人黄某针对《冒险岛》网络游戏研制外挂程序。被告人张某与梁某某通谋，由张某提供外挂，梁某某担任外挂的销

① 参见李二庆：《网游外挂第一案一审判决　外挂作弊者将入狱》，载央视国际网，http://news.cctv.com/science/20070201/104159.shtml，最后访问日期：2021年3月29日。

② 经系统梳理，对网络外挂程序案件罪名适用理论主张，可以大体划分为单罪名说和多罪名说。

③ 参见寿步等：《外挂程序相关法律关系分析》，载《电子知识产权》2005年第9期。也有持此种观点的论者主张只对恶意作弊类外挂进行刑事规制，并认为非法经营罪的适用只是应急之策，从立法完善的角度应当修改侵犯著作权罪将相关行为纳入其中。参见石金平等：《论网络游戏外挂的刑法规制》，载《政治与法律》2009年第10期。

售总代理负责销售外挂。2010 年 6 月至 9 月，梁某某支付给张某外挂结算款 140 余万元。被告人阮某某、刘某等人向梁某某购买外挂程序并对外销售。上海市浦东新区人民法院以侵犯著作权罪判处被告人张某有期徒刑五年，并处罚金 130 万元；判处被告人黄某有期徒刑四年，并处罚金 70 万元；判处被告人梁某某有期徒刑三年六个月，并处罚金 60 万元；以销售侵权复制品罪判处被告人阮某某拘役六个月，并处罚金 30 万元；判处被告人刘某拘役六个月，并处罚金 20 万元。①

例 4：2006 年 9 月至 2007 年春节，被告人董某、陈某雇用人员通过使用向他人购得的名为“小金鱼”的外挂，帮助《热血传奇》游戏玩家升级并牟利。2007 年 3 月，董某、陈某又通过互联网向他人购得名为“冰点传奇”的外挂程序，雇用人员帮助玩家使用“冰点管家”外挂程序代练升级，先后替一万多个《热血传奇》游戏账户代练升级。自 2007 年 3 月至 2007 年 12 月 7 日，董某、陈某接收汇入的资金共计 190 余万元。江苏省南京市江宁区人民法院一审判决、南京市中级人民法院二审判决以非法经营罪判处被告人董某犯有期徒刑六年，并处罚金 30 万元；被告人陈某有期徒刑三年，缓刑四年，并处罚金 20 万元。②

这一时期，多罪名适用状况，特别是非法经营罪和侵犯著作权罪的并重，主要受到如下因素的影响：（1）侵犯著作权罪的适用开始为最高司法机关有关业务部门认可。针对例 3 所涉制售网络外挂程序定性的法律适用问题，有关部门存在不同意见。2011 年，最高人民法院有关业务部门提出明确意见：“对于制作、销售网络游戏外挂程序的行为，要全面综合判断行为的社会危害性，秉持刑法的谦抑性，慎用刑事制裁手段。对于社会危险性严重、确需追究刑事责任的制作、销售互联网游戏外挂程序行为，也应妥善选择适用罪名。对制作、销售网络游戏外挂程序的行为应以侵犯著作权罪定罪处罚，不宜适用非法经营罪、破坏计算机信息系统罪等其他罪名。”③而且，该案被相关主管部门作为重点案例推介。判决作出后，最高人民法院将其列入 2011 年中国法院知识产权司法保

① 参见上海市浦东新区人民法院刑事判决书，（2010）浦刑初字第 3240 号。

② 参见《最高人民法院公报》2012 年第 2 期、《最高人民检察院公报》2011 年第 5 期。

③ 参见《最高人民法院研究室关于制作、销售网络游戏外挂程序如何处理问题的研究意见》，载《司法研究与指导》2012 年第 2 辑，人民法院出版社 2013 年版。

护 50 件典型案例之中,“供各级人民法院在知识产权审判工作中参考借鉴”。[①]可以说,该案是网络外挂案件罪名适用实务历程中的一个转折性案件:以该案为标志,侵犯著作权罪的适用开始被重视;而且,相关案件的刑罚裁量开始相对轻缓,特别是非监禁刑的适用逐渐增多。(2)非法经营罪的适用仍然未被否定。特别是,董某、陈某非法经营案(见例 4)被收录为“两高”公报案例,对非法经营罪的继续适用发挥了不可小觑的作用。(3)这一时期的理论研究多主张多罪名说,即可以根据情况适用不同罪名,而未对罪名适用形成统一认识。具体而言,又存在四罪名说(侵犯著作权罪、销售侵权复制品罪、破坏计算机信息系统罪和非法经营罪)[②]、五罪名说(侵犯著作权罪、销售侵权复制品罪、破坏计算机信息系统罪、非法获取计算机信息系统数据罪和侵犯财产罪)[③]等不同主张。

(三)提供侵入、非法控制计算机信息系统程序、工具罪的主流适用阶段(2017 年之后)

2017 年开始,网络程序外挂刑事案件呈迅速增长之势,且呈现出以江苏为绝对主体的明显地域集中特点。从罪名适用情况来看,虽然仍存在多个罪名并用的局面,但提供侵入、非法控制计算机信息系统程序、工具罪跃居罪名适用之首。基于这一态势,可以认为这一时期对网络外挂程序案件的罪名适用进入提供侵入、非法控制计算机信息系统程序、工具罪的主流适用阶段。

---

① 参见《最高人民法院办公厅关于印发 2011 年中国法院知识产权司法保护 10 大案件和 50 件典型案例的通知》(法办〔2012〕91 号),载中国法院网,https://www.chinacourt.org/law/detail/2012/04/id/145678.shtml,最后访问日期:2021 年 3 月 29 日。

② 具体而言,对制作和传播外挂行为适用侵犯著作权罪;对没有制作而只有传播外挂行为的行为适用销售侵权复制品罪;对制作和传播恶性外挂软件行为适用破坏计算机信息系统罪;对制作和传播外挂牟利的行为适用非法经营罪。参见王燕玲:《论网络游戏中“外挂”之刑法规制》,载《法律适用》2013 年第 8 期。

③ 具体而言,对制作并销售外挂的行为适用侵犯著作权罪,对销售外挂的行为适用销售侵权复制品罪;对利用外挂从事有偿代理升级的行为适用破坏计算机信息系统罪;对通过外挂获取游戏数据的行为适用非法获取计算机信息系统数据罪;对于通过外挂获取的游戏数据具有财产性的情形,构成非法获取计算机信息系统数据罪与侵犯财产罪的牵连关系,择一重罪处断。参见俞小海:《网络游戏外挂行为刑法评价的正本清源》,载《政治与法律》2015 年第 6 期。

例5：被告人谢某为方便自己代练游戏，自行编程开发了《王者荣耀》游戏外挂程序，所开发的外挂程序具有透视、视距增加、冒险模式下怪物自动死亡等功能。尔后，被告人谢某以营利为目的对外销售该外挂程序，合计57人次。刘某某代理销售。2018年，江苏省江阴市人民法院以提供侵入、非法控制计算机信息系统程序、工具罪分别判处被告人谢某、刘某某有期徒刑一年三个月、一年，同时决定适用缓刑，并处罚金3万元、2万元。①

例6：2015年1月开始，被告人张某、刘某某未经“微信”产品权利人腾讯公司授权或者同意的情况下，开发出“果然吖”“玩得溜”外挂程序。经鉴定，“果然吖”“玩得溜”可通过加载后与服务器进行验证并下载动态库文件，对微信iOS手机客户端界面进行修改，修改及控制微信手机客户端与服务器端之间传输的数据，进而实现微信多开、一键转发朋友圈内容（文字、图片、小视频均可）、朋友圈无限制提醒好友的主要功能。后张某、刘某某销售上述软件，非法销售所得累计在20万元以上；被告人赖某某则主要负责软件的销售客服工作。广东省广州市海珠区人民法院以提供侵入、非法控制计算机信息系统程序、工具罪判处被告人张某有期徒刑三年，缓刑五年，并处罚金10万元；判处被告人刘某某有期徒刑三年，缓刑五年，并处罚金10万元；判处被告人赖某某有期徒刑一年六个月，缓刑二年，并处罚金1万元。②

这一时期，超出相关理论研究的主张范围，提供侵入、非法控制计算机信息系统程序、工具罪的适用呈现主流地位。③ 从实务状况来看，主要受到如下因素的影响：（1）随着对非法经营罪“口袋罪”弊病的逐渐认识到位，对该罪的适用受到严格限缩。特别是，在存在其他可以适用罪名的前提下，基本不再考虑适用非法经营罪。（2）侵犯著作权罪的适用遇到困境，主要在于对网络外挂程序

① 参见吴佳伟：《以技术问题为突破口破解法律难点——全国首例刑事打击“王者荣耀”游戏外挂案纪实》，载《人民检察》2018年第20期。

② 参见广东省广州市海珠区人民法院刑事判决书，(2016)粤0105刑初1040号。

③ 基于这一现实状况，理论研究也开始承认这一罪名适用的合理性。例如，有论者认为，适用提供侵入、非法控制计算机信息系统程序、工具罪，虽然在理论上存在商榷的余地，但具有刑事政策考量的合理性。参见聂立泽、胡洋：《全国首例开发微信外挂软件销售案的刑法定性问题研究》，载《南都学坛》2018年第3期。

的同一性认定出现困难。通常所言,根据网络外挂程序的相似性认定意见,难以与相关网络游戏或者其他程序作同一性认定。(3)不少鉴定机构对网络外挂程序普遍出具了诸如“非法获取数据”“破坏数据”“破坏性程序”之类的判断意见[①],从而为提供侵入、非法控制计算机信息系统程序、工具罪的适用提供了一定技术支撑。(4)网警开始成为办理网络外挂程序案件的主要警种,而危害计算机信息系统安全犯罪是该警种的“看家”罪名。基于案件罪名考评的需要,对网络外挂程序案件的立案侦查一开始可能就朝着提供侵入、非法控制计算机信息系统程序、工具罪的方向推进。[②] (5)先例的影响不可小觑,在提供侵入、非法控制计算机信息系统程序、工具罪的适用成为一段时期裁判适用罪名的绝对主体后,必定会对后续裁判产生示范作用和惯性影响。

顺带提及的是,这一时期刑罚适用整体开始趋向轻缓化,非监禁刑适用比例很高。以 2019 年为例,非监禁刑适用率高达 70%,适用提供侵入、非法控制计算机信息系统程序、工具罪裁判文书的非监禁刑适用率则超过 80%。究其原因,可能有二:一是 2011 年最高人民法院有关业务部门关于对网络外挂程序案件秉持刑法谦抑性的主张产生了一定影响。二是对网络外挂案件的罪名适用存在认识分歧,特别是能否适用提供侵入、非法控制计算机信息系统程序、工具罪,更是争论激烈;在此背景下,适用较轻刑罚甚至缓刑,做到息诉服判,[③]不失为种妥当选择。

---

① 这与相关鉴定技术规范对“破坏性程序”的范围界定过宽有直接关系。例如,《破坏性程序检验操作规范(SF/Z JD0403002—2015)》规定:“确定为破坏性程序;判断依据:发现待检程序存在对计算机信息系统的功能或计算机信息系统中存储、处理或者传输的数据等进行未授权地获取、删除、增加、修改、干扰及破坏等的行为。检验结果一般表述为:待检程序为破坏性程序。”这一规定未考虑相关程序是否影响计算机信息系统运行,只要具有对数据“未授权地获取、删除、增加、修改、干扰及破坏等”情形的,即认定为“破坏性程序”认定,范围界定明显大于《刑法》第 286 条第 3 款规定的“破坏性程序”的范围。

② 例如,号称“全国首例王者荣耀外挂刑事案件”(例 5)即系江苏江阴网安办理。参见《全国首例“王者荣耀”外挂案宣判》,载人民网,http://game. people. com. cn/n1/2018/0726/c40130 - 30171909. html,最后访问日期:2021 年 3 月 31 日。

③ 例 5 和例 6 均为一审宣判后,被告人未提出上诉,检察机关未提起抗诉,判决发生法律效力。

二、网络外挂程序的技术基理与范围界定

讨论网络外挂程序案件的刑事规制，须以搞清相关技术基理和流程为前提。基于此，在对网络外挂程序案件的定性开展评析之前，本部分先介绍网络外挂程序的基本技术原理，以使后续法律论理与技术原理深度融合，确保相关结论不至于脱离技术“自说自话”。[①]

（一）网络游戏的基本原理

与单机游戏不同，网络游戏是在线游戏，即由游戏运营者提供一个庞大的游戏空间和环境，多个玩家同时登录到游戏中，相对自由和开放地进行游戏操作。从运行原理而言，网络游戏通常由两部分组成：(1)服务器端程序。服务器端程序运行在游戏服务器上，由网络游戏运营者掌握并运行。(2)客户端程序。[②] 客户端程序由网络游戏玩家安装在自己的电脑、手机等计算机信息系统之中。

网络游戏在线运行的基本原理，就是全球各地数以亿计的玩家可以通过运行客户端程序同时登录到游戏中，通过功能强大的服务器端程序，实现游戏角色之间的对话和互动，从而带来激烈竞争的无穷魅力（见图 11－4）。在单机游戏中，记录游戏角色状态的数据存储在玩家电脑的内存或者硬盘之中。但是，在网络游戏中，游戏角色状态的数据基本存放在服务器端，玩家客户端程序只是显示游戏角色的状态，对于游戏角色各种属性的修改，必须通过客户端与服务器端的通讯，取得服务器端程序同意才能实现。Internet 客户/服务器模式的通讯一般采用 TCP/IP 通信协议，数据交换是通过 IP 数据包的传输（将数据信息打包之后再传送出去）来实现的。具体而言，在通讯过程中，客户端程序通过数据封包的形式，向服务器发出移动、战斗等指令；服务器收到相关数据后，会按照既定程序对游戏角色状态作出相应改变，并向客户端作出反馈。

---

① 当前，网络外挂程序主要针对网络游戏，且针对其他程序的外挂与网络游戏外挂基本原理相同。为简化叙述，本部分相关内容以网络游戏外挂为例作集中阐释。

② 需要说明的是，有些网络游戏不需要运行客户端，而是浏览器直接登录的。因此，客户端程序包含浏览器和其他客户端程序。

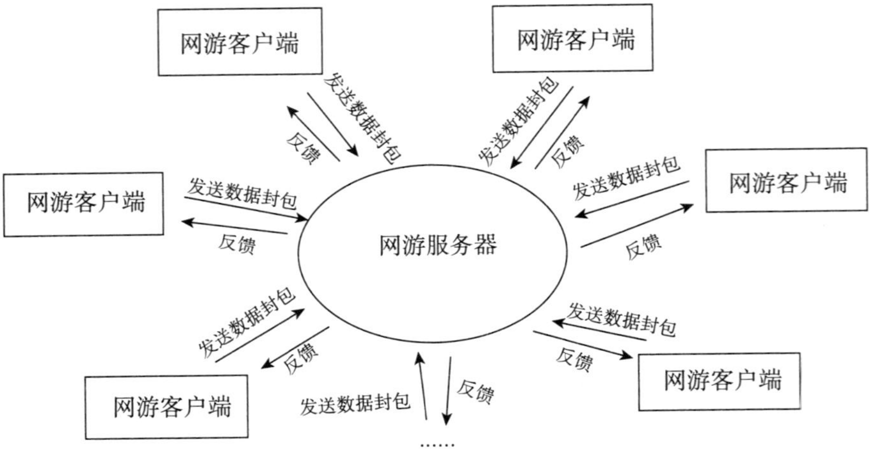

图 11-4　网络游戏运行的基本原理

(二)网络游戏外挂程序的基本原理

"外挂"的英文是"Plug-in""Add-on",原本是指一种增强功能的软件,目前主要用来指代对网络游戏和其他程序作弊的程序。在单机版游戏之中,玩家通过修改游戏客户端的数据就可以降低游戏难度,如角色不掉血、不耗费魔法、不消耗金钱等,以更容易实现通关目的。在网络游戏之中,客户端必须取得"服务器同意"才能修改游戏角色的状态。因此,网络游戏外挂程序要实现对网络游戏的影响,达到作弊的目的,必须在客户端与服务器的通讯之间采取措施。从整个通讯的流程来看,理论上可以施加影响的无非三个环节:客户端、通讯过程和服务器端。从实践来看,基本未见通过直接侵入服务器端修改游戏数据的外挂程序。因此,就技术机理而言,网络游戏外挂程序无非通过客户端或者通讯过程对服务器产生影响(见图 11-5),达到作弊的目的。

1. 通过作用客户端施加影响的外挂。从目前来看,虽然实践中出现了对客户端进行硬件改造达到作弊目的的外挂程序,但主要还是通过修改客户端内存数据进行。"网游的主要游戏逻辑放在服务器端,但是还是有少部分逻辑(计算和判断)放在客户端进行。如果所有的逻辑都需要从客户端传给服务器端并等待回音,那么,一方面会加大服务器的负担并增加运营商在服务器硬件方面的成本投入,另一方面也会因为传输的数据量过大而阻塞网络导致游戏的实时反应速度下降。”[①]因此，通过外挂程序对客户端内存数据修改后，由客户端将根据相应修改所产生的数据（与网络游戏逻辑上本应发出的数据包的数值不符）发送给服务器，服务器就会修改服务器端的游戏角色状态。此外，还存在脱机外挂，即另行研制客户端，进而与网络游戏服务器相连，通过向服务器发送数据实现作弊目的，这种脱机外挂实际上也可以归入此类外挂。

2. 通过作用封包数据施加影响的外挂。网络游戏外挂程序的针对性很强，每款游戏甚至不同版本之间的通信协议各不相同，故网络外挂程序都是针对某款游戏的某个版本制作的。总体而言，先使用网络监听工具截获客户端与服务器之间的封包数据，然后通过分析搞清楚关键字节所代表的含义；其中，对于加密运算传输的数据，将密文解密为明文进行分析。然后，在前述分析的基础上，研制出外挂程序，生成外挂控制代码，通过对网络数据包的拦截、修改（或者伪造）和发送等，通过虚假信息欺骗服务器修改游戏数值，实现作弊的目的。

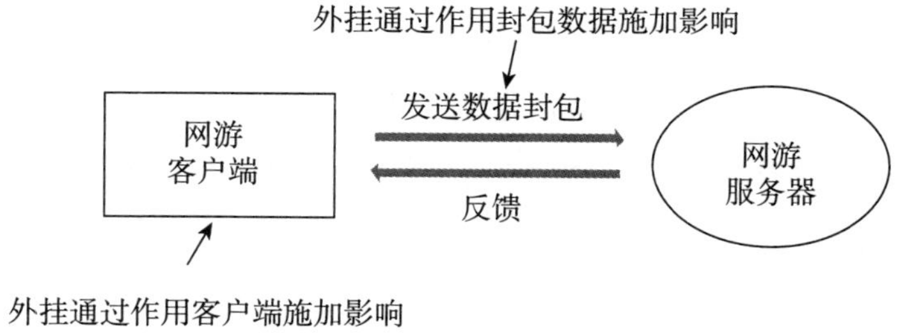

图 11－5　网络游戏外挂运行的基本原理

上述两类外挂程序运行的基本原理都是通过破坏相应技术保护措施实现作弊目的，“突破技术保护措施”是外挂程序的本质属性。然而，一些辅助操作类外挂，不影响游戏客户端发送给服务器的数据，与上述外挂程序存在明显不同。例如，有的网络游戏要通过砍树增加玩家的经验值，这个操作很简单，就是玩家在一棵大树前不停地点鼠标就可以了。为了将玩家从无聊烦琐的重复动作中解放出来，“按键精灵”外挂就产生了。这类外挂实际上是模拟点击鼠标和键盘动作，将游戏中大量烦琐和无聊的动作使用外挂自动完成，本质是“机器代练”。由于这类外挂未修改游戏逻辑，实际上未对相应技术保护措施施加破坏，

① 寿步等：《外挂程序的起源和机理》，载《电子知识产权》2005 年第 8 期。

故与上述两类外挂在技术原理上明显不同。

(三)网络外挂程序的范围界定

“外挂”并非法律名词,而是行业术语,至今没有统一的界定。原新闻出版总署、原信息、产业部、原国家工商行政管理总局、国家版权局、全国“持黄”“打非”工作小组办公室《关于开展对“私服”、“外挂”专项治理的通知》规定:“‘私服’、‘外挂’违法行为是指未经许可或授权,破坏合法出版、他人享有著作权的互联网游戏作品的技术保护措施、修改作品数据、私自架设服务器、制作游戏充值卡(点卡),运营或挂接运营合法出版、他人享有著作权的互联网游戏作品,从而谋取利益、侵害他人利益。”这一界定本身受到诟病,[①]但鉴于实践中对外挂程序的刑事规制主要以此作为前置依据,[②]故仍宜以此作为把握“外挂”外延的重要参考依据。

网络外挂程序实际上就是一种突破网络程序技术保护措施的作弊程序。以网络游戏外挂程序为例,实际上是未经权利人许可,避开或者破坏技术保护措施,通过修改游戏客户端内存或者网络数据包,从而让玩家用最少的时间和金钱实现“功力升级”“过关斩将”等目的的程序。对于网络外挂程序的范围界定,需要注意如下几点:

1. 技术意义上的“外挂”范围较宽,可能包括中性甚至良性工具在内,但作为刑事讨论对象的“外挂”宜排除中性的工具,否则对其刑事规制问题加以探讨会令人费解。例如,有论者从纯技术角度将网络外挂程序界定为“故意编造的、以对网络游戏或者包含网络游戏在内的一系列程序产生直接或间接影响的、并非网络游戏本身客户端程序的程序”。据此,以是否由网络游戏官方提供为标

---

① 例如,有论者指出该界定存在三个方面的问题:(1)将私服和外挂混在一起加以界定;(2)没有遵循技术中立原则,加入了“破坏”“侵害”等涉及合法与否的措辞;(3)将私自制作游戏充值卡的行为混入定义之中。参见寿步等:《外挂程序的定义特征和分类》,载《电子知识产权》2005 年第 8 期。对于第一点和第三点,本书亦予认可,但主张可以通过进一步区分作出处理;但对于第二点,本书认为恰恰系对外挂作出界定的应然立场。

② 不少关于网络游戏外挂程序案件的刑事判决书,特别是适用非法经营罪的,在裁判说理部分往往习惯性提及新出联〔2003〕19 号通知的相关规定。

准，可以划分为官方外挂和非官方外挂；以是否突破网络游戏规则为标准，可以划分为良性外挂和恶性外挂。[①] 按照这一界定，将中性外挂程序甚至良性外挂和官方外挂纳入刑事规制的讨论范围，明显不当。基于上述技术原理分析，可以将是否"未经权利人许可，避开或者破坏技术保护措施"作为界定标准，从而将中性外挂程序排除在外。据此，辅助操作类外挂、官方外挂、良性外挂等均应排除在外。

2. 如前所述，网络外挂程序不限于针对网络游戏的外挂程序，还可能针对其他程序，如实践中业已出现的微信外挂程序（见例6）[②]、针对售票网站的抢票外挂程序、斗鱼直播间人气外挂软件程序[③]等。

3. 网络外挂程序不同于"专门用于侵入、非法控制计算机信息系统的程序、工具"（木马程序）、"计算机病毒等破坏性程序"。当然，这并不意味着这些程序可以游离在刑事规制之外，而应理解为对相关程序无须纳入网络外挂程序的讨论范围，直接按照相应犯罪论处即可。

三、网络外挂程序案件罪名适用的评判分析

基于以司法适用罪名为主，兼顾理论研究主张罪名的考虑，本部分集中围绕对网络外挂程序案件应否适用非法经营罪，提供侵入、非法控制计算机信息系统程序、工具罪，非法获取计算机信息系统数据罪，破坏计算机信息系统罪等罪名进行探讨分析。

---

① 参见寿步等：《外挂程序的定义特征和分类》，载《电子知识产权》2005年第8期。

② 此外，2021年3月，广东省广州市南沙区人民法院也对一起制售微信外挂软件案件作了公开宣判。据报道，涉案的"海贼王"系列软件具有挂机模式、一键删除好友、添加好友、修改朋友圈、一键洗白、检测账户封号、批量实名认证等功能。参见《全国最大制售微信外挂软件案宣判》，载环球网，https://www.sohu.com/a/458472403_162522，最后访问日期：2021年4月1日。

③ 参见湖北省罗田县人民法院刑事判决书，(2019)鄂1123刑初122号。

（一）非法经营罪之否定

此种主张的主要依据是《非法出版物犯罪解释》第 11 条或者第 15 条的规定。[①] 而从实践来看，裁判文书多引用《非法出版物犯罪解释》第 11 条的规定作为裁判依据。[②][③]

本书认为，《非法出版物犯罪解释》第 11 条或者第 15 条的规定不宜作为对网络外挂程序案件适用非法经营罪的依据。主要考虑如下：(1)《非法出版物犯罪解释》第 11 条主要是针对内容上有问题的非法出版物的行为，[④]即"不黄不黑"的非法出版行为。[⑤] 原新闻出版总署、原信息产业部、原国家工商行政管理总局、国家版权局、全国"扫黄""打非"工作小组办公室《关于开展对"私服"、"外挂"专项治理的通知》明确"'外挂'违法行为属于非法互联网出版活动"。但是，即使认为网络外挂程序属于非法出版物，也应当认为其不同于内容上有问题的出版物。(2)《非法出版物犯罪解释》第 15 条的适用条件是严重扰乱市场秩序，情节特别严重。"只有对非法从事出版物的出版、印刷、复制、发行业

---

① 《非法出版物犯罪解释》第 11 条规定："违反国家规定，出版、印刷、复制、发行本解释第一条至第十条规定以外的其他严重危害社会秩序和扰乱市场秩序的非法出版物，情节严重的，依照刑法第二百二十五条第（三）项的规定，以非法经营罪定罪处罚。"第 15 条规定："非法从事出版物的出版、印刷、复制、发行业务，严重扰乱市场秩序，情节特别严重，构成犯罪的，可以依照刑法第二百二十五条第（三）项的规定，以非法经营罪定罪处罚。"

② 例如，董某、陈某非法经营案的裁判依据即为"《中华人民共和国刑法》第二百二十五条第四项……及《最高人民法院关于审理非法出版物刑事案件具体应用法律若干问题的解释》第十一条、第十二条第二款第一项的规定"。参见江苏省南京市中级人民法院刑事判决书，(2011)宁刑二终字第 10 号。

③ 需要注意的是，基于限缩司法适用，秉持刑法谦抑性的考虑，对《非法出版物犯罪解释》第 15 条所涉及的"严重扰乱市场秩序"、"情节特别严重"以及"构成犯罪"的标准，该解释未作详细规定，"实践中应当根据案件的具体情况而定，从严掌握"。参见孙军工：《〈关于审理非法出版物刑事案件具体应用法律若干问题的解释〉的理解与适用》，载《法律适用》1999 年第 2 期。缺乏明确定罪量刑标准，可能是司法实务基本未直接适用该条作为非法经营罪裁判依据的重要原因。

④ 参见孙军工：《〈关于审理非法出版物刑事案件具体应用法律若干问题的解释〉的理解与适用》，载《法律适用》1999 年第 2 期。

⑤ 参见黄晓新、李一昕：《磨砺正义之剑——〈最高人民法院关于审理非法出版物刑事案件具体应用法律的若干问题的解释〉出台始末》，载《出版经济》1999 年第 1 期。

务，严重扰乱市场秩序，情节特别严重。构成犯罪的行为，才可以定罪处罚。对于虽然非法从事出版物的出版、印刷、复制、发行业务，但没有严重扰乱市场秩序，情节一般，不构成犯罪的行为，不能定罪处罚……”[①]制作、销售网络外挂程序的行为，主要是影响了网络游戏或者相关程序开发运营者的预期经济利益，虽然这也扰乱了市场秩序，但是否达到了“严重扰乱”的程度，特别是是否“情节特别严重”，似难下结论。而且，在该司法解释条文有特定限缩适用背景的情况下，对其适用恐应作为例外情形，至少不应作为司法适用的常态。(3)私自架设网络游戏服务器的社会危害性明显大于制销网络外挂程序的社会危害性，而对前者适用侵犯著作权罪，对后者适用非法经营罪，也会造成罪刑明显失衡，不符合罪责刑相适应原则的要求。(4)《最高人民法院、最高人民检察院、公安部印发〈关于办理侵犯知识产权刑事案件适用法律若干问题的意见〉的通知》明确规定：“非法出版、复制、发行他人作品，侵犯著作权构成犯罪的，按照侵犯著作权罪定罪处罚，不认定为非法经营罪等其他犯罪。”因此，网络外挂程序案件可以构成侵犯著作权罪，自然也不应当再考虑非法经营罪的适用。

(二)提供侵入、非法控制计算机信息系统程序、工具罪之否定

此种主张[②]的主要依据是对相关网络外挂程序的鉴定意见。评判对网络外挂程序案件应否适用提供侵入、非法控制计算机信息系统程序、工具罪，关键就在于相关程序是否属于《刑法》第 285 条第 3 款规定的“专门用于侵入、非法控制计算机信息系统的程序、工具”。经查相关裁判文书所载鉴定意见，未见明确将涉案网络外挂程序直接认定为《刑法》第 285 条第 3 款规定的“专门用于侵入、非法控制计算机信息系统的程序、工具”，而是基本描述为涉案网络外挂程序具有破坏性，如“上述外挂程序具有挂起××游戏进程的线程、修改该游戏进程的内存、游戏安装目录下创建文件等行为，破坏了 2.0 版本的××游戏客户

---

① 孙军工：《〈关于审理非法出版物刑事案件具体应用法律若干问题的解释〉的理解与适用》，载《法律适用》1999 年第 2 期。

② 对该选择性罪名，各裁判文书的具体罪名确定有异，存在“提供侵入、非法控制计算机信息系统程序、工具罪”“提供侵入计算机信息系统程序、工具罪”“提供非法控制计算机信息系统程序、工具罪”等不同表述，甚至在“程序、工具”的选择适用上也存在差异。

端程序的内存并提供该游戏官方客户端所未提供的功能，属于破坏性程序”[①]“涉案××游戏的外挂程序‘十年’绕过了××游戏用于检测系统环境防止外挂木马等防火墙的限制，破解了游戏客户端与服务器主机之间的加密协议，给游戏的数据安全带来威胁；使用其操作××游戏，游戏人物选择并攻击目标，直到目标死亡，速度提高1秒时间，改变了游戏的难度，增加了游戏的功能，这些行为干扰了××游戏原有的节奏和进程，属于破坏性程序”[②]。需要注意的是，鉴定意见从来都是基于技术层面的判断，是否属于《刑法》规定的相关术语，尚需司法人员以鉴定意见为基础作进一步的法律判断。如前所述，相关鉴定技术规范对“破坏性程序”的判断实际是基于纯技术的视角，而未充分考虑《刑法》第286条规定的要件。基于此，不宜依据相关鉴定意见对网络外挂程序案件适用提供侵入、非法控制计算机信息系统程序、工具罪。主要考虑如下：

第一，《刑法》第285条第3款规定的“专门用于侵入、非法控制计算机信息系统的程序、工具”俗称“木马程序”，与《刑法》第286条第3款规定的“计算机病毒”等破坏性程序存在明显界限。对此，《危害计算机信息系统安全犯罪解释》对两个术语的范围分别作了明确规定。[③] 因此，即便依据上述网络外挂程序系“破坏性程序”的鉴定意见，也无法适用《刑法》第285条第3款规定的提供侵入、非法控制计算机信息系统程序、工具罪。

第二，根据《危害计算机信息系统安全犯罪解释》第2条的规定，“专门用于

① 参见江苏省宿迁市中级人民法院刑事裁定书，(2019)苏13刑终366号。

② 参见江苏省泰州市姜堰区人民法院刑事判决书，(2018)苏1204刑初2号。

③ 《危害计算机信息系统安全犯罪解释》第2条规定：“具有下列情形之一的程序、工具，应当认定为刑法第二百八十五条第三款规定的‘专门用于侵入、非法控制计算机信息系统的程序、工具’：(一)具有避开或者突破计算机信息系统安全保护措施，未经授权或者超越授权获取计算机信息系统数据的功能的；(二)具有避开或者突破计算机信息系统安全保护措施，未经授权或者超越授权对计算机信息系统实施控制的功能的；(三)其他专门设计用于侵入、非法控制计算机信息系统、非法获取计算机信息系统数据的程序、工具。”第5条规定：“具有下列情形之一的程序，应当认定为刑法第二百八十六条第三款规定的‘计算机病毒等破坏性程序’：(一)能够通过网络、存储介质、文件等媒介，将自身的部分、全部或者变种进行复制、传播，并破坏计算机系统功能、数据或者应用程序的；(二)能够在预先设定条件下自动触发，并破坏计算机系统功能、数据或者应用程序的；(三)其他专门设计用于破坏计算机系统功能、数据或者应用程序的程序。”

侵入、非法控制计算机信息系统的程序、工具”要求具有获取计算机信息系统数据、控制计算机信息系统的功能。基于前述技术基理分析，以网络游戏为例，相关数据包是游戏玩家客户端与服务器端之间传输的数据，恐怕不能认为服务器端对数据包排他占有。在此背景下，玩家安装外挂对数据封包截获、修改（或者伪造）进而发送至服务器端的行为过程，似乎难以认为其实施了非法获取数据的操作，实际上只是作弊罢了。如果是玩家以外的第三人截取数据进而实施上述操作，认定为非法获取数据，尚有进一步论证探讨的空间；但是，外挂程序都是玩家自行安装或者经其同意安装使用的。此外，这一作弊活动虽然使得服务器端“上当受骗”，也不是非法控制。举个例子，考生通过抄袭取得了良好的考试成绩，恐怕不会有人认为其对考试实施了非法控制的操作，只是该考生在考试过程中实施了作弊行为，这个道理应该是相通的。同样，在玩家安装了客户端，进而使用外挂修改客户端或者使用脱机挂的情况下，也不宜认定对系统进行了非法获取数据或者非法控制的操作。

此外，可能有论者会撇开《危害计算机信息系统安全犯罪解释》第 2 条的规定，认为网络外挂程序实施了“侵入”的操作，即使未非法获取数据或者控制计算机信息系统，亦可认定为“专门用于侵入计算机信息系统的程序、工具”。需要注意的是，网络外挂程序实际上是作弊程序，其需要通过在客户端或者客户端与服务器的通讯过程修改游戏逻辑后进行作弊。安装网络外挂程序后，客户端对主程序的数据发送仍然是依据此前的既定通信协议进行的，对主程序的访问只是一种“违规”访问，即只是违反了网络游戏的不得作弊的相关规则而已，与“侵入”尚有一定区别。如果将违规访问理解为“侵入”，属于对“侵入”作过于泛化的解释，进而可能导致网络犯罪中“侵入”无所不在，也不妥当。而且，在侵入三大领域以外的计算机信息系统不构成犯罪的前提下，对提供侵入上述领域计算机系统、但不能非法获取数据或者控制的工具行为入罪，也会造成《刑法》第 285 条各款之间的不协调。

第三，如果将网络外挂程序认定为“专门用于侵入、非法控制计算机信息系统的程序、工具”，对制售者适用提供侵入、非法控制计算机信息系统程序、工具罪，从逻辑上而言，这意味着对使用者应当适用非法获取计算机信息系统数据、非法控制计算机信息系统罪。显然，这不符合司法实务的状况，实践中除对个别批量使用网络外挂程序获取游戏道具、游戏币等行为适用非法获取计算机信息系统数据罪外,基本未见对使用者追究刑事责任的。

第四,《刑法》第286条第3款对制作、传播计算机病毒等破坏性程序作了规定,但这一规定有别于《刑法》第285条第3款关于提供侵入、非法控制计算机信息系统程序、工具罪的规定,前者并非独立的工具犯罪,而制作、销售计算机病毒等破坏性程序的行为是否构成犯罪取决于其是否“影响计算机系统正常运行”。因此,即使对网络外挂程序案件适用破坏计算机信息系统罪,也需要查明相关程序被实际适用,且造成影响计算机信息系统正常运行的后果。对考生作弊的行为不能认定为破坏考试,对网络外挂程序作弊的行为也不宜认定为破坏计算机信息系统。实际上,在使用网络外挂程序实施作弊的过程中,网络游戏的基本功能并未受到影响,仅是玩家通过作弊缩短了游戏时间,扰乱了游戏秩序和规则,故不应认定为破坏计算机信息系统。[①]

需要提及的是,对于业已发生的在网络外挂程序之中植入木马程序或者破坏性程序,或者在网络运行中直接使用木马程序或者破坏性程序的案件,已经超出了网络外挂程序案件的讨论范围,应当直接按照相应犯罪论处。例如,被告人在经营的网站外挂程序中植入木马软件,非法获取游戏网站中的身份认证信息牟利;[②]又如,被告人编写具有无密码登录、遍历等功能的非法程序软件,并利用该非法程序软件绕过密码批量登录玩家的游戏账号,盗取账号上的“元宝”“金条”等道具,后销售给其他玩家。[③] 对于此类木马程序案件,虽然形式上与外挂程序具有相似性,但其实质上属于“专门用于侵入、非法控制计算机信息系统的程序、工具”(木马程序),故法院对相关行为直接适用非法获取计算机信息

---

① 相反,对于一些破坏基本功能的程序,则明显具有破坏性,应当认定为《刑法》第286条第3款规定的“破坏性程序”,进而适用破坏计算机信息系统罪。例如,被告人为增加其网吧生意,从他人处购买并安装“免刷”外挂软件,让上网人员可以不实名上网,并让未成年人可以上网消费,篡改网吧实名制系统。参见四川省江安县人民法院刑事判决书,(2020)川1523刑初47号。这类程序属于对网吧实名制系统基本功能的破坏,不应再纳入外挂程序的讨论范围,可以直接以破坏计算机信息系统罪论处。

② 参见江苏省南京市玄武区人民法院刑事判决书,(2013)玄刑初字第103号。

③ 参见江苏省江阴市人民法院刑事判决书,(2020)苏0281刑初1019号。

系统数据罪。

（三）非法获取计算机信息系统数据罪和破坏计算机信息系统罪之否定

从司法实务来看，适用非法获取计算机信息系统数据罪和破坏计算机信息系统罪主要是针对非法使用网络外挂程序获取游戏道具、游戏币等的案件，也有部分针对制售网络外挂程序的案件。前一部分的论述实际上已否定了对制售网络外挂程序的行为适用非法获取计算机信息系统数据罪、破坏计算机信息系统罪，本部分只需要讨论对批量使用外挂程序获取游戏道具、游戏币等行为应否适用非法获取计算机信息系统数据罪即可。

需要注意的是，根据《刑法》第 285 条第 2 款的规定，非法获取计算机信息系统数据罪的手段限于“侵入计算机信息系统”或者“采用其他技术手段”的方式，即俗称的“黑客手段”。毫无疑问，网络外挂程序只是“违反规则”传输数据，不能认定为侵入计算机信息系统。所谓采用其他技术手段，是指侵入以外的技术手段，如利用钓鱼网站、中途劫持等技术手段；而批量使用网络外挂程序获取游戏道具、游戏币等行为，实际上是违反游戏规则的作弊行为，欺骗服务器取得游戏道具、游戏币等，不符合非法获取计算机信息系统数据罪所要求的手段条件。当然，对于使用网络外挂程序作弊，直接骗取对方财物的，如在网络赌博中使用外挂程序进行诈赌，则可以适用诈骗罪。①

四、网络外挂程序案件罪名适用的转向与立场

“刑法起源于没有网络的时代，近代刑事立法与刑法理论的形成时期也没有网络，刑法上的具体概念原本与网络没有任何关系，许多具体概念难以适用于网络犯罪。”②网络外挂程序的案件的规制即是如此，对这一信息技术条件下的新类型犯罪的规制长期存在罪名适用争议，实际上与立法规定本身不完善有一定关系。本书认为，侵犯著作权罪是相对合适的罪名，但适用本身也确有一

---

① 被告人使用赌博外挂作弊软件参与麻将平台赌博，骗取其他参赌人员财物，被法院认定为诈骗罪。参见山东省济宁市中级人民法院刑事裁定书，(2020)鲁 08 刑终 169 号。

② 张明楷：《网络时代的刑事立法》，载《法律科学(西北政法大学学报)》2017 年第 3 期。

些困难;当然,这些困难在《刑法修正案(十一)》施行之后已得到解决,未来对网络外挂程序案件应当在秉持刑法谦抑和慎用立场的基础上,统一以侵犯著作权罪(销售侵权复制品罪)作为基本罪名。

(一)侵犯著作权罪适用的历史困境

基于前文对网络外挂程序基理的分析,网络外挂程序是针对网络游戏或者其他程序,通过对客户端程序或者客户端和服务器之间的通信协议分析研制的作弊程序,实质在于破坏相关程序的技术保护措施来施加影响。与私服复制网络游戏源代码的全部内容不同,网络外挂程序只复制了网络程序或者其他程序源代码中的部分内容。正因如此,私服案件被毫无争议地认定为侵犯著作权罪,而在《刑法修正案(十一)》之前,外挂程序案件应否构成侵犯著作权罪,关键就在于其对网络游戏和其他程序的复制发行是否属于侵犯著作权罪中的“复制发行”。侵犯著作权罪的核心特征在于“复制发行”,即行为人所制作发行的作品应与权利人的作品具有较高程度的相似性。如果行为人发行的作品与权利人的作品仅有5%的相似性,则通常难以被认定为侵犯著作权罪中的“复制发行”;但是,毫无疑问,研发网络外挂程序须以原有程序为基础,故其存在复制网络数据的客观事实。因此,外挂程序对网络程序本身的复制行为,可以作为此种行为被定性为侵犯著作权罪的考虑之一。此外,外挂程序未经著作权人许可,破译和擅自使用了网络通信协议。通信协议又称通信规程,是指通信双方对数据传送控制的一种约定,即对数据格式、同步方式、传送速度、传送步骤、检纠错方式以及控制字符定义等问题作出统一规定,通信双方必须共同遵守。只有经过网络游戏经营者的许可,才可以使用网络通信协议。网络外挂程序破译并擅自使用网络游戏的通信协议,截取并修改游戏发送到游戏服务器的数据,修改客户端内存中的数据,以达到增强客户端各种功能的目的。网络外挂程序这种以营利为目的,未经授权使用网络通信协议的行为,进一步说明了网络外挂程序的侵犯著作权特性。基于此,即使在《刑法修正案(十一)》之前,综合考虑针对网络外挂程序案件定性的各种方案,比较其中利弊,最优的方案也应当是:网络外挂程序案件基本符合侵犯著作权罪所规定的“复制发行”的要求,可以视情适用侵犯著作权罪;对于其中单纯的销售行为,可以考虑适用销售侵权复制品罪。

(二)《刑法修正案(十一)》关于侵犯著作权罪的修改完善

在“全民触网”的互联网时代,通过信息网络向公众传播作品已经越来越普遍。为保护著作权及相关权利,不少权利人对作品采取了技术加密等保护措施。[①] 但是,实践中通过避开、破坏技术保护措施,侵犯著作权或者与之有关的权利的行为,也越来越多。针对上述情况,《著作权法》和相关法律法规也作了针对性规定。《著作权法》第 49 条第 1 款、第 2 款规定:“为保护著作权和与著作权有关的权利,权利人可以采取技术措施。未经权利人许可,任何组织或者个人不得故意避开或者破坏技术措施,不得以避开或者破坏技术措施为目的制造、进口或者向公众提供有关装置或者部件,不得故意为他人避开或者破坏技术措施提供技术服务。但是,法律、行政法规规定可以避开的情形除外。”《著作权法》第 53 条进一步规定:“有下列侵权行为……构成犯罪的,依法追究刑事责任:……(六)未经著作权人或者与著作权有关的权利人许可,故意避开或者破坏技术措施的,故意制造、进口或者向他人提供主要用于避开、破坏技术措施的装置或者部件的,或者故意为他人避开或者破坏技术措施提供技术服务的,法律、行政法规另有规定的除外……”[②]上述规定一直缺乏刑事法律的保障,使得违反上述规定法益侵害严重的行为无法追究刑事责任。网络外挂程序实际上也是一种突破网络游戏和其他程序技术保护措施的行为,有论者多年前即提

---

① 根据《著作权法》第 49 条第 3 款的规定,技术措施,是指用于防止、限制未经权利人许可浏览、欣赏作品、表演、录音录像制品或者通过信息网络向公众提供作品、表演、录音录像制品的有效技术、装置或者部件。

② 此外,根据《信息网络传播权保护条例》第 19 条第 1 项的规定,故意制造、进口或者向他人提供主要用于避开、破坏技术措施的装置或者部件,或者故意为他人避开或者破坏技术措施提供技术服务,构成犯罪的,依法追究刑事责任。根据《信息网络传播权保护条例》第 18 条第 2 项的规定,故意避开或者破坏技术措施,构成犯罪的,依法追究刑事责任。《计算机软件保护条例》第 24 条第 1 款规定:“除《中华人民共和国著作权法》、本条例或者其他法律、行政法规另有规定外,未经软件著作权人许可,有下列侵权行为……触犯刑律的,依照刑法关于侵犯著作权罪、销售侵权复制品罪的规定,依法追究刑事责任:……(三)故意避开或者破坏著作权人为保护其软件著作权而采取的技术措施的……”

出:“外挂所侵犯的‘技术保护措施、作品修改权’只规定于民事和有关行政法律中,尚未纳入刑法保护的范围,造成法律上的不衔接,无法适用侵犯著作权类罪,而只能以非法经营罪定罪处罚。鉴于此,在刑法修订中将‘破坏技术保护措施’纳入侵犯著作权类犯罪构成要件的客观行为表现之一,应是明智的选择。”[①]在《刑法修正案(十一)》起草过程中,经研究认为:“行为人为了实施侵犯他人著作权的行为,对于他人采取的加密保护技术措施,通过解密等方式加以避开或者破坏的行为,实际上为侵权行为清除了障碍,同样是损害权利人利益,扰乱市场秩序的违法行为。”[②]基于此,《刑法修正案(十一)》对《刑法》第 217 条作出修改完善,将“未经著作权人或者与著作权有关的权利人许可,故意避开或者破坏权利人为其作品、录音录像制品等采取的保护著作权或者与著作权有关的权利的技术措施的”行为明确列为侵犯著作权罪的客观行为方式之一。

(三)网络外挂案件罪名适用的转向与立场

在《刑法修正案(十一)》之后,对于网络外挂程序案件的罪名适用,可以不再纠结于相关程序与权利人程序的相似性程度是否达到“复制发行”所要求的较高相似性,而可以转而适用《刑法》第 217 条第 6 项“未经著作权人或者与著作权有关的权利人许可,故意避开或者破坏权利人为其作品、录音录像制品等采取的保护著作权或者与著作权有关的权利的技术措施的”规定。基于前文对网络外挂程序技术基理的分析,相关程序实际上是作弊程序,无论是对客户端施加影响的外挂,还是通过作用封包数据施加影响的外挂,运行的基本原理均为通过破坏相应技术保护措施实现作弊目的,“突破技术保护措施”是其本质属性。基于此,认定网络外挂程序“破坏权利人为其作品……采取的保护著作权或者与著作权有关的权利的技术措施”,似属当然结论。在此基础上,相关网络外挂程序属于“侵权复制品”,也系自然推论。因此,依据《刑法》第 217 条第 6 项的规定,对网络外挂程序案件的罪名适用宜以侵犯著作权罪为基本罪名;对

---

① 石金平等:《论网络游戏外挂的刑法规制》,载《政治与法律》2009 年第 10 期。

② 许永安主编:《中华人民共和国刑法修正案(十一)解读》,中国法制出版社 2021 年版,第 193 页。

于其中单纯的销售行为,可以考虑适用销售侵权复制品罪。

在此,有必要需要重申刑法适用的谦抑立场。侵犯著作权罪规定在《刑法》分则第三章"破坏社会主义市场经济秩序罪"之中,对相关案件适用该罪名应当考虑法益侵害是否涉及经济秩序。网络外挂程序的危害,主要是破坏了相关程序的运行规则,影响了开发运行者的预期经济利益,虽然其也破坏了经济秩序,但多系间接破坏。而且,一些网络外挂程序的制售,实际上也是具有一定需求的。例如,网络游戏玩家使用外挂程序实际具有相当普遍性,甚至存在"不外挂,无游戏"的口号。虽然不能说"法不责众",但对此类具有一定普遍性的行为启动刑事追究,应当全面综合判断行为的法益侵害程度,秉持刑法谦抑和慎用。作为这一立场的真正落地,对于此类行为适用侵犯著作权罪应当另行制定较之一般侵犯著作权行为更高的定罪量刑标准。而且,《刑法》第 217 条第 6 项的行为较之前五项行为的法益侵害程度明显有异,另行确定定罪量刑标准也在情理之中,更是罪责刑相适应这一刑法基本原则的必然要求。

相关规定

《中华人民共和国刑法》

第二百一十七条　【侵犯著作权罪】以营利为目的,有下列侵犯著作权或者与著作权有关的权利的情形之一,违法所得数额较大或者有其他严重情节的,处三年以下有期徒刑,并处或者单处罚金;违法所得数额巨大或者有其他特别严重情节的,处三年以上十年以下有期徒刑,并处罚金:

(一)未经著作权人许可,复制发行、通过信息网络向公众传播其文字作品、音乐、美术、视听作品、计算机软件及法律、行政法规规定的其他作品的;

(二)出版他人享有专有出版权的图书的;

(三)未经录音录像制作者许可,复制发行、通过信息网络向公众传播其制作的录音录像的;

(四)未经表演者许可,复制发行录有其表演的录音录像制品,或者通过信息网络向公众传播其表演的;

(五)制作、出售假冒他人署名的美术作品的;

(六)未经著作权人或者与著作权有关的权利人许可,故意避开或者破坏权利人为其作品、录音录像制品等采取的保护著作权或者与著作权有关的权利的技术措施的。

第二百一十八条 【销售侵权复制品罪】以营利为目的，销售明知是本法第二百一十七条规定的侵权复制品，违法所得数额巨大或者有其他严重情节的，处五年以下有期徒刑，并处或者单处罚金。

第十二讲

个人信息犯罪

一、利用互联网侵犯公民个人信息犯罪的态势

随着信息化建设的推进，信息资源成为重要的生产要素和社会财富。而在各类信息中，个人信息的价值日益凸显，成为数字经济最重要的元素之一。与此同时，个人信息泄露问题严重，个人信息安全成为一个全社会高度关注的问题。随着信息网络的普及，非法获取、出售、提供公民个人信息活动大多依托互联网、移动电子设备，通过即时通讯工具、电子邮件等方式实施，互联网日益成为侵犯公民个人信息犯罪的主要领域。中国互联网协会发布的《2016 中国网民权益保护调查报告》显示，我国 54% 的网民认为个人信息泄露情况严重，84% 的网民曾亲身感受到因个人信息泄露带来的不良影响。[①] 近年来，侵犯公民个人信息犯罪处于高发态势。2016 年，全国公安机关共侦破网络侵犯公民个人信息刑事案件 2100 多起，查获公民个人信息 500 多亿条，抓获犯罪嫌疑人 5000 多人。[②][③]

① 参见钟雷：《个人信息泄露正为罪犯"开后门"》，载《青年报》2016 年 8 月 15 日，第 7 版。

② 参见罗书臻：《两高发布办理侵犯公民个人信息刑事案件司法解释》，载《人民法院报》2017 年 5 月 10 日，第 1 版。

③ 以安徽合肥为例，公安机关于 2016 年 4 月至 11 月在全市集中开展打击整治网络侵犯公民个人信息犯罪专项行动，先后破获侵犯公民个人信息犯罪案件 37 起，抓获犯罪嫌疑人员 115 名，涉案金额 1000 余万元，查获公民个人信息数据两亿余条。参见李光明、范天娇：《合肥侦破侵犯公民个人信息案三十七起查获信息数据两亿余条　犯罪嫌疑人搭建网站贩卖个人信息》，载《法制日报》2016 年 12 月 2 日，第 8 版。

非法获取、出售、提供公民个人信息，不仅侵犯公民个人信息的安全和自由，而且对公民的人身、财产、隐私以及正常的工作生活构成严重威胁。一些犯罪分子为了追逐不法利益，利用各种手段非法获取公民个人信息并通过互联网大肆倒卖，已逐渐形成“源头—中间商—非法使用”的庞大“地下产业”和黑色利益链。网上非法买卖的公民个人信息种类繁多，涵盖金融、通信、交通、医疗、教育、商业等各个方面①，甚至已经被碰撞整合成为“地下大数据”，几乎可以构建出一个人的大部分隐私和财产信息。② 在互联网时代，侵犯公民个人信息犯罪被称为“百罪之源”。互联网上非法买卖公民个人信息泛滥，由此滋生的电信诈骗、网络诈骗、敲诈勒索、绑架和非法讨债等犯罪屡打不绝，社会危害严重，群众反响强烈。特别是，不法分子获取公民个人信息后贩卖给电信网络诈骗团伙，为诈骗分子实施精准诈骗提供了条件。例如，杜某某侵犯公民个人信息案③

① 据公安机关介绍，不法分子获取的公民个人信息已经从简单的身份信息、电话、地址等，扩展到手机短信、手机通讯录、网络账号和密码、银行账号和密码、购物记录、出行记录，涉及各地以及各个行业。参见李光明、范天娇：《合肥侦破侵犯公民个人信息案三十七起查获信息数据两亿余条　犯罪嫌疑人搭建网站贩卖个人信息》，载《法制日报》2016 年 12 月 2 日，第 8 版。

② 目前，网上贩卖个人信息来源主要分为六大类——网购类、银行类、医疗类、通信类、考试信息类和邮递类。网购类主要出售网上购物网站的客户个人信息；银行类信息主要为商业银行客户信息、个人征信信息；医疗类信息主要为医疗保障数据；通信类的个人信息则包括邮箱数据、手机数据等；考试类信息主要来自建筑师、药师、会计等职称考试的考生信息；邮递类信息主要源于快递企业，网购的兴盛促使快递行业掌握了大量公民的个人信息。参见林笛：《保护公民个人信息亟须综合治理——本报专访公安部网络安全保卫局有关负责人》，载《人民公安报》2016 年 9 月 26 日，第 4 版。

③ 2016 年 6 月，被告人杜某某通过植入木马程序的方式，非法侵入山东省 2016 年普通高等学校招生考试信息平台网站，取得该网站管理权，非法获取 2016 年山东省高考考生个人信息 64 万余条，并向另案被告人陈某某出售上述信息 10 万余条，非法获利 14100 元，陈某某利用从杜某某处购得的上述信息，组织多人实施电信诈骗犯罪，拨打诈骗电话共计 1 万余次，骗取他人钱款 20 余万元，并造成高考考生徐某某死亡。山东省临沂市罗庄区人民法院判决认为：被告人杜某某违反国家有关规定，非法获取公民个人信息 64 万余条，出售公民个人信息 10 万余条，其行为已构成侵犯公民个人信息罪。被告人杜某某作为从事信息技术的专业人员，应当知道维护信息网络安全和保护公民个人信息的重要性，但却利用技术专长，非法侵入高等学校招生考试信息平台的网站，窃取考生个人信息并出卖牟利，严重危害网络安全，对他人的人身财产安全造成重大隐患。据此，以侵犯公民个人信息罪判处被告人杜某某有期徒刑 6 年，并处罚金人民币 6 万元。该判决已发生法律效力。参见《电信网络诈骗犯罪典型案例》，载最高人民法院官网，https://www. court. gov. cn/zixun - xiangqing - 200671. html，最后访问日期：2020 年 3 月 21 日。

与陈某某等7人诈骗、侵犯公民个人信息案[①]是关联案件，杜某某窃取并出售公民个人信息的行为，给被告人陈某某等精准实施诈骗犯罪得以骗取他人钱财提供了便利条件。被告人陈某某等通过网络购买学生信息和公民购房信息，分别在江西省九江市、新余市，广西壮族自治区钦州市，海南省海口市等地租赁房屋作为诈骗场所，分别冒充教育局、财政局、房产局的工作人员，以发放贫困学生助学金、购房补贴为名，将高考学生作为主要诈骗对象，拨打诈骗电话2.3万余次，骗取他人钱款共计56万余元。其中，山东高考考生徐某某因家中筹措的9000余元学费被诈骗，悲愤之下引发猝死，舆论反应强烈，对电信网络诈骗犯罪案件的打击问题再次引发了社会的广泛关注。可以说，侵犯公民个人信息犯罪成为电信网络诈骗犯罪的上游犯罪之一，对于电信网络诈骗的升级换代，进行以个人信息为基础的精准诈骗，发挥了至关重要的作用。

二、侵犯公民个人信息犯罪的立法沿革

个人信息保护的法源可追溯至人权或公民基本权利。各国一般将联合国1948年《世界人权宣言》第12条视作保护个人信息的法律渊源，即个人信息保护源自对个人生活的尊重和个人事务自决（自由）原则。《欧盟基本权利宪章》将个人数据保护权视为一项独立的人权加以保护，其第8条明确规定："人人有权保护涉及自身的个人数据。"现代社会，各国都将个人信息保护置于重要地

---

① 山东省临沂市中级人民法院一审判决、山东省高级人民法院二审裁定认定：被告人陈某某等人以非法占有为目的，结成电信诈骗犯罪团伙，冒充国家机关工作人员，虚构事实，拨打电话骗取他人钱款，其行为均构成诈骗罪。陈某某还以非法方法获取公民个人信息，其行为又构成侵犯公民个人信息罪。陈某某在江西省九江市、新余市的诈骗犯罪中起组织、指挥作用，系主犯。陈某某冒充国家机关工作人员，骗取在校学生钱款，并造成被害人死亡，酌情从重处罚。据此，以诈骗罪、侵犯公民个人信息罪判处被告人陈某某无期徒刑，剥夺政治权利终身，并处没收个人全部财产；以诈骗罪判处其他被告人15年至3年不等有期徒刑。参见《电信网络诈骗犯罪典型案例》，载最高人民法院官网，https://www.court.gov.cn/zixun-xiangqing-200671.html，最后访问日期：2020年3月21日。

位，不少国家对公民个人信息的保护都有专门立法。①

在《个人信息保护法》制定之前，相关法律对个人信息保护先后作出相应规定。例如，《消费者权益保护法》《护照法》《居民身份证法》《统计法》《未成年人保护法》《律师法》等均对个人信息保护作出规定。特别是，针对侵害公民个人电子信息行为多发的现象，2012 年 12 月 28 日《全国人民代表大会常务委员会关于加强网络信息保护的决定》对公民个人电子信息的保护作了全面规定，确立了国家保护能够识别公民个人身份和涉及公民个人隐私的电子信息的原则，对网络服务提供者和其他主体对公民个人电子信息的保护和相应责任作出明确。而 2017 年 6 月 1 日起施行的《网络安全法》在第 4 章“网络信息安全”中用相当的篇幅对网络运营者处理个人信息的行为作出了规范。2021 年 1 月 1 日起施行的《民法典》系统确立了个人信息保护制度：一方面，在第 1 编“总则”第 5 章“民事权利”规定“自然人的个人信息受法律保护”（第 111 条）；另一方面，在第 4 编“人格权”第 6 章“隐私权和个人信息保护”用 6 个条文（第 1034 条至第 1039 条）对个人信息保护作了详细规定。2021 年 11 月 1 日起施行的《个人信息保护法》进一步对保护个人信息权益，规范个人信息处理活动，促进个人信息合理利用的相关规定作了明确。上述有关个人信息保护的规定，为刑法规定侵犯公民个人信息犯罪，确立公民个人信息的刑法保护奠定了重要基础。

1997 年《刑法》没有针对侵犯公民个人信息直接规定相应罪名，但个别罪名可能涉及公民个人信息犯罪，如泄露内幕信息罪、侵犯商业秘密罪等。1997 年《刑法》施行后，关于公民个人信息的刑事保护不断增强，2005 年 2 月 28 日第十届全国人大常委会第十四次会议通过的《刑法修正案（五）》增设了窃取、收买、非法提供信用卡信息罪，而该罪所涉及“信用卡信息资料”无疑属于公民个人信息的范畴。当

---

①　例如，英国制定了统一的《数据保护法案》，确立了信息专员制度，用以监管该法的执行，确保个人数据的安全。2005 年实施的《信息公开法》将信息公开的监管职责纳入数据保护专员的权责范围。参见刘武俊：《筑牢个人信息的安全防线》，载《人民法院报》2013 年 8 月 14 日，第 2 版。而在德国，早在 1970 年黑森州就颁布了保护公民个人信息的《数据保护法》，这是世界上最早的隐私保护法。随后，有 16 个州相继通过与个人信息保护相关的法律。1977 年，德国联邦政府正式颁布《联邦数据保护法》，全面保护德国公民个人信息。此外，德国也设有数据保护专员制度，对个人信息保护与信息自由法律实施予以监督。

然,直至《刑法修正案(七)》,我国才迈入公民个人信息直接刑事保护的新阶段。

(一)《刑法修正案(七)》的规定

为了保护公民的个人信息安全,2009 年 2 月 28 日第十一届全国人大常委会第七次会议通过的《刑法修正案(七)》将侵犯公民个人信息,情节严重的行为增设为犯罪,即在《刑法》第 253 条后增加一条,作为第 253 条之一:“国家机关或者金融、电信、交通、教育、医疗等单位的工作人员,违反国家规定,将本单位在履行职责或者提供服务过程中获得的公民个人信息,出售或者非法提供给他人,情节严重的,处三年以下有期徒刑或者拘役,并处或者单处罚金。”“窃取或者以其他方法非法获取上述信息,情节严重的,依照前款的规定处罚。”“单位犯前两款罪的,对单位判处罚金,并对其直接负责的主管人员和其他直接责任人员,依照各该款的规定处罚。”上述规定将非法获取、出售、提供公民个人信息的行为纳入刑事打击的范围,迈出了公民个人信息刑事保护的关键一步,对于惩治侵犯公民个人信息犯罪,维护公民个人信息安全发挥了重要作用。

此外,《刑法修正案(七)》增设的非法获取计算机信息系统数据罪也属于与公民个人信息相关的罪名,该罪所针对的计算机信息系统数据,特别是其中所涵括的“身份认证信息”,也是公民个人信息的重要范畴。

(二)《刑法修正案(九)》的规定

《刑法修正案(七)》施行后,从司法适用来看,关于侵犯公民个人信息犯罪的立法规定亟须根据实践情况作进一步完善,主要表现在如下三个方面:(1)出售、非法提供公民个人信息的主体不断扩展。《刑法》第 253 条之一规定,出售、非法提供公民个人信息罪的主体为“国家机关或者金融、电信、交通、教育、医疗等单位的工作人员”①,但从实践来看,出售、非法提供公民个人信息的主体远不

---

① 关于《刑法修正案(七)》增设的《刑法》第 253 条之一第 1 款规定的出售、非法提供公民个人信息罪的主体范围,存在不同认识:有观点认为,该罪主体为国家机关或者金融、电信、交通、教育、医疗等利用公权力获取公民个人信息的单位及工作人员,而不包括非利用公权力收集公民个人信息的单位和个人。参见黄太云:《〈刑法修正案(七)〉解读》,载《人民检察》2009 年第 6 期;张磊:《司法实践中侵犯公民个人信息犯罪的疑难问题及其对策》,载《当代法学》2011 年第 1 期。但是,也有不同观点。

限于上述人员，物业公司、房产中介、保险、快递等服务业中的工作人员将履行职务或者提供服务过程中获得的公民个人信息出售、非法提供的案件也时有发生。[①] (2)实践中非法获取公民个人信息的来源较为广泛。根据《刑法》第253条之一的规定，无论是出售、非法提供公民个人信息罪，还是非法获取公民个人信息罪，犯罪对象须为国家机关或者金融、电信、交通、教育、医疗等单位履行职责或者提供服务过程中获得的公民个人信息。[②] 对于行为人自己在网络上搜集相对公开的公民个人信息，或者以其他方式获取公民个人信息，只要该信息不是通过"公权力"、公共服务获得的，就不能纳入犯罪的范围。随着形势发展，上述限定同司法实践的复杂情况逐渐不相适应：一方面，实践中对涉案的公民个人信息的来源往往难以查明其是不是在履行职责或者提供服务过程中获取的。在办案实践中，出售和非法提供公民信息的源头往往难以查获，而大多非法获取的公民个人信息案件中的信息都是几经转手或者直接购买于网络，犯罪嫌疑人也不知道信息最初的来源。因此，除了一些户籍底卡、储户信息、新生儿信息等显而易见系从国家机关、金融、医疗单位方能获取的之外，对于其他一些综合类信息及经过加工的信息，办案人员很难从信息内容上判断信息的来源，给定罪带来困难。[③] 另一方面，将公民个人信息的获得限制在履行职责或者提供服

---

① 根据司法实践的具体情况，《惩处公民个人信息犯罪通知》明确规定："出售、非法提供公民个人信息罪的犯罪主体，除国家机关或金融、电信、交通、医疗单位的工作人员之外，还包括在履行职责或者提供服务过程中获得公民个人信息的商业、房地产业等服务业中其他企事业单位的工作人员。"

② 关于《刑法修正案(七)》增设的《刑法》第253条之一第1款与第2款的犯罪对象是否一致，理论界存在肯定说、否定说和折中说三种观点。肯定说认为，第2款规定的"上述信息"与第1款规定的对象一致，即国家机关或者金融、电信、交通、教育、医疗等单位在履行职责或者提供服务过程中获得的公民个人信息。否定说认为，第2款规定的"上述信息"不限于第1款规定的个人信息，还包括其他符合条件的各种信息。折中说认为，从立法本意来看，肯定说是合适的；但就强化公民个人信息法律保护而言，否定说更符合社会发展的实际情况。因此，综合肯定说和否定说两种观点，折中说认为第2款规定的"上述信息"是指属于各种公共服务单位所收集或者发布的个人信息，从而将行为人直接从公民那里刺探或者收集的信息排除出去。从实践来看，司法实务部门通常主张肯定说。参见刘涛：《关于刑法第二百五十三条之一第二款有关内容理解问题的研究意见》，载《司法研究与指导》(第1辑)，人民法院出版社2012年版。然而，也有司法实务部门在个案处理中采纳了否定说。

③ 参见庄晓晶、林洁、白磊：《非法获取公民个人信息犯罪区域性实证分析》，载《人民检察》2011年第9期。

务过程中,难以涵括实践中的复杂情形。例如,从司法实践来看,企业负责人和私家侦探公司经营者成了新兴的犯罪主体。一些企业负责人为主动招揽客源而购买大量公民个人信息,雇佣业务员进行联系。2010 年海淀区检察院受理的案件中,犯罪主体为企业负责人的共 10 件 13 人,占 32.2%,犯罪主体为私家侦探公司经营者的共 4 件 5 人,占 12.9%。私家侦探行业近年发展迅速,但缺少行业规范的规制,相关法律法规尚不完善,部分嫌疑人在接受委托获取特定信息的过程中,实施了侵犯公民信息的犯罪行为。[①] 从这些新兴犯罪主体实施的非法获取公民个人信息的行为来看,不少公民个人信息并非国家机关或者有关单位在履行职责、提供服务过程中获取的。例如,犯罪嫌疑人熊某某、任某受雇于某甲,通过跟踪等手段非法获取了外籍人某乙的住处等个人信息,并提供给某甲。后某甲利用熊某某、任某提供的关于某乙的个人信息,找到某乙,并将某乙杀害。本案中,由于熊某某、任某并未非法获取国家机关或者有关单位在履行职责或者提供服务过程中获得的公民个人信息,难以构成非法获取公民个人信息罪。[②] (3)法定刑配置水平亟待提升。从实践来看,有的侵犯公民个人信息的犯罪危害非常严重,涉案公民个人信息数量达上亿条,获利数额也非常巨大。对此类犯罪最高只能处 3 年有期徒刑,不符合罪责刑相适应原则的要求。

在公民个人信息安全重要性日益凸显的当下,刑事立法理应及时跟进,根据民众对个人信息认识的不断深化而赋予侵犯公民个人信息犯罪以新的内涵,切实加大对公民个人信息的刑法保护力度。根据有关方面的意见,《刑法修正案(九)》对《刑法》第 253 条之一规定的侵犯公民个人信息犯罪作出修改完善:一是扩大犯罪主体的范围,将违反国家有关规定,向他人出售或者提供公民个人信息,情节严重的行为规定为犯罪;二是明确规定将在履行职责或者提供服务过程中获得的公民个人信息,出售或者提供给他人的,从重处罚;三是提升法定刑配置水平,针对侵犯公民个人信息情节特别严重的情形,增加规定"处三年以上七年以下有期徒刑,并处罚金",以更加符合罪责刑相适应原则。修改后,

---

① 参见庄晓晶、林洁、白磊:《非法获取公民个人信息犯罪区域性实证分析》,载《人民检察》2011 年第 9 期。

② 参见刘涛:《关于刑法第二百五十三条之一第二款有关内容理解问题的研究意见》,载《司法研究与指导》(总第 1 辑),人民法院出版社 2012 年版。

“出售、非法提供公民个人信息罪”和“非法获取公民个人信息罪”被整合为“侵犯公民个人信息罪”。可以说,《刑法修正案(九)》关于公民个人信息犯罪的修改,体现了立法机关对涉民生犯罪的高度关注,进一步加大了对公民个人信息的刑事保护力度。

三、侵犯公民个人信息犯罪的司法解释

(一)《惩处侵害公民个人信息犯罪通知》的制定

《刑法修正案(七)》设立侵犯公民个人信息罪后,由于刑法条文较为原则,亟须有关方面对相关法律适用问题作出明确规定。早在 2010 年,最高人民法院研究室即委托地方高院进行先行调研,并委托有关专家学者组成课题组进行研讨。然而,由于各种原因,关于侵犯公民个人信息犯罪的司法解释未能如期出台。鉴于办理侵犯公民个人信息刑事案件存在诸多法律适用难题,为了给地方公检法机关办理此类案件提供指引,最高人民法院、最高人民检察院、公安部于 2013 年 4 月联合发布了《惩处侵害公民个人信息犯罪通知》。《惩处侵害公民个人信息犯罪通知》要求公检法机关切实提高认识,正确适用法律,加强协作配合,坚决打击侵害公民个人信息犯罪活动,确保执法司法及时高效;同时推进综合治理,建立防范、打击长效工作机制。就法律适用而言,《惩处侵害公民个人信息犯罪通知》有两个方面的规定值得特别关注:一是明确了公民个人信息的外延,规定:“公民个人信息包括公民的姓名、年龄、有效证件号码、婚姻状况、工作单位、学历、履历、家庭住址、电话号码等能够识别公民个人身份或者涉及公民个人隐私的信息、数据资料。”二是明确了定罪量刑应当考量的因素,规定:“侵害公民个人信息犯罪是新型犯罪,各级公安机关、人民检察院、人民法院要从切实保护公民个人信息安全和维护社会和谐稳定的高度,借鉴以往的成功判例,综合考虑出售、非法提供或非法获取个人信息的次数、数量、手段和牟利数额、造成的损害后果等因素,依法加大打击力度,确保取得良好的法律效果和社会效果。”“对于在履行职责或者提供服务过程中,将获得的公民个人信息出售或者非法提供给他人,被他人用以实施犯罪,造成受害人人身伤害或者死亡,或者造成重大经济损失、恶劣社会影响的,或者出售、非法提供公民个人信息数量较大,或者违法所得数额较大的,均应当依法以非法出售、非法提供公民个人信

息罪追究刑事责任。对于窃取或者以购买等方法非法获取公民个人信息数量较大,或者违法所得数额较大,或者造成其他严重后果的,应当依法以非法获取公民个人信息罪追究刑事责任。"

（二）《侵犯公民个人信息罪解释》的制定

1. 司法解释的起草与发布。《刑法修正案(九)》施行后,据司法实践反映,侵犯公民个人信息罪的具体定罪量刑标准尚不明确,一些法律适用问题存在争议,需要通过司法解释作出明确。最高人民法院研究室及时启动了司法解释的调研起草工作。为充分了解司法实践的情况和存在的问题,于 2016 年 9 月委托辽宁省高级人民法院刑三庭、苏州市公安局进行前期调研。根据法律修改情况,结合前期调研,起草出解释初稿;并经反复研究讨论,形成了征求意见稿,分别征求了中央有关单位、院内各相关审判庭及各高级人民法院的意见。2016 年 11 月底,在北京召开座谈会,听取了互联网企业对解释稿的意见。2016 年 12 月初,在北京召开专家论证会,邀请刑法专家对解释稿进行了论证研讨。此后,根据有关方面意见作了修改完善,形成新的征求意见稿,征求了全国人大常委会法工委的意见。2017 年 3 月 20 日最高人民法院审判委员会第 1712 次会议、2017 年 4 月 26 日最高人民检察院第十二届检察委员会第 63 次会议通过了《侵犯公民个人信息罪解释》,自 2017 年 6 月 1 日起施行。

2. 司法解释起草中的主要考虑。为确保相关规定内容科学合理,能够适应惩治侵犯公民个人信息犯罪的现实需要,《侵犯公民个人信息罪解释》的起草着重把握了如下几点:

第一,贯彻刑法修改精神,强化对公民个人信息的刑法保护。当前,侵犯公民个人信息犯罪呈高发多发态势,涉及的个人信息数量越来越大、类型越来越多。特别是,不少涉案公民个人信息事关他人财产乃至人身安全,如行踪轨迹、财产信息等敏感信息。基于当前侵犯公民个人信息犯罪的态势,根据《刑法修正案(九)》进一步加大对此类犯罪惩治力度的修法精神,《侵犯公民个人信息罪解释》相关条文彰显了对侵犯公民个人信息犯罪的严惩立场,以加强对公民个人信息的刑法保护,有效维护了公民的人身、财产安全和生活安宁。

第二,坚持问题导向,有效解决司法实务问题。从调研情况来看,对侵犯公民个人信息犯罪尚存在不少争议问题,亟须通过司法解释加以明确。例如,“公民个人信息”的内涵与外延,对“出售或者提供公民个人信息”和“非法获取公民个人信息”的理解,“情节严重”和“情节特别严重”的把握,等等。基于此,《侵犯公民个人信息罪解释》相关条文以办理侵犯公民个人信息刑事案件存在的问题为基础,结合司法实际,作出明确规定。

第三,坚持安全与发展并重,兼顾个人信息保护与大数据发展的需要。《国务院关于印发促进大数据行动发展纲要的通知》(国发〔2015〕50 号)提出,要“深化大数据在各行业创新应用,促进大数据产业健康发展”。在大数据和云计算时代,包括个人信息在内的数据,只有充分地流动、共享、交易,才能实现集聚与规模效应,最大限度地发挥价值。但是,在数据流动、交易过程中如何保护公民个人信息的安全,避免个人信息扩散失控,也是必须面对的问题。实际上,公民个人信息的保护与大数据发展和信息社会的建设并不矛盾,二者之间的平衡点就在于现行法律框架。质言之,大数据的发展应依法进行,信息社会须建立在依法保护个人信息的基础上,只有包括个人信息在内的数据在法律保护下安全迅速地收集和流通,才能真正推动我国信息产业的发展。因此,《侵犯公民个人信息罪解释》在《刑法》和《网络安全法》确立的框架范围内,兼顾公民个人信息保护与大数据产业发展的关系,确保在公民个人信息安全的前提下为大数据发展和信息化建设提供有力的刑事司法保护。

四、侵犯公民个人信息罪的司法适用状况

自 2009 年 2 月《刑法修正案(七)》增设侵犯公民个人信息罪以来,各级公检法机关依据修正后刑法的规定,坚决依法惩处侵犯公民个人信息犯罪活动,取得了明显成效。概括而言,侵犯公民个人信息罪的司法适用呈现出如下几个特点:

1. 侵犯公民个人信息刑事案件增长明显。综观 2009 年 2 月以来的情况,适用《刑法》第 253 条之一的案件数,历经了飞速增长的过程。大体而言,可以划分为如下三个阶段:(1)2009 年 2 月至 2015 年 10 月,全国法院新收出售、非法提供公民个人信息、非法获取公民个人信息刑事案件 988 起,审结 969 起,生效判决人数 1415 人。其中,新收出售、非法提供公民个人信息刑事案件 101 件,审结 98 件,生效判决人数 142 人;新收非法获取公民个人信息刑事案件 887

件，审结871件，生效判决人数1273人。(2)2015年11月至2017年5月，全国法院新收侵犯公民个人信息刑事案件(含出售、非法提供公民个人信息、非法获取公民个人信息刑事案件)952件，审结814件，生效判决人数1295人。(3)2017年6月以后，侵犯公民个人信息刑事案件增长明显。例如，2017年6月至12月，全国法院新收侵犯公民个人信息刑事案件1146件，审结1043件，生效判决人数2232人。

侵犯公民个人信息刑事案件迅速增长，原因可以概括为如下几点：(1)社会各方对公民个人信息泄露高度关注，打击非法获取、出售、提供公民个人信息违法犯罪，已经成为社会共识。(2)《刑法修正案(九)》的施行是侵犯公民个人信息刑事案件明显增长的一个关键时间点。可以说，《刑法修正案(九)》对《刑法》第253条之一作出修改，特别是扩大犯罪主体范围和提升刑罚配置水平，切实加大了对侵犯公民个人信息犯罪惩治力度。(3)《侵犯公民个人信息罪解释》的施行是侵犯公民个人信息刑事案件明显增长的另一个关键时间点。《侵犯公民个人信息罪解释》根据法律规定和立法精神，对侵犯公民个人信息犯罪的定罪量刑标准和有关法律适用问题作了全面、系统的规定，为惩治该类犯罪提供了有效法律武器，对于案件的增长影响较大。(4)公安机关对侵犯公民个人信息犯罪的打击力度不断加大。2017年以来，公安部组织全国公安机关深入推进打击网络侵犯公民个人信息犯罪专项行动，侦破了一批大要案件。据统计，截至2017年12月20日，全国公安机关当年累计侦破侵犯公民个人信息案件4911起，抓获犯罪嫌疑人15463名，打掉涉案公司164个。①

2. 侵犯公民个人信息刑事案件地域分布不均衡。从地域分布来看，侵犯公民个人信息犯罪案件明显存在相对集中的特点。以2017年为分析样本，全国法院审结侵犯公民个人信息刑事案件1393件，其中半数以上的案件集中于江苏、浙江、广东、上海、福建。据统计，江苏审结238件，位居全国首位；浙江、广东、上海、福建分别审结155件、136件、117件、100件。

侵犯公民个人信息刑事案件相对集中于部分省市，特别是东部地区，主要

① 参见李豪：《去年公安机关侦破侵犯公民个人信息案件4900余起“内鬼”监守自盗致侵害公民信息案多发》，载《法制日报》2018年1月10日，第3版。

在于相关省市公安机关，特别是公安网安部门打击力度较大。特别是，相关省市公安网安部门将侵犯公民个人信息犯罪与危害计算机信息系统安全犯罪一起作为网警办理刑事案件的主要考核指标，客观上促使地方公安网安部门积极寻找线索，深挖链条，有力打击该类犯罪。

3. 侵犯公民个人信息的刑罚力度不断加大。在《刑法修正案(九)》施行前，《刑法》第 253 条之一只配置了一档法定刑，即“处三年以下有期徒刑或者拘役，并处或者单处罚金”。《刑法修正案(九)》增加配置了一档法定刑，即“情节特别严重的，处三年以上七年以下有期徒刑，并处罚金”。在《刑法修正案(九)》施行后，特别是《侵犯公民个人信息罪解释》施行后，对该类犯罪的刑罚力度明显加大。例如，2017 年侵犯公民个人信息罪的生效判决人数为 2920 人，其中判处 3 年以上有期徒刑的人数为 917 人。

究其原因，这与《侵犯公民个人信息罪解释》明确了侵犯公民个人信息罪“情节特别严重”的具体情形直接相关。特别是，《侵犯公民个人信息罪解释》规定非法获取、出售或者提供非敏感公民个人信息达到 5 万条以上的，即应当升档量刑。而从实践来看，该类案件往往涉案的公民个人信息数量较大，不少超过了 5 万条。

概言之，侵犯公民个人信息罪的司法适用成效十分明显，充分发挥了强化公民个人信息的保护，维护人民群众个人信息安全以及财产、人身权益的重要作用，应当充分予以肯定。然而，从实践来看，当前公民个人信息的保护还存在一些亟须解决的问题：(1)“刑法先行”的现象亟待克服。一般认为，侵犯公民个人信息罪系行政犯，理想的状态应当是先有前置法律法规，后由作为“其他部门法的保障法”的刑法加以规制。然而，就公民个人信息领域而言，刑法先于其他部门法明确了公民个人信息犯罪的界限，而后才有对个人信息保护作出集中规定的《网络安全法》《个人信息保护法》。通过刑法积极适用防止侵犯公民个人信息违法犯罪持续蔓延，是不得已而为之的举措，但并非上策。刑法只能治标，尚难治本。而且，当前侵犯公民个人信息罪的司法适用存在相当争议，不少与缺乏前置的公民个人信息保护规范直接相关。当下，应当进一步落实公民个人信息民事、行政、刑事的全方位保护体系，推进公民个人信息违法犯罪的系统治理。(2)“重打击、轻管理”的现象亟待解决。运用刑法这一最为严厉的手段保护公民个人信息，是我国在公民个人信息保护领域的充分尝试。但是，与公民个人信息保护发达的国家相比，我国关于公民个人信息的收集、保存、流转、使用等方面的管理亟须加强，特别是要严防内部人员非法出售、提供公民个人信息，切实防止公民个人信息泄露事件的发生，有效切断侵犯公民个人信息违法犯罪的“源头”。(3)刑法适用的平等性亟待增强。长期以来，侵犯公民个人信息罪的惩治对象主要是自然人，单位特别是规模以上单位成为该类犯罪主体的现象并不多见。就此而言，存在两个方面的突出问题：一是个别规模以上单位，特别是互联网企业非法获取、出售、提供公民个人信息仍呈“有恃无恐”的现象，亟待法律特别是刑事法律的规制。实际上，只有有效规制规模以上单位关于公民个人信息的收集和使用，才能确保公民个人信息保护落到实处、见到实效。因此，未来侵犯公民个人信息犯罪的惩治能否向纵深推进，加大对规模以上单位侵犯公民个人信息违法犯罪的查处力度，确保法律适用的平等性，值得进一步观察。二是有关单位掌握海量公民个人信息，但保护公民个人信息的职责并没有完全落到实处，造成公民个人信息泄露事件时有发生。[①] 对此，《侵犯公民个人信息罪解释》第 9 条规定：“网络服务提供者拒不履行法律、行政法规规定的信息网络安全管理义务，经监管部门责令采取改正措施而拒不改正，致使用户的公民个人信息泄露，造成严重后果的，应当依照刑法第二百八十六条之一的规定，以拒不履行信息网络安全管理义务罪定罪处罚。”未来，这一条文的适用尚待观察。

五、侵犯公民个人信息犯罪的法律适用疑难

（一）“公民个人信息”的范围

如何妥当把握“公民个人信息”的范围，直接影响到侵犯公民个人信息罪在司法实践中的正确适用。然而，由于《刑法》第 253 条之一未对“公民个人信息”作出明确界定，司法实践对此问题存在较大的认识分歧。为统一司法适用，《侵犯公民个人信息罪解释》第 1 条对“公民个人信息”的内涵和外延作出明确规定。

1. “公民个人信息”的主体范围如何把握？在《刑法修正案（七）》施行后，

① 参见李豪：《去年公安机关侦破侵犯公民个人信息案件 4900 余起“内鬼”监守自盗致侵害公民信息案多发》，载《法制日报》2018 年 1 月 10 日，第 3 版。

关于非法获取公民个人信息罪中的“公民”如何理解，是限于我国公民，还是包括外国公民在内，即存在不同认识。[①] 在《刑法修正案（九）》施行后，对于侵犯公民个人信息罪的对象主体，仍然存在争议。例如，行为人将其从他人手中获取的国外邮箱账号及密码，在互联网上通过微信群对外出售，违法所得达到数万元。经验证，可以正确登录的邮箱账号密码达到数万组。该案例的主要争议问题在于，对于《刑法》第253条之一的“公民个人信息”的主体如何把握，是限于我国公民，还是包括外国公民在内。本书认为，对“公民个人信息”的主体范围应采取相对宽泛的理解，既包括我国公民的个人信息，也包括外国公民和其他无国籍人的个人信息。主要考虑如下：

第一，刑法的相关用语，如果对主体有限制的，通常会有明确规定。例如，《刑法》第299条将侮辱国旗、国徽、国歌罪的对象明确限定为“中华人民共和国国旗、国徽”“中华人民共和国国歌歌词、曲谱”，而不包括外国的国旗、国徽、国歌。可以对比的是，《刑法》第232条规定故意杀人罪的对象为“人”，无疑不能将此处规定的“人”理解为中国人，否则对于在我国境内杀害外国人的案件无法适用该条规定。因此，从刑法规范用语的角度看，《刑法》第253条之一的用语是“公民个人信息”，并未限定为“中华人民共和国公民的个人信息”，故不应将此处的“公民个人信息”限制为我国公民的个人信息。

第二，外国人、无国籍人的信息应当同中国公民的信息一样受到刑法的平等保护，否则，会出现对外国人、无国籍人个人信息保护的缺失，这显然不符合立法精神和主旨。基于平等适用刑法原则，无论是侵犯我国境内的外国人、无国籍人个人信息的刑事案件，还是我国境内危害行为侵犯境外的外国人、无国籍人个人信息的刑事案件，我国均享有当然的刑事管辖权，对于这类刑事案件没有理由不适用我国刑法的规定追究刑事责任。

第三，从司法实践的具体情况看，将大量外国人、无国籍人个人信息排除在刑法保护之外，无疑放纵了犯罪。特别是，对于一起侵犯公民个人信息犯罪案件所涉及的个人信息既有我国公民的个人信息，也有外国公民、无国籍人的个

---

① 参见刘涛：《关于刑法第二百五十三条之一第二款有关内容理解问题的研究意见》，载张军主编：《司法研究与指导》（总第1辑），人民法院出版社2012年版，第185页。

人信息的，只处罚涉及我国公民个人信息的部分，既不合理，也难操作。

2.“公民个人信息”的内涵如何把握？《网络安全法》第76条规定：“……个人信息，是指以电子或者其他方式记录的能够单独或者与其他信息结合识别自然人个人身份的各种信息，包括但不限于自然人的姓名、出生日期、身份证件号码、个人生物识别信息、住址、电话号码等。”对侵犯公民个人信息罪中“公民个人信息”的界定，无疑应当以《网络安全法》的规定为基础，但是否直接适用这一规定，则存在不同认识。经研究，《侵犯公民个人信息罪解释》第1条在《网络安全法》第76条规定的基础上，进一步明确“公民个人信息”包括身份识别信息和活动情况信息。主要考虑如下：

第一，对《网络安全法》关于“个人信息”的界定宜采取广义的理解。《网络安全法》将“个人信息”界定为“能够识别自然人个人身份的各种信息”。本书认为，此处显然使用的是广义的“身份识别信息”的概念，既包括狭义的身份识别信息（能够识别出特定自然人身份的信息），也包括体现特定自然人活动的信息。从实践来看，行踪轨迹信息系事关人身安全的高度敏感信息，无疑应纳入法律保护范围，且应当重点保护。但是，行踪轨迹信息显然难以纳入狭义的“身份识别信息”的范畴。如果认为《网络安全法》将此类信息排除在“个人信息”的范围外，恐难以为一般人所认同。合理的解释是，《网络安全法》将体现特定自然人活动的信息涵括在“身份识别信息”的范畴内。①

第二，《网络安全法》对个人信息的界定目的不完全同于《刑法》第253条之一的规制目的。《网络安全法》第1条规定：“为了保障网络安全，维护网络空间主权和国家安全、社会公共利益，保护公民、法人和其他组织的合法权益，促进经济社会信息化健康发展，制定本法。”据此，《网络安全法》主要是从网络信息安全的角度对个人信息作出规定，而《刑法》第253条之一的主要目的在于保护公民个人信息安全和相关合法权益，二者的目的不完全一致。因此，从更为有

① 此后，《民法典》第1034条第2款规定：“个人信息是以电子或者其他方式记录的能够单独或者与其他信息结合识别特定自然人的各种信息，包括自然人的姓名、出生日期、身份证件号码、生物识别信息、住址、电话号码、电子邮箱、健康信息、行踪信息等。”《个人信息保护法》第4条第1款规定：“个人信息是以电子或者其他方式记录的与已识别或者可识别的自然人有关的各种信息，不包括匿名化处理后的信息。”第28条第1款关于敏感个人信息的界定，亦明确把“行踪轨迹”包括在内。

效保障公民个人信息权益的角度，对“公民个人信息”不应人为限缩范围，宜将反映特定自然人活动情况的信息明确纳入“公民个人信息”的范畴。

第三，刑法关于侵犯公民个人信息犯罪的规定早于《网络安全法》的相关规定。对侵犯公民个人信息罪所涉及的“公民个人信息”的解释不必完全受制于在此之后施行的《网络安全法》的规定。[①] 而且，此前《全国人民代表大会常务委员会关于加强网络信息保护的决定》第 1 条第 1 款明确规定：“国家保护能够识别公民个人身份和涉及公民个人隐私的电子信息。”上述规定虽然不是直接针对《刑法》第 253 条之一规定的“公民个人信息”，但为准确把握“公民个人信息”提供了可资借鉴的基础。《惩处侵害公民个人信息犯罪通知》也明确公民个人信息包括“能够识别公民个人身份或者涉及公民个人隐私的信息、数据资料”。从司法实践来看，相关典型案例也明确被告人通过非法跟踪他人行踪所获取的公民的日常活动信息属于“公民个人信息”的范畴。[②]

基于以上考虑，《侵犯公民个人信息罪解释》第 1 条规定：“刑法第二百五十三条之一规定的‘公民个人信息’，是指以电子或者其他方式记录的能够单独或者与其他信息结合识别特定自然人身份或者反映特定自然人活动情况的各种信息，包括姓名、身份证件号码、通信通讯联系方式、住址、账号密码、财产状况、行踪轨迹等。”

3. “公民个人信息”的外延如何具体把握？根据《侵犯公民个人信息罪解释》第 1 条的规定，关于“公民个人信息”的外延，有以下几个具体问题值得进一步探讨。

---

① 顺带提及的是，对于行政犯的相关术语的界定也不必完全受限于相关行政法律法规的规定。例如，“信用卡”犯罪无疑属于行政犯，但《全国人民代表大会常务委员会关于〈中华人民共和国刑法〉有关信用卡规定的解释》规定：“刑法规定的‘信用卡’，是指由商业银行或者其他金融机构发行的具有消费支付、信用贷款、转账结算、存取现金等全部功能或者部分功能的电子支付卡。”而 1999 年中国人民银行颁布的《银行卡业务管理办法》第 5 条第 1 款明确规定：“银行卡包括信用卡和借记卡。”由此可见，立法解释将刑法中的“信用卡”等同于银行卡，并没有受制于相关行政规定。

② 参见钟丽、范冬明：《胡榕等非法获取公民个人信息案》，载《刑事审判参考》（总第 99 集），法律出版社 2015 年版。此外，有案例分析进一步指出：“公民个人信息的本质特征在于隐私性和可识别性。手机定位可以指向特定信息主体，能够显示出被害人的活动轨迹，侵犯了其隐私权，因此属于刑法中的公民个人信息。”姜金良、袁海鸿：《手机定位属于刑法中的公民个人信息》，载《人民司法》2013 年第 16 期。

(1)公民个人公开信息的处理。概览域外数据信息法律保护模式,美国主要采取隐私权保护模式,以隐私权为基础,通过大量判例逐步构建起了一套保护制度。而欧盟关于数据信息的保护,则是从法律上将数据信息视为人格权的延伸。[①] 但是,“国际社会对个人信息的保护目的远超隐私利益,是在全面的个人基本权利意义上设计个人数据保护规则的”[②]。对于“个人隐私”的范围本身存在不同认识,但通常认为,个人信息与个人隐私之间虽有交叉但亦有区别。《侵犯公民个人信息罪解释》第 1 条没有采用“涉及个人隐私信息”的表述,而是表述为“反映特定自然人活动情况的各种信息”。因此,公民个人信息不要求具有个人隐私的特征。即便相关信息已经公开,不属于个人隐私的范畴,但仍有可能成为“公民个人信息”。然而,相关公民个人信息既然已经公开,获取行为无疑是合法的,但后续出售、提供的行为是否合法,是否构成侵犯公民个人信息罪,则在司法实践中存在争议。例如,行为人从商贸网站和政府部门公开的企业信息网上搜集企业公开发布的信息,包括公司的名称、产品、经营行业、注册信息和公司法定代表人、联系人的姓名、职务、联系方式等。行为人将上述信息存入数据库,供他人付费查询使用。该案例的主要争议就在于公民个人公开信息是否属于《刑法》第 253 条之一规定的“公民个人信息”的范畴,非法获取、出售、提供此类公民个人信息的,是否构成侵犯公民个人信息罪? 本书主张不应一概而论,宜区分情况作出处理:

其一,对于自行公开的或者其他已经合法公开的个人信息,行为人获取相关信息后出售、提供的行为,一般不宜以侵犯公民个人信息罪论处。对于公开的个人信息,由于信息已经处于公开状况,获取无须征得同意,对此应无疑义;但是,在获取相关公开信息后进而提供的行为,是否需要取得“二次授权”(在获取相关信息后,提供相关信息需要告知同意),则存在较大争议。可以说,《民法典》为这一争议问题作了明晰,即否定“二次授权”的规则。《民法典》第 1036 条规定:“处理个人信息,有下列情形之一的,行为人不承担民事责任:……(二)合理处理

---

① 参见来小鹏:《数据信息法律保护模式思考》,载《中国审判》2017 年第 3 期。

② 高富平:《法律应如何保护个人信息》,载《中国审判》2017 年第 3 期。实际上,从世界范围来看,对于个人信息的保护,已经逐渐过渡到将个人信息作为独立的权利加以保护。

该自然人自行公开的或者其他已经合法公开的信息,但是该自然人明确拒绝或者处理该信息侵害其重大利益的除外……”(《个人信息保护法》第 13 条、第 27 条有类似规定)据此,对公开的个人信息的合理处理可以推定自然人概括同意,即除了“该自然人明确拒绝或者处理该信息侵害其重大利益的”情形外,不需要通知和征得该自然人或者其监护人同意。在处理相关刑事案件时,对于未通知并征得自然人同意而获取、提供公开的个人信息的案件,只要行为人的获取、提供行为处于“合理”限度之内,除证明该自然人明确拒绝或者相关获取、提供行为侵害了该自然人的重大利益的外,应当认为相关获取、提供的行为属于合法行为,不属于“违反国家有关规定”获取、提供公民个人信息的行为,更不应当认定为构成侵犯公民个人信息罪。此外,对于《民法典》第 1036 条第 2 项规定的“合理处理”的认定,应当采用相对宽泛的理解。原则上,只要法律、法规没有明确禁止的处理行为,均可以认定为“合理处理”,至少不能认定为犯罪。

例如,2015 年 8 月 13 日至 9 月 12 日,被告人王某先后 6 次将包含个人姓名、电话等内容的涉案信息出售和提供给杨某,共计 66832 条,获利人民币 100.20元。2015 年 11 月 9 日、12 月 28 日,王某先后 2 次将包含个人姓名、电话等内容的涉案信息出售和提供给杨某,共计 5410 条,获利人民币 30 元。上述信息资料共计 72242 条,共计获利人民币 130.20 元。2016 年 3 月至 4 月,王某与方某(另案处理)多次交换各自掌握的大量信息资料,其中王某发给方某的信息共计 154440 条,方某发给被告人王某的信息共计 84822 条。以上信息合计 31 万余条。根据信息的外在表现形式,涉案的 31 万余条信息资料可分为以下两类:第一类是标注为“通讯录”“参会表”“报名表”“酒店客户总表”“优质客户资源”“邀约客户名称”“客户信息”“物业信息”“车主”“分析表”等字样的信息,总计 9.2 万余条。第二类是包含法定代表人(联系人)姓名、手机号码的“企业信息”,经统计,王某出售、提供给杨某的此类“企业信息”,共计 69511 条;王某提供给方某的此类“企业信息”,共计 144765 条;王某从方某处获取的此类“企业信息”,共计 4996 条;以上三项合计 21.9 万余条。王某当庭供称相关信息均来源于公开商业网站。为核实王某的说法,经随机抽取 6 条,王某当场向审判人员、公诉人演示了登录阿里巴巴、百度、天眼查、自助贸易网、中国供应商网、材料网等网站查询企业信息、商贸信息,除 1 家公司网页显示“注销状态”,

其余网页均能显示法定代表人或联系人的手机号码。由此,可以判断第二类信息应当来源于公开的商业网站,属于公开信息的范畴。法院认为,在相关信息已经合法对外公开的情况下,要求行为人的收集、整理、交换等行为仍需得到"被收集者同意"的要求过于苛刻也不合理。在认定侵犯公民个人信息罪所涉及的信息数量时,涉案的第二类信息不应被计入在内。据此,扣除该类信息数量,应认定涉及犯罪的公民个人信息为9.2万余条(即按前述分类的第一类信息计算)。① 应该说,被告人王某在相关网站下载该类信息的行为,属于获取公开信息,进而提供的行为,尚属于"合理处理"的范畴,并未侵犯权利人重大利益,且相关权利人并未明确拒绝,故不需要权利人"二次授权"。可见,本案虽然系2019年作出的判决,但所把握的精神与《民法典》《个人信息保护法》对公开信息的相关规定是一致的。

其二,对于非法公开的个人信息,行为人获取相关信息后出售、提供的行为,可以根据情况以侵犯公民个人信息罪论处。实践中,有些公开信息并非权利人自愿公开,如个人信息被他人通过信息网络或者其他途径发布;有些信息的扩散并非权利人的意愿,如权利人发现个人信息被收集后主动要求行为人删除。上述情形中,获取相关信息的行为可以认定为合法,但后续的出售或者提供行为明显违背了权利人的意愿,对其生活安宁造成侵犯,对其中情节严重的行为完全可以适用侵犯公民个人信息罪予以惩治。

(2)公民个人部分关联信息的认定。公民个人信息须与特定自然人关联,这是公民个人信息所具有的关键属性。因此,经过处理无法识别特定个人且不能复原的信息,虽然也可能反映自然人活动情况,但与特定自然人无直接关联,不能成为公民个人信息的范畴。对于与特定自然人的关联,可以是识别特定自然人身份,也可以是反映特定自然人活动情况。需要注意的是,无论是识别特定自然人身份,还是反映特定自然人活动情况,都应当是能够单独或者与其他信息结合所具有的功能。例如,身份证号与公民个人身份一一对应,可以单独识别公民个人身份;而工作单位、家庭住址等无法单独识别公民个人身份,需要同其他信息结合才能识别公民个人身份。但是,上述两类信息无疑都属于公民

---

① 参见江苏省苏州市姑苏区人民法院刑事判决书,(2018)苏0508刑初40号。

个人信息的范畴。

对于不能单独识别特定自然人身份或者反映特定自然人的活动情况的部分关联信息中的哪些信息可以纳入“公民个人信息”的范畴[①],即公民个人信息所要求的可识别程度,实践中又存在不同认识。例如,行为人系医药代表,基于对医生给予回扣的目的,从医院计算机主管处非法获取了有关病床使用其负责销售的药品情况。相关信息只涉及病床号(相应病床由特定医生负责)和使用特定药品情况,无病人姓名、身份证号等其他个人信息。该案例的主要争议问题在于如何认定公民个人信息的可识别性。本书主张,在司法适用中具体判断部分关联信息是否可以认定为“公民个人信息”时,可以从信息本身的重要程度、需要结合的其他信息的程度、行为人主观目的等三个方面加以判断。具体而言:①信息本身的重要程度。如果涉案的信息与人身安全、财产安全密切相关,敏感程度较高,则对于此类信息在认定是否属于“公民个人信息”时,可以采取相对从宽的标准。②需要结合的其他信息的程度。如果涉案信息本身与特定自然人的身份、活动情况关联程度高,需要结合的其他信息相对较少,则认定为“公民个人信息”的可能性较大;反之,如果需要结合的其他信息过多,则认定为“公民个人信息”的可能性较小。③行为人主观目的。如果行为人主观上获取涉案信息就不需要识别特定自然人身份或者反映特定自然人活动情况,则此类部分关联信息原则上不宜认定为“公民个人信息”。按照以上原则,上述案件所涉信息不宜纳入“公民个人信息”的范畴。主要考虑如下:该案涉及的病床号、用药情况等信息本身与权利人的人身安全、财产安全关联不大,敏感性程度较低,将其认定为公民个人信息宜从严把握;该案涉及的病床号、用药情况等信息无法直接识别特定自然人,需要结合姓名等其他重要个人信息或者较多其他个人信息才能识别特定自然人;从行为人的主观目的来看,其就是想获取特定病床号的用药情况,至于该病床所关联的具体自然人并非其主观所追求的。

(3)公民个人账号密码的属性。对于“账号密码”能否纳入“公民个人信

① 与其他信息结合可以识别特定自然人的部分关联信息,无疑不能全部纳入“公民个人信息”的范畴。因为在大数据时代,就理论上而言,任何信息与其他足够多的信息相结合都可以识别特定自然人身份或者反映特定自然人的活动情况。所以,必须为可以纳入“公民个人信息”范畴的部分关联信息划定界限。

息”的范围，存在不同认识。经研究认为，实际上，当前账号密码往往绑定身份证号、手机号码等特定信息，即使未绑定特定信息，非法获取账号密码后也可以实施进一步的侵犯财产甚至人身的行为。故而，将“账号密码”列明，有利于保护公民个人信息安全和合法权益。基于此，《侵犯公民个人信息罪解释》第 1 条明确将“账号密码”列为“公民个人信息”的范围。

顺带提及的是，对于 IP 地址、设备 ID 等信息[①]和 cookie 信息[②]是否属于公民个人信息，存在较大的争议。以 cookie 信息为例，用户的 cookie 信息反映了网络用户的网络活动轨迹及上网偏好，具有隐私属性，但对于其是否属于公民个人信息存在不同认识：一种观点认为，这些信息无法确定具体的信息归属主体，其终端是浏览器，没有定向识别使用该浏览器的网络用户身份。而且，如果将这些信息纳入公民个人信息的范畴，将使得精准广告业务被完全禁止，不符合产业发展趋势。另一种观点认为，浏览器背后是特定用户，且多数浏览器终端是特定用户长期使用，故这些信息实际上能够识别用户身份的特征，而且精准广告投放的目标也是针对浏览器背后的用户，故这些信息应当被纳入公民个人信息的范畴。对于上述问题，本书主张不作一概而论，应当根据案件具体情况作出判断。申言之，应当根据公民个人信息所有具有的“识别特定自然人身份或者反映特定自然人活动情况”这一关键属性，对上述信息是否属于公民个人信息作出判断。[③]

---

① 软件收集的用户终端数据一般分为三类：第一类是系统信息，即终端计算机操作系统和硬件系统的配置信息，包括用户的 IP 地址、设备 ID 等信息（被收集后可以用于精准广告投放）；第二类是软件信息，即用户下载、购买和使用各种应用软件所涉及的信息，如杀毒软件对用户访问的网站进行云调查、对用户计算机上的新文件（包括下载、传输、拷贝等）进行自动扫描获取的信息；第三类是个人信息，即在使用中需要输入的姓名、地址等信息。目前，存在争议的主要是前两类信息。

② cookie 是网站为了辨别用户身份、跟踪而储存在用户本地终端上的数据。网站可以利用 cookie 跟踪统计用户访问网站的习惯，记录用户登录信息。

③ 对此，有论者作了结论基本一致的阐释：“这些网络信息需要与现实世界的公民相对应、相联系，能否辨别、查找公民个人（及其身份信息）以及能够显示出相应公民的个人嗜好、上网习惯、疾患等个人隐私。反之，如果这些网络信息不具有可识别性，不能与生活现实中具体的公民个人直接相对应、相联系的，则不属于公民个人信息。”曲新久：《论侵犯公民个人信息犯罪的超个人法益属性》，载《人民检察》2015 年第 11 期。

(二)"违反国家有关规定"的含义

在《刑法修正案(九)》之前,出售、非法提供公民个人信息的入罪前提要件为"违反国家规定"。《刑法》第 96 条规定:"本法所称违反国家规定,是指违反全国人民代表大会及其常务委员会制定的法律和决定,国务院制定的行政法规、规定的行政措施、发布的决定和命令。"因此,对于出售、非法提供公民个人信息非法性的判断标准应当是"国家规定",即立法机关制定的法律和国务院制定的行政法规等。考虑到对出售、提供公民个人信息"违反国家规定"尚存争议,《刑法修正案(九)》将"违反国家规定"修改为"违反国家有关规定"。[①]

根据修法精神,《侵犯公民个人信息罪解释》第 2 条规定:"违反法律、行政法规、部门规章有关公民个人信息保护的规定的,应当认定为刑法第二百五十三条之一规定的'违反国家有关规定'。"具体而言,该条从两个维度对《刑法》第 253 条之一规定的"违反国家有关规定"作出明确:一是限于法律、行政法规、部门规章等国家层面的规定,不包括地方性法规等非国家层面的规定。二是包括上述规定中有关公民个人信息保护的所有规定。违反部门规章等国家规定关于公民个人信息保护的规定的,也可以认定为"违反国家有关规定"。

需要提及的是,有意见认为,不宜将违反规章的规定理解为"违反国家有关规定"。理由是:(1)1997 年修改《刑法》时,之所以将刑法意义上的"违反国家规定"仅限于违反法律、行政法规,是因为部门规章、地方性法规往往带有部门、地方特色,作为定罪量刑的要件容易出问题;(2)"违反国家有关规定"与"违反国家规定"并无差异,部门代表不了国家,违反部门规章的,难以认定为违反国家有关规定;(3)《刑法修正案(九)》生效后,《网络安全法》等对个人信息作了较为全面的规定,没有必要将部门规章纳入其中。经研究认为,上述观点与修法精神明显不符,且可能导致司法实践在处理具体案件时缺乏判断获取、出售或者提供公民个人信息是否合法的基准,不便于司法实务操作,故未予采纳。

① 参见喻海松:《刑法的扩张——〈刑法修正案(九)〉及新近刑法立法解释司法适用解读》,人民法院出版社 2015 年版,第 149 页。

(三)非法“出售或者提供公民个人信息”的认定

根据《刑法》第253条之一第1款、第2款的规定,违反国家有关规定,向他人非法出售或者提供公民个人信息,是侵犯公民个人信息罪的客观行为方式之一。从司法适用的角度来讲,以下几个问题值得关注:

1.“提供”的认定。向特定人提供公民个人信息,属于“提供”公民个人信息,对此不存在疑义。但是,对于通过信息网络或者其他途径发布公民个人信息,是否属于“提供公民个人信息”,存在不同认识。经研究认为,通过信息网络或者其他途径发布公民个人信息,实际是向不特定多数人提供公民个人信息,向特定人提供公民个人信息的行为属于“提供”,基于“举轻明重”的法理,前者更应当认定为“提供”。基于此,《侵犯公民个人信息罪解释》第3条第1款规定:“向特定人提供公民个人信息,以及通过信息网络或者其他途径发布公民个人信息的,应当认定为刑法第二百五十三条之一规定的‘提供公民个人信息’。”

2.“非法”的判断。实践中存在合法的出售或者提供公民个人信息的行为。因此,《刑法》第253条之一第1款、第2款关于出售或者提供公民个人信息的罪状表述将“违反国家有关规定”作为前提要件。据此,对于提供公民个人信息是否系非法,应当以是否违反国家有关规定作为标准。特别是,判断提供公民个人信息的行为是否“非法”,不能仅以是否经权利人同意作为判断标准,而是应当以国家有关规定作为基准。① 例如,为了维护国家安全,基于侦查、起诉、审判工作的

① 值得关注的是,《刑法修正案(九)》(草案一次审议稿)将出售或者提供个人信息入罪的前提要件设置为“未经公民本人同意”,即采用的是主观判断的标准;但是,从《刑法修正案(九)》(草案二次审议稿)开始,采取了客观判断标准,即“违反规定”;《刑法修正案(九)》延续了这一立场,调整为“违反国家有关规定”。参见喻海松:《刑法的扩张——〈刑法修正案(九)〉及新近刑法立法解释司法适用解读》,人民法院出版社2015年版,第148-149页。对于这一立法审议过程,即对“非法”的判断从主观标准调整为客观标准,实际上彰显了对公民个人信息保护的不断全面化。但是,更为值得注意的是,主观标准本身存在一定的缺陷。正如有论者所指出的,“个人信息保护是在个人信息适用过程中保护个人权益不受侵犯。在人类文明史上,任何国家、任何法律均没有将信息置于私权控制下,而是将其暴露在法律的支配权之外。个人信息不属于个人所有,法律也不会赋予个人对个人信息的排他支配权。因为这样的授权会产生‘非经个人(也称为数据主体)同意,不得使用个人信息’的法则。在这样的法则下,许多人类社会活动无从开展。”高富平:《法律应如何保护个人信息》,载《中国审判》2017年第3期。

需要,依据有关法律向司法机关提供有关犯罪嫌疑人、被告人的个人信息的,虽未经该犯罪嫌疑人、被告人许可,但符合相关法律的规定,属于合法提供。

需要提及的是,基于大数据发展的现实需要,《网络安全法》在法律层面为个人信息交易和流动留有一定空间,第44条规定任何个人和组织"不得非法出售或者非法向他人提供个人信息",即不仅允许合法提供公民个人信息,而且为合法出售和交易公民个人信息留有空间。[①] 而且,《网络安全法》第42条第1款进一步明确了合法提供公民个人信息的情形,规定:"网络运营者不得泄露、篡改、毁损其收集的个人信息;未经被收集者同意,不得向他人提供个人信息。但是,经过处理无法识别特定个人且不能复原的除外。"[②]据此,经得被收集者同意,以及匿名化处理(剔除个人关联),是合法提供公民个人信息的两种情形,不能纳入刑事规制范围。基于此,《侵犯公民个人信息罪解释》第3条第2款规定:"未经被收集者同意,将合法收集的公民个人信息向他人提供的,属于刑法第二百五十三条之一规定的'提供公民个人信息',但是经过处理无法识别特定个人且不能复原的除外。"

(四)"非法获取公民个人信息"的认定

根据《刑法》第253条之一第3款的规定,窃取或者以其他方法非法获取公民个人信息是侵犯公民个人信息罪的客观行为方式之一。[③] 具体而言,以下几

---

① 此前,《全国人民代表大会常务委员会关于加强网络信息保护的决定》第1条第2款规定:"任何组织和个人……不得出售或者非法向他人提供公民个人电子信息。"依据这一规定,出售公民个人信息属于禁止的范畴,不存在合法交易的空间。

② 《个人信息保护法》第13条规定:"符合下列情形之一的,个人信息处理者方可处理个人信息:(一)取得个人的同意;(二)为订立、履行个人作为一方当事人的合同所必需,或者按照依法制定的劳动规章制度和依法签订的集体合同实施人力资源管理所必需;(三)为履行法定职责或者法定义务所必需;(四)为应对突发公共卫生事件,或者紧急情况下为保护自然人的生命健康和财产安全所必需;(五)为公共利益实施新闻报道、舆论监督等行为,在合理的范围内处理个人信息;(六)依照本法规定在合理的范围内处理个人自行公开或者其他已经合法公开的个人信息;(七)法律、行政法规规定的其他情形。依照本法其他有关规定,处理个人信息应当取得个人同意,但是有前款第二项至第七项规定情形的,不需取得个人同意。"

③ 顺带提及的是,《刑法》第253条之一只是将非法获取、出售、提供公民个人信息的行为入罪,对于实践中业已出现的非法持有大量公民个人信息案件,如果根据在案证据,适当运用推定规则,证明涉案公民个人信息系非法获取或者用于非法出售、提供的,则可以适用侵犯公民个人信息罪定罪处罚。

个问题值得关注：

1. 购买公民个人信息的处理。从实践来看，非法获取公民个人信息的方式主要表现为购买、收受、交换[①][②]和侵入计算机信息系统[③][④]或者采用其他技术

---

① 例如，安徽合肥警方在一个案件中查获多达120G的公民个人信息。该案中，从事企业人员交流培训工作的李某为扩大招生生源，通过互联网查找各地企业负责人的个人信息。李某在网上发现了王某搭建的贩卖个人信息的网站，通过王某介绍，李某发现自己手中掌握的信息也是一种“财富”。于是，两人约定“互换”手中掌握的公民个人信息。参见李光明、范天娇：《合肥侦破侵犯公民个人信息案三十七起查货信息数据两亿余条 犯罪嫌疑人搭建网站贩卖个人信息》，载《法制日报》2016年12月2日，第8版。

② 杜某甲、杜某乙侵犯公民个人信息案就涉及公民个人信息交换的情形。被告人杜某甲、杜某乙加入涉及个人信息交换买卖的QQ群，通过购买、交换等方式获取大量公民个人信息，再在群里发布广告招揽买家。2015年11月至2016年3月，杜某甲向他人购买或者交换车主信息等公民个人信息28万余条，向他人出售关于期货、基金、车主、信用卡等公民个人信息42万余条；杜某乙向他人购买杭州地区新生儿及其父母信息等公民个人信息3万余条，向他人出售车主信息、小区业主信息等公民个人信息近40万条。江苏省南京市鼓楼区人民法院判决认为：被告人杜某甲、杜某乙违反国家有关规定，向他人出售或者以非法方法获取公民个人信息，情节严重，其行为已构成侵犯公民个人信息罪。综合考虑被告人坦白、退赃等情节，以侵犯公民个人信息罪判处被告人杜某甲有期徒刑1年4个月，罚金人民币1万元；被告人杜某乙有期徒刑1年2个月，罚金人民币1万元。该判决已发生法律效力。参见《侵犯公民个人信息犯罪典型案例》，载最高人民法院官网，http://www.court.gov.cn/zixun-xiangqing-43952.html，最后访问日期：2020年3月21日。

③ 肖某、周某等侵犯公民个人信息案即是适例。被告人肖某、周某预谋窃取邮局内部的公民个人信息进行出售牟利，共同出资购买了黑客软件。2016年5月至6月，二人通过黑客软件侵入邮局内网，在邮局内网窃取邮局内部的公民个人信息103257条，并将窃取的公民个人信息全部出售给被告人李某某。后李某某将购买的公民个人信息出售给被告人王某某40000条，王某某又将购买到的公民个人信息出售给被告人宋某某30000条。内蒙古自治区赤峰市红山区人民法院判决认为：被告人肖某、周某通过黑客手段窃取公民个人信息并非法出售，李某某、王某某、宋某某通过购买方式非法获取公民个人信息，其行为均已构成侵犯公民个人信息罪。据此，以侵犯公民个人信息罪判处被告人肖某、周某、李某某各有期徒刑2年，并处罚金人民币5万元；被告人王某某有期徒刑1年，并处罚金人民币3万元；被告人宋某某有期徒刑6个月，并处罚金人民币3万元。该判决已发生法律效力。参见《侵犯公民个人信息犯罪典型案例》，载最高人民法院官网，https://www.court.gov.cn/zixun-xiangqing-43952.html，最后访问日期：2020年3月21日。

④ 例如，张某某、姚某某侵犯公民个人信息案。2015年6月，被告人张某某在登录浏览“魅力惠”购物网站时发现，通过修改该网站网购订单号可以查看到包含用户姓名、手机号、住址等内容的订单信息。为牟取利益，张某某委托他人针对上述网站漏洞编制批量扒取数据的恶意程序，在未经

手段。[1]对于"购买公民个人信息"是否属于"以其他方法非法获取公民个人信息",存在不同认识。有意见认为,"其他方法"应当限于与"窃取"危害性相当的方式(如抢夺),不宜将"购买"包括在内。

经研究认为,(1)《刑法》第 253 条之一第 3 款并未明确排除"购买"方法,且购买公民个人信息当然属于非法获取公民个人信息的情形。(2)从实践来看,当前非法获取公民个人信息的方式主要表现为购买,如排除此种方式,则会大幅限缩侵犯公民个人信息罪的适用范围。(3)不少侵犯公民个人信息犯罪案件,购买往往是后续出售、提供的前端环节,没有购买就没有后续的出售、提供。而且,从侦查实践来看,相当比例的侵犯公民个人信息刑事案件都是从购买环节入手,然后顺着购买的路径发现出售、提供公民个人信息的犯罪嫌疑人。如果不将购买公民个人信息纳入刑事规制范围,对于购买的行为无法刑事立案,恐会影响对侵犯公民个人信息其他环节的侦办,进而影响对整个犯罪链条的惩治。基于此,《侵犯公民个人信息罪解释》第 4 条明确规定:"违反国家有关规定,通过购买、收受、交换等方式获取公民个人信息,或者在履行职责、提供服务过程中收集公民个人信息的,属于刑法第二百五十三条之一第三款规定的'以其他方法非法获取公民个人信息'。"

例如,2016 年开始,被告人徐某某通过互联网,从被告人吕某某等人处大量购买个人手持身份证照片、银行卡资料、淘宝店铺信息等公民个人信息。被告人吕某某也通过网上大量购买含有居民身份证正反面信息和账户名称密码的淘宝账户信息,再加价通过网上出售,谋取非法利益。2017 年 3 月 13 日 12 时许,公安机关在广东省惠来县抓获徐某某,缴获其作案用电脑等物证,并从其电

网站授权的情况下,进入该网站后台管理系统,从中非法获取客户订单信息 12503 条,通过 QQ 等联络方法将上述客户信息分数次卖给被告人姚某某,获利人民币 5359 元。被告人姚某某购得上述订单信息后,又在网络上分别加价倒卖从中牟利。2016 年 3 月 29 日,法院以侵犯公民个人信息罪,判处张某某有期徒刑 1 年 9 个月,罚金人民币 5 万元;姚某某有期徒刑 1 年 6 个月,罚金人民币 2 万元。

[1] 实际上,公民个人信息犯罪大致表现在以下几个方面:(1)从源头非法获取个人信息,一般又可以分为两种:一是黑客通过入侵计算机信息系统非法获取;二是员工利用职务之便,将自己掌握的信息进行非法贩卖。(2)通过居间买卖个人信息进行牟利。(3)利用个人信息实施违法犯罪行为。(4)进行个人信息非法互换交易。参见林笛:《保护公民个人信息亟须综合治理　本报专访公安部网络安全保卫局有关负责人》,载《人民公安报》2016 年 9 月 26 日,第 4 版。

脑U盘和网盘查获大量公民个人信息,包含身份证号码和其他信息的公民个人信息共计11976条。2017年3月15日,公安机关抓获吕某某,缴获电脑、手机等作案工具一批,通过查询吕某某的支付宝账户,其贩卖了淘宝账户信息共7157条,获利人民币377283.63元,并在其电脑中查获了大量公民个人信息。深圳市南山区人民法院判决认为,被告人吕某某违反国家有关规定,非法购买、出售公民个人信息,情节特别严重,被告人徐某某非法购买、出售公民个人信息,情节严重,其行为均构成侵犯公民个人信息罪。

2. 获取公民个人信息行为"非法"的判断。对于获取公民个人信息,《刑法》第253条之一第3款将罪状直接表述为"非法获取"。基于体系解释的原理,对此处的"非法",应当以是否违反国家有关规定作为判断标准。①

需要注意的是,基于特定身份关系获取特定公民个人信息的案件已经出现,就此类案件而言,行为人与被害人之间的特定身份关系不能成为非法获取公民个人信息的抗辩事由。例如,自2013年2月起,被告人朱某某采用在被害人卫某(系被告人前妻)驾驶的轿车上擅自秘密安装GPS定位器、在卫某家中秘密放置录音笔及在卫某办公室电脑中私自安装截屏软件等方法,非法获取卫某个人车辆位置信息、对话录音、住宿信息、航班信息、网页浏览记录等大量个人信息。本案中,被告人朱某某提出其与被害人卫某之间原系夫妻关系,因而其获取卫某相关信息的方式不应认定为非法获取。上海市虹口区人民法院一审判决认为,被告人朱某某在其前妻卫某个人轿车上擅自秘密安装GPS定位器、在卫某家中秘密放置录音笔及在卫某办公室电脑中私自安装截屏软件的行为,明显违反了有关法律的禁止性规定,应当认定为非法获取行为。即使行为

---

① 早在《刑法修正案(九)》之前,针对《刑法》第253条之一规定的"非法"获取公民个人信息,有论者从"公民个人信息"是"个人法益"且具有"超个人法益属性"的角度出发,主张"非法"无须根据前置的配套法律法规进行认定,无须等待我国公民个人信息保护法等类似的法律法规出台后才能确定,除依法强制公民提供公民个人信息的情形之外,凡是未经公民个人明示或者默示之同意而获取公民个人信息的,均属于"非法"获取。参见曲新久:《论侵犯公民个人信息犯罪的超个人法益属性》,载《人民检察》2015年第11期。本书认为,按照通行观点,侵犯公民个人信息罪属于行政犯而非自然犯,故而认定其行为的违法性宜以相应前置规定为基础。当然,在具体案件涉及的获取公民个人信息行为是否系"非法"的判断上,对判断依据"国家有关规定"可以作相对灵活的把握,只要有一般性规定即可,而不应要求专门性规定。

人与被获取个人信息的公民之间存在一定的特殊身份关系（如近亲属、同事、朋友）等，亦不能成为不构成犯罪的抗辩理由。因此，上海市虹口区人民法院以非法获取公民个人信息罪判处被告人朱某某拘役 6 个月，并处罚金人民币 1000 元。被告人朱某某提出上诉，后申请撤回，上海市第二中级人民法院经审查裁定准许。[①]

3. 非法收集公民个人信息的处理。《网络安全法》第 41 条规定："网络运营者收集、使用个人信息，应当遵循合法、正当、必要的原则，公开收集、使用规则，明示收集、使用信息的目的、方式和范围，并经被收集者同意。网络运营者不得收集与其提供的服务无关的个人信息，不得违反法律、行政法规的规定和双方的约定收集、使用个人信息，并应当依照法律、行政法规的规定和与用户的约定，处理其保存的个人信息。"违反上述规定，未经他人同意收集公民个人信息，或者收集与提供的服务无关的公民个人信息的，应当认定为"非法获取公民个人信息"。以此为基础，《侵犯公民个人信息罪解释》第 4 条专门规定，违反国家有关规定，在履行职责、提供服务过程中收集公民个人信息的，属于《刑法》第 253 条之一第 3 款规定的"以其他方法非法获取公民个人信息"。

（五）对"情节严重"和"情节特别严重"的把握

根据《刑法》第 253 条之一的规定，非法获取、出售或者提供公民个人信息，情节严重的，处 3 年以下有期徒刑或者拘役，并处或者单处罚金；情节特别严重的，处 3 年以上 7 年以下有期徒刑，并处罚金。可见，侵犯公民个人信息罪系情节犯，定罪量刑标准为"情节严重""情节特别严重"。经充分调研，《侵犯公民个人信息罪解释》第 5 条根据司法实践的情况，从犯罪的客体、客观方面、主体、主观方面等多个角度对侵犯公民个人信息罪的定罪量刑具体标准作了明确。

1. "情节严重"的认定标准。《侵犯公民个人信息罪解释》第 5 条第 1 款从五个方面对侵犯公民个人信息罪的入罪标准"情节严重"作出明确。

（1）信息类型与数量。侵犯公民个人信息罪的对象为公民个人信息，以公

---

① 参见叶琦：《基于特定身份非法获取公民个人信息构成非法获取公民个人信息罪》，载《人民司法》2014 年第 20 期。

民个人信息的数量作为量化的标准，最能直接反映该罪的社会危害性。因此，应当根据非法获取、出售或者提供的公民个人信息数量设定入罪标准。实践中，公民个人信息的类型繁多，重要程度难以等量齐观。特别是，各类公民个人信息背后关联的法益存在较大差异，公民个人敏感信息涉及人身安全和财产安全，其被非法获取、出售或者提供后极易引发盗窃、诈骗、敲诈勒索等关联犯罪，具有更大的社会危害性。因此，基于不同类型公民个人信息的重要程度，《侵犯公民个人信息罪解释》分别设置了"五十条以上""五百条以上""五千条以上"的入罪标准，以实现罪责刑相适应。具体而言：

一是非法获取、出售或者提供行踪轨迹信息、通信内容、征信信息[①]、财产信息五十条以上的。行踪轨迹信息、通信内容、征信信息、财产信息与人身安全、财产安全直接相关，系高度敏感信息，《侵犯公民个人信息罪解释》第 5 条第 1 款第 3 项将入罪标准设置为"五十条以上"。需要注意的是，鉴于本项规定的入

① 韩某甲、旷某某、韩某乙等侵犯公民个人信息案就是适例。2015 年 9 月 3 日至 4 日，被告人韩某甲、旷某某、韩某乙利用连某某（湖北省巴东县农村商业银行沿渡河支行征信查询员）的征信查询 ID 号、密码及被告人李某乙、耿某某（洛阳银行郑州东风路支行客户经理）提供的洛阳银行郑州东风路支行的银行专用网络，在该行附近使用电脑非法查询公民个人银行征信信息 3 万余条。2015 年 9 月 5 日至 6 日，被告人韩某甲、旷某某、韩某乙利用连某某的征信查询 ID 号、密码及被告人李某甲、卢某某（德州银行滨州金廷支行行长）提供的德州银行滨州分行的银行专用网络，在该行南面的停车场内，使用电脑分两次非法查询公民个人银行征信信息 2 万余条。2015 年 9 月 8 日，被告人韩某甲、旷某某、韩某乙利用李某丙（江苏省淮安市农村商业银行徐溜支行职工）的银行征信查询 ID 号及密码及被告人李某甲、卢某某提供的德州银行滨州分行专用网络，在该行南面的停车场内，使用电脑非法查询公民个人银行征信信息近 3 万条。被告人韩某丙、邓某某获得征信查询 ID 号、密码并非法提供给被告人韩某甲等人使用，双方通过被告人陈某某中转租金、传递密码。被告人韩某甲、旷某某、韩某乙将查询获得的上述公民个人银行征信信息出售给他人，向被告人韩某丙、李某乙、李某甲支付了相关费用。湖北省巴东县人民法院判决认为：被告人韩某甲、旷某某、韩某乙、韩某丙、邓某某、李某甲、陈某某、卢某某、李某乙、耿某某违反国家有关规定，非法获取公民个人信息出售牟利，情节严重，其行为已构成侵犯公民个人信息罪。综合考虑被告人自首、坦白、积极退赃等情节，以侵犯公民个人信息罪判处被告人韩某甲有期徒刑 1 年 6 个月，并处罚金人民币 2 万元；被告人旷某某有期徒刑 1 年 3 个月，并处罚金人民币 2 万元；被告人韩某乙处有期徒刑 1 年 2 个月，并处罚金人民币 1 万元；被告人韩某丙有期徒刑 1 年，并处罚金人民币 1 万元；以及其他各被告人相应有期徒刑、拘役和罚金。该判决已发生法律效力。参见《侵犯公民个人信息犯罪典型案例》，载最高人民法院官网，https://www.court.gov.cn/zixun-xiangqing-43952.html，最后访问日期：2020 年 3 月 21 日。

罪标准门槛较低，故此处严格限缩所涉公民个人信息的类型，仅限于行踪轨迹信息、通信内容、征信信息、财产信息四类信息，不允许司法适用中再通过等外解释予以扩大。对于行踪轨迹信息、通信内容、征信信息，司法实践中在认定上不存在争议。对于财产信息，可以根据案件具体情况把握：既包括银行账户、第三方支付结算账户、证券期货等金融服务账户的身份认证信息（一组确认用户操作权限的数据，包括账号、口令、密码、数字证书等），也包括存款、房产等财产状况信息。

二是非法获取、出售或者提供住宿信息[①]、通信记录、健康生理信息、交易信息[②]等其他可能影响人身、财产安全的公民个人信息500条以上的。上述公民个人信息虽然在重要程度上不及行踪轨迹信息、通信内容、征信信息、财产信息，但也与人身安全、财产安全直接相关，往往被用于精准诈骗等违法犯罪活

---

① 丁某某侵犯公民个人信息案就是适例。2013年年底，一家为全国4500多家酒店提供网络服务的公司因系统存在安全漏洞，致使全国高达2000万条宾馆住宿记录泄露。2015年年初至2016年6月，被告人丁某某通过在不法网站下载的方式，非法获取宾馆住宿记录等公民个人信息，并上传至自己开办的“嗅密码”网站。该网站除了能够查询住宿记录外，还提供用户QQ、部分论坛账号及密码找回功能。其中住宿记录共有将近2000万条，用户经注册成为会员后，可以在网页“开房查询”栏目项下，以输入关键字姓名或身份证号的方式查询网站数据库中宾馆住宿记录（显示姓名、身份证号、手机号码、地址、住宿时间等信息）。丁某某自2015年5月左右开始对该网站采取注册会员方式收取费用60元/人，到2016年1月上调到120元/人。2015年11月1日至2016年6月23日，“嗅密码”网站共有查询记录49698条，收取会员费191440.92元。浙江省乐清市人民法院判决认为：被告人丁某某非法获取住宿记录等公民个人信息后通过网站提供查询服务牟利，供查询的公民个人信息近2000万条，其行为已经构成侵犯公民个人信息罪，且属于“情节特别严重”。综合考虑退赃等情节，以侵犯公民个人信息罪判处被告人丁某某有期徒刑3年，并处罚金人民币2万元。该判决已发生法律效力。参见《侵犯公民个人信息犯罪典型案例》，载最高人民法院官网，https://www.court.gov.cn/zixun-xiangqing-43952.html，最后访问日期：2020年3月21日。

② 夏某某侵犯公民个人信息案就是适例。2015年10月至2016年7月，被告人夏某某买卖大量含有公民姓名、收货地址、手机号码等内容的网购订单信息，非法获利约5万元。被告人夏某某在归案后如实供述自己的罪行。浙江省绍兴市柯桥区人民法院判决认为：被告人夏某某违反国家有关规定，非法获取公民个人信息并向他人出售，情节严重，其行为已构成侵犯公民个人信息罪。综合考虑全案情节，以侵犯公民个人信息罪判处被告人夏某某有期徒刑2年，并处罚金人民币2000元。该判决已发生法律效力。参见《侵犯公民个人信息犯罪典型案例》，载最高人民法院官网，https://www.court.gov.cn/zixun-xiangqing-43952.html，最后访问日期：2020年3月21日。

动。基于此,《侵犯公民个人信息罪解释》第 5 条第 1 款第 4 项将入罪标准设置为"五百条以上"。需要注意的是,本项规定有"等其他可能影响人身、财产安全的公民个人信息"的表述,司法实践中可以根据具体情况等作解释,但应当确保所适用的公民个人信息涉及人身、财产安全,且与"住宿信息、通信记录、健康生理信息、交易信息"在重要程度上具有相当性。

三是非法获取、出售或者提供一般公民个人信息 5000 条以上的。从实践来看,除前述公民个人敏感信息外,出售、提供公民个人信息往往数量较大,动辄数万条甚至数十万条,在不少案件中甚至将公民个人信息编辑为电子文档后按兆出售。因此,不少地方对出售、提供公民个人信息的入罪掌握在数量 5000 条以上,基本上可以满足严厉打击此类犯罪的需要,且给行政处罚留有一定空间。[①] 基于此,《侵犯公民个人信息罪解释》第 5 条第 1 款第 5 项将非法获取、出售或者提供公民个人信息 5000 条以上的规定为"情节严重"。

此外,鉴于实践中存在混杂公民个人信息的情形[②],《侵犯公民个人信息罪解释》第 5 条第 1 款第 6 项将"数量未达到第三项至第五项规定标准,但是按相

---

① 当然,各地关于侵犯公民个人犯罪的数量入罪标准相差较大。例如,北方某市把握的标准是,出售、非法提供公民个人信息数量是 500 条,非法获取公民个人信息数量 1000 条;西南某市把握的标准是,出售公民个人信息数量无论条数多少,一律刑事拘留;华东某市把握的标准是,出售、非法提供公民个人信息 5000 条以上,非法获取 10000 条以上。

② 邵某某等侵犯公民个人信息案即涉及多种类型的公民个人信息。2016 年年初,被告人邵某某、康某、王某、陆某某分别以"大叔调查公司"的名义向他人出售公民个人信息,被告人倪某某不久后参与。五被告人通过在微信朋友圈发布出售个人户籍、车辆档案、手机定位、个人征信、旅馆住宿等各类公民个人信息的广告的方式寻找客户,接单后通过微信向上家购买信息或让其他被告人帮忙向上家购买信息后加价出售,每单收取 10 元至 1000 余元不等的费用。经查,被告人邵某某获利人民币 26000 元,被告人康某获利人民币 8000 元,被告人倪某某、王某、陆某某各获利人民币 5000 元。浙江省东阳市人民法院判决认为:被告人邵某某、康某、倪某某、王某、陆某某单独或伙同他人,违反国家有关规定,向他人出售公民个人信息,情节严重,其行为均已构成侵犯公民个人信息罪。综合考虑被告人的坦白、退赃等情节,以侵犯公民个人信息罪判处被告人邵某某有期徒刑 1 年 3 个月,并处罚金人民币 8000 元;被告人康某有期徒刑 1 年,并处罚金人民币 4000 元;被告人倪某某、王某、陆某某各有期徒刑 10 个月,并处罚金人民币 2000 元。该判决已发生法律效力。参见《侵犯公民个人信息犯罪典型案例》,载最高人民法院官网,https://www.court.gov.cn/zixun-xiangqing-43952.html,最后访问日期:2020 年 3 月 21 日。

应比例合计达到有关数量标准的”情形规定为“情节严重”。

在此,有必要讨论敏感公民个人信息的具体认定问题。如前所述,基于不同类型公民个人信息的重要程度,《侵犯公民个人信息罪解释》第5条分别设置了“五十条以上”“五百条以上”“五千条以上”的入罪标准。从司法实践来看,在具体案件中仍然存在对于相关数量标准适用的争议,集中表现为敏感信息的认定问题。有必要强调的是,对于侵犯公民个人敏感信息的行为之所以设置不同于一般公民个人信息的入罪标准,就在于敏感信息涉及人身安全和财产安全,其被非法获取、出售或者提供后极易引发盗窃、诈骗、敲诈勒索等关联犯罪,具有更大的社会危害性。这是认定公民个人敏感信息应当考量的关键因素。

就行踪轨迹信息的认定而言,实践中宜严格把握其范围,限定为手机定位信息、车辆轨迹信息等可以直接定位特定自然人具体坐标的信息。行踪轨迹信息不等于涉及轨迹的信息,而应当理解为涉及轨迹的实时信息。广义上而言,涉及轨迹的信息范围较宽。例如,行为人设立钓鱼网站,获取他人的12306账户名和密码,进而获取了他人的火车票信息。火车票载明了姓名、车次、时间、起始站点等信息。行为人获取他人火车票信息后,可以根据火车票载明的信息判断出他人的行踪情况,但是,相关轨迹信息并非实时信息,故应当排除在行踪轨迹信息的范围之外。而且,通常而言,敏感信息、特别是高度敏感信息的交易价格要远远高于一般公民个人信息。从实践来看,行踪轨迹信息直接涉及人身安全,敏感程度最高,就交易价格而言通常是最为昂贵的信息类型。与之类似,涉案信息的获取渠道也是判断敏感信息的重要因素。由于敏感信息直接涉及公民个人人身安全和财产安全,敏感程度高,获取的途径相对困难。对于可以批量获取的信息,由于获取相对容易,认定为敏感信息应当特别慎重。

就财产信息的认定而言,“财产信息”不等于“涉财产信息”,判断关键在于所涉房产信息是否直接涉及人身财产安全。例如,2017年6月至2018年2月,被告人卢某某在担任沈阳市住宅小区管理办公室维修资金管理科副科长期间,在沈阳市沈河区房地产大厦多次将掌握的购房人交纳住房维修基金等相关信息(包含房屋坐落地址、门牌号、小区名称、购买人姓名和电话、房屋面积)共计64792条卖给杨某某,获利15000余元。后相关信息被倒卖获利和用于装修公司的经营活动。二审法院针对抗诉机关提出“房产属于财产,房产信息应为财产信息，本案所涉信息应属于财产信息”的抗诉理由，提出“虽然本案的信息涉及房产面积，但没有涉及房产的交易价格、交易方式、资金来源、贷款情况、共有人情况、房产抵押、担保情况等涉及房屋财产属性的内容，不足以反映特定人的财产状况”，并不会直接影响财产安全，不应纳入“财产信息”的范畴。①

需要注意的是，必要时，对于财产信息的判断，可以结合信息获取渠道、交易价格、信息流向等因素加以考量。例如，行为人从车辆管理机构工作人员处非法购买车辆信息，具体涉及车主、车辆型号、发动机号、联系电话等信息。行为人购买上述信息后，拨打车主电话推销车辆保险。该案例的主要争议问题在于如何把握“财产信息”的范围。财产信息包括存款、房产等财产状况信息，对此应无疑义。本案中，行为人获取的车辆信息已较为具体，通常认定为“财产信息”亦无不当。但是，综合考虑本案的具体情况，本书还是主张将相关信息不认定为《侵犯公民个人信息罪解释》所称的“财产信息”。② 主要考虑如下：其一，如前所述，鉴于涉敏感信息的案件入罪门槛低，应当采用严格适用的立场，以控制打击面。其二，犯罪应当是主客观相统一的产物，坚持主客观相统一原则是刑法适用的基本要求。本案中，行为人获取的车辆相关信息确实较为具体，符合“财产信息”的一般特征，但行为人的主观目的就是推销车辆保险，并非用于实施针对人身或者财产的侵害行为，故对其适用一般公民个人信息的入罪标准更为妥当。

（2）违法所得数额。出售或者非法提供公民个人信息往往是为了牟利，故应当以违法所得作为认定“情节严重”的情形之一。从司法实践来看，一般公民

① 参见辽宁省沈阳市中级人民法院刑事裁定书，（2018）辽01刑终686号。

② 类似案件中，房地产中介等将房产信息非法提供给装修公司，主要用于推销业务，不太可能涉及侵犯人身财产权利的，通常也不宜将相关信息纳入“财产信息”范畴。

个人信息的价格相对较低，甚至不会按条计价[①]；而公民个人敏感信息价格通常较高，一般按条计价，特别是行踪轨迹信息可以谓之最为昂贵的信息类型[②]。考虑到各项规定之间的均衡，《侵犯公民个人信息罪解释》第5条第1款第7项将违法所得5000元以上的规定为“情节严重”。

(3)信息用途。通常而言，非法获取公民个人信息，绝不仅是为了占有，而是有特定用途，甚至用于违法犯罪。可以说，出售或者提供公民个人信息，不仅严重危害公民的信息安全，而且极易引发多种犯罪，成为电信诈骗、网络诈骗以及滋扰型“软暴力”等新型犯罪的根源，甚至与绑架、敲诈勒索、暴力追债等犯罪

---

① 周某甲等侵犯公民个人信息案就是适例。2016年4月，被告人周某甲向他人购买浙江省学生信息193万余条。后被告人周某甲将其中100万余条嘉兴、绍兴地区的学生信息以6万余元的价格出售给被告人陈某甲，将45655条嘉兴地区的学生信息以3500元的价格出售给被告人刘某、陈某乙、周某乙，将7214条平湖地区的学生信息以1400元的价格出售，将2320条平湖地区的学生信息以500元的价格出售，共计非法获利65400元。此外，2016年4月，被告人刘某、陈某乙、周某乙以3000元的价格向他人购买嘉兴地区学生信息25068条。浙江省平湖市人民法院判决认为：被告人周某甲、陈某甲、刘某、陈某乙、周某乙违反国家有关规定，向他人出售或者以购买的方法非法获取公民个人信息，数量分别为193万余条、100万余条、7万余条、7万余条、7万余条，其行为均已构成侵犯公民个人信息罪。综合考虑被告人自首、坦白等情节，以侵犯公民个人信息罪判处被告人周某甲有期徒刑1年11个月，并处罚金人民币4万元；被告人陈某甲有期徒刑11个月，并处罚金人民币10万元；被告人刘某、陈某乙、周某乙有期徒刑7个月至9个月不等、缓刑1年，并处罚金人民币4000元至5000元不等。该判决已发生法律效力。参见《侵犯公民个人信息犯罪典型案例》，载最高人民法院官网，https://www.court.gov.cn/zixun-xiangqing-43952.html，最后访问日期：2020年3月21日。

② 例如，内蒙古奈曼公安机关侦破一起侵犯公民个人信息案，发现了一份交易“价格表”。在各类信息中，尤以手机定位数据最为昂贵，价格表显示，联通定位200元/次，移动定位350元/次，电信定位价格最高，达到400元/次。手机定位服务包括卫星图和平面图，定位精度在几十米至几百米范围之内。参见颜爱勇、陆继成：《内蒙古奈曼破获一起公民个人信息被侵犯案　各类信息中手机定位数据最为昂贵》，载《法制日报》2016年10月20日，第8版。而据山东菏泽警方向记者展示的一份中间商的“价格表”，联通定位270元/次，电信定位450元/次，移动定位580元/次。手机定位服务甚至可以“包天”“包月”，平均下来，一天的价格在两三千元左右，包括卫星图和平面图，定位精度在几十米至几百米之内。参见林笛：《斩断上游：山东警方破获侵犯公民个人信息大案》，载《人民公安报》2016年9月26日，第4版。

活动相结合。[①] 因此,此类行为引发的后果的严重程度,是认定“情节严重”与否的重要标准。被非法获取、出售或者提供的公民个人信息,用途存在不同,对权利人的侵害程度也会存在差异。如果涉案的公民个人信息被用于实施其他犯罪活动,使权利人的人身、财产安全陷入高风险状态或者造成实质危害的,对此应当直接认定为“情节严重”或者“情节特别严重”,以刑事手段加以规制;而如果涉案公民个人信息未被用于犯罪活动,则社会危害性相对较小,不宜直接以此作为刑事规制的依据。基于此,《侵犯公民个人信息罪解释》第 5 条第 1 款第 2 项将“知道或者应当知道他人利用公民个人信息实施犯罪,向其出售或者提供的”规定为“情节严重”。[②] 从司法实践来看,行踪轨迹信息是最为敏感的公民个人信息。非法获取、出售或者提供该类信息,行为人主观上对可能被用于犯罪存在概括认识,《侵犯公民个人信息罪解释》第 5 条第 1 款第 1 项直接将“出售或者提供行踪轨迹信息,被他人用于犯罪的”规定为“情节严重”,无须再具体判断主观上是否知道或者应当知道涉案信息被用于犯罪。

(4)主体身份。据统计,公民个人信息的泄露案件中八成是来自内部人员

---

① 例如,2015 年 11 月以来,犯罪嫌疑人匡某、唐某通过非法渠道获取大量居民身份证及银行征信报告,纠集颜某、韦某等人利用上述征信报告信息伪造信用卡申请材料。随后,招募刘某、邓某等十余名办卡人员,指使其流窜至上海、杭州、广州、西安、武汉、重庆等地,向多家银行网点递交上述虚假申请材料骗领信用卡。该团伙收到银行核发的信用卡后,即通过银行自助语音开卡服务激活信用卡,再利用作案专用 POS 机刷取卡内资金,后由颜某、韦某等人通过 ATM 机取现赃款。至案发,该团伙共骗领银行卡 300 余张,被盗刷资金达 400 余万元。参见钟雷:《个人信息泄露正为罪犯“开后门”》,载《青年报》2016 年 8 月 15 日,第 7 版。

② 需要注意的是,实践中行为人明知出售或者提供的公民个人信息用于实施诈骗、非法拘禁等犯罪,仍然予以提供。但是,由于各种原因,对于后续获取公民个人信息的行为人实施的犯罪未能查实。例如,苏某多次以应聘网店运维的名义,将各网店存储的消费者公民个人信息出售给下游实施退款诈骗的犯罪分子。本案中,苏某对所出售的信息用于实施诈骗在主观上系明知,但其并不掌握购买者的身份,也无法联系到购买者,故下游犯罪事实无法查证。本书认为,对于苏某的行为应当认为符合《侵犯公民个人信息罪解释》第 5 条第 1 款第 2 项的规定。申言之,构成该项规定,除了下游犯罪查获的情形外,也包括通过在案证据认定出售或者提供者在主观上“知道或者应当知道他人利用公民个人信息实施犯罪”而予以出售或者提供,但未能查获下游犯罪的情形。

作案。[①] 诸多涉及公民个人信息买卖的案件中大多可以见到"内部"人员参与的"影子"。国家机关或者金融、电信、交通、教育、医疗等单位的工作人员将在履行职责或者提供服务过程中获得的公民个人信息出售或者提供给他人，是侵犯公民个人信息违法犯罪泛滥的重要原因所在。例如，2016 年 5 月，山东菏泽警方成功破获一起网络侵犯公民个人信息大案，共查扣受侵犯公民个人信息 200 余万条，涉案资金达 500 余万元，抓获犯罪嫌疑人 29 名，其中包括 22 名中间商和 7 名"内鬼"（一手数据源头）。从此案中打掉的"内鬼"来看，相关部门、企事业单位自身在公民个人信息安全监管方面存在的漏洞令人触目惊心。犯罪嫌疑人甄某，系某商业银行客户经理，利用职务之便，以每条 20 元至 40 元的价格，长期向中间商提供个人征信信息以及本银行的客户资料，包括身份证号、信誉、卡号、开户日期、余额、名下账户数量等，可以跨区域查询，覆盖全国；犯罪嫌疑人陈某，系某通信公司软件工程师，利用职务之便私下向中间商贩卖数据库密码，使其能够直接访问数据库中全国范围内的手机定位、开户信息等数据；犯罪嫌疑人王某，系某快递公司苏州某仓库管理员，利用其掌握的系统账号，以每条数十元的价格，向中间商提供全国快递信息，包括收件人地址、电话等信息。[②]

又如，2015 年 9 月至 2016 年 4 月，被告人籍某某身为派出所民警，利用其在派出所工作的职务之便，使用已调离的前所长段某某的数字证书查询公安系统内公民个人信息 3670 余条，并通过微信向被告人李某某出售公民个人信息，非法获利共计 19840 元；被告人李某某将从籍某某处购买的公民个人信息出售给他人，非法获利 42185 元。2017 年 3 月 9 日，河北省赵县人民法院分别以犯侵犯公民个人信息罪判处被告人籍某某、李某某有期徒刑 1 年，并处罚金 5000 元。

再如，2014 年年初至 2016 年 7 月，上海市疾控中心工作人员韩某利用其工作便利，登录系统查询并窃取上海疾控中心每月更新的全市新生婴儿信息共计 30 余万条，然后通过下属同事张某之手层层转卖非法牟利。上海市浦东新区人民法院以侵犯公民个人信息罪作出一审判决，对参与窃取、出售、收买的韩某、

---

① 参见骆沙：《调查显示：个人信息泄露八成源自内部作案》，载《中国青年报》2012 年 4 月 19 日，第 3 版。

② 参见林笛：《斩断上游：山东警方破获侵犯公民个人信息大案》，载《人民公安报》2016 年 9 月 26 日，第 4 版。

张某、范某、李某、黄某、王某、吴某、龚某 8 名被告人，分别判处有期徒刑 2 年 3 个月至 7 个月不等，罚金 2000 元至 5000 元不等。①

由于上述情形往往发生在公民个人信息交易的最初阶段，涉案信息的数量往往较少、价格相对低廉。此种情形下，如果不设置特殊标准，往往难以对此类源头行为予以刑事惩治。基于此，为贯彻落实《刑法》第 253 条之一第 2 款“违反国家有关规定，将在履行职责或者提供服务过程中获得的公民个人信息，出售或者提供给他人的，依照前款的规定从重处罚”的规定，《侵犯公民个人信息罪解释》第 5 条第 1 款第 8 项对将在履行职责或者提供服务过程中获得的公民个人信息出售或者提供给他人的情形认定为“情节严重”设置了特殊标准，规定此种情形下出售或者提供公民个人信息，认定“情节严重”的数量、数额标准减半计算。当然，对于此种情形，不宜再根据《刑法》第 253 条之一第 2 款的规定从重处罚，以免重复评价。

(5) 主观恶性。曾因侵犯公民个人信息受过刑事处罚或者 2 年内受过行政处罚，又非法获取、出售或者提供公民个人信息的，行为人屡罚屡犯、主观恶性大。故而，《侵犯公民个人信息罪解释》第 5 条第 1 款第 9 项将此种情形规定为“情节严重”。

2. “情节特别严重”的认定标准。《侵犯公民个人信息罪解释》第 5 条第 2 款主要从两个角度规定了“情节特别严重”的情形。

(1) 数量数额标准。基于司法实践中侵犯公民个人信息犯罪涉案的公民个人信息数量相差悬殊，跨度从几千条到几十万条(甚至更大数量)不等，将“情节特别严重”和“情节严重”之间的数量数额标准设置为 10 倍而非 5 倍的倍数关系。②

---

① 参见《上海新生婴儿信息贩卖案一审宣判　2 名原疾控中心工作人员及其他 6 名被告人获刑》，载《人民法院报》2017 年 2 月 10 日，第 3 版。

② 有论者通过对数据库收录的纯正网络犯罪的判决书进行全样本分析，指出司法解释设定的标准，不符合计算机犯罪的特点；只有当把“情节特别严重”的认定标准上调 10 – 20 倍以上，即数量或数额达到司法解释认定较大的 50 – 100 倍以上，才可以达到案件数量分布的正金字塔结构。参见石亚淙：《网络时代的刑法面孔——“网络犯罪的刑事立法与刑事司法前沿问题”研讨会观点综述》，载《人民检察》2016 年第 15 期。实际上，传统犯罪的法定刑升档要件与基本要件之间的数量数额基本为 3 倍或者 5 倍的倍数关系，这一倍数设置惯例确实可能存在不适应网络犯罪态势的问题，在未来的司法实践中有必要作出调整。

（2）严重后果。从实践来看，非法获取、出售或者提供公民个人信息，可能对个人造成危害，如造成人身伤亡、经济损失等。而且，公民个人信息除了具有身份和经济价值之外，还具有一定的社会价值和战略价值。因此，非法获取、出售或者提供公民个人信息，也可能引发社会恐慌、造成恶劣社会影响，甚至因为信息泄露而危害国家安全。基于此，将“造成被害人死亡、重伤、精神失常或者被绑架等严重后果的”和“造成重大经济损失或者恶劣社会影响的”规定为“情节特别严重”。

3. 为合法经营活动购买、收受公民个人信息定罪量刑的特殊标准。从实践来看，购买、收受公民个人信息从事广告推销等活动的情形较为普遍。为了秉持刑法的谦抑性，体现宽严相济，《侵犯公民个人信息罪解释》第 6 条第 1 款规定：“为合法经营活动而非法购买、收受本解释第五条第一款第三项、第四项规定以外的公民个人信息，具有下列情形之一的，应当认定为刑法第二百五十三条之一规定的‘情节严重’：（一）利用非法购买、收受的公民个人信息获利五万元以上的；（二）曾因侵犯公民个人信息受过刑事处罚或者二年内受过行政处罚，又非法购买、收受公民个人信息的；（三）其他情节严重的情形。”这是《侵犯公民个人信息罪解释》针对为合法经营活动而购买、收受公民个人信息的行为设置的专门的定罪量刑标准。而且，考虑到此类行为社会危害性不大，即使构成犯罪，通常也不需要升档量刑，故只规定了“情节严重”的具体情形。

需要注意的是，适用该定罪量刑标准须满足三个条件：一是为了合法经营活动，对此可以综合全案证据认定，但主要应当由被告方提供相关证据；二是限于普通公民个人信息，即不包括可能影响人身、财产安全的敏感信息；三是信息没有再流出扩散，即行为方式限于购买、收受。根据《侵犯公民个人信息罪解释》第 6 条第 2 款的规定，如果将购买、收受的公民个人信息非法出售或者提供的，定罪量刑标准应当适用《侵犯公民个人信息罪解释》第 5 条的规定。对此应当注意的是，为了合法经营活动交换公民个人信息的，由于在获取信息的同时造成了信息扩散，不符合前述三个要件，定罪量刑标准亦应适用《侵犯公民个人信息罪解释》第 5 条的规定。

从司法实践来看，具体案件中对“获利”的认定存在较大争议。例如，行为人合法开办企业后，为了进行广告推销，花费 5000 元购买电话号码等个人信息。至案发时，行为人开办的企业收入 10 万元。该案例的主要争议问题在于获利数额是否需要扣除成本的问题。本书主张应当扣除成本。主要考虑如下：(1)《侵犯公民个人信息罪解释》第 6 条之所以对为合法经营活动购买、收受公民个人信息规定定罪量刑的特殊标准，就在于该类情形较为普遍，且社会危害性相对较小，故在具体适用刑法时应秉持谦抑，体现宽严相济。因此，在适用“利用非法购买、收受的公民个人信息获利五万元以上”规定时，自然应当体现控制打击面的精神。(2)实践中，合法经营活动的获利情况十分复杂，有利用非法购买、收受的公民个人信息的因素，也有行为人合法经营的因素。在此背景下，自然不宜不扣除成本计算获利数额。

4. 侵犯公民个人信息单位犯罪的定罪量刑标准。根据《刑法》第 253 条之一第 4 款的规定，单位可以成为侵犯公民个人信息罪的主体。为切实加大对单位侵犯公民个人信息犯罪的惩治力度，《侵犯公民个人信息罪解释》第 7 条明确了单位实施侵犯公民个人信息犯罪的，适用自然人犯罪的定罪量刑标准，规定：“单位犯刑法第二百五十三条之一规定之罪的，依照本解释规定的相应自然人犯罪的定罪量刑标准，对直接负责的主管人员和其他直接责任人员定罪处罚，并对单位判处罚金。”

(六)侵犯公民个人信息关联犯罪的处理

1. 设立网站、通讯群组侵犯公民个人信息行为的定性。实践中，一些行为人通过建立网站供他人进行公民个人信息交换、买卖等活动，以非法牟利。此类网站存储、流转公民个人信息量巨大，但网站建立者、直接负责的管理者未直接接触公民个人信息，不少情形下难以按照侵犯公民个人信息罪定罪处罚。根据《刑法》第 287 条之一的规定，设立用于实施违法犯罪活动的网站、通讯群组，情节严重的，构成非法利用信息网络罪。经研究认为，供他人实施非法获取、出售或者提供公民个人信息违法犯罪活动的网站、通讯群组实际上属于“用于实施违法犯罪活动的网站、通讯群组”。因此，《侵犯公民个人信息罪解释》第 8 条规定：“设立用于实施非法获取、出售或者提供公民个人信息违法犯罪活动的网站、通讯群组，情节严重的，应当依照刑法第二百八十七条之一的规定，以非法利用信息网络罪定罪处罚；同时构成侵犯公民个人信息罪的，依照侵犯公民个人信息罪定罪处罚。”

2. 拒不履行公民个人信息安全管理义务行为的处理。当前，一些单位因为履行职责或者提供服务的需要，掌握着大量公民个人信息，这些信息一旦泄露将造成恶劣社会影响和严重危害后果。例如，2016 年 12 月，拥有 9000 万用户的国家电网被传出了掌上电力 App、电 e 宝用户信息被泄露的消息，不过随后国家电网对该消息予以了否认。① 实际上，侵犯公民个人信息违法犯罪的猖獗，与有关单位保护公民个人信息工作存在疏漏有一定关联，相关管理机制有进一步完善的空间。这一问题在互联网时代更为突出。《刑法修正案（九）》设立了拒不履行信息网络安全管理义务罪，规定网络服务提供者不履行法律、行政法规规定的信息网络安全管理义务，经监管部门责令采取改正措施而拒不改正，致使用户信息泄露，造成严重后果的，处 3 年以下有期徒刑、拘役或者管制，并处或者单处罚金。② 因此，对于网络服务提供者未切实落实个人信息保护措施，符合《刑法》第 286 条之一规定的，可能构成拒不履行信息网络安全管理义务罪。据此，《侵犯公民个人信息罪解释》第 9 条规定：“网络服务提供者拒不履行法律、行政法规规定的信息网络安全管理义务，经监管部门责令采取改正措施而拒不改正，致使用户的公民个人信息泄露，造成严重后果的，应当依照刑法第二百八十六条之一的规定，以拒不履行信息网络安全管理义务罪定罪处罚。”

（七）侵犯公民个人信息罪与相关犯罪的界分

1. 非法使用公民个人信息行为的定性。实践中，非法使用公民个人信息的行为日益严重，严重干扰了人民群众的正常工作和生活。例如，2008 年年底被曝光的“西电卡门事件”，西安电子科技大学财务处在未经学生同意的情况下，

---

① 参见李怀胜：《公民个人信息的刑法保护思路》，载《中国信息安全》2017 年第 1 期。

② 在《刑法修正案（九）（草案）》研拟过程中，有意见主张增设过失致使公民个人信息泄露的犯罪，规定：“对在履行职务或者提供服务过程中获得的公民个人信息，不依照规定采取保护措施，造成严重后果的，处三年以下有期徒刑或者拘役，并处或者单处罚金。”对于过失致使公民个人信息泄露的行为有无必要入罪，存在不同认识。最终，《刑法修正案（九）》未采纳上述建议。参见喻海松：《刑法的扩张——〈刑法修正案（九）〉及新近刑法立法解释司法适用解读》，人民法院出版社 2015 年版，第 153 页。

利用掌握的学生身份证号码、家庭详细住址等个人资料，为一万多名学生集体办理了“中国工商银行牡丹圆梦学生卡”。然而，这一万余名学生对自己拥有该信用卡却一无所知。由于此事影响颇广，最终以学校公开致歉并注销信用卡结束。[①]

窃取或者以其他方法非法获取公民个人信息，或者将自己掌握的公民个人信息出售、非法向他人提供的行为可能构成相应犯罪，但是，将自己掌握的公民个人信息（包括合法获取或者非法获取的公民个人信息）非法使用的行为，却不能直接依据《刑法》第253条之一的规定入罪。[②] 当然，单纯非法使用公民个人信息的行为未单独入罪，只是意味着不能仅仅因为使用公民个人信息的行为非法而认定其具有刑事违法性，但并不意味着不能依据相关行为的刑事违法程度予以刑事惩治。对此，可以考虑相关行为的性质作出处理：如果行为人所掌握的公民个人信息系窃取或者以其他方法非法获取的，可以对非法获取行为适用侵犯公民个人信息罪；如果非法使用所掌握公民个人信息，实施诈骗、敲诈勒索等其他犯罪行为的，可以依据其他犯罪论处。

2. 非法获取公民个人电子信息行为的处断。《全国人民代表大会常务委员会关于加强网络信息保护的决定》对公民个人电子信息的保护作了规定[③]，违反相应规定非法获取公民个人电子信息的行为，无疑属于《刑法》第253条之一规定的非法获取公民个人信息的行为。但是，公民个人电子信息往往表现为计算机信息系统数据，故非法获取公民个人电子信息的行为有时会同时触犯侵犯公民个人信息罪与非法获取计算机信息系统数据罪。如违反国家规定，侵入计算机信息系统或者采用其他技术手段，获取该计算机信息系统中存储、处理或者传输的个人信息，同时符合了侵犯公民个人信息罪与非法获取计算机信息系统数据罪两个犯罪构成要件，但由于只有一个犯罪行为，属于刑法中的想象竞合

---

① 参见王作富主编：《刑法分则实务研究（中）》，中国方正出版社2013年版，第857页。

② 在《刑法修正案（九）（草案）》研拟和审议过程中，有关部门和专家学者建议借鉴国外立法例，将非法使用公民个人信息的行为入罪。然而，上述建议最终未被《刑法修正案（九）》采纳。参见喻海松：《刑法的扩张——〈刑法修正案（九）〉及新近刑法立法解释司法适用解读》，人民法院出版社2015年版，第148页。

③ 在此基础上，《网络安全法》作出进一步的规定。

犯，按照处理这一犯罪形态的规则，应当从一重罪处断。

例如，从2014年10月开始，被告人付某在互联网上使用默认账户admin登录被害人公司账户后台，利用下载助手软件下载获取被害人公司月结账户的客户资料信息。被告人付某多次作案，累计非法获取客户信息几十万条，再利用QQ在群中发布消息转卖相关信息，共获利8万余元。广东省深圳市南山区人民法院一审判决、深圳市中级人民法院二审裁定认为：被告人付某使用默认账户admin多次登录被害人公司计算机信息系统获取存储的客户个人信息，获利8万余元，系同一行为同时触犯非法获取计算机信息系统数据罪、非法获取公民个人信息罪，应从一重罪处罚；被告人构成非法获取计算机信息系统数据罪，判处其有期徒刑4年，并处罚金4万元。[①]

3. 侵犯公民个人信息罪与侵犯商业秘密罪的界分。公民个人信息可能是能够为权利人带来经济利益的经营信息，如顾客名单及个人信息详细情况等，从而符合商业秘密的特征。因此，窃取或者以其他方法非法获取此类公民个人信息的行为，可能会同时触犯侵犯公民个人信息罪与侵犯商业秘密罪，属于想象竞合犯，应当从一重罪处断。

4. 侵犯公民个人信息罪与诈骗罪的并罚。《电信网络诈骗犯罪意见(一)》规定："使用非法获取的公民个人信息，实施电信网络诈骗犯罪行为，构成数罪的，应当依法予以并罚。"据此，对于非法获取公民个人信息后，实施电信网络诈骗等犯罪，构成数罪的，应当依法予以并罚。例如，章某某等诈骗、侵犯公民个人信息案。2016年年初，被告人章某某通过互联网非法购买公民个人信息12555条。2016年3月至4月，被告人章某某先后雇佣被告人汪某某等3人，通过拨打章某某事先从网上购买的学生个人信息上的家长联系电话，冒充"学校教务处"和"教育局"工作人员，以获取国家教育补贴款为由，诱骗学生家长持银行卡到ATM上转账至章某某掌控的银行账户，从中获取钱财。至被查获时，共拨打诈骗电话4392人次，骗取116200元。2016年4月，被告人章某某还伙同

---

① 本案发生在《刑法修正案(九)》施行前，显而易见，非法获取计算机信息系统数据罪系重罪。参见温锦资：《用admin账户登录他人信息系统行为的定性》，载《人民法院报》2016年6月23日，第7版。

他人利用同样的手段实施诈骗行为，至被查获时，共拨打诈骗电话 807 人次，骗取他人钱财近 3000 元。2016 年 12 月 14 日，福建省泉州市安溪县人民法院作出一审判决，以诈骗罪、侵犯公民个人信息罪判处被告人章某某有期徒刑 5 年，并处罚金人民币 3.8 万元；其他 3 名被告人以诈骗罪分别被判处 1 年至 2 年 9 个月不等有期徒刑，并处罚金。

5. 非法持有公民个人信息的处理。《刑法》第 253 条之一只是将非法获取、出售、提供公民个人信息的行为入罪，对于实践中业已出现的非法持有大量公民个人信息案件，如果根据在案证据，适当运用推定规则，证明涉案公民个人信息系非法获取或者用于非法出售、提供的，则可以适用侵犯公民个人信息罪定罪处罚。

（八）侵犯公民个人信息罪的从宽处理规则

为充分发挥刑法的教育和威慑功能，《侵犯公民个人信息罪解释》第 10 条专门规定："实施侵犯公民个人信息犯罪，不属于'情节特别严重'，行为人系初犯，全部退赃，并确有悔罪表现的，可以认定为情节轻微，不起诉或者免予刑事处罚；确有必要判处刑罚的，应当从宽处罚。"可见，该条只适用于侵犯公民个人信息犯罪的基本情节，对于符合"情节特别严重"构成的，不能再适用本条规定从宽处罚。

（九）涉案公民个人信息数量的计算

《侵犯公民个人信息罪解释》第 11 条明确了涉案公民个人信息的数量计算规则。具体而言：

1. 公民个人信息的条数计算。关于公民个人信息的条数计算，特别是同一条信息涉及家庭住址、银行卡信息、电话号码等多类别个人信息，如果是按照一条公民个人信息来交易的，则往往会认定为一条公民个人信息。对此问题，实践中并无太大争议。但是，如果将这一规则在司法解释中明确规定，又可能会限缩司法裁量空间，难以兼顾复杂情况。故而，《侵犯公民个人信息罪解释》对此问题未作专门规定，实践中可以沿用上述做法，综合考虑实践交易规则和习惯，准确认定公民个人信息的条数。需要注意的是，有些情形下"一条"公民个人信息应当理解为“一组”公民个人信息。例如，公民个人的银行账户、支付结算账户、证券期货等金融服务账户的身份认证信息，应当理解为一组确认用户操作权限的数据，包括账号、口令、密码、数字证书等，而非单个数据。

对于实践中存在的针对同一对象非法获取公民信息后又出售或者提供的情形，则明显不宜先计算非法获取的公民个人信息数量、再计算出售或者提供的公民个人信息数量，故《侵犯公民个人信息罪解释》第 11 条第 1 款规定：“非法获取公民个人信息后又出售或者提供的，公民个人信息的条数不重复计算。”此外，考虑到公民个人信息可能被重复出售或者提供，其社会危害性明显不同于向他人出售或者提供一次的情形，故而，《侵犯公民个人信息罪解释》第 11 条第 2 款规定：“向不同单位或者个人分别出售、提供同一公民个人信息的，公民个人信息的条数累计计算。”

2. 批量公民个人信息的数量认定。从实践来看，除公民个人敏感信息外，涉案的公民个人信息动辄上万条甚至数十万条。此类案件中，不排除少数情况下存在信息重复，如针对同一对象并存“姓名 + 住址”“姓名 + 电话号码”“姓名 + 身份证号”等数条信息，但要求做到完全去重较为困难。此外，对于信息的真实性也难以一一核实。个别案件中，要求办案机关电话联系权利人核实公民个人信息的做法，明显不合适。① 基于此，《侵犯公民个人信息罪解释》第 11 条第 3 款规定：“对批量公民个人信息的条数，根据查获的数量直接认定，但是有证据证明信息不真实或者重复的除外。”需要注意的是，推定规则并不意味着举证责任

① 有论者从体系解释、认识错误、法益等角度出发，认为侵犯公民个人信息罪的对象应当是真实的个人信息；从实体法与程序法的关系出发，认为公诉机关应当举证证明个人信息是真实的个人信息。以此为基础，对“逐一认定个人信息是否真实会消耗过多的司法资源”的观点进行批驳。参见叶小琴、赵忠东：《侵犯个人信息罪的犯罪对象应当是真实的个人信息》，载《人民法院报》2017 年 2 月 15 日，第 6 版。本书认为，立足理论层面，抽象而言，上述观点无疑是合理的。但是，立足于实务层面，对于证据规则的具体应用无疑应当兼顾各类犯罪的具体情况。对于敏感公民个人信息，由于入罪门槛较低，实践中逐一核实信息的真实性，并无困难，实践中完全可以做到；但是对于其他公民个人信息，特别是在海量状态之下，要求逐一核实信息的真实性，实践中难以做到，故应允许适用推定规则。逐一核实信息的真实性，与运用规定规则认定信息的真实性，应当都是证明个人信息真实性的合适方法，只是基于案件实际情况作出的不同选择罢了。而且，推定规则的适用，并不意味着背离刑事诉讼的证据规则，更不意味着举证责任的转移。对此问题已有诸多论者加以阐释，兹不赘言。

的倒置，公诉机关仍然承担对公民个人信息数量的举证责任。基于此，对于批量公民个人信息仍然应当要求作去重处理，对于明显重复的信息应当予以排除。这从技术角度并不存在难题，且对于确保案件的质量大有裨益。

此外，需要强调的是，对于敏感公民个人信息不宜适用《侵犯公民个人信息罪解释》第 11 条第 3 款的规定，而应当逐一认定。主要考虑如下：(1) 从司法实践来看，一般公民个人信息的价格相对较低，甚至不会按条计价，故要求逐一认定不具有可操作性；而公民个人敏感信息价格通常较高，一般按条计价，逐条认定不存在难题。(2) 涉敏感信息的案件入罪标准较低，50 条或者 500 条即达到入罪标准。为此，对于此类案件要求逐一认定敏感信息的数量，确保定罪量刑的准确性，完全必要。

（十）侵犯公民个人信息犯罪的罚金刑适用规则

侵犯公民个人信息犯罪具有明显的牟利性，行为人实施该类犯罪主要是为了牟取非法利益。因此，在司法裁判中应当加大财产刑的适用力度，让行为人在经济上得不偿失，进而剥夺其再次实施此类犯罪的经济能力。基于此，《侵犯公民个人信息罪解释》第 12 条规定："对于侵犯公民个人信息犯罪，应当综合考虑犯罪的危害程度、犯罪的违法所得数额以及被告人的前科情况、认罪悔罪态度等，依法判处罚金。罚金数额一般在违法所得的一倍以上五倍以下。"

相关规定

《中华人民共和国网络安全法》

第二十二条　网络产品、服务应当符合相关国家标准的强制性要求。网络产品、服务的提供者不得设置恶意程序；发现其网络产品、服务存在安全缺陷、漏洞等风险时，应当立即采取补救措施，按照规定及时告知用户并向有关主管部门报告。

网络产品、服务的提供者应当为其产品、服务持续提供安全维护；在规定或者当事人约定的期限内，不得终止提供安全维护。

网络产品、服务具有收集用户信息功能的，其提供者应当向用户明示并取得同意；涉及用户个人信息的，还应当遵守本法和有关法律、行政法规关于个人信息保护的规定。

第三十条 网信部门和有关部门在履行网络安全保护职责中获取的信息，只能用于维护网络安全的需要，不得用于其他用途。

第三十七条 关键信息基础设施的运营者在中华人民共和国境内运营中收集和产生的个人信息和重要数据应当在境内存储。因业务需要，确需向境外提供的，应当按照国家网信部门会同国务院有关部门制定的办法进行安全评估；法律、行政法规另有规定的，依照其规定。

第四十条 网络运营者应当对其收集的用户信息严格保密，并建立健全用户信息保护制度。

第四十一条 网络运营者收集、使用个人信息，应当遵循合法、正当、必要的原则，公开收集、使用规则，明示收集、使用信息的目的、方式和范围，并经被收集者同意。

网络运营者不得收集与其提供的服务无关的个人信息，不得违反法律、行政法规的规定和双方的约定收集、使用个人信息，并应当依照法律、行政法规的规定和与用户的约定，处理其保存的个人信息。

第四十二条 网络运营者不得泄露、篡改、毁损其收集的个人信息；未经被收集者同意，不得向他人提供个人信息。但是，经过处理无法识别特定个人且不能复原的除外。

网络运营者应当采取技术措施和其他必要措施，确保其收集的个人信息安全，防止信息泄露、毁损、丢失。在发生或者可能发生个人信息泄露、毁损、丢失的情况时，应当立即采取补救措施，按照规定及时告知用户并向有关主管部门报告。

第四十三条 个人发现网络运营者违反法律、行政法规的规定或者双方的约定收集、使用其个人信息的，有权要求网络运营者删除其个人信息；发现网络运营者收集、存储的其个人信息有错误的，有权要求网络运营者予以更正。网络运营者应当采取措施予以删除或者更正。

第四十四条 任何个人和组织不得窃取或者以其他非法方式获取个人信息，不得非法出售或者非法向他人提供个人信息。

第四十五条 依法负有网络安全监督管理职责的部门及其工作人员，必须对在履行职责中知悉的个人信息、隐私和商业秘密严格保密，不得泄露、出售或者非法向他人提供。

第六十四条　网络运营者、网络产品或者服务的提供者违反本法第二十二条第三款、第四十一条至第四十三条规定，侵害个人信息依法得到保护的权利的，由有关主管部门责令改正，可以根据情节单处或者并处警告、没收违法所得、处违法所得一倍以上十倍以下罚款，没有违法所得的，处一百万元以下罚款，对直接负责的主管人员和其他直接责任人员处一万元以上十万元以下罚款；情节严重的，并可以责令暂停相关业务、停业整顿、关闭网站、吊销相关业务许可证或者吊销营业执照。

违反本法第四十四条规定，窃取或者以其他非法方式获取、非法出售或者非法向他人提供个人信息，尚不构成犯罪的，由公安机关没收违法所得，并处违法所得一倍以上十倍以下罚款，没有违法所得的，处一百万元以下罚款。

第七十三条　网信部门和有关部门违反本法第三十条规定，将在履行网络安全保护职责中获取的信息用于其他用途的，对直接负责的主管人员和其他直接责任人员依法给予处分。

网信部门和有关部门的工作人员玩忽职守、滥用职权、徇私舞弊，尚不构成犯罪的，依法给予处分。

第七十四条　违反本法规定，给他人造成损害的，依法承担民事责任。

违反本法规定，构成违反治安管理行为的，依法给予治安管理处罚；构成犯罪的，依法追究刑事责任。

第七十六条　本法下列用语的含义：

（一）网络，是指由计算机或者其他信息终端及相关设备组成的按照一定的规则和程序对信息进行收集、存储、传输、交换、处理的系统。

（二）网络安全，是指通过采取必要措施，防范对网络的攻击、侵入、干扰、破坏和非法使用以及意外事故，使网络处于稳定可靠运行的状态，以及保障网络数据的完整性、保密性、可用性的能力。

（三）网络运营者，是指网络的所有者、管理者和网络服务提供者。

（四）网络数据，是指通过网络收集、存储、传输、处理和产生的各种电子数据。

（五）个人信息，是指以电子或者其他方式记录的能够单独或者与其他信息结合识别自然人个人身份的各种信息，包括但不限于自然人的姓名、出生日期、身份证件号码、个人生物识别信息、住址、电话号码等。

《中华人民共和国个人信息保护法》

第一章　总　　则

第一条　为了保护个人信息权益，规范个人信息处理活动，促进个人信息合理利用，根据宪法，制定本法。

第二条　自然人的个人信息受法律保护，任何组织、个人不得侵害自然人的个人信息权益。

第三条　在中华人民共和国境内处理自然人个人信息的活动，适用本法。

在中华人民共和国境外处理中华人民共和国境内自然人个人信息的活动，有下列情形之一的，也适用本法：

（一）以向境内自然人提供产品或者服务为目的；

（二）分析、评估境内自然人的行为；

（三）法律、行政法规规定的其他情形。

第四条　个人信息是以电子或者其他方式记录的与已识别或者可识别的自然人有关的各种信息，不包括匿名化处理后的信息。

个人信息的处理包括个人信息的收集、存储、使用、加工、传输、提供、公开、删除等。

第五条　处理个人信息应当遵循合法、正当、必要和诚信原则，不得通过误导、欺诈、胁迫等方式处理个人信息。

第六条　处理个人信息应当具有明确、合理的目的，并应当与处理目的直接相关，采取对个人权益影响最小的方式。

收集个人信息，应当限于实现处理目的的最小范围，不得过度收集个人信息。

第七条　处理个人信息应当遵循公开、透明原则，公开个人信息处理规则，明示处理的目的、方式和范围。

第八条　处理个人信息应当保证个人信息的质量，避免因个人信息不准确、不完整对个人权益造成不利影响。

第九条　个人信息处理者应当对其个人信息处理活动负责，并采取必要措施保障所处理的个人信息的安全。

第十条　任何组织、个人不得非法收集、使用、加工、传输他人个人信息，不得非法买卖、提供或者公开他人个人信息；不得从事危害国家安全、公共利益的个人信息处理活动。

第十一条　国家建立健全个人信息保护制度，预防和惩治侵害个人信息权益的行为，加强个人信息保护宣传教育，推动形成政府、企业、相关社会组织、公众共同参与个人信息保护的良好环境。

第十二条　国家积极参与个人信息保护国际规则的制定，促进个人信息保护方面的国际交流与合作，推动与其他国家、地区、国际组织之间的个人信息保护规则、标准等互认。

第二章　个人信息处理规则

第一节　一 般 规 定

第十三条　符合下列情形之一的，个人信息处理者方可处理个人信息：

（一）取得个人的同意；

（二）为订立、履行个人作为一方当事人的合同所必需，或者按照依法制定的劳动规章制度和依法签订的集体合同实施人力资源管理所必需；

（三）为履行法定职责或者法定义务所必需；

（四）为应对突发公共卫生事件，或者紧急情况下为保护自然人的生命健康和财产安全所必需；

（五）为公共利益实施新闻报道、舆论监督等行为，在合理的范围内处理个人信息；

（六）依照本法规定在合理的范围内处理个人自行公开或者其他已经合法公开的个人信息；

（七）法律、行政法规规定的其他情形。

依照本法其他有关规定，处理个人信息应当取得个人同意，但是有前款第二项至第七项规定情形的，不需取得个人同意。

第十四条　基于个人同意处理个人信息的，该同意应当由个人在充分知情的前提下自愿、明确作出。法律、行政法规规定处理个人信息应当取得个人单独同意或者书面同意的，从其规定。

个人信息的处理目的、处理方式和处理的个人信息种类发生变更的，应当重新取得个人同意。

第十五条　基于个人同意处理个人信息的，个人有权撤回其同意。个人信息处理者应当提供便捷的撤回同意的方式。

个人撤回同意，不影响撤回前基于个人同意已进行的个人信息处理活动的效力。

第十六条　个人信息处理者不得以个人不同意处理其个人信息或者撤回同意为由，拒绝提供产品或者服务；处理个人信息属于提供产品或者服务所必需的除外。

第十七条　个人信息处理者在处理个人信息前，应当以显著方式、清晰易懂的语言真实、准确、完整地向个人告知下列事项：

（一）个人信息处理者的名称或者姓名和联系方式；

（二）个人信息的处理目的、处理方式，处理的个人信息种类、保存期限；

（三）个人行使本法规定权利的方式和程序；

（四）法律、行政法规规定应当告知的其他事项。

前款规定事项发生变更的，应当将变更部分告知个人。

个人信息处理者通过制定个人信息处理规则的方式告知第一款规定事项的，处理规则应当公开，并且便于查阅和保存。

第十八条　个人信息处理者处理个人信息，有法律、行政法规规定应当保密或者不需要告知的情形的，可以不向个人告知前条第一款规定的事项。

紧急情况下为保护自然人的生命健康和财产安全无法及时向个人告知的，个人信息处理者应当在紧急情况消除后及时告知。

第十九条　除法律、行政法规另有规定外，个人信息的保存期限应当为实现处理目的所必要的最短时间。

第二十条　两个以上的个人信息处理者共同决定个人信息的处理目的和

处理方式的，应当约定各自的权利和义务。但是，该约定不影响个人向其中任何一个个人信息处理者要求行使本法规定的权利。

个人信息处理者共同处理个人信息，侵害个人信息权益造成损害的，应当依法承担连带责任。

第二十一条 个人信息处理者委托处理个人信息的，应当与受托人约定委托处理的目的、期限、处理方式、个人信息的种类、保护措施以及双方的权利和义务等，并对受托人的个人信息处理活动进行监督。

受托人应当按照约定处理个人信息，不得超出约定的处理目的、处理方式等处理个人信息；委托合同不生效、无效、被撤销或者终止的，受托人应当将个人信息返还个人信息处理者或者予以删除，不得保留。

未经个人信息处理者同意，受托人不得转委托他人处理个人信息。

第二十二条 个人信息处理者因合并、分立、解散、被宣告破产等原因需要转移个人信息的，应当向个人告知接收方的名称或者姓名和联系方式。接收方应当继续履行个人信息处理者的义务。接收方变更原先的处理目的、处理方式的，应当依照本法规定重新取得个人同意。

第二十三条 个人信息处理者向其他个人信息处理者提供其处理的个人信息的，应当向个人告知接收方的名称或者姓名、联系方式、处理目的、处理方式和个人信息的种类，并取得个人的单独同意。接收方应当在上述处理目的、处理方式和个人信息的种类等范围内处理个人信息。接收方变更原先的处理目的、处理方式的，应当依照本法规定重新取得个人同意。

第二十四条 个人信息处理者利用个人信息进行自动化决策，应当保证决策的透明度和结果公平、公正，不得对个人在交易价格等交易条件上实行不合理的差别待遇。

通过自动化决策方式向个人进行信息推送、商业营销，应当同时提供不针对其个人特征的选项，或者向个人提供便捷的拒绝方式。

通过自动化决策方式作出对个人权益有重大影响的决定，个人有权要求个人信息处理者予以说明，并有权拒绝个人信息处理者仅通过自动化决策的方式作出决定。

第二十五条 个人信息处理者不得公开其处理的个人信息，取得个人单独同意的除外。

第二十六条　在公共场所安装图像采集、个人身份识别设备，应当为维护公共安全所必需，遵守国家有关规定，并设置显著的提示标识。所收集的个人图像、身份识别信息只能用于维护公共安全的目的，不得用于其他目的；取得个人单独同意的除外。

第二十七条　个人信息处理者可以在合理的范围内处理个人自行公开或者其他已经合法公开的个人信息；个人明确拒绝的除外。个人信息处理者处理已公开的个人信息，对个人权益有重大影响的，应当依照本法规定取得个人同意。

第二节　敏感个人信息的处理规则

第二十八条　敏感个人信息是一旦泄露或者非法使用，容易导致自然人的人格尊严受到侵害或者人身、财产安全受到危害的个人信息，包括生物识别、宗教信仰、特定身份、医疗健康、金融账户、行踪轨迹等信息，以及不满十四周岁未成年人的个人信息。

只有在具有特定的目的和充分的必要性，并采取严格保护措施的情形下，个人信息处理者方可处理敏感个人信息。

第二十九条　处理敏感个人信息应当取得个人的单独同意；法律、行政法规规定处理敏感个人信息应当取得书面同意的，从其规定。

第三十条　个人信息处理者处理敏感个人信息的，除本法第十七条第一款规定的事项外，还应当向个人告知处理敏感个人信息的必要性以及对个人权益的影响；依照本法规定可以不向个人告知的除外。

第三十一条　个人信息处理者处理不满十四周岁未成年人个人信息的，应当取得未成年人的父母或者其他监护人的同意。

个人信息处理者处理不满十四周岁未成年人个人信息的，应当制定专门的个人信息处理规则。

第三十二条　法律、行政法规对处理敏感个人信息规定应当取得相关行政许可或者作出其他限制的，从其规定。

第三节　国家机关处理个人信息的特别规定

第三十三条　国家机关处理个人信息的活动，适用本法；本节有特别规定的，适用本节规定。

第三十四条　国家机关为履行法定职责处理个人信息，应当依照法律、行政法规规定的权限、程序进行，不得超出履行法定职责所必需的范围和限度。

第三十五条　国家机关为履行法定职责处理个人信息，应当依照本法规定履行告知义务；有本法第十八条第一款规定的情形，或者告知将妨碍国家机关履行法定职责的除外。

第三十六条　国家机关处理的个人信息应当在中华人民共和国境内存储；确需向境外提供的，应当进行安全评估。安全评估可以要求有关部门提供支持与协助。

第三十七条　法律、法规授权的具有管理公共事务职能的组织为履行法定职责处理个人信息，适用本法关于国家机关处理个人信息的规定。

第三章　个人信息跨境提供的规则

第三十八条　个人信息处理者因业务等需要，确需向中华人民共和国境外提供个人信息的，应当具备下列条件之一：

（一）依照本法第四十条的规定通过国家网信部门组织的安全评估；

（二）按照国家网信部门的规定经专业机构进行个人信息保护认证；

（三）按照国家网信部门制定的标准合同与境外接收方订立合同，约定双方的权利和义务；

（四）法律、行政法规或者国家网信部门规定的其他条件。

中华人民共和国缔结或者参加的国际条约、协定对向中华人民共和国境外提供个人信息的条件等有规定的，可以按照其规定执行。

个人信息处理者应当采取必要措施，保障境外接收方处理个人信息的活动达到本法规定的个人信息保护标准。

第三十九条　个人信息处理者向中华人民共和国境外提供个人信息的，应当向个人告知境外接收方的名称或者姓名、联系方式、处理目的、处理方式、个人信息的种类以及个人向境外接收方行使本法规定权利的方式和程序等事项，并取得个人的单独同意。

第四十条　关键信息基础设施运营者和处理个人信息达到国家网信部门

规定数量的个人信息处理者，应当将在中华人民共和国境内收集和产生的个人信息存储在境内。确需向境外提供的，应当通过国家网信部门组织的安全评估；法律、行政法规和国家网信部门规定可以不进行安全评估的，从其规定。

第四十一条 中华人民共和国主管机关根据有关法律和中华人民共和国缔结或者参加的国际条约、协定，或者按照平等互惠原则，处理外国司法或者执法机构关于提供存储于境内个人信息的请求。非经中华人民共和国主管机关批准，个人信息处理者不得向外国司法或者执法机构提供存储于中华人民共和国境内的个人信息。

第四十二条 境外的组织、个人从事侵害中华人民共和国公民的个人信息权益，或者危害中华人民共和国国家安全、公共利益的个人信息处理活动的，国家网信部门可以将其列入限制或者禁止个人信息提供清单，予以公告，并采取限制或者禁止向其提供个人信息等措施。

第四十三条 任何国家或者地区在个人信息保护方面对中华人民共和国采取歧视性的禁止、限制或者其他类似措施的，中华人民共和国可以根据实际情况对该国家或者地区对等采取措施。

第四章 个人在个人信息处理活动中的权利

第四十四条 个人对其个人信息的处理享有知情权、决定权，有权限制或者拒绝他人对其个人信息进行处理；法律、行政法规另有规定的除外。

第四十五条 个人有权向个人信息处理者查阅、复制其个人信息；有本法第十八条第一款、第三十五条规定情形的除外。

个人请求查阅、复制其个人信息的，个人信息处理者应当及时提供。

个人请求将个人信息转移至其指定的个人信息处理者，符合国家网信部门规定条件的，个人信息处理者应当提供转移的途径。

第四十六条 个人发现其个人信息不准确或者不完整的，有权请求个人信息处理者更正、补充。

个人请求更正、补充其个人信息的，个人信息处理者应当对其个人信息予以核实，并及时更正、补充。

第四十七条 有下列情形之一的，个人信息处理者应当主动删除个人信

息;个人信息处理者未删除的,个人有权请求删除:

(一)处理目的已实现、无法实现或者为实现处理目的不再必要;

(二)个人信息处理者停止提供产品或者服务,或者保存期限已届满;

(三)个人撤回同意;

(四)个人信息处理者违反法律、行政法规或者违反约定处理个人信息;

(五)法律、行政法规规定的其他情形。

法律、行政法规规定的保存期限未届满,或者删除个人信息从技术上难以实现的,个人信息处理者应当停止除存储和采取必要的安全保护措施之外的处理。

第四十八条　个人有权要求个人信息处理者对其个人信息处理规则进行解释说明。

第四十九条　自然人死亡的,其近亲属为了自身的合法、正当利益,可以对死者的相关个人信息行使本章规定的查阅、复制、更正、删除等权利;死者生前另有安排的除外。

第五十条　个人信息处理者应当建立便捷的个人行使权利的申请受理和处理机制。拒绝个人行使权利的请求的,应当说明理由。

个人信息处理者拒绝个人行使权利的请求的,个人可以依法向人民法院提起诉讼。

第五章　个人信息处理者的义务

第五十一条　个人信息处理者应当根据个人信息的处理目的、处理方式、个人信息的种类以及对个人权益的影响、可能存在的安全风险等,采取下列措施确保个人信息处理活动符合法律、行政法规的规定,并防止未经授权的访问以及个人信息泄露、篡改、丢失:

(一)制定内部管理制度和操作规程;

(二)对个人信息实行分类管理;

(三)采取相应的加密、去标识化等安全技术措施;

(四)合理确定个人信息处理的操作权限,并定期对从业人员进行安全教育和培训;

（五）制定并组织实施个人信息安全事件应急预案；

（六）法律、行政法规规定的其他措施。

第五十二条　处理个人信息达到国家网信部门规定数量的个人信息处理者应当指定个人信息保护负责人，负责对个人信息处理活动以及采取的保护措施等进行监督。

个人信息处理者应当公开个人信息保护负责人的联系方式，并将个人信息保护负责人的姓名、联系方式等报送履行个人信息保护职责的部门。

第五十三条　本法第三条第二款规定的中华人民共和国境外的个人信息处理者，应当在中华人民共和国境内设立专门机构或者指定代表，负责处理个人信息保护相关事务，并将有关机构的名称或者代表的姓名、联系方式等报送履行个人信息保护职责的部门。

第五十四条　个人信息处理者应当定期对其处理个人信息遵守法律、行政法规的情况进行合规审计。

第五十五条　有下列情形之一的，个人信息处理者应当事前进行个人信息保护影响评估，并对处理情况进行记录：

（一）处理敏感个人信息；

（二）利用个人信息进行自动化决策；

（三）委托处理个人信息、向其他个人信息处理者提供个人信息、公开个人信息；

（四）向境外提供个人信息；

（五）其他对个人权益有重大影响的个人信息处理活动。

第五十六条　个人信息保护影响评估应当包括下列内容：

（一）个人信息的处理目的、处理方式等是否合法、正当、必要；

（二）对个人权益的影响及安全风险；

（三）所采取的保护措施是否合法、有效并与风险程度相适应。

个人信息保护影响评估报告和处理情况记录应当至少保存三年。

第五十七条　发生或者可能发生个人信息泄露、篡改、丢失的，个人信息处理者应当立即采取补救措施，并通知履行个人信息保护职责的部门和个人。通知应当包括下列事项：

（一）发生或者可能发生个人信息泄露、篡改、丢失的信息种类、原因和可能造成的危害；

（二）个人信息处理者采取的补救措施和个人可以采取的减轻危害的措施；

（三）个人信息处理者的联系方式。

个人信息处理者采取措施能够有效避免信息泄露、篡改、丢失造成危害的，个人信息处理者可以不通知个人；履行个人信息保护职责的部门认为可能造成危害的，有权要求个人信息处理者通知个人。

第五十八条　提供重要互联网平台服务、用户数量巨大、业务类型复杂的个人信息处理者，应当履行下列义务：

（一）按照国家规定建立健全个人信息保护合规制度体系，成立主要由外部成员组成的独立机构对个人信息保护情况进行监督；

（二）遵循公开、公平、公正的原则，制定平台规则，明确平台内产品或者服务提供者处理个人信息的规范和保护个人信息的义务；

（三）对严重违反法律、行政法规处理个人信息的平台内的产品或者服务提供者，停止提供服务；

（四）定期发布个人信息保护社会责任报告，接受社会监督。

第五十九条　接受委托处理个人信息的受托人，应当依照本法和有关法律、行政法规的规定，采取必要措施保障所处理的个人信息的安全，并协助个人信息处理者履行本法规定的义务。

第六章　履行个人信息保护职责的部门

第六十条　国家网信部门负责统筹协调个人信息保护工作和相关监督管理工作。国务院有关部门依照本法和有关法律、行政法规的规定，在各自职责范围内负责个人信息保护和监督管理工作。

县级以上地方人民政府有关部门的个人信息保护和监督管理职责，按照国家有关规定确定。

前两款规定的部门统称为履行个人信息保护职责的部门。

第六十一条　履行个人信息保护职责的部门履行下列个人信息保护职责：

（一）开展个人信息保护宣传教育，指导、监督个人信息处理者开展个人信息保护工作；

（二）接受、处理与个人信息保护有关的投诉、举报；

（三）组织对应用程序等个人信息保护情况进行测评，并公布测评结果；

（四）调查、处理违法个人信息处理活动；

（五）法律、行政法规规定的其他职责。

第六十二条　国家网信部门统筹协调有关部门依据本法推进下列个人信息保护工作：

（一）制定个人信息保护具体规则、标准；

（二）针对小型个人信息处理者、处理敏感个人信息以及人脸识别、人工智能等新技术、新应用，制定专门的个人信息保护规则、标准；

（三）支持研究开发和推广应用安全、方便的电子身份认证技术，推进网络身份认证公共服务建设；

（四）推进个人信息保护社会化服务体系建设，支持有关机构开展个人信息保护评估、认证服务；

（五）完善个人信息保护投诉、举报工作机制。

第六十三条　履行个人信息保护职责的部门履行个人信息保护职责，可以采取下列措施：

（一）询问有关当事人，调查与个人信息处理活动有关的情况；

（二）查阅、复制当事人与个人信息处理活动有关的合同、记录、账簿以及其他有关资料；

（三）实施现场检查，对涉嫌违法的个人信息处理活动进行调查；

（四）检查与个人信息处理活动有关的设备、物品；对有证据证明是用于违法个人信息处理活动的设备、物品，向本部门主要负责人书面报告并经批准，可以查封或者扣押。

履行个人信息保护职责的部门依法履行职责，当事人应当予以协助、配合，不得拒绝、阻挠。

第六十四条　履行个人信息保护职责的部门在履行职责中，发现个人信息处理活动存在较大风险或者发生个人信息安全事件的，可以按照规定的权限和程序对该个人信息处理者的法定代表人或者主要负责人进行约谈，或者要求个人信息处理者委托专业机构对其个人信息处理活动进行合规审计。个人信息处理者应当按照要求采取措施，进行整改，消除隐患。

履行个人信息保护职责的部门在履行职责中，发现违法处理个人信息涉嫌犯罪的，应当及时移送公安机关依法处理。

第六十五条　任何组织、个人有权对违法个人信息处理活动向履行个人信息保护职责的部门进行投诉、举报。收到投诉、举报的部门应当依法及时处理，并将处理结果告知投诉、举报人。

履行个人信息保护职责的部门应当公布接受投诉、举报的联系方式。

第七章　法 律 责 任

第六十六条　违反本法规定处理个人信息，或者处理个人信息未履行本法规定的个人信息保护义务的，由履行个人信息保护职责的部门责令改正，给予警告，没收违法所得，对违法处理个人信息的应用程序，责令暂停或者终止提供服务；拒不改正的，并处一百万元以下罚款；对直接负责的主管人员和其他直接责任人员处一万元以上十万元以下罚款。

有前款规定的违法行为，情节严重的，由省级以上履行个人信息保护职责的部门责令改正，没收违法所得，并处五千万元以下或者上一年度营业额百分之五以下罚款，并可以责令暂停相关业务或者停业整顿、通报有关主管部门吊销相关业务许可或者吊销营业执照；对直接负责的主管人员和其他直接责任人员处十万元以上一百万元以下罚款，并可以决定禁止其在一定期限内担任相关企业的董事、监事、高级管理人员和个人信息保护负责人。

第六十七条　有本法规定的违法行为的，依照有关法律、行政法规的规定记入信用档案，并予以公示。

第六十八条　国家机关不履行本法规定的个人信息保护义务的，由其上级机关或者履行个人信息保护职责的部门责令改正；对直接负责的主管人员和其他直接责任人员依法给予处分。

履行个人信息保护职责的部门的工作人员玩忽职守、滥用职权、徇私舞弊，尚不构成犯罪的，依法给予处分。

第六十九条　处理个人信息侵害个人信息权益造成损害，个人信息处理者不能证明自己没有过错的，应当承担损害赔偿等侵权责任。

前款规定的损害赔偿责任按照个人因此受到的损失或者个人信息处理者因此获得的利益确定；个人因此受到的损失和个人信息处理者因此获得的利益难以确定的，根据实际情况确定赔偿数额。

第七十条　个人信息处理者违反本法规定处理个人信息，侵害众多个人的权益的，人民检察院、法律规定的消费者组织和由国家网信部门确定的组织可以依法向人民法院提起诉讼。

第七十一条　违反本法规定，构成违反治安管理行为的，依法给予治安管理处罚；构成犯罪的，依法追究刑事责任。

第八章　附　　则

第七十二条　自然人因个人或者家庭事务处理个人信息的，不适用本法。

法律对各级人民政府及其有关部门组织实施的统计、档案管理活动中的个人信息处理有规定的，适用其规定。

第七十三条　本法下列用语的含义：

（一）个人信息处理者，是指在个人信息处理活动中自主决定处理目的、处理方式的组织、个人。

（二）自动化决策，是指通过计算机程序自动分析、评估个人的行为习惯、兴趣爱好或者经济、健康、信用状况等，并进行决策的活动。

（三）去标识化，是指个人信息经过处理，使其在不借助额外信息的情况下无法识别特定自然人的过程。

（四）匿名化，是指个人信息经过处理无法识别特定自然人且不能复原的过程。

第七十四条　本法自2021年11月1日起施行。

《中华人民共和国民法典》

第一百一十一条　自然人的个人信息受法律保护。任何组织或者个人需要获取他人个人信息的，应当依法取得并确保信息安全，不得非法收集、使用、加工、传输他人个人信息，不得非法买卖、提供或者公开他人个人信息。

第一千零三十二条　自然人享有隐私权。任何组织或者个人不得以刺探、侵扰、泄露、公开等方式侵害他人的隐私权。

隐私是自然人的私人生活安宁和不愿为他人知晓的私密空间、私密活动、私密信息。

第一千零三十三条　除法律另有规定或者权利人明确同意外，任何组织或者个人不得实施下列行为：

（一）以电话、短信、即时通讯工具、电子邮件、传单等方式侵扰他人的私人生活安宁；

（二）进入、拍摄、窥视他人的住宅、宾馆房间等私密空间；

（三）拍摄、窥视、窃听、公开他人的私密活动；

（四）拍摄、窥视他人身体的私密部位；

（五）处理他人的私密信息；

（六）以其他方式侵害他人的隐私权。

第一千零三十四条　自然人的个人信息受法律保护。

个人信息是以电子或者其他方式记录的能够单独或者与其他信息结合识别特定自然人的各种信息，包括自然人的姓名、出生日期、身份证件号码、生物识别信息、住址、电话号码、电子邮箱、健康信息、行踪信息等。

个人信息中的私密信息，适用有关隐私权的规定；没有规定的，适用有关个人信息保护的规定。

第一千零三十五条　处理个人信息的，应当遵循合法、正当、必要原则，不得过度处理，并符合下列条件：

（一）征得该自然人或者其监护人同意，但是法律、行政法规另有规定的除外；

（二）公开处理信息的规则；

（三）明示处理信息的目的、方式和范围；

（四）不违反法律、行政法规的规定和双方的约定。

个人信息的处理包括个人信息的收集、存储、使用、加工、传输、提供、公开等。

第一千零三十六条　处理个人信息，有下列情形之一的，行为人不承担民事责任：

（一）在该自然人或者其监护人同意的范围内合理实施的行为；

（二）合理处理该自然人自行公开的或者其他已经合法公开的信息，但是该自然人明确拒绝或者处理该信息侵害其重大利益的除外；

（三）为维护公共利益或者该自然人合法权益，合理实施的其他行为。

第一千零三十七条　自然人可以依法向信息处理者查阅或者复制其个人信息；发现信息有错误的，有权提出异议并请求及时采取更正等必要措施。

自然人发现信息处理者违反法律、行政法规的规定或者双方的约定处理其个人信息的，有权请求信息处理者及时删除。

第一千零三十八条　信息处理者不得泄露或者篡改其收集、存储的个人信息；未经自然人同意，不得向他人非法提供其个人信息，但是经过加工无法识别特定个人且不能复原的除外。

信息处理者应当采取技术措施和其他必要措施，确保其收集、存储的个人信息安全，防止信息泄露、篡改、丢失；发生或者可能发生个人信息泄露、篡改、丢失的，应当及时采取补救措施，按照规定告知自然人并向有关主管部门报告。

第一千零三十九条　国家机关、承担行政职能的法定机构及其工作人员对于履行职责过程中知悉的自然人的隐私和个人信息，应当予以保密，不得泄露或者向他人非法提供。

《全国人民代表大会常务委员会关于加强网络信息保护的决定》（2012年12月28日）

为了保护网络信息安全，保障公民、法人和其他组织的合法权益，维护国家安全和社会公共利益，特作如下决定：

一、国家保护能够识别公民个人身份和涉及公民个人隐私的电子信息。

任何组织和个人不得窃取或者以其他非法方式获取公民个人电子信息，不得出售或者非法向他人提供公民个人电子信息。

二、网络服务提供者和其他企业事业单位在业务活动中收集、使用公民个人电子信息，应当遵循合法、正当、必要的原则，明示收集、使用信息的目的、方式和范围，并经被收集者同意，不得违反法律、法规的规定和双方的约定收集、使用信息。

网络服务提供者和其他企业事业单位收集、使用公民个人电子信息，应当公开其收集、使用规则。

三、网络服务提供者和其他企业事业单位及其工作人员对在业务活动中收集的公民个人电子信息必须严格保密，不得泄露、篡改、毁损，不得出售或者非法向他人提供。

四、网络服务提供者和其他企业事业单位应当采取技术措施和其他必要措施，确保信息安全，防止在业务活动中收集的公民个人电子信息泄露、毁损、丢失。在发生或者可能发生信息泄露、毁损、丢失的情况时，应当立即采取补救措施。

五、网络服务提供者应当加强对其用户发布的信息的管理，发现法律、法规禁止发布或者传输的信息的，应当立即停止传输该信息，采取消除等处置措施，保存有关记录，并向有关主管部门报告。

六、网络服务提供者为用户办理网站接入服务，办理固定电话、移动电话等入网手续，或者为用户提供信息发布服务，应当在与用户签订协议或者确认提供服务时，要求用户提供真实身份信息。

七、任何组织和个人未经电子信息接收者同意或者请求，或者电子信息接收者明确表示拒绝的，不得向其固定电话、移动电话或者个人电子邮箱发送商业性电子信息。

八、公民发现泄露个人身份、散布个人隐私等侵害其合法权益的网络信息，或者受到商业性电子信息侵扰的，有权要求网络服务提供者删除有关信息或者采取其他必要措施予以制止。

九、任何组织和个人对窃取或者以其他非法方式获取、出售或者非法向他人提供公民个人电子信息的违法犯罪行为以及其他网络信息违法犯罪行为，有权向有关主管部门举报、控告；接到举报、控告的部门应当依法及时处理。被侵权人可以依法提起诉讼。

十、有关主管部门应当在各自职权范围内依法履行职责，采取技术措施和其他必要措施，防范、制止和查处窃取或者以其他非法方式获取、出售或者非法向他人提供公民个人电子信息的违法犯罪行为以及其他网络信息违法犯罪行为。有关主管部门依法履行职责时，网络服务提供者应当予以配合，提供技术支持。

国家机关及其工作人员对在履行职责中知悉的公民个人电子信息应当予以保密，不得泄露、篡改、毁损，不得出售或者非法向他人提供。

十一、对有违反本决定行为的，依法给予警告、罚款、没收违法所得、吊销许可证或者取消备案、关闭网站、禁止有关责任人员从事网络服务业务等处罚，记入社会信用档案并予以公布；构成违反治安管理行为的，依法给予治安管理处罚。构成犯罪的，依法追究刑事责任。侵害他人民事权益的，依法承担民事责任。

十二、本决定自公布之日起施行。

《中华人民共和国刑法》

第二百五十三条之一　【侵犯公民个人信息罪】违反国家有关规定，向他人出售或者提供公民个人信息，情节严重的，处三年以下有期徒刑或者拘役，并处或者单处罚金；情节特别严重的，处三年以上七年以下有期徒刑，并处罚金。

违反国家有关规定，将在履行职责或者提供服务过程中获得的公民个人信息，出售或者提供给他人的，依照前款的规定从重处罚。

窃取或者以其他方法非法获取公民个人信息的，依照第一款的规定处罚。

单位犯前三款罪的，对单位判处罚金，并对其直接负责的主管人员和其他直接责任人员，依照各该款的规定处罚。

《最高人民法院、最高人民检察院关于办理侵犯公民个人信息刑事案件适用法律若干问题的解释》（法释〔2017〕10号）

为依法惩治侵犯公民个人信息犯罪活动，保护公民个人信息安全和合法权益，根据《中华人民共和国刑法》《中华人民共和国刑事诉讼法》的有关规定，现就办理此类刑事案件适用法律的若干问题解释如下：

第一条　刑法第二百五十三条之一规定的“公民个人信息”，是指以电子或者其他方式记录的能够单独或者与其他信息结合识别特定自然人身份或者反映特定自然人活动情况的各种信息，包括姓名、身份证件号码、通信通讯联系方式、住址、账号密码、财产状况、行踪轨迹等。

第二条　违反法律、行政法规、部门规章有关公民个人信息保护的规定的，应当认定为刑法第二百五十三条之一规定的“违反国家有关规定”。

第三条　向特定人提供公民个人信息，以及通过信息网络或者其他途径发布公民个人信息的，应当认定为刑法第二百五十三条之一规定的“提供公民个人信息”。

未经被收集者同意，将合法收集的公民个人信息向他人提供的，属于刑法第二百五十三条之一规定的“提供公民个人信息”，但是经过处理无法识别特定个人且不能复原的除外。

第四条　违反国家有关规定，通过购买、收受、交换等方式获取公民个人信息，或者在履行职责、提供服务过程中收集公民个人信息的，属于刑法第二百五十三条之一第三款规定的“以其他方法非法获取公民个人信息”。

第五条　非法获取、出售或者提供公民个人信息，具有下列情形之一的，应当认定为刑法第二百五十三条之一规定的“情节严重”：

（一）出售或者提供行踪轨迹信息，被他人用于犯罪的；

（二）知道或者应当知道他人利用公民个人信息实施犯罪，向其出售或者提供的；

（三）非法获取、出售或者提供行踪轨迹信息、通信内容、征信信息、财产信息五十条以上的；

（四）非法获取、出售或者提供住宿信息、通信记录、健康生理信息、交易信息等其他可能影响人身、财产安全的公民个人信息五百条以上的；

（五）非法获取、出售或者提供第三项、第四项规定以外的公民个人信息五千条以上的；

（六）数量未达到第三项至第五项规定标准，但是按相应比例合计达到有关数量标准的；

（七）违法所得五千元以上的；

（八）将在履行职责或者提供服务过程中获得的公民个人信息出售或者提供给他人，数量或者数额达到第三项至第七项规定标准一半以上的；

（九）曾因侵犯公民个人信息受过刑事处罚或者二年内受过行政处罚，又非法获取、出售或者提供公民个人信息的；

（十）其他情节严重的情形。

实施前款规定的行为，具有下列情形之一的，应当认定为刑法第二百五十三条之一第一款规定的“情节特别严重”：

（一）造成被害人死亡、重伤、精神失常或者被绑架等严重后果的；

（二）造成重大经济损失或者恶劣社会影响的；

（三）数量或者数额达到前款第三项至第八项规定标准十倍以上的；

（四）其他情节特别严重的情形。

第六条 为合法经营活动而非法购买、收受本解释第五条第一款第三项、第四项规定以外的公民个人信息，具有下列情形之一的，应当认定为刑法第二百五十三条之一规定的“情节严重”：

（一）利用非法购买、收受的公民个人信息获利五万元以上的；

（二）曾因侵犯公民个人信息受过刑事处罚或者二年内受过行政处罚，又非法购买、收受公民个人信息的；

（三）其他情节严重的情形。

实施前款规定的行为，将购买、收受的公民个人信息非法出售或者提供的，定罪量刑标准适用本解释第五条的规定。

第七条 单位犯刑法第二百五十三条之一规定之罪的，依照本解释规定的相应自然人犯罪的定罪量刑标准，对直接负责的主管人员和其他直接责任人员定罪处罚，并对单位判处罚金。

第八条 设立用于实施非法获取、出售或者提供公民个人信息违法犯罪活动的网站、通讯群组，情节严重的，应当依照刑法第二百八十七条之一的规定，以非法利用信息网络罪定罪处罚；同时构成侵犯公民个人信息罪的，依照侵犯公民个人信息罪定罪处罚。

第九条 网络服务提供者拒不履行法律、行政法规规定的信息网络安全管理义务，经监管部门责令采取改正措施而拒不改正，致使用户的公民个人信息泄露，造成严重后果的，应当依照刑法第二百八十六条之一的规定，以拒不履行信息网络安全管理义务罪定罪处罚。

第十条 实施侵犯公民个人信息犯罪，不属于“情节特别严重”，行为人系初犯，全部退赃，并确有悔罪表现的，可以认定为情节轻微，不起诉或者免予刑事处罚；确有必要判处刑罚的，应当从宽处罚。

第十一条　非法获取公民个人信息后又出售或者提供的，公民个人信息的条数不重复计算。

向不同单位或者个人分别出售、提供同一公民个人信息的，公民个人信息的条数累计计算。

对批量公民个人信息的条数，根据查获的数量直接认定，但是有证据证明信息不真实或者重复的除外。

第十二条　对于侵犯公民个人信息犯罪，应当综合考虑犯罪的危害程度、犯罪的违法所得数额以及被告人的前科情况、认罪悔罪态度等，依法判处罚金。罚金数额一般在违法所得的一倍以上五倍以下。

第十三条　本解释自2017年6月1日起施行。

《最高人民检察院关于印发〈检察机关办理侵犯公民个人信息案件指引〉的通知》（高检发侦监字〔2018〕13号）

根据《中华人民共和国刑法》第二百五十三条之一的规定，侵犯公民个人信息罪是指违反国家有关规定，向他人出售、提供公民个人信息，或者通过窃取等方法非法获取公民个人信息，情节严重的行为。结合《最高人民法院、最高人民检察院关于办理侵犯公民个人信息刑事案件适用法律若干问题的解释》（法释〔2017〕10号）（以下简称《解释》），办理侵犯公民个人信息案件，应当特别注意以下问题：一是对“公民个人信息”的审查认定；二是对“违反国家有关规定”的审查认定；三是对“非法获取”的审查认定；四是对“情节严重”和“情节特别严重”的审查认定；五是对关联犯罪的审查认定。

一、审查证据的基本要求

（一）审查逮捕

1. 有证据证明发生了侵犯公民个人信息犯罪事实

（1）证明侵犯公民个人信息案件发生

主要证据包括：报案登记、受案登记、立案决定书、破案经过、证人证言、被害人陈述、犯罪嫌疑人供述和辩解以及证人、被害人提供的短信、微信或QQ截图等电子数据。

(2)证明被侵犯对象系公民个人信息

主要证据包括:扣押物品清单、勘验检查笔录、电子数据、司法鉴定意见及公民信息查询结果说明、被害人陈述、被害人提供的原始信息资料和对比资料等。

2. 有证据证明侵犯公民个人信息行为是犯罪嫌疑人实施的

(1)证明违反国家有关规定的证据:犯罪嫌疑人关于所从事的职业的供述、其所在公司的工商注册资料、公司出具的犯罪嫌疑人职责范围说明、劳动合同、保密协议及公司领导、同事关于犯罪嫌疑人职责范围的证言等。

(2)证明出售、提供行为的证据:远程勘验笔录及QQ、微信等即时通讯工具聊天记录、论坛、贴吧、电子邮件、手机短信记录等电子数据,证明犯罪嫌疑人通过上述途径向他人出售、提供、交换公民个人信息的情况。公民个人信息贩卖者、提供者、担保交易人及购买者、收受者的证言或供述,相关银行账户明细、第三方支付平台账户明细,证明出售公民个人信息违法所得情况。此外,如果犯罪嫌疑人系通过信息网络发布方式提供公民个人信息,证明该行为的证据还包括远程勘验笔录、扣押笔录、扣押物品清单、对手机、电脑存储介质、云盘、FTP等的司法鉴定意见等。

(3)证明犯罪嫌疑人或公民个人信息购买者、收受者控制涉案信息的证据:搜查笔录、扣押笔录、扣押物品清单,对手机、电脑存储介质等的司法鉴定意见等,证实储存有公民个人信息的电脑、手机、U盘或者移动硬盘、云盘、FTP等介质与犯罪嫌疑人或公民个人信息购买者、收受者的关系。犯罪嫌疑人供述、辨认笔录及证人证言等,证实犯罪嫌疑人或公民个人信息购买者、收受者所有或实际控制、使用涉案存储介质。

(4)证明涉案公民个人信息真实性的证据:被害人陈述、被害人提供的原始信息资料、公安机关或相关单位出具的涉案公民个人信息与权威数据库内信息同一性的比对说明。针对批量的涉案公民个人信息的真实性问题,根据《解释》精神,可以根据查获的数量直接认定,但有证据证明信息不真实或重复的除外。

(5)证明违反国家规定,通过窃取、购买、收受、交换等方式非法获取公民个人信息的证据:主要证据与上述以出售、提供方式侵犯公民个人信息行为的证据基本相同。针对窃取的方式如通过技术手段非法获取公民个人信息的行为,需证明犯罪嫌疑人实施上述行为,除被害人陈述、犯罪嫌疑人供述和辩解外,还包括侦查机关从被害公司数据库中发现入侵电脑IP地址情况、从犯罪嫌疑人电脑中提取的侵入被害公司数据的痕迹等现场勘验检查笔录，以及涉案程序（木马）的司法鉴定意见等。

3. 有证据证明犯罪嫌疑人具有侵犯公民个人信息的主观故意

（1）证明犯罪嫌疑人明知没有获取、提供公民个人信息的法律依据或资格，主要证据包括：犯罪嫌疑人的身份证明、犯罪嫌疑人关于所从事职业的供述、其所在公司的工商资料和营业范围、公司关于犯罪嫌疑人的职责范围说明、公司主要负责人的证人证言等。

（2）证明犯罪嫌疑人积极实施窃取、出售、提供、购买、交换、收受公民个人信息的行为，主要证据除了证人证言、犯罪嫌疑人供述和辩解外，还包括远程勘验笔录、手机短信记录、即时通讯工具聊天记录、电子数据司法鉴定意见、银行账户明细、第三方支付平台账户明细等。

4. 有证据证明“情节严重”或“情节特别严重”

（1）公民个人信息购买者或收受者的证言或供述。

（2）公民个人信息购买、收受公司工作人员利用公民个人信息进行电话或短信推销、商务调查等经营性活动后出具的证言或供述。

（3）公民个人信息购买者或者收受者利用所获信息从事违法犯罪活动后出具的证言或供述。

（4）远程勘验笔录、电子数据司法鉴定意见书、最高人民检察院或公安部指定的机构对电子数据涉及的专门性问题出具的报告、公民个人信息资料等。证明犯罪嫌疑人通过即时通讯工具、电子邮箱、论坛、贴吧、手机等向他人出售、提供、购买、交换、收受公民个人信息的情况。

（5）银行账户明细、第三方支付平台账户明细。

（6）死亡证明、伤情鉴定意见、医院诊断记录、经济损失鉴定意见、相关案件起诉书、判决书等。

（二）审查起诉

除审查逮捕阶段证据审查基本要求之外，对侵犯公民个人信息案件的审查起诉工作还应坚持“犯罪事实清楚，证据确实、充分”的标准，保证定罪量刑的事实都有证据证明；据以定案的证据均经法定程序查证属实；综合全案证据，对所认定的事实已排除合理怀疑。

1. 有确实充分的证据证明发生了侵犯公民个人信息犯罪事实。该证据与审查逮捕的证据类型相同。

2. 有确实充分的证据证明侵犯公民个人信息行为是犯罪嫌疑人实施的

(1)对于证明犯罪行为是犯罪嫌疑人实施的证据审查，需要结合《解释》精神，准确把握对"违反国家有关规定""出售、提供行为""窃取或以其他方法"的认定。

(2)对证明违反国家有关规定的证据审查，需要明确国家有关规定的具体内容，违反法律、行政法规、部门规章有关公民个人信息保护规定的，应当认定为刑法第二百五十三条之一规定的"违反国家有关规定"。

(3)对证明出售、提供行为的证据审查，应当明确"出售、提供"包括在履职或提供服务的过程中将合法持有的公民个人信息出售或者提供给他人的行为：向特定人提供、通过信息网络或者其他途径发布公民个人信息、未经被收集者同意，将合法收集的公民个人信息(经过处理无法识别特定个人且不能复原的除外)向他人提供的，均属于刑法第二百五十三条之一规定的"提供公民个人信息"。应当全面审查犯罪嫌疑人所出售提供公民个人信息的来源、途经与去向，对相关供述、物证、书证、证人证言、被害人陈述、电子数据等证据种类进行综合审查，针对使用信息网络进行犯罪活动的，需要结合专业知识，根据证明该行为的远程勘验笔录、扣押笔录、扣押物品清单、电子存储介质、网络存储介质等的司法鉴定意见进行审查。

(4)对证明通过窃取或以其他非法方法获取公民个人信息等方式非法获取公民个人信息的证据审查，应当明确"以其他方法获取公民个人信息"包括购买、收受、交换等方式获取公民个人信息，或者在履行职责、提供服务过程中收集公民个人信息的行为。

针对窃取行为，如通过信息网络窃取公民个人信息，则应当结合犯罪嫌疑人供述、证人证言、被害人陈述，着重审查证明犯罪嫌疑人侵入信息网络、数据库时的IP地址、MAC地址、侵入工具、侵入痕迹等内容的现场勘验检查笔录以及涉案程序(木马)的司法鉴定意见等。

针对购买、收受、交换行为，应当全面审查购买、收受、交换公民个人信息的来源、途经、去向，结合犯罪嫌疑人供述和辩解、辨认笔录、证人证言等证据，对搜查笔录、扣押笔录、扣押物品清单、涉案电子存储介质等司法鉴定意见进行审查，明确上述证据同犯罪嫌疑人或公民个人信息购买、收受、交换者之间的关系。

针对履行职责、提供服务过程中收集公民个人信息的行为，应当审查证明犯罪嫌疑人所从事职业及其所负职责的证据，结合法律、行政法规、部门规章等国家有关公民个人信息保护的规定，明确犯罪嫌疑人的行为属于违反国家有关规定，以其他方法非法获取公民个人信息的行为。

(5)对证明涉案公民个人信息真实性证据的审查，应当着重审查被害人陈述、被害人提供的原始信息资料、公安机关或其他相关单位出具的涉案公民个人信息与权威数据库内信息同一性的对比说明。对批量的涉案公民个人信息的真实性问题，根据《解释》精神，可以根据查获的数量直接认定，但有证据证明信息不真实或重复的除外。

3. 有确实充分的证据证明犯罪嫌疑人具有侵犯公民个人信息的主观故意

(1)对证明犯罪嫌疑人主观故意的证据审查，应当综合审查犯罪嫌疑人的身份证明、犯罪嫌疑人关于所从事职业的供述、其所在公司的工商资料和营业范围、公司关于犯罪嫌疑人的职责范围说明、公司主要负责人的证人证言等，结合国家公民个人信息保护的相关规定，夯实犯罪嫌疑人在实施犯罪时的主观明知。

(2)对证明犯罪嫌疑人积极实施窃取或者以其他方法非法获取公民个人信息行为的证据审查，应当结合犯罪嫌疑人供述、证人证言，着重审查远程勘验笔录、手机短信记录、即时通讯工具聊天记录、电子数据司法鉴定意见、银行账户明细、第三方支付平台账户明细等，明确犯罪嫌疑人在实施犯罪时的积极作为。

4. 有确实充分的证据证明“情节严重”或“情节特别严重”。该证据与审查逮捕的证据类型相同。

二、需要特别注意的问题

在侵犯公民个人信息案件审查逮捕、审查起诉中，要根据相关法律、司法解释等规定，结合在案证据，重点注意以下问题：

(一)对“公民个人信息”的审查认定

根据《解释》的规定，公民个人信息是指以电子或者其他方式记录的能够单独或者与其他信息结合识别特定自然人身份或者反映特定自然人活动情况的各种信息，包括姓名、身份证件号码、通信通讯联系方式、住址、账号密码、财产状况、行踪轨迹等。经过处理无法识别特定自然人且不能复原的信息，虽然也可能反映自然人活动情况，但与特定自然人无直接关联，不属于公民个人信息的范畴。

对于企业工商登记等信息中所包含的手机、电话号码等信息，应当明确该号码的用途。对由公司购买、使用的手机、电话号码等信息，不属于个人信息的范畴，从而严格区分"手机、电话号码等由公司购买，归公司使用"与"公司经办人在工商登记等活动中登记个人电话、手机号码"两种不同情形。

(二)对"违反国家有关规定"的审查认定

《中华人民共和国刑法修正案(九)》将原第二百五十三条之一的"违反国家规定"修改为"违反国家有关规定"，后者的范围明显更广。根据刑法第九十六条的规定，"国家规定"仅限于全国人大及其常委会制定的法律和决定，国务院制定的行政法规、规定的行政措施、发布的决定和命令。而"国家有关规定"还包括部门规章，这些规定散见于金融、电信、交通、教育、医疗、统计、邮政等领域的法律、行政法规或部门规章中。

(三)对"非法获取"的审查认定

在窃取或者以其他方法非法获取公民个人信息的行为中，需要着重把握"其他方法"的范围问题。"其他方法"，是指"窃取"以外，与窃取行为具有同等危害性的方法，其中，购买是最常见的非法获取手段。侵犯公民个人信息犯罪作为电信网络诈骗的上游犯罪，诈骗分子往往先通过网络向他人购买公民个人信息，然后自己直接用于诈骗或转发给其他同伙用于诈骗，诈骗分子购买公民个人信息的行为属于非法获取行为，其同伙接收公民个人信息的行为明显也属于非法获取行为。同时，一些房产中介、物业管理公司、保险公司、担保公司的业务员往往与同行通过QQ、微信群互相交换各自掌握的客户信息，这种交换行为也属于非法获取行为。此外，行为人在履行职责、提供服务过程中，违反国家有关规定，未经他人同意收集公民个人信息，或者收集与提供的服务无关的公民个人信息的，也属于非法获取公民个人信息的行为。

（四）对“情节严重”和“情节特别严重”的审查认定

1. 关于“情节严重”的具体认定标准，根据《解释》第五条第一款的规定，主要涉及五个方面：

（1）信息类型和数量。①行踪轨迹信息、通信内容、征信信息、财产信息，此类信息与公民人身、财产安全直接相关，数量标准为五十条以上，且仅限于上述四类信息，不允许扩大范围。对于财产信息，既包括银行、第三方支付平台、证券期货等金融服务账户的身份认证信息（一组确认用户操作权限的数据，包括账号、口令、密码、数字证书等），也包括存款、房产、车辆等财产状况信息。②住宿信息、通信记录、健康生理信息、交易信息等可能影响公民人身、财产安全的信息，数量标准为五百条以上，此类信息也与人身、财产安全直接相关，但重要程度要弱于行踪轨迹信息、通信内容、征信信息、财产信息。对“其他可能影响人身、财产安全的公民个人信息”的把握，应当确保所适用的公民个人信息涉及人身、财产安全，且与“住宿信息、通信记录、健康生理信息、交易信息”在重要程度上具有相当性。③除上述两类信息以外的其他公民个人信息，数量标准为五千条以上。

（2）违法所得数额。对于违法所得，可直接以犯罪嫌疑人出售公民个人信息的收入予以认定，不必扣减其购买信息的犯罪成本。同时，在审查认定违法所得数额过程中，应当以查获的银行交易记录、第三方支付平台交易记录、聊天记录、犯罪嫌疑人供述、证人证言综合予以认定，对于犯罪嫌疑人无法说明合法来源的用于专门实施侵犯公民个人信息犯罪的银行账户或第三方支付平台账户内资金收入，可综合全案证据认定为违法所得。

（3）信息用途。公民个人信息被他人用于违法犯罪活动的，不要求他人的行为必须构成犯罪，只要行为人明知他人非法获取公民个人信息用于违法犯罪活动即可。

（4）主体身份。如果行为人系将在履行职责或者提供服务过程中获得的公民个人信息出售或者提供给他人的，涉案信息数量、违法所得数额只要达到一般主体的一半，即可认为“情节严重”。

（5）主观恶性。曾因侵犯公民个人信息受过刑事处罚或者二年内受过行政处罚，又非法获取、出售或者提供公民个人信息的，即可认为“情节严重”。

2.关于“情节特别严重”的认定标准,根据《解释》,主要分为两类:一是信息数量、违法所得数额标准。二是信息用途引发的严重后果,其中造成人身伤亡、经济损失、恶劣社会影响等后果,需要审查认定侵犯公民个人信息的行为与严重后果间存在因果关系。

对于涉案公民个人信息数量的认定,根据《解释》第十一条,非法获取公民个人信息后又出售或者提供的,公民个人信息的条数不重复计算;向不同单位或者个人分别出售、提供同一公民个人信息的,公民个人信息的条数累计计算;对批量出售、提供公民个人信息的条数,根据查获的数量直接认定,但是有证据证明信息不真实或者重复的除外。在实践中,如犯罪嫌疑人多次获取同一条公民个人信息,一般认定为一条,不重复累计;但获取的该公民个人信息内容发生了变化的除外。

对于涉案公民个人信息的数量、社会危害性等因素的审查,应当结合刑法第二百五十三条和《解释》的规定进行综合审查。涉案公民个人信息数量极少,但造成被害人死亡等严重后果的,应审查犯罪嫌疑人行为与该后果之间的因果关系,符合条件的,可以认定为实施《解释》第五条第一款第十项“其他情节严重的情形”的行为,造成被害人死亡等严重后果,从而认定为“情节特别严重”。如涉案公民个人信息数量较多,但犯罪嫌疑人仅仅获取而未向他人出售或提供,则可以在认定相关犯罪事实的基础上,审查该行为是否符合《解释》第五条第一款第三、四、五、六、九项及第二款第三项的情形,符合条件的,可以分别认定为“情节严重”“情节特别严重”。

此外,针对为合法经营活动而购买、收受公民个人信息的行为,在适用《解释》第六条的定罪量刑标准时须满足三个条件:一是为了合法经营活动,对此可以综合全案证据认定,但主要应当由犯罪嫌疑人一方提供相关证据;二是限于普通公民个人信息,即不包括可能影响人身、财产安全的敏感信息;三是信息没有再流出扩散,即行为方式限于购买、收受。如果将购买、收受的公民个人信息非法出售或者提供的,定罪量刑标准应当适用《解释》第五条的规定。

(五)对关联犯罪的审查认定

对于侵犯公民个人信息犯罪与电信网络诈骗犯罪相交织的案件,应严格按照《最高人民法院、最高人民检察院、公安部关于办理电信网络诈骗等刑事案件适用法律若干问题的意见》(法发〔2016〕32号)的规定进行审查认定,即通过认真审查非法获取、出售、提供公民个人信息的犯罪嫌疑人对电信网络诈骗犯罪的参与程度,结合能够证实其认知能力的学历文化、聊天记录、通话频率、获取固定报酬还是参与电信网络诈骗犯罪分成等证据,分析判断其是否属于诈骗共同犯罪、是否应该数罪并罚。

根据《解释》第八条的规定,设立用于实施出售、提供或者非法获取公民个人信息违法犯罪活动的网站、通讯群组,情节严重的,应当依照刑法第二百八十七条之一的规定,以非法利用信息网络罪定罪;同时构成侵犯公民个人信息罪的,应当认定为侵犯公民个人信息罪。

对于违反国家有关规定,采用技术手段非法侵入合法存储公民个人信息的单位数据库窃取公民个人信息的行为,也符合刑法第二百八十五条第二款非法获取计算机信息系统数据罪的客观特征,同时触犯侵犯公民个人信息罪和非法获取计算机信息系统数据罪的,应择一重罪论处。

此外,针对公安民警在履行职责过程中,违反国家有关规定,查询、提供公民个人信息的情形,应当认定为"违反国家有关规定,将在履行职责或者提供服务过程中以其他方法非法获取或提供公民个人信息"。但同时,应当审查犯罪嫌疑人除该行为之外有无其他行为侵害其他法益,从而对可能存在的其他犯罪予以准确认定。

三、社会危险性及羁押必要性审查

(一)审查逮捕

1. 犯罪动机:一是出售牟利;二是用于经营活动;三是用于违法犯罪活动。犯罪动机表明犯罪嫌疑人主观恶性,也能证明犯罪嫌疑人是否可能实施新的犯罪。

2. 犯罪情节。犯罪嫌疑人的行为直接反映其人身危险性。具有下列情节的侵犯公民个人信息犯罪,能够证实犯罪嫌疑人主观恶性和人身危险性较大,实施新的犯罪的可能性也较大,可以认为具有较大的社会危险性:一是犯罪持续时间较长、多次实施侵犯公民个人信息犯罪的;二是被侵犯的公民个人信息数量或违法所得巨大的;三是利用公民个人信息进行违法犯罪活动的;四是犯罪手段行为本身具有违法性或者破坏性,即犯罪手段恶劣的,如骗取、窃取公民个人信息,采取胁迫、植入木马程序侵入他人计算机系统等方式非法获取信息。

犯罪嫌疑人实施侵犯公民个人信息犯罪,不属于“情节特别严重”,系初犯,全部退赃,并确有悔罪表现的,可以认定社会危险性较小,没有逮捕必要。

(二)审查起诉

在审查起诉阶段,要结合侦查阶段取得的事实证据,进一步引导侦查机关加大捕后侦查力度,及时审查新证据。在羁押期限届满前对全案进行综合审查,对于未达到逮捕证明标准的,撤销原逮捕决定。

经羁押必要性审查,发现犯罪嫌疑人具有下列情形之一的,应当向办案机关提出释放或者变更强制措施的建议:

1. 案件证据发生重大变化,没有证据证明有犯罪事实或者犯罪行为系犯罪嫌疑人、被告人所为的。

2. 案件事实或者情节发生变化,犯罪嫌疑人、被告人可能被判处拘役、管制、独立适用附加刑、免予刑事处罚或者判决无罪的。

3. 继续羁押犯罪嫌疑人、被告人,羁押期限将超过依法可能判处的刑期的。

4. 案件事实基本查清,证据已经收集固定,符合取保候审或者监视居住条件的。

经羁押必要性审查,发现犯罪嫌疑人、被告人具有下列情形之一,且具有悔罪表现,不予羁押不致发生社会危险性的,可以向办案机关提出释放或者变更强制措施的建议:

1. 预备犯或者中止犯;共同犯罪中的从犯或者胁从犯。

2. 主观恶性较小的初犯。

3. 系未成年人或者年满七十五周岁的人。

4. 与被害方依法自愿达成和解协议,且已经履行或者提供担保的。

5. 患有严重疾病、生活不能自理的。

6. 系怀孕或者正在哺乳自己婴儿的妇女。

7. 系生活不能自理的人的唯一扶养人。

8. 可能被判处一年以下有期徒刑或者宣告缓刑的。

9. 其他不需要继续羁押犯罪嫌疑人、被告人的情形。

《最高人民法院研究室关于侵犯公民个人信息罪有关法律适用问题征求意见的复函》(法研〔2018〕11号)

最高人民检察院法律政策研究室:

贵室《关于侵犯公民个人信息罪有关法律适用问题的征求意见函》(高检研函字〔2018〕1号)收悉。经研究,原则赞同刑法第二百五十三条之一规定的"公民个人信息",既包括中国公民的个人信息,也包括外国公民和其他无国籍人的个人信息。主要考虑:

(1)从刑法用语看,刑法第二百五十三条之一规定的是"公民个人信息",并未限定为"中华人民共和国公民的个人信息",因此不应将此处的"公民个人信息"限制为中国公民的个人信息。

(2)从立法精神看,外国人、无国籍人的信息应当同中国公民的信息一样受到刑法的平等保护。

(3)从司法实践看,将外籍人、无国籍人个人信息排除在刑法保护之外,会放纵犯罪。特别是在侵犯公民个人信息犯罪案件所涉及的个人信息既有中国公民的个人信息,也有外国公民、无国籍人的个人信息时,只处罚涉及中国公民个人信息的部分,既不合理,也难操作。

指导性案例

柯某侵犯公民个人信息案(检例第140号)

【关键词】

侵犯公民个人信息　业主房源信息　身份识别　信息主体另行授权

【要旨】

业主房源信息是房产交易信息和身份识别信息的组合,包含姓名、通信通讯联系方式、住址、交易价格等内容,属于法律保护的公民个人信息。未经信息主体另行授权,非法获取、出售限定使用范围的业主房源信息,系侵犯公民个人信息的行为,情节严重、构成犯罪的,应当依法追究刑事责任。检察机关办理案件时应当对涉案公民个人信息具体甄别,筛除模糊、无效及重复信息,准确认定侵犯公民个人信息数量。

【基本案情】

被告人柯某，男，1980 年出生，系安徽某信息技术有限公司经营者，开发了“房利帮”网站。

2016 年 1 月起，柯某开始运营“房利帮”网站并开发同名手机 APP，以对外售卖上海市二手房租售房源信息为主营业务。运营期间，柯某对网站会员上传真实业主房源信息进行现金激励，吸引掌握该类信息的房产中介人员（另案处理）注册会员并向网站提供信息，有偿获取了大量包含房屋门牌号码及业主姓名、电话等非公开内容的业主房源信息。

柯某在获取上述业主房源信息后，安排员工冒充房产中介人员逐一电话联系业主进行核实，将有效的信息以会员套餐形式提供给网站会员付费查询使用。上述员工在联系核实信息过程中亦未如实告知业主获取、使用业主房源信息的情况。

自 2016 年 1 月至案发，柯某通过运营“房利帮”网站共非法获取业主房源信息 30 余万条，以会员套餐方式出售获利达人民币 150 余万元。

上海市公安局金山分局在侦办一起侵犯公民个人信息案时，发现该案犯罪嫌疑人非法出售的部分信息购自“房利帮”网站，根据最高人民法院、最高人民检察院、公安部《关于办理网络犯罪案件适用刑事诉讼法若干问题的意见》的规定，柯某获取的均为上海地区的业主信息，遂对柯某立案侦查。

【检察履职情况】

（一）引导侦查取证

2017 年 11 月 17 日，金山分局以柯某涉嫌侵犯公民个人信息罪向上海市金山区人民检察院提请批准逮捕。

11 月 24 日，金山区人民检察院作出批准逮捕决定，并建议公安机关从电子数据、言词证据两方面，针对信息性质和经营模式继续取证。公安机关根据建议，一是调取了完整的运营数据库进行鉴定，确认了信息数量；二是结合“房利帮”网站员工证言，进一步向柯某确认了该公司是由其个人控制经营，以有偿获取、出售个人信息为业，查明本案属自然人犯罪而非单位犯罪。

（二）审查起诉

2018 年 1 月 19 日，金山分局将本案移送审查起诉。经退回补充侦查并完善证据，查清了案件事实。一是对信息数据甄别去重，结合网站的资金支出和柯某供述，进一步明确了有效业主房源信息的数量；二是对相关业主开展随机调查，证实房产中介人员向“房利帮”网站上传信息未经业主事先同意或者另行授权，以及业主在信息泄露后频遭滋扰等情况。

7月27日，金山区人民检察院以柯某涉嫌侵犯公民个人信息罪提起公诉。

(三)指控与证明犯罪

2019年1月16日，上海市金山区人民法院依法公开开庭审理本案。审理中，柯某及其辩护人对柯某的业务模式、涉案信息数量等事实问题无异议，但认为柯某的行为不构成犯罪。

辩护人提出，第一，房源信息是用于房产交易的商用信息，部分信息没有业主实名，不属于刑法保护的公民个人信息；第二，网站的房源信息多由房产中介人员上传，房产中介人员获取该信息时已得到业主许可，系公开信息，网站属合理使用，无须另行授权；第三，网站对信息核实后，将真实房源信息整合，主要向房产中介人员出售，促进房产交易，符合业主意愿和利益。

公诉人答辩指出，柯某的行为依法构成犯罪。第一，业主房源信息中的门牌号码、业主电话，组合后足以识别特定自然人，且部分信息有业主姓名，符合刑法对公民个人信息的界定；第二，业主委托房产中介时提供姓名、电话等，目的是供相对的房产中介提供服务时联系使用，不能以此视为业主同意或者授权中介对社会公开；第三，柯某安排员工冒充房产中介向业主核实时，仍未如实告知信息获取的途径及用途。而且，该网站并不从事中介业务帮助业主寻找交易对象，只是将公民个人信息用于倒卖牟利。

(三)处理结果

2019年12月31日，金山区人民法院作出判决，采纳金山区人民检察院指控的犯罪事实和意见，以侵犯公民个人信息罪判处柯某有期徒刑三年，缓刑四年，并处罚金人民币一百六十万元。宣判后，柯某未提出上诉，判决已生效。

【指导意义】

(一)包含房产信息和身份识别信息的业主房源信息属于公民个人信息。公民个人信息，是指以电子或者其他方式记录的能够单独或者与其他信息结合识别特定自然人身份或者反映特定自然人活动情况的各种信息，包括姓名、身份证件号码、通信通讯联络方式、住址、账号密码、财产状况、行踪轨迹等。业主房源信息包括房产坐落区域、面积、售租价格等描述房产特征的信息，也包含门牌号码、业主电话、姓名等具有身份识别性的信息，上述信息组合，使业主房源信息符合公民个人信息“识别特定自然人”的规定。上述信息非法流入公共领域存在较大风险。现实生活中，被害人因信息泄露被频繁滋扰，更有大量信息进入黑灰产业链，被用于电信网络诈骗、敲诈勒索等犯罪活动，严重威胁公民人身财产安全、社会公共利益，甚至危及国家信息安全，应当依法惩处。

（二）获取限定使用范围的信息需信息主体同意、授权。对生物识别、宗教信仰、特定身份、医疗健康、金融账户、行踪轨迹等敏感个人信息，进行信息处理须得到信息主体明确同意、授权。对非敏感个人信息，如上述业主电话、姓名等，应当根据具体情况作出不同处理。信息主体自愿、主动向社会完全公开的信息，可以认定同意他人获取，在不侵犯其合法利益的情况下可以合法、合理利用。但限定用途、范围的信息，如仅提供给中介供服务使用的，他人在未经另行授权的情况下，非法获取、出售，情节严重的，应当以侵犯公民个人信息罪追究刑事责任。

（三）认定公民个人信息数量，应当在全面固定数据基础上有效甄别。侵犯公民个人信息案件中，信息一般以电子数据形式存储，往往数据庞杂、真伪交织、形式多样。检察机关应当把握公民个人信息“可识别特定自然人身份或者反映特定自然人活动情况”的标准，准确提炼出关键性的识别要素，如家庭住址、电话号码、姓名等，对信息数据有效甄别。对包含上述信息的认定为有效的公民个人信息，以准确认定信息数量。

第十三讲

网络盗窃犯罪

一、盗窃网络虚拟财产行为的定性

(一)盗窃网络虚拟财产的案件

被告人周某于2008年从网上购买了PSCHARE软件(一种木马软件,其是用于远程操纵他人的计算机信息系统,获取该计算机信息系统中存储、处理或者传输的数据),通过向聊天对象的计算机发送该软件,对他人的计算机进行远程操纵,盗窃他人“面对面365”网络游戏的游戏币,将对方的游戏币转移到其注册的账户中。之后,周某按照游戏币兑换人民币的比率,将盗窃的游戏币放到以其父亲的名字在淘宝网注册的网店销售牟利。自2009年3月至8月,周某作案200余次。案发后,周某退回赃款20816.3元,公安机关追回赃款4700元。

对本案的定性存在两种意见:多数意见认为被告人周某的行为构成盗窃罪;少数意见认为被告人周某的行为构成非法获取计算机信息系统数据罪。

(二)盗窃网络虚拟财产的定性争议

周某利用计算机窃取他人游戏币非法销售获利如何定性,涉及刑法理论界和实务界长期争论的一个热门问题,即网络盗窃,特别是网络盗窃虚拟财产行为的定性之争。近年来,随着计算机信息技术和互联网的快速发展,网络犯罪呈上升趋势,盗窃虚拟财产作为一种常见的网络犯罪,增长迅速。盗窃QQ号码、游戏装备等现象日益猖獗,甚至形成了产业链条。随着网络盗窃虚拟财产案件的不断增多,我国刑法实务界作出了相应判决,而理论界针对这些判决也进行了诸多评议。

关于网络盗窃、网络盗窃虚拟财产，刑法学界和实务界尚未形成统一的界定。结合司法实践的具体案件，本书认为，网络盗窃主要涉及如下几类对象：(1)与计算机信息系统安全相关的数据中最为重要的是用于认证用户身份的身份认证信息(如口令、证书等)，此类数据通常是网络安全的第一道防线，也是网络盗窃的最主要对象，特别是非法获取电子银行、证券交易、期货交易等网络金融服务的账号、口令等身份认证信息的活动非常猖獗。(2)网络金融服务以外的身份认证信息。对于网络金融服务以外的其他网络服务，如网络即时通讯、网络邮箱等，网络盗窃者非法获取这些身份认证信息的案件也较为多发。(3)游戏装备等网络虚拟财产。由于网络游戏装备在游戏玩家眼中具有较高价值，并存在一定的交易市场，针对此类数据的盗窃也十分突出。本书认为，无论针对何种对象，只要通过侵入计算机信息系统或者采用其他技术手段，非法获取他人计算机信息系统数据的行为，都可以称为“网络盗窃”。因此，包括盗窃网络虚拟财产在内的行为都可以为“网络盗窃”的概念所涵括。

概括而言，对于网络盗窃，特别是网络盗窃虚拟财产的行为，理论界和实务界大多认为应以犯罪论处，但在具体罪名的选择上存在不同观点。

1. 盗窃罪说。2008 年，广东省广州市天河区人民法院对于某某盗窃网游虚拟财产案作出判决，以盗窃罪判处于某某有期徒刑 3 年 3 个月，并处罚金人民币 2 万元。[①] 法院认为，被告人于某某以非法占有为目的，利用骗取网易公司后获取的被害人游戏账号密码，非法进入被害人账号，窃取多名被害人的虚拟财产，数额巨大，其行为已构成盗窃罪。一审宣判后，被告人于某某不服判决提出

① 本案基本案情如下：2005 年年初，于某某在互联网论坛上以签订电子合同购买《大话西游 2》网络游戏人物账号为名，诱骗游戏玩家向其提供真实身份资料、电子邮箱等，并以猜测邮箱密码等方式，进入玩家邮箱获取其大话西游账号资料，其后再冒充玩家将伪造或者变造的身份资料发送至网易公司修改账号安全码。于某某在获得游戏账号安全码后，在互联网上公开售卖游戏账号及虚拟物品牟利。2005 年至 2007 年，于某某利用上述方法，共窃取大话西游游戏账号 33 个，并将其中 15 个账号内的召唤兽、宝石等虚拟财产出售，获利 2 万余元。参见《网游大盗倒卖虚拟财产牟利 2 万元获刑 3 年》，载《广州日报》2009 年 10 月 29 日，第 A6 版。

上诉,广州市中级人民法院驳回上诉维持原判。[①]

2. 侵犯通信自由罪说。2006年1月13日,广东省深圳市南山区人民法院对全国首例盗卖QQ号码案作出判决,以侵犯通信自由罪分别判处曾某、杨某两名被告人拘役6个月,并追缴两名被告人违法所得人民币61650元,上缴国库。[②] 2005年,深圳市南山区人民检察院以盗窃罪向法院提起公诉,但法院认为,QQ号码未被明文纳入刑法保护的财产之列,不属于刑法意义上的财产保护对象,不构成盗窃罪。本案中,两被告人篡改了多个QQ号密码,使原注册的QQ用户无法使用本人的QQ号与他人联系,造成侵犯他人通信自由的后果,情节严重,构成侵犯通信自由罪。[③]

3. 非法获取计算机信息系统数据罪说。2009年12月15日,江苏省徐州市鼓楼区人民法院对"温柔"系列木马程序案作出判决,以非法获取计算机信息系统数据罪判处张某甲、张某乙、龚某某、陈某某有期徒刑1年5个月至2年6个

---

① 参见《网游大盗倒卖虚拟财产牟利2万元获刑3年》,载《广州日报》2009年10月29日,第A6版。

② 本案基本案情如下:2004年5月,曾某受聘于腾讯公司,后被安排到该公司安全中心负责系统监控工作。2005年3月至7月,曾某伙同杨某,合谋通过窃取他人QQ号出售获利。杨某将随机选定的他人的QQ号(主要为5、6位数的QQ号)通过互联网发给曾某。曾某破解腾讯公司离职员工柳某使用过但尚未注销的账号的密码(该账号拥有查看QQ用户原始注册信息,包括证件号码、邮箱等信息的权限),利用该账号进入腾讯公司的计算机后台系统,根据杨某提供的QQ号查询该号码的密码保护资料,即证件号码和邮箱,然后将查询到的资料再发给杨某,由杨某将QQ号密码保护问题答案破解,再将QQ号的原始密码更改后出售给他人,造成该QQ号码原始用户无法使用原注册的QQ号。2005年3月至7月,曾某、杨某两人修改密码并卖出的QQ号约130个,从中获利人民币61650元。其中,曾某分得人民币39100元,杨某分得人民币22550元。参见杨洪涛、徐强:《全国首例盗卖QQ号码案》,载《中国审判》2006年第2期。

③ 参见杨洪涛、徐强:《全国首例盗卖QQ号码案》,载《中国审判》2006年第2期。

月不等。[①] 法院经审理认为：被告人张某甲、张某乙明知是盗号木马程序而通过购买取得使用权后，借助他人技术手段加以传播，窃取网络游戏账号、密码数量巨大，情节严重；被告人龚某某、陈某某知道张某乙通过非法手段获取游戏账号、密码而为其提供技术服务，情节严重，上述被告人的行为均已构成非法获取计算机信息系统数据罪。[②]

（三）境外关于盗窃网络虚拟财产的刑事对策

由于网络的互联性以及由此带来的无国界性，网络犯罪已成为世界各国和各地区所面临的共同问题。因此，对于盗窃网络虚拟财产的定性问题，宜通过比较法的视角，考察境外的解决方案，以更好地思考我们当下相关争议，提出解决办法。

20 世纪 90 年代以来，随着计算机网络技术的快速发展，特别是网络空间的虚拟性、开放性和流动性，网络犯罪的跨国性日益突出，加强国际协调和合作、共同打击网络犯罪成了国际社会的共识。在此背景下，欧洲委员会于 1997 年设立委员会起草打击网络犯罪的国际公约，美国、日本、加拿大等欧洲以外的国家也参与其中。经过 4 年谈判，前后历经 27 稿，《网络犯罪公约》最终于 2001 年 11 月 8 日在欧洲委员会第 109 次部长委员会会议上通过，并于 11 月 23 日在布达佩斯开放签署。开放签署当日，包括德国在内的欧洲委员会中的 26 个成

---

① 本案基本案情如下：2008 年 3 月至 8 月，被告人张某甲通过互联网从他人处获取了针对《QQ 华夏》网络游戏的盗窃木马程序使用权。为了使该木马程序发挥盗号功能，通过流量商将该木马程序插入网络上各正常网页，随玩家点击而将木马程序植入玩家计算机系统，在上述玩家登录网络游戏时，木马程序自动运行并从后台盗取《QQ 华夏》游戏账号、密码合计 42 万余组，并倒卖非法获利 3 万元。2008 年 4 月至 8 月，被告人张某乙通过互联网从他人处获取了针对《天龙八部》网络游戏的盗号木马程序使用权。为了使该程序发挥作用，张某乙以支付报酬的方式雇佣龚某某为其租用了网络服务器，在计算机系统内设置了存放所窃取网络游戏账号、密码的箱子，以及提供其他技术支持。之后，张某乙通过流量商将该木马程序插入网络上各网页，随玩家点击相应网页而将该木马程序植入玩家计算机系统，在玩家登录《天龙八部》网络游戏后，木马程序自动运行并从后台盗取《天龙八部》游戏账号、密码合计 244 万余组。在此期间，陈某某受雇于张某乙，并按照张某乙联系的买主将所盗账号、密码转卖他人。张某乙因此非法获利 23 万元，龚某某获利 2 万元，陈某某获利 1 万元。参见江苏省徐州市鼓楼区人民法院刑事判决书，（2009）鼓刑初字第 150 号。

② 参见江苏省徐州市鼓楼区人民法院刑事判决书，（2009）鼓刑初字第 150 号。

员国和美国、日本、加拿大、南非即签署公约。2004 年 7 月 1 日，在签署和批准成员国达到规定的条件后，《网络犯罪公约》正式生效。作为当前国际社会唯一生效的打击网络犯罪的专门法律文书，《网络犯罪公约》对包括网络盗窃在内的网络犯罪提出了刑事对策。《网络犯罪公约》第二章要求国家层面在实体刑法中针对妨害计算机数据和系统的机密性、完整性与可利用性的犯罪作出规定。其中，第 3 条要求将非法拦截数据行为入罪，即对通过技术手段，未经授权对非公开传输的数据进行拦截的，或者入侵计算机信息系统直接获取数据的行为，每一个缔约国应当采取本国法律下认定犯罪行为的必要立法和其他手段。从该条规定不难看出，《网络犯罪公约》对于非法获取计算机信息系统数据的行为，无论是在传输过程中获取数据，抑或直接侵入计算机信息系统获取数据，都没有要求缔约国定性为盗窃罪，而只是要求规定为相应的计算机犯罪，以维护电子数据传输的私密性。

2009 年 3 月 9 日，德国联邦议会批准《网络犯罪公约》，该公约自 2009 年 7 月 1 日起在德国生效。为了履行作为《网络犯罪公约》缔约国的国内立法义务，德国联邦议会于 2007 年 8 月 7 日通过了《关于打击网络犯罪的第 41 部刑法修正案》，于 8 月 11 日正式施行，德国网络犯罪立法也达到了相当完备的程度。《关于打击网络犯罪的第 41 部刑法修正案》的一个主要内容就是针对非法获取计算机信息系统数据的行为增设了第 202b 条“获取数据”，规定：“通过运用技术手段，无权为自己或者他人从非公开的数据传输或者数据处理装置中获取不属于行为人的数据（同第 202a 条第 2 款的界定），如果其他条款没有规定更重的刑罚的，处二年以下自由刑或者罚金刑。”从这一规定不难看出，对于盗窃网络虚拟财产的行为，德国刑法没有将其作为诸如盗窃等财产犯罪处理，而是单独规定为获取数据，以更为有效地打击此类犯罪。

我国台湾地区 1997 年修正“刑法”时，在第 323 条将“电磁记录”增设为动产，使电磁记录成为盗窃罪的行为客体，即盗窃网络虚拟财产的行为应当以盗窃罪论处。但是，我国台湾地区 2003 年修正“刑法”时，又将“电磁记录”从动产的范围内删除，将窃取电磁记录的行为用专门的获取数据等计算机犯罪来处理，在第 359 条增设变更他人电脑或其相关设备之电磁记录罪，规定无故取得、删除或变更他人电脑或其相关设备之电磁记录，致生损害于公众或他人者，处 5

年以下有期徒刑、拘役或科或并科20万元以下罚金。这一修改的主要考虑在于:“刑法上所称之窃盗,须符合破坏他人持有,建立自己持有之要件,而电磁记录具有可复制性,此与电能、热能或其他能量经使用后即消耗殆尽之特性不同;且行为人于建立自己之持有时,未必会同时破坏他人对该电磁记录之持有。因此将电磁记录窃盗纳入窃盗罪章规范,与刑法传统之窃盗罪构成要件有所扞格。为因应电磁记录之可复制性,并期使电脑及网络犯罪规范体系更为完整,将1997年修正‘刑法’所作的有关电磁记录部分删除,将窃取电磁记录之行为改纳入新增之妨害电脑使用罪章中规范。”①②

通过考察《网络犯罪公约》、德国和我国台湾地区关于非法获取数据犯罪的规定,可以看出,虚拟财产应受刑法保护,对于盗窃网络虚拟财产的行为应当予以刑事制裁。但是,“虚拟财产应受刑法保护”并不意味着虚拟财产可以成为盗窃罪的犯罪对象,通行的做法是规定单独的计算机犯罪规制此类行为。

(四)我国关于盗窃网络虚拟财产刑事对策的演变

我国现行《刑法》是1997年3月14日第八届全国人民代表大会第五次会议修订的,而当时互联网的发达程度远不如今天,特别是网络游戏尚未在国内兴起,与之相伴随的网络盗窃虚拟财产现象几乎没有,刑法自然未对此类行为作出明确规定。进入21世纪以来,互联网在我国迅速发展普及,网民人数不断增长,互联网已成为民众生活的重要组成部分。在此背景之下,网络游戏在我国也获得了前所未有的发展,从2000年境外游戏进入我国,到目前国产游戏占据主导地位。互联网的快速发展及网络游戏的兴起,引发了网络盗窃虚拟财产案件的逐渐多发,关于此类案件的定性问题也引起了刑法理论界的关注和争议:有观点主张,对于网络盗窃虚拟财产案件的行为,由于刑法盗窃罪的犯罪对象限于公私财物,而虚拟财产不属于公私财物的范畴,对于此类行为不宜以盗窃罪论处;而不少刑法学者主张或通过扩大解释《刑法》第92条第4项规定的

---

① 参见陶百川等编纂:《综合最新六法全书》,台北,三民书局2011年版,第4-79页。

② 我国台湾地区“刑法”第359条规定:“(变更他人电脑或其相关设备之电磁记录罪)无故取得、删除或变更他人电脑或其相关设备之电磁记录,致生损害于公众或他人者,处五年以下有期徒刑、拘役或科或并科二十万元以下罚金。”需要注意的是,该罪须告诉乃论。

“其他财产”的范围,或通过立法、司法解释的方式,将虚拟财产纳入盗窃罪的犯罪对象。尽管存在种种争议,刑事司法实务必须解决业已出现并日趋增多的网络盗窃虚拟财产案件,法院分别以盗窃罪、侵犯通信自由罪等罪名作出过相关有罪判决。

在《刑法修正案(七)》研究过程中,公安部网络安全保卫部门针对非法获取他人账号、身份认证信息、窃取计算机信息系统数据犯罪凸显的情况,建议将非法获取计算机信息系统中存储、处理或者传输的数据的行为规定为犯罪。[①]虽然用刑法保护网络虚拟财产的呼声愈来愈高,有的建议刑法应当增加盗窃虚拟财产罪,[②]但立法机关没有通过立法将此类行为规定为以盗窃罪论处,而是基于刑事立法者应有的睿智和审慎,充分借鉴境外成熟立法例,在《刑法》第285条增设了第2款,规定违反国家规定,侵入国家事务、国防建设、尖端科学技术领域以外的计算机信息系统或者采用其他技术手段,获取该计算机信息系统中存储、处理或者传输的数据,情节严重的,以非法获取计算机信息系统数据罪论处。这一规定对于严厉打击网络盗窃虚拟财产,保护计算机信息系统安全,打击计算机网络犯罪发挥了重要作用。为统一司法适用,《危害计算机信息系统安全犯罪解释》对非法获取计算机信息系统数据的行为规定了明确的定罪量刑标准。

(五)盗窃网络虚拟财产的定性见解

基于前文的分析,当前关于盗窃网络虚拟财产的刑事对策已经十分清晰,即采用技术手段非法获取包括虚拟财产在内的计算机信息系统数据的行为应当以非法获取计算机信息系统数据罪论处。实际上,在《最高人民法院、最高人民检察院关于办理盗窃刑事案件适用法律若干问题的解释》(法释〔2013〕8号)起草过程中,有意见提出,应当在司法解释中明确,对盗窃游戏币等虚拟财产的,以盗窃罪定罪处罚。经研究认为,此意见不妥。对于盗窃虚拟财产的行为,

---

① 参见黄太云:《〈刑法修正案(七)〉解读》,载《人民检察》2009年第6期。

② 参见黄太云:《知识产权与网络犯罪立法完善需认真研究的几个问题》,载《中国刑事法杂志》2007年第3期。

如确需刑法规制，可以按照非法获取计算机信息系统数据等计算机犯罪定罪处罚①，不应按盗窃罪处理。本书赞同上述立场。主要考虑如下：

第一，虚拟财产的财物性质不明。虚拟财产无疑具有财产属性，但是否属于财物，前置法尚未明确。《民法典》第127条规定："法律对数据、网络虚拟财产的保护有规定的，依照其规定。"目前，似未见其他法律的规定。在前置法律依据不明的情况下，具有财产属性并不必然意味着成为刑法上的"财物"，对相关行为不一定要适用财产犯罪。侵犯商业秘密罪的适用就是例证。同理，可以认为非法获取计算机信息系统数据罪、破坏计算机信息系统罪的对象——"数据"同样可以具有财产属性。需要注意的是，关于虚拟财产的法律属性，民法界

① 对于非法获取虚拟财产的案件，究竟适用非法获取计算机信息系统数据罪还是破坏计算机信息系统罪，需要进一步判断其行为方式。需要注意的是，破坏计算机信息系统罪在客观上要求行为人要对计算机信息系统功能进行删除、修改、增加、干扰，造成计算机信息系统不能正常运行，或者是对系统中存储、处理或传输的数据和应用程序进行删除、修改、增加的操作。因此，如果行为人并未实施上述行为，仅仅是非法获取计算机信息系统数据的，只能适用非法获取计算机信息系统数据罪。例如，2015年4月至8月28日，被告人杨某利用北京玩蟹科技有限公司所开发并负责运营的苹果客户端手机游戏《大掌门》《忍将》充值系统漏洞，在不实际支付货币的情况下对他人上述两款游戏账号进行反复充值，并将非法获取的部分游戏币在网络上变卖，并以此获利人民币877750元。检察机关认为被告人杨某违反国家规定，对计算机信息系统中存储的数据进行增加，后果特别严重，其行为构成破坏计算机信息系统罪。法院经审理认为，本案中被告人系利用网络游戏的管理漏洞，侵入该游戏，根据本案证人证言证明，涉案游戏的漏洞关键是作案方利用越狱手段和某些特定工具阻止其服务器销毁苹果公司提供的票据，从而形成未实际支付价款而多次重复下订单，获取游戏虚拟财产的情况。可见，这种作案手法只是在系统终端通过某种手段拦截了后台服务器发送的信息，而没有通过对被害单位计算机信息系统功能即后台服务器进行修改、删除或增加的手法，使系统被破坏。此情节已经被害单位认可。被害单位在向公安机关报送的补充材料中提到，被告人的上述行为并未造成其公司游戏数据恢复、服务器更换等损失。换言之，被告人只是利用了计算机信息系统的漏洞非法获取了系统内的部分数据（游戏币），同时再转移此部分数据获利。基于此，法院认为，被告人杨某违反国家规定，利用他人计算机系统的漏洞侵入被害单位的计算机系统，获取该计算机信息系统中存储、处理、传输的数据，且通过变卖非法获取的部分数据（游戏币），违法所得人民币877750元，情节特别严重，其行为已构成非法获取计算机信息系统数据罪，应予惩处。检察机关指控被告人杨某犯破坏计算机信息系统罪的事实清楚，证据确凿，但指控罪名有误，应予纠正。最终，法院判决被告人杨某犯非法获取计算机信息系统数据罪，判处有期徒刑4年，罚金人民币80万元。参见《海淀法院召开"海淀区人民法院2007年至2016年审结网络犯罪案件情况调研报告新闻发布会"》，载中国法院网，https://www.live.chinacourt.org/chat/chat/2017/03/id/46975.shtml，最后访问日期：2017年4月23日。

争议很大。刑法是其他部门法的保障法，在前置法尚未明确的情况下，刑法冲到最前面不一定是最好的选择，应当坚守刑法的二次法属性，尽量秉持谦抑立场。由于《刑法》第264条明确规定“盗窃公私财物”的才构成盗窃罪，因此盗窃虚拟财产的行为不构成盗窃罪。

有论者指出，虚拟财产实际上不具有稀缺性，不能成为刑法中的“财物”。针对被告人吴某非法获取网络游戏《画皮世界》游戏币案①，该观点认为：“虚拟财产的特点是只要程序设置完毕，就可以无限产出，游戏币不像真的货币那样存在发行量的限制，网络服务上的虚拟财产的损失与现实财产的损失有明显不同。即使被告人吴某非法获取了《画皮世界》100亿个游戏币，《画皮世界》依旧可以满足其他所有用户对游戏币的需求，并不代表麒麟公司就损失了100亿元财产，也并不代表别的游戏玩家就无法再购买游戏币。实际上被害单位麒麟公司本身注册资本是9000万元，可能正常经营10年，在《画皮世界》这个游戏中也不可能卖出100亿个游戏币。”因此，不宜将本案中的游戏币认定为财产犯罪中的财物，本案不能以诈骗、盗窃等财产犯罪论处。经综合考虑全案情节，法院以非法获取计算机信息系统数据罪判处被告人吴某有期徒刑1年9个月，并处罚金人民币5000元。一审宣判后，被告人未上诉，公诉机关亦未提起抗诉，判决已生效。②

第二，虚拟财产的法律属性是计算机信息系统数据。虚拟财产不是财物，本质上是电磁记录，是电子数据，这是虚拟财产的物理属性。但是，电磁记录、电子数据在法律上、在刑法上应当有特定的法律属性。举个例子，企业的商业秘密可能就是一组数据，这组数据的物理属性是数据，但法律属性却是知识产

---

① 2014年8月，被告人吴某发现网络游戏《画皮世界》的充值系统存在漏洞，可利用火狐浏览器及相关插件对该系统数据进行修改，致使充入0.01元人民币即可获得5000个游戏币（游戏内规则为充值1元人民币获得1个游戏币）。2014年8月至9月，被告人吴某利用上述漏洞进行反复操作，多次向8个《画皮世界》游戏账号充值，并通过他人在互联网上变卖上述账号内的部分游戏币，获利人民币2.1万元。参见杨茜等：《应对网络新型犯罪：做足功课　拿出对策》，载《人民法院报》2017年3月5日，第3版。

② 参见杨茜等：《应对网络新型犯罪：做足功课　拿出对策》，载《人民法院报》2017年3月5日，第3版。

权,非法获取这组数据可能构成侵犯知识产权罪中的侵犯商业秘密罪。回到虚拟财产的概念上,电磁记录、电子数据在刑法上的法律属性是计算机信息系统数据,故而,盗窃虚拟财产的行为应当适用非法获取计算机信息系统数据罪。

第三,对盗窃网络虚拟财产的行为适用盗窃罪会带来一系列棘手问题。如果承认了非法获取虚拟财产的行为构成盗窃罪,等于承认了虚拟财产的价值,最为困难的一个问题就是价格认证问题。正如有论者所指出的:“游戏用户花了 500 元人民币买游戏币,玩到一定级别,可以拥有游戏商赠送的虚拟财产——价值 5000 元的屠龙刀,如果屠龙刀被窃,被盗窃虚拟财产的价值如何计算? 是价值 500 元,还是 5000 元? 对整天沉湎于游戏的玩家来说,头盔、战甲、屠龙刀等虚拟财产价值千金,但对局外人来说可能一文不值。对于虚拟财产能否有一个能够被普遍接受的价值计算方式?”①本书认为,虚拟财产没有也不可能有一个能够被普遍接受的价值计算方式。一个五位数的 QQ 号到底值多少钱? 游戏装备值多少钱? 这些问题恐难有统一答案。

第四,不适用盗窃罪同样能够而且能够更好地解决问题。如果换个思路,不往盗窃罪方面靠,而往非法获取计算机信息系统数据罪方面靠,则问题就好解决得多。盗窃一个五位数的 QQ 号,卖了之后获利 5 万元,这个时候要认定为盗窃罪,则必须认定这个 QQ 号的价值是多少,谁来作出这个认定都会有争议,都不合适。而如果按照非法获取计算机信息系统数据罪办理,根据前述司法解释的规定,违法所得 5000 元以上的就可以入罪了,适用非法获取计算机信息系统数据罪一点问题也没有。

第五,对盗窃网络游戏虚拟财产的行为适用非法获取计算机信息系统数据罪,符合罪责刑相适应原则。非法获取计算机信息系统数据,情节严重的,处 3 年以下有期徒刑或者拘役,并处或者单处罚金;情节特别严重的,处 3 年以上 7 年以下有期徒刑,并处罚金。可见,适用非法获取计算机信息系统数据罪,并不会放纵盗窃网络游戏虚拟财产的行为,仍然能够罚当其罪。而且,在符合破坏

---

① 黄太云:《知识产权与网络犯罪立法完善需认真研究的几个问题》,载《中国刑事法杂志》2007 年第 3 期。

计算机信息系统罪的情况下，最高可以判处15年有期徒刑，不会轻纵犯罪。①

第六，不承认虚拟财产的财物性质符合世界惯例。从境外刑事立法和司法来看，鲜有将盗窃网络虚拟财产的行为以盗窃罪论处的。如前所述，从目前掌握的资料来看，国外关于网络盗窃虚拟财产的定性也处于探索尝试阶段，较少有直接按照盗窃罪定罪处罚的。而我国台湾地区1997年修正“刑法”时，在第323条将“电磁记录”增设为动产，对窃取电磁记录的行为适用盗窃罪，但是2003年修正“刑法”时，又将“电磁记录”从动产的范围内删除，实际上是否定了1997年的“刑法”修正，对窃取电磁记录的行为规定适用专门的获取计算机信息系统数据等计算机犯罪来处理。这种否定之否定的探索历程令人深思。

综上所述，针对盗窃网络游戏虚拟财产的行为，目前宜适用非法获取计算机信息系统数据罪、破坏计算机信息系统罪等定罪量刑。当然，只要前置法律先明确了虚拟财产的财物性质，刑法上适用财产犯罪就没有任何问题。对此，本书亦持支持态度。②

① 在前置法律供给不足的情况下，在确实无法适用非法获取计算机信息系统数据罪等罪名的情况下，如没有使用技术手段而是直接敲诈勒索、抢劫虚拟货币的，也可以考虑通过手段行为予以评价；在极个别法益侵害程度高、社会危害大，手段行为确实难以罚当其罪的情况下，作为例外，可以考虑将行为对象解释为财产性利益，尝试适用财产犯罪定罪处罚。当然，这样一个处理路径实属当下的“权宜之计”，系统妥当解决相关问题只能寄希望于民法等前置法的不断完善。

② 顺带提及的是，有观点指出：(1)“网络游戏装备、游戏币等虚拟财产与比特币、以太币等虚拟货币……在生成原理、稀缺性、价值性等方面存在很大差异。前者可谓是‘财产性数据’，虽具有一定价值，但更多是具有数据属性；后者可谓是‘数据型财产’，虽以数据形式呈现，但在价值层面更类似于现实财产。因此……对后者，则宜作为财产对待，窃取、骗取、劫取他人比特币等虚拟货币的按财产犯罪论处，用虚拟货币行受贿的按贿赂犯罪处理。”“需要特别说明的是……对窃取、骗取、劫取他人比特币等虚拟货币的按财产犯罪论处而不是数据犯罪论处……绝不是变相认同虚拟货币的货币性质，也不是为与虚拟货币有关的非法金融活动背书。”“上面的观点针对的是比特币、以太币以及其他具有与比特币、以太币类似特质的虚拟货币。”(2)就涉案虚拟货币的处置而言，“是判决没收上缴国库，还是判决追缴返还或者退赔原所有人，应当视情而定。如果是从事与虚拟货币有关非法经营、非法集资、洗钱等非法金融活动的，应作为犯罪工具或者违法所得予以没收，上缴国库；反之，如果虚拟货币是原所有人合法持有的，则应返还原所有人，虚拟货币已被被告人转让的，则应责令退赔。至于退赔方式，倾向于赞同在判决时做模糊处理。”参见《虚拟财产刑事案件司法实务——第四期实务刑法论坛实录》，载微信公众号“中国刑法学研究会”，最后访问日期：2022年8月22日。

二、利用互联网盗窃公私财物的处理

（一）计算机网络盗窃等犯罪的处理

《刑法》第 287 条强调以“计算机”作为犯罪工具实施诈骗、盗窃等传统犯罪的，与传统犯罪并无实质差异，仍然应当依照刑法规定定罪量刑。对此，不能作如下理解：对于利用计算机实施金融诈骗、盗窃、贪污、挪用公款、窃取国家秘密或者其他犯罪，属于牵连犯，《刑法》第 287 条已对此作出特别规定，对此种情况只能依据目的行为或者结果行为所触犯的罪名定罪处罚，司法实践中无须再判断重罪，应当直接适用目的行为或者结果行为所涉及的罪名。如果作这种理解，在通过实施危害计算机信息系统安全犯罪进而实施敲诈勒索、破坏生产经营等犯罪的情形下，可能会出现罪刑失衡的问题。例如，在 2011 年 4 月 30 日之前，行为人通过实施拒绝服务攻击，对他人实施敲诈勒索的，结果导致出现了大规模网络瘫痪的情况。在此种情况下，如果按照敲诈勒索罪定罪处罚，最高只能处 10 年有期徒刑，而如果按照破坏计算机信息系统罪定罪处罚，最高可以处 15 年有期徒刑。更为极端的情况是，行为人实施拒绝服务攻击行为，以实现破坏他人生产经营为目的，按照破坏生产经营罪最高只能处 7 年以下有期徒刑，更为不合理。因此，在此种情况下，仍然应依据刑法理论和刑法规定，按照“从一重处断”原则处理，以免出现罪刑失衡的明显不合理之处。[①]

（二）山寨手机吸费案件的定性

从实践来看，一些山寨手机植入恶意扣费软件，通过屏蔽资费提示等手段

---

① 反言之，如果依据目的行为才能入罪或者处罚更重的，可以依据目的行为触犯的罪名处罚。例如，2016 年 1 月 6 日，被告人李某租用他人非法控制的计算机信息系统，对被害单位北京联众公司的“联众德州扑克”游戏服务器进行非法网络攻击，导致该游戏不能正常提供服务，造成北京联众公司经济损失 7350 元。本案中，现有证据不能证明李某实际控制计算机的数量，而且其非法所得不到 5000 元，给被害人造成的经济损失也不到 1 万元，因此不能以非法控制计算机犯罪定罪，也不能以破坏计算机信息系统罪来认定，而只能鉴于他造成北京联众公司经济损失人民币 7350 元，而以破坏生产经营罪来定罪处罚。参见《海淀法院召开“海淀区人民法院 2007 年至 2016 年审结网络犯罪案件情况调研报告新闻发布会”》，载中国法院网，https://www.live.chinacourt.org/chat/chat/2017/03/id/46975.shtml，最后访问日期：2017 年 4 月 23 日。

来非法盗取手机资费，实际上是通过非法控制计算机信息系统实施的盗窃行为，系手段行为与目的行为的牵连，宜从一重罪处断。当然，由于通常情况下盗窃罪处罚更重，实践中往往会适用盗窃罪。

例如，2010 年 11 月，被告人任某、郑某等共同出资成立深圳市信联互通科技有限公司（以下简称信联互通公司）。公司成立后，任某等公司成员商议决定，研发恶意扣费软件并植入手机，在手机用户不知情的情况下扣费，以获取非法利润。随后，信联互通公司有关人员研发出具有恶意扣费功能的软件包以及相应的后台服务器管理系统，使手机界面屏蔽电信运营商发送的扣费短信，并通过后台服务器控制扣费事宜。信联互通公司有关人员与数十家手机生产商、方案商洽谈，将恶意扣费软件安装到手机软件系统中，并商定非法利润的分成；与具有 SP 通道经营权的公司洽谈借用扣费通道，并商定非法利润的分成。2010 年 11 月至 2012 年 7 月，信联互通公司通过恶意扣费软件秘密窃取手机用户的话费共计 6700 多万元，并与有关 SP 公司、手机方案商、生产商按照约定比例进行分赃。本案中，行为人基于非法占有手机用户资费的目的，通过非法控制计算机信息系统，在用户不知情的情况下秘密扣取用户资费，非法获利数千万元，其目的行为和手段行为触犯了盗窃罪和非法控制计算机信息系统罪，应择一重罪处罚，故按照盗窃罪定罪处罚。因此，深圳市中级人民法院以盗窃罪判处被告人任某有期徒刑 15 年，并处罚金 400 万元，判处被告郑某有期徒刑 14 年，并处罚金 350 万元，以及其他被告人相应刑罚。①

相关规定

《中华人民共和国刑法》

第二百六十四条　【盗窃罪】盗窃公私财物，数额较大的，或者多次盗窃、入户盗窃、携带凶器盗窃、扒窃的，处三年以下有期徒刑、拘役或者管制，并处或者单处罚金；数额巨大或者有其他严重情节的，处三年以上十年以下有期徒刑，并处罚金；数额特别巨大或者有其他特别严重情节的，处十年以上有期徒刑或者

① 参见《全国首例偷 6700 万元话费首犯被判 15 年》，载新浪网，https://shenzhen. sina. com. cn/news/s/2017 - 01 - 21/detail - ifxzuswr9873687. shtml，最后访问日期：2017 年 12 月 2 日。

无期徒刑，并处罚金或者没收财产。

第二百六十六条　【诈骗罪】诈骗公私财物，数额较大的，处三年以下有期徒刑、拘役或者管制，并处或者单处罚金；数额巨大或者有其他严重情节的，处三年以上十年以下有期徒刑，并处罚金；数额特别巨大或者有其他特别严重情节的，处十年以上有期徒刑或者无期徒刑，并处罚金或者没收财产。本法另有规定的，依照规定。

第二百八十五条第二款、第四款　【非法获取计算机信息系统数据、非法控制计算机信息系统罪】违反国家规定，侵入前款规定以外的计算机信息系统或者采用其他技术手段，获取该计算机信息系统中存储、处理或者传输的数据，或者对该计算机信息系统实施非法控制，情节严重的，处三年以下有期徒刑或者拘役，并处或者单处罚金；情节特别严重的，处三年以上七年以下有期徒刑，并处罚金。

单位犯前三款罪的，对单位判处罚金，并对其直接负责的主管人员和其他直接责任人员，依照各该款的规定处罚。

第二百八十六条　【破坏计算机信息系统罪】违反国家规定，对计算机信息系统功能进行删除、修改、增加、干扰，造成计算机信息系统不能正常运行，后果严重的，处五年以下有期徒刑或者拘役；后果特别严重的，处五年以上有期徒刑。

违反国家规定，对计算机信息系统中存储、处理或者传输的数据和应用程序进行删除、修改、增加的操作，后果严重的，依照前款的规定处罚。

故意制作、传播计算机病毒等破坏性程序，影响计算机系统正常运行，后果严重的，依照第一款的规定处罚。

单位犯前三款罪的，对单位判处罚金，并对其直接负责的主管人员和其他直接责任人员，依照第一款的规定处罚。

第二百八十七条　【利用计算机实施有关犯罪的规定】利用计算机实施金融诈骗、盗窃、贪污、挪用公款、窃取国家秘密或者其他犯罪的，依照本法有关规定定罪处罚。

指导性案例

1. 臧进泉等盗窃、诈骗案(指导案例27号)

【关键词】

刑事 盗窃 诈骗 利用信息网络

【裁判要点】

行为人利用信息网络,诱骗他人点击虚假链接而实际通过预先植入的计算机程序窃取财物构成犯罪的,以盗窃罪定罪处罚;虚构可供交易的商品或者服务,欺骗他人点击付款链接而骗取财物构成犯罪的,以诈骗罪定罪处罚。

【相关法条】

《中华人民共和国刑法》第二百六十四条、第二百六十六条

【基本案情】

一、盗窃事实

2010年6月1日,被告人郑必玲骗取被害人金某195元后,获悉金某的建设银行网银账户内有305000余元存款且无每日支付限额,遂电话告知被告人臧进泉,预谋合伙作案。臧进泉赶至网吧后,以尚未看到金某付款成功的记录为由,发送给金某一个交易金额标注为1元而实际植入了支付305000元的计算机程序的虚假链接,谎称金某点击该1元支付链接后,其即可查看到付款成功的记录。金某在诱导下点击了该虚假链接,其建设银行网银账户中的305000元随即通过臧进泉预设的计算机程序,经上海快钱信息服务有限公司的平台支付到臧进泉提前在福州海都阳光信息科技有限公司注册的“kissal23”账户中。臧进泉使用其中的116863元购买大量游戏点卡,并在“小泉先生哦”的淘宝网店上出售套现。案发后,公安机关追回赃款187126.31元发还被害人。

二、诈骗事实

2010年5月至6月间,被告人臧进泉、郑必玲、刘涛分别以虚假身份开设无货可供的淘宝网店铺,并以低价吸引买家。三被告人事先在网游网站注册一账户,并对该账户预设充值程序,充值金额为买家欲支付的金额,后将该充值程序代码植入到一个虚假淘宝网链接中。与买家商谈好商品价格后,三被告人各自以方便买家购物为由,将该虚假淘宝网链接通过阿里旺旺聊天工具发送给买家。买家误以为是淘宝网链接而点击该链接进行购物、付款,并认为所付货款

会汇入支付宝公司为担保交易而设立的公用账户，但该货款实际通过预设程序转入网游网站在支付宝公司的私人账户，再转入被告人事先在网游网站注册的充值账户中。三被告人获取买家货款后，在网游网站购买游戏点卡、腾讯Q币等，然后将其按事先约定统一放在臧进泉的“小泉先生哦”的淘宝网店铺上出售套现，所得款均汇入臧进泉的工商银行卡中，由臧进泉按照获利额以约定方式分配。

被告人臧进泉、郑必玲、刘涛经预谋后，先后到江苏省苏州市、无锡市、昆山市等地网吧采用上述手段作案。臧进泉诈骗22000元，获利5000余元，郑必玲诈骗获利5000余元，刘涛诈骗获利12000余元。

【裁判结果】

浙江省杭州市中级人民法院于2011年6月1日作出(2011)浙杭刑初字第91号刑事判决：一、被告人臧进泉犯盗窃罪，判处有期徒刑十三年，剥夺政治权利一年，并处罚金人民币三万元；犯诈骗罪，判处有期徒刑二年，并处罚金人民币五千元，决定执行有期徒刑十四年六个月，剥夺政治权利一年，并处罚金人民币三万五千元。二、被告人郑必玲犯盗窃罪，判处有期徒刑十年，剥夺政治权利一年，并处罚金人民币一万元；犯诈骗罪，判处有期徒刑六个月，并处罚金人民币二千元，决定执行有期徒刑十年三个月，剥夺政治权利一年，并处罚金人民币一万二千元。三、被告人刘涛犯诈骗罪，判处有期徒刑一年六个月，并处罚金人民币五千元。宣判后，臧进泉提出上诉。浙江省高级人民法院于2011年8月9日作出(2011)浙刑三终字第132号刑事裁定，驳回上诉，维持原判。

【裁判理由】

法院生效裁判认为：盗窃是指以非法占有为目的，秘密窃取公私财物的行为；诈骗是指以非法占有为目的，采用虚构事实或者隐瞒真相的方法，骗取公私财物的行为。对既采取秘密窃取手段又采取欺骗手段非法占有财物行为的定性，应从行为人采取主要手段和被害人有无处分财物意识方面区分盗窃与诈骗。如果行为人获取财物时起决定性作用的手段是秘密窃取，诈骗行为只是为盗窃创造条件或作掩护，被害人也没有“自愿”交付财物的，就应当认定为盗窃；如果行为人获取财物时起决定性作用的手段是诈骗，被害人基于错误认识而“自愿”交付财物，盗窃行为只是辅助手段的，就应当认定为诈骗。在信息网络情形下，行为人利用信息网络，诱骗他人点击虚假链接而实际上通过预先植入的计算机程序窃取他人财物构成犯罪的，应当以盗窃罪定罪处罚；行为人虚构可供交易的商品或者服务，欺骗他人为支付货款点击付款链接而获取财物构成犯罪的，应当以诈骗罪定罪处罚。本案中，被告人臧进泉、郑必玲使用预设计算机程序并植入的方法，秘密窃取他人网上银行账户内巨额钱款，其行为均已构成盗窃罪。臧进泉、郑必玲和被告人刘涛以非法占有为目的，通过开设虚假的网络店铺和利用伪造的购物链接骗取他人数额较大的货款，其行为均已构成诈骗罪。对臧进泉、郑必玲所犯数罪，应依法并罚。

关于被告人臧进泉及其辩护人所提非法获取被害人金某的网银账户内305000元的行为，不构成盗窃罪而是诈骗罪的辩解与辩护意见，经查，臧进泉和被告人郑必玲在得知金某网银账户内有款后，即产生了通过植入计算机程序非法占有目的；随后在网络聊天中诱导金某同意支付1元钱，而实际上制作了一个表面付款"1元"却支付305000元的假淘宝网链接，致使金某点击后，其网银账户内305000元即被非法转移到臧进泉的注册账户中，对此金某既不知情，也非自愿。可见，臧进泉、郑必玲获取财物时起决定性作用的手段是秘密窃取，诱骗被害人点击"1元"的虚假链接系实施盗窃的辅助手段，只是为盗窃创造条件或作掩护，被害人也没有"自愿"交付巨额财物，获取银行存款实际上是通过隐藏的事先植入的计算机程序来窃取的，符合盗窃罪的犯罪构成要件，依照刑法第二百六十四条、第二百八十七条的规定，应当以盗窃罪定罪处罚。故臧进泉及其辩护人所提上述辩解和辩护意见与事实和法律规定不符，不予采纳。

2. 张四毛盗窃案(检例第37号)①

【关键词】

盗窃　网络域名　财产属性　域名价值

【基本案情】

被告人张四毛，男，1989年7月生，无业。

2009年5月，被害人陈某在大连市西岗区登录网络域名注册网站，以人民币11.85万元竞拍取得"www.8.cc"域名，并交由域名维护公司维护。

① 本案例的罪名适用有较大争议。本书主张，对于此类案件的定性宜根据案件具体情况把握，作出符合实际的裁判；更不能据此主张网络虚拟财产的财物性质，进而将其作为盗窃罪的对象。

被告人张四毛预谋窃取陈某拥有的域名"www.8.cc",其先利用技术手段破解该域名所绑定的邮箱密码,后将该网络域名转移绑定到自己的邮箱上。2010年8月6日,张四毛将该域名从原有的维护公司转移到自己在另一网络公司申请的ID上,又于2011年3月16日将该网络域名再次转移到张四毛冒用"龙嫦"身份申请的ID上,并更换绑定邮箱。2011年6月,张四毛在网上域名交易平台将网络域名"www.8.cc"以人民币12.5万元出售给李某。2015年9月29日,张四毛被公安机关抓获。

【诉讼过程和结果】

本案由辽宁省大连市西岗区人民检察院于2016年3月22日以被告人张四毛犯盗窃罪向大连市西岗区人民法院提起公诉。2016年5月5日,大连市西岗区人民法院作出判决,认定被告人张四毛的行为构成盗窃罪,判处有期徒刑四年七个月,并处罚金人民币五万元。一审宣判后,当事人未上诉,判决已生效。

【要旨】

网络域名具备法律意义上的财产属性,盗窃网络域名可以认定为盗窃行为。

【指导意义】

网络域名是网络用户进入门户网站的一种便捷途径,是吸引网络用户进入其网站的窗口。网络域名注册人注册了某域名后,该域名将不能再被其他人申请注册并使用,因此网络域名具有专属性和唯一性。网络域名属稀缺资源,其所有人可以对域名行使出售、变更、注销、抛弃等处分权利。网络域名具有市场交换价值,所有人可以以货币形式进行交易。通过合法途径获得的网络域名,其注册人利益受法律承认和保护。本案中,行为人利用技术手段,通过变更网络域名绑定邮箱及注册ID,实现了对域名的非法占有,并使原所有人丧失了对网络域名的合法占有和控制,其目的是为了非法获取网络域名的财产价值,其行为给网络域名的所有人带来直接的经济损失。该行为符合以非法占有为目的窃取他人财产利益的盗窃罪本质属性,应以盗窃罪论处。对于网络域名的价值,当前可综合考虑网络域名的购入价、销赃价、域名升值潜力、市场热度等综合认定。

3. 董亮等四人诈骗案(检例第38号)

【关键词】

诈骗　自我交易　打车软件　骗取补贴

【基本案情】

被告人董亮,男,1981 年 9 月生,无固定职业。

被告人谈申贤,男,1984 年 7 月生,无固定职业。

被告人高炯,男,1974 年 12 月生,无固定职业。

被告人宋瑞华,女,1977 年 4 月生,原系上海杨浦火车站员工。

2015 年,某网约车平台注册登记司机董亮、谈申贤、高炯、宋瑞华,分别用购买、租赁未实名登记的手机号注册网约车乘客端,并在乘客端账户内预充打车费一二十元。随后,他们各自虚构用车订单,并用本人或其实际控制的其他司机端账户接单,发起较短距离用车需求,后又故意变更目的地延长乘车距离,致使应付车费大幅提高。由于乘客端账户预存打车费较少,无法支付全额车费。网约车公司为提升市场占有率,按照内部规定,在这种情况下由公司垫付车费,同样给予司机承接订单的补贴。四被告人采用这一手段,分别非法获取网约车公司垫付车费及公司给予司机承接订单的补贴。董亮获取 40664.94 元,谈申贤获取 14211.99 元,高炯获取 38943.01 元,宋瑞华获取 6627.43 元。

【诉讼过程和结果】

本案由上海市普陀区人民检察院于 2016 年 4 月 1 日以被告人董亮、谈申贤、高炯、宋瑞华犯诈骗罪向上海市普陀区人民法院提起公诉。2016 年 4 月 18 日,上海市普陀区人民法院作出判决,认定被告人董亮、谈申贤、高炯、宋瑞华的行为构成诈骗罪,综合考虑四被告人到案后能如实供述自己的罪行,依法可从轻处罚,四被告人家属均已代为全额退赔赃款,可酌情从轻处罚,分别判处被告人董亮有期徒刑一年,并处罚金人民币一千元;被告人谈申贤有期徒刑十个月,并处罚金人民币一千元;被告人高炯有期徒刑一年,并处罚金人民币一千元;被告人宋瑞华有期徒刑八个月,并处罚金人民币一千元;四被告人所得赃款依法发还被害单位。一审宣判后,四被告人未上诉,判决已生效。

【要旨】

以非法占有为目的,采用自我交易方式,虚构提供服务事实,骗取互联网公司垫付费用及订单补贴,数额较大的行为,应认定为诈骗罪。

【指导意义】

当前,网络约车、网络订餐等互联网经济新形态发展迅速。一些互联网公司为抢占市场，以提供订单补贴的形式吸引客户参与。某些不法分子采取违法手段，骗取互联网公司给予的补贴，数额较大的，可以构成诈骗罪。在网络约车中，行为人以非法占有为目的，通过网约车平台与网约车公司进行交流，发出虚构的用车需求，使网约车公司误认为是符合公司补贴规则的订单，基于错误认识，给予行为人垫付车费及订单补贴的行为，符合诈骗罪的本质特征，是一种新型诈骗罪的表现形式。

第十四讲

电信网络诈骗犯罪

一、电信网络诈骗犯罪的迅速蔓延与刑事对策调整

（一）电信网络诈骗犯罪的态势

随着信息技术的飞速发展，传统犯罪日益向互联网迁移，传统诈骗与现代信息技术相结合而产生的电信网络诈骗颠覆了传统诈骗的概念。犯罪分子借助电信网络等现代科技手段，打破时空界限，通过手机短信、电话和网络等通信手段，编造虚假信息，设置骗局，对被害人实施非接触式诈骗，非法获取他人财物，甚至轻易实现跨地区、跨国、跨境的大范围大跨度犯罪。近年来，电信网络诈骗犯罪日益猖獗，呈现逐年多发高发态势，诈骗手法层出不穷，花样不断翻新，上当受骗者众多，发案和财产损失金额成倍增长。从公安机关的统计数据来看，我国电信诈骗案件每年以20%至30%的速度快速增长，2015年全国公安机关共立电信诈骗案件59万起，同比上升32.5%，共造成经济损失222亿元。2013年至2015年，全国共发生被骗千万元以上电信诈骗案件94起，百万元以上案件2085起。① 从人民法院的统计数据来看，2017年至2021年，全国法院一

① 参见刘子阳：《创新打法最大限度挽回群众损失——访公安部刑侦局局长杨东》，载《法制日报》2016年3月22日，第3版。贵州都匀诈骗案是我国近年来单笔诈骗金额最大的一起电信诈骗案。2015年12月20日，都匀市经济开发区建设局财务主管兼出纳杨某先后接到自称“农业银行总行法务部人员唐某”的电话和自称“上海松江公安分局何警官”的电话，称其在上海办理的信用卡存在问题，需要对其掌握的账号进行清查，并向其发送一份电子传真协查通报。在“何警官”的诱导下，自称“郭队长”的人又多次与杨某通话和发送短信；之后自称“孙检察官”和“杨检察长”的人又频繁联系杨某，要求杨某按照他们的指示入住酒店，通过电脑登录至虚假的“最高人民检察院”网站，并让

审审结电信网络诈骗犯罪案件10.3万件,22.3万名被告人被判处刑罚。[①]2016年至2018年人民法院审理的网络犯罪案件中30%以上涉及诈骗罪,占比最高,是公认的"社会毒瘤",是侵犯公民财产安全的社会公害。[②]可以说,当前电信网络诈骗发案率高、辐射面广、涉案金额大,已成为一个影响广泛的社会问题。特别是,近年来发生的多起电信网络诈骗致人身亡事件,引发了全社会的广泛关注。

电信网络诈骗案件主要有两大类:一类是犯罪分子在境外通过网络电话实施诈骗。主要由我国台湾地区人员组织实施,他们在东南亚、太平洋岛国甚至非洲、欧洲等地设立诈骗话务窝点。此类案件约占全部电信诈骗案件的20%,但造成的经济损失却占60%。另一类是犯罪分子在境内通过电话、短信、网络实施诈骗。地域性职业犯罪群体在自己生活居住的乡镇,对全国实施诈骗。此

杨某看到对方特意制作的虚假"电子通缉令"后,使杨某对自己掌管的银行账号涉嫌"犯罪"的说法深信不疑。行为人诱导杨某按照指令点击下载相关软件,插入自己持有的单位资金U盾,配合对方执行所谓"清查"程序,直至1.17亿元资金被转走。参见《抽丝剥茧斩魔手——我省公安机关成功侦破全国最大电信诈骗案始末》,载《贵州政法》2016年第4期。

① 参见《最高法发布依法惩治电信网络诈骗犯罪工作情况》,载《人民法院报》2022年9月7日,第1版。

② 以网络为工具实施诈骗的情况愈发严重,2017年网络诈骗案件仅占全部诈骗案件的7.67%,2018年占比猛增至17.61%;东南沿海地区以网络为工具实施诈骗的情况最为严重,全国人民法院审结网络诈骗案件自东南向北部、中部、西部地区逐步减少;网络诈骗案件平均每案涉及的被告人有3.02人,人数略高于网络犯罪案件的平均数;超四成网络诈骗案件为2人及以上团伙犯罪,3人及以上共同诈骗的案件占比逐年提高;被判处有期徒刑的网络诈骗案件被告人中,有1/5以上被判处5年以上刑期;2018年,微信超过QQ成为网络诈骗犯罪中使用最为频繁的犯罪工具,超半数网络诈骗案件中均有涉及应用微信实施诈骗的犯罪情节;被告人在实施网络诈骗案件时,冒充他人身份实施诈骗的案件占比达31.52%,以招聘为诱饵实施诈骗的案件占比在2018年大幅上升;冒充类型的网络诈骗案件中,被告人多冒充女性或熟人;近20%的网络诈骗案件是在获取公民个人信息后进行的诈骗。参见《网络犯罪大数据报告及电信网络诈骗犯罪典型案例新闻发布会》,载最高人民法院官网,https://www.court.gov.cn/zixun-xiangqing-200651.html,最后访问日期:2020年3月21日。

类案件约占全部电信诈骗案件的80%，造成的经济损失占40%。[①][②]

当前，电信网络诈骗犯罪在不断的变种过程中呈现出一些新的特征：(1)引发次生危害后果的情形日渐突出。诈骗犯罪的直接目的是获取经济利益，但是在造成直接的经济损失之外，电信网络诈骗犯罪引发次生危害后果的案件日益增多。有的企业被骗走巨额资金，导致停工破产；有的群众被骗走"养老钱""救命钱"，导致生活陷入困境。尤其是近几年连续发生的几起在校学生被骗而导致猝死或自杀的案件，社会影响尤其恶劣。例如，陈某某等七人诈骗案[③]，犯罪分子实施诈骗造成了被害人蔡某某跳海自杀的严重后果，足见电信网络诈骗犯罪"不仅谋财，而且害命"，社会危害性极大。(2)犯罪有组织化、"产业化"色彩浓厚。司法实践中，绝大部分电信网络诈骗犯罪是团伙作案，个人作案的比较少，近年来打掉的犯罪团伙几十人、上百人的屡有出现。当前，三人及三人以上

---

① 参见刘子阳：《创新打法最大限度挽回群众损失——访公安部刑侦局局长杨东》，载《法制日报》2016年3月22日，第3版。

② 需要注意的是，目前电信网络诈骗呈现出明显的地域性职业群体特征。例如，第一批整治的地域性职业电信诈骗犯罪重点地区共有7个，分别是河北省丰宁县，主要是冒充黑社会性质组织诈骗；福建省龙岩市新罗区，主要从事网络购物诈骗；江西省余干县，主要从事重金求子诈骗；湖南省双峰县，主要从事PS图片敲诈；广东省茂名市电白区，主要是假冒熟人和领导诈骗；广西宾阳县，主要是假冒QQ好友诈骗；海南省儋州市，主要从事机票改签诈骗。参见刘子阳：《创新打法最大限度挽回群众损失——访公安部刑侦局局长杨东》，载《法制日报》2016年3月22日，第3版。当然，上述地区经过整治，状况已经发生明显改变。

③ 被告人陈某某纠集范某某、高某某、叶某某、熊某某等人结成诈骗团伙，群发"奔跑吧兄弟"等虚假中奖信息，诱骗收到信息者登录"钓鱼网站"填写个人信息认领奖品，后以兑奖需要交纳保证金、公证费、税款等为由，骗取被害人财物，再通过冒充律师、法院工作人员以被害人未按要求交纳保证金或领取奖品构成违约为由，恐吓要求被害人交纳手续费，2016年6月至8月，共骗取被害人蔡某某等63人共计681310元，骗取其他被害人财物共计359812.21元。蔡某某得知受骗后，于2016年8月29日跳海自杀。陈某某还通过冒充"爸爸去哪儿"等综艺节目发送虚假中奖诈骗信息共计73万余条。广东省揭阳市中级人民法院一审判决、广东省高级人民法院二审裁定认为：被告人陈某某等人以非法占有为目的，结成电信诈骗犯罪团伙，采用虚构事实的方法，通过利用"钓鱼网站"链接、发送诈骗信息、拨打诈骗电话等手段针对不特定多数人实施诈骗，其行为均已构成诈骗罪。陈某某纠集其他同案人参与作案，在共同诈骗犯罪中起主要作用，系主犯，又有多个酌情从重处罚情节。据此，以诈骗罪判处被告人陈某某无期徒刑，剥夺政治权利终身，并处没收个人全部财产；以诈骗罪判处被告人范某某等人11年至15年不等有期徒刑。参见《电信网络诈骗犯罪典型案例》，载最高人民法院官网，https://www.court.gov.cn/zixun-xiangqing-200671.html，最后访问日期：2020年3月21日。

的网络诈骗案件占比呈上升趋势，电信网络诈骗犯罪链条化运作的方式更加明显，各环节分工明确，流程化完成诈骗行为，使各类诈骗迷惑性更强，令人防不胜防。有的诈骗团伙组织严密，层级分明，呈公司化运作，犯罪更易于得手。[①]（3）催生大量黑灰产业链。由于电信网络诈骗犯罪分工的精细化，催生了大量为不法分子实施诈骗提供帮助和支持，并从中获利的黑灰产业链，这些黑灰产业链加速了电信网络诈骗犯罪的蔓延泛滥，成为此类犯罪居高不下的成因之一。司法大数据反映出，19.16%的网络诈骗案件具有精准诈骗的特征，即不法分子获取公民个人信息后有针对性地实施诈骗，极大地提高了诈骗得逞的可能性。（4）犯罪手段演变快，骗术更具迷惑性。据公安部门统计，各种诈骗类型大概可分为48类共计300余种。而且不法分子的诈骗手段花样翻新快，新手法层出不穷，且更加隐蔽、更具有迷惑性。例如，“民族资产解冻”类诈骗犯罪早已有之，随着打击力度的加大，此类犯罪的发案率已经大幅下降甚至在一些地方已经销声匿迹，但近年来随着信息技术的发展，此类犯罪又借助现代通信和金融工具进行传播，逐渐演变成集返利、传销、诈骗为一体的混合型犯罪，极具诱

---

①　例如，陈某等9人诈骗案，被告人陈某伙同被告人张某、姚某某等人于2012年9月在湖北省武汉市成立了“武汉康伴益生科技有限公司”和“武汉益生康伴商贸有限公司”。陈某等人以合法公司为掩护，在武汉市江岸区和江汉区分别设立两个窝点，组织一百余名团伙成员实施电信诈骗。该团伙购买电脑、电话、手机等工具后，为每名团伙成员注册微信，统一使用伪造的“马天长”“吕柳荫”等人的图片为微信头像和以“秦小姐的补肾方”“马氏中医补肾方”“吕柳荫膏滋团队”等为微信昵称，专门针对患有各种男女生理疾病或脱发人群为目标，在网络、微信公众号等载体上发布治疗男女生理疾病或治疗脱发的广告，诈骗被害人浏览广告并填写联系电话或添加微信号，之后由团伙成员假扮名医或医疗机构专业人员的亲属、学生，根据“话术剧本”，使用电话或微信对被害人进行“问诊”，向被害人介绍产品，让被害人发送舌苔照和手指甲照片，再以客服名义对被害人进行“问诊”，以“指导老师”“健康顾问”名义与被害人沟通，取得信任后诱骗被害人购买不具有药品功效的保健品或食品。自2016年6月16日至11月1日，陈某、姚某某、张某组织该团伙成员共计诈骗被害人8945人，诈骗钱款1000余万元。内蒙古自治区达拉特旗人民法院一审判决、鄂尔多斯市中级人民法院二审裁定认为：被告人陈某等人以非法占有为目的，通过虚构事实、隐瞒真相的方式，利用电信网络技术手段，骗取他人财物，数额特别巨大，其行为均已构成诈骗罪。其中，被告人陈某系共同犯罪中的主犯，应按照其组织的全部犯罪处罚。据此，以诈骗罪判处被告人陈某有期徒刑13年，并处罚金人民币40万元；以诈骗罪判处被告人姚某某等人3年至12年不等有期徒刑。参见《电信网络诈骗犯罪典型案例》，载最高人民法院官网，https://www.court.gov.cn/zixun-xiangqing-200671.html，最后访问日期：2020年3月21日。

惑性和欺骗性。[①] (5)利用微信、QQ 等即时聊天工具实施的诈骗越来越多。利用微信实施诈骗的案件在全部网络诈骗案件中的占比逐年快速提高,微信、QQ 等即时聊天工具已成为不法分子使用较为频繁的工具。

(二)电信网络诈骗犯罪刑事对策的调整[②]

为适应网络时代惩治犯罪的需要,有关司法解释开始作出有针对性的规定,最为典型的是《诈骗罪解释》对电信诈骗犯罪的有关规定。电信诈骗犯罪是典型的涉众型网络犯罪,且系非接触式犯罪。犯罪分子利用电信、网络技术等高科技手段面向不特定多数人实施,事先会精心设计骗局,行骗过程中根本不与被骗对象接触,一旦得手,便会在极短时间内迅速转移赃款。从当前实际来看,由于电信诈骗案件的自身特点,要查明犯罪分子的具体诈骗数额往往存在众多困难,甚至不少电信诈骗案件的被害人无法联系上。电信诈骗的运作模式

---

① 例如,黄某某等 9 人诈骗案,被告人黄某某、吴某某、廖某某、龙某某、梁某某等人谎称一批"海外要员""海外老人"要回国,每人都有一笔巨额款项要带回国内发放给老百姓,联系指使童某某(另案处理,已判刑)、被告人韩某某等人从事"民族资产解冻大业",并向童、韩二人发送"国际梅协民族资产解冻委员会""中华人民共和国委员会馈赠资金发放证明书""馈赠资金各类收取费用通知""国家外汇管理局中国银行总行证明"等文件,任命童某某、韩某某二人为"国际梅协民族资产解冻委员会"总指挥、副总指挥,以有巨额民族资产需要解冻为由,指使童某某、韩某某吸收会员收取会员费。自 2015 年 12 月至 2016 年 5 月,童某某、韩某某向全国各地人员收取会费并许诺发放巨额"民族资产解冻善款",共向全国数十个省份近百万人次收取会费 6300 余万元,二人将 2800 余万元转账汇入黄某某、吴某某、龙某某等人指定的银行账户。内蒙古自治区鄂尔多斯市中级人民法院一审判决、内蒙古自治区高级人民法院二审裁定认为,被告人黄某某等人以非法占有为目的,虚构民族资产解冻可获得巨额回报的事实,骗取他人财物,数额特别巨大,其行为均已构成诈骗罪。其中,被告人黄某某指使龙某某、梁某某等人冒充其助理给童某某、韩某某打电话,并多次使用或指使他人使用涉案银行卡在 POS 机上刷卡套现,系共同犯罪中的主犯。据此,以诈骗罪判处被告人黄某某、吴某某、廖某某无期徒刑,剥夺政治权利终身,并处没收个人全部财产;以诈骗罪判处被告人龙某某等人 4 年至 15 年不等有期徒刑。参见《电信网络诈骗犯罪典型案例》,载最高人民法院官网,https://www.court.gov.cn/zixun－xiangqing－200671.html,最后访问日期:2020 年 3 月 21 日。

② 电信网络诈骗是一种典型的非接触式犯罪(犯罪人与被害人不见面,甚至共同犯罪人都不见面),突破了传统犯罪的时空、地域和法律限制,造成侦查取证、定罪量刑、案件管辖诸多法律难题。基于此,对于熟人之间发生的诈骗犯罪,即使通过互联网实施,似也不宜认定为电信网络诈骗犯罪,不宜适用专门针对该类犯罪的有关规定。

给案发后的案件侦破，特别是具体诈骗数额的查证和认定带来了巨大困难，在打击处理过程中存在查处难、取证难、定罪量刑标准难以把握等实际困难。

针对当前电信诈骗活动猖獗而查处工作存在实际困难的问题，《诈骗罪解释》立足现行《刑法》规定，在规定“通过发送短信、拨打电话或者利用互联网、广播电视、报纸杂志等发布虚假信息，对不特定多数人实施诈骗的”情形酌情从严惩处的基础上，第5条第2款、第3款作出专门规定。而从司法实践来看，如前所述，也有适用《诈骗罪解释》上述规定对电信诈骗行为定罪处罚的案件。

（三）电信网络诈骗犯罪规范性文件的制定

随着信息网络技术的快速发展，近年来电信网络诈骗犯罪活动又呈现出新的特点，如电信诈骗逐渐向精准诈骗发展，大量职业的、专业的取款人出现，为不同诈骗团伙提供专业取款服务。与此同时，对电信网络诈骗犯罪的研究，仍延续传统刑法理论，个别理论研究结论无法解决现实问题；对电信网络诈骗犯罪的处理，仍延续传统诈骗犯罪定罪处刑理念，难以适应现实斗争的需要。[①] 为了进一步统一对电信网络诈骗犯罪的法律适用，加大对此类犯罪的惩治力度，最高人民法院、最高人民检察院、公安部联合制定了《电信网络诈骗犯罪意见（一）》，于2016年12月对外发布。《电信网络诈骗犯罪意见（一）》分为7个部分，共36条，按照全链条全方位打击，从严从快惩处，最大力度、最大限度追赃挽损的要求，对办理电信网络诈骗等刑事案件适用法律的问题作出全面系统的规定，对于顺应人民群众惩治电信网络诈骗犯罪的普遍期待，更为有力、准确、有效地打击电信网络诈骗犯罪，具有重要意义。

此外，围绕电信网络诈骗犯罪，还产生了一系列黑灰产业链，形成大量上下游关联犯罪，成为电信网络诈骗犯罪不断发展蔓延的催化剂和助燃剂。而且，随着现代通讯和移动支付技术的迅猛发展，特别是境内打击力度的空前加大，大批诈骗窝点向境外转移，非法交易手机卡、信用卡愈加猖獗。鉴于此，为进一步明确法律标准，依法严厉惩治、有效打击电信网络诈骗及其关联犯罪，最高人民法院、最高人民检察院、公安部联合制定了《电信网络诈骗犯罪意见（二）》，

---

① 参见薛美琴：《电信网络诈骗犯罪司法适用疑难问题研究》，载《人民司法》2017年第14期。

于2021年6月对外发布。《电信网络诈骗犯罪意见(二)》共17条,进一步依法严厉惩治电信网络诈骗犯罪,对其上下游关联犯罪实行全链条、全方位打击。

二、电信网络诈骗犯罪法律适用的实体问题

(一)电信网络诈骗犯罪的定罪量刑标准

1. 电信网络诈骗犯罪的定罪量刑标准。根据《刑法》第266条的规定,诈骗罪有三个量刑档次,标准分别为"数额较大""数额巨大或者有其他严重情节""数额特别巨大或者有其他特别严重情节"。为统一法律适用,《诈骗罪解释》第1条规定:"诈骗公私财物价值三千元至一万元以上、三万元至十万元以上、五十万元以上的,应当分别认定为刑法第二百六十六条规定的'数额较大'、'数额巨大'、'数额特别巨大'。""各省、自治区、直辖市高级人民法院、人民检察院可以结合本地区经济社会发展状况,在前款规定的数额幅度内,共同研究确定本地区执行的具体数额标准,报最高人民法院、最高人民检察院备案。"

经慎重研究,《电信网络诈骗犯罪意见(一)》对电信诈骗网络犯罪定罪量刑实行全国统一数额标准和数额幅度底线标准。具体而言,利用电信网络技术手段实施诈骗,诈骗公私财物价值3000元以上、3万元以上、50万元以上的,应当分别认定为《刑法》第266条规定的"数额较大""数额巨大""数额特别巨大"。主要考虑如下:(1)电信网络诈骗犯罪突破了传统犯罪空间范畴,跨地域现象普遍,地域化特性淡化,与《诈骗罪解释》授权各地确定本地区执行的具体数额标准的宗旨不符。因此,对于电信网络诈骗犯罪应当实行全国统一的数额标准,不宜再由各地自行确定具体数额标准。(2)电信网络诈骗犯罪社会危害性大,人民群众反映强烈,必须依法予以严惩。基于此,对具体数额标准的确定采取了底线标准。

此外,《电信网络诈骗犯罪意见(一)》进一步规定:"二年内多次实施电信网络诈骗未经处理,诈骗数额累计计算构成犯罪的,应当依法定罪处罚。"需要注意的是,上述规定针对的是单次诈骗数额未达到入罪标准的情形,如果单次诈骗构成犯罪,对于数额累计应当适用刑法关于追诉期限的规定,而不受"二年内"的限制。

2. 电信网络诈骗犯罪的从重处罚情形。《电信网络诈骗犯罪意见(一)》进

一步明确了电信网络诈骗犯罪的从重处罚情形，规定实施电信网络诈骗犯罪，达到相应数额标准，具有所列十种情形之一的，酌情从重处罚。具体而言，可以划分为如下几种情形：(1)造成严重后果的，如造成被害人或其近亲属自杀、死亡或者精神失常等严重后果的(第1项)，利用电话追呼系统等技术手段严重干扰公安机关等部门工作的(第9项)；(2)犯罪手段恶劣的，如冒充司法机关等国家机关工作人员实施诈骗的(第2项)，组织、指挥电信网络诈骗犯罪团伙的(第3项)，在境外实施电信网络诈骗的(第4项)，以赈灾、募捐等社会公益、慈善名义实施诈骗的(第8项)，利用"钓鱼网站"链接、"木马"程序链接、网络渗透等隐蔽技术手段实施诈骗的(第10项)；(3)诈骗特定对象的，如诈骗残疾人、老年人、未成年人、在校学生、丧失劳动能力人的财物，或者诈骗重病患者及其亲属财物的(第6项)，诈骗救灾、抢险、防汛、优抚、扶贫、移民、救济、医疗等款物的(第7项)；(4)行为人主观恶性较大的，如曾因电信网络诈骗犯罪受过刑事处罚或者2年内曾因电信网络诈骗受过行政处罚的(第5项)。

《电信网络诈骗犯罪意见(一)》进一步规定，实施电信网络诈骗犯罪，诈骗数额接近"数额巨大""数额特别巨大"的标准("接近"一般应掌握在相应数额标准的80%以上)，具有上述规定的情形之一的，应当分别认定为《刑法》第266条规定的"其他严重情节""其他特别严重情节"。

3. 电信网络诈骗犯罪未遂的定罪量刑标准。电信网络诈骗犯罪利用现代信息技术手段实施，呈现跨地域的特征，证据收集难度较大，特别是诈骗数额难以查证。基于此，《电信网络诈骗犯罪意见(一)》专门明确了电信网络诈骗犯罪未遂的定罪量刑标准。具体而言，实施电信网络诈骗犯罪，诈骗数额难以查证，但具有下列情形之一的，应当认定为《刑法》第266条规定的"其他严重情节"，以诈骗罪(未遂)定罪处罚：(1)发送诈骗信息5000条以上的，或者拨打诈骗电话500人次以上的；(2)在互联网上发布诈骗信息，页面浏览量累计5000次以上的。具有上述情形，数量达到相应标准10倍以上的，应当认定为《刑法》第266条规定的"其他特别严重情节"，以诈骗罪(未遂)定罪处罚。

根据《电信网络诈骗犯罪意见(一)》的规定，诈骗信息条数、诈骗电话次数等数量的计算应当注意：(1)"拨打诈骗电话"，包括拨出诈骗电话和接听被害人回拨电话。反复拨打、接听同一电话号码，以及反复向同一被害人发送诈骗信息的，拨打、接听电话次数、发送信息条数累计计算。(2)因犯罪嫌疑人、被告人故意隐匿、毁灭证据等原因，致拨打电话次数、发送信息条数的证据难以收集的，可以根据经查证属实的日拨打人次数、日发送信息条数，结合犯罪嫌疑人、被告人实施犯罪的时间、犯罪嫌疑人、被告人的供述等相关证据，综合予以认定。

电信网络诈骗既有既遂，又有未遂，分别达到不同量刑幅度的，依照处罚较重的规定处罚；达到同一量刑幅度的，以诈骗罪既遂处罚。

《电信网络诈骗犯罪意见(二)》第3条进一步规定，有证据证实行为人参加境外诈骗犯罪集团或犯罪团伙，在境外针对境内居民实施电信网络诈骗犯罪行为，诈骗数额难以查证，但一年内出境赴境外诈骗犯罪窝点累计时间30日以上或多次出境赴境外诈骗犯罪窝点的，应当认定为《刑法》第266条规定的“其他严重情节”，以诈骗罪依法追究刑事责任。有证据证明其出境从事正当活动的除外。根据《断卡会议纪要》第6条的规定，在司法适用时，要注意把握以下三个要求：(1)有证据证明行为人参加了境外电信网络诈骗犯罪集团或犯罪团伙，且在境外针对境内居民实施了具体的诈骗犯罪行为；(2)行为人一年内出境赴境外诈骗犯罪窝点累计30日以上，应当从行为人实际加入境外诈骗犯罪窝点的日期开始计算时间；(3)诈骗数额难以查证，是指基于客观困难，确实无法查清行为人实施诈骗的具体数额。在办案中，应当首先全力查证具体诈骗数额；在诈骗数额难以查清的情况下，根据《诈骗罪解释》和《电信网络诈骗犯罪意见(一)》的规定，还应当查证发送诈骗信息条数和拨打诈骗电话次数，如二者均无法查明，才适用该条规定。此外，本书认为，鉴于所涉情形实际未能查实已经实行具体诈骗犯罪，故不能认定为犯罪既遂。

4. 电信网络诈骗犯罪刑罚裁量的具体问题。对实施电信网络诈骗犯罪的被告人裁量刑罚，在确定量刑起点、基准刑时，一般应就高选择。确定宣告刑时，应当综合全案事实情节，准确把握从重、从轻量刑情节的调节幅度，保证罪责刑相适应。对实施电信网络诈骗犯罪的被告人，应当严格控制适用缓刑的范围，严格掌握适用缓刑的条件。对实施电信网络诈骗犯罪的被告人，应当更加注重依法适用财产刑，加大经济上的惩罚力度，最大限度地剥夺被告人再犯的能力。

（二）电信网络诈骗关联犯罪的法律适用

1.《电信网络诈骗犯罪意见（一）》对于电信网络诈骗关联犯罪的法律适用作出全面规定。具体而言：

（1）在实施电信网络诈骗活动中，非法使用“伪基站”“黑广播”，干扰无线电通讯秩序，符合《刑法》第288条规定的，以扰乱无线电通讯管理秩序罪追究刑事责任。同时构成诈骗罪的，依照处罚较重的规定定罪处罚。有论者认为，这是“基于非法使用‘伪基站’‘黑广播’发送诈骗短信与适用手机、网络等发送诈骗短信在本质上是一致的，均系实现诈骗犯罪的手段行为，属于牵连犯”。[①]本书不赞同上述看法，牵连犯属于实质的一罪，应当以两个行为为前提，而非法使用“伪基站”“黑广播”发送诈骗信息，实际上只有一个行为，即使触犯数个罪名的，也应当认定为想象竞合犯，择一重罪处断。

（2）违反国家有关规定，向他人出售或者提供公民个人信息，窃取或者以其他方法非法获取公民个人信息，符合《刑法》第253条之一规定的，以侵犯公民个人信息罪追究刑事责任。使用非法获取的公民个人信息，实施电信网络诈骗犯罪行为，构成数罪的，应当依法予以并罚。这是“基于在非法获取公民个人信息后利用上述信息实施电信诈骗犯罪，由于侵犯公民个人信息与电信网络诈骗之间不具有经验意义上的手段与目的之间的关联，因此不宜认定为牵连犯”。[②]

（3）冒充国家机关工作人员实施电信网络诈骗犯罪，同时构成诈骗罪和招摇撞骗罪的，依照处罚较重的规定定罪处罚。同理，冒充国家机关工作人员实施电信网络诈骗犯罪也属于想象竞合犯，应当择一重罪处断。

（4）非法持有他人信用卡，没有证据证明从事电信网络诈骗犯罪活动，符合《刑法》第177条之一第1款第2项规定的，以妨害信用卡管理罪追究刑事责任。从实践来看，侦查机关从电信诈骗犯罪团伙处缴获的银行卡数量非常大，少则十几张，多则几十张、上百张；银行卡中有部分犯罪嫌疑人、被告人自己的银行卡，也有他人银行卡。对于非法持有银行卡的行为如何认定，实践中做法

---

① 薛美琴：《电信网络诈骗犯罪司法适用疑难问题研究》，载《人民司法》2017年第14期。

② 薛美琴：《电信网络诈骗犯罪司法适用疑难问题研究》，载《人民司法》2017年第14期。

不一。实际上,这里明确要求采取区别对待的原则,根据不同情况作出不同处理:如果有证据证明非法持有的他人或者本人信用卡用于实施电信网络诈骗犯罪的,根据牵连犯的处断原则,择一重罪处断;行为人非法持有的他人信用卡,没有证据证明从事电信网络诈骗犯罪活动,确需追究刑事责任的,适用妨害信用卡管理罪处理;行为人持有本人信用卡,即使数量大的,没有证据证明用于电信网络诈骗犯罪的,依据罪刑法定原则,不能作为犯罪处理。①

(5)明知是电信网络诈骗犯罪所得及其产生的收益,以下列方式之一予以转账、套现、取现的,依照《刑法》第 312 条第 1 款的规定,以掩饰、隐瞒犯罪所得、犯罪所得收益罪追究刑事责任。但有证据证明确实不知道的除外:①通过使用销售点终端机具(POS 机)刷卡套现等非法途径,协助转换或者转移财物的;②帮助他人将巨额现金散存于多个银行账户,或在不同银行账户之间频繁划转的;③多次使用或者使用多个非本人身份证明开设的信用卡、资金支付结算账户或者多次采用遮蔽摄像头、伪装等异常手段,帮助他人转账、套现、取现的;④为他人提供非本人身份证明开设的信用卡、资金支付结算账户后,又帮助他人转账、套现、取现的;⑤以明显异于市场的价格,通过手机充值、交易游戏点卡等方式套现的。实施上述行为,事前通谋的,以共同犯罪论处。

实施上述行为,电信网络诈骗犯罪嫌疑人尚未到案或案件尚未依法裁判,但现有证据足以证明该犯罪行为确实存在的,不影响掩饰、隐瞒犯罪所得、犯罪所得收益罪的认定。实施上述行为,同时构成其他犯罪的,依照处罚较重的规定定罪处罚。法律和司法解释另有规定的除外。

(6)网络服务提供者不履行法律、行政法规规定的信息网络安全管理义务,经监管部门责令采取改正措施而拒不改正,致使诈骗信息大量传播,或者用户信息泄露造成严重后果的,依照《刑法》第 286 条之一的规定,以拒不履行信息网络安全管理义务罪追究刑事责任。同时构成诈骗罪的,依照处罚较重的规定定罪处罚。

(7)实施《刑法》第 287 条之一、第 287 条之二规定之行为,构成非法利用信息网络罪、帮助信息网络犯罪活动罪,同时构成诈骗罪的,依照处罚较重的规定

---

① 参见薛美琴:《电信网络诈骗犯罪司法适用疑难问题研究》,载《人民司法》2017 年第 14 期。

定罪处罚。

（8）金融机构、网络服务提供者、电信业务经营者等在经营活动中，违反国家有关规定，被电信网络诈骗犯罪分子利用，使他人遭受财产损失的，依法承担相应责任。构成犯罪的，依法追究刑事责任。

2.《电信网络诈骗犯罪意见（二）》对于电信网络诈骗关联“两卡”案件的法律适用作了进一步规定。具体而言：

（1）无正当理由持有他人的单位结算卡的，属于《刑法》第 177 条之一第 1 款第 2 项规定的“非法持有他人信用卡”。

（2）非法获取、出售、提供具有信息发布、即时通讯、支付结算等功能的互联网账号密码、个人生物识别信息，符合《刑法》第 253 条之一规定的，以侵犯公民个人信息罪追究刑事责任。

对批量前述互联网账号密码、个人生物识别信息的条数，根据查获的数量直接认定，但有证据证明信息不真实或者重复的除外。

（3）在网上注册办理手机卡、信用卡、银行账户、非银行支付账户时，为通过网上认证，使用他人身份证件信息并替换他人身份证件相片，属于伪造身份证件行为，符合《刑法》第 280 条第 3 款规定的，以伪造身份证件罪追究刑事责任。使用伪造、变造的身份证件或者盗用他人身份证件办理手机卡、信用卡、银行账户、非银行支付账户，符合《刑法》第 280 条之一第 1 款规定的，以使用虚假身份证件、盗用身份证件罪追究刑事责任。实施上述行为，同时构成其他犯罪的，依照处罚较重的规定定罪处罚。法律和司法解释另有规定的除外。

（4）为他人利用信息网络实施犯罪而实施下列行为，可以认定为《刑法》第 287 条之二规定的“帮助”行为：①收购、出售、出租信用卡、银行账户、非银行支付账户、具有支付结算功能的互联网账号密码、网络支付接口、网上银行数字证书的；②收购、出售、出租他人手机卡、流量卡、物联网卡的。

认定《刑法》第 287 条之二规定的行为人明知他人利用信息网络实施犯罪，应当根据行为人收购、出售、出租《电信网络诈骗犯罪意见（二）》第 7 条规定的信用卡、银行账户、非银行支付账户、具有支付结算功能的互联网账号密码、网络支付接口、网上银行数字证书，或者他人手机卡、流量卡、物联网卡等的次数、张数、个数，并结合行为人的认知能力、既往经历、交易对象、与实施信息网络犯罪的行为人的关系、提供技术支持或者帮助的时间和方式、获利情况以及行为人的供述等主客观因素，予以综合认定。

收购、出售、出租单位银行结算账户、非银行支付机构单位支付账户，或者电信、银行、网络支付等行业从业人员利用履行职责或提供服务便利，非法开办并出售、出租他人手机卡、信用卡、银行账户、非银行支付账户等的，可以认定为《新型信息网络犯罪解释》第11条第7项规定的“其他足以认定行为人明知的情形”。但有相反证据的除外。

明知他人利用信息网络实施犯罪，为其犯罪提供下列帮助之一的，可以认定为《新型信息网络犯罪解释》第12条第1款第7项规定的“其他情节严重的情形”：①收购、出售、出租信用卡、银行账户、非银行支付账户、具有支付结算功能的互联网账号密码、网络支付接口、网上银行数字证书5张（个）以上的；②收购、出售、出租他人手机卡、流量卡、物联网卡20张以上的。

电商平台预付卡、虚拟货币、手机充值卡、游戏点卡、游戏装备等经销商，在公安机关调查案件过程中，被明确告知其交易对象涉嫌电信网络诈骗犯罪，仍与其继续交易，符合《刑法》第287条之二规定的，以帮助信息网络犯罪活动罪追究刑事责任。同时构成其他犯罪的，依照处罚较重的规定定罪处罚。

需要提及的是，根据《新型信息网络犯罪解释》第12条第1款的规定，明知他人利用信息网络实施犯罪，为其犯罪提供帮助，具有下列情形之一的，应当认定为《刑法》第287条之二第1款规定的“情节严重”：①为3个以上对象提供帮助的；②支付结算金额20万元以上的；③以投放广告等方式提供资金5万元以上的；④违法所得1万元以上的；⑤二年内曾因非法利用信息网络、帮助信息网络犯罪活动、危害计算机信息系统安全受过行政处罚，又帮助信息网络犯罪活动的；⑥被帮助对象实施的犯罪造成严重后果的；⑦其他情节严重的情形。

（5）明知是电信网络诈骗犯罪所得及其产生的收益，以下列方式之一予以转账、套现、取现，符合《刑法》第312条第1款规定的，以掩饰、隐瞒犯罪所得、犯罪所得收益罪追究刑事责任，但有证据证明确实不知道的除外：①多次使用或者使用多个非本人身份证明开设的收款码、网络支付接口等，帮助他人转账、套现、取现的；②以明显异于市场的价格，通过电商平台预付卡、虚拟货币、手机充值卡、游戏点卡、游戏装备等转换财物、套现的；③协助转换或者转移财物，收取明显高于市场的“手续费”的。

实施上述行为，事前通谋的，以共同犯罪论处；同时构成其他犯罪的，依照处罚较重的规定定罪处罚。法律和司法解释另有规定的除外。

在此，有必要讨论“两卡”案件之中涉及的帮助信息网络犯罪活动罪与掩饰、隐瞒犯罪所得罪的界分。对此，《断卡会议纪要》第 5 条对帮助信息网络犯罪活动罪、掩饰、隐瞒犯罪所得、犯罪所得收益罪与诈骗罪的界限区分作了规定。[①] 具体而言，在办理涉“两卡”犯罪案件中，存在准确界定前述三个罪名之间界限的问题。应当根据行为人的主观明知内容和实施的具体犯罪行为，确定其行为性质。以信用卡为例：(1)明知他人实施电信网络诈骗犯罪，参加诈骗团伙或者与诈骗团伙之间形成较为稳定的配合关系，长期为他人提供信用卡或者转账取现的，可以诈骗罪论处。(2)行为人向他人出租、出售信用卡后，在明知是犯罪所得及其收益的情况下，又代为转账、套现、取现等，或者为配合他人转账、套现、取现而提供刷脸等验证服务的，可以掩饰、隐瞒犯罪所得、犯罪所得收益罪论处。(3)明知他人利用信息网络实施犯罪，仅向他人出租、出售信用卡，未实施其他行为，达到情节严重标准的，可以帮助信息网络犯罪活动罪论处。当然，在司法实践中，应当具体案情具体分析，结合主客观证据，重视行为人的辩解理由，确保准确定性。

此外，还需要注意的是，在电信网络诈骗犯罪所关联的“两卡”案件之中，对于贩卖他人信用卡相关案件的具体罪名适用，则存在收买、非法提供信用卡信息罪与妨害信用卡管理罪之争。根据《断卡会议纪要》第 7 条、第 8 条的规定，行为人收购、出售、出租信用卡“四件套”(一般包括信用卡、身份信息、U 盾、网银)，数量较大的，可能同时构成帮助信息网络犯罪活动罪、妨害信用卡管理罪等。由于涉案“四件套”主要流向电信网络诈骗犯罪团伙或人员手中，用于非法接收、转移诈骗资金，一般以帮助信息网络犯罪活动罪论处；当然，对于涉案信

① 本书认为，帮助行为正犯化是帮助信息网络犯罪活动罪的设定缘由，但对帮助信息网络犯罪活动罪的把握还需要回到刑法条文本身。从刑法条文来看，帮助信息网络犯罪活动罪的规制范围不限于帮助行为正犯化的情形，换言之，所涉帮助既可以是事前、事中的帮助行为，也可以是事后的帮助行为。正是缘于此，《断卡会议纪要》未以时间节点，而是以行为性质对帮助信息网络犯罪活动罪与掩饰、隐瞒犯罪所得罪作出界分。

用卡“四件套”数量巨大，符合妨害信用卡管理罪构成要件的，应择一重罪处断，以妨害信用卡管理罪论处，但不宜适用收买、非法提供信用卡信息罪。[①]

（三）电信网络诈骗共同犯罪的认定

1.电信网络诈骗犯罪集团的认定与处理。实践中，一些电信网络诈骗犯罪分子长期结伙实施犯罪，设置固定窝点，骨干成员相对固定，结构较为严密，甚至实行公司法管理，具有明显的犯罪集团特征。基于此，《电信网络诈骗犯罪意见（一）》明确规定，3人以上为实施电信网络诈骗犯罪而组成的较为固定的犯罪组织，应依法认定为诈骗犯罪集团。

《电信网络诈骗犯罪意见（一）》还明确了电信网络诈骗犯罪集团成员的处理原则：（1）对组织、领导犯罪集团的首要分子，按照集团所犯的全部罪行处罚。对犯罪集团中组织、指挥、策划者和骨干分子依法从严惩处。（2）对犯罪集团首要分子以外的主犯，应当按照其所参与的或者组织、指挥的全部犯罪处罚。全部犯罪包括能够查明具体诈骗数额的事实和能够查明发送诈骗信息条数、拨打诈骗电话人次数、诈骗信息网页浏览次数的事实。实践中，包括电信网络诈骗集团话务组、办卡组、转账组、取款组等各个环节的负责人，也可以根据具体情况认定为主犯，按照其所参与或者组织、指挥的全部犯罪处罚。（3）对犯罪集团中起次要、辅助作用的从犯，特别是在规定期限内投案自首、积极协助抓获主犯、积极协助追赃的，依法从轻或减轻处罚。实践中，加入犯罪集团时间较短、提供后勤服务的人员等，可以认定为从犯。

2.电信网络诈骗共同犯罪的认定与处理。根据《电信网络诈骗犯罪意见（一）》的规定，对于多人共同实施电信网络诈骗犯罪，虽然未构成犯罪集团，但属于共同犯罪的，犯罪嫌疑人、被告人应对其参与期间该诈骗团伙实施的全部诈骗行为承担责任。在其所参与的犯罪环节中起主要作用的，可以认定为主犯；起次要作用的，可以认定为从犯。“参与期间”从犯罪嫌疑人、被告人着手实施诈骗行为开始起算。

---

① 相关论证可以参见本书第二十讲“网络黑灰产业链犯罪”“五、资金通道产业链的检视”“（二）妨害信用卡管理罪的适用”的有关内容。

3. 电信网络诈骗犯罪帮助犯的常见情形。《电信网络诈骗犯罪意见(一)》规定明知他人实施电信网络诈骗犯罪,具有所列八种情形之一的,以共同犯罪论处,但法律和司法解释另有规定的除外。概括而言,可以划分为五个方面:(1)卡商,即提供信用卡、资金支付结算账户、手机卡、通讯工具的(第1项);(2)菜商,即非法获取、出售、提供公民个人信息的(第2项);(3)车商,即帮助转移诈骗犯罪所得及其产生的收益,套现、取现的(第8项);(4)技术支持,即制作、销售、提供"木马"程序和"钓鱼软件"等恶意程序的(第3项),提供"伪基站"设备或相关服务的(第4项),提供互联网接入、服务器托管、网络存储、通讯传输等技术支持,或者提供支付结算等帮助的(第5项),在提供改号软件、通话线路等技术服务时,发现主叫号码被修改为国内党政机关、司法机关、公共服务部门号码,或者境外用户改为境内号码,仍提供服务的(第6项);(5)保障服务,即提供资金、场所、交通、生活保障等帮助的(第7项)。

上述规定的"明知他人实施电信网络诈骗犯罪",应当结合被告人的认知能力,既往经历,行为次数和手段,与他人关系,获利情况,是否曾因电信网络诈骗受过处罚,是否故意规避调查等主客观因素进行综合分析认定。

此外,负责招募他人实施电信网络诈骗犯罪活动,或者制作、提供诈骗方案、术语清单、语音包、信息等的,以诈骗共同犯罪论处。

4. 先到案共同犯罪嫌疑人、被告人的处理。电信网络诈骗犯罪由于跨地域实施且分工合作,经常出现只抓获部分犯罪嫌疑人,而其他犯罪嫌疑人没到案的情形(不少犯罪嫌疑人甚至位于境外)。为了防止案件的久拖不决,《电信网络诈骗犯罪意见(一)》明确:"部分犯罪嫌疑人在逃,但不影响对已到案共同犯罪嫌疑人、被告人的犯罪事实认定的,可以依法先行追究已到案共同犯罪嫌疑人、被告人的刑事责任。"同时,对于后到案犯罪嫌疑人的管辖,《电信网络诈骗犯罪意见(一)》明确:"已确定管辖的电信诈骗共同犯罪案件,在逃的犯罪嫌疑人归案后,一般由原管辖的公安机关、人民检察院、人民法院管辖。"《电信网络诈骗犯罪意见(二)》第12条进一步规定:"为他人实施电信网络诈骗犯罪提供技术支持、广告推广、支付结算等帮助,或者窝藏、转移、收购、代为销售及以其他方法掩饰、隐瞒电信网络诈骗犯罪所得及其产生的收益,诈骗犯罪行为可以确认,但实施诈骗的行为人尚未到案,可以依法先行追究已到案的上述犯罪嫌疑人、被告人的刑事责任。”

（四）电信网络诈骗犯罪的宽严相济

《电信网络诈骗犯罪意见（二）》第16条强调，办理电信网络诈骗犯罪案件，应当充分贯彻宽严相济刑事政策。具体而言：(1)在侦查、审查起诉、审判过程中，应当全面收集证据、准确甄别犯罪嫌疑人、被告人在共同犯罪中的层级地位及作用大小，结合其认罪态度和悔罪表现，区别对待，宽严并用，科学量刑，确保罚当其罪。(2)对于电信网络诈骗犯罪集团、犯罪团伙的组织者、策划者、指挥者和骨干分子，以及利用未成年人、在校学生、老年人、残疾人实施电信网络诈骗的，依法从严惩处。(3)对于电信网络诈骗犯罪集团、犯罪团伙中的从犯，特别是其中参与时间相对较短、诈骗数额相对较低或者从事辅助性工作并领取少量报酬，以及初犯、偶犯、未成年人、在校学生等，应当综合考虑其在共同犯罪中的地位作用、社会危害程度、主观恶性、人身危险性、认罪悔罪表现等情节，可以依法从轻、减轻处罚。犯罪情节轻微的，可以依法不起诉或者免予刑事处罚；情节显著轻微危害不大的，不以犯罪论处。

三、电信网络诈骗犯罪法律适用的程序问题

（一）电信网络诈骗犯罪的管辖

1. 电信网络诈骗犯罪案件的管辖原则。传统的诈骗犯罪有特定的实施空间，犯罪地的认定相对简单，确定管辖一般不会存在问题。而电信网络诈骗犯罪通常跨地区甚至跨境实施，可能各个环节分属不同地方，确定管辖往往存在争议。基于此，《电信网络诈骗犯罪意见（一）》重申了刑事诉讼管辖原则，规定“电信网络诈骗犯罪案件一般由犯罪地公安机关立案侦查，如果由犯罪嫌疑人居住地公安机关立案侦查更为适宜的，可以由犯罪嫌疑人居住地公安机关立案侦查。犯罪地包括犯罪行为发生地和犯罪结果发生地”。

为了统一司法适用，《电信网络诈骗犯罪意见（一）》充分考虑电信网络诈骗犯罪案件的特点，进一步细化了“犯罪行为发生地”“犯罪结果发生地”的情形。总体原则是尽可能将与电信网站诈骗相关的地方都纳入可以管辖的范围，以方便司法实务操作。具体而言，“犯罪行为发生地”包括用于电信网络诈骗犯

罪的网站服务器所在地,网站建立者、管理者所在地,被侵害的计算机信息系统或其管理者所在地,犯罪嫌疑人、被害人使用的计算机信息系统所在地,诈骗电话、短信息、电子邮件等的拨打地、发送地、到达地、接受地,以及诈骗行为持续发生的实施地、预备地、开始地、途经地、结束地。“犯罪结果发生地”包括被害人被骗时所在地,以及诈骗所得财物的实际取得地、藏匿地、转移地、使用地、销售地等。

《电信网络诈骗犯罪意见(二)》第1条进一步规定,电信网络诈骗犯罪地,除《电信网络诈骗犯罪意见(一)》规定的犯罪行为发生地和结果发生地外,还包括:(1)用于犯罪活动的手机卡、流量卡、物联网卡的开立地、销售地、转移地、藏匿地;(2)用于犯罪活动的信用卡的开立地、销售地、转移地、藏匿地、使用地以及资金交易对手资金交付和汇出地;(3)用于犯罪活动的银行账户、非银行支付账户的开立地、销售地、使用地以及资金交易对手资金交付和汇出地;(4)用于犯罪活动的即时通讯信息、广告推广信息的发送地、接受地、到达地;(5)用于犯罪活动的“猫池”(Modem Pool)①、GOIP设备、多卡宝等硬件设备的销售地、入网地、藏匿地;(6)用于犯罪活动的互联网账号的销售地、登录地。

当然,由于《电信网络诈骗犯罪意见(一)》《电信网络诈骗犯罪意见(二)》对管辖确定原则较为宽泛,可能导致出现多个公安机关都有权立案侦查的情形。为此,《电信网络诈骗犯罪意见(一)》进一步明确:“多个公安机关都有权立案侦查的电信网络诈骗等犯罪案件,由最初受理的公安机关或者主要犯罪地公安机关立案侦查。有争议的,按照有利于查清犯罪事实、有利于诉讼的原则,协商解决。经协商无法达成一致的,由共同上级公安机关指定有关公安机关立案侦查。”

此外,不少电信网络诈骗犯罪呈现出“小额多笔”的特征,单笔诈骗数额不大,难以达到入罪标准。这就导致实践中电信网络诈骗最初发现地公安机关(前提是符合管辖的规定)在侦办案件时诈骗数额未达到入罪标准,但后续累计达到入罪标准。此种情形下,是否可以由最初发现地公安机关立案侦查,存在

---

①　猫池是一种插上手机卡可以模拟手机收发短信、接打电话、上网等功能的设备,可以同时实现对多张手机卡的管理。猫池在正常行业也有广泛应用,如邮电局、证券交易所、信息呼叫中心等。

不同认识。为统一司法适用,《电信网络诈骗犯罪意见(一)》规定:“电信网络诈骗最初发现地公安机关侦办的案件,诈骗数额当时未达到‘数额较大’标准,但后续累计达到‘数额较大’标准,可由最初发现地公安机关立案侦查。”

2. 电信网络诈骗犯罪案件的并案管辖规则。电信网络诈骗犯罪分工合作,形成了错综复杂的关系,导致该类案件在管辖确定方面十分复杂。在此种情形下,适应电信网络诈骗犯罪错综复杂的关联情形,允许公安机关对整个电信网络诈骗犯罪及关联犯罪并案侦查,是必然选择。基于此,《电信网络诈骗犯罪意见(一)》明确,电信网络诈骗犯罪案件具有下列情形之一的,有关公安机关可以在其职责范围内并案侦查:(1)一人犯数罪的;(2)共同犯罪的;(3)共同犯罪的犯罪嫌疑人还实施其他犯罪的;(4)多个犯罪嫌疑人实施的犯罪存在直接关联,并案处理有利于查明案件事实的。

《电信网络诈骗犯罪意见(二)》第2条进一步规定,为电信网络诈骗犯罪提供作案工具、技术支持等帮助以及掩饰、隐瞒犯罪所得及其产生的收益,由此形成多层级犯罪链条的,或者利用同一网站、通讯群组、资金账户、作案窝点实施电信网络诈骗犯罪的,应当认定为多个犯罪嫌疑人、被告人实施的犯罪存在关联,人民法院、人民检察院、公安机关可以在其职责范围内并案处理。

3. 涉众型电信网络诈骗犯罪案件的并案处理规则。并案管辖的适用往往是案件之间存在直接帮助、组织、非法交易等关系。而电信网络诈骗犯罪往往形成多层级链条,相互之间存在间接帮助、组织、非法交易等关系。在此种情形下,如果公安机关只对其中的某条犯罪链条进行侦查,不利于查清全部犯罪事实,不利于对电信网络诈骗犯罪的“一网打尽”。基于此,《电信网络诈骗犯罪意见(一)》规定:“对因网络交易、技术支持、资金支付结算等关系形成多层级链条、跨区域的电信网络诈骗等犯罪案件,可由共同上级公安机关按照有利于查清犯罪事实、有利于诉讼的原则,指定有关公安机关立案侦查。”需要注意的是,根据《电信网络诈骗犯罪意见(一)》的规定,公安机关应在指定立案侦查前,向同级人民检察院、人民法院通报。

4. 境外电信网络诈骗犯罪案件的指定管辖。鉴于不少电信网络诈骗犯罪案件系在境外实施,为了便于对此类案件的侦查,《电信网络诈骗犯罪意见(一)》规定:“在境外实施的电信网络诈骗等犯罪案件,可由公安部按照有利于查清犯罪事实、有利于诉讼的原则,指定有关公安机关立案侦查。”同理,在此种情形下,根据《电信网络诈骗犯罪意见(一)》的规定,公安部应在指定立案侦查前,向最高人民检察院、最高人民法院通报。

5. 电信网络诈骗犯罪案件管辖的其他问题。为了提升电信网络诈骗犯罪案件办理的效率,《电信网络诈骗犯罪意见(一)》规定:“公安机关立案、并案侦查,或因有争议,由共同上级公安机关指定立案侦查的案件,需要提请批准逮捕、移送审查起诉、提起公诉的,由该公安机关所在地的人民检察院、人民法院受理。”据此,对于此类案件无须由检察机关、人民法院再行办理指定管辖。但鉴于此类指定管辖对刑事诉讼法规定的审判管辖原则有一定突破,系侦查指定管辖效力直接给予后续的审判管辖。因此,《电信网络诈骗犯罪意见(一)》规定:“对重大疑难复杂案件和境外案件,公安机关应在指定立案侦查前,向同级人民检察院、人民法院通报。”

(二)电信网络诈骗案件证据的收集与审查判断

1. 电信网络诈骗案件的异地调证规则。《电信网络诈骗犯罪意见(二)》第13条规定:“办案地公安机关可以通过公安机关信息化系统调取异地公安机关依法制作、收集的刑事案件受案登记表、立案决定书、被害人陈述等证据材料。调取时不得少于两名侦查人员,并应记载调取的时间、使用的信息化系统名称等相关信息,调取人签名并加盖办案地公安机关印章。经审核证明真实的,可以作为证据使用。”

2. 涉众型电信网络诈骗案件的证明规则。诈骗资金数额是涉众型电信网络诈骗犯罪案件难度最大的证明对象。在传统侵财犯罪案件中,被害人的指认和陈述通常是认定犯罪数额的必要证据之一,被害人陈述成为定案不可或缺的证据。然而,电信网络诈骗犯罪的特点之一就是被害人分散在全国各地甚至境外,难以逐一收集被害人陈述。这就导致此类案件在被害人人数和诈骗资金数额等犯罪事实的认定上存在较大困难。按照这一传统证明标准,司法机关认定的电信网络诈骗资金数额往往远低于实际犯罪数额,不利于有力惩治此类犯罪。

应当注意的是,相较于传统诈骗犯罪,在电信网络诈骗犯罪案件中,“被害人与犯罪嫌疑人不进行面对面的直接接触,被害人对犯罪嫌疑人的了解仅限于电话号码、银行账号，不掌握行为人的体貌特征，难以通过辨认的方法确定作案者，同时犯罪嫌疑人使用的电话号码、银行账号等均非本人注册，涉案资金流动迅速，流向复杂，往往很难建立被害人与犯罪嫌疑人之间的关联性”①。故而，在电信网络诈骗犯罪案件中，被害人陈述的证明力相较传统犯罪减弱。

基于电信网络诈骗犯罪案件的取证现状，《电信网络诈骗犯罪意见（一）》明确：“办理电信网络诈骗案件，确因被害人人数众多等客观条件的限制，无法逐一收集被害人陈述的，可以结合已收集的被害人陈述，以及经查证属实的银行账户交易记录、第三方支付结算账户交易记录、通话记录、电子数据等证据，综合认定被害人人数及诈骗资金数额等犯罪事实。”司法适用中需要注意的是，本条规定实际上是推定规则，即确因客观原因无法逐一收集被害人陈述的，可以根据在案的被害人陈述，以及经查证属实的银行账户交易记录、第三方支付结算账户交易记录、通话记录、电子数据等证据，综合认定被害人人数及诈骗资金数额等犯罪事实。这就意味着被害人陈述仍然是认定被害人人数及诈骗资金数额等犯罪事实的重要证据。因此，不能理解为对于电信网络诈骗犯罪案件不需要再收集被害人陈述，而仍然应当尽可能地收集，以更好地认定相关犯罪事实。

3. 技侦证据材料的使用。鉴于电信网络诈骗犯罪的侦查过程中可能采取技术侦查措施收集证据材料，《电信网络诈骗犯罪意见（一）》对此类证据材料的使用作出明确规定，规定“公安机关采取技术侦查措施收集的案件证明材料，作为证据使用的，应当随案移送批准采取技术侦查措施的法律文书和所收集的证据材料，并对其来源等作出书面说明”。

4. 境外证据材料的使用。对于在境外实施的电信网络诈骗犯罪案件，通常会涉及境外证据材料的使用问题。为了统一司法适用，《电信网络诈骗犯罪意见（一）》规定：“依照国际条约、刑事司法协助、互助协议或平等互助原则，请求证据材料所在地司法机关收集，或通过国际警务合作机制、国际刑警组织启动合作取证程序收集的境外证据材料，经查证属实，可以作为定案的依据。公安

① 郝廷婷、杨中良、魏军：《被害方证据不是认定电信诈骗犯罪数额的必要证据》，载《人民司法》2017 年第 14 期。

机关应对其来源、提取人、提取时间或者提供人、提供时间以及保管移交的过程等作出说明。”“对其他来自境外的证据材料，应当对其来源、提供人、提供时间以及提取人、提取时间进行审查。能够证明案件事实且符合刑事诉讼法规定的，可以作为证据使用。”《电信网络诈骗犯罪意见（二）》第14条规定：“通过国（区）际警务合作收集或者境外警方移交的境外证据材料，确因客观条件限制，境外警方未提供相关证据的发现、收集、保管、移交情况等材料的，公安机关应当对上述证据材料的来源、移交过程以及种类、数量、特征等作出书面说明，由两名以上侦查人员签名并加盖公安机关印章。经审核能够证明案件事实的，可以作为证据使用。”

（三）电信网络诈骗案件涉案财物的处理

电信网络诈骗犯罪严重侵犯人民群众财产安全和其他合法权益，特别是一些群众的“救命钱”“上学钱”被骗，导致群众生活困难，甚至引发严重后果。因此，在严厉惩治电信网络诈骗犯罪的同时，必须采取有效措施，最大力度、最大限度追赃挽损，以切实维护受害群众利益。基于此，《电信网络诈骗犯罪意见（一）》对电信网络诈骗犯罪案件涉案财物的处理作出明确规定。具体而言：

1. 随案移送涉案财物。公安机关侦办电信网络诈骗案件，应当随案移送涉案赃款赃物，并附清单。人民检察院提起公诉时，应一并移交受理案件的人民法院，同时就涉案赃款赃物的处理提出意见。

2. 依法追缴涉案账户内违法资金。办理电信网络诈骗犯罪案件，突出的问题是从犯罪嫌疑人持有的银行卡等账户中查扣到大量资金，但由于客观原因无法查实全部被害人，无法将全部资金认定为诈骗金额。此种情形下，通常难以将全部资金认定为违法所得予以追缴。为此，《电信网络诈骗犯罪意见（一）》针对此种情形设置了推定规则，明确：“涉案银行账户或者涉案第三方支付账户内的款项，对权属明确的被害人的合法财产，应当及时返还。确因客观原因无法查实全部被害人，但有证据证明该账户系用于电信网络诈骗犯罪，且被告人无法说明款项合法来源的，根据刑法第六十四条的规定，应认定为违法所得，予以追缴。”申言之，此种情形下可以依据账户系用于电信网络诈骗犯罪的证据推定该账户内所有资金为违法所得，但允许被告人说明款项合法来源。需要注意的是,该条规定只是允许推定符合条件的账户内全部资金为违法所得而非诈骗资金数额,对于相关资金是否可以认定为诈骗资金数额,则应当依据相应的证据规则。

3. 依法追缴已被转移的赃款赃物。实践中,行为人实施电信网络诈骗犯罪后,会采取各种手段转移、隐匿诈骗所得财物。因此,如何对这些赃款赃物予以追缴,成为一个突出问题。《电信网络诈骗犯罪意见(一)》重申《诈骗罪解释》第 10 条的规定,对善意取得以外的诈骗财物予以追缴,规定:"被告人已将诈骗财物用于清偿债务或者转让给他人,具有下列情形之一的,应当依法追缴:1. 对方明知是诈骗财物而收取的;2. 对方无偿取得诈骗财物的;3. 对方以明显低于市场的价格取得诈骗财物的;4. 对方取得诈骗财物系源于非法债务或者违法犯罪活动的。他人善意取得诈骗财物的,不予追缴。"《电信网络诈骗犯罪意见(二)》第 17 条规定:"查扣的涉案账户内资金,应当优先返还被害人,如不足以全额返还的,应当按照比例返还。"

此外,《电信网络诈骗犯罪意见(二)》第 15 条还规定:"对境外司法机关抓获并羁押的电信网络诈骗犯罪嫌疑人,在境内接受审判的,境外的羁押期限可以折抵刑期。"

相关规定

《中华人民共和国反电信网络诈骗法》

第一章　总　　则

第一条　为了预防、遏制和惩治电信网络诈骗活动,加强反电信网络诈骗工作,保护公民和组织的合法权益,维护社会稳定和国家安全,根据宪法,制定本法。

第二条　本法所称电信网络诈骗,是指以非法占有为目的,利用电信网络技术手段,通过远程、非接触等方式,诈骗公私财物的行为。

第三条　打击治理在中华人民共和国境内实施的电信网络诈骗活动或者中华人民共和国公民在境外实施的电信网络诈骗活动,适用本法。

境外的组织、个人针对中华人民共和国境内实施电信网络诈骗活动的,或者为他人针对境内实施电信网络诈骗活动提供产品、服务等帮助的，依照本法有关规定处理和追究责任。

第四条 反电信网络诈骗工作坚持以人民为中心，统筹发展和安全；坚持系统观念、法治思维，注重源头治理、综合治理；坚持齐抓共管、群防群治，全面落实打防管控各项措施，加强社会宣传教育防范；坚持精准防治，保障正常生产经营活动和群众生活便利。

第五条 反电信网络诈骗工作应当依法进行，维护公民和组织的合法权益。

有关部门和单位、个人应当对在反电信网络诈骗工作过程中知悉的国家秘密、商业秘密和个人隐私、个人信息予以保密。

第六条 国务院建立反电信网络诈骗工作机制，统筹协调打击治理工作。

地方各级人民政府组织领导本行政区域内反电信网络诈骗工作，确定反电信网络诈骗目标任务和工作机制，开展综合治理。

公安机关牵头负责反电信网络诈骗工作，金融、电信、网信、市场监管等有关部门依照职责履行监管主体责任，负责本行业领域反电信网络诈骗工作。

人民法院、人民检察院发挥审判、检察职能作用，依法防范、惩治电信网络诈骗活动。

电信业务经营者、银行业金融机构、非银行支付机构、互联网服务提供者承担风险防控责任，建立反电信网络诈骗内部控制机制和安全责任制度，加强新业务涉诈风险安全评估。

第七条 有关部门、单位在反电信网络诈骗工作中应当密切协作，实现跨行业、跨地域协同配合、快速联动，加强专业队伍建设，有效打击治理电信网络诈骗活动。

第八条 各级人民政府和有关部门应当加强反电信网络诈骗宣传，普及相关法律和知识，提高公众对各类电信网络诈骗方式的防骗意识和识骗能力。

教育行政、市场监管、民政等有关部门和村民委员会、居民委员会，应当结合电信网络诈骗受害群体的分布等特征，加强对老年人、青少年等群体的宣传教育，增强反电信网络诈骗宣传教育的针对性、精准性，开展反电信网络诈骗宣传教育进学校、进企业、进社区、进农村、进家庭等活动。

各单位应当加强内部防范电信网络诈骗工作，对工作人员开展防范电信网络诈骗教育；个人应当加强电信网络诈骗防范意识。单位、个人应当协助、配合有关部门依照本法规定开展反电信网络诈骗工作。

第二章　电信治理

第九条　电信业务经营者应当依法全面落实电话用户真实身份信息登记制度。

基础电信企业和移动通信转售企业应当承担对代理商落实电话用户实名制管理责任，在协议中明确代理商实名制登记的责任和有关违约处置措施。

第十条　办理电话卡不得超出国家有关规定限制的数量。

对经识别存在异常办卡情形的，电信业务经营者有权加强核查或者拒绝办卡。具体识别办法由国务院电信主管部门制定。

国务院电信主管部门组织建立电话用户开卡数量核验机制和风险信息共享机制，并为用户查询名下电话卡信息提供便捷渠道。

第十一条　电信业务经营者对监测识别的涉诈异常电话卡用户应当重新进行实名核验，根据风险等级采取有区别的、相应的核验措施。对未按规定核验或者核验未通过的，电信业务经营者可以限制、暂停有关电话卡功能。

第十二条　电信业务经营者建立物联网卡用户风险评估制度，评估未通过的，不得向其销售物联网卡；严格登记物联网卡用户身份信息；采取有效技术措施限定物联网卡开通功能、使用场景和适用设备。

单位用户从电信业务经营者购买物联网卡再将载有物联网卡的设备销售给其他用户的，应当核验和登记用户身份信息，并将销量、存量及用户实名信息传送给号码归属的电信业务经营者。

电信业务经营者对物联网卡的使用建立监测预警机制。对存在异常使用情形的，应当采取暂停服务、重新核验身份和使用场景或者其他合同约定的处置措施。

第十三条　电信业务经营者应当规范真实主叫号码传送和电信线路出租，对改号电话进行封堵拦截和溯源核查。

电信业务经营者应当严格规范国际通信业务出入口局主叫号码传送，真实、准确向用户提示来电号码所属国家或者地区，对网内和网间虚假主叫、不规范主叫进行识别、拦截。

第十四条　任何单位和个人不得非法制造、买卖、提供或者使用下列设备、软件：

（一）电话卡批量插入设备；

（二）具有改变主叫号码、虚拟拨号、互联网电话违规接入公用电信网络等功能的设备、软件；

（三）批量账号、网络地址自动切换系统，批量接收提供短信验证、语音验证的平台；

（四）其他用于实施电信网络诈骗等违法犯罪的设备、软件。

电信业务经营者、互联网服务提供者应当采取技术措施，及时识别、阻断前款规定的非法设备、软件接入网络，并向公安机关和相关行业主管部门报告。

第三章　金融治理

第十五条　银行业金融机构、非银行支付机构为客户开立银行账户、支付账户及提供支付结算服务，和与客户业务关系存续期间，应当建立客户尽职调查制度，依法识别受益所有人，采取相应风险管理措施，防范银行账户、支付账户等被用于电信网络诈骗活动。

第十六条　开立银行账户、支付账户不得超出国家有关规定限制的数量。

对经识别存在异常开户情形的，银行业金融机构、非银行支付机构有权加强核查或者拒绝开户。

中国人民银行、国务院银行业监督管理机构组织有关清算机构建立跨机构开户数量核验机制和风险信息共享机制，并为客户提供查询名下银行账户、支付账户的便捷渠道。银行业金融机构、非银行支付机构应当按照国家有关规定提供开户情况和有关风险信息。相关信息不得用于反电信网络诈骗以外的其他用途。

第十七条　银行业金融机构、非银行支付机构应当建立开立企业账户异常情形的风险防控机制。金融、电信、市场监管、税务等有关部门建立开立企业账户相关信息共享查询系统，提供联网核查服务。

市场主体登记机关应当依法对企业实名登记履行身份信息核验职责；依照

规定对登记事项进行监督检查，对可能存在虚假登记、涉诈异常的企业重点监督检查，依法撤销登记的，依照前款的规定及时共享信息；为银行业金融机构、非银行支付机构进行客户尽职调查和依法识别受益所有人提供便利。

第十八条　银行业金融机构、非银行支付机构应当对银行账户、支付账户及支付结算服务加强监测，建立完善符合电信网络诈骗活动特征的异常账户和可疑交易监测机制。

中国人民银行统筹建立跨银行业金融机构、非银行支付机构的反洗钱统一监测系统，会同国务院公安部门完善与电信网络诈骗犯罪资金流转特点相适应的反洗钱可疑交易报告制度。

对监测识别的异常账户和可疑交易，银行业金融机构、非银行支付机构应当根据风险情况，采取核实交易情况、重新核验身份、延迟支付结算、限制或者中止有关业务等必要的防范措施。

银行业金融机构、非银行支付机构依照第一款规定开展异常账户和可疑交易监测时，可以收集异常客户互联网协议地址、网卡地址、支付受理终端信息等必要的交易信息、设备位置信息。上述信息未经客户授权，不得用于反电信网络诈骗以外的其他用途。

第十九条　银行业金融机构、非银行支付机构应当按照国家有关规定，完整、准确传输直接提供商品或者服务的商户名称、收付款客户名称及账号等交易信息，保证交易信息的真实、完整和支付全流程中的一致性。

第二十条　国务院公安部门会同有关部门建立完善电信网络诈骗涉案资金即时查询、紧急止付、快速冻结、及时解冻和资金返还制度，明确有关条件、程序和救济措施。

公安机关依法决定采取上述措施的，银行业金融机构、非银行支付机构应当予以配合。

第四章　互联网治理

第二十一条　电信业务经营者、互联网服务提供者为用户提供下列服务，在与用户签订协议或者确认提供服务时，应当依法要求用户提供真实身份信息，用户不提供真实身份信息的，不得提供服务：

（一）提供互联网接入服务；

（二）提供网络代理等网络地址转换服务；

（三）提供互联网域名注册、服务器托管、空间租用、云服务、内容分发服务；

（四）提供信息、软件发布服务，或者提供即时通讯、网络交易、网络游戏、网络直播发布、广告推广服务。

第二十二条　互联网服务提供者对监测识别的涉诈异常账号应当重新核验，根据国家有关规定采取限制功能、暂停服务等处置措施。

互联网服务提供者应当根据公安机关、电信主管部门要求，对涉案电话卡、涉诈异常电话卡所关联注册的有关互联网账号进行核验，根据风险情况，采取限期改正、限制功能、暂停使用、关闭账号、禁止重新注册等处置措施。

第二十三条　设立移动互联网应用程序应当按照国家有关规定向电信主管部门办理许可或者备案手续。

为应用程序提供封装、分发服务的，应当登记并核验应用程序开发运营者的真实身份信息，核验应用程序的功能、用途。

公安、电信、网信等部门和电信业务经营者、互联网服务提供者应当加强对分发平台以外途径下载传播的涉诈应用程序重点监测、及时处置。

第二十四条　提供域名解析、域名跳转、网址链接转换服务的，应当按照国家有关规定，核验域名注册、解析信息和互联网协议地址的真实性、准确性，规范域名跳转，记录并留存所提供相应服务的日志信息，支持实现对解析、跳转、转换记录的溯源。

第二十五条　任何单位和个人不得为他人实施电信网络诈骗活动提供下列支持或者帮助：

（一）出售、提供个人信息；

（二）帮助他人通过虚拟货币交易等方式洗钱；

（三）其他为电信网络诈骗活动提供支持或者帮助的行为。

电信业务经营者、互联网服务提供者应当依照国家有关规定，履行合理注意义务，对利用下列业务从事涉诈支持、帮助活动进行监测识别和处置：

（一）提供互联网接入、服务器托管、网络存储、通讯传输、线路出租、域名解析等网络资源服务；

（二）提供信息发布或者搜索、广告推广、引流推广等网络推广服务；

（三）提供应用程序、网站等网络技术、产品的制作、维护服务；

（四）提供支付结算服务。

第二十六条　公安机关办理电信网络诈骗案件依法调取证据的，互联网服务提供者应当及时提供技术支持和协助。

互联网服务提供者依照本法规定对有关涉诈信息、活动进行监测时，发现涉诈违法犯罪线索、风险信息的，应当依照国家有关规定，根据涉诈风险类型、程度情况移送公安、金融、电信、网信等部门。有关部门应当建立完善反馈机制，将相关情况及时告知移送单位。

第五章　综合措施

第二十七条　公安机关应当建立完善打击治理电信网络诈骗工作机制，加强专门队伍和专业技术建设，各警种、各地公安机关应当密切配合，依法有效惩处电信网络诈骗活动。

公安机关接到电信网络诈骗活动的报案或者发现电信网络诈骗活动，应当依照《中华人民共和国刑事诉讼法》的规定立案侦查。

第二十八条　金融、电信、网信部门依照职责对银行业金融机构、非银行支付机构、电信业务经营者、互联网服务提供者落实本法规定情况进行监督检查。有关监督检查活动应当依法规范开展。

第二十九条　个人信息处理者应当依照《中华人民共和国个人信息保护法》等法律规定，规范个人信息处理，加强个人信息保护，建立个人信息被用于电信网络诈骗的防范机制。

履行个人信息保护职责的部门、单位对可能被电信网络诈骗利用的物流信息、交易信息、贷款信息、医疗信息、婚介信息等实施重点保护。公安机关办理电信网络诈骗案件，应当同时查证犯罪所利用的个人信息来源，依法追究相关人员和单位责任。

第三十条　电信业务经营者、银行业金融机构、非银行支付机构、互联网服务提供者应当对从业人员和用户开展反电信网络诈骗宣传，在有关业务活动中对防范电信网络诈骗作出提示，对本领域新出现的电信网络诈骗手段及时向用户作出提醒，对非法买卖、出租、出借本人有关卡、账户、账号等被用于电信网络诈骗的法律责任作出警示。

新闻、广播、电视、文化、互联网信息服务等单位，应当面向社会有针对性地开展反电信网络诈骗宣传教育。

任何单位和个人有权举报电信网络诈骗活动，有关部门应当依法及时处理，对提供有效信息的举报人依照规定给予奖励和保护。

第三十一条　任何单位和个人不得非法买卖、出租、出借电话卡、物联网卡、电信线路、短信端口、银行账户、支付账户、互联网账号等，不得提供实名核验帮助；不得假冒他人身份或者虚构代理关系开立上述卡、账户、账号等。

对经设区的市级以上公安机关认定的实施前款行为的单位、个人和相关组织者，以及因从事电信网络诈骗活动或者关联犯罪受过刑事处罚的人员，可以按照国家有关规定记入信用记录，采取限制其有关卡、账户、账号等功能和停止非柜面业务、暂停新业务、限制入网等措施。对上述认定和措施有异议的，可以提出申诉，有关部门应当建立健全申诉渠道、信用修复和救济制度。具体办法由国务院公安部门会同有关主管部门规定。

第三十二条　国家支持电信业务经营者、银行业金融机构、非银行支付机构、互联网服务提供者研究开发有关电信网络诈骗反制技术，用于监测识别、动态封堵和处置涉诈异常信息、活动。

国务院公安部门、金融管理部门、电信主管部门和国家网信部门等应当统筹负责本行业领域反制技术措施建设，推进涉电信网络诈骗样本信息数据共享，加强涉诈用户信息交叉核验，建立有关涉诈异常信息、活动的监测识别、动态封堵和处置机制。

依据本法第十一条、第十二条、第十八条、第二十二条和前款规定，对涉诈异常情形采取限制、暂停服务等处置措施的，应当告知处置原因、救济渠道及需要提交的资料等事项，被处置对象可以向作出决定或者采取措施的部门、单位提出申诉。作出决定的部门、单位应当建立完善申诉渠道，及时受理申诉并核查，核查通过的，应当即时解除有关措施。

第三十三条　国家推进网络身份认证公共服务建设，支持个人、企业自愿使用，电信业务经营者、银行业金融机构、非银行支付机构、互联网服务提供者对存在涉诈异常的电话卡、银行账户、支付账户、互联网账号，可以通过国家网络身份认证公共服务对用户身份重新进行核验。

第三十四条　公安机关应当会同金融、电信、网信部门组织银行业金融机构、非银行支付机构、电信业务经营者、互联网服务提供者等建立预警劝阻系统，对预警发现的潜在被害人，根据情况及时采取相应劝阻措施。对电信网络诈骗案件应当加强追赃挽损，完善涉案资金处置制度，及时返还被害人的合法财产。对遭受重大生活困难的被害人，符合国家有关救助条件的，有关方面依照规定给予救助。

第三十五条　经国务院反电信网络诈骗工作机制决定或者批准，公安、金融、电信等部门对电信网络诈骗活动严重的特定地区，可以依照国家有关规定采取必要的临时风险防范措施。

第三十六条　对前往电信网络诈骗活动严重地区的人员，出境活动存在重大涉电信网络诈骗活动嫌疑的，移民管理机构可以决定不准其出境。

因从事电信网络诈骗活动受过刑事处罚的人员，设区的市级以上公安机关可以根据犯罪情况和预防再犯罪的需要，决定自处罚完毕之日起六个月至三年以内不准其出境，并通知移民管理机构执行。

第三十七条　国务院公安部门等会同外交部门加强国际执法司法合作，与有关国家、地区、国际组织建立有效合作机制，通过开展国际警务合作等方式，提升在信息交流、调查取证、侦查抓捕、追赃挽损等方面的合作水平，有效打击遏制跨境电信网络诈骗活动。

第六章　法律责任

第三十八条　组织、策划、实施、参与电信网络诈骗活动或者为电信网络诈骗活动提供帮助，构成犯罪的，依法追究刑事责任。

前款行为尚不构成犯罪的，由公安机关处十日以上十五日以下拘留；没收违法所得，处违法所得一倍以上十倍以下罚款，没有违法所得或者违法所得不足一万元的，处十万元以下罚款。

第三十九条　电信业务经营者违反本法规定，有下列情形之一的，由有关主管部门责令改正，情节较轻的，给予警告、通报批评，或者处五万元以上五十万元以下罚款;情节严重的,处五十万元以上五百万元以下罚款,并可以由有关主管部门责令暂停相关业务、停业整顿、吊销相关业务许可证或者吊销营业执照,对其直接负责的主管人员和其他直接责任人员,处一万元以上二十万元以下罚款:

(一)未落实国家有关规定确定的反电信网络诈骗内部控制机制的;

(二)未履行电话卡、物联网卡实名制登记职责的;

(三)未履行对电话卡、物联网卡的监测识别、监测预警和相关处置职责的;

(四)未对物联网卡用户进行风险评估,或者未限定物联网卡的开通功能、使用场景和适用设备的;

(五)未采取措施对改号电话、虚假主叫或者具有相应功能的非法设备进行监测处置的。

第四十条 银行业金融机构、非银行支付机构违反本法规定,有下列情形之一的,由有关主管部门责令改正,情节较轻的,给予警告、通报批评,或者处五万元以上五十万元以下罚款;情节严重的,处五十万元以上五百万元以下罚款,并可以由有关主管部门责令停止新增业务、缩减业务类型或者业务范围、暂停相关业务、停业整顿、吊销相关业务许可证或者吊销营业执照,对其直接负责的主管人员和其他直接责任人员,处一万元以上二十万元以下罚款:

(一)未落实国家有关规定确定的反电信网络诈骗内部控制机制的;

(二)未履行尽职调查义务和有关风险管理措施的;

(三)未履行对异常账户、可疑交易的风险监测和相关处置义务的;

(四)未按照规定完整、准确传输有关交易信息的。

第四十一条 电信业务经营者、互联网服务提供者违反本法规定,有下列情形之一的,由有关主管部门责令改正,情节较轻的,给予警告、通报批评,或者处五万元以上五十万元以下罚款;情节严重的,处五十万元以上五百万元以下罚款,并可以由有关主管部门责令暂停相关业务、停业整顿、关闭网站或者应用程序、吊销相关业务许可证或者吊销营业执照,对其直接负责的主管人员和其他直接责任人员,处一万元以上二十万元以下罚款:

(一)未落实国家有关规定确定的反电信网络诈骗内部控制机制的;

(二)未履行网络服务实名制职责,或者未对涉案、涉诈电话卡关联注册互联网账号进行核验的；

（三）未按照国家有关规定，核验域名注册、解析信息和互联网协议地址的真实性、准确性，规范域名跳转，或者记录并留存所提供相应服务的日志信息的；

（四）未登记核验移动互联网应用程序开发运营者的真实身份信息或者未核验应用程序的功能、用途，为其提供应用程序封装、分发服务的；

（五）未履行对涉诈互联网账号和应用程序，以及其他电信网络诈骗信息、活动的监测识别和处置义务的；

（六）拒不依法为查处电信网络诈骗犯罪提供技术支持和协助，或者未按规定移送有关违法犯罪线索、风险信息的。

第四十二条　违反本法第十四条、第二十五条第一款规定的，没收违法所得，由公安机关或者有关主管部门处违法所得一倍以上十倍以下罚款，没有违法所得或者违法所得不足五万元的，处五十万元以下罚款；情节严重的，由公安机关并处十五日以下拘留。

第四十三条　违反本法第二十五条第二款规定，由有关主管部门责令改正，情节较轻的，给予警告、通报批评，或者处五万元以上五十万元以下罚款；情节严重的，处五十万元以上五百万元以下罚款，并可以由有关主管部门责令暂停相关业务、停业整顿、关闭网站或者应用程序，对其直接负责的主管人员和其他直接责任人员，处一万元以上二十万元以下罚款。

第四十四条　违反本法第三十一条第一款规定的，没收违法所得，由公安机关处违法所得一倍以上十倍以下罚款，没有违法所得或者违法所得不足二万元的，处二十万元以下罚款；情节严重的，并处十五日以下拘留。

第四十五条　反电信网络诈骗工作有关部门、单位的工作人员滥用职权、玩忽职守、徇私舞弊，或者有其他违反本法规定行为，构成犯罪的，依法追究刑事责任。

第四十六条　组织、策划、实施、参与电信网络诈骗活动或者为电信网络诈骗活动提供相关帮助的违法犯罪人员，除依法承担刑事责任、行政责任以外，造成他人损害的，依照《中华人民共和国民法典》等法律的规定承担民事责任。

电信业务经营者、银行业金融机构、非银行支付机构、互联网服务提供者等违反本法规定，造成他人损害的，依照《中华人民共和国民法典》等法律的规定承担民事责任。

第四十七条　人民检察院在履行反电信网络诈骗职责中，对于侵害国家利益和社会公共利益的行为，可以依法向人民法院提起公益诉讼。

第四十八条　有关单位和个人对依照本法作出的行政处罚和行政强制措施决定不服的，可以依法申请行政复议或者提起行政诉讼。

第七章　附　　则

第四十九条　反电信网络诈骗工作涉及的有关管理和责任制度，本法没有规定的，适用《中华人民共和国网络安全法》、《中华人民共和国个人信息保护法》、《中华人民共和国反洗钱法》等相关法律规定。

第五十条　本法自2022年12月1日起施行。

《中华人民共和国刑法》

第二百六十六条　【诈骗罪】诈骗公私财物，数额较大的，处三年以下有期徒刑、拘役或者管制，并处或者单处罚金；数额巨大或者有其他严重情节的，处三年以上十年以下有期徒刑，并处罚金；数额特别巨大或者有其他特别严重情节的，处十年以上有期徒刑或者无期徒刑，并处罚金或者没收财产。本法另有规定的，依照规定。

《最高人民法院、最高人民检察院、公安部关于办理电信网络诈骗等刑事案件适用法律若干问题的意见》（法发〔2016〕32号）

为依法惩治电信网络诈骗等犯罪活动，保护公民、法人和其他组织的合法权益，维护社会秩序，根据《中华人民共和国刑法》《中华人民共和国刑事诉讼法》等法律和有关司法解释的规定，结合工作实际，制定本意见。

一、总体要求

近年来，利用通讯工具、互联网等技术手段实施的电信网络诈骗犯罪活动持续高发，侵犯公民个人信息，扰乱无线电通讯管理秩序，掩饰、隐瞒犯罪所得、犯罪所得收益等上下游关联犯罪不断蔓延。此类犯罪严重侵害人民群众财产安全和其他合法权益，严重干扰电信网络秩序，严重破坏社会诚信，严重影响人民群众安全感和社会和谐稳定，社会危害性大，人民群众反映强烈。

人民法院、人民检察院、公安机关要针对电信网络诈骗等犯罪的特点，坚持全链条全方位打击，坚持依法从严从快惩处，坚持最大力度最大限度追赃挽损，进一步健全工作机制，加强协作配合，坚决有效遏制电信网络诈骗等犯罪活动，努力实现法律效果和社会效果的高度统一。

二、依法严惩电信网络诈骗犯罪

（一）根据《最高人民法院、最高人民检察院关于办理诈骗刑事案件具体应用法律若干问题的解释》第一条的规定，利用电信网络技术手段实施诈骗，诈骗公私财物价值三千元以上、三万元以上、五十万元以上的，应当分别认定为刑法第二百六十六条规定的“数额较大”“数额巨大”“数额特别巨大”。

二年内多次实施电信网络诈骗未经处理，诈骗数额累计计算构成犯罪的，应当依法定罪处罚。

（二）实施电信网络诈骗犯罪，达到相应数额标准，具有下列情形之一的，酌情从重处罚：

1. 造成被害人或其近亲属自杀、死亡或者精神失常等严重后果的；

2. 冒充司法机关等国家机关工作人员实施诈骗的；

3. 组织、指挥电信网络诈骗犯罪团伙的；

4. 在境外实施电信网络诈骗的；

5. 曾因电信网络诈骗犯罪受过刑事处罚或者二年内曾因电信网络诈骗受过行政处罚的；

6. 诈骗残疾人、老年人、未成年人、在校学生、丧失劳动能力人的财物，或者诈骗重病患者及其亲属财物的；

7. 诈骗救灾、抢险、防汛、优抚、扶贫、移民、救济、医疗等款物的；

8. 以赈灾、募捐等社会公益、慈善名义实施诈骗的；

9. 利用电话追呼系统等技术手段严重干扰公安机关等部门工作的；

10. 利用“钓鱼网站”链接、“木马”程序链接、网络渗透等隐蔽技术手段实施诈骗的。

（三）实施电信网络诈骗犯罪，诈骗数额接近“数额巨大”“数额特别巨大”的标准，具有前述第（二）条规定的情形之一的，应当分别认定为刑法第二百六十六条规定的“其他严重情节”“其他特别严重情节”。

上述规定的“接近”，一般应掌握在相应数额标准的百分之八十以上。

（四）实施电信网络诈骗犯罪，犯罪嫌疑人、被告人实际骗得财物的，以诈骗罪（既遂）定罪处罚。诈骗数额难以查证，但具有下列情形之一的，应当认定为刑法第二百六十六条规定的“其他严重情节”，以诈骗罪（未遂）定罪处罚：

1. 发送诈骗信息五千条以上的，或者拨打诈骗电话五百人次以上的；

2. 在互联网上发布诈骗信息，页面浏览量累计五千次以上的。

具有上述情形，数量达到相应标准十倍以上的，应当认定为刑法第二百六十六条规定的“其他特别严重情节”，以诈骗罪（未遂）定罪处罚。

上述“拨打诈骗电话”，包括拨出诈骗电话和接听被害人回拨电话。反复拨打、接听同一电话号码，以及反复向同一被害人发送诈骗信息的，拨打、接听电话次数、发送信息条数累计计算。

因犯罪嫌疑人、被告人故意隐匿、毁灭证据等原因，致拨打电话次数、发送信息条数的证据难以收集的，可以根据经查证属实的日拨打人次数、日发送信息条数，结合犯罪嫌疑人、被告人实施犯罪的时间、犯罪嫌疑人、被告人的供述等相关证据，综合予以认定。

（五）电信网络诈骗既有既遂，又有未遂，分别达到不同量刑幅度的，依照处罚较重的规定处罚；达到同一量刑幅度的，以诈骗罪既遂处罚。

（六）对实施电信网络诈骗犯罪的被告人裁量刑罚，在确定量刑起点、基准刑时，一般应就高选择。确定宣告刑时，应当综合全案事实情节，准确把握从重、从轻量刑情节的调节幅度，保证罪责刑相适应。

（七）对实施电信网络诈骗犯罪的被告人，应当严格控制适用缓刑的范围，严格掌握适用缓刑的条件。

（八）对实施电信网络诈骗犯罪的被告人，应当更加注重依法适用财产刑，加大经济上的惩罚力度，最大限度剥夺被告人再犯的能力。

三、全面惩处关联犯罪

（一）在实施电信网络诈骗活动中，非法使用“伪基站”“黑广播”，干扰无线电通讯秩序，符合刑法第二百八十八条规定的，以扰乱无线电通讯管理秩序罪追究刑事责任。同时构成诈骗罪的，依照处罚较重的规定定罪处罚。

（二）违反国家有关规定，向他人出售或者提供公民个人信息，窃取或者以其他方法非法获取公民个人信息，符合刑法第二百五十三条之一规定的，以侵犯公民个人信息罪追究刑事责任。

使用非法获取的公民个人信息，实施电信网络诈骗犯罪行为，构成数罪的，应当依法予以并罚。

（三）冒充国家机关工作人员实施电信网络诈骗犯罪，同时构成诈骗罪和招摇撞骗罪的，依照处罚较重的规定定罪处罚。

（四）非法持有他人信用卡，没有证据证明从事电信网络诈骗犯罪活动，符合刑法第一百七十七条之一第一款第（二）项规定的，以妨害信用卡管理罪追究刑事责任。

（五）明知是电信网络诈骗犯罪所得及其产生的收益，以下列方式之一予以转账、套现、取现的，依照刑法第三百一十二条第一款的规定，以掩饰、隐瞒犯罪所得、犯罪所得收益罪追究刑事责任。但有证据证明确实不知道的除外：

1. 通过使用销售点终端机具（POS 机）刷卡套现等非法途径，协助转换或者转移财物的；

2. 帮助他人将巨额现金散存于多个银行账户，或在不同银行账户之间频繁划转的；

3. 多次使用或者使用多个非本人身份证明开设的信用卡、资金支付结算账户或者多次采用遮蔽摄像头、伪装等异常手段，帮助他人转账、套现、取现的；

4. 为他人提供非本人身份证明开设的信用卡、资金支付结算账户后，又帮助他人转账、套现、取现的；

5. 以明显异于市场的价格，通过手机充值、交易游戏点卡等方式套现的。

实施上述行为，事前通谋的，以共同犯罪论处。

实施上述行为，电信网络诈骗犯罪嫌疑人尚未到案或案件尚未依法裁判，但现有证据足以证明该犯罪行为确实存在的，不影响掩饰、隐瞒犯罪所得、犯罪所得收益罪的认定。

实施上述行为，同时构成其他犯罪的，依照处罚较重的规定定罪处罚。法律和司法解释另有规定的除外。

（六）网络服务提供者不履行法律、行政法规规定的信息网络安全管理义务，经监管部门责令采取改正措施而拒不改正，致使诈骗信息大量传播，或者用户信息泄露造成严重后果的，依照刑法第二百八十六条之一的规定，以拒不履行信息网络安全管理义务罪追究刑事责任。同时构成诈骗罪的，依照处罚较重的规定定罪处罚。

（七）实施刑法第二百八十七条之一、第二百八十七条之二规定之行为，构成非法利用信息网络罪、帮助信息网络犯罪活动罪，同时构成诈骗罪的，依照处罚较重的规定定罪处罚。

（八）金融机构、网络服务提供者、电信业务经营者等在经营活动中，违反国家有关规定，被电信网络诈骗犯罪分子利用，使他人遭受财产损失的，依法承担相应责任。构成犯罪的，依法追究刑事责任。

四、准确认定共同犯罪与主观故意

（一）三人以上为实施电信网络诈骗犯罪而组成的较为固定的犯罪组织，应依法认定为诈骗犯罪集团。对组织、领导犯罪集团的首要分子，按照集团所犯的全部罪行处罚。对犯罪集团中组织、指挥、策划者和骨干分子依法从严惩处。

对犯罪集团中起次要、辅助作用的从犯，特别是在规定期限内投案自首、积极协助抓获主犯、积极协助追赃的，依法从轻或减轻处罚。

对犯罪集团首要分子以外的主犯，应当按照其所参与的或者组织、指挥的全部犯罪处罚。全部犯罪包括能够查明具体诈骗数额的事实和能够查明发送诈骗信息条数、拨打诈骗电话人次数、诈骗信息网页浏览次数的事实。

（二）多人共同实施电信网络诈骗，犯罪嫌疑人、被告人应对其参与期间该诈骗团伙实施的全部诈骗行为承担责任。在其所参与的犯罪环节中起主要作用的，可以认定为主犯；起次要作用的，可以认定为从犯。

上述规定的“参与期间”，从犯罪嫌疑人、被告人着手实施诈骗行为开始起算。

（三）明知他人实施电信网络诈骗犯罪，具有下列情形之一的，以共同犯罪论处，但法律和司法解释另有规定的除外：

1. 提供信用卡、资金支付结算账户、手机卡、通讯工具的；

2. 非法获取、出售、提供公民个人信息的；

3. 制作、销售、提供“木马”程序和“钓鱼软件”等恶意程序的；

4. 提供“伪基站”设备或相关服务的；

5. 提供互联网接入、服务器托管、网络存储、通讯传输等技术支持，或者提供支付结算等帮助的；

6. 在提供改号软件、通话线路等技术服务时，发现主叫号码被修改为国内党政机关、司法机关、公共服务部门号码，或者境外用户改为境内号码，仍提供服务的；

7. 提供资金、场所、交通、生活保障等帮助的；

8. 帮助转移诈骗犯罪所得及其产生的收益，套现、取现的。

上述规定的“明知他人实施电信网络诈骗犯罪”，应当结合被告人的认知能力，既往经历，行为次数和手段，与他人关系，获利情况，是否曾因电信网络诈骗受过处罚，是否故意规避调查等主客观因素进行综合分析认定。

（四）负责招募他人实施电信网络诈骗犯罪活动，或者制作、提供诈骗方案、术语清单、语音包、信息等的，以诈骗共同犯罪论处。

（五）部分犯罪嫌疑人在逃，但不影响对已到案共同犯罪嫌疑人、被告人的犯罪事实认定的，可以依法先行追究已到案共同犯罪嫌疑人、被告人的刑事责任。

五、依法确定案件管辖

（一）电信网络诈骗犯罪案件一般由犯罪地公安机关立案侦查，如果由犯罪嫌疑人居住地公安机关立案侦查更为适宜的，可以由犯罪嫌疑人居住地公安机关立案侦查。犯罪地包括犯罪行为发生地和犯罪结果发生地。

“犯罪行为发生地”包括用于电信网络诈骗犯罪的网站服务器所在地，网站建立者、管理者所在地，被侵害的计算机信息系统或其管理者所在地，犯罪嫌疑人、被害人使用的计算机信息系统所在地，诈骗电话、短信息、电子邮件等的拨打地、发送地、到达地、接受地，以及诈骗行为持续发生的实施地、预备地、开始地、途经地、结束地。

“犯罪结果发生地”包括被害人被骗时所在地，以及诈骗所得财物的实际取得地、藏匿地、转移地、使用地、销售地等。

（二）电信网络诈骗最初发现地公安机关侦办的案件，诈骗数额当时未达到“数额较大”标准，但后续累计达到“数额较大”标准，可由最初发现地公安机关立案侦查。

（三）具有下列情形之一的，有关公安机关可以在其职责范围内并案侦查：

1. 一人犯数罪的;

2. 共同犯罪的;

3. 共同犯罪的犯罪嫌疑人还实施其他犯罪的;

4. 多个犯罪嫌疑人实施的犯罪存在直接关联,并案处理有利于查明案件事实的。

(四)对因网络交易、技术支持、资金支付结算等关系形成多层级链条、跨区域的电信网络诈骗等犯罪案件,可由共同上级公安机关按照有利于查清犯罪事实、有利于诉讼的原则,指定有关公安机关立案侦查。

(五)多个公安机关都有权立案侦查的电信网络诈骗等犯罪案件,由最初受理的公安机关或者主要犯罪地公安机关立案侦查。有争议的,按照有利于查清犯罪事实、有利于诉讼的原则,协商解决。经协商无法达成一致的,由共同上级公安机关指定有关公安机关立案侦查。

(六)在境外实施的电信网络诈骗等犯罪案件,可由公安部按照有利于查清犯罪事实、有利于诉讼的原则,指定有关公安机关立案侦查。

(七)公安机关立案、并案侦查,或因有争议,由共同上级公安机关指定立案侦查的案件,需要提请批准逮捕、移送审查起诉、提起公诉的,由该公安机关所在地的人民检察院、人民法院受理。

对重大疑难复杂案件和境外案件,公安机关应在指定立案侦查前,向同级人民检察院、人民法院通报。

(八)已确定管辖的电信诈骗共同犯罪案件,在逃的犯罪嫌疑人归案后,一般由原管辖的公安机关、人民检察院、人民法院管辖。

六、证据的收集和审查判断

(一)办理电信网络诈骗案件,确因被害人人数众多等客观条件的限制,无法逐一收集被害人陈述的,可以结合已收集的被害人陈述,以及经查证属实的银行账户交易记录、第三方支付结算账户交易记录、通话记录、电子数据等证据,综合认定被害人人数及诈骗资金数额等犯罪事实。

(二)公安机关采取技术侦查措施收集的案件证明材料,作为证据使用的,应当随案移送批准采取技术侦查措施的法律文书和所收集的证据材料,并对其来源等作出书面说明。

（三）依照国际条约、刑事司法协助、互助协议或平等互助原则，请求证据材料所在地司法机关收集，或通过国际警务合作机制、国际刑警组织启动合作取证程序收集的境外证据材料，经查证属实，可以作为定案的依据。公安机关应对其来源、提取人、提取时间或者提供人、提供时间以及保管移交的过程等作出说明。

对其他来自境外的证据材料，应当对其来源、提供人、提供时间以及提取人、提取时间进行审查。能够证明案件事实且符合刑事诉讼法规定的，可以作为证据使用。

七、涉案财物的处理

（一）公安机关侦办电信网络诈骗案件，应当随案移送涉案赃款赃物，并附清单。人民检察院提起公诉时，应一并移交受理案件的人民法院，同时就涉案赃款赃物的处理提出意见。

（二）涉案银行账户或者涉案第三方支付账户内的款项，对权属明确的被害人的合法财产，应当及时返还。确因客观原因无法查实全部被害人，但有证据证明该账户系用于电信网络诈骗犯罪，且被告人无法说明款项合法来源的，根据刑法第六十四条的规定，应认定为违法所得，予以追缴。

（三）被告人已将诈骗财物用于清偿债务或者转让给他人，具有下列情形之一的，应当依法追缴：

1. 对方明知是诈骗财物而收取的；

2. 对方无偿取得诈骗财物的；

3. 对方以明显低于市场的价格取得诈骗财物的；

4. 对方取得诈骗财物系源于非法债务或者违法犯罪活动的。

他人善意取得诈骗财物的，不予追缴。

《最高人民法院、最高人民检察院、公安部关于办理电信网络诈骗等刑事案件适用法律若干问题的意见（二）》（法发〔2021〕22号）

为进一步依法严厉惩治电信网络诈骗犯罪，对其上下游关联犯罪实行全链条、全方位打击，根据《中华人民共和国刑法》《中华人民共和国刑事诉讼法》等法律和有关司法解释的规定，针对司法实践中出现的新的突出问题，结合工作实际，制定本意见。

一、电信网络诈骗犯罪地，除《最高人民法院、最高人民检察院、公安部关于办理电信网络诈骗等刑事案件适用法律若干问题的意见》规定的犯罪行为发生地和结果发生地外，还包括：

（一）用于犯罪活动的手机卡、流量卡、物联网卡的开立地、销售地、转移地、藏匿地；

（二）用于犯罪活动的信用卡的开立地、销售地、转移地、藏匿地、使用地以及资金交易对手资金交付和汇出地；

（三）用于犯罪活动的银行账户、非银行支付账户的开立地、销售地、使用地以及资金交易对手资金交付和汇出地；

（四）用于犯罪活动的即时通讯信息、广告推广信息的发送地、接受地、到达地；

（五）用于犯罪活动的“猫池”（Modem Pool）、GOIP设备、多卡宝等硬件设备的销售地、入网地、藏匿地；

（六）用于犯罪活动的互联网账号的销售地、登录地。

二、为电信网络诈骗犯罪提供作案工具、技术支持等帮助以及掩饰、隐瞒犯罪所得及其产生的收益，由此形成多层级犯罪链条的，或者利用同一网站、通讯群组、资金账户、作案窝点实施电信网络诈骗犯罪的，应当认定为多个犯罪嫌疑人、被告人实施的犯罪存在关联，人民法院、人民检察院、公安机关可以在其职责范围内并案处理。

三、有证据证实行为人参加境外诈骗犯罪集团或犯罪团伙，在境外针对境内居民实施电信网络诈骗犯罪行为，诈骗数额难以查证，但一年内出境赴境外诈骗犯罪窝点累计时间30日以上或多次出境赴境外诈骗犯罪窝点的，应当认定为刑法第二百六十六条规定的“其他严重情节”，以诈骗罪依法追究刑事责任。有证据证明其出境从事正当活动的除外。

四、无正当理由持有他人的单位结算卡的，属于刑法第一百七十七条之一第一款第（二）项规定的“非法持有他人信用卡”。

五、非法获取、出售、提供具有信息发布、即时通讯、支付结算等功能的互联网账号密码、个人生物识别信息，符合刑法第二百五十三条之一规定的，以侵犯公民个人信息罪追究刑事责任。

对批量前述互联网账号密码、个人生物识别信息的条数，根据查获的数量直接认定，但有证据证明信息不真实或者重复的除外。

六、在网上注册办理手机卡、信用卡、银行账户、非银行支付账户时，为通过网上认证，使用他人身份证件信息并替换他人身份证件相片，属于伪造身份证件行为，符合刑法第二百八十条第三款规定的，以伪造身份证件罪追究刑事责任。

使用伪造、变造的身份证件或者盗用他人身份证件办理手机卡、信用卡、银行账户、非银行支付账户，符合刑法第二百八十条之一第一款规定的，以使用虚假身份证件、盗用身份证件罪追究刑事责任。

实施上述两款行为，同时构成其他犯罪的，依照处罚较重的规定定罪处罚。法律和司法解释另有规定的除外。

七、为他人利用信息网络实施犯罪而实施下列行为，可以认定为刑法第二百八十七条之二规定的"帮助"行为：

（一）收购、出售、出租信用卡、银行账户、非银行支付账户、具有支付结算功能的互联网账号密码、网络支付接口、网上银行数字证书的；

（二）收购、出售、出租他人手机卡、流量卡、物联网卡的。

八、认定刑法第二百八十七条之二规定的行为人明知他人利用信息网络实施犯罪，应当根据行为人收购、出售、出租前述第七条规定的信用卡、银行账户、非银行支付账户、具有支付结算功能的互联网账号密码、网络支付接口、网上银行数字证书，或者他人手机卡、流量卡、物联网卡等的次数、张数、个数，并结合行为人的认知能力、既往经历、交易对象、与实施信息网络犯罪的行为人的关系、提供技术支持或者帮助的时间和方式、获利情况以及行为人的供述等主客观因素，予以综合认定。

收购、出售、出租单位银行结算账户、非银行支付机构单位支付账户，或者电信、银行、网络支付等行业从业人员利用履行职责或提供服务便利，非法开办并出售、出租他人手机卡、信用卡、银行账户、非银行支付账户等的，可以认定为《最高人民法院、最高人民检察院关于办理非法利用信息网络、帮助信息网络犯罪活动等刑事案件适用法律若干问题的解释》第十一条第（七）项规定的"其他足以认定行为人明知的情形"。但有相反证据的除外。

九、明知他人利用信息网络实施犯罪，为其犯罪提供下列帮助之一的，可以认定为《最高人民法院、最高人民检察院关于办理非法利用信息网络、帮助信息网络犯罪活动等刑事案件适用法律若干问题的解释》第十二条第一款第（七）项规定的“其他情节严重的情形”：

（一）收购、出售、出租信用卡、银行账户、非银行支付账户、具有支付结算功能的互联网账号密码、网络支付接口、网上银行数字证书5张（个）以上的；

（二）收购、出售、出租他人手机卡、流量卡、物联网卡20张以上的。

十、电商平台预付卡、虚拟货币、手机充值卡、游戏点卡、游戏装备等经销商，在公安机关调查案件过程中，被明确告知其交易对象涉嫌电信网络诈骗犯罪，仍与其继续交易，符合刑法第二百八十七条之二规定的，以帮助信息网络犯罪活动罪追究刑事责任。同时构成其他犯罪的，依照处罚较重的规定定罪处罚。

十一、明知是电信网络诈骗犯罪所得及其产生的收益，以下列方式之一予以转账、套现、取现，符合刑法第三百一十二条第一款规定的，以掩饰、隐瞒犯罪所得、犯罪所得收益罪追究刑事责任。但有证据证明确实不知道的除外。

（一）多次使用或者使用多个非本人身份证明开设的收款码、网络支付接口等，帮助他人转账、套现、取现的；

（二）以明显异于市场的价格，通过电商平台预付卡、虚拟货币、手机充值卡、游戏点卡、游戏装备等转换财物、套现的；

（三）协助转换或者转移财物，收取明显高于市场的“手续费”的。

实施上述行为，事前通谋的，以共同犯罪论处；同时构成其他犯罪的，依照处罚较重的规定定罪处罚。法律和司法解释另有规定的除外。

十二、为他人实施电信网络诈骗犯罪提供技术支持、广告推广、支付结算等帮助，或者窝藏、转移、收购、代为销售及以其他方法掩饰、隐瞒电信网络诈骗犯罪所得及其产生的收益，诈骗犯罪行为可以确认，但实施诈骗的行为人尚未到案，可以依法先行追究已到案的上述犯罪嫌疑人、被告人的刑事责任。

十三、办案地公安机关可以通过公安机关信息化系统调取异地公安机关依法制作、收集的刑事案件受案登记表、立案决定书、被害人陈述等证据材料。调取时不得少于两名侦查人员，并应记载调取的时间、使用的信息化系统名称等相关信息，调取人签名并加盖办案地公安机关印章。经审核证明真实的，可以作为证据使用。

十四、通过国(区)际警务合作收集或者境外警方移交的境外证据材料,确因客观条件限制,境外警方未提供相关证据的发现、收集、保管、移交情况等材料的,公安机关应当对上述证据材料的来源、移交过程以及种类、数量、特征等作出书面说明,由两名以上侦查人员签名并加盖公安机关印章。经审核能够证明案件事实的,可以作为证据使用。

十五、对境外司法机关抓获并羁押的电信网络诈骗犯罪嫌疑人,在境内接受审判的,境外的羁押期限可以折抵刑期。

十六、办理电信网络诈骗犯罪案件,应当充分贯彻宽严相济刑事政策。在侦查、审查起诉、审判过程中,应当全面收集证据、准确甄别犯罪嫌疑人、被告人在共同犯罪中的层级地位及作用大小,结合其认罪态度和悔罪表现,区别对待,宽严并用,科学量刑,确保罚当其罪。

对于电信网络诈骗犯罪集团、犯罪团伙的组织者、策划者、指挥者和骨干分子,以及利用未成年人、在校学生、老年人、残疾人实施电信网络诈骗的,依法从严惩处。

对于电信网络诈骗犯罪集团、犯罪团伙中的从犯,特别是其中参与时间相对较短、诈骗数额相对较低或者从事辅助性工作并领取少量报酬,以及初犯、偶犯、未成年人、在校学生等,应当综合考虑其在共同犯罪中的地位作用、社会危害程度、主观恶性、人身危险性、认罪悔罪表现等情节,可以依法从轻、减轻处罚。犯罪情节轻微的,可以依法不起诉或者免予刑事处罚;情节显著轻微危害不大的,不以犯罪论处。

十七、查扣的涉案账户内资金,应当优先返还被害人,如不足以全额返还的,应当按照比例返还。

《最高人民法院刑事审判第三庭、最高人民检察院第四检察厅、公安部刑事侦查局关于“断卡”行动中有关法律适用问题的会议纪要》(2022 年 3 月 22 日)[1]

各省、自治区、直辖市高级人民法院刑事审判庭、人民检察院刑事检察部、公安

① 参见“刑法规范总整理”微信公众号,访问日期:2022 年 3 月 31 日。

厅(局)刑侦局、刑侦(警)总队,新疆维吾尔自治区高级人民法院生产建设兵团分院刑事审判庭、新疆生产建设兵团人民检察院刑事检察部、新疆生产建设兵团公安局刑侦总队:

在国务院打击治理电信网络新型违法犯罪工作部际联席会议办公室的统一部署下,各级人民法院、人民检察院和公安机关认真落实习近平总书记重要指示批示精神,加强协作配合,积极履职作为,“断卡”行动深入推进,打击整治成效日益明显,有力遏制了电信网络诈骗犯罪持续高发的势头。2021 年 6 月,最高人民法院、最高人民检察院、公安部联合发布《关于办理电信网络诈骗等刑事案件适用法律若干问题的意见(二)》(以下简称“《意见(二)》”),进一步解决了实践中的部分难点重点问题,为打击治理专项工作提供了有力法律保障。

当前,涉“两卡”(即手机卡、信用卡)犯罪形势依旧复杂严峻,犯罪类型多样且不断发展,需要进一步统一认识,明确依据,更好实现打击治理的目的。为此,2021 年 11 月 26 日和 2022 年 1 月 7 日,最高人民法院刑事审判第三庭、最高人民检察院第四检察厅和公安部刑事侦查局先后召开联席会议,就当前“断卡”行动中各地反映的突出法律适用问题进行研究,就相关问题形成共识。现将会议纪要下发,供各地在办案中参考。

一、关于帮助信息网络犯罪活动罪中“明知他人利用信息网络实施犯罪”的理解适用。认定行为人是否“明知”他人利用信息网络实施犯罪,应当坚持主客观相一致原则,即要结合行为人的认知能力、既往经历、交易对象、与信息网络犯罪行为人的关系、提供技术支持或者帮助的时间和方式、获利情况、出租、出售“两卡”的次数、张数、个数,以及行为人的供述等主客观因素,同时注重听取行为人的辩解并根据其辩解合理与否,予以综合认定。司法办案中既要防止片面倚重行为人的供述认定明知;也要避免简单客观归罪,仅以行为人有出售“两卡”行为就直接认定明知。特别是对于交易双方存在亲友关系等信赖基础,一方确系偶尔向另一方出租、出售“两卡”的,要根据在案事实证据,审慎认定“明知”。

在办案过程中,可着重审查行为人是否具有以下特征及表现,综合全案证据,对其构成“明知”与否作出判断:(1)跨省或多人结伙批量办理、收购、贩卖“两卡”的;(2)出租、出售“两卡”后,收到公安机关、银行业金融机构、非银行支付机构、电信服务提供者等相关单位部门的口头或书面通知，告知其所出租、出售的“两卡”涉嫌诈骗、洗钱等违法犯罪，行为人未采取补救措施，反而继续出租、出售的；(3)出租、出售的“两卡”因涉嫌诈骗、洗钱等违法犯罪被冻结，又帮助解冻，或者注销旧卡、办理新卡，继续出租、出售的；(4)出租、出售的具有支付结算功能的网络账号因涉嫌诈骗、洗钱等违法犯罪被查封，又帮助解封，继续提供给他人使用的；(5)频繁使用隐蔽上网、加密通信、销毁数据等措施或者使用虚假身份，逃避监管或者规避调查的；(6)事先串通设计应对调查的话术口径的；(7)曾因非法交易“两卡”受过处罚或者信用惩戒、训诫谈话，又收购、出售、出租“两卡”的等。

二、关于《最高人民法院、最高人民检察院关于办理非法利用信息网络、帮助信息网络犯罪活动等刑事案件适用法律若干问题的解释》（以下简称“《解释》”）第十二条第一款第（一）项的理解适用。该项所规定的“为三个以上对象提供帮助”，应理解为分别为三个以上行为人或团伙组织提供帮助，且被帮助的行为人或团伙组织实施的行为均达到犯罪程度。为同一对象提供三次以上帮助的，不宜理解为“为三个以上对象提供帮助”。

三、关于《解释》第十二条第一款第（四）项的理解适用。该项所规定“违法所得一万元”中的“违法所得”，应理解为行为人为他人实施信息网络犯罪提供帮助，由此所获得的所有违法款项或非法收入。行为人收卡等“成本”费用无须专门扣除。

四、关于《关于深入推进“断卡”行动有关问题的会议纪要》（以下简称“《2020年会议纪要》”）中列举的符合《解释》第十二条规定的“情节严重”情形的理解适用。《2020年会议纪要》第五条规定，出租、出售的信用卡被用于实施电信网络诈骗，达到犯罪程度，该信用卡内流水金额超过三十万元的，按照符合《解释》第十二条规定的“情节严重”处理。在适用时应把握单向流入涉案信用卡中的资金超过三十万元，且其中至少三千元经查证系涉诈骗资金。行为人能够说明资金合法来源和性质的，应当予以扣除。以上述情形认定行为“情节严重”的，要注重审查行为人的主观明知程度、出租、出售信用卡的张数、次数、非法获利的数额以及造成的其他严重后果，综合考虑与《解释》第十二条第一款其他项适用的相当性。

行为人出租、出售的信用卡被用于接收电信网络诈骗资金，但行为人未实施代为转账、套现、取现等行为，或者未实施为配合他人转账、套现、取现而提供刷脸等验证服务的，不宜认定为《解释》第十二条第一款第(二)项规定的“支付结算”行为。

五、关于正确区分帮助信息网络犯罪活动罪、掩饰、隐瞒犯罪所得、犯罪所得收益罪与诈骗罪的界限。在办理涉“两卡”犯罪案件中，存在准确界定前述三个罪名之间界限的问题。应当根据行为人的主观明知内容和实施的具体犯罪行为，确定其行为性质。以信用卡为例：(1)明知他人实施电信网络诈骗犯罪，参加诈骗团伙或者与诈骗团伙之间形成较为稳定的配合关系，长期为他人提供信用卡或者转账取现的，可以诈骗罪论处。(2)行为人向他人出租、出售信用卡后，在明知是犯罪所得及其收益的情况下，又代为转账、套现、取现等，或者为配合他人转账、套现、取现而提供刷脸等验证服务的，可以掩饰、隐瞒犯罪所得、犯罪所得收益罪论处。(3)明知他人利用信息网络实施犯罪，仅向他人出租、出售信用卡，未实施其他行为，达到情节严重标准的，可以帮助信息网络犯罪活动罪论处。

在司法实践中，应当具体案情具体分析，结合主客观证据，重视行为人的辩解理由，确保准确定性。

六、关于《意见(二)》第三条的理解适用。为严厉打击跨境电信网络诈骗团伙犯罪，该条规定，有证据证实行为人参加境外诈骗犯罪集团或犯罪团伙，在境外针对境内居民实施电信网络诈骗犯罪行为，诈骗数额难以查证，但一年内出境赴境外诈骗犯罪窝点累计时间30日以上或多次出境赴境外诈骗犯罪窝点的，以诈骗罪依法追究刑事责任。在司法适用时，要注意把握以下三个要求：(1)有证据证明行为人参加了境外电信网络诈骗犯罪集团或犯罪团伙，且在境外针对境内居民实施了具体的诈骗犯罪行为；(2)行为人一年内出境赴境外诈骗犯罪窝点累计30日以上，应当从行为人实际加入境外诈骗犯罪窝点的日期开始计算时间；(3)诈骗数额难以查证，是指基于客观困难，确实无法查清行为人实施诈骗的具体数额。在办案中，应当首先全力查证具体诈骗数额；在诈骗数额难以查清的情况下，根据《最高人民法院、最高人民检察院关于办理诈骗刑事案件具体应用法律若干问题的解释》和《最高人民法院、最高人民检察院、公安部关于办理电信网络诈骗等刑事案件适用法律若干问题的意见》的规定，还应当查证发送诈骗信息条数和拨打诈骗电话次数，如二者均无法查明，才适用该条规定。

七、关于收购、出售、出租信用卡的行为，可否以窃取、收买、非法提供信用卡信息罪追究刑事责任的问题。《刑法修正案（五）》设立了窃取、收买、非法提供信用卡信息罪，主要考虑是：利用信用卡信息资料复制磁条卡的问题在当时比较突出，严重危害持卡人的财产安全和国家金融安全，故设立本罪，相关司法解释将本罪入罪门槛规定为1张（套）信用卡。其中的“信用卡信息资料”，是指用于伪造信用卡的电子数据等基础信息，如有关发卡行代码、持卡人账户、密码等内容的加密电子数据。在“断卡”行动破获的此类案件中，行为人非法交易信用卡的主要目的在于直接使用信用卡，而非利用其中的信息资料伪造信用卡。故当前办理“断卡”行动中的此类案件，一般不以窃取、收买、非法提供信用卡信息罪追究刑事责任。

八、关于收购、出售、出租信用卡“四件套”行为的处理。行为人收购、出售、出租信用卡“四件套”（一般包括信用卡，身份信息，U盾，网银），数量较大的，可能同时构成帮助信息网络犯罪活动罪、妨害信用卡管理罪等。“断卡”行动中破获的此类案件，行为人收购、出售、出租的信用卡“四件套”，主要流向电信网络诈骗犯罪团伙或人员手中，用于非法接收、转移诈骗资金，一般以帮助信息网络犯罪活动罪论处。对于涉案信用卡“四件套”数量巨大，同时符合妨害信用卡管理罪构成要件的，择一重罪论处。

九、关于重大电信网络诈骗及其关联犯罪案件的管辖。对于涉案人数超过80人，以及在境外实施的电信网络诈骗及其关联犯罪案件，公安部根据工作需要指定异地管辖的，指定管辖前应当商最高人民检察院和最高人民法院。

各级人民法院、人民检察院、公安机关要充分认识到当前持续深入推进“断卡”行动的重要意义，始终坚持依法从严惩处和全面惩处的方针，坚决严惩跨境电信网络诈骗犯罪集团和人员、贩卖“两卡”团伙头目和骨干、职业“卡商”、行业“内鬼”等。同时，还应当注重宽以济严，对于初犯、偶犯、未成年人、在校学生，特别是其中被胁迫或蒙骗出售本人名下“两卡”，违法所得、涉案数额较少且认罪认罚的，以教育、挽救为主，落实“少捕慎诉慎押”的刑事司法政策，可以依法从宽处理，确保社会效果良好。

各省级人民法院、人民检察院、公安机关要尽快传达并转发本会议纪要，不断提高办案能力，依法准确办理涉"两卡"犯罪案件，确保"断卡"行动深入健康开展。在司法实践中如遇有重大疑难问题，应及时对口上报。

《最高人民检察院关于印发〈检察机关办理电信网络诈骗案件指引〉的通知》（高检发侦监字〔2018〕12号）

电信网络诈骗犯罪，是指以非法占有为目的，利用电话、短信、互联网等电信网络技术手段，虚构事实，设置骗局，实施远程、非接触式诈骗，骗取公私财物的犯罪行为。根据《中华人民共和国刑法》第二百六十六条、《最高人民法院、最高人民检察院关于办理诈骗刑事案件具体应用法律若干问题的解释》（法释〔2011〕7号）（以下简称《解释》）、《最高人民法院、最高人民检察院、公安部关于办理电信网络诈骗等刑事案件适用法律若干问题的意见》（法发〔2016〕32号）（以下简称《意见》），办理电信网络诈骗案件除了要把握普通诈骗案件的基本要求外，还要特别注意以下问题：一是电信网络诈骗犯罪的界定；二是犯罪形态的审查；三是诈骗数额及发送信息、拨打电话次数的认定；四是共同犯罪及主从犯责任的认定；五是关联犯罪事前通谋的审查；六是电子数据的审查；七是境外证据的审查。

一、审查证据的基本要求

（一）审查逮捕

1. 有证据证明发生了电信网络诈骗犯罪事实

（1）证明电信网络诈骗案件发生

证据主要包括：报案登记、受案登记、受案笔录、立案决定书、破案经过、证人证言、被害人陈述、犯罪嫌疑人供述和辩解、被害人银行开户申请、开户明细单、银行转账凭证、银行账户交易记录、银行汇款单、网银转账记录、第三方支付结算交易记录、手机转账信息等证据。跨国电信网络诈骗还可能需要有国外有关部门出具的与案件有关的书面材料。

（2）证明电信网络诈骗行为的危害结果

①证明诈骗数额达到追诉标准的证据：证人证言、被害人陈述、犯罪嫌疑人

供述和辩解、银行转账凭证、汇款凭证、转账信息、银行卡、银行账户交易记录、第三方支付结算交易记录以及其他与电信网络诈骗关联的账户交易记录、犯罪嫌疑人提成记录、诈骗账目记录等证据以及其它有关证据。

②证明发送信息条数、拨打电话次数以及页面浏览量达到追诉标准的证据：QQ、微信、skype等即时通讯工具聊天记录、CDR电话清单、短信记录、电话录音、电子邮件、远程勘验笔录、电子数据鉴定意见、网页浏览次数统计、网页浏览次数鉴定意见、改号软件、语音软件的登录情况及数据、拨打电话记录内部资料以及其他有关证据。

2. 有证据证明诈骗行为是犯罪嫌疑人实施的

（1）言词证据：证人证言、被害人陈述、犯罪嫌疑人供述和辩解等，注意审查犯罪嫌疑人供述的行为方式与被害人陈述的被骗方式、交付财物过程或者其他证据是否一致。对于团伙作案的，要重视对同案犯罪嫌疑人供述和辩解的审查，梳理各个同案犯罪嫌疑人的指证是否相互印证。

（2）有关资金链条的证据：银行转账凭证、交易流水、第三方支付交易记录以及其他关联账户交易记录、现场查扣的书证、与犯罪关联的银行卡及申请资料等，从中审查相关银行卡信息与被害人存款、转移赃款等账号有无关联，资金交付支配占有过程；犯罪嫌疑人的短信以及QQ、微信、skype等即时通讯工具聊天记录，审查与犯罪有关的信息，是否出现过与本案资金流转有关的银行卡账号、资金流水等信息。要注意审查被害人转账、汇款账号、资金流向等是否有相应证据印证赃款由犯罪嫌疑人取得。对诈骗集团租用或交叉使用账户的，要结合相关言词证据及书证、物证、勘验笔录等分析认定。

（3）有关信息链条的证据：侦查机关远程勘验笔录，远程提取证据笔录，CDR电话清单、查获的手机IMEI串号、语音网关设备、路由设备、交换设备、手持终端等。要注意审查诈骗窝点物理IP地址是否与所使用电话CDR数据清单中记录的主叫IP地址或IP地址所使用的线路（包括此线路的账号、用户名称、对接服务器、语音网关、手持终端等设备的IP配置）一致，电话CDR数据清单中是否存在被害人的相关信息资料，改号电话显示号码、呼叫时间、电话、IP地址是否与被害人陈述及其它在案证据印证。在电信网络诈骗窝点查获的手机IMEI串号以及其他电子作案工具，是否与被害人所接到的诈骗电话显示的信息来源一致。

(4)其他证据:跨境电信网络诈骗犯罪案件犯罪嫌疑人出入境记录、户籍证明材料、在境外使用的网络设备及虚拟网络身份的网络信息,证明犯罪嫌疑人出入境情况及身份情况。诈骗窝点的纸质和电子账目报表,审查时间、金额等细节是否与被害人陈述相互印证。犯罪过程中记载被害人身份、诈骗数额、时间等信息的流转单,审查相关信息是否与被害人陈述、银行转账记录等相互印证。犯罪嫌疑人之间的聊天记录、诈骗脚本、内部分工、培训资料、监控视频等证据,审查犯罪的具体手法、过程。购买作案工具和资源(手机卡、银行卡、POS机、服务器、木马病毒、改号软件、公民个人信息等)的资金流水、电子数据等证据。

3. 有证据证明犯罪嫌疑人具有诈骗的主观故意

(1)证明犯罪嫌疑人主观故意的证据:犯罪嫌疑人的供述和辩解、证人证言、同案犯指证;诈骗脚本、诈骗信息内容、工作日记、分工手册、犯罪嫌疑人的具体职责、地位、参与实施诈骗行为的时间等;赃款的账册、分赃的记录、诈骗账目记录、提成记录、工作环境、工作形式等;短信、QQ、微信、skype等即时通讯工具聊天记录等,审查其中是否出现有关诈骗的内容以及诈骗专门用的黑话、暗语等。

(2)证明提供帮助者的主观故意的证据:提供帮助犯罪嫌疑人供述和辩解、电信网络诈骗犯罪嫌疑人的指证、证人证言;双方短信以及QQ、微信、skype等即时通讯工具聊天记录等信息材料;犯罪嫌疑人的履历、前科记录、行政处罚记录、双方资金往来的凭证、犯罪嫌疑人提供帮助、协助的收益数额、取款时的监控视频、收入记录、处罚判决情况等。

(二)审查起诉

除审查逮捕阶段证据审查基本要求之外,对电信网络诈骗案件的审查起诉工作还应坚持"犯罪事实清楚,证据确实、充分"的标准,保证定罪量刑的事实都有证据证明;据以定案的证据均经法定程序查证属实;综合全案证据,对所认定的事实均已排除合理怀疑。

1. 有确实充分的证据证明发生了电信网络诈骗犯罪事实

(1)证明电信网络诈骗事实发生。除审查逮捕要求的证据类型之外,跨国电信网络诈骗还需要有出入境记录、飞机铁路等交通工具出行记录,必要时需国外有关部门出具的与案件有关的书面证据材料,包括原件、翻译件、使领馆认证文件等。

(2)证明电信网络诈骗行为的危害结果

①证明诈骗数额达到追诉标准的证据:能查清诈骗事实的相关证人证言、被害人陈述、犯罪嫌疑人供述和辩解、银行账户交易明细、交易凭证、第三方支付结算交易记录以及其他与电信网络诈骗关联的账户交易记录、犯罪嫌疑人的诈骗账目记录以及其它有关证据。

需要特别注意"犯罪数额接近提档"的情形。当诈骗数额接近"数额巨大""数额特别巨大"的标准(一般掌握在80%以上,即达到2.4万元、40万元),根据《解释》和《意见》的规定,具有《意见》第二条第二款"酌情从重处罚"十种情形之一的,应当分别认定为刑法第二百六十六条规定的"其他严重情节""其他特别严重情节",提高一档量刑。

②证明发送信息条数、拨打电话次数以及页面浏览量达到追诉标准的证据类型与审查逮捕的证据类型相同。

2.有确实充分的证据证明诈骗行为是犯罪嫌疑人实施的

(1)有关资金链条的证据。重点审查被害人的银行交易记录和犯罪嫌疑人持有的银行卡及账号的交易记录,用于查明被害人遭受的财产损失及犯罪嫌疑人诈骗的犯罪数额;重点审查犯罪嫌疑人的短信,以及QQ、微信、skype等即时通讯工具聊天记录,用于查明是否出现涉案银行卡账号、资金流转等犯罪信息,赃款是否由犯罪嫌疑人取得。此外,对诈骗团伙或犯罪集团租用或交叉使用多层级账户洗钱的,要结合资金存取流转的书证、监控录像、辨认笔录、证人证言、被害人陈述、犯罪嫌疑人供述和辩解等证据分析认定。

(2)有关人员链条的证据。电信网络诈骗多为共同犯罪,在审查刑事责任年龄、刑事责任能力方面的证据基础上,应重点审查犯罪嫌疑人供述和辩解、手机通信记录等,通过自供和互证,以及与其他证据之间的相互印证,查明各自的分工和作用,以区分主、从犯。对于分工明确、有明显首要分子、较为固定的组织结构的三人以上固定的犯罪组织,应当认定为犯罪集团。

言词证据及有关信息链条的证据与审查逮捕的证据类型相同。

3. 有确实充分的证据证明犯罪嫌疑人具有诈骗的主观故意

证明犯罪嫌疑人及提供帮助者主观故意的证据类型同审查逮捕证据类型相同。需要注意的是，由于犯罪嫌疑人各自分工不同，其供述和辩解也呈现不同的证明力。一般而言，专门行骗人对于单起事实的细节记忆相对粗略，只能供述诈骗的手段和方式；专业取款人对于取款的具体细目记忆也粗略，只能供述大概经过和情况，重点审查犯罪手段的同类性、共同犯罪人之间的关系及各自分工和作用。

二、需要特别注意的问题

在电信网络诈骗案件审查逮捕、审查起诉中，要根据相关法律、司法解释等规定，结合在案证据，重点注意以下问题：

（一）电信网络诈骗犯罪的界定

1. 此罪彼罪

在一些案件中，尤其是利用网络钓鱼、木马链接实施犯罪的案件中，既存在虚构事实、隐瞒真相的诈骗行为，又可能存在秘密窃取的行为，关键要审查犯罪嫌疑人取得财物是否基于被害人对财物的主动处分意识。如果行为人通过秘密窃取的行为获取他人财物，则应认定构成盗窃罪；如果窃取或者骗取的是他人信用卡资料，并通过互联网、通讯终端等使用的，根据《最高人民法院、最高人民检察院关于办理妨害信用卡管理刑事案件具体应用法律若干问题的解释》（法释〔2009〕19 号），则可能构成信用卡诈骗罪；如果通过电信网络技术向不特定多数人发送诈骗信息后又转入接触式诈骗，或者为实现诈骗目的，线上线下并行同时进行接触式和非接触式诈骗，应当按照诈骗取财行为的本质定性，虽然使用电信网络技术但被害人基于接触被骗的，应当认定普通诈骗；如果出现电信网络诈骗和合同诈骗、保险诈骗等特殊诈骗罪名的竞合，应依据刑法有关规定定罪量刑。

2. 追诉标准低于普通诈骗犯罪且无地域差别

追诉标准直接决定了法律适用问题甚至罪与非罪的认定。《意见》规定，利用电信网络技术手段实施诈骗，诈骗公私财物价值三千元以上的，认定为刑法第二百六十六条规定的"数额较大"。而《解释》规定，诈骗公私财物价值三千元至一万元以上的，认定为刑法第二百六十六条规定的"数额较大"。因此，电信网络诈骗的追诉标准要低于普通诈骗的追诉标准，且全国统一无地域差别，即犯罪数额达到三千元以上、三万元以上、五十万元以上的，应当分别认定为刑法第二百六十六条规定的“数额较大”“数额巨大”“数额特别巨大”。

（二）犯罪形态的审查

1. 可以查证诈骗数额的未遂

电信网络诈骗应以被害人失去对被骗钱款的实际控制为既遂认定标准。一般情形下，诈骗款项转出后即时到账构成既遂。但随着银行自助设备、第三方支付平台陆续推出“延时到账”“撤销转账”等功能，被害人通过自助设备、第三方支付平台向犯罪嫌疑人指定账户转账，可在规定时间内撤销转账，资金并未实时转出。此种情形下被害人并未对被骗款项完全失去控制，而犯罪嫌疑人亦未取得实际控制，应当认定为未遂。

2. 无法查证诈骗数额的未遂

根据《意见》规定，对于诈骗数额难以查证的，犯罪嫌疑人发送诈骗信息五千条以上，或者拨打诈骗电话五百人次以上，或者在互联网上发布诈骗信息的页面浏览量累计五千次以上，可以认定为诈骗罪中“其他严重情节”，以诈骗罪（未遂）定罪处罚。具有上述情形，数量达到相应标准十倍以上的，应当认定为刑法第二百六十六条规定的“其他特别严重情节”，以诈骗罪（未遂）定罪处罚。

（三）诈骗数额及发送信息、拨打电话次数的认定

1. 诈骗数额的认定

（1）根据犯罪集团诈骗账目登记表、犯罪嫌疑人提成表等书证，结合证人证言、犯罪嫌疑人供述和辩解等言词证据，认定犯罪嫌疑人的诈骗数额。

（2）根据经查证属实的银行账户交易记录、第三方支付结算账户交易记录、通话记录、电子数据等证据，结合已收集的被害人陈述，认定被害人人数及诈骗资金数额。

（3）对于确因客观原因无法查实全部被害人，尽管有证据证明该账户系用于电信网络诈骗犯罪，且犯罪嫌疑人无法说明款项合法来源的，也不能简单将账户内的款项全部推定为“犯罪数额”。要根据在案其他证据，认定犯罪集团是否有其他收入来源，“违法所得”有无其他可能性。如果证据足以证实“违法所得”的排他性，则可以将“违法所得”均认定为犯罪数额。

(4)犯罪嫌疑人为实施犯罪购买作案工具、伪装道具、租用场地、交通工具甚至雇佣他人等诈骗成本不能从诈骗数额中扣除。对通过向被害人交付一定货币，进而骗取其信任并实施诈骗的，由于货币具有流通性和经济价值，该部分货币可以从诈骗数额中扣除。

2. 发送信息、拨打电话次数的认定

(1)拨打电话包括拨出诈骗电话和接听被害人回拨电话。反复拨打、接听同一电话号码，以及反复向同一被害人发送诈骗信息的，拨打、接听电话次数、发送信息条数累计计算。

(2)被害人是否接听、接收到诈骗电话、信息不影响次数、条数计算。

(3)通过语音包发送的诈骗录音或通过网络等工具辅助拨出的电话，应当认定为拨打电话。

(4)发送信息条数、拨打电话次数的证据难以收集的，可以根据经查证属实的日发送信息条数、日拨打人次数，结合犯罪嫌疑人实施犯罪的时间、犯罪嫌疑人的供述等相关证据予以认定。

(5)发送信息条数和拨打电话次数在法律及司法解释未明确的情况下不宜换算累加。

(四)共同犯罪及主从犯责任的认定

1. 对于三人以上为实施电信网络诈骗而组成的较为固定的犯罪组织，应当依法认定为犯罪集团。对于犯罪集团的首要分子，按照集团所犯全部犯罪处罚，并且对犯罪集团中组织、指挥、策划者和骨干分子依法从严惩处。

2. 对于其余主犯，按照其所参与或者组织、指挥的全部犯罪处罚。多人共同实施电信网络诈骗，犯罪嫌疑人、被告人应对其参与期间该诈骗团伙实施的全部诈骗行为承担责任。

3. 对于部分被招募发送信息、拨打电话的犯罪嫌疑人，应当对其参与期间整个诈骗团伙的诈骗行为承担刑事责任，但可以考虑参与时间较短、诈骗数额较低、发送信息、拨打电话较少，认定为从犯，从宽处理。

4. 对于专门取款人，由于其可在短时间内将被骗款项异地转移，对诈骗既遂起到了至关重要的作用，也大大增加了侦查和追赃难度，因此应按其在共同犯罪中的具体作用进行认定，不宜一律认定为从犯。

（五）关联犯罪事前通谋的审查

根据《意见》规定，明知是电信网络诈骗犯罪所得及其产生的收益，通过使用销售点终端机具（POS 机）刷卡套现等非法途径，协助转换或者转移财物等五种方式转账、套现、取现的，需要与直接实施电信网络诈骗犯罪嫌疑人事前通谋的才以共同犯罪论处。因此，应当重点审查帮助转换或者转移财物行为人是否在诈骗犯罪既遂之前与实施诈骗犯罪嫌疑人共谋或者虽无共谋但明知他人实施犯罪而提供帮助。对于帮助者明知的内容和程度，并不要求其明知被帮助者实施诈骗行为的具体细节，其只要认识到对方实施诈骗犯罪行为即可。审查时，要根据犯罪嫌疑人的认知能力、既往经历、行为次数和手段、与他人关系、获利情况、是否曾因电信网络诈骗受过处罚以及是否故意规避调查等主客观因素分析认定。

（六）电子数据的审查

1. 电子数据真实性的审查

（1）是否移送原始存储介质；在原始存储介质无法封存、不便移动时，有无说明原因，并注明收集、提取过程及原始存储介质的存放地点或者电子数据的来源等情况。

（2）电子数据是否具有数字签名、数字证书等特殊标识。

（3）电子数据的收集、提取过程是否可以重现。

（4）电子数据如有增加、删除、修改等情形的，是否附有说明。

（5）电子数据的完整性是否可以保证。

2. 电子数据合法性的审查

（1）收集、提取电子数据是否由二名以上侦查人员进行，取证方法是否符合相关技术标准。

（2）收集、提取电子数据，是否附有笔录、清单，并经侦查人员、电子数据持有人（提供人）、见证人签名或者盖章；没有持有人（提供人）签名或者盖章的，是否注明原因；对电子数据的类别、文件格式等是否注明清楚。

（3）是否依照有关规定由符合条件的人员担任见证人，是否对相关活动进行录像。

（4）电子数据检查是否将电子数据存储介质通过写保护设备接入到检查设备；有条件的，是否制作电子数据备份，并对备份进行检查；无法制作备份且无法使用写保护设备的，是否附有录像。

（5）通过技术侦查措施，利用远程计算机信息系统进行网络远程勘验收集到电子数据，作为证据使用的，是否随案移送批准采取技术侦查措施的法律文书和所收集的证据材料，是否对其来源等作出书面说明。

（6）对电子数据作出鉴定意见的鉴定机构是否具有司法鉴定资质。

3. 电子数据的采信

（1）经过公安机关补正或者作出合理解释可以采信的电子数据：未以封存状态移送的；笔录或者清单上没有侦查人员、电子数据持有人（提供人）、见证人签名或者盖章的；对电子数据的名称、类别、格式等注明不清的；有其他瑕疵的。

（2）不能采信的电子数据：电子数据系篡改、伪造或者无法确定真伪的；电子数据有增加、删除、修改等情形，影响电子数据真实性的；其他无法保证电子数据真实性的情形。

（七）境外证据的审查

1. 证据来源合法性的审查

境外证据的来源包括：外交文件（国际条约、互助协议）；司法协助（刑事司法协助、平等互助原则）；警务合作（国际警务合作机制、国际刑警组织）。

由于上述来源方式均需要有法定的程序和条件，对境外证据的审查要注意：证据来源是否是通过上述途径收集，审查报批、审批手续是否完备，程序是否合法；证据材料移交过程是否合法，手续是否齐全，确保境外证据的来源合法性。

2. 证据转换的规范性审查

对于不符合我国证据种类和收集程序要求的境外证据，侦查机关要重新进行转换和固定，才能作为证据使用。注重审查：

（1）境外交接证据过程的连续性，是否有交接文书，交接文书是否包含接收证据。

（2）接收移交、开箱、登记时是否全程录像，确保交接过程的真实性，交接物品的完整性。

（3）境外证据按照我国证据收集程序重新进行固定的，依据相关规定进行，注意证据转换过程的连续性和真实性的审查。

(4)公安机关是否对境外证据来源、提取人、提取时间或者提供人、提供时间以及保管移交的过程等作出说明,有无对电子数据完整性等专门性问题的鉴定意见等。

(5)无法确认证据来源、证据真实性、收集程序违法无法补正等境外证据应予排除。

3. 其他来源的境外证据的审查

通过其他渠道收集的境外证据材料,作为证据使用的,应注重对其来源、提供人、提供时间以及提取人、提取时间进行审查。能够证明案件事实且符合刑事诉讼法规定的,可以作为证据使用。

三、社会危险性及羁押必要性审查

(一)审查逮捕

符合下列情形之一的,可以结合案件具体情况考虑认定犯罪嫌疑人具有社会危险性,有羁押必要:

1.《最高人民检察院、公安部关于逮捕社会危险性条件若干问题的规定(试行)》(高检会〔2015〕9 号)规定的具有社会危险性情节的。

2. 犯罪嫌疑人是诈骗团伙的首要分子或者主犯。对于首要分子,要重点审查其在电信网络诈骗集团中是否起到组织、策划、指挥作用。对于其他主犯,要重点审查其是否是犯意的发起者、犯罪的组织者、策划者、指挥者、主要责任者,是否参与了犯罪的全过程或关键环节以及在犯罪中所起的作用;诈骗团伙的具体管理者、组织者、招募者、电脑操盘人员、对诈骗成员进行培训的人员以及制作、提供诈骗方案、术语清单、语音包、信息的人员可以认定为主犯;取款组、供卡组、公民个人信息提供组等负责人,对维持诈骗团伙运转起着重要作用的,可以认定为主犯;对于其他实行犯是否属于主犯,主要通过其参加时段实施共同犯罪活动的程度、具体罪行的大小、对造成危害后果的作用等来认定。

3. 有证据证明犯罪嫌疑人实施诈骗行为,犯罪嫌疑人拒不供认或者作虚假供述的。

4. 有证据显示犯罪嫌疑人参与诈骗且既遂数额巨大、被害人众多,诈骗数额等需进一步核实的。

5. 有证据证明犯罪嫌疑人参与诈骗的时间长,应当明知诈骗团伙其他同案犯犯罪事实的，但犯罪嫌疑人拒绝指证或虚假指证的。

6. 其他具有社会危险性或羁押必要的情形。

在犯罪嫌疑人罪行较轻的前提下，根据犯罪嫌疑人在犯罪团伙中的地位、作用、参与时间、工作内容、认罪态度、悔罪表现等情节，结合案件整体情况，依据主客观相一致原则综合判断犯罪嫌疑人的社会危险性或者羁押必要性。在犯罪嫌疑人真诚认罪悔罪，如实供述且供述稳定的情况下，有下列情形的可以考虑社会危险性较小：

1. 预备犯、中止犯。

2. 直接参与诈骗的数额未达巨大，有自首、立功表现的。

3. 直接参与诈骗的数额未达巨大，参与时间短的发送信息、拨打电话人员。

4. 涉案数额未达巨大，受雇负责饮食、住宿等辅助工作人员。

5. 直接参与诈骗的数额未达巨大，积极退赃的从犯。

6. 被胁迫参加电信网络诈骗团伙，没有造成严重影响和后果的。

7. 其他社会危险性较小的情形。

需要注意的是，对犯罪嫌疑人社会危险性的把握，要根据案件社会影响、造成危害后果、打击力度的需要等多方面综合判断和考虑。

（二）审查起诉

在审查起诉阶段，要结合侦查阶段取得的事实证据，进一步引导侦查机关加大捕后侦查力度，及时审查新证据。在羁押期限届满前对全案进行综合审查，对于未达到逮捕证明标准的，撤销原逮捕决定。

经羁押必要性审查，发现犯罪嫌疑人具有下列情形之一的，应当向办案机关提出释放或者变更强制措施的建议：

1. 案件证据发生重大变化，没有证据证明有犯罪事实或者犯罪行为系犯罪嫌疑人、被告人所为的。

2. 案件事实或者情节发生变化，犯罪嫌疑人、被告人可能被判处拘役、管制、独立适用附加刑、免予刑事处罚或者判决无罪的。

3. 继续羁押犯罪嫌疑人、被告人，羁押期限将超过依法可能判处的刑期的。

4. 案件事实基本查清，证据已经收集固定，符合取保候审或者监视居住条件的。

经羁押必要性审查,发现犯罪嫌疑人、被告人具有下列情形之一,且具有悔罪表现,不予羁押不致发生社会危险性的,可以向办案机关提出释放或者变更强制措施的建议:

1. 预备犯或者中止犯;共同犯罪中的从犯或者胁从犯。

2. 主观恶性较小的初犯。

3. 系未成年人或者年满七十五周岁的人。

4. 与被害方依法自愿达成和解协议,且已经履行或者提供担保的。

5. 患有严重疾病、生活不能自理的。

6. 系怀孕或者正在哺乳自己婴儿的妇女。

7. 系生活不能自理的人的唯一扶养人。

8. 可能被判处一年以下有期徒刑或者宣告缓刑的。

9. 其他不需要继续羁押犯罪嫌疑人、被告人的情形。

指导性案例

张凯闵等 52 人电信网络诈骗案(检例第 67 号)

【关键词】

跨境电信网络诈骗　境外证据审查　电子数据　引导取证

【要旨】

跨境电信网络诈骗犯罪往往涉及大量的境外证据和庞杂的电子数据。对境外获取的证据应着重审查合法性,对电子数据应着重审查客观性。主要成员固定,其他人员有一定流动性的电信网络诈骗犯罪组织,可认定为犯罪集团。

【基本案情】

被告人张凯闵,男,1981 年 11 月 21 日出生,中国台湾地区居民,无业。

林金德等其他被告人、被不起诉人基本情况略。

2015 年 6 月至 2016 年 4 月间,被告人张凯闵等 52 人先后在印度尼西亚共和国和肯尼亚共和国参加对中国大陆居民进行电信网络诈骗的犯罪集团。在实施电信网络诈骗过程中,各被告人分工合作,其中部分被告人负责利用电信网络技术手段对大陆居民的手机和座机电话进行语音群呼,群呼的主要内容为“有快递未签收,经查询还有护照签证即将过期,将被限制出境管制,身份信息可能遭泄露"等。当被害人按照语音内容操作后，电话会自动接通冒充快递公司客服人员的一线话务员。一线话务员以帮助被害人报案为由，在被害人不挂断电话时，将电话转接至冒充公安局办案人员的二线话务员。二线话务员向被害人谎称"因泄露的个人信息被用于犯罪活动，需对被害人资金流向进行调查"，欺骗被害人转账、汇款至指定账户。如果被害人对二线话务员的说法仍有怀疑，二线话务员会将电话转给冒充检察官的三线话务员继续实施诈骗。

至案发，张凯闵等被告人通过上述诈骗手段骗取75名被害人钱款共计人民币2300余万元。

【指控与证明犯罪】

（一）介入侦查引导取证

由于本案被害人均是中国大陆居民，根据属地管辖优先原则，2016年4月，肯尼亚将76名电信网络诈骗犯罪嫌疑人（其中大陆居民32人，台湾地区居民44人）遣返中国大陆。经初步审查，张凯闵等41人与其他被遣返的人分属互不关联的诈骗团伙，公安机关依法分案处理。2016年5月，北京市人民检察院第二分院经指定管辖本案，并应公安机关邀请，介入侦查引导取证。

鉴于肯尼亚在遣返犯罪嫌疑人前已将起获的涉案笔记本电脑、语音网关（指能将语音通信集成到数据网络中实现通信功能的设备）、手机等物证移交我国公安机关，为确保证据的客观性、关联性和合法性，检察机关就案件证据需要达到的证明标准以及涉外电子数据的提取等问题与公安机关沟通，提出提取、恢复涉案的Skype聊天记录、Excel和Word文档、网络电话拨打记录清单等电子数据，并对电子数据进行无污损鉴定的意见。在审查电子数据的过程中，检察人员与侦查人员在恢复的Excel文档中找到多份"返乡订票记录单"以及早期大量的Skype聊天记录。依据此线索，查实部分犯罪嫌疑人在去肯尼亚之前曾在印度尼西亚两度针对中国大陆居民进行诈骗，诈骗数额累计达2000余万元人民币。随后，11名曾在印度尼西亚参与张凯闵团伙实施电信诈骗，未赴肯尼亚继续诈骗的犯罪嫌疑人陆续被缉捕到案。至此，张凯闵案52名犯罪嫌疑人全部到案。

（二）审查起诉

审查起诉期间，在案犯罪嫌疑人均表示认罪，但对其在犯罪集团中的作用和参与犯罪数额各自作出辩解。经审查，北京市人民检察院第二分院认为现有证据足以证实张凯闵等人利用电信网络实施诈骗，但案件证据还存在以下问题：一是电子数据无污损鉴定意见的鉴定起始基准时间晚于犯罪嫌疑人归案的时间近 11 个小时，不能确定在此期间电子数据是否被增加、删除、修改。二是被害人与诈骗犯罪组织间的关联性证据调取不完整，无法证实部分被害人系本案犯罪组织所骗。三是台湾地区警方提供的台湾地区犯罪嫌疑人出入境记录不完整，北京市公安局出入境管理总队出具的出入境记录与犯罪嫌疑人的供述等其他证据不尽一致，现有证据不能证实各犯罪嫌疑人参加诈骗犯罪组织的具体时间。

针对上述问题，北京市人民检察院第二分院于 2016 年 12 月 17 日、2017 年 3 月 7 日两次将案件退回公安机关补充侦查，并提出以下补充侦查意见：一是通过中国驻肯尼亚大使馆确认抓获犯罪嫌疑人和外方起获物证的具体时间，将此时间作为电子数据无污损鉴定的起始基准时间，对电子数据重新进行无污损鉴定，以确保电子数据的客观性。二是补充调取犯罪嫌疑人使用网络电话与被害人通话的记录、被害人向犯罪嫌疑人指定银行账户转账汇款的记录、犯罪嫌疑人的收款账户交易明细等证据，以准确认定本案被害人。三是调取各犯罪嫌疑人护照，由北京市公安局出入境管理总队结合护照，出具完整的出入境记录，补充讯问负责管理护照的犯罪嫌疑人，核实部分犯罪嫌疑人是否中途离开过诈骗窝点，以准确认定各犯罪嫌疑人参加犯罪组织的具体时间。补充侦查期间，检察机关就补侦事项及时与公安机关加强当面沟通，落实补证要求。与此同时，检察人员会同侦查人员共赴国家信息中心电子数据司法鉴定中心，就电子数据提取和无污损鉴定等问题向行业专家咨询，解决了无污损鉴定的具体要求以及提取、固定电子数据的范围、程序等问题。检察机关还对公安机关以《司法鉴定书》记录电子数据勘验过程的做法提出意见，要求将《司法鉴定书》转化为勘验笔录。通过上述工作，全案证据得到进一步完善，最终形成补充侦查卷 21 册，为案件的审查和提起公诉奠定了坚实基础。

检察机关经审查认为，根据肯尼亚警方出具的《调查报告》、我国驻肯尼亚大使馆出具的《情况说明》以及公安机关出具的扣押决定书、扣押清单等，能够确定境外获取的证据来源合法，移交过程真实、连贯、合法。国家信息中心电子数据司法鉴定中心重新作出的无污损鉴定，鉴定的起始基准时间与肯尼亚警方抓获犯罪嫌疑人并起获涉案设备的时间一致，能够证实电子数据的真实性。涉案笔记本电脑和手机中提取的Skype账户登录信息等电子数据与犯罪嫌疑人的供述相互印证，能够确定犯罪嫌疑人的网络身份和现实身份具有一致性。75名被害人与诈骗犯罪组织间的关联性证据已补充到位，具体表现为：网络电话、Skype聊天记录等与被害人陈述的诈骗电话号码、银行账号等证据相互印证；电子数据中的聊天时间、通话时间与银行交易记录中的转账时间相互印证；被害人陈述的被骗经过与被告人供述的诈骗方式相互印证。本案的75名被害人被骗的证据均满足上述印证关系。

（三）出庭指控犯罪

2017年4月1日，北京市人民检察院第二分院根据犯罪情节，对该诈骗犯罪集团中的52名犯罪嫌疑人作出不同处理决定。对张凯闵等50人以诈骗罪分两案向北京市第二中级人民法院提起公诉，对另2名情节较轻的犯罪嫌疑人作出不起诉决定。7月18日、7月19日，北京市第二中级人民法院公开开庭审理了本案。

庭审中，50名被告人对指控的罪名均未提出异议，部分被告人及其辩护人主要提出以下辩解及辩护意见：一是认定犯罪集团缺乏法律依据，应以被告人实际参与诈骗成功的数额认定其犯罪数额。二是被告人系犯罪组织雇佣的话务员，在本案中起次要和辅助作用，应认定为从犯。三是检察机关指控的犯罪金额证据不足，没有形成完整的证据链条，不能证明被害人是被告人所骗。

针对上述辩护意见，公诉人答辩如下：

一是该犯罪组织以共同实施电信网络诈骗犯罪为目的而组建，首要分子虽然没有到案，但在案证据充分证明该犯罪组织在首要分子的领导指挥下，有固定人员负责窝点的组建管理、人员的召集培训，分工担任一线、二线、三线话务员，该诈骗犯罪组织符合刑法关于犯罪集团的规定，应当认定为犯罪集团。

二是在案证据能够证实二线、三线话务员不仅实施了冒充警察、检察官接听拨打电话的行为，还在犯罪集团中承担了组织管理工作，在共同犯罪中起主要作用，应认定为主犯。对从事一线接听拨打诈骗电话的被告人，已作区别对待。该犯罪集团在印度尼西亚和肯尼亚先后设立3个窝点，参加过2个以上窝点犯罪的一线人员属于积极参加犯罪，在犯罪中起主要作用，应认定为主犯；仅参加其中一个窝点犯罪的一线人员，参与时间相对较短，实际获利较少，可认定为从犯。

三是本案认定诈骗犯罪集团与被害人之间关联性的证据主要有：犯罪集团使用网络电话与被害人电话联系的通话记录；犯罪集团的 Skype 聊天记录中提到了被害人姓名、公民身份号码等个人信息；被害人向被告人指定银行账户转账汇款的记录。起诉书认定的 75 名被害人至少包含上述一种关联方式，实施诈骗与被骗的证据能够形成印证关系，足以认定 75 名被害人被本案诈骗犯罪组织所骗。

（四）处理结果

2017 年 12 月 21 日，北京市第二中级人民法院作出一审判决，认定被告人张凯闵等 50 人以非法占有为目的，参加诈骗犯罪集团，利用电信网络技术手段，分工合作，冒充国家机关工作人员或其他单位工作人员，诈骗被害人钱财，各被告人的行为均已构成诈骗罪，其中 28 人系主犯，22 人系从犯。法院根据犯罪事实、情节并结合各被告人的认罪态度、悔罪表现，对张凯闵等 50 人判处十五年至一年九个月不等有期徒刑，并处剥夺政治权利及罚金。张凯闵等部分被告人以量刑过重为由提出上诉。2018 年 3 月，北京市高级人民法院二审裁定驳回上诉，维持原判。

【指导意义】

（一）对境外实施犯罪的证据应着重审查合法性

对在境外获取的实施犯罪的证据，一是要审查是否符合我国刑事诉讼法的相关规定，对能够证明案件事实且符合刑事诉讼法规定的，可以作为证据使用。二是对基于有关条约、司法互助协定、两岸司法互助协议或通过国际组织委托调取的证据，应注意审查相关办理程序、手续是否完备，取证程序和条件是否符合有关法律文件的规定。对不具有规定规范的，一般应当要求提供所在国公证机关证明，由所在国中央外交主管机关或其授权机关认证，并经我国驻该国使、领馆认证。三是对委托取得的境外证据，移交过程中应注意审查过程是否连续、手续是否齐全、交接物品是否完整、双方的交接清单记载的物品信息是否一致、交接清单与交接物品是否一一对应。四是对当事人及其辩护人、诉讼代理人提供的来自境外的证据材料，要审查其是否按照条约等相关规定办理了公证和认证，并经我国驻该国使、领馆认证。

（二）对电子数据应重点审查客观性

一要审查电子数据存储介质的真实性。通过审查存储介质的扣押、移交等法律手续及清单，核实电子数据存储介质在收集、保管、鉴定、检查等环节中是否保持原始性和同一性。二要审查电子数据本身是否客观、真实、完整。通过审查电子数据的来源和收集过程，核实电子数据是否从原始存储介质中提取，收集的程序和方法是否符合法律和相关技术规范。对从境外起获的存储介质中提取、恢复的电子数据应当进行无污损鉴定，将起获设备的时间作为鉴定的起始基准时间，以保证电子数据的客观、真实、完整。三要审查电子数据内容的真实性。通过审查在案言词证据能否与电子数据相互印证，不同的电子数据间能否相互印证等，核实电子数据包含的案件信息能否与在案的其他证据相互印证。

（三）紧紧围绕电话卡和银行卡审查认定案件事实

办理电信网络诈骗犯罪案件，认定被害人数量及诈骗资金数额的相关证据，应当紧紧围绕电话卡和银行卡等证据的关联性来认定犯罪事实。一是通过电话卡建立被害人与诈骗犯罪组织间的关联。通过审查诈骗犯罪组织使用的网络电话拨打记录清单、被害人接到诈骗电话号码的陈述以及被害人提供的通话记录详单等通讯类证据，认定被害人与诈骗犯罪组织间的关联性。二是通过银行卡建立被害人与诈骗犯罪组织间的关联。通过审查被害人提供的银行账户交易明细、银行客户通知书、诈骗犯罪集团指定银行账户信息等书证以及诈骗犯罪组织使用的互联网软件聊天记录，核实聊天记录中是否出现被害人的转账账户，以确定被害人与诈骗犯罪组织间的关联性。三是将电话卡和银行卡结合起来认定被害人及诈骗数额。审查被害人接到诈骗电话的时间、向诈骗犯罪组织指定账户转款的时间，诈骗犯罪组织手机或电脑中储存的聊天记录中出现的被害人的账户信息和转账时间是否印证。相互关联印证的，可以认定为案件被害人，被害人实际转账的金额可以认定为诈骗数额。

（四）有明显首要分子，主要成员固定，其他人员有一定流动性的电信网络诈骗犯罪组织，可以认定为诈骗犯罪集团

实施电信网络诈骗犯罪，大都涉案人员众多、组织严密、层级分明、各环节

分工明确。对符合刑法关于犯罪集团规定,有明确首要分子,主要成员固定,其他人员虽有一定流动性的电信网络诈骗犯罪组织,依法可以认定为诈骗犯罪集团。对出资筹建诈骗窝点、掌控诈骗所得资金、制定犯罪计划等起组织、指挥管理作用的,依法可以认定为诈骗犯罪集团首要分子,按照集团所犯的全部罪行处罚。对负责协助首要分子组建窝点、招募培训人员等起积极作用的,或加入时间较长,通过接听拨打电话对受害人进行诱骗,次数较多、诈骗金额较大的,依法可以认定为主犯,按照其参与或组织、指挥的全部犯罪处罚。对诈骗次数较少、诈骗金额较小,在共同犯罪中起次要或者辅助作用的,依法可以认定为从犯,依法从轻、减轻或免除处罚。

【相关规定】

《中华人民共和国刑法》第六条、第二十六条、第二百六十六条

《中华人民共和国刑事诉讼法》第十八条、第二十五条

《中华人民共和国国际刑事司法协助法》第九条、第十条、第二十五条、第二十六条、第三十九条、第四十条、第四十一条、第六十八条

《最高人民法院、最高人民检察院、公安部关于办理诈骗刑事案件具体应用法律若干问题的解释》第一条、第二条

《最高人民法院、最高人民检察院、公安部关于办理电信网络诈骗等刑事案件适用法律若干问题的意见》

《最高人民法院、最高人民检察院、公安部关于办理刑事案件收集提取和审查判断电子数据若干问题的规定》

《检察机关办理电信网络诈骗案件指引》

《最高人民法院关于适用〈中华人民共和国刑事诉讼法〉的解释》第四百零五条

第十五讲

窃听、窃照专用器材犯罪

一、窃听、窃照专用器材的泛滥与刑事规制困境

（一）窃听、窃照专用器材的泛滥态势

我国对窃听、窃照等专用间谍器材的生产、销售实行严格的管理制度。1993 年《国家安全法》第 21 条规定："任何个人和组织都不得非法持有、使用窃听、窃照等专用间谍器材。"2014 年 11 月 1 日起施行的《反间谍法》第 25 条中规定："任何个人和组织都不得非法持有、使用间谍活动特殊需要的专用间谍器材。"非法生产、销售专用间谍器材，不仅妨害专用间谍器材的生产、销售秩序，而且严重影响国家安全和公民正常的工作与生活。

近年来，随着我国经济和信息技术的快速发展，社会非法调查活动日益猖獗，密拍密录、跟踪定位等窃听、窃照专用器材也随之泛滥。当前，窃听、窃照器材品种门类繁多，功能强大。大致可分为三类：(1)密拍密录器材。此类器材可伪装成钟表、笔、纽扣、汽车钥匙、领带、腰带、手包、打火机、笑脸服务标牌等多种物品，几乎囊括了日常生活中所能接触到的全部物品。(2)窃听、跟踪、定位器材。此类器材有的仅有普通橡皮大小，插入一张手机卡即可不限距离、不限时间地进行监听、定位；有的伪装成电源插板、鼠标等日常用品进行窃听、跟踪、定位，不易被察觉。(3)集合前两类功能的窃听、窃照器材。此类器材通过远程电话遥控或者声控自主设定，可以随时启动拍照、录音、录像、窃听、定位等功能，并可以将照片、定位信息即时无线传输给监控人。

窃听、窃照器材的非法生产和使用，不仅对国家信息安全、社会秩序稳定和公民隐私保护构成严重威胁，还滋生和助长非法调查、非法讨债、敲诈勒索、绑

架等下游犯罪行为。从实践来看，一些利用窃听、窃照器材实施的犯罪案件手段残忍，社会影响恶劣，如有的地方发生了利用窃听、窃照器材实施敲诈勒索进而引发杀人的严重刑事案件。因此，亟须依法对非法生产、销售、使用窃听、窃照器材的行为予以打击治理。

（二）窃听、窃照专用器材犯罪刑事规制的困境

在《刑法修正案（九）》施行前，对于非法生产、销售、使用窃听、窃照器材行为的处理存在法律适用难题，亟须通过立法修改的方式加以解决。当时《刑法》第 283 条只规定了非法生产、销售间谍专用器材罪。对于非法生产、销售窃听、窃照器材的行为，只有器材被认定为专用间谍器材，才能以非法生产、销售间谍专用器材罪追究刑事责任。根据《国家安全法实施细则》的规定，专用间谍器材的确认由国家安全部负责。[①] 国家安全部对专用间谍器材的认定有严格的要求，普通案件的涉案器材一般不予检验鉴定。实践中，公安机关一般是请国家安全机关进行确认。但往往因为案件不涉及间谍犯罪，国家安全机关进行确认需要专报专批，办案机关需不断与国家安全机关进行沟通，极大地影响了办案效率。而且，对于生产、销售未被认定为专用间谍器材的窃听、窃照器材行为的定性，一方面，囿于法律的明确规定，无法将其扩张解释为“专用间谍器材”；另一方面，如果直接通过司法解释规定适用非法生产、销售间谍专用器材罪以外的其他罪名，如非法经营罪，可能导致非法生产、销售被认定为专用间谍器材的窃听、窃照器材最高只能处 3 年有期徒刑，而非法生产、销售其他窃听、窃照器材最高可能处 15 年有期徒刑的不合理现象。因此，较为妥当的是，通过立法解释扩大《刑法》第 283 条“窃听、窃照等专用间谍器材”的范围，或者对该规定作出修改，从而在刑法中明确非法生产、销售窃听、窃照专用器材的定性。

---

① 2014 年 11 月 1 日起施行的《反间谍法》第 25 条规定：“……专用间谍器材由国务院国家安全主管部门依照国家有关规定确认。”

二、窃听、窃照专用器材犯罪的立法修改

（一）1997 年《刑法》的规定

1997 年《刑法》增设非法生产、销售间谍专用器材罪，第 283 条规定："非法生产、销售窃听、窃照等专用间谍器材的，处三年以下有期徒刑、拘役或者管制。"此外，窃听、窃照专用器材的使用也必须符合相应的规定，违反规定非法使用窃听、窃照器材的行为，会严重扰乱正常的管理秩序，侵害公民的合法权益。为此，1997 年《刑法》增设非法使用窃听、窃照专用器材罪，第 284 条规定："非法使用窃听、窃照专用器材，造成严重后果的，处二年以下有期徒刑、拘役或者管制。"这些规定对于规范专用间谍器材的生产、销售和窃听、窃照专用器材的使用，维护公民的合法权益，发挥了重要作用。

（二）《刑法修正案（九）》的规定

近年来，有关部门建议增加规定非法生产、销售窃听、窃照等专用器材的犯罪，以有效遏制窃听、窃照器材违法犯罪活动的泛滥趋势。经慎重研究，《刑法修正案（九）》将非法生产、销售窃听、窃照专用器材的行为规定为犯罪，并针对非法生产、销售专用间谍器材或者窃听、窃照专用器材增加单位犯罪的规定，针对情节严重的情形增加规定"处三年以上七年以下有期徒刑，并处罚金"。

三、窃听、窃照专用器材犯罪的法律适用疑难

（一）客观行为方式的认定

非法生产、销售专用间谍器材、窃听、窃照专用器材罪在客观方面表现为非法生产、销售专用间谍器材或者窃听、窃照专用器材的行为。具体而言，非法生产、销售专用间谍器材、窃听、窃照专用器材可以表现为两种形式：（1）无权生产、销售专用间谍器材或者窃听、窃照专用器材的主体，违反有关规定，擅自生产、销售上述器材的行为；（2）具有专用间谍器材或者窃听、窃照专用器材的生产、销售权的主体，违反主管部门的规定和下达的指标，超范围、超生产指标生产或者违反规定进行销售的行为。

（二）相关专业术语的把握

司法适用中，需要注意把握“专用间谍器材”“窃听、窃照专用器材”的认定问题。根据修正后《刑法》第283条的规定，非法生产、销售专用间谍器材、窃听、窃照专用器材罪的对象包括“专用间谍器材”和“窃听、窃照专用器材”。根据《刑法》第284条的规定，非法使用窃听、窃照专用器材罪的对象限于“窃听、窃照专用器材”。因此，司法实践中应当通过判断涉案器材的属性，从而选择所应适用的罪名。具体而言，应当注意以下问题：

1.“专用间谍器材”的范围和认定主体。专用间谍器材的认定工作由国家安全部门负责。参照《反间谍法实施细则》的规定，“专用间谍器材”是指进行间谍活动特殊需要的下列器材：（1）暗藏式窃听、窃照器材；（2）突发式收发报机、一次性密码本、密写工具；（3）用于获取情报的电子监听、截收器材；（4）其他专用间谍器材。

2.“窃听、窃照专用器材”的范围和认定主体。对于专用间谍器材以外的窃听、窃照专用器材，由公安机关进行鉴别判断。根据原国家工商总局、公安部、原国家质检总局《禁止非法生产销售使用窃听窃照专用器材和“伪基站”设备的规定》的规定，“窃听、窃照等专用器材”包括窃听专用器材和窃照专用器材。窃听专用器材是指以伪装或者隐蔽方式使用，具有下列情形之一的器材：（1）具有无线发射、接收语音信号功能的发射、接收器材；（2）微型语音信号拾取或录制设备；（3）能够获取无线通信信息的电子接收器材；（4）利用搭接、感应等方式获取通讯线路信息的器材；（5）利用固体传声、光纤、微波、激光、红外线等技术获取语音信息的器材；（6）可遥控语音接收器件或电子设备中的语音接收功能，获取相关语音信息，且无明显提示的器材（含软件）；（7）其他具有窃听功能的器材。窃照专用器材是指以伪装或者隐蔽方式使用，具有下列情形之一的器材：（1）具有无线发射功能的照相、摄像器材；（2）微型针孔摄像装置以及使用微型针孔式摄像装置的照相、摄像器材；（3）取消正常取景器和回放显示器的微小相机和摄像机；（4）利用搭接、感应等方式获取图像信息的器材；（5）可遥控照相、摄像器件或电子设备中的照相、摄像功能，获取相关图像信息，且无明显提示的器材（含软件）；（6）其他具有窃照功能的器材。

3.“专用间谍器材”“窃听、窃照专用器材”的“专用”性的认定。把握修正后《刑法》第283条、第284条规定的“专用间谍器材”“窃听、窃照专用器材”，关键在于准确理解“专用”一词的含义，把握有关器材的专用性。“专用间谍器材”“窃听、窃照专用器材”，是指有关器材只能用于实施间谍活动或者只能用于实施窃听、窃照的用途。上述专用器材应当有别于中性的“窃听、窃照器材”，后者既可以用于违法犯罪目的，又可以用于合法目的。可以类比的是，菜刀既可以用于切菜等合法用途，也可以被不法分子用作杀人、伤害等违法犯罪的工具，但不能将菜刀认定为“杀人、伤害专用工具”。实践中，一些中性的器材也可能被用作违法犯罪的工具，如具有拍照、录音功能的手机也可以被不法分子用于窃听、窃照，甚至用于间谍活动，但手机明显不能被归入“专用间谍器材”“窃听、窃照专用器材”的范畴。因此，在具体认定涉案器材时，应当注意从技术标准和功能设定上将“专用间谍器材”“窃听、窃照专用器材”同中性的“窃听、窃照器材”区分开来，防止刑法适用的泛化。例如，当前市面上销售的儿童安全手表，基于家长监控儿童的安全需要，可以远程接收儿童所处环境的语音信号，且以隐蔽的方式装置在手表内，是具有无线发射、接收语音信号功能的发射、接收器材，且系以伪装或隐蔽方式使用的器材，但根据一般人的认识和立法本意，不能将此类器材认定为“窃听专用器材”。

4.“专用间谍器材”与“窃听、窃照专用器材”之间的关系把握。修正后《刑法》第283条使用了“专用间谍器材”“窃听、窃照专用器材”两个术语，但不宜认定二者之间是绝对排斥的关系，否则会导致《刑法》第284条规定的非法使用窃听、窃照专用器材罪只能适用于非法使用窃听、窃照专用器材的行为，而对非法使用专用间谍器材的行为却无法适用，而后者的社会危害性明显更大。① 为有效防范上述不合理现象，宜认为“专用间谍器材”与“窃听、窃照专用器材”之间存在部分交叉关系，即“窃听、窃照专用器材”包含“专用间谍器材”中含有窃

---

①　在《刑法修正案（九）》（草案）研拟过程中，有部门即提出增设非法使用专用间谍器材罪。由于各种原因，《刑法修正案（九）》并未采纳上述建议。在立法未在《刑法》第284条将非法使用专用间谍器材的行为增设为犯罪的情况下，对《刑法》第284条规定的“窃听、窃照专用器材”的范围作出符合司法实践需要的解释，是唯一可行的办法。参见喻海松：《刑法的扩张——〈刑法修正案（九）〉及新近刑法立法解释司法适用解读》，人民法院出版社2015年版，第195－198页。

听、窃照功能的器材在内。修正后《刑法》第283条为了突出非法生产、销售专用间谍器材的刑事违法性，专门作了上述区分。对于《刑法》第284条规定的非法使用窃听、窃照专用器材罪的适用，应当认为对于非法使用具有窃听、窃照功能的专用间谍器材，造成严重后果的，当然可以适用非法使用窃听、窃照专用器材罪追究刑事责任。

相关规定

《中华人民共和国刑法》

第二百八十三条　【非法生产、销售专用间谍器材、窃听、窃照专用器材罪】非法生产、销售专用间谍器材或者窃听、窃照专用器材的，处三年以下有期徒刑、拘役或者管制，并处或者单处罚金；情节严重的，处三年以上七年以下有期徒刑，并处罚金。

单位犯前款罪的，对单位判处罚金，并对其直接负责的主管人员和其他直接责任人员，依照前款的规定处罚。

第二百八十四条　【非法使用窃听、窃照专用器材罪】非法使用窃听、窃照专用器材，造成严重后果的，处二年以下有期徒刑、拘役或者管制。

《国家工商行政管理总局、公安部、国家质量监督检验检疫总局禁止非法生产销售使用窃听窃照专用器材和“伪基站”设备的规定》(2014年12月23日)

第一条　为制止和打击非法生产、销售、使用窃听窃照专用器材和“伪基站”设备的违法犯罪行为，维护国家安全、公共安全和社会秩序，保障公民人身财产安全，制定本规定。

第二条　禁止自然人、法人及其他组织非法生产、销售、使用窃听窃照专用器材和“伪基站”设备。

第三条　本规定所称窃听专用器材，是指以伪装或者隐蔽方式使用，经公安机关依法进行技术检测后作出认定性结论，有以下情形之一的：

(一)具有无线发射、接收语音信号功能的发射、接收器材；

(二)微型语音信号拾取或者录制设备；

(三)能够获取无线通信信息的电子接收器材；

（四）利用搭接、感应等方式获取通讯线路信息的器材；

（五）利用固体传声、光纤、微波、激光、红外线等技术获取语音信息的器材；

（六）可遥控语音接收器件或者电子设备中的语音接收功能，获取相关语音信息，且无明显提示的器材（含软件）；

（七）其他具有窃听功能的器材。

第四条　本规定所称窃照专用器材，是指以伪装或者隐蔽方式使用，经公安机关依法进行技术检测后作出认定性结论，有以下情形之一的：

（一）具有无线发射功能的照相、摄像器材；

（二）微型针孔式摄像装置以及使用微型针孔式摄像装置的照相、摄像器材；

（三）取消正常取景器和回放显示器的微小相机和摄像机；

（四）利用搭接、感应等方式获取图像信息的器材；

（五）可遥控照相、摄像器件或者电子设备中的照相、摄像功能，获取相关图像信息，且无明显提示的器材（含软件）；

（六）其他具有窃照功能的器材。

第五条　本规定所称"伪基站"设备，是指未取得电信设备进网许可和无线电发射设备型号核准，具有搜取手机用户信息，强行向不特定用户手机发送短信息等功能，使用过程中会非法占用公众移动通信频率，局部阻断公众移动通信网络信号，经公安机关依法认定的非法无线电通信设备。

第六条　公安机关、工商行政管理部门和质量技术监督部门按照职责分工，依法查处非法生产、销售、使用窃听窃照专用器材和"伪基站"设备行为。其他有关部门依法查处与非法生产、销售、使用窃听窃照专用器材和"伪基站"设备有关的行为。

法律、法规对查处非法生产、销售、使用窃听窃照专用器材和"伪基站"设备另有规定的，依照其规定。

第七条　公安机关负责对窃听窃照专用器材、"伪基站"设备的认定工作。

质量技术监督部门、工商行政管理部门在执法检查中，发现涉嫌非法生产、销售窃听窃照专用器材、"伪基站"设备的，应当及时将有关器材、设备送当地公安机关认定，公安机关应当在7日内出具认定结论。工商行政管理部门、质量技术监督部门应当依据公安机关出具的认定结论，对不构成犯罪的非法生产、销售窃听窃照专用器材和“伪基站”设备行为以及为非法销售窃听窃照专用器材和“伪基站”设备提供广告设计制作、代理、发布的行为依法予以处理。

第八条　非法生产窃听窃照专用器材、“伪基站”设备，不构成犯罪的，由质量技术监督部门责令停止生产，处以 3 万元以下罚款。

第九条　非法销售窃听窃照专用器材、“伪基站”设备，不构成犯罪的，由工商行政管理部门责令停止销售，处以 3 万元以下罚款。

第十条　为非法销售窃听窃照专用器材、“伪基站”设备提供广告设计、制作、代理、发布，不构成犯罪的，由工商行政管理部门对广告经营者、广告发布者处以 3 万元以下罚款。

第十一条　对非法使用窃听窃照专用器材、“伪基站”设备行为，不构成犯罪的，由公安机关责令停止使用。对从事非经营活动的，处 1000 元以下罚款。对从事经营活动，有违法所得的，处违法所得 3 倍以下罚款，最高不得超过 3 万元；没有违法所得的，处 1 万元以下罚款。

第十二条　有关部门对非法销售窃听窃照专用器材、“伪基站”设备和发布相关违法广告作出行政处罚或者追究刑事责任后，可以提请通信监管部门对相关网站及时依法查处。

第十三条　质量技术监督部门、工商行政管理部门对两年内因非法生产、销售窃听窃照专用器材、“伪基站”设备受过两次以上行政处罚，又涉嫌非法生产、销售的，直接移送公安机关。

第十四条　公安机关、工商行政管理部门和质量技术监督部门查处案件过程中，需要征求有关部门意见的，应当征求有关部门意见；对发现不属于本部门职能的案件线索，应当及时向有关部门通报。

第十五条　在查处涉嫌非法生产、销售、使用窃听窃照专用器材和“伪基站”设备的违法犯罪行为时，对以暴力、威胁等方法阻碍国家机关工作人员执行公务的，由公安机关依法予以查处；构成犯罪的，依法追究刑事责任。

第十六条　公安机关、工商行政管理和质量技术监督等部门的工作人员，在查处案件过程中滥用职权、玩忽职守、徇私舞弊的，依法依纪追究责任；构成犯罪的，依法追究刑事责任。

第十七条　本规定由国家工商行政管理总局、公安部、国家质量监督检验检疫总局负责解释。

第十八条　本规定自公布之日起30日后施行。

第十六讲

考试作弊网络犯罪

一、利用信息技术手段实施考试作弊犯罪的态势

(一)利用信息技术手段实施考试作弊的态势

考试作弊在我国古已有之,从窃取试题、夹带抄袭到考场传递信息、篡改成绩,各种作弊手法层出不穷。自20世纪90年代后期以来,随着国家人才选拔机制的改变和社会风气的变化①,教育考试领域作弊现象滋生蔓延,各种"助考"违法犯罪活动多发。2010年至2011年,"助考"犯罪活动达到高峰,甚至一度出现了"逢考必作弊"的局面。无论是普通高考、研究生入学考试等升学考试,还是司法考试(2018年改为国家统一法律职业资格)、全国会计专业技术资格考试等,甚至是公务员考试,均出现了运用科技手段作弊的现象。仅2013年,全国披露的利用信息技术手段实施的考试作弊事件就有多起。例如,1月2日,吉林省公安厅网安总队一举抓获9名省内涉嫌非法获取国家考试秘密未遂案涉案人员,现场抓获报名参与考试作弊、购买无线考试作弊器材以及接受考试作弊咨询的考生26名,查获一批无线考试作弊器材等涉案物品;1月7日,甘肃省招办、甘肃省公安厅称,在研究生考试西北师大考点共破获3起利用无线信号进行考试作弊案件,涉案人员6人,涉案设备20多台(套);6月,高考最后

① 近年来,社会诚信的道德底线遭到突破,一些考生不以参与"助考"为耻,反以通过作弊方式取得好成绩为荣,且一些考生的家长和亲友也参与"助考"活动。"助考"活动的目的就是追逐经济利益,其从业人员大多受过高等教育,不少人在大学期间从高科技作弊活动中获益,进而走上"助考"道路。

一科考试结束后,湖北钟祥三中艺术体育考点发生围堵事件,起因是收缴了一些通讯工具和作弊仪器引起部分考生不满。[①] 2014 年全国一级建造师考试开考,四川约 8 万考生参考。该省人事考试中心的数据显示,各地考点一共“逮”出了 213 名作弊者。[②]

近年来,考试作弊违法犯罪活动有一个突出特点,就是运用无线电等信息技术在考试中作弊的现象日益突出。据介绍,利用无线电设备实施考试作弊活动最早出现于 2002 年。为应对考试过程中采取的作弊防范技术措施,各类考试作弊器材不断升级换代:(1)利用现代通讯器材作弊。随着“汉显”BP 机和 GSM 手机的普及,在英语四、六级考试中,出现了通过寻呼台向 BP 机传输答案或者通过手机直接传输答案的现象。随之,考试主管部门出台规定,禁止将 BP 机和手机带入考场。(2)第一代无线考试作弊器材。受利益驱动,有人开始研究利用无线通信设备作弊,催生了第一代无线考试作弊器材。第一代考试作弊器材主要包括语音信号发射机和语音信号接收机两种。发射机为日本、美国或者我国香港地区生产的通用手台或者专用对讲机,接收机为通用手台或者特殊设计的小型、微型语音接收机。第一代无线考试作弊器材的工作频率约为 150MHz,与当时的公安警用频率相重合,具有多个可选的频道。此类器材的体积较大,功能单一,隐蔽性较差。(3)第二代无线考试作弊器材。第二代无线考试作弊器材为低速无线数传设备,包括数传发射机和数传接收机,其中发射机主要从国外进口,接收机由国内企业设计生产。2005 年之后,国内市场上无线数传设备日渐普及,可以用来直接传递文字答案,“隐蔽又安全”,成为广受作弊考生青睐的工具。需要特别提及的是,2005 年之前的作弊形式基本为“考前”作弊,即作弊答案绝大多数来自内部人员。从 2005 年开始,“考中”作弊形式产生,有人开始通过带有照相功能的手机在考场中偷拍试卷并以彩信方式向考场外发送,甚至有人组织“枪手”利用小型数码相机偷拍试卷并通过无线数传设备发送给考场外的“助考”团伙成员。随着“考中”作弊的形成,社会上出现了“助

---

① 参见《新华调查:考试作弊,成了打不死的“小强”?!》,载新华教育,https://education.news.cn/2014-01/13/c_118950020.htm,最后访问日期:2015 年 8 月 5 日。

② 参见刘建国:《透视考试作弊背后的法律短板》,载《人民法院报》2014 年 9 月 23 日,第 2 版。

考”的固定称谓。“考中”作弊降低了窃取试题和答案的门槛,促使大规模考试作弊活动蔓延,“助考”行业基本形成。[①] (4)第三代无线考试作弊器材。2006年至2010年,数码照相机和无线数传技术快速发展,密拍数传设备趋于成熟,相继出现了小型化的数码相机(纽扣式)和专用图像数传发射机,发射天线经过伪装后可制成内衣、头饰等多种形态。语音和文字数传发射机的功率不断提高,最高功率可达20W,传输距离接近1公里。而且,这期间无线考试作弊器材的工作频率得到较大扩展,覆盖范围从100MHz到2GHz,除大量采用航空、铁路等专用频率外,还占用了部分军用和警用频率,对航空、铁路和军事通讯造成了一定的干扰。(5)第四代无线考试作弊器材。第四代无线考试作弊器材呈现出密拍设备隐蔽化(出现纽扣式、眼镜式和手表式密拍设备,发射天线通常采用背心、文胸、短裤、腰带、发卡、眼镜等形式),发射机大功率化(最大发射功率达到150W,在城市中心区的有效工作距离超过2.5公里,可在远离考点的地方进行发射,降低了被无线电侦测设备测向定位的风险)和接收机伪装形式多样化(答案接收机分为语音接收机和数据接收机两大类,前者包括米粒耳机、牙套接收机、牙齿接收机和颅骨接收机,后者伪装成橡皮、签字笔、尺子、眼镜、手表、发卡、皮带扣、钱包等,可以有效逃避安检设备和监考人员)等特点。2011年之后,无线考试作弊器材开始采用扩频和跳频等战场单兵通讯技术,基本规避了现有各种类型考试无线信号屏蔽设备的压制,甚至可以在大功率宽频段无线电压制的环境下稳定地传送信息,保证了作弊答案的顺利接收。(6)第五代无线考试作弊器材。2003年,多个省份的公安机关相继发现可直接向考场外传送实时图像的无线数码录像设备,可对试卷进行快速秘密拍摄,考场外“助考”团伙成员可以通过计算机截屏的方式直接获取试题照片。答案发射机实现了“云发射”(目前已发展到第六代,被称为“云六”发射机),即在发射机中内置手机无线接收模块,远程接收以手机短信或者微信等方式传来的答案信息,再通过发射机发送进考场。“云发射”设备彻底实现了答案传输过程的人机分离。

---

① 从实践来看,在这一时期,艺术类、体育类和医学类考试参与“助考”活动的人数逐年增加;大学英语四、六级考试,成人高考,高等教育自学考试和同等学力研究生考试成为“助考”行业的主攻目标;“助考”犯罪活动开始向资格考试、水平考试以及地方考试、企业招聘考试等领域蔓延。

有的还采用多点发射作弊答案的方法，由多台发射机轮流发送答案，发送结束后远程关机，使有关部门的无线信号侦测车无法定位找到“云发射机”的所在位置。2014 年以来，无线数码速传技术出现，可以通过多个信道同时传递答案，将无线信号发送时间压缩到 10 秒至 20 秒，实现了“绝对安全”。

此外，从实践来看，考试作弊现象已经迅速蔓延，并呈现出高度的团伙化和产业化，从过去的“单打独斗”转变为考生、中介商、作弊答案和器材提供者组成的完整产业链。如果说十年前的考试作弊主要是携带资料、抄写答案，那么，当前的考试作弊已经彻底升级换代，形成招揽客源、购买设备、组织答题、选取传送点、传送答案等“一条龙服务”。在此过程中，“作弊无线耳机”“考试作弊器”等考试作弊器材发挥了关键作用。① 一般而言，“助考”犯罪活动主要由四个阶段组成：(1)买卖预订阶段，即通过互联网向全国各地的“助考”团伙、考生兜售试题、答案，收取订金并提供登录密码。(2)窃取试题阶段，即在考试前通过内部人员协助窃取试题②，或者在考试期间派人进入考场非法拍题。(3)获取答案阶段，即利用长期形成或者临时组建的答题“枪手”班子集中答题，“枪手”中不乏博士、硕士和行业专家，有的甚至组织十余人同时作答，在短时间内得到高质量的答案。(4)发送答案阶段，即通过考生亲友、“助考”团伙成员或者发射装置向考场中发送答案。

上述变化情况，可以从《国家教育考试违规处理办法》中关于考试作弊行为的修改明显看出。2004 年 5 月 19 日发布的《国家教育考试违规处理办法》第 6 条对考试作弊行为有明确界定，2012 年 1 月 5 日教育部对《国家教育考试违规处理办法》作了修订，重要原因之一就是“打击利用通讯工具作弊、有组织作弊等行为的需要。目前，考试安全面临的形势越来越严峻，尤其是利用高科技手段实施的有组织作弊，成为突出问题。为此，需要‘办法’有针对性地在考试作

---

① 参见《新华调查：考试作弊，成了打不死的“小强”?!》，载新华教育，https://education.news.cn/2014-01/13/c_118950020.htm，最后访问日期：2015 年 8 月 5 日。

② 从近年来查处的“助考”案件来看，通过内部人员窃取试题的情况也日渐突出，不少“助考”犯罪团伙通过在考试前买通命题、制卷、运输、保管、分发等环节的内部工作人员协助窃取试卷。

弊的认定与处理上增加相应的规定，以适应查处和打击此类作弊行为”。[①] 基于此，修订后的《国家教育考试违规处理办法》第 6 条将原来规定的第 4 项“在考试过程中使用通讯设备的”修改为“携带具有发送或者接收信息功能的设备的”，从而使凡有携带此类设备的行为即构成作弊，以增加对利用高科技作弊行为的打击力度。同时，对其他考试作弊情形作出相应修改，提高对考试作弊行为的涵盖性和针对性。[②]

（二）考试作弊犯罪的司法应对

在《刑法修正案（九）》施行前，对于实践中出现的利用信息技术手段实施的考试作弊行为如何予以刑事规制，存在不同认识，大致形成了无罪说和有罪说两种观点。

1. 无罪说。此种观点认为，现行刑法并未规定考试作弊犯罪，对于利用信息技术手段作弊的行为，无法作为犯罪处理。例如，有论者认为：“罪刑法定是现代法治的内核，虽然作弊行为卑鄙，作弊者可耻，但撇开情感因素，仍可理直气壮地说作弊者无罪。”[③]司法实践中也有按此处理的案件。例如，2007 年研究生入学考试中，考生使用针孔摄像机将考题传出考场，由场外人员负责做题，再将答案传给使用隐形耳机的考生。西安无线电管理部门根据举报，现场抄获考研“作弊电台”，控制了 8 名人员。公安机关以无法律依据为由，拒绝受理案件。[④]

---

① 参见《教育部有关负责人就修订后的〈国家教育考试违规处理办法〉答记者问》，载新华教育，https://education.news.cn/2012-05/14/c_111949573.htm，最后访问日期：2015 年 8 月 5 日。

② 修订后《国家教育考试违规处理办法》第 6 条规定：“考生违背考试公平、公正原则，在考试过程中有下列行为之一的，应当认定为考试作弊：（一）携带与考试内容相关的材料或者存储有与考试内容相关资料的电子设备参加考试的；（二）抄袭或者协助他人抄袭试题答案或者与考试内容相关的资料的；（三）抢夺、窃取他人试卷、答卷或者胁迫他人为自己抄袭提供方便的；（四）携带具有发送或者接收信息功能的设备的；（五）由他人冒名代替参加考试的；（六）故意销毁试卷、答卷或者考试材料的；（七）在答卷上填写与本人身份不符的姓名、考号等信息的；（八）传、接物品或者交换试卷、答卷、草稿纸的；（九）其他以不正当手段获得或者试图获得试题答案、考试成绩的行为。”

③ 蒋文：《对几起涉考案件的法律观察》，载《保密工作》2009 年第 7 期。

④ 参见李化德：《对西安研考作弊案的法律思考》，载《中国教育报》2007 年 2 月 7 日，第 5 版。

2. 有罪说。此种观点认为，虽然当时刑法未设置考试作弊犯罪，但是，对于利用信息技术手段实施考试作弊的行为，可以根据其行为相应触犯的其他刑法罪名“迂回”惩治，这并不违反罪刑法定原则。对于所适用的具体罪名，又存在不同见解：

（1）构成侵犯国家秘密类犯罪。有论者认为，考试期间试题属于国家秘密，对于利用信息技术手段将试题传出进而作弊的行为，应当根据具体情形，分别按照故意泄露国家秘密罪、非法获取国家秘密罪惩处。其中，考场内的学生故意将作为国家秘密的试题泄露给考场外不应知道考题的人，是一种故意泄露国家秘密的行为，构成故意泄露国家秘密罪。监考人员的泄题行为也应按故意泄露国家秘密罪处理。如果考试工作人员按规定不应接触试题，那么，其接触并泄露试题，也可能构成非法获取国家秘密罪。① 而且，司法实践中也有相应判决。例如，张某等在2008年高考前购买笔式接收设备、信息发射设备、无线摄像传输微型机共50套，将设备卖给考生。高考前夕，张某等在考点附近的酒店、民房里设置了作弊点，并安排人员操控发射装置。在2008年6月7日高考首日上午从考场上获取答案的计划失败后，便从他人处买来所谓的高考答案。7日下午，考生家长正在给考生通过无线电传输答案时，被公安、无线电监测部门发现“异常电波”并抓获，在考场中用无线耳机接收答案的考生以及张某等也被抓获。张某作弊团伙由于答案错误、地区试卷差异、考场屏蔽、及时侦破等原因，基本未造成危害。山西省太原市迎泽区人民法院一审认为，张某等10名被告人的行为均已构成非法获取国家秘密罪，鉴于认罪态度较好给予从轻处罚，分别判处张某等3名被告人有期徒刑1年至2年不等的刑罚，6名被告人缓刑，1名被告人免予刑事处罚。②

（2）构成招收公务员、学生徇私舞弊罪。有观点认为，教师在招收公务员、学生考试中帮助学生作弊的，系在招收公务员、学生工作中徇私舞弊，构成招收公务员、学生徇私舞弊罪。司法实践中亦有适用此罪的案件。例如，被告人杨

---

①　参见刘金林：《高考作弊，刑法该如何应对》，载《检察日报》2009年6月13日，第3版。

②　参见《山西：高科技高考作弊团伙10人被判刑》，载新华网，https://news.xinhuanet.com/legal/2009-06/02/content_11476224.htm，最后访问日期：2014年2月5日。

某辉受聘担任2000年高考考场监考员。2000年7月8日,杨某辉在其监考的第32号考场里用剩余的试卷作出答案并复写成4份,亲自或通过监考人员将答案交给数名学生。杨某辉还在高考期间,叫其表弟陈某在家中通过寻呼机向考生传达答案,为考生作弊提供服务。杨某辉为此非法收受考生或考生家属多人财物共4400元。被告人王某某、杨某兴密谋,由王某某用手提电话将事先做好的语文、数学科的选择题答案传递到杨某兴的寻呼机,再由杨某兴夫妇传递到各作弊考生的寻呼机上,为考生作弊提供服务。案发后,被告人投案自首,并退还全部赃款。广东省电白县人民法院作出一审判决,以招收学生徇私舞弊罪判处杨某辉有期徒刑2年,以招收学生徇私舞弊罪分别判处王某某、杨某兴有期徒刑各1年。①

(3)构成窃听、窃照专用器材类犯罪。此种观点认为,对于运用信息技术手段实施的考试作弊行为,根据具体行为可以适用非法生产、销售间谍专用器材、窃听、窃照专用器材罪或者非法使用窃听、窃照专用器材罪。例如,有学者指出,大肆销售考试作弊用的窃听、窃照器材的行为社会危害性很大,严重扰乱社会秩序,应当给予刑事处罚;对于仅仅购买作弊器材的学生家长或考生则不应受到刑事处罚,对于使用作弊器材接收考场外所传答案的考生,一般也不宜追究刑事责任。具体而言,对接收答案的器材可认定为“窃听专用器材”,从而适用窃听专用器材类犯罪。②

(4)构成聚众扰乱公共场所秩序罪。此种观点认为,考场内外勾结使用信息技术手段作弊违反了国家考试秩序,影响了国家考试的公信力和权威性,极大地损害了广大考生的合法权益。从广义上而言,考试秩序属于《治安管理处罚法》第23条和《刑法》第291条所规定的“公共场所秩序”,有组织的考试作弊行为侵犯了考试秩序,属于扰乱公共场所秩序的行为,可以按照《治安管理处罚法》和《刑法》的有关规定进行处理。③

---

① 参见《揭开电白高考作弊案的内幕:作弊的黑色链条》,载新华网,https://www.cnr.cn/news/chief/2001-06-8-6.htm,最后访问日期:2014年2月5日。

② 参见刘金林:《销售、使用作弊器材可能触犯什么罪名》,载《检察日报》2009年6月19日,第3版。

③ 参见博思:《制裁考试作弊不能错用手段》,载《保密工作》2009年第7期。

(三)考试作弊犯罪司法应对的不足

如前所述,关于利用信息技术手段实施考试作弊行为的刑法应对存在不同认识。无罪说对罪刑法定原则作了机械理解,无疑有不妥之处。刑法未明确规定专门的考试作弊犯罪,但这并不意味着对考试作弊的行为不能适用其他罪名予以惩治。但是,有罪说的各种观点虽然实现了对利用信息技术手段作弊行为的惩治,但并非解决考试作弊行为刑事惩治的完美方案:其一,现有方案只能解决部分考试作弊行为,无法实现对考试作弊行为的全方位覆盖;其二,现有方案无法直接惩治考试作弊行为,只能是对考试作弊行为的"迂回惩治";其三,现有方案在理论论证上尚有瑕疵,个别问题难以"自圆其说"。具体分析如下:

1. 构成侵犯国家秘密类犯罪说的评析。适用侵犯国家秘密类犯罪惩治利用信息技术手段实施考试作弊的行为,是当前司法实务中的主要做法,在理论界也获得广泛支持。但是,该种观点也存在不足之处,集中表现为对"国家秘密"的认定。适用侵犯国家秘密类犯罪,前提是所涉对象属于"国家秘密",否则不可能构成侵犯国家秘密类犯罪。《保守国家秘密法》第 11 条第 1 款、第 3 款规定:"国家秘密及其密级的具体范围,由国家保密行政管理部门分别会同外交、公安、国家安全和其他中央有关机关规定。""国家秘密及其密级的具体范围的规定,应当在有关范围内公布,并根据情况变化及时调整。"2001 年 7 月 9 日教育部、国家保密局印发的《教育工作中国家秘密及其密级具体范围的规定》第 3 条对教育工作中国家秘密及其密级的具体范围作出明确规定。据此,国家教育全国统一考试在启用之前的试题(包括副题)、参考答案和评分标准为绝密级事项;国家教育省级统一考试在启用之前的试题(包括副题)、参考答案和评分标准为机密级事项;国家教育地区(市)级统一考试在启用之前的试题(包括副题)、参考答案和评分标准为秘密级事项。对此,关键是如何把握"启用之前"的具体含义,这是判断考试试题是否属于"国家秘密"的关键所在。对此存在不同认识:一种意见认为,考试开始试卷开封即为"启用",之后试卷就不应视为国家秘密。如果作此理解,在考试中发生的窃取试题的行为难以按照侵犯国家秘密类犯罪追究刑事责任。另一种意见认为,国家秘密是在一定时间内,只能被一定范围的人知晓的事项。在考试结束之前,试卷内容始终应控制在一定范围内的人知晓,应视为国家秘密。为统一认识,2005 年 4 月 6 日《教育部关于对〈教育工作中国家秘密及其密级具体范围的规定〉中“启用之前”一词解释的通知》(教密函〔2005〕1 号)规定,“启用”一词包括“启封”和启封后“使用完毕”两层含义。

2012 年 9 月 28 日《人力资源和社会保障部人事考试中心关于对〈人事工作中国家秘密及其密级具体范围的补充规定〉中“启用前”一词解释的通知》规定:“‘启用’一词包含‘启封’和‘使用完毕’两层涵义。‘启用前’即‘启封并使用完毕前’,特指应试人员按规定结束考试离开考场之前的时间段。”按照上述理解,以各种方式泄露或者获取国家教育考试从命题到考试结束之前的试题、答案的行为,都属于侵害国家秘密的行为。显然,司法实践中相关案件适用侵害国家秘密类犯罪,在对“国家秘密”的认定上也采用了上述观点。① 当然,上述问题在理论界和实务界均存在争议②,故实践中适用侵犯国家秘密类犯罪惩治考试作弊行为的处理方式也显然非“完美方案”。

---

① 对此,有论者作了进一步论证:“作为国家秘密的试卷有别于其他的国家秘密。对于其他的国家秘密而言,例如某项重大敏感事件,一旦被不应知悉者通过耳闻、目睹等方式获悉,则其耳闻或目睹之际,该秘密便处于泄密状态,没有后续环节。”“试卷则不然,命题、印制的目的是使用,试卷虽然在考场拆封了,但其核心环节,即后续的使用环节才刚刚开始。”因此,“‘启用’一词涵摄着‘启’与‘用’两层含义。但并非所有的国家秘密均有‘启’亦有‘用’,很多国家秘密属有‘启’无‘用’型,此时只要‘启’的行为发生,国家秘密便处于解密或泄密状态。而对于国家统一考试试题这类国家秘密而言,属于既有‘启’又有‘用’,‘启’、‘用’衔接型的国家秘密,这是由考试表现为一种持续的过程、在时间维度上具有一定延续性的特性所决定的。在这里,‘用’的环节最为关键,是前期保密的全部。”孙建保:《非法获取国家统一考试试题行为之定性》,载《人民司法》2014 年第 23 期。

② 有论者认为,如上对“国家秘密”的认定明显牵强。按照通常理解,即一般人的认识而言,“启用”应当理解为考试开始启封试卷之时。此种违背一般人认识对“国家秘密”的认定,进而用于追究刑事责任,存在一定的瑕疵。而且,有论者曾对十余位从事教育工作的同事(均有多年的考试、监考经历)和学生进行调查,所有人对于“启用”的理解均为“考试开始启封试卷之时”,无一人理解为包括“启封”和启封后“使用完毕”两层含义。参见张磊:《高科技考试作弊行为刑法规制的困境与出路》,载《法学》2010 年第 11 期。此外,由于考试允许中途结束考试离场,对于中途离场的考生对他人讲述考题的行为,按照上述认识,不论是否基于不法目的,均应认定为泄露国家秘密的行为,这无疑是不妥当的。

2. 构成招收公务员、学生徇私舞弊罪说的评析。这一处理方式也存在不足之处：其一，根据《刑法》第 418 条的规定，招收公务员、学生徇私舞弊罪的犯罪主体为国家机关工作人员，对于监考教师能否被认定为国家机关工作人员，不无疑问；其二，即使将监考教师认定为国家机关工作人员，其在监考环节帮助考试作弊的行为，能否认定为“在招收公务员、学生工作中徇私舞弊”，也不无疑义；其三，虽然可以对监考教师帮助考试作弊的行为适用招收公务员、学生徇私舞弊罪，但对实践中多发的监考教师以外的其他作弊案件无法适用这一罪名，无法予以刑事惩治。

3. 窃听、窃照专用器材类犯罪说的评析。此种观点在适用中也存在不足之处：(1) 如适用当时《刑法》第 283 条规定的非法生产、销售间谍专用器材罪，需要将所涉作弊器材认定为“窃听、窃照等专用间谍器材”。“专用间谍器材”是指进行间谍活动特殊需要的器材，作弊器材能否认定为“窃听、窃照等专用间谍器材”，不无疑义。而且，专用间谍器材需要由国家安全部负责确认，对于发生在危害国家安全犯罪以外的案件，协调国家安全部对涉案器材作出确认，操作难度较大。(2) 如适用《刑法》第 284 条规定的非法使用窃听、窃照专用器材罪，需要将所涉作弊器材认定为“窃听、窃照专用器材”。对此，在实践中也不无争议。而且，非法使用窃听、窃照专用器材，只有“造成严重后果的”，才构成犯罪。对于严重后果的具体情形，由于尚无统一规定，不同方面也存在不同认识。因此，适用这一罪名在司法实践中也存在不畅的情形。(3) 适用专用器材罪惩治考试作弊行为，系对考试作弊行为的“迂回打击”，且难以对此种行为所涉的各个环节作出完整刑法评价。

4. 聚众扰乱公共场所秩序罪说的评析。根据《刑法》第 291 条的规定，聚众扰乱车站、码头、民用航空站、商场、公园、影剧院、展览会、运动场或者其他公共场所秩序，抗拒、阻碍国家治安管理工作人员依法执行职务，情节严重的，认定首要分子构成聚众扰乱公共场所秩序罪。对于运用信息技术手段作弊的行为适用这一罪名无疑是不妥当的，最为明显的是，难以将组织考试作弊的行为认定为“聚众”。而且，该罪的成立必须以“抗拒、阻碍国家治安管理工作人员依法执行职务”为前提，且只适用于首要分子，如适用于组织考试作弊的行为，明显会使绝大多数组织考试作弊的行为无法追究行为人的刑事责任。

二、考试作弊犯罪的立法完善与司法解释

（一）考试作弊犯罪的增设

日益蔓延的“助考”犯罪活动，导致出现“学与不学一个样，学好学坏一个样”的不良氛围，严重影响公平公正的正常考试秩序，破坏社会诚信体系，必须予以严厉惩治。应当说，利用信息技术手段实施考试作弊行为，已经不仅仅是一个考试问题，而是演变为日益严重的社会问题。对于此种行为的刑事应对，也引起了社会各方的关注。有关部门在适用相关罪名对组织考试作弊行为“迂回打击”的同时，也建议能够通过增设专门的考试作弊犯罪彻底解决这一问题。对组织考试作弊的相关人员，不应再限于行政处罚，刑事追究及时跟进，成了普遍共识。例如，有学者认为，对这种行为的处理，关涉社会公正，必须引起足够的重视，对有关人员除了采用行政处理手段，刑法也应当有所作为。也有学者提出，我国应借鉴其他国家的一些规定，设立“考试作弊罪”，对在国家有关考试中的严重作弊行为进行严惩。[①]

针对考试作弊严重影响公平公正的正常考试秩序，破坏社会诚信体系的实际情况，《刑法修正案（九）》增设第 284 条之一，将在法律规定的国家考试中，组织作弊的，为他人提供作弊器材或者其他帮助的，向他人非法出售或者提供考试的试题、答案的，以及代替他人或者让他人代替自己参加考试等破坏考试秩序的行为规定为犯罪。具体而言，增设了组织考试作弊罪，非法出售、提供试题、答案罪和代替考试罪等三个罪名。

（二）《考试作弊犯罪解释》的制定

《刑法修正案（九）》施行以来，各级考试主管部门和公检法机关依据修正后《刑法》的规定，严肃惩处考试作弊犯罪。截至 2019 年 7 月，全国法院审理考试作弊刑事案件 1734 件，判决 3724 人。其中，组织考试作弊刑事案件 951 件、2251 人，非法出售、提供试题、答案刑事案件 117 件、205 人，代替考试刑事案件

① 参见刘金林：《高考作弊，刑法该如何应对》，载《检察日报》2009 年 6 月 13 日，第 3 版。

666 件、1268 人。[①] 在办理案件过程中，有意见反映，组织考试作弊罪，非法出售、提供试题、答案罪和代替考试罪的定罪量刑标准较为原则，不易把握；另有一些法律适用问题存在认识分歧，影响了案件办理。有鉴于此，为保障法律正确、统一适用，依法严厉惩治、有效防范考试作弊犯罪，最高人民法院会同最高人民检察院，在教育部、公安部、人力资源和社会保障部等有关部门的大力支持下，经深入调查研究、广泛征求意见、反复论证完善，起草了司法解释稿，分别于 2019 年 4 月 8 日由最高人民法院审判委员会第 1765 次会议、2019 年 6 月 28 日由最高人民检察院第十三届检察委员会第二十次会议通过。2019 年 9 月 2 日，最高人民法院、最高人民检察院正式对外发布《考试作弊犯罪解释》，自 2019 年 9 月 4 日起施行。

《考试作弊犯罪解释》根据法律规定和立法精神，对考试作弊犯罪的定罪量刑标准和有关法律适用问题作了全面、系统的规定。这是人民法院、人民检察院充分发挥刑事司法职能，积极回应人民群众关切，保障社会诚信体系建设，践行社会主义核心价值观的又一项重要举措。为确保《考试作弊犯罪解释》的内容科学合理，能够适应形势发展、满足实践需要，在起草过程中，着重注意把握了以下几点：(1) 贯彻刑法修改精神，依法严惩考试作弊犯罪。基于当前考试作弊犯罪高发多发的态势，根据修法精神，《考试作弊犯罪解释》明确对法律规定的国家考试适用组织考试作弊罪，非法出售、提供试题、答案罪和代替考试罪，对法律规定的国家考试以外的其他考试可以视情适用非法获取国家秘密罪，非法生产、销售窃听、窃照专用器材罪，非法使用窃听、窃照专用器材罪，非法利用信息网络罪，扰乱无线电通讯管理秩序罪等其他犯罪，彰显对考试作弊犯罪的严惩立场，实现对考试公平和秩序刑法保护的“全覆盖”。(2) 坚持宽严相济刑事政策，最大限度发挥刑法的威慑和教育功能。《考试作弊犯罪解释》根据实践情况，对组织考试作弊罪和非法出售、提供试题、答案罪规定了相对较低的升档量刑标准，体现了依法从严的政策要求。同时，针对实践中代替考试情形较为

---

① 参见《〈最高人民法院、最高人民检察院关于办理组织考试作弊等刑事案件适用法律若干问题的解释〉新闻发布会》，载最高人民法院官网，https://www.court.gov.cn/zixun-xiangqing-181102.html，最后访问日期：2020 年 3 月 21 日。

复杂的现实情况,对代替考试从宽处理的情形作了明确,以促使行为人积极认罪悔罪,充分发挥刑法的威慑和教育功能。(3)坚持问题导向,全面解决司法实务难题。从调研情况来看,考试作弊犯罪尚存在不少争议问题,亟须通过司法解释加以明确。例如,"法律规定的国家考试"的内涵与外延,组织考试作弊罪既遂的认定,非法出售、提供试题、答案罪涉及的试题不完整或者答案与标准答案不一致的处理,考试作弊犯罪的罪数处断规则,等等。基于此,《考试作弊犯罪解释》相关条文根据司法实践具体情况,全面解决办案实际中的难题,切实提升打击实效。

三、考试作弊犯罪的法律适用疑难

(一)"法律规定的国家考试"的范围

根据《刑法》第 284 条之一的规定,组织考试作弊罪、非法出售、提供试题、答案罪和代替考试罪的适用范围是"法律规定的国家考试"。在《刑法修正案(九)》(草案)研拟和审议过程中,曾采用过"依照国家规定举办的考试""依照国家规定举办的考试或者国务院有关主管机关举办的考试""国家规定的考试"等表述,最终的表述为"法律规定的国家考试"。[①] 据此,刑法只惩治在法律规定的国家考试中作弊的行为,对于在其他考试中作弊的行为,不以组织考弊罪,非法出售、提供试题、答案罪论处;特别是,对于代替考试的行为,不以犯罪论处。[②] 因此,明确"法律规定的国家考试"的范围,既是确保考试作弊犯罪准确适用的前提和基础,也是考试作弊犯罪司法适用亟须解决的核心问题。为统一司法适用,《考试作弊犯罪解释》第 1 条对"法律规定的国家考试"的内涵与外延作了明确。

1."法律规定的国家考试"的内涵与外延。《考试作弊犯罪解释》第 1 条第

① 参见喻海松:《刑法的扩张——〈刑法修正案(九)〉及新近刑法立法解释司法适用解读》,人民法院出版社 2015 年版,第 214 - 217 页。

② 当然,就立法完善而言,有待进一步研究的问题是,在上述法律规定的考试中实施考试作弊的现象相对较少,实践中考试作弊集中的考试却被排除在外。例如,护士执业资格考试中作弊现象十分严重,但只有《护士条例》对此有规定,缺乏法律规定。因此,如果按照本条的界定,《刑法》第 284 条之一的适用范围相对有限。

1款对“法律规定的国家考试”作了概括规定,即“刑法第二百八十四条之一规定的‘法律规定的国家考试’,仅限于全国人民代表大会及其常务委员会制定的法律所规定的考试”。需要注意的问题有二:一是“法律规定的国家考试”限于法律有规定的考试。目前,许多领域都存在国家考试,且分属不同部门主管,大致可分为教育类考试、资格类考试、职称类考试、录用任用考试四大类,共计200多种。经梳理,目前二十余部法律对“法律规定的国家考试”作了规定,包括《教育法》《高等教育法》《公务员法》《法官法》《人民警察法》《教师法》《医师法》《注册会计师法》《道路交通安全法》《海关法》《动物防疫法》《旅游法》《证券投资基金法》《统计法》《公证法》等。其他考试,如护士执业资格考试,只有《护士条例》对此有规定,缺乏法律规定,不属于“法律规定的国家考试”。二是“法律规定的国家考试”不限于由中央有关主管部门依照法律统一组织的全国性考试,也包括地方主管部门依照法律规定组织的考试。例如,《公务员法》第24条规定:“中央机关及其直属机构公务员的录用,由中央公务员主管部门负责组织。地方各级机关公务员的录用,由省级公务员主管部门负责组织,必要时省级公务员主管部门可以授权设区的市级公务员主管部门组织。”再如,普通高等学校招生考试既有全国统一考试,也有各省(区、市)组织的考试。①

《考试作弊犯罪解释》第1条第2款对“法律规定的国家考试”的外延作了列举。具体而言,根据有关法律规定,下列考试属于“法律规定的国家考试”:(1)普通高等学校招生考试、研究生招生考试、高等教育自学考试、成人高等学校招生考试等国家教育考试;(2)中央和地方公务员录用考试;(3)国家统一法律职业资格考试、国家教师资格考试、注册会计师全国统一考试、会计专业技术资格考试、资产评估师资格考试、医师资格考试、执业药师职业资格考试、注册建筑师考试、建造师执业资格考试等专业技术资格考试;(4)其他依照法律由中央或者地方主管部门以及行业组织的国家考试。需要注意的是,随着法律的修改,“法律规定的国家考试”的范围也可能发生变化,特别是一些国家考试可能会在法律中增设或者调整,对此司法机关应当根据法律的规定准确把握。

---

① 参见雷建斌主编,全国人大常委会法制工作委员会刑法室编著:《〈中华人民共和国刑法修正案(九)〉释解与适用》,人民法院出版社2015年版,第270页。

《考试作弊犯罪解释》第1条第3款进一步规定:“前款规定的考试涉及的特殊类型招生、特殊技能测试、面试等考试,属于‘法律规定的国家考试’。”《普通高等学校招生违规行为处理暂行办法》(教育部令第36号)第18条规定:“本办法所称特殊类型招生,是指自主选拔录取、艺术类专业、体育类专业、保送生等类型的高校招生。”因此,普通高等学校招生考试中的自主选拔录取、艺术类专业、体育类专业、保送生等类型的高校招生考试,以及相关招生、公务员录用、专业技术资格等考试涉及的特殊技能测试、面试等考试,均属于“法律规定的国家考试”。

2.“法律规定的国家考试”范围涉及的实务争议。从实践来看,以下几个涉及“法律规定的国家考试”范围的问题需作进一步厘清,以解决司法适用中的争议。

其一,如何理解《教育法》第21条的规定?《教育法》第21条规定:“国家实行国家教育考试制度。国家教育考试由国务院教育行政部门确定种类,并由国家批准的实施教育考试的机构承办。”本书认为,不宜依据《教育法》第21条的笼统规定认定只要是教育部组织的考试均属于“法律规定的国家考试”,而应限于法律有相对明确具体规定的考试,否则恐会导致“法律规定的国家考试”范围过于宽泛。例如,高等教育自学考试属于“法律规定的国家考试”,其依据在于《高等教育法》第21条明确规定:“国家实行高等教育自学考试制度,经考试合格的,发给相应的学历证书或者其他学业证书”;大学英语四、六级考试虽然由教育部组织实施,但相关法律未作明确规定,故不宜纳入“国家规定的考试”范畴。对此,《国家教育考试违规处理办法》(教育部令第33号)第2条明确规定:“本办法所称国家教育考试是指普通和成人高等学校招生考试、全国硕士研究生招生考试、高等教育自学考试等,由国务院教育行政部门确定实施,由经批准的实施教育考试的机构承办,面向社会公开、统一举行,其结果作为招收学历教育学生或者取得国家承认学历、学位证书依据的测试活动。”据此,目前看来,属于“法律规定的国家考试”的国家教育考试主要是指普通高等学校招生考试、研究生招生考试、高等教育自学考试、成人高等学校招生考试等四种考试。

其二,《建筑法》第14条是否属于“法律规定”?《建筑法》第14条规定:“从事建筑活动的专业技术人员,应当依法取得相应的执业资格证书,并在执业资格证书许可的范围内从事建筑活动。”本书认为，上述规定虽未出现“考试”表述，但执业资格证书主要通过考试取得，且《注册建筑师条例》（国务院令第714号）第7条进一步规定：“国家实行注册建筑师全国统一考试制度。注册建筑师全国统一考试办法，由国务院建设行政主管部门会同国务院人事行政主管部门商国务院其他有关行政主管部门共同制定，由全国注册建筑师管理委员会组织实施。”《注册建造师管理规定》（建设部令第153号）第3条第1款规定：“本规定所称注册建造师，是指通过考核认定或考试合格取得中华人民共和国建造师资格证书，并按照本规定注册，取得中华人民共和国建造师注册证书和执业印章，担任施工单位项目负责人及从事相关活动的专业技术人员。”因此，注册建筑师考试、建造师职业资格考试均属于“法律规定的国家考试”。

另外，《药品管理法》第69条规定：“医疗机构应当配备依法经过资格认定的药师或者其他药学技术人员，负责本单位的药品管理、处方审核和调配、合理用药指导等工作。非药学技术人员不得直接从事药剂技术工作。”《执业药师职业资格制度规定》第2条规定：“国家设置执业药师准入类职业资格制度，纳入国家职业资格目录。”第6条规定：“执业药师职业资格实行全国统一大纲、统一命题、统一组织的考试制度。原则上每年举行一次。”同理，执业药师职业资格考试也属于“法律规定的国家考试”。

其三，《职业教育法》（2022年修订）第11条、特别是《劳动法》第69条是否属于“法律规定”？《职业教育法》（2022年修订）第11条第1款规定：“实施职业教育应当根据社会经济发展需要，结合职业分类、职业标准、职业发展需求，制定教育标准或者培训方案，实行学历证书及其他学业证书、培训证书、职业资格证书和职业技能等级证书制度。”《劳动法》第69条规定：“国家确定职业分类，对规定的职业制定职业技能标准，实行职业资格证书制度，由经备案的考核鉴定机构负责对劳动者实施职业技能考核鉴定。”本书认为，上述规定过于原则，且相关考核不能等同于考试，故不宜成为认定资格类考试属于“法律规定的国家考试”的依据，而应看各类资格类考试有无法律的具体规定。

另外，《行政许可法》第54条第1款规定：“实施本法第十二条第三项所列事项的行政许可，赋予公民特定资格，依法应当举行国家考试的，行政机关根据考试成绩和其他法定条件作出行政许可决定……”该法第12条第3项所列事项为“提供公众服务并且直接关系公共利益的职业、行业,需要确定具备特殊信誉、特殊条件或者特殊技能等资格、资质的事项”。同理,《行政许可法》第 54 条同样不能直接成为“法律规定的国家考试”的认定依据。

(二)组织考试作弊罪“情节严重”的认定标准

根据《刑法》第 284 条之一第 1 款、第 2 款的规定,在法律规定的国家考试中,组织作弊或者为他人实施组织作弊犯罪提供作弊器材或其他帮助的,即构成组织考试作弊罪,处 3 年以下有期徒刑或者拘役,并处或者单处罚金;情节严重的,处 3 年以上 7 年以下有期徒刑,并处罚金。对于组织作弊罪“情节严重”这一概括升档量刑情节,宜根据司法实践的情况从犯罪的客体、客观方面、主体、主观方面等多个角度加以考察。经充分调研,《考试作弊犯罪解释》第 2 条从六个方面规定了“情节严重”的认定标准:

一是考试类型。普通高等学校招生考试、研究生招生考试、公务员录用考试社会关注度高、影响大、涉及面广。基于此,《考试作弊犯罪解释》将在此类考试中组织作弊的直接规定为“情节严重”。①②

---

① 在研究生招生考试中组织作弊,构成组织考试作弊罪“情节严重”。例如,章某甲、吕某某、张某甲等组织考试作弊案。被告人章某甲设计以无线电设备传输考试答案的方式,在 2017 年研究生招生考试管理类专业学位联考中组织作弊,并以承诺保过的方式发展生源。被告人吕某某通过被告人张某甲、被告人张某乙通过被告人李某,与章某甲建立联系,吕某某、张某甲、张某乙为章某甲招募考生,并从中获取收益。章某甲与张某甲、吕某某约定每名考生向章某甲支付 2 万元,考前支付 1 万元,通过考试后再支付 1 万元,组织 18 名考生参加考试作弊,吕某某向张某甲支付培训费 18 万元;章某甲承诺张某乙的考生通过全科考试,并可以达到国家 A 线,相关考生 10 人,每人 2.6 万元,每人预付款 1 万元,张某乙共支付章某甲预付款 10 万元。章某甲购买信号发射器、信号接收器等作弊器材,张某乙、吕某某、张某甲将信号接收器分发给考生,并以模拟考试等方式配合章某甲组织考生试验作弊器材;章某甲让李某找人帮忙做答案,在考场附近酒店登记房间,安装并连接笔记本电脑、手机、信号发射器等作弊器材,并指导李某和被告人章某乙通过电脑发送答案。2016 年 12 月 24 日上午,章某甲、吕某某、张某甲、张某乙、李某、章某乙组织 33 名考生在 2017 年全国硕士研究生招生考试管理类专业学位联考综合能力考试中作弊,章某甲、李某、章某乙在不同酒店为在三个考点参与作弊的考生发送答案。北京市海淀区人民法院一审判决、北京市第一中级人民法院二审裁定认为:研究生招生考试社会关注度高、影响大、涉及面广,属于国家级重要考试。被告人章某甲、吕某某、张某甲等在研究

二是行为后果。《考试作弊犯罪解释》将导致考试推迟、取消或者启用备用试题的明确规定为“情节严重”。

三是行为主体。考试工作人员违背所承担的职责组织考试作弊，主观恶性更大，故《考试作弊犯罪解释》将其规定为“情节严重”。关于“考试工作人员”的范围，具体适用中可以理解为参与考试管理和服务工作的人员，包括命（审）题（卷）、监考、主考、巡考、考试系统操作、评卷等人员。

四是地域范围。组织考生跨省、自治区、直辖市作弊的，危害十分严重，故《考试作弊犯罪解释》将其规定为“情节严重”。

生招生考试中，组织多名考生作弊，构成组织考试作弊罪，且属“情节严重”。被告人章某甲、吕某某、张某甲、张某乙在共同犯罪中起主要作用，系主犯；被告人李某、章某乙在共同犯罪中起辅助作用，系从犯。综合考虑各被告人组织考生的数量、参与犯罪的程度，以及坦白、认罪悔罪等情节，分别以组织考试作弊罪判处被告人章某甲有期徒刑 4 年，并处罚金人民币 4 万元；被告人吕某某、张某甲有期徒刑 3 年，并处罚金人民币 3 万元；被告人张某乙有期徒刑 2 年 10 个月，并处罚金人民币 3 万元；被告人李某有期徒刑 1 年 10 个月，并处罚金人民币 2 万元；被告人章某乙有期徒刑 1 年 8 个月，并处罚金人民币 1 万元。参见《考试作弊犯罪典型案例》，载最高人民法院官网，https://www. court. gov. cn/zixun－xiangqing－181082. html，最后访问日期：2020 年 3 月 21 日。

② 在公务员录用考试中组织作弊，构成组织考试作弊罪“情节严重”。例如，杜某某、马某某组织考试作弊案。被告人杜某某、马某某预谋后，组织参加云南省 2017 年度公务员录用考试的考生作弊。杜某某向考生提供接收器、耳机等作弊器材，共收取 1.3 万元定金，口头约定考试通过后每名考生支付 6 万元至 8 万元不等的费用。马某某向考生提供了接收器、耳机等作弊器材，共收取 0.9 万元定金，书面约定考试通过后每名考生支付 6 万元的费用。2017 年 4 月 21 日下午，杜某某、马某某对考生进行作弊器材的测试和运用培训。次日 8 时许，杜某某、马某某安装发射器，准备通过语音传输方式向考生提供答案，9 时许，考生携带接收器、耳机参加考试被查获。云南省曲靖市麒麟区人民法院一审判决、曲靖市中级人民法院二审判决认为：被告人杜某某、马某某出于牟利的目的，利用作弊器材组织多人在公务员录用考试中作弊，构成组织考试作弊罪，且属“情节严重”。在共同犯罪中，杜某某是犯意提起者、作弊器材提供者、行为指挥和实施者，起主要作用，是主犯；马某某是行为参与者，起次要作用，是从犯。综合考虑被告人的累犯、认罪、退赃等情节，以组织考试作弊罪判处被告人杜某某有期徒刑 3 年 6 个月，并处罚金人民币 2 万元；被告人马某某有期徒刑 1 年，并处罚金人民币 1 万元。参见《考试作弊犯罪典型案例》，载最高人民法院官网，https://www. court. gov. cn/zixun－xiangqing－181082. html，最后访问日期：2020 年 3 月 21 日。

五是数量标准。《考试作弊犯罪解释》将多次组织考试作弊，组织 30 人次以上作弊，以及提供作弊器材 50 件以上的规定为“情节严重”。①

六是违法所得。从司法实践来看，根据所涉考试的不同，组织考试作弊或者提供作弊器材等帮助的违法所得数额相差较大。基于严厉惩治组织考试作弊犯罪的考虑，《考试作弊犯罪解释》将违法所得 30 万元以上的规定为“情节严重”。

顺带提及的是，对于“组织作弊”的认定，应当根据案件具体情况加以把握。组织作弊不限于直接组织、指挥、策划、指使他人实施作弊行为，还包括为他人实施作弊创造条件、提供便利的行为，如违反考场纪律、干扰考场秩序，为考生获得答案提供便利，故组织、指挥、策划、指使他人实施上述行为或者为实施有

---

① 在法律规定的国家考试中组织 30 人次以上作弊或者违法所得 30 万元以上，构成组织考试作弊罪“情节严重”。例如，段某、李某某等组织考试作弊案。2016 年执业药师职业资格考试前，被告人段某与被告人李某某共谋组织作弊，并分工合作。考试前由段某负责购买考试作弊器材（包括 TK 设备、无线耳机、无线接收器等）、考试答案，联系部分考生，发放作弊器材。段某亲自或通过李某某和被告人文某某联系了 40 多名作弊考生，预收了部分定金。李某某负责联系考生、发放作弊器材、为作弊考生传递答案。李某某共联系了 30 多名作弊考生，其中有 10 多名考生是李某某和段某的共有考生，共收取考生费用约 10 万元。被告人马某帮助李某某架设考试作弊器材、收取作弊费用。被告人文某某帮助段某联系了 12 名考生，收取考生费用 40 余万元，交给段某 9 万余元。被告人杜某某、杨某帮助段某联系了 40 多名学生为作弊考生读答案，并由杜某某建立 QQ 群用于作弊。被告人刘某帮助段某给作弊考生发放作弊器材、测试收听效果，收取考生作弊费用 1.8 万元。被告人万某提供账户给段某用于收取部分考生作弊费用，至案发共收到 32 万余元。2016 年 10 月 15 日、16 日，在执业药师职业资格考试时，段某将获得的答案发到杜某某建的 QQ 群，并安排李某某、马某在考场附近架设作弊的 TK 设备，由李某某读答案通过作弊器材将答案传送给考场内的考生，马某负责望风。此外，杜某某、杨某联系的学生通过手机一对一给在其他多个考场内的考生读答案。四川省资阳市雁江区人民法院一审判决、资阳市中级人民法院二审判决认为：被告人段某、李某某在法律规定的国家考试中组织作弊，被告人马某、文某某、杜某某、杨某、万某、刘某为段某、李某某组织考试作弊提供帮助，其行为均已构成组织考试作弊罪，考虑本案的组织人次、违法所得数额等情节，应当认定为“情节严重”。在共同犯罪中，段某、李某某起主要作用，是主犯；马某、文某某、杜某某、杨某、万某、刘某起次要作用，是从犯。综合考虑被告人坦白等情节，以组织考试作弊罪判处被告人段某有期徒刑 3 年 6 个月，并处罚金人民币 2 万元；被告人李某某有期徒刑 3 年 3 个月，并处罚金人民币 2 万元；其他各被告人有期徒刑 6 个月至 3 年不等，依法宣告缓刑，并处罚金人民币 5000 元至 1 万元不等。参见《考试作弊犯罪典型案例》，载最高人民法院官网，https://www.court.gov.cn/zixun-xiangqing-181082.html，最后访问日期：2020 年 3 月 21 日。

关行为创造条件、提供便利的，也可以认定为“组织作弊”。一般而言，领导、策划、指挥他人在法律规定的国家考试中实施下列行为之一，作弊人员在三人以上的，可以认定为《刑法》第284条之一规定的“组织作弊”：（1）向他人提供试题、答案的；（2）代替他人参加考试的；（3）携带与考试内容相关的资料、作弊器材的；（4）篡改考试成绩的；（5）其他组织作弊的情形。需要注意的是，《刑法》第284条之一第3款规定了非法出售、提供试题、答案罪，第4款规定了代替考试罪，但是在组织考试作弊中提供试题、答案或者代替他人参考考试的，该行为应当视为组织考试作弊的有机组成部分，不应再单独评价。

（三）作弊器材的认定标准与程序

根据《刑法》第284条之一第2款的规定，组织考试作弊罪涉及为他人实施组织作弊犯罪提供作弊器材或者其他帮助的情形。基于此，《考试作弊犯罪解释》第3条第1款对“作弊器材”的认定标准作了明确。具体而言，从功能上将“作弊器材”限定为具有避开或者突破考场防范作弊的安全防范措施（如纽扣式数码相机、眼镜式密拍设备通过伪装，以规避考场检查），并具有获取、记录、传递、接收、存储试题、答案等功能（如密拍设备、数据接收设备可以发送、接收相关信息）。据此，对于普通的手机、相机，不宜认定为“作弊器材”。此外，随着技术发展，未来有可能出现新型作弊器材。例如，在机动车驾驶员考试中，目前实行电子路考，即摒弃原先的考试员监考评分，取而代之的是电脑监控评判，扣分等工作也全部由电脑控制。如果研制相关作弊程序，从而控制电子路考设备，使其失去相应功能，无法进行扣分的，也应当认定为“作弊器材”。基于此，从主观动机角度，将“专门设计用于作弊的程序、工具”规定为“作弊器材”的情形。

《考试作弊犯罪解释》第3条第2款明确了作弊器材的认定程序，规定：“对于是否属于刑法第二百八十四条之一第二款规定的‘作弊器材’难以确定的，依据省级以上公安机关或者考试主管部门出具的报告，结合其他证据作出认定；涉及专用间谍器材、窃听、窃照专用器材、‘伪基站’等器材的，依照相关规定作出认定。”据此，需要注意的是，有些考试作弊器材可能属于专用间谍器材、窃听窃照专用器材、“伪基站”等器材，应当根据相关规定作出认定，如《反间谍法实施细则》第 18 条第 2 款规定："专用间谍器材的确认，由国务院国家安全主管部门负责"；《禁止非法生产销售使用窃听窃照专用器材和"伪基站"设备的规定》规定："公安机关负责对窃听窃照专用器材……的认定工作"；《扰乱无线电通讯管理秩序罪解释》第 9 条第 1 款规定："对案件所涉的有关专门性问题难以确定的，依据司法鉴定机构出具的鉴定意见，或者下列机构出具的报告，结合其他证据作出认定：（一）省级以上无线电管理机构、省级无线电管理机构依法设立的派出机构、地市级以上广播电视主管部门就是否系'伪基站''黑广播'出具的报告……"

顺带提及的是，对于《刑法》第 284 条之一第 2 款规定的为他人实施组织作弊犯罪提供的"其他帮助"，应当根据案件的具体情况加以把握。从实践来看，为他人组织作弊犯罪实施的下列帮助行为可以认定为"其他帮助"：（1）帮助安排作弊考点、考场或者考位的；（2）帮助控制考场视频监控系统和无线通讯信号屏蔽系统的；（3）帮助传递考试试题、答案、作弊器材或者通讯设备的；（4）帮助违规招录监考人员的；（5）帮助更换答题卡；（6）其他为实施组织考试作弊犯罪提供帮助的行为。

关于《刑法》第 284 条之一第 2 款规定的"为他人实施前款犯罪"的认定。其一，实践中，对于接受作弊器材者是否在法律规定的国家考试中组织作弊，即便是事后司法机关的查证都可能存在争议，故不宜要求器材提供者主观上具有此明知因素，以免不当限缩适用范围。故而，认定"为他人实施前款犯罪提供作弊器材或者其他帮助"，不宜要求明知他人在法律规定的国家考试中组织作弊。其二，应当将《刑法》第 284 条之一第 2 款规定的"他人实施前款犯罪"理解为组织考试作弊的犯罪事实查证属实，不宜要求他人实施考试作弊的事实已被以组织考试作弊罪定罪处罚，否则，可能会不当限缩适用范围。故而，他人组织作弊事实查证属实，尚未依法裁判，未以组织考试作弊罪追究刑事责任（可能适用其他罪名），或者因未达到刑事责任年龄等原因依法未予追究刑事责任的，不影响"为他人实施前款犯罪提供作弊器材或者其他帮助"的认定。

（四）组织考试作弊罪既遂的认定标准

从实践来看，组织考试作弊的案件不少在考试开始之前即被查处，此种情形之下组织考试作弊的目的未能实现，究竟应当认定为犯罪既遂还是未遂，实践中存在不同认识。经研究认为，组织考试作弊罪的构成要件行为是组织作弊以及为他人实施组织作弊犯罪提供作弊器材或者其他帮助，而作弊目的是否实现不应当影响犯罪既遂的成立。基于严厉惩治组织考试作弊犯罪的考虑，《考试作弊犯罪解释》第4条规定："组织考试作弊，在考试开始之前被查获，但已经非法获取考试试题、答案或者具有其他严重扰乱考试秩序情形的，应当认定为组织考试作弊罪既遂。"需要注意的是，对于组织考试作弊，在考试开始之前被查获，未达到犯罪既遂的，可以以组织考试作弊罪（未遂）定罪处罚；情节严重的，在相应的法定刑幅度内，结合未遂犯的处罚原则量刑。

（五）非法出售、提供试题、答案罪"情节严重"的认定标准

根据《刑法》第284条之一第1款、第3款的规定，为实施考试作弊行为，向他人非法出售或者提供法律规定的国家考试的试题、答案的，即构成非法出售、提供试题、答案罪，处三年以下有期徒刑或者拘役，并处或者单处罚金；[①]情节严重的，处三年以上七年以下有期徒刑，并处罚金。根据法律精神，结合司法实践，《考试作弊犯罪解释》第5条对非法出售、提供试题、答案罪"情节严重"的认定标准作了明确规定，大致涉及如下五个方面：

一是考试类型。《考试作弊犯罪解释》将非法出售或者提供普通高等学校

---

① 非法出售法律规定的国家考试的答案，构成非法出售答案罪。例如，李某某非法出售答案案。被告人李某某联系考生推销作弊手段，并通过网络购买2016年医师资格考试答案。李某某与考生彭某签订协议，约定帮助彭某利用作弊的方式通过考试后，由彭某支付其4万元报酬，并先行收取0.4万元。2016年9月24日10时许，李某某获取通过网络购买的考试答案后，利用无线电设备向参加医师资格考试的考生彭某发送考试答案，并通过手机微信向有购买意向的20名考生发送考试答案，被当场抓获。经比对，李某某提供给考生用于作弊的考试答案正确率分别为75%和71.9%。安徽省滁州市琅琊区人民法院判决认为：被告人李某某为实施考试作弊行为，向他人非法出售执业医师资格考试的答案，属于非法出售法律规定的国家考试的答案，构成非法出售答案罪。综合考虑案件情况和坦白、退赃等情节，以非法出售答案罪判处被告人李某某有期徒刑9个月，并处罚金人民币1万元。该判决已发生法律效力。参见《考试作弊犯罪典型案例》，载最高人民法院官网，https://www.court.gov.cn/zixun-xiangqing-181082.html，最后访问日期：2020年3月21日。

招生考试、研究生招生考试、公务员录用考试的试题、答案的行为直接规定为“情节严重”。

二是行为后果。《考试作弊犯罪解释》将导致考试推迟、取消或者启用备用试题的明确规定为“情节严重”。

三是行为主体。《考试作弊犯罪解释》将考试工作人员非法出售或者提供试题、答案的行为规定为“情节严重”。

四是数量标准。《考试作弊犯罪解释》将多次非法出售或者提供试题、答案,向三十人次以上非法出售或者提供试题、答案的规定为“情节严重”。

五是违法所得。《考试作弊犯罪解释》将违法所得三十万元以上的规定为“情节严重”。

由于各种原因,不少非法出售、提供试题、答案的案件,存在涉案试题不完整或者答案不标准答案不完全一致的情况,甚至可能出现行为人由于认识错误出售、提供完全错误的答案、试题的情况。为统一法律适用,《考试作弊犯罪解释》第6条明确了非法出售、提供试题、答案罪涉及的试题不完整或者答案与标准答案不完全一致的处理规则,规定:“为实施考试作弊行为,向他人非法出售或者提供法律规定的国家考试的试题、答案,试题不完整或者答案与标准答案不完全一致的,不影响非法出售、提供试题、答案罪的认定。”当然,如果试题本身错误或者答案与标准答案完全或者较大程度不一致的,当然不能认定为非法出售、提供试题、答案罪;符合诈骗罪等其他犯罪的,可以适用相应罪名。

(六)代替考试犯罪的处理规则

根据《刑法》第284条之一第4款的规定,代替他人或者让他人代替自己参加法律规定的国家考试的，构成代替考试罪，处拘役或者管制，并处或者单处罚金。①② 为充分发挥刑法的威慑和教育功能，《考试作弊犯罪解释》第 7 条第 1 款重申了在法律规定的国家考试中代替考试构成犯罪的规定，明确："代替他人或者让他人代替自己参加法律规定的国家考试的，应当依照刑法第二百八十四条之一第四款的规定，以代替考试罪定罪处罚。"

考虑到实践中代替考试的情形较为复杂，不区分情况一律定罪处罚将会过于严苛。③ 因此，根据宽严相济刑事政策的要求，考虑到司法实践中的复杂情况，《考试作弊犯罪解释》第 7 条第 2 款规定："对于行为人犯罪情节较轻，确有悔罪表现，综合考虑行为人替考情况以及考试类型等因素，认为符合缓刑适用

---

① 代替他人和让他人代替自己参加研究生招生考试，均构成代替考试罪。例如，侯某某、虎某代替考试案。2015 年 10 月间，被告人虎某通过他人联系被告人侯某某，让其代替自己参加 2016 年全国硕士研究生招生考试。2015 年 12 月 26 日上午，侯某某代替虎某参加上述考试中的管理类联考综合能力科目时，被监考人员当场发现。虎某主动向公安机关投案，并如实供述犯罪事实。北京市海淀区人民法院判决认为：被告人虎某让被告人侯某某代替自己参加研究生招生考试，二被告人的行为均已构成代替考试罪。侯某某具有如实供述自己罪行的从轻情节，虎某具有自首的从轻情节，予以从轻处罚。综合考虑案件具体情况，以代替考试罪分别判处被告人侯某某拘役 1 个月，罚金人民币 1 万元；被告人虎某拘役 1 个月，罚金人民币 8000 元。该判决已发生法律效力。参见《组织考试作弊罪典型案例》，载最高人民法院官网，https://www.court.gov.cn/zixun-xiangqing-181082.html，最后访问日期：2020 年 3 月 21 日。

② 又如，2015 年 10 月，被告人李某报名参加机动车驾驶证考试，因其左手残疾，遂与被告人包某商议由包某替考。同年 11 月 4 日、12 月 25 日，被告人包某持被告人李某的相应身份证件代替李某完成了科目一、科目二的考试。2016 年 1 月 7 日 8 时许，被告人包某再次代替被告人李某参加科目三的考试时被查获。案发后，被告人李某主动到公安机关投案。湖北恩施建始县人民法院经审理认为，被告人包某在法律规定的国家考试中代替他人考试，被告人李某让他人代替自己参加法律规定的国家考试，其行为均已构成代替考试罪，分别判处被告人包某、李某罚金人民币 2000 元、1500 元。参见湖北恩施建始县人民法院判决书，(2016)鄂 2822 刑初 36 号。

③ 例如，北京首例自考替考案，王某自 2014 年开始参加北京市高等教育自学考试，至案发前已通过七门考试。2016 年 3 月，王某报考了劳动关系与劳动法学科考试，但考虑到自己刚生完孩子，没时间好好复习，就找到在京读专升本课程的朋友李某。顾及与王某之间的朋友关系，且认为替考可以增加自己的法律知识、提升知识宽度，李某于 2016 年 4 月 16 日上午到门头沟某中学代替王某参加了劳动关系与劳动法学科考试，被监考老师当场查出。法院经审理，以代替考试罪各判处王某、李某罚金人民币 2 万元。参见《北京首例自考替考案宣判考生枪手各罚 2 万元》，载正义网，https://news.jcrb.com/jxsw/201607/t20160716_1634556.html，最后访问日期：2017 年 12 月 2 日。

条件的，可以宣告缓刑；犯罪情节轻微的，可以不起诉或者免予刑事处罚；情节显著轻微危害不大的，不以犯罪论处。”

（七）单位实施考试作弊犯罪的定罪量刑标准

根据《刑法》第 284 条之一的规定，组织考试作弊罪、非法出售、提供试题、答案罪和代替考试罪均非单位犯罪。但是，司法实践中，存在单位实施考试作弊犯罪，特别是组织考试作弊犯罪的情形。鉴于此，《考试作弊犯罪解释》第 8 条规定：“单位实施组织考试作弊、非法出售、提供试题、答案等行为的，依照本解释规定的相应定罪量刑标准，追究组织者、策划者、实施者的刑事责任。”

（八）考试作弊犯罪的罪数处断规则

司法实践中，往往存在行为人非法获取试题、答案，而后组织考试作弊或者向他人非法出售、提供试题、答案的情形，是否应当数罪并罚，存在不同认识。经研究认为，此种情形实际上是数个行为触犯数个罪名，应当予以数罪并罚，以体现对此类行为的严惩立场。基于此，《考试作弊犯罪解释》第 9 条规定：“以窃取、刺探、收买方法非法获取法律规定的国家考试的试题、答案，又组织考试作弊或者非法出售、提供试题、答案，分别符合刑法第二百八十二条和刑法第二百八十四条之一规定的，以非法获取国家秘密罪和组织考试作弊罪或者非法出售、提供试题、答案罪数罪并罚。”①

---

① 非法获取属于国家秘密的试题、答案，而后向他人非法出售、提供试题、答案，应当数罪并罚。例如，王某甲、翁某某等非法获取国家秘密、非法出售、提供试题、答案案。被告人王某甲系某大学教授，自 2004 年起参加一级建造师执业资格考试的命题工作。2017 年 7 月，翁某某提出、授意王某甲利用参加命题便利，获取非其出题的市政专业的试题、答案，由其在培训机构中讲课使用，并约定四六分成。同月 8 日至 16 日，王某甲利用参加命题的便利，在命题现场通过浏览打字员电脑中市政等专业的考卷的方式，对关键词、知识点等进行记忆，于休息时间通过回忆，结合自己的专业知识和出题经验，将所获取的市政等专业的考卷内容整理在随身携带的笔记本电脑上，后在教材上对照电脑中整理的内容进行勾划、标注。翁某某在王某甲住处，在自带教材上进行对照勾划、标注和补充。事后王某甲从翁某某处获取 120 万元。翁某某非法获取信息后，先后联系被告人许某某、杨某某、刘某甲，商定采用以封闭式小班培训的手段，通过麦克风传话不见面的授课方式，对市政等专业的考生学员进行培训，并收取每名学员数万元以上高额费用。被告人翁某参与培训活动，并替翁某某收取报酬。2017 年 9 月，

此外,根据《刑法》第 287 条之一第 1 款的规定,设立用于实施违法犯罪活动的网站、通讯群组或者发布有关违法犯罪信息,情节严重的,构成非法利用信息网络罪。在法律规定的国家考试以外的其他考试中组织作弊,为他人组织作弊提供作弊器材或者其他帮助,或者出售、提供试题、答案,不构成组织考试作弊罪、非法提供试题、答案罪,也可能不构成非法获取国家秘密罪等其他犯罪。此种情形下,如果设立用于实施考试作弊的网站、通讯群组或者发布有关考试作弊的信息的,可以视情适用非法利用信息网络罪。基于此,根据考试作弊犯罪的具体情况,《考试作弊犯罪解释》第 11 条规定:“设立用于实施考试作弊的网站、通讯群组或者发布有关考试作弊的信息,情节严重的,应当依照刑法第二百八十七条之一的规定,以非法利用信息网络罪定罪处罚;同时构成组织考试作弊罪、非法出售、提供试题、答案罪、非法获取国家秘密罪等其他犯罪的,依照处罚较重的规定定罪处罚。”

(九)在其他考试中实施作弊犯罪的处理规则

根据《刑法》第 284 条之一的规定,组织考试作弊罪、非法出售、提供试题、答案罪和代替考试罪的适用范围限于“法律规定的国家考试”,但这并非意味着对在其他考试中作弊的行为一律不予刑事追究。为统一法律适用,《考试作弊

参加培训的被告人王某乙意识到该培训班上讲课的内容可能系考题、答案,以照片形式,通过微信发给被告人洪某甲。洪某甲将该资料发给被告人洪某乙并收取 0.6 万元,洪某乙以 1 万元出售给被告人刘某乙,刘某乙为分摊购买费用,向被告人江某等人提供、出售,获利 1450 元。在上述流程中,上下线均要求保密、不得外泄。江某等人将该加工过的资料以 1200 元的价格出售给他人,宣称“考前绝密”“不过退款”。经有关部门认定,上述内容与考试真题高度重合。江苏省南通市如东县人民法院判决认为:被告人王某甲作为命题组成员,受被告人翁某某的授意,非法获取属于国家秘密的试题、答案,并提供给翁某某在对外培训中使用获利。被告人王某甲、翁某某构成非法获取国家秘密罪和非法出售、提供试题、答案罪,数罪并罚,对王某甲决定执行有期徒刑 5 年 6 个月,并处罚金人民币 150 万元,对翁某某决定执行有期徒刑 5 年 3 个月,并处罚金人民币 120 万元。被告人翁某、许某某等八人构成非法出售、提供试题、答案罪,综合考虑案件情况,分别判处有期徒刑 3 年 3 个月到 8 个月不等,并处罚金,对被告人刘某甲、王某乙、洪某甲、洪某乙、刘某乙、江某依法宣告缓刑。同时,对被告人王某甲、翁某某、许某某、杨某某依法宣告职业禁止,对被告人刘某甲、刘某乙、江某依法宣告禁止令。该判决已发生法律效力。参见《考试作弊犯罪典型案例》,载最高人民法院官网,https://www. court. gov. cn/zixun－xiangqing－181082. html,最后访问日期:2020 年 3 月 21 日。

犯罪解释》第 10 条规定："在法律规定的国家考试以外的其他考试中，组织作弊，为他人组织作弊提供作弊器材或者其他帮助，或者非法出售、提供试题、答案，符合非法获取国家秘密罪、非法生产、销售窃听、窃照专用器材罪、非法使用窃听、窃照专用器材罪、非法利用信息网络罪、扰乱无线电通讯管理秩序罪等犯罪构成要件的，依法追究刑事责任。"

顺带提及的是，司法实践中，不少组织考试作弊行为被以非法获取国家秘密罪等涉密犯罪追究刑事责任。在考试开始前，相关试题、答案属于国家秘密，对此不存在疑义。司法适用中，对于法律规定的国家考试以外的考试而言，相关试题依照有关规定被认定为国家秘密的，考前作弊（行为人在考前通过盗窃试卷、贿买特定知悉人员等方式非法获取考试试题、参考答案、评分标准等，而后实施组织考试作弊行为）可以适用侵犯国家秘密类犯罪。具体而言，可能同时构成非法获取国家秘密罪、故意泄露国家秘密罪等罪名，应当根据牵连犯的处断原则，择一重罪处断。①②

① 张某在云南昆明某大学教务处工作，姚某是该校老师。2015 年 9 月 12 日，国家注册安全工程师考试在该校开考，考试题能在提前一天拿到，张某就和同事姚某商量，把试卷偷出来挣点钱。2015 年国家注册安全工程师试题到达学校保密室后，张某秘密进入该校保密室窃取考题，带往姚某家中，用事先准备好的相机拍照，而后由张某将试题送回保密室。两人在 QQ 群中出售考试试题，从中获利 8 万元。2015 年 12 月 14 日，张某因出售 2015 年国家注册安全工程师考试试题被公安机关抓获。法院经审理认为，被告人张某犯非法获取国家秘密罪，一审判处其有期徒刑 1 年 6 个月。参见《监守自盗出售国家注册安全工程师考试试题　公安机关顺藤摸瓜破获考前泄题案》，载《法制日报》2016 年 9 月 20 日，第 3 版。就本案而言，非法获取国家注册安全工程师考试试题的行为无疑构成非法获取国家秘密罪，但此后出售试题的行为也可能构成故意泄露国家秘密罪。

② 被告人严某伙同他人于 2013 年 1 月 7 日 13 时许通过网络购买 2013 年全国硕士研究生统一入学考试"英语一"试题，并将获取的该试题及答案销售。经鉴定，被告人严某所发的试题及答案中与 2013 年全国硕士研究生统一入学考试"英语一"试题中内容相同的部分在开考前属绝密级国家秘密。江苏省南京市鼓楼区人民法院经审理认为，被告人严某以收买的方式非法获取国家秘密，其行为已构成非法获取国家秘密罪，判处有期徒刑一年。由于本案发生在《刑法修正案（九）》施行前，故适用了国家秘密类犯罪的规定。在具体罪名适用上，正如有论者所指出的："购买考研试卷及答案后进行销售的行为，同时触犯非法获取国家秘密罪和故意泄露国家秘密罪，两罪之间属牵连关系，应依据择一重罪的原则，以非法获取国家秘密罪定罪论处。"李丽媛：《购买考研试卷再销售行为的罪名辨析——江苏南京鼓楼法院判决严亮非法获取国家秘密罪案》，载《人民法院报》2014 年 6 月 26 日，第 6 版。

但是，考试开始后结束前，相关试题是否仍属于国家秘密，则存在不同认识：相关考试主管部门和公安机关通常认为属于国家秘密，应当适用非法获取国家秘密罪等涉密犯罪；但是，也有意见持相反观点，认为开考后对相关试题的管理难以达到相关保密规定，认定为国家秘密值得商榷，故不宜适用非法获取国家秘密罪等涉密犯罪。本书认为，此种情形下，考中作弊（行为人通过雇佣“枪手”进入考场，将试题非法发送给场外人员，进而作弊的行为）能否认定为侵犯国家秘密类犯罪，则取决于依照相关规定能否将开考后、结束前考的试题认定为国家秘密。对此，依据 2012 年 9 月 28 日《人力资源和社会保障部人事考试中心关于对〈人事工作中国家秘密及其密级具体范围的补充规定〉中“启用前”一词解释的通知》的规定，以各种方式泄露或者获取相关考试从命题到考试结束之前的试题、答案的行为，都属于侵害国家秘密的行为，可以视情适用非法获取国家秘密罪等侵犯国家秘密类犯罪。[①] 当然，稳妥起见，司法机关在办案过程中可以商请有关考试主管部门对相关考试试题在开考后、结束前是否属于国家秘密出具认定意见。

（十）考试作弊犯罪的职业禁止、禁止令和罚金刑适用规则

从实践来看，考试作弊犯罪相当程度存在再犯现象，不少罪犯“重操旧业”，故《考试作弊犯罪解释》第 12 条专门明确可以依法宣告职业禁止和禁止令，规定：“对于实施本解释规定的犯罪被判处刑罚的，可以根据犯罪情况和预防再犯罪的需要，依法宣告职业禁止；被判处管制、宣告缓刑的，可以根据犯罪情况，依法宣告禁止令。”

---

① 具体而言，原则上应当以非法获取国家秘密罪定罪处罚，不应适用故意泄露国家秘密罪。对此，有论者指出：“场外舞弊行为是一种必要共犯行为，无论是考场内的‘枪手’，还是考场外的答题人以及答案传输人，均在共同犯罪中扮演着特定的角色。”“将知悉面控制在团伙成员之间不能认为试题的知悉面被扩大了，只有将试题内容让团伙成员之外的无关人员知悉，方属泄露行为。”“如果将把试题透露给场外同伙的行为单独评价，并视为泄露国家秘密的行为，实际上是机械地割裂了共犯成员之间的相互关系，共同犯罪的主观故意、犯罪目的、实行行为等均被不当肢解，这就从根本上动摇乃至否定了共同犯罪的理论基础。”孙建保：《非法获取国家统一考试试题行为之定性》，载《人民司法》2014 年第 23 期。在考前作弊情形中，行为人非法获取国家秘密后进一步扩大了知悉范围，应当认为同时有泄露国家秘密的行为。

此外，考试作弊犯罪具有明显的牟利性，行为人实施该类犯罪主要是为了牟取非法利益。因此，有必要加大财产刑的适用力度，让行为人在经济上得不偿失，进而剥夺其再次实施此类犯罪的经济能力。基于此，《考试作弊犯罪解释》第13条规定："对于实施本解释规定的行为构成犯罪的，应当综合考虑犯罪的危害程度、违法所得数额以及被告人的前科情况、认罪悔罪态度等，依法判处罚金。"

相关规定

《中华人民共和国刑法》

第二百八十四条之一　【组织考试作弊罪】在法律规定的国家考试中，组织作弊的，处三年以下有期徒刑或者拘役，并处或者单处罚金；情节严重的，处三年以上七年以下有期徒刑，并处罚金。

为他人实施前款犯罪提供作弊器材或者其他帮助的，依照前款的规定处罚。

【非法出售、提供试题、答案罪】为实施考试作弊行为，向他人非法出售或者提供第一款规定的考试的试题、答案的，依照第一款的规定处罚。

【代替考试罪】代替他人或者让他人代替自己参加第一款规定的考试的，处拘役或者管制，并处或者单处罚金。

《中华人民共和国刑事诉讼法》

第一百七十七条　犯罪嫌疑人没有犯罪事实，或者有本法第十六条规定的情形之一的，人民检察院应当作出不起诉决定。

对于犯罪情节轻微，依照刑法规定不需要判处刑罚或者免除刑罚的，人民检察院可以作出不起诉决定。

人民检察院决定不起诉的案件，应当同时对侦查中查封、扣押、冻结的财物解除查封、扣押、冻结。对被不起诉人需要给予行政处罚、处分或者需要没收其违法所得的，人民检察院应当提出检察意见，移送有关主管机关处理。有关主管机关应当将处理结果及时通知人民检察院。

《最高人民法院、最高人民检察院关于办理组织考试作弊等刑事案件适用法律若干问题的解释》(法释〔2019〕13号)

为依法惩治组织考试作弊、非法出售、提供试题、答案、代替考试等犯罪,维护考试公平与秩序,根据《中华人民共和国刑法》《中华人民共和国刑事诉讼法》的规定,现就办理此类刑事案件适用法律的若干问题解释如下:

第一条　刑法第二百八十四条之一规定的"法律规定的国家考试",仅限于全国人民代表大会及其常务委员会制定的法律所规定的考试。

根据有关法律规定,下列考试属于"法律规定的国家考试":

(一)普通高等学校招生考试、研究生招生考试、高等教育自学考试、成人高等学校招生考试等国家教育考试;

(二)中央和地方公务员录用考试;

(三)国家统一法律职业资格考试、国家教师资格考试、注册会计师全国统一考试、会计专业技术资格考试、资产评估师资格考试、医师资格考试、执业药师职业资格考试、注册建筑师考试、建造师执业资格考试等专业技术资格考试;

(四)其他依照法律由中央或者地方主管部门以及行业组织的国家考试。

前款规定的考试涉及的特殊类型招生、特殊技能测试、面试等考试,属于"法律规定的国家考试"。

第二条　在法律规定的国家考试中,组织作弊,具有下列情形之一的,应当认定为刑法第二百八十四条之一第一款规定的"情节严重":

(一)在普通高等学校招生考试、研究生招生考试、公务员录用考试中组织考试作弊的;

(二)导致考试推迟、取消或者启用备用试题的;

(三)考试工作人员组织考试作弊的;

(四)组织考生跨省、自治区、直辖市作弊的;

(五)多次组织考试作弊的;

(六)组织三十人次以上作弊的;

(七)提供作弊器材五十件以上的;

(八)违法所得三十万元以上的;

（九）其他情节严重的情形。

第三条　具有避开或者突破考场防范作弊的安全管理措施，获取、记录、传递、接收、存储考试试题、答案等功能的程序、工具，以及专门设计用于作弊的程序、工具，应当认定为刑法第二百八十四条之一第二款规定的“作弊器材”。

对于是否属于刑法第二百八十四条之一第二款规定的“作弊器材”难以确定的，依据省级以上公安机关或者考试主管部门出具的报告，结合其他证据作出认定；涉及专用间谍器材、窃听、窃照专用器材、“伪基站”等器材的，依照相关规定作出认定。

第四条　组织考试作弊，在考试开始之前被查获，但已经非法获取考试试题、答案或者具有其他严重扰乱考试秩序情形的，应当认定为组织考试作弊罪既遂。

第五条　为实施考试作弊行为，非法出售或者提供法律规定的国家考试的试题、答案，具有下列情形之一的，应当认定为刑法第二百八十四条之一第三款规定的“情节严重”：

（一）非法出售或者提供普通高等学校招生考试、研究生招生考试、公务员录用考试的试题、答案的；

（二）导致考试推迟、取消或者启用备用试题的；

（三）考试工作人员非法出售或者提供试题、答案的；

（四）多次非法出售或者提供试题、答案的；

（五）向三十人次以上非法出售或者提供试题、答案的；

（六）违法所得三十万元以上的；

（七）其他情节严重的情形。

第六条　为实施考试作弊行为，向他人非法出售或者提供法律规定的国家考试的试题、答案，试题不完整或者答案与标准答案不完全一致的，不影响非法出售、提供试题、答案罪的认定。

第七条　代替他人或者让他人代替自己参加法律规定的国家考试的，应当依照刑法第二百八十四条之一第四款的规定，以代替考试罪定罪处罚。

对于行为人犯罪情节较轻，确有悔罪表现，综合考虑行为人替考情况以及考试类型等因素，认为符合缓刑适用条件的，可以宣告缓刑；犯罪情节轻微的，可以不起诉或者免予刑事处罚；情节显著轻微危害不大的，不以犯罪论处。

第八条　单位实施组织考试作弊、非法出售、提供试题、答案等行为的，依照本解释规定的相应定罪量刑标准，追究组织者、策划者、实施者的刑事责任。

第九条　以窃取、刺探、收买方法非法获取法律规定的国家考试的试题、答案，又组织考试作弊或者非法出售、提供试题、答案，分别符合刑法第二百八十二条和刑法第二百八十四条之一规定的，以非法获取国家秘密罪和组织考试作弊罪或者非法出售、提供试题、答案罪数罪并罚。

第十条　在法律规定的国家考试以外的其他考试中，组织作弊，为他人组织作弊提供作弊器材或者其他帮助，或者非法出售、提供试题、答案，符合非法获取国家秘密罪、非法生产、销售窃听、窃照专用器材罪、非法使用窃听、窃照专用器材罪、非法利用信息网络罪、扰乱无线电通讯管理秩序罪等犯罪构成要件的，依法追究刑事责任。

第十一条　设立用于实施考试作弊的网站、通讯群组或者发布有关考试作弊的信息，情节严重的，应当依照刑法第二百八十七条之一的规定，以非法利用信息网络罪定罪处罚；同时构成组织考试作弊罪、非法出售、提供试题、答案罪、非法获取国家秘密罪等其他犯罪的，依照处罚较重的规定定罪处罚。

第十二条　对于实施本解释规定的犯罪被判处刑罚的，可以根据犯罪情况和预防再犯罪的需要，依法宣告职业禁止；被判处管制、宣告缓刑的，可以根据犯罪情况，依法宣告禁止令。

第十三条　对于实施本解释规定的行为构成犯罪的，应当综合考虑犯罪的危害程度、违法所得数额以及被告人的前科情况、认罪悔罪态度等，依法判处罚金。

第十四条　本解释自2019年9月4日起施行。

《最高人民法院研究室关于护士执业资格考试是否属于“法律规定的国家考试”问题的答复》(法研〔2018〕109号)

陕西省高级人民法院：

你院(2017)陕刑他178号《关于被告人××、××组织考试作弊一案的请

示》收悉。经研究,答复如下:

一、刑法第二百八十四条之一规定的“法律规定的国家考试”,是指全国人大及其常委会制定的法律中规定的国家考试。目前,护士执业资格考试的设定依据是护士条例。护士条例属于国务院制定的行政法规,不属于法律。护士执业资格考试不属于“法律规定的国家考试”。对于在护士执业资格考试中组织作弊,非法出售、提供试题、答案等扰乱考试秩序的行为,符合非法获取国家秘密罪、非法生产、销售窃听、窃照专用器材罪、非法使用窃听、窃照专用器材罪、非法利用信息网络罪、扰乱无线电通讯管理秩序罪等犯罪构成要件的,依照相关犯罪追究刑事责任。

……

《最高人民法院研究室关于对计算机技术与软件专业技术资格(水平)考试是否属于“法律规定的国家考试”征求意见的复函》(法研〔2019〕140号)

公安部十一局:

贵局《关于商请对有关考试性质予以认定的函》(公网安〔2019〕2173号)收悉。经研究认为,计算机技术与软件专业技术资格(水平)考试系依据部门规章《计算机技术与软件专业技术资格(水平)考试暂行规定》(国人部发〔2003〕39号)的规定举办,根据《最高人民法院、最高人民检察院关于办理组织考试作弊等刑事案件适用法律若干问题的解释》(法释〔2019〕13号)第一条第一款“刑法第二百八十四条之一规定的‘法律规定的国家考试’,仅限于全国人民代表大会及其常务委员会制定的法律所规定的考试”的规定,不属于刑法第二百八十四条之一规定的“法律规定的国家考试”。

以上意见仅供参考。

“法律规定的国家考试”初步梳理①

普通高考成人高考研究生考试高等教育自学考试	《高等教育法》第十九条规定:“高级中等教育毕业或者具有同等学力的,经考试合格,由实施相应学历教育的高等学校录取,取得专科生或者本科生入学资格。本科毕业或者具有同等学力的,经考试合格,由实施相应学历教育的高等学校或者经批准承担研究生教育任务的科学研究机构录取,取得硕士研究生入学资格。硕士研究生毕业或者具有同等学力的,经考试合格,由实施相应学历教育的高等学校或者经批准承担研究生教育任务的科学研究机构录取,取得博士研究生入学资格……” 《高等教育法》第二十一条规定:“国家实行高等教育自学考试制度,经考试合格的,发给相应的学历证书或者其他学业证书。”	法律规定型
准入类	《公务员法》第二十三条第一款规定:“录用担任一级主任科员以下及其他相当职务层次的公务员,采取公开考试、严格考察、平等竞争、择优录取的办法。” 《公务员法》第三十条规定:“公务员录用考试采取笔试和面试等方式进行,考试内容根据公务员应当具备的基本能力和不同职位类别、不同层级机关分别设置。”	法律规定型
教师资格	《教师法》第十条第二款规定:“中国公民凡遵守宪法和法律,热爱教育事业,具有良好的思想品德,具备本法规定的学历或者经国家教师资格考试合格,有教育教学能力,经认定合格的,可以取得教师资格。”	法律规定型

① 根据《刑法》第284条之一的规定,组织考试作弊罪、非法出售、提供试题、答案罪和代替考试罪的适用范围是“法律规定的国家考试”。《考试作弊犯罪解释》第1条第1款规定:“刑法第二百八十四条之一规定的‘法律规定的国家考试’,仅限于全国人民代表大会及其常务委员会制定的法律所规定的考试。”在此基础上,《考试作弊犯罪解释》第1条第2款对“法律规定的国家考试”的外延作了例举。需要注意的是,这一例举本身是不完全的,只涉及实践中常见的一些“法律规定的国家考试”,特别是其中涉及作弊犯罪较为突出的一些考试;而且,随着法律的修改,“法律规定的国家考试”的范围也可能发生变化。为方便司法实务,本书对目前所掌握的有关国家考试的法律作了初步梳理。需要说明的是,这一梳理结果应当能够涵括当前绝大多数的“法律规定的国家考试”,但也无法保证其完整性。具体适用中,仍然应当根据有关法律规定进行逐项审查判断。

续表

法律职业资格	《律师法》第五条规定:“……通过国家统一法律职业资格考试取得法律职业资格……”	法律规定型
注册会计师	《注册会计师法》第七条规定:“国家实行注册会计师全国统一考试制度……”	法律规定型
执业兽医资格	《动物防疫法》第六十九条规定:“国家实行执业兽医资格考试制度。具有兽医相关专业大学专科以上学历的人员或者符合条件的乡村兽医,通过执业兽医资格考试的,由省、自治区、直辖市人民政府农业农村主管部门颁发执业兽医资格证书;从事动物诊疗等经营活动的,还应当向所在地县级人民政府农业农村主管部门备案。执业兽医资格考试办法由国务院农业农村主管部门商国务院人力资源主管部门制定。”	法律规定型
医师资格 (分为执业医师和执业助理医师)	《医师法》第八条规定:“国家实行医师资格考试制度。医师资格考试分为执业医师资格考试和执业助理医师资格考试……”	法律规定型
导游资格	《旅游法》第三十七条规定:“参加导游资格考试成绩合格,与旅行社订立劳动合同或者在相关旅游行业组织注册的人员,可以申请取得导游证。” 《导游人员管理条例》第三条第一款规定:“国家实行全国统一的导游人员资格考试制度。”	法律规定型
统计专业 技术资格	《统计法》第三十一条第一款规定:“国家实行统计专业技术职务资格考试、评聘制度,提高统计人员的专业素质,保障统计队伍的稳定性。”	法律规定型
资产评估师	《资产评估法》第八条第二款规定:“评估师是指通过评估师资格考试的评估专业人员……” 《资产评估法》第九条第一款规定:“有关全国性评估行业协会按照国家规定组织实施评估师资格全国统一考试。”	法律规定型
中医医师	《中医药法》第十五条第一款规定:“从事中医医疗活动的人员应当依照《中华人民共和国执业医师法》的规定,通过中医医师资格考试取得中医医师资格,并进行执业注册。中医医师资格考试的内容应当体现中医药特点。”	法律规定型

续表

机动车驾驶员	《道路交通安全法》第十九条第一款至第三款规定:"驾驶机动车,应当依法取得机动车驾驶证。申请机动车驾驶证,应当符合国务院公安部门规定的驾驶许可条件;经考试合格后,由公安机关交通管理部门发给相应类别的机动车驾驶证。持有境外机动车驾驶证的人,符合国务院公安部门规定的驾驶许可条件,经公安机关交通管理部门考核合格的,可以发给中国的机动车驾驶证。"	法律规定型
监理工程师	《建筑法》第十四条规定:"从事建筑活动的专业技术人员,应当依法取得相应的执业资格证书,并在执业资格证书许可的范围内从事建筑活动。" 《注册监理工程师管理规定》第三条第一款规定:"本规定所称注册监理工程师,是指经考试取得中华人民共和国监理工程师资格证书(以下简称资格证书),并按照本规定注册,取得中华人民共和国注册监理工程师注册执业证书(以下简称注册证书)和执业印章,从事工程监理及相关业务活动的专业技术人员。"	法律授权 部门规章规定型
造价工程师	《建筑法》第十四条规定:"从事建筑活动的专业技术人员,应当依法取得相应的执业资格证书,并在执业资格证书许可的范围内从事建筑活动。" 《造价工程师职业资格制度规定》第六条规定:"一级造价工程师职业资格考试全国统一大纲、统一命题、统一组织。二级造价工程师职业资格考试全国统一大纲,各省、自治区、直辖市自主命题并组织实施。" 《注册造价工程师管理办法》第三条规定:"本办法所称注册造价工程师,是指通过土木建筑工程或者安装工程专业造价工程师职业资格考试取得造价工程师职业资格证书或者通过资格认定、资格互认,并按照本办法注册后,从事工程造价活动的专业人员。注册造价工程师分为一级注册造价工程师和二级注册造价工程师。"	法律授权 部门规章规定型
建造师	《建筑法》第十四条规定:"从事建筑活动的专业技术人员,应当依法取得相应的执业资格证书,并在执业资格证书许可的范围内从事建筑活动。" 《注册建造师管理规定》第三条第一款规定:"本规定所称注册建造师,是指通过考核认定或考试合格取得中华人民共和国建造师资格证书(以下简称资格证书),并按照本规定注册,取得中华人民共和国建造师注册证书(以下简称注册证书)和执业印章,担任施工单位项目负责人及从事相关活动的专业技术人员。"	法律授权 部门规章规定型

续表

房地产估价师	《城市房地产管理法》第五十九条规定:"国家实行房地产价格评估人员资格认证制度。" 《资产评估法》第八条规定:"评估专业人员包括评估师和其他具有评估专业知识及实践经验的评估从业人员"。"评估师是指通过评估师资格考试的评估专业人员。国家根据经济社会发展需要确定评估师专业类别。" 《资产评估法》第九条第一款规定:"有关全国性评估行业协会按照国家规定组织实施评估师资格全国统一考试。" 《房地产估价师职业资格制度规定》第五条规定:"房地产估价师职业资格考试实行全国统一大纲、统一试题、统一组织。"	法律授权 部门规章规定型
注册城乡规划师	《城乡规划法》第二十四条第二款规定:"从事城乡规划编制工作应当具备下列条件,并经国务院城乡规划主管部门或者省、自治区、直辖市人民政府城乡规划主管部门依法审查合格,取得相应等级的资质证书后,方可在资质等级许可的范围内从事城乡规划编制工作:(一)有法人资格;(二)有规定数量的经相关行业协会注册的规划师;(三)有规定数量的相关专业技术人员;(四)有相应的技术装备;(五)有健全的技术、质量、财务管理制度。" 《注册城乡规划师职业资格制度规定》第三条规定:"本规定所称的注册城乡规划师,是指通过全国统一考试取得注册城乡规划师职业资格证书,并依法注册后,从事城乡规划编制及相关工作的专业人员。从事城乡规划实施、管理、研究工作的国家工作人员及相关人员,可以通过考试取得注册城乡规划师职业资格证书。"	法律授权 部门规章规定型
注册测绘师	《测绘法》第三十条规定:"从事测绘活动的专业技术人员应当具备相应的执业资格条件。具体办法由国务院测绘地理信息主管部门会同国务院人力资源社会保障主管部门规定。" 《注册测绘师制度暂行规定》第四条第一款规定:"本规定所称注册测绘师,是指经考试取得《中华人民共和国注册测绘师资格证书》,并依法注册后,从事测绘活动的专业技术人员。"	法律授权 部门规章规定型

续表

注册安全工程师	《安全生产法》第二十七条规定:“生产经营单位的主要负责人和安全生产管理人员必须具备与本单位所从事的生产经营活动相应的安全生产知识和管理能力。危险物品的生产、经营、储存、装卸单位以及矿山、金属冶炼、建筑施工、运输单位的主要负责人和安全生产管理人员,应当由主管的负有安全生产监督管理职责的部门对其安全生产知识和管理能力考核合格。考核不得收费。危险物品的生产、储存、装卸单位以及矿山、金属冶炼单位应当有注册安全工程师从事安全生产管理工作。鼓励其他生产经营单位聘用注册安全工程师从事安全生产管理工作。注册安全工程师按专业分类管理,具体办法由国务院人力资源和社会保障部门、国务院应急管理部门会同国务院有关部门制定。” 《注册安全工程师职业资格制度规定》第二条规定:“本规定所称注册安全工程师,是指通过职业资格考试取得中华人民共和国注册安全工程师职业资格证书(以下简称注册安全工程师职业资格证书),经注册后从事安全生产管理、安全工程技术工作或提供安全生产专业服务的专业技术人员。”	法律授权 部门规章规定型
执业药师	《药品管理法》第六十九条规定:“医疗机构应当配备依法经过资格认定的药师或者其他药学技术人员,负责本单位的药品管理、处方审核和调配、合理用药指导等工作。非药学技术人员不得直接从事药剂技术工作。” 《执业药师职业资格制度规定》第三条规定:“执业药师是指经全国统一考试合格,取得《中华人民共和国执业药师职业资格证书》(以下简称《执业药师职业资格证书》)并经注册,在药品生产、经营、使用和其他需要提供药学服务的单位中执业的药学技术人员。执业药师英文译为:Licensed Pharmacist。” 《执业药师职业资格制度规定》第六条规定:“执业药师职业资格实行全国统一大纲、统一命题、统一组织的考试制度。原则上每年举行一次。”	法律授权 部门规章规定型
会计专业 技术资格	《会计法》第三十八条第二款规定:“担任单位会计机构负责人(会计主管人员)的,应当具备会计师以上专业技术职务资格或者从事会计工作三年以上经历。” 《会计专业技术资格考试暂行规定》第三条规定:“会计专业技术资格实行全国统一组织、统一考试时间、统一考试大纲、统一考试命题、统一合格标准的考试制度。”	法律授权 部门规章规定型

续表

注册消防工程师	《消防法》第二十一条第二款规定："进行电焊、气焊等具有火灾危险作业的人员和自动消防系统的操作人员，必须持证上岗，并遵守消防安全操作规程。" 《注册消防工程师制度暂行规定》第七条规定："一级注册消防工程师资格实行全国统一大纲、统一命题、统一组织的考试制度……"	法律授权 部门规章规定型
注册核安全工程师	《放射性污染防治法》第十四条规定："国家对从事放射性污染防治的专业人员实行资格管理制度；对从事放射性污染监测工作的机构实行资质管理制度。" 《注册核安全工程师执业资格制度暂行规定》第四条第一款规定："本规定所称注册核安全工程师，是指通过国家统一考试，取得《中华人民共和国注册核安全工程师执业资格证书》并经注册登记后，从事核安全相关专业技术工作的人员。"	法律授权 部门规章规定型
注册建筑师	《建筑法》第十四条规定："从事建筑活动的专业技术人员，应当依法取得相应的执业资格证书，并在执业资格证书许可的范围内从事建筑活动。" 《注册建筑师条例》第二条规定："本条例所称注册建筑师，是指依法取得注册建筑师证书并从事房屋建筑设计及相关业务的人员。""注册建筑师分为一级注册建筑师和二级注册建筑师。" 《注册建筑师条例》第七条规定："国家实行注册建筑师全国统一考试制度。注册建筑师全国统一考试办法，由国务院建设行政主管部门会同国务院人事行政主管部门商国务院其他有关行政主管部门共同制定，由全国注册建筑师管理委员会组织实施。" 《注册建筑师条例实施细则》第三条规定："注册建筑师，是指经考试、特许、考核认定取得中华人民共和国注册建筑师执业资格证书（以下简称执业资格证书），或者经资格互认方式取得建筑师互认资格证书（以下简称互认资格证书），并按照本细则注册，取得中华人民共和国注册建筑师注册证书（以下简称注册证书）和中华人民共和国注册建筑师执业印章（以下简称执业印章），从事建筑设计及相关业务活动的专业技术人员。""未取得注册证书和执业印章的人员，不得以注册建筑师的名义从事建筑设计及相关业务活动。"	法律和行政 法规授权 部门规章 规定型

续表

勘察设计注册工程师	《建筑法》第十四条规定:"从事建筑活动的专业技术人员,应当依法取得相应的执业资格证书,并在执业资格证书许可的范围内从事建筑活动。" 《建设工程勘察设计管理条例》第九条第一款规定:"国家对从事建设工程勘察、设计活动的专业技术人员,实行执业资格注册管理制度。" 《注册土木工程师(岩土)执业资格制度暂行规定》第四条规定:"建设部、人事部、国务院各有关主管部门和省、自治区、直辖市人民政府建设行政部门、人事行政部门依照本规定对注册土木工程师(岩土)执业资格的考试、注册和执业进行指导、监督和检查。" 《勘察设计注册机械工程师制度暂行规定》第四条第一款规定:"本规定所称勘察设计注册机械工程师,是指经考试取得《中华人民共和国勘察设计注册机械工程师资格证书》,并依法注册取得《中华人民共和国勘察设计注册机械工程师注册执业证书》和执业印章,从事机械专业建设工程设计及相关业务的专业技术人员。" 《勘察设计注册采矿/矿物工程师制度暂行规定》第四条第一款规定:"本规定所称勘察设计注册采矿/矿物工程师,是指经考试取得《中华人民共和国勘察设计注册采矿/矿物工程师资格证书》,并依法注册取得《中华人民共和国勘察设计注册采矿/矿物工程师注册执业证书》和执业印章,从事采矿/矿物专业工程设计及相关业务的专业技术人员。" 《勘察设计注册冶金工程师制度暂行规定》第四条第一款规定:"本规定所称勘察设计注册冶金工程师,是指经考试取得《中华人民共和国勘察设计注册冶金工程师资格证书》,并依法注册取得《中华人民共和国勘察设计注册冶金工程师注册执业证书》和执业印章,从事冶金专业工程设计及相关业务的专业技术人员。" 《勘察设计注册石油天然气工程师制度暂行规定》第四条第一款规定:"本规定所称勘察设计注册石油天然气工程师,是指经考试取得《中华人民共和国勘察设计注册石油天然气工程师资格证书》,并依法注册取得《中华人民共和国勘察设计注册石油天然气工程师注册执业证书》和执业印章,从事石油天然气专业建设工程设计及相关业务的专业技术人员。"	法律和行政法规授权部门规章规定型

续表

	《注册环保工程师制度暂行规定》第四条第一款规定："本规定所称注册环保工程师，是指经考试取得《中华人民共和国注册环保工程师资格证书》（以下简称资格证书），并依法注册取得《中华人民共和国注册环保工程师注册执业证书》（以下简称注册证书）和执业印章，从事环保专业工程设计及相关业务活动的专业技术人员。" 《注册公用设备工程师执业资格制度暂行规定》第五条规定："建设部、人事部等国务院有关主管部门和省、自治区、直辖市人民政府建设行政部门、人事行政部门等依照本规定对注册公用设备工程师执业资格的考试、注册和执业进行指导、监督和检查。" 《注册电气工程师执业资格制度暂行规定》第五条规定："建设部、人事部等国务院有关部门和省、自治区、直辖市人民政府建设行政部门、人事行政部门依照本规定对注册电气工程师执业资格的考试、注册和执业进行指导、监督和检查。" 《注册化工工程师执业资格制度暂行规定》第五条规定："建设部、人事部等国务院有关部门和省、自治区、直辖市人民政府建设行政部门、人事行政部门等依照本规定对注册化工工程师执业资格的考试、注册和执业进行指导、监督和检查。" 《注册结构工程师执业资格制度暂行规定》第四条规定："建设部、人事部和省、自治区、直辖市人民政府建设行政主管部门、人事行政主管部门依照本规定对注册结构工程师的考试、注册和执业实施指导、监督和管理。"	
基金从业人员	《证券投资基金法》第一百一十一条规定："基金行业协会履行下列职责：……（四）制定行业执业标准和业务规范，组织基金从业人员的从业考试、资质管理和业务培训……" 《基金从业资格考试管理办法（试行）》第四条规定："协会统一组织从业资格考试工作……"	法律授权协会管理办法规定型

第十七讲

僵尸网络与 DDoS(分布式拒绝服务)攻击犯罪

一、僵尸网络犯罪的处理

(一)僵尸网络犯罪的现状

从实践来看,很多攻击者通过控制大量计算机形成僵尸网络。僵尸网络(Botnet),是指采用一种或者多种传播手段,将大量主机感染 bot 程序(僵尸程序),从而在控制者和被感染主机之间形成的一个可一对多控制的网络。僵尸网络具有如下三个特征:僵尸网络是一个可控制的网络;僵尸网络是采用一定的恶意传播手段形成的;僵尸网络可以一对多地执行相同的恶意行为,充当攻击平台的角色,如对某目标网络进行拒绝服务攻击。① 僵尸网络已成为我国互联网安全的重大隐患。②

(二)僵尸网络犯罪的处理

1. 形成僵尸网络行为的定性。僵尸网络的工作过程包括传播、加入和控制三个阶段:③(1)僵尸网络首先需要具有一定规模的被控计算机,这个规模是随着采用某种或某几种传播手段的僵尸程序而逐渐形成的,在这个传播过程中主

---

① 参见金双民等:《僵尸网络研究概述》,载《中国教育网络》2006 年第 6 期。

② 据北京市海淀区人民法院调研,一些行为人通过互联网搜索下载简便易行的"抓鸡"和 DDoS 攻击软件和教程,学会如何先用漏洞软件全网扫描有漏洞的计算机,然后通过漏洞植入木马,通过木马远程控制大量别人的计算机。"肉机"网络地下出租已经形成规模。参见《2007 年至 2016 年海淀区人民法院审结网络犯罪案件情况调研报告》。

③ 参见金双民等:《僵尸网络研究概述》,载《中国教育网络》2006 年第 6 期。

要有主动攻击漏洞、邮件病毒、即时通讯软件、恶意网站脚本、特洛伊木马等几种手段。(2)在加入阶段,每一个被感染主机都会随着隐藏于自身的僵尸程序的发作而加入僵尸网络中,加入的方式根据控制方式和通信协议的不同而有所不同。(3)在控制阶段,攻击者通过中心服务器发送预先定义好的控制指令,让被感染主机执行恶意行为,如发起拒绝服务攻击等。

通过上述过程不难看出,形成僵尸网络的过程实际上是非法控制他人计算机信息系统的过程,行为人通过侵入他人计算机信息系统或者采用其他技术手段,对计算机信息系统实施非法控制,从而形成僵尸网络,对此行为应以非法控制计算机信息系统罪定罪处罚。

2. 倒卖僵尸网络行为的定性。《危害计算机信息系统安全犯罪解释》第 7 条第 1 款规定:“明知是非法获取计算机信息系统数据犯罪所获取的数据、非法控制计算机信息系统犯罪所获取的计算机信息系统控制权,而予以转移、收购、代为销售或者以其他方法掩饰、隐瞒,违法所得五千元以上的,应当依照刑法第三百一十二条第一款的规定,以掩饰、隐瞒犯罪所得罪定罪处罚。”据此,倒卖通过控制大量计算机形成的僵尸网络的行为,亦应按照掩饰、隐瞒犯罪所得罪定罪处罚。

3. 利用僵尸网络实施其他违法犯罪行为的处理。僵尸网络构成了一个攻击平台,利用这个平台可以有效发起各种攻击行为,目前发现的利用僵尸网络发起的攻击行为的类型主要包括:拒绝服务攻击,发送垃圾邮件,窃取秘密,滥用资源,等等。[①] 对于这些行为,应当根据所涉及的罪名定罪处罚:对于拒绝服务攻击行为,按照破坏计算机信息系统罪处理(后文有详细论述);对于窃密的行为,按照可能涉及的非法获取国家秘密罪,为境外窃取、刺探、收买、非法提供国家秘密、情报罪,非法获取计算机信息系统数据罪处理;对于利用僵尸主机搭建假冒的银行网站从事网络钓鱼等非法活动,按照非法获取计算机信息系统数据罪等罪名处理。

二、DDoS(分布式拒绝服务)攻击犯罪的处理

(一)DDoS(分布式拒绝服务)攻击犯罪的现状

随着信息技术的不断发展,计算机与网络的处理能力不断加大,传统的通

---

① 参见金双民等:《僵尸网络研究概述》,载《中国教育网络》2006 年第 6 期。

过一台攻击机向目标发出服务请求以占用服务资源,从而使服务器不能向其他合法用户提供正确服务的拒绝服务(DoS)攻击方式逐渐减少。攻击者开始通过很多“僵尸主机”,采用分布式对单个或者多个目标同时发起拒绝服务攻击,这被称为分布式拒绝服务(Distributed Denial of Service,DDoS)攻击。DDoS 攻击原理大致如下:攻击者可以自己获取“僵尸主机”,也可以从他人手中购买大量“僵尸主机”;这些“僵尸主机”在短时间内同时向攻击目标主机发送海量服务请求,使目标主机无法及时对这些海量请求进行处理,从而造成网络堵塞或者服务器资源耗尽而拒绝服务。作为一种新型的、大规模的网络攻击方式,DDoS 攻击被广泛应用于攻击计算机信息系统,对计算机信息系统的安全构成了极大的威胁。因此,有必要对 DDoS 攻击行为定罪处罚的相关问题予以专门研究。

(二)DDoS(分布式拒绝服务)攻击犯罪的处理

1. 获取“僵尸主机”行为的定性问题。攻击者获取“僵尸主机”大致有三种途径:(1)攻击者本人通过扫描程序和各种渗透技术,寻找安全性差的计算机,然后在那些未受保护的计算机上安装控制软件和攻击软件,形成“僵尸主机”;(2)购买他人控制的计算机信息系统的控制权,即从他人手中购买“僵尸主机”;(3)直接从电信运营商手中租用服务器。攻击者一般会根据准备攻击的目标主机的具体情况选择上述一种或者多种途径准备攻击手段。从司法实践来看,租用服务器进行拒绝服务攻击由于更容易实现目的,已经日益成为大型拒绝服务攻击的手段,值得特别关注。例如,在“5·19”断网事件中,行为人花费 28 万元租用了 81 台服务器,于 2009 年 5 月 18 日对目标主机进行攻击,最终导致多个省份网络域名解析服务瘫痪,进而使江苏、安徽、浙江等省的互联网出现严重网络故障。

本书认为,行为人所实施的上述获取“僵尸主机”的行为可能构成刑法中的相应犯罪:攻击者本人通过对他人计算机信息系统植入控制软件和攻击软件,形成“僵尸主机”的行为,虽然未破坏计算机信息系统的功能或者数据,但是通过控制计算机信息系统实施特定操作的行为,属于对计算机信息系统实施非法控制,可能构成非法控制计算机信息系统罪;从他人手中购买“僵尸主机”并使用的行为，明知是他人非法控制的计算机信息系统，而使用该计算机信息系统的控制权，使该计算机信息系统继续处于被控制状态，实际上是对该计算机信息系统实施控制，对此种行为应当以非法控制计算机信息系统罪论处。

2. DDoS 攻击行为的定性问题。本书认为，DDoS 攻击行为符合破坏计算机信息系统罪的犯罪构成，应当被认定为破坏计算机信息系统罪。主要考虑如下：

(1)根据《刑法》第 286 条的规定，破坏计算机信息系统罪的客观方面主要表现为破坏计算机信息系统功能、破坏计算机信息系统数据或者应用程序、利用计算机病毒等破坏性程序影响计算机信息系统正常运行等三种行为方式。对于破坏计算机信息系统功能的行为，具体包括删除、修改、增加、干扰四种具体方式。[①] 就 DDoS 攻击行为而言，攻击者没有侵入目标主机，没有删除、修改、增加目标主机的系统功能。但是，攻击者在短时间内向目标主机发出海量的服务请求，过多占用了其网络资源，使其不能提供正常的服务，属于干扰计算机信息系统功能的行为。

(2)准确理解"造成计算机信息系统不能正常运行"。本书认为，这里的"计算机信息系统不能正常运行"是指计算机信息系统的硬件功能或者主要软件功能不能正常发挥作用。DDoS 攻击所造成的结果是目标主机无法在短时间内处理海量服务请求，占用有限的服务资源，从而造成网络或者服务器瘫痪，使合法用户无法得到服务器的响应，明显属于"计算机信息系统不能正常运行"。

3. 对特定类型计算机信息系统实施 DDoS 攻击行为的问题。要特别注意把握针对特定类型计算机信息系统的拒绝服务攻击。对域名解析服务器、路由器、身份认证服务器、计费服务器等实施攻击，可能导致大量的计算机信息系统瘫痪，比如一个域名解析服务器可能为数万个网站提供域名解析服务，对其实施拒绝服务攻击将可能导致数万个网站无法访问，表面上其攻击行为仅破坏了一台服务器的功能，但其间接引发的效果是导致数万个网站无法访问。例如，

---

① 我国台湾地区"刑法"第 360 条专门设置了"干扰他人电脑或其相关设备罪"，规定"无故以电脑程式或其他电磁方式干扰他人电脑或其相关设备，致生损害于公众或他人者，处三年以下有期徒刑、拘役或科或并科十万元以下罚金"。该条针对的就是 DDoS 攻击等行为。当然，该罪须告诉乃论。

在前述“5·19”断网事件中，行为人攻击了某游戏私服广告网站的域名解析服务器。在该域名解析服务器被攻击后，机房采取过滤措施，过滤发往该域名解析服务器的所有数据。该域名解析服务器同时为大约10万家网站提供域名解析服务，其中就包括暴风影音，还包括大量地方门户网站、个人网站和企业网站。4000万台使用暴风影音软件的计算机无法解析暴风影音网站域名，所有请求不仅无法成功，而且所有请求均处于等待状态，在无法解析域名时就会每秒钟重新发起一次解析请求。大量的解析服务请求累积在各地的域名解析服务器中，最终导致拥塞，大量用户无法解析其他网站的域名，最终导致全国多个省份网络瘫痪。因此，对于针对基础服务计算机信息系统的拒绝服务攻击行为，应当根据《危害计算机信息系统安全犯罪解释》的规定予以重点打击。

4. DDoS攻击案件处理中的罪数问题。（1）方法行为与目的行为的牵连问题。如前所述，DDoS攻击案件往往涉及获取“僵尸主机”与实施拒绝服务攻击两个阶段，前一阶段可能构成非法控制计算机信息系统罪，后一阶段可能构成破坏计算机信息系统罪。对此，应当根据牵连犯的处断原则，择一重罪处断。[①]（2）破坏计算机信息系统罪与敲诈勒索罪的犯罪竞合问题。在司法实践中，行为人通过对特定计算机信息系统实施拒绝服务攻击，进而对计算机信息系统所有者实施敲诈勒索。对于此种行为，同时构成破坏计算机信息系统罪与敲诈勒索罪，应当择一重罪处断。

实践中还需要注意的是，可能存在非法控制计算机信息系统后实施攻击破坏活动，但认定攻击破坏行为的证据不足的情形，对此可以对非法控制行为以非法控制计算机信息系统罪定罪处罚。例如，2014年11月2日，张某利用其租

① 被告人周某某违反国家规定，采用发动DDoS攻击的方法对上海国拍公司私车额度拍卖网站服务器进行干扰，致使该网站服务器无法正常运行，后果严重；被告人王某某明知是木马恶意软件，仍帮助周某某上网传播，致使5000余台计算机被周某某非法控制并用于攻击上海国拍公司私车额度拍卖网站服务器。就本案而言，出于攻击网站服务器之目的，有预谋地实施传播恶意软件、非法控制计算机信息系统及攻击网站服务器等行为的，不需要数罪并罚，而是依照牵连犯择一重罪处罚的原理，依照《刑法》第286条第1款，以破坏计算机信息系统罪定罪处罚。故而，法院以破坏计算机信息系统罪分别判处被告人周某某有期徒刑2年，被告人王某某有期徒刑1年2个月。参见郑义嘉、陈芳：《非法控制他人计算机进行拒绝服务攻击行为之定性》，载《人民司法》2012年第4期。

用的服务器作为主控服务器,在使用自己的电脑远程登录后,利用扫描器扫描出互联网中存在服务器管理漏洞的计算机,并使用木马文件取得上述计算机信息系统的控制权,随后利用其租用的服务器内黑客软件生成名为“ip32. rar”的木马文件,再利用连接器将该木马上传至其控制的计算机信息系统上,致使该计算机信息系统对外做DDoS流量攻击。经查,张某以上述方法非法控制腾讯云计算(北京)有限责任公司的计算机,致使腾讯云网络瘫痪约100分钟。公诉机关指控张某以上述方法非法控制腾讯云计算(北京)有限责任公司(住所地为北京市海淀区)的计算机信息系统,致使腾讯云网络瘫痪约100分钟。然而,法院审理认为,从技术层面上理解,计算机系统中“入侵日志”项显示“否”,表明有此日志,但由于数据不全,不能证明该主机被攻击。“攻击日志”项显示“缺失”,表明此日志不存在。在“攻击日志”“缺失”、无“入侵日志”、无“抓包文件”,只有“流量图”的情况下,仅证明涉案主机不能正常运行,而不能证明该主机被攻击,亦不能证明攻击行为是何人所实施;在只有“抓包文件”和“流量图”的情况下,可以证明涉案主机被攻击,同样不能证明攻击行为是何人所实施。最终,法院审理认为,张某非法控制计算机信息系统的程序,情节严重,其行为已构成非法控制计算机信息系统罪。故以犯非法控制计算机信息系统罪,判处张某有期徒刑2年6个月。①

① 参见杨茜等:《应对网络新型犯罪:做足功课 拿出对策》,载《人民法院报》2017年3月5日,第3版。无独有偶,上海市徐汇区人民法院审理的向某拒绝服务攻击案同样如此。劲舞团是上海久游网络科技有限公司独家代理运营的一款网络游戏。该游戏的一些玩家以能够进入劲舞团游戏主页面左上角第一个房间,即第100号房间为荣。被告人向某为了炫耀,采用DDoS攻击方式,攻击劲舞团服务器,致使网络中断,其他玩家掉线,从而自己抢先登录第100号房间,以此获得其他玩家的羡慕、崇拜。2010年1月至8月,被告人向某通过运行黑客软件非法侵入并远程操控55台他人计算机作为傀儡机(网络俗称“肉机”),对劲舞团服务器发动DDoS攻击,对劲舞团服务器的IP地址发送icmp或syn数据包,使服务器网络带宽被占用,网络通讯被堵塞,导致被攻击的服务器网络中断、玩家掉线,造成久游网络科技有限公司经济受损,玩家满意度下降,品牌价值降低,公司形象受到了影响。本案中,囿于目前有限的侦查手段及取证能力,对于其破坏目标服务器的后行为因无法计算准确的损失数额而难以满足破坏计算机信息系统罪的结果要件,最终以被告人控制55台傀儡机的前行为认定为非法控制计算机信息系统罪。参见朱以珍、陆佳:《网络安全犯罪的行为甄别与取证障碍》,载《人民司法》2011年第24期。

相关规定

《中华人民共和国刑法》

第二百八十五条　【非法侵入计算机信息系统罪】违反国家规定，侵入国家事务、国防建设、尖端科学技术领域的计算机信息系统的，处三年以下有期徒刑或者拘役。

【非法获取计算机信息系统数据、非法控制计算机信息系统罪】违反国家规定，侵入前款规定以外的计算机信息系统或者采用其他技术手段，获取该计算机信息系统中存储、处理或者传输的数据，或者对该计算机信息系统实施非法控制，情节严重的，处三年以下有期徒刑或者拘役，并处或者单处罚金；情节特别严重的，处三年以上七年以下有期徒刑，并处罚金。

【提供侵入、非法控制计算机信息系统程序、工具罪】提供专门用于侵入、非法控制计算机信息系统的程序、工具，或者明知他人实施侵入、非法控制计算机信息系统的违法犯罪行为而为其提供程序、工具，情节严重的，依照前款的规定处罚。

单位犯前三款罪的，对单位判处罚金，并对其直接负责的主管人员和其他直接责任人员，依照各该款的规定处罚。

第二百八十六条　【破坏计算机信息系统罪】违反国家规定，对计算机信息系统功能进行删除、修改、增加、干扰，造成计算机信息系统不能正常运行，后果严重的，处五年以下有期徒刑或者拘役；后果特别严重的，处五年以上有期徒刑。

违反国家规定，对计算机信息系统中存储、处理或者传输的数据和应用程序进行删除、修改、增加的操作，后果严重的，依照前款的规定处罚。

故意制作、传播计算机病毒等破坏性程序，影响计算机系统正常运行，后果严重的，依照第一款的规定处罚。

单位犯前三款罪的，对单位判处罚金，并对其直接负责的主管人员和其他直接责任人员，依照第一款的规定处罚。

第三百一十二条　【掩饰、隐瞒犯罪所得、犯罪所得收益罪】明知是犯罪所得及其产生的收益而予以窝藏、转移、收购、代为销售或者以其他方法掩饰、隐瞒的，处三年以下有期徒刑、拘役或者管制，并处或者单处罚金；情节严重的，处三年以上七年以下有期徒刑,并处罚金。

单位犯前款罪的,对单位判处罚金,并对其直接负责的主管人员和其他直接责任人员,依照前款的规定处罚。

第十八讲

"黑广播""伪基站"犯罪

一、"黑广播""伪基站"犯罪的蔓延态势与定性争议[①]

(一)"黑广播""伪基站"犯罪的蔓延态势

"伪基站"是指未经批准设置的通信基站。具体而言,"伪基站"是未取得电信设备进网许可和无线电发射设备型号核准的非法无线电通信设备,具有搜取手机用户信息,强行向不特定用户手机发送短信息等功能,使用过程中会非法占用公众移动通信频率,局部阻断公众移动通信网络信号。[②][③]

---

① 除了"伪基站",近年来非法使用"黑广播"(亦称"黑电台")活动也日益凸显。"黑广播"是指未经批准设置的无线电广播电台。"黑广播"每天定时循环播放,多数集中在20:30至次日6:00播放,有的全天播放。相较于"伪基站","黑广播"的危害更大:该类设备大部分使用的频率在88MHz至108MHz(国家无线电管理机构分配给广播电视管理部门使用的专用调频频率),扰乱正常的广播秩序;该类设备可以随意设定频率,十分容易对航空通信导航等无线电业务产生干扰;播放的内容以虚假医药广告等为主,扰乱社会秩序。由于"黑广播"与"伪基站"均属于无线电设备,相关案件具有类似性,此部分主要围绕"伪基站"加以阐释。

② 利用"伪基站"可实现不通过任何通讯运营商就能在一定范围内发送短信,其主要原理是伪装成为移动基站的邻区,形成一个虚拟的基站。只要手机处于"伪基站"搜取范围内,GSM 网络手机信号就很容易被识别,然后"伪基站"就会强制隔离用户的手机信号,强制发送短信。参见《"伪基站",危害重重亟须"围剿"》,载《人民法院报》2014 年 8 月 8 日,第 3 版。

③ 用户尝试手机到伪基站小区再恢复到正常使用状态(向伪基站小区发起位置更新、手机脱网、重选到运营商基站小区、再次位置更新)需要时间通常为 10 秒到 20 秒,造成用户无法正常被主叫,影响用户感知。参见赵恒、邵四清:《伪基站系统的分析定位方法及解决建议(一)》,载《电信网技术》2011 年第 7 期。

就技术原理而言,“伪基站”利用了2G移动通讯的技术缺陷。目前我国的第二代公众移动通信系统(GSM)采用单向认证的机制,即在移动终端通信的过程中,移动运营商网络可以识别移动终端的身份,并对其身份进行验证,但移动终端却无法验证其连接的基站是否为真实合法的移动运营商基站。基于此,“伪基站”可以伪装为移动运营商的合法基站,使用与移动运营商相同的GSM频段,非法占用无线电频点,搜索以其为中心、一定范围半径内的手机终端,利用GSM网络技术规范单向鉴权的漏洞,强行使周边手机终端脱离合法基站而接入伪基站网络,进而可以以任意号码强行向接入手机终端推送各种形式的短信内容。

近年来,各地非法生产、销售、使用“伪基站”设备违法犯罪活动日益猖獗,有的借以非法获取公民个人信息,有的非法经营广告业务,有的发送虚假广告,甚至实施诈骗等犯罪活动。非法生产、销售、使用“伪基站”设备,不仅破坏正常电信秩序,影响电信运营商正常经营活动,危害公共安全,扰乱市场秩序,而且严重影响用户手机使用,损害公民财产权益,侵犯公民隐私,社会危害性严重。[①]近年来,人民法院审理的“伪基站”犯罪案件日益增多。以北京市海淀区人民法院为例,自2014年以来仅就扰乱无线电通讯管理秩序罪这一罪名的案件就审结42件,这类案件的常见形式就是利用车载“伪基站”设备发送信息。[②]

(二)“黑广播”“伪基站”犯罪的司法应对

《刑法修正案(九)》施行前,在办理非法生产、销售、使用“伪基站”违法犯罪案件过程中,有关部门对于相关行为的定性存在较大争议。关于非法生产、销售“伪基站”的定性,存在不同观点。对于非法使用“伪基站”发送信息行为

---

① “伪基站”犯罪猖獗的背后是利益诱惑。据了解,“伪基站”组装简便快捷,所有设备费用加起来不超过1万元。利用“伪基站”发送短信,1天甚至数个小时就可以收入超过1万元。

② 参见杨茜等:《应对网络新型犯罪:做足功课 拿出对策》,载《人民法院报》2017年3月5日,第3版。

的定性,也存在较大争议。①

为依法办理非法生产、销售、使用“伪基站”设备案件,保障国家正常电信秩序,维护市场经济秩序,保护公民合法权益,根据有关法律规定,《“伪基站”犯罪意见》对有关法律适用问题作出规定:(1)明确了有关行为的定罪量刑问题,明确对非法生产、销售“伪基站”设备的行为以非法经营罪追究刑事责任,对非法使用“伪基站”设备干扰公用电信网络信号,危害公共安全的行为以破坏公用电信设施罪追究刑事责任。(2)要求严格贯彻宽严相济刑事政策。对犯罪嫌疑人、被告人的处理,应当结合其主观恶性大小、行为危害程度以及在案件中所起的作用等因素,切实做到区别对待。此外,还对办理“伪基站”案件遇到的管辖问题和各部门加强协作配合的要求作出相关规定。

二、“黑广播”“伪基站”相关罪名的修改完善与司法解释

(一)1997 年《刑法》的规定

无线电频率从来就存在,但人类利用无线电频率是近代以来的事情。无线电历经了从电子管到晶体管,再到集成电路;从短波到超短波,再到微波;从模拟方式到数字方式;从固定使用到移动使用等各个发展阶段,无线电技术已成为现代信息社会的重要支柱。技术的发展从来都是利弊兼存,扰乱无线电通讯管理秩序罪就是随着无线电技术的发展和广泛应用而产生的一种新型犯罪形态。20 世纪 90 年代,随着无线电通讯技术的飞速发展,一些单位和个人为了牟取非法利益,置国家关于无线电管理的相关规定于不顾,擅自设置、使用无线电台(站),或者擅自占用频率资源,严重危害无线电管理秩序,甚至给国家、集体和个人造成了重大经济损失。国家对无线电频谱实行统一规划、合理开发、科学管理、有偿使用的原则,相继出台了《无线电管理条例》《无线电管制规定》《业余无线电台管理办法》等无线电管理法律、行政法规和规章,以保证各种无

① 利用“伪基站”设备还可能实施诈骗活动。例如,行为人将“伪基站”设备放置在驾驶的汽车内,随机搜取、筛选附近的手机号码,并冒用筛选出的手机号码将诈骗短信通过该设备发送到周围手机,骗取汇款。当然,对于利用“伪基站”设备实施诈骗活动的情形可以以诈骗罪定罪处罚,对此实践中并无争议。

线电业务的正常进行。为了维护国家无线电通讯秩序,加强国家对无线电频谱资源的管理,确保无线电通讯的正常进行,1997 年《刑法》增加规定了扰乱无线电管理秩序罪,[①]第 288 条规定:“违反国家规定,擅自设置、使用无线电台(站),或者擅自占用频率,经责令停止使用后拒不停止使用,干扰无线电通讯正常进行,造成严重后果的,处三年以下有期徒刑、拘役或者管制,并处或者单处罚金。”“单位犯前款罪的,对单位判处罚金,并对其直接负责的主管人员和其他直接责任人员,依照前款的规定处罚。”

(二)《刑法修正案(九)》的规定

如前所述,“伪基站”是一种无线电通信设备,非法使用“伪基站”行为实际上属于擅自占用频率的行为。然而,1997 年《刑法》第 288 条规定的扰乱无线电通讯管理秩序罪,无论是“擅自设置、使用无线电台(站)”,还是“擅自占用频率”,均要求以“经责令停止使用后拒不停止使用”为入罪前提。“经责令停止使用后拒不停止使用”,是指有关管理部门依照国家规定,对擅自设置、使用无线电台(站)和擅自占用频率的行为提出责令,要求停止使用,而行为人仍不停止使用的。[②] 非法使用“伪基站”的行为具有较强的隐蔽性和流动性,行为人大多驾驶汽车或者使用其他交通工具携带“伪基站”移动,侦破此类案件尚存在较大难度,要求行政机关及时发现并责令停止使用实属不现实。因此,如果要求以“经责令停止使用后拒不停止使用”为前提要件,会放任这一社会危害严重行为的蔓延。在《刑法修正案(九)(草案)》研拟过程中,有关部门建议对扰乱无线电管理秩序罪的犯罪构成作出修改完善,以解决当前非法使用“伪基站”的法律适用问题。

《刑法修正案(九)》将《刑法》第 288 条第 1 款修改为:“违反国家规定,擅自设置、使用无线电台(站),或者擅自使用无线电频率,干扰无线电通讯秩序,情节严重的,处三年以下有期徒刑、拘役或者管制,并处或者单处罚金;情节特

---

① 参见全国人大常委会法工委刑法室编:《中华人民共和国刑法 · 条文说明、立法理由及相关规定》,北京大学出版社 2009 年版,第 598 页。

② 参见全国人大常委会法工委刑法室编:《中华人民共和国刑法 · 条文说明、立法理由及相关规定》,北京大学出版社 2009 年版,第 598 页。

别严重的，处三年以上七年以下有期徒刑，并处罚金。”《刑法修正案（九）》对扰乱无线电通讯管理秩序罪的修改，主要体现在以下两个方面：[①]一是针对使用“伪基站”等设备严重扰乱无线电通讯秩序，侵犯公民权益的情况，取消“经责令停止使用后拒不停止使用”的要件，增强了可操作性。二是将本罪由结果犯调整为情节犯，将“干扰无线电通讯正常进行，造成严重后果”的入罪要件修改为“干扰无线电通讯秩序，情节严重”，并针对“情节特别严重的”增加规定“处三年以上七年以下有期徒刑，并处罚金”。

（三）《扰乱无线电通讯管理秩序罪解释》的制定

在《刑法修正案（九）》对扰乱无线电通讯管理秩序罪作出重大调整后，亟须采取有效措施确保修正后的刑法规定在司法实践中得到贯彻实施，以更为有力地惩治包括“黑广播”“伪基站”犯罪在内的扰乱无线电通讯管理秩序犯罪。根据有关部门的建议，最高人民法院会同最高人民检察院，启动了专门司法解释的起草工作。经深入调研，广泛听取各方面意见，完成了司法解释起草工作。2017 年 4 月 17 日由最高人民法院审判委员会第 1715 次会议、2017 年 5 月 25 日由最高人民检察院第十二届检察委员会第 64 次会议通过了《扰乱无线电通讯管理秩序罪解释》，自 2017 年 7 月 1 日起施行。

根据司法实践面临的问题，《扰乱无线电通讯管理秩序罪解释》通过 10 个条文对扰乱无线电通讯管理秩序犯罪的定罪量刑标准和有关法律适用问题作出较为全面的规定，主要涵括以下三个方面的问题：（1）非法使用“黑广播”“伪基站”以及其他扰乱无线电通讯管理秩序犯罪的定罪量刑标准；（2）非法生产、销售“黑广播”“伪基站”、无线电干扰器等无线电设备的定罪量刑标准；（3）扰乱无线电通讯管理秩序刑事案件所涉及的单位犯罪、犯罪竞合、渎职犯罪、宽严相济、专门性问题认定等其他问题。

---

① 当然，《刑法修正案（九）》对扰乱无线电通讯管理秩序罪的行为方式也作出了细微调整，将“擅自占用”修改为“擅自使用”。有观点认为，“占用”是排他性地使用频率，而“使用”不要求达到排他性的程度。参见《关于“伪基站”刑罚适用的调研报告》，载《广州审判》2017 年第 3 期。

三、“黑广播”“伪基站”犯罪的法律适用疑难

（一）扰乱无线电通讯管理秩序罪的客观表现

根据《刑法》第 288 条第 1 款的规定，扰乱无线电通讯管理秩序罪客观方面表现为违反国家规定，擅自设置、使用无线电台（站），或者擅自使用无线电频率，干扰无线电通讯秩序，情节严重的行为。因此，司法实践中如何准确认定“擅自设置、使用无线电台（站），或者擅自使用无线电频率，干扰无线电通讯秩序”的情形，尤为关键。根据《扰乱无线电通讯管理秩序罪解释》第 1 条的规定，主要包括如下情形：（1）非法使用“黑广播”的情形。具体而言，此种情形表现为未经批准设置无线电广播电台，非法使用广播电视专用频段的频率的行为。（2）非法使用“伪基站”的情形。具体而言，此种情形表现为未经批准设置通信基站，强行向不特定用户发送信息，非法使用公众移动通信频率的行为。（3）未经批准使用卫星无线电频率的情形。此种情形针对的是实践中擅自使用卫星频率（盗用卫星转发器）干扰卫星业务的行为。近年来，随着在轨通信卫星数量及用户业务的逐年增加，小型化天线及各种移动终端普遍应用，卫星频率干扰事件呈明显上升趋势，危害日益严重。（4）非法设置、使用无线电干扰器的情形。此种情形针对的是实践中非法设置大功率干扰器，造成正常无线电频率受到严重干扰的行为。（5）其他擅自设置、使用无线电台（站），或者擅自使用无线电频率，干扰无线电通讯秩序的情形。[①]

（二）非法使用“伪基站”行为的定性

1. 非法使用“伪基站”的情形。非法使用“伪基站”，除发送诈骗、违法信息

---

① 需要注意的是，其一，“擅自设置、使用无线电台（站）”与“擅自使用无线电频率”的情形难以完全区分开来。有的情形下设置无线电台（站）需要经过批准，但使用无线电频率不需要经过批准，而有的情形下设置无线电台（站）不需要经过批准，但使用无线电频率需要经过批准。多数情形下，设置无线电台（站）和使用无线电频率均需要经过批准。其二，《刑法修正案（九）》将“干扰无线电通讯正常进行”调整为“干扰无线电通讯秩序”，而“干扰无线电通讯秩序”的认定情形难以具体化，故《扰乱无线电通讯管理秩序罪解释》第 1 条实际上虚化了“干扰无线电通讯秩序”要件，解释为具有所列情形之一的即可推定为“干扰无线电通讯秩序”，以方便司法适用。

外，不少表现为发送广告推销信息的情形。例如，行为人在某机场候机楼附近，非法占用中国移动通信频率，利用“伪基站”设备发送广告短信，推销其公司销售机票业务，致使该机场候机楼一带的手机无法正常拨打电话。该行为人平均每天发送短信 2 万余条，长达 10 小时左右，至案发时共发送短信 62 万余条，获取 62 万余张手机卡的用户身份识别信息（IMSI）。需要注意的是，实践中，还有行为人购买多台“伪基站”设备，有偿为他人提供短信群发业务，以牟取利益。①

2. 非法使用“伪基站”行为的定性争议。在《刑法修正案（九）》施行前，关于非法使用“伪基站”发送短信行为的定性，存在较大争议。主要有如下不同认识：第一种意见认为，利用“伪基站”发送短信的行为，构成破坏公用电信设施罪。行为人使用“伪基站”设备，以非法占用电信频率的方式，破坏正在使用中的公用无线通信网络，在较大范围内造成用户通信中断，严重危害公共安全，构成破坏公用电信设施罪。② 第二种意见认为，利用“伪基站”发送信息的行为构成非法获取公民个人信息罪（现为侵犯公民个人信息罪）。行为人利用“伪基站”设备，非法获取公民手机卡中的用户身份识别信息、手机号码等信息，用于群发垃圾短信，数量巨大，并造成大量用户通信中断，情节严重，构成非法获取公民个人信息罪（现为侵犯公民个人信息罪）。第三种意见认为，利用“伪基站”设备群发短信的行为构成非法经营罪。根据《电信条例》，未取得电信业务

---

① 与正规的短信群发平台相比，利用“伪基站”设备非法发送短信有巨大的价格“优势”。正规短信发送平台，发送一条短信需花费 5－8 分钱不等，发送 10 万条短信需花费 6000 元左右；利用“伪基站”设备发送短信息，发送 10 万条短信息仅花费 1000 元，甚至低至数百元。此外，据有关资料显示，利用“伪基站”非法发送短信息与正规短信发送平台相比，还具有定位准确、确保到达的特点。参见胡钢：《“伪基站”的法律规制》，载《中国信息安全》2014 年第 5 期。

② 例如，房某是一家广告公司的业主。2013 年 9 月，房某通过网络购买了一个“伪基站”。同年 12 月 13 日，房某雇人开车，携带“伪基站”设备至慈溪周巷镇附近，房某在车上利用设备发促销短信，通过该设备共向 15.8 万余部手机用户发送广告短信，造成上述手机用户暂时脱网，影响手机用户的正常通信。同年 12 月 18 日，房某再次雇人开车，携带该伪基站设备至绍兴市越城区附近，向 5 万余部手机用户发送广告短信，造成上述手机用户暂时脱网，影响手机用户的正常通信。法院审理认为，房某伙同他人破坏公用电信设施，危害公共安全，其行为已构成破坏公用电信设施罪。法院最终根据其犯罪事实和具体情节，判处房某有期徒刑 3 年 6 个月。参见《利用伪基站群发小广告被告人获刑三年六个月》，载《人民法院报》2014 年 11 月 29 日，第 3 版。而且，在《刑法修正案（九）》施行初期，对于利用“伪基站”设备群发短信的行为，仍有不少地方适用破坏公用电信设施罪。

经营许可证,任何组织或者个人不得从事电信业务经营活动。行为人违反国家规定,擅自使用“伪基站”这种无线电发射设备,非法占用公用电信频率,经营广告短信群发业务,进行营利活动,数额较大的,构成非法经营罪。

3. 非法使用“伪基站”行为的定性。本书认为,根据《刑法修正案(九)》和《扰乱无线电通讯管理秩序罪解释》的规定,对于非法使用“伪基站”设备的行为,原则上应当适用扰乱无线电通讯管理秩序罪,例外情形下同时构成破坏公用电信设施罪等其他犯罪的,应当“择一重罪处断”。①②

(1)在《刑法修正案(九)》施行后,非法使用“伪基站”设备的行为原则上构成扰乱无线电通讯管理秩序罪。如前文所述,“伪基站”是未经批准设置的通信基站,本质上是一种无线电通信设备,非法使用“伪基站”实际上属于擅自使用无线电频率的行为。

需要特别指出的是,对于非法使用“伪基站”行为原则上不能适用破坏公用电信设施罪。《“伪基站”犯罪意见》规定,非法使用“伪基站”设备干扰公用电信网络信号,危害公共安全的,依照《刑法》第 124 条第 1 款的规定,以破坏公用电信设施罪追究刑事责任;同时构成虚假广告罪、非法获取公民个人信息罪、破坏计算机信息系统罪、扰乱无线电通讯管理秩序罪的,依照处罚较重的规定追究刑事责任。由此可见,《“伪基站”犯罪意见》明确规定非法使用“伪基站”适

① 本书认为,对于非法使用“伪基站”设备群发短信的行为不宜定性为非法经营罪。主要考虑如下:利用“伪基站”设备经营广告短信群发业务的行为,属于未经许可从事电信业务经营活动的行为,但根据《电信条例》第 66 条、第 67 条的规定,只有利用电信网络制作、复制、发布、传播第 56 条所列含有法律、行政法规禁止的内容的信息,实施第 57 条所列危害电信网络安全和信息安全的行为,以及实施第 58 条第 2 项、第 3 项、第 4 项所列扰乱电信市场秩序的行为,构成犯罪的,才能追究刑事责任。利用“伪基站”经营广告短信群发业务,不在上述范围内,故依法不能以非法经营罪论处。

② 在《刑法修正案(九)》施行后,对于非法适用“伪基站”行为的罪名适用逐步从破坏公用电信设施罪转向扰乱无线电通讯管理秩序罪。以广州为例,自 2010 年开始,广州各级法院受理的破坏公用电信设施罪一审案件呈增长趋势,从 2010 年收案 3 件、结案 3 件增长到 2014 年收案 32 件、结案 20 件。2010 年至 2014 年没有受理扰乱无线电通讯管理秩序罪案件。但是,自 2015 年开始,扰乱无线电通讯管理秩序罪的适用发生了明显变化,2015 年一审案件收案 6 件,结案 2 件,2016 年一审案件收案 41 件,结案 43 件,同比增长 583.3%。相反,2015 年破坏公用电信设施、广播电视设施罪一审案件收案 28 件,结案 34 件,同比有所下降。参见《关于“伪基站”刑罚适用的调研报告》,载《广州审判》2017 年第 3 期。

用破坏公用电信设施罪的前提要件是“危害公共安全”，对于非法使用“伪基站”但尚未危害公共安全的行为不构成破坏公用电信设施罪。实际上，绝大多数非法使用“伪基站”的行为只是对无线电通讯管理秩序和居民生活安宁造成了干扰，尚达不到“危害公共安全”的程度，无法适用破坏公用电信设施罪。然而，在《刑法修正案（九）》施行前，有些地方在办理非法使用“伪基站”案件时，往往将“伪基站”导致用户手机通讯短暂中断（甚至用发送短信条数作为认定用户手机通讯中断的标准）等同于《破坏公用电信设施罪解释》规定的“用户通信中断”，进而依据“造成一万以上用户通信中断不满一小时”的标准认定为破坏公用电信设施罪。[①] 本书认为，上述做法并不妥当。主要考虑如下：①根据《破坏公用电信设施罪解释》第 1 条的规定，破坏公用电信设施的危害行为通常表现为物理破坏和功能破坏。前者是指通过对公用电信设施施加物理性影响，使其受到物理上的毁损，如截断通信线路、损毁通信设备等。后者是指通过一定方法使公用电信设施丧失其应有的通信和信息传播等功能，使其不能正常工作，如采用删除、修改、增加电信网计算机信息系统中存储、处理或者传输的数据和应用程序等手段破坏正在使用中的公用电信设施的。需要注意的是，无论是物理破坏，还是功能破坏，破坏公用电信设施罪的客观方面都必须表现为直接针对公用电信设施的故意破坏行为。非法使用“伪基站”，只是中断用户手机与公用电信设施基站之间的联系，在完成发送信息的行为后正规基站即自动恢复了通讯功能，并没有对基站等公用电信设施造成实质性损害，既非“截断通信线路”的物理损坏，亦非其他形式的功能破坏，故不属于破坏公用电信设施。而且，上述行为只是干扰正规基站的正常通讯而已，属于扰乱无线电通讯管理秩

---

① 《破坏公用电信设施罪解释》第 1 条规定：“采用截断通信线路、损毁通信设备或者删除、修改、增加电信网计算机信息系统中存储、处理或者传输的数据和应用程序等手段，故意破坏正在使用的公用电信设施，具有下列情形之一的，属于刑法第一百二十四条规定的‘危害公共安全’，依照刑法第一百二十四条第一款规定，以破坏公用电信设施罪处三年以上七年以下有期徒刑：……（二）造成二千以上不满一万用户通信中断一小时以上，或者一万以上用户通信中断不满一小时的……”据此，有观点认为，通信中断是指呼损 100%，或者来电接通率为 0%，非法使用“伪基站”发送信息、传播广告等行为使手机短暂脱网，强行占用了正常通信网络频率，切断了用户与合法基站的正常联系，手机终端属于无连接的截断状态，属于通过“截断通信线路破坏公用电信设施”的范畴。参见《关于“伪基站”刑罚适用的调研报告》，载《广州审判》2017 年第 3 期。

序。②《破坏公用电信设施罪解释》规定的"通信中断"并非短暂中断。从体系解释的角度,《破坏公用电信设施罪解释》规定了中断超过1个小时的情形。"但根据伪基站的工作原理,从吸入用户手机信号到发送短信,再释放用户手机信号,用户手机重新回到正常通信网络,总共需时均在几十秒内,客观上不会超过一小时中断通信。"[①]就此而言,也不宜将"伪基站"导致的通信中断与《破坏公用电信设施罪解释》所规定的"通信中断"等同起来。③对非法使用"伪基站"适用破坏公用电信设施罪恐会导致量刑失衡。正如有论者所指出的,利用"伪基站"发短信,构成破坏公用电信设施罪的,法定刑在有期徒刑3年至7年;造成严重后果的,处7年以上有期徒刑,且目前各地适用缓刑的较少。[②]

(2)使用"伪基站"造成公用电信设施功能破坏的,可能同时构成破坏公用电信设施罪。如前文所述,公用电信设施不仅包括硬件设施也包括软件设施,破坏手段既可以是物理性破坏,也可以是功能性破坏。使用"伪基站"设备群发短信的行为干扰公用电信网络信号,造成用户通信中断,系对公用电信设施的功能性破坏。《破坏公用电信设施罪解释》除将采用截断通信线路、损毁通信设备规定为破坏公用电信设施的手段外,也将删除、修改、增加电信网计算机信息系统中存储、处理或者传输的数据和应用程序的行为规定为故意破坏公用电信设施的手段。使用"伪基站",通过占用公用电信网络频率在周围空间建立"虚拟网络",强制连接设备发射功率所及范围内(约数公里)的用户手机信号,并切断其与公用电信网络的链接。此种情形虽然并未对通信电路造成物理损害,但以非法占用电信频率的方式,对正常使用中的基站进行功能性破坏,在较大范围内较长时间造成用户通信中断,危害公共安全,其行为在性质上属于截断通信线路,符合破坏公用电信设施罪的行为特征,故应以破坏公用电信设施罪定罪处罚。实践中也有对非法使用"伪基站"设备的行为适用破坏公用电信设施罪的适例。

---

① 陈焕煜:《使用伪基站群发短信的司法认定》,载《人民司法》2016年第31期。

② 参见陈焕煜:《使用伪基站群发短信的司法认定》,载《人民司法》2016年第31期。

(3)同时触犯多个罪名的,在具体适用罪名时须"从一重罪处断"。[①] 当然,非法使用"伪基站"设备还可能同时构成虚假广告罪、破坏计算机信息系统罪、扰乱无线电通讯管理秩序罪等其他罪名,应当从一重罪处断。此外,如果使用"伪基站"设备实施诈骗活动,同时构成诈骗罪的,也依照处罚较重的规定追究刑事责任。对此,《扰乱无线电通讯管理秩序罪解释》第6条第1款规定:"擅自设置、使用无线电台(站),或者擅自使用无线电频率,同时构成其他犯罪的,按照处罚较重的规定定罪处罚。"

(三)扰乱无线电通讯管理秩序罪的定罪量刑标准

根据《刑法》第288条第1款的规定,扰乱无线电通讯管理秩序,情节严重的,构成犯罪;情节特别严重的,构成情节加重犯。据此,《扰乱无线电通讯管理秩序罪解释》根据司法实践的具体情况,对"情节严重""情节特别严重"的具体情形作了明确。

1. 定罪量刑标准设定的主要考虑。《扰乱无线电通讯管理秩序罪解释》对扰乱无线电通讯管理秩序罪定罪量刑标准的设置,主要考虑了如下因素:

(1)贯彻宽严相济刑事政策。从实践来看,实施"黑广播""伪基站"等扰乱无线电通讯秩序犯罪的行为人情况复杂,应当结合其主观恶性大小、行为危害程度以及在案件中所起的作用等因素,切实做到区别对待,将幕后的雇佣者、指使者以及积极参加者作为打击重点。

(2)考量"黑广播""伪基站"等设备的技术特征。"黑广播""伪基站"等扰乱无线电通讯管理秩序犯罪,本身为利用现代信息技术实施的犯罪,对其规制必须考虑到技术的特性。其一,"黑广播"与"伪基站"存在较大差异,前者功率较大,电磁辐射对周边居民健康可能造成影响,故可以根据"黑广播"设备的功率和覆盖范围设置定罪量刑标准。其二,相关设备的技术处于不断发展之中,特别是随着"伪基站"技术的发展,"伪基站"设备不断更新换代,IMSI信息(一

---

① 实际上,在《刑法修正案(九)(草案)》研拟过程中,有意见提出,由于利用"伪基站"设备群发短信息通常会影响公用电信设施的正常运行,当前对这类行为应按照破坏公用电信设施罪论处。因此,有必要研究扰乱无线电通讯管理秩序罪与破坏公用电信设施罪之间的关系。

个 IMSI 对应一个手机号码)、软件信息发送量的证据容易被篡改或者灭失,甚至不再记录上述数据。目前看来,“伪基站”犯罪的作案手法和反侦查措施不断升级,出现了“关机自动格式化、发送数据清零”的新型“伪基站”设备。行为人被查处时可以销毁相关数据,完全不留任何发送痕迹。基于此,通常情形下不宜按照信息条数设置定罪量刑标准。

(3)兼顾司法实践的复杂情况。非法使用“黑广播”“伪基站”,主要是发送信息,但信息的具体内容存在较大差异。例如,利用“伪基站”设备发送的信息,大致可以分为三个“三分之一”,即诈骗类短信、违法类短信和商业广告类短信。对此类案件的处理,应当考虑到司法实践的复杂情况,切实做到区别对待。对于为实现不法目的,使用“伪基站”发送违法犯罪类短信的,应当从严惩处。这类信息的附属危害大,甚至在一定时空范围内持续蔓延,会给社会带来危害。利用“伪基站”发送商业广告信息的行为,通常只是扰乱无线电通讯管理秩序及用户安宁,而收到短信的用户并不会因为短信内容遭受进一步的侵害,故该行为并不侵害其他法益。此类案件中,行为人违法性认识较弱,主观恶性较小,应当在定罪量刑方面适当从宽,以体现罪责刑相适应原则的要求。

(4)有序衔接行政执法与刑事司法。刑法是其他部门法的保护法,可以依据其他部门法处罚的行为,不宜纳入刑事惩治的范围。这一点在行政犯的入罪标准设置方面尤须考虑。《无线电管理条例》第 70 条明确规定:“违反本条例规定,未经许可……擅自设置、使用无线电台(站)从事诈骗等违法活动,尚不构成犯罪的,并处 20 万元以上 50 万元以下的罚款。”据此,对于使用“伪基站”发送诈骗等违法犯罪信息的行为,不能直接纳入刑事处罚范围,否则就会模糊行政处罚与刑事处罚之间的界限,故《扰乱无线电通讯管理秩序罪解释》第 2 条第 6 项从数量标准和销毁发送数量情节方面作了限定。又如,《无线电管理条例》第 73 条明确规定:“违反本条例规定,使用无线电发射设备、辐射无线电波的非无线电设备……对船舶、航天器、航空器、铁路机车专用无线电导航、遇险救助和安全通信等涉及人身安全的无线电频率产生有害干扰的,并处 20 万元以上 50 万元以下的罚款。”据此,对于违反国家规定,擅自设置、使用无线电台(站),或者擅自使用无线电频率,仅对船舶、航天器、航空器、铁路机车专用无线电导航、遇险救助和安全通信等涉及人身安全的无线电频率产生有害干扰的,尚不能纳入刑事处罚范围。故而,《扰乱无线电通讯管理秩序罪解释》第 2 条第 1 项将此种情形的入罪限制为“影响航天器、航空器、铁路机车、船舶专用无线电导航、遇险救助和安全通信等涉及公共安全的无线电频率正常使用的”情形,即比前述产生有害干扰的情形更为严重,具有更大的社会危害性。

2.“情节严重”的认定。根据《扰乱无线电通讯管理秩序罪解释》第 2 条的规定,违反国家规定,擅自设置、使用无线电台(站),或者擅自使用无线电频率,干扰无线电通讯秩序,具有所列情形之一的,应当认定为《刑法》第 288 条第 1 款规定的“情节严重”。具体而言,可以大致划分为如下几类情形:

(1)特定频率标准。国家对涉及人身安全的无线电频率予以特别保护。《无线电管理条例》第 64 条明确规定:“国家对船舶、航天器、航空器、铁路机车专用的无线电导航、遇险救助和安全通信等涉及人身安全的无线电频率予以特别保护。任何无线电发射设备和辐射无线电波的非无线电设备对其产生有害干扰的,应当立即消除有害干扰。”由于对此类无线电频率的有害干扰,可能影响不特定多数人的人身安全,《扰乱无线电通讯管理秩序罪解释》第 2 条第 1 项直接将“影响航天器、航空器、铁路机车、船舶专用无线电导航、遇险救助和安全通信等涉及公共安全的无线电频率正常使用的”规定为“情节严重”。

(2)特定时空标准。突发事件期间在事件发生地使用“黑广播”“伪基站”的,可能会造成社会秩序的混乱,社会危害性更大,故《扰乱无线电通讯管理秩序罪解释》第 2 条第 2 项将“自然灾害、事故灾难、公共卫生事件、社会安全事件等突发事件期间,在事件发生地使用‘黑广播’‘伪基站’的”规定为“情节严重”。在国家或者省级重大活动场所及周边使用“黑广播”“伪基站”,可能影响重大活动的正常进行,故《扰乱无线电通讯管理秩序罪解释》第 2 条第 3 项将“举办国家或者省级重大活动期间,在活动场所及周边使用‘黑广播’‘伪基站’的”规定为“情节严重”。

(3)数量数额标准。“黑广播”发射功率、覆盖范围越大,所产生的电磁辐射对周边居民造成危害的可能越大。故综合考虑司法实践的情况,《扰乱无线电通讯管理秩序罪解释》第 2 条第 5 项将“‘黑广播’的实测发射功率五百瓦以上，或者覆盖范围十公里以上的”规定为“情节严重”。[①] “黑广播”“伪基站”的数量，无疑是行为社会危害性的重大表现，故《扰乱无线电通讯管理秩序罪解释》第2条第4项将“同时使用三个以上‘黑广播’‘伪基站’的”规定为“情节严重”。[②] 违法所得数额是判断情节严重与否的重要标志，故《扰乱无线电通讯管理秩序罪解释》第2条第8项将“违法所得三万元以上的”规定为“情节严重”。

(4)信息内容标准。如前文所述，使用“黑广播”“伪基站”设备发送的信息内容不同，社会危害性存在较大差异。经慎重研究，综合考虑当前广泛使用的“关机自动格式化、发送数据清零”的新型“伪基站”设备，《扰乱无线电通讯管理秩序罪解释》第2条第6项将“使用‘伪基站’发送诈骗、赌博、招嫖、木马病毒、钓鱼网站链接等违法犯罪信息，数量在五千条以上，或者销毁发送数量等记录的”规定为“情节严重”。顺带提及的是，《扰乱无线电通讯管理秩序罪解释》第2条第6项列举了“诈骗、赌博、招嫖、木马病毒、钓鱼网站链接等”违法犯罪信息，实践中应当根据案件具体情况作出合理解释，不宜限于上述信息，还应包括实践中常见的代开发票类短信、办证刻章类信息、谣言类信息等其他违法犯罪信息。

(5)其他标准。实践中，携带、使用“伪基站”设备的人员多数是受雇佣者（俗称“马仔”）。鉴于在北京、上海、广州等大城市中雇佣、指使未成年人、残疾人从事“伪基站”活动的情形日益增多，为贯彻严惩幕后雇佣者、指使者的策略，《扰乱无线电通讯管理秩序罪解释》第2条第7项将“雇佣、指使未成年人、残疾人等特定人员使用‘伪基站’的”规定为“情节严重”。从主观恶性方面考量，《扰乱无线电通讯管理秩序罪解释》第2条第9项将“曾因扰乱无线电通讯管理秩序受过刑事处罚，或者二年内曾因扰乱无线电通讯管理秩序受过行政处罚，又实施刑法第二百八十八条规定的行为的”规定为“情节严重”。

3.“情节特别严重”的认定。根据《扰乱无线电通讯管理秩序罪解释》第3条的规定，违反国家规定，擅自设置、使用无线电台(站)，或者擅自使用无线电

---

① 由于实践中存在“黑广播”设备标注的功率与实际不符的情形，故此处的表述是“实测功率”。此外，“覆盖范围”应理解为半径，即“覆盖范围十公里以上”是指覆盖半径在10公里以上。

② 对此，不应仅仅理解为3个“黑广播”或者3个“伪基站”，还应包括其他组合情形，如一个“黑广播”和两个“伪基站”。

频率，干扰无线电通讯秩序，具有所列情形之一的，应当认定为《刑法》第 288 条第 1 款规定的“情节特别严重”。具体而言，可以大致划分为如下两类情形：

（1）实害后果情形。具体而言，包括《扰乱无线电通讯管理秩序罪解释》第 3 条第 1 项规定的“影响航天器、航空器、铁路机车、船舶专用无线电导航、遇险救助和安全通信等涉及公共安全的无线电频率正常使用，危及公共安全的”情形①、第 2 项规定的“造成公共秩序混乱等严重后果的”情形、第 3 项规定的“自然灾害、事故灾难、公共卫生事件和社会安全事件等突发事件期间，在事件发生地使用‘黑广播’‘伪基站’，造成严重影响的”情形和第 4 项规定的“对国家或者省级重大活动造成严重影响的”情形。

（2）数量数额情形。具体而言，包括《扰乱无线电通讯管理秩序罪解释》第 3 条第 5 项规定的“同时使用十个以上‘黑广播’‘伪基站’的”情形、第 6 项规定的“‘黑广播’的实测发射功率三千瓦以上，或者覆盖范围二十公里以上的”情形和第 7 项规定的“违法所得十五万元以上的”情形。

（四）非法生产、销售“黑广播”“伪基站”等无线电设备的定罪量刑标准

如前文所述，在《刑法修正案（九）》施行前，关于非法生产、销售“伪基站”设备的定性，存在两种不同观点：一种观点认为，非法生产、销售“伪基站”设备构成非法生产、销售间谍专用器材罪（现为非法生产、销售专用间谍器材、窃听、窃照专用器材罪）。“伪基站”设备使用简便、隐蔽，机动性强，可以通过侵占公共通信频率、侦测识别一定范围内的手机号码，而且如果增加一些配置即可实现通话监听、短信调取功能。实践中，已有部分案件通过国家安全部门的鉴定，将涉案的“伪基站”设备认定为“专用间谍器材”。因此，行为人未经许可，非法生产、销售“伪基站”设备，构成非法生产、销售间谍专用器材罪。另一种观点认为，非法生产、销售“伪基站”设备构成非法经营罪。“伪基站”属于无线电发射设备，研制、生产无线电发射设备须向国家无线电管理机构申请取得无线电发射设备型号核准，否则不得在中国境内生产、销售。经检测，此类“伪基站”系行

① 需要注意的是，“影响正常使用”是指已经产生了一定的实害后果，如迫使航天器、船舶等改变航道、铁路机车紧急停运等情形。

为人自行研制、组装的“三无”产品，行为人非法生产、销售“伪基站”设备，构成非法经营罪。

实际上，上述两种观点均有一定的道理，但彼此之间不应当是互相排斥的对立关系，而应当互为补充。《无线电管理条例》第44条第1款规定：“除微功率短距离无线电发射设备外，生产或者进口在国内销售、使用的其他无线电发射设备，应当向国家无线电管理机构申请型号核准。无线电发射设备型号核准目录由国家无线电管理机构公布。”此外，《电信条例》第53条第1款、第2款规定：“国家对电信终端设备、无线电通信设备和涉及网间互联的设备实行进网许可制度。”“接入公用电信网的电信终端设备、无线电通信设备和涉及网间互联的设备，必须符合国家规定的标准并取得进网许可证。”因此，“伪基站”的生产、销售系未经国家有关部门许可，违反了有关国家规定，扰乱了电信市场秩序，应当以非法经营罪论处。对此，《“伪基站”犯罪意见》明确规定对于非法生产、销售“伪基站”设备的，可以依照《刑法》第225条的规定，以非法经营罪追究刑事责任。①② 因此，在《刑法修正案（九）》施行后，非法生产、销售“伪基站”设备，涉案“伪基站”设备被依法认定为“专用间谍器材”或者“窃听、窃照专用器材”③的，则同时涉及非法经营罪和非法生产、销售专用间谍器材、窃听、窃照专用器材罪：如果均达到两罪的入罪标准的，由于非法经营罪明显系“重罪”，应当以非

---

① 在《刑法修正案（九）》施行之前，实践中也有将“伪基站”设备认定为《刑法》第283条规定的“专用间谍器材”，进而对非法生产、销售行为适用非法生产、销售间谍专用器材罪的适例。

② 例如，2013年2月，被告人李某通过网络QQ群推销区域短信群发设备（“伪基站”设备）。六安某传媒有限公司法人代表张某通过网络联系李某，李某即带张某到上海，以16万元从他人处购得一台“伪基站”设备，李某从中获利3万元。2013年3月至4月，李某又分别介绍张某购买了2套“伪基站”设备，李某从中获利10500元。在介绍他人购买“伪基站”设备的同时，李某还购买设备零部件，自行组装了3台“伪基站”设备，并将设备销售给张某、侯某和范某，从中获利。一审法院依据查获的“伪基站”部件6台电脑、35个主板、5个硬盘、设备半成品5部等，及其他相关证据，认定被告人李某违反国家规定，非法生产、销售“伪基站”设备，属“情节严重”。一审法院以非法经营罪判处被告人李某有期徒刑三年，并处罚金10万元。一审宣判后，李某不服，提起上诉。安徽省六安市中级人民法院二审依法驳回上诉，维持一审判决。参见《销售伪基站设备　构成非法经营罪》，载《人民法院报》2014年11月25日，第3版。

③ 部分“伪基站”设备实际上可以认定为修正后《刑法》第283条规定的“窃听、窃照专用器材”。

法经营罪论处;如果未达到非法经营罪的入罪标准的,可以以非法生产、销售专用间谍器材、窃听、窃照专用器材罪追究刑事责任。

《扰乱无线电通讯管理秩序罪解释》第 4 条进一步规定了定罪量刑标准。根据该条规定,非法生产、销售“黑广播”“伪基站”、无线电干扰器等无线电设备,具有下列情形之一的,应当认定为《刑法》第 225 条规定的“情节严重”:(1)非法生产、销售无线电设备 3 套以上的;(2)非法经营数额 5 万元以上的;(3)其他情节严重的情形。实施前述行为,数量或者数额达到规定标准 5 倍以上,或者具有其他情节特别严重的情形的,应当认定为《刑法》第 225 条规定的“情节特别严重”。此外,根据该条规定,在非法生产、销售无线电设备窝点查扣的零件,以组装完成的套数以及能够组装的套数认定;无法组装为成套设备的,每 3 套广播信号调制器(激励器)认定为一套“黑广播”设备,每 3 块主板认定为一套“伪基站”设备。

(五)“黑广播”“伪基站”犯罪宽严相济刑事政策的把握

实践中,使用“伪基站”发送正常业务经营信息的情形大量存在,如服装店使用“伪基站”发送服装经营信息、教育培训机构使用“伪基站”发送促销信息等。客观而言,上述现象的存在,与小微企业难以承受正规广告费用支出的现实情况直接相关。刑法惩治的对象应当是严重危害社会的行为,对于情节轻微危害不大的行为,不必追究刑事责任,给予行政处罚即可。基于宽严相济刑事政策的要求,《扰乱无线电通讯管理秩序罪解释》在严厉惩治“伪基站”“黑广播”犯罪的同时,秉持了刑法的谦抑性,着力避免打击面过大。主要体现在如下两个方面:(1)《扰乱无线电通讯管理秩序罪解释》第 2 条第 6 项对非法使用“伪基站”发送信息行为的入罪,没有直接根据信息条数入罪,而是区分信息类型,只对发送违法犯罪信息的情形入罪。据此,对于非法使用“伪基站”发送广告信息的行为,如果没有符合其他入罪标准的,原则上只能予以行政处罚。(2)为贯彻落实“认罪认罚从宽制度”,《扰乱无线电通讯管理秩序罪解释》第 8 条专门规定:“为合法经营活动,使用‘黑广播’‘伪基站’或者实施其他扰乱无线电通讯管理秩序的行为,构成扰乱无线电通讯管理秩序罪,但不属于‘情节特别严重’,行为人系初犯,并确有悔罪表现的,可以认定为情节轻微,不起诉或者免予刑事处罚;确有必要判处刑罚的,应当从宽处罚。”

(六)“黑广播”“伪基站”犯罪的其他问题

1. 单位犯罪的定罪量刑标准。《扰乱无线电通讯管理秩序罪解释》第 5 条规定:“单位犯本解释规定之罪的,对单位判处罚金,并对直接负责的主管人员和其他直接责任人员,依照本解释规定的自然人犯罪的定罪量刑标准定罪处罚。”据此,单位扰乱无线电通讯管理秩序罪或者非法生产、销售“黑广播”“伪基站”、无线电干扰器等无线电设备,适用与自然人犯罪相同的定罪量刑标准。

2. 使用“黑广播”“伪基站”帮助诈骗行为的处断。《扰乱无线电通讯管理秩序罪解释》第 6 条第 2 款规定:“明知他人实施诈骗等犯罪,使用‘黑广播’‘伪基站’等无线电设备为其发送信息或者提供其他帮助,同时构成其他犯罪的,按照处罚较重的规定定罪处罚。”《电信网络诈骗犯罪意见(一)》亦规定:“在实施电信网络诈骗活动中,非法使用‘伪基站’‘黑广播’,干扰无线电通讯秩序,符合刑法第二百八十八条规定的,以扰乱无线电通讯管理秩序罪追究刑事责任。同时构成诈骗罪的,依照处罚较重的规定定罪处罚。”据此,明知他人实施诈骗等犯罪,仍使用“黑广播”“伪基站”等无线电设备为其发送信息或者提供其他帮助,同时构成扰乱无线电通讯管理秩序罪和诈骗罪的,应当“择一重罪处断”。

3. 涉“黑广播”“伪基站”渎职犯罪的处理。根据《扰乱无线电通讯管理秩序罪解释》第 7 条的规定,负有无线电监督管理职责的国家机关工作人员滥用职权或者玩忽职守,致使公共财产、国家和人民利益遭受重大损失的,应当依照《刑法》第 397 条的规定,以滥用职权罪或者玩忽职守罪追究刑事责任。有查禁扰乱无线电管理秩序犯罪活动职责的国家机关工作人员,向犯罪分子通风报信、提供便利,帮助犯罪分子逃避处罚的,应当依照《刑法》第 417 条的规定,以帮助犯罪分子逃避处罚罪追究刑事责任;事先通谋的,以共同犯罪论处。

4. 专门性问题的认定。根据《扰乱无线电通讯管理秩序罪解释》第 9 条第 1 款的规定,对案件所涉及的有关专门性问题难以确定的,依据司法鉴定机构出具的鉴定意见,或者下列机构出具的报告,结合其他证据作出认定:(1)省级以上无线电管理机构、省级无线电管理机构依法设立的派出机构、地市级以上广播电视主管部门就是否系“伪基站”“黑广播”出具的报告；(2)省级以上广播电视主管部门及其指定的检测机构就“黑广播”功率、覆盖范围出具的报告；(3)省级以上航空、铁路、船舶等主管部门就是否干扰导航、通信等出具的报告。此外，对移动终端用户受影响的情况，可以依据相关通信运营商出具的证明，结合被告人供述、终端用户证言等证据作出认定。

相关规定

《中华人民共和国无线电管理条例》

第三条　无线电频谱资源属于国家所有。国家对无线电频谱资源实行统一规划、合理开发、有偿使用的原则。

第六条　任何单位或者个人不得擅自使用无线电频率，不得对依法开展的无线电业务造成有害干扰，不得利用无线电台(站)进行违法犯罪活动。

第十条　省、自治区、直辖市无线电管理机构在国家无线电管理机构和省、自治区、直辖市人民政府领导下，负责本行政区域除军事系统外的无线电管理工作，根据审批权限实施无线电频率使用许可，审查无线电台(站)的建设布局和台址，核发无线电台执照及无线电台识别码(含呼号，下同)，负责本行政区域无线电监测和干扰查处，协调处理本行政区域无线电管理相关事宜。

省、自治区无线电管理机构根据工作需要可以在本行政区域内设立派出机构。派出机构在省、自治区无线电管理机构的授权范围内履行职责。

第十四条　使用无线电频率应当取得许可，但下列频率除外：

(一)业余无线电台、公众对讲机、制式无线电台使用的频率；

(二)国际安全与遇险系统，用于航空、水上移动业务和无线电导航业务的国际固定频率；

(三)国家无线电管理机构规定的微功率短距离无线电发射设备使用的频率。

第十五条　取得无线电频率使用许可，应当符合下列条件：

(一)所申请的无线电频率符合无线电频率划分和使用规定，有明确具体的用途；

(二)使用无线电频率的技术方案可行；

（三）有相应的专业技术人员；

（四）对依法使用的其他无线电频率不会产生有害干扰。

第十八条 无线电频率使用许可由国家无线电管理机构实施。国家无线电管理机构确定范围内的无线电频率使用许可，由省、自治区、直辖市无线电管理机构实施。

国家无线电管理机构分配给交通运输、渔业、海洋系统（行业）使用的水上无线电专用频率，由所在地省、自治区、直辖市无线电管理机构分别会同相关主管部门实施许可；国家无线电管理机构分配给民用航空系统使用的航空无线电专用频率，由国务院民用航空主管部门实施许可。

第二十二条 国际电信联盟依照国际规则规划给我国使用的卫星无线电频率，由国家无线电管理机构统一分配给使用单位。

申请使用国际电信联盟非规划的卫星无线电频率，应当通过国家无线电管理机构统一提出申请。国家无线电管理机构应当及时组织有关单位进行必要的国内协调，并依照国际规则开展国际申报、协调、登记工作。

第二十三条 组建卫星通信网需要使用卫星无线电频率的，除应当符合本条例第十五条规定的条件外，还应当提供拟使用的空间无线电台、卫星轨道位置和卫星覆盖范围等信息，以及完成国内协调并开展必要国际协调的证明材料等。

第二十四条 使用其他国家、地区的卫星无线电频率开展业务，应当遵守我国卫星无线电频率管理的规定，并完成与我国申报的卫星无线电频率的协调。

第二十七条 设置、使用无线电台（站）应当向无线电管理机构申请取得无线电台执照，但设置、使用下列无线电台（站）的除外：

（一）地面公众移动通信终端；

（二）单收无线电台（站）；

（三）国家无线电管理机构规定的微功率短距离无线电台（站）。

第二十八条 除本条例第二十九条规定的业余无线电台外，设置、使用无线电台（站），应当符合下列条件：

（一）有可用的无线电频率；

（二）所使用的无线电发射设备依法取得无线电发射设备型号核准证且符

合国家规定的产品质量要求；

（三）有熟悉无线电管理规定、具备相关业务技能的人员；

（四）有明确具体的用途，且技术方案可行；

（五）有能够保证无线电台（站）正常使用的电磁环境，拟设置的无线电台（站）对依法使用的其他无线电台（站）不会产生有害干扰。

申请设置、使用空间无线电台，除应当符合前款规定的条件外，还应当有可利用的卫星无线电频率和卫星轨道资源。

第四十三条　生产或者进口在国内销售、使用的无线电发射设备，应当符合产品质量等法律法规、国家标准和国家无线电管理的有关规定。

第四十四条　除微功率短距离无线电发射设备外，生产或者进口在国内销售、使用的其他无线电发射设备，应当向国家无线电管理机构申请型号核准。无线电发射设备型号核准目录由国家无线电管理机构公布。

生产或者进口应当取得型号核准的无线电发射设备，除应当符合本条例第四十三条的规定外，还应当符合无线电发射设备型号核准证核定的技术指标，并在设备上标注型号核准代码。

第四十八条　销售依照本条例第四十四条的规定应当取得型号核准的无线电发射设备，应当向省、自治区、直辖市无线电管理机构办理销售备案。不得销售未依照本条例规定标注型号核准代码的无线电发射设备。

第六十四条　国家对船舶、航天器、航空器、铁路机车专用的无线电导航、遇险救助和安全通信等涉及人身安全的无线电频率予以特别保护。任何无线电发射设备和辐射无线电波的非无线电设备对其产生有害干扰的，应当立即消除有害干扰。

第七十条　违反本条例规定，未经许可擅自使用无线电频率，或者擅自设置、使用无线电台（站）的，由无线电管理机构责令改正，没收从事违法活动的设备和违法所得，可以并处5万元以下的罚款；拒不改正的，并处5万元以上20万元以下的罚款；擅自设置、使用无线电台（站）从事诈骗等违法活动，尚不构成犯罪的，并处20万元以上50万元以下的罚款。

第七十三条　违反本条例规定，使用无线电发射设备、辐射无线电波的非无线电设备干扰无线电业务正常进行的，由无线电管理机构责令改正，拒不改正的，没收产生有害干扰的设备，并处5万元以上20万元以下的罚款，吊销无线电台执照；对船舶、航天器、航空器、铁路机车专用无线电导航、遇险救助和安全通信等涉及人身安全的无线电频率产生有害干扰的，并处20万元以上50万元以下的罚款。

第七十六条 违反本条例规定，生产或者进口在国内销售、使用的无线电发射设备未取得型号核准的，由无线电管理机构责令改正，处5万元以上20万元以下的罚款；拒不改正的，没收未取得型号核准的无线电发射设备，并处20万元以上100万元以下的罚款。

第七十七条 销售依照本条例第四十四条的规定应当取得型号核准的无线电发射设备未向无线电管理机构办理销售备案的，由无线电管理机构责令改正；拒不改正的，处1万元以上3万元以下的罚款。

第七十八条 销售依照本条例第四十四条的规定应当取得型号核准而未取得型号核准的无线电发射设备的，由无线电管理机构责令改正，没收违法销售的无线电发射设备和违法所得，可以并处违法销售的设备货值10%以下的罚款；拒不改正的，并处违法销售的设备货值10%以上30%以下的罚款。

第八十一条 违反本条例规定，构成违反治安管理行为的，依法给予治安管理处罚；构成犯罪的，依法追究刑事责任。

《中华人民共和国刑法》

第二百八十八条 【扰乱无线电通讯管理秩序罪】违反国家规定，擅自设置、使用无线电台（站），或者擅自使用无线电频率，干扰无线电通讯秩序，情节严重的，处三年以下有期徒刑、拘役或者管制，并处或者单处罚金；情节特别严重的，处三年以上七年以下有期徒刑，并处罚金。

单位犯前款罪的，对单位判处罚金，并对其直接负责的主管人员和其他直接责任人员，依照前款的规定处罚。

《最高人民法院、最高人民检察院关于办理扰乱无线电通讯管理秩序等刑事案件适用法律若干问题的解释》（法释〔2017〕11号）

为依法惩治扰乱无线电通讯管理秩序犯罪，根据《中华人民共和国刑法》

《中华人民共和国刑事诉讼法》的有关规定，现就办理此类刑事案件适用法律的若干问题解释如下：

第一条　具有下列情形之一的，应当认定为刑法第二百八十八条第一款规定的“擅自设置、使用无线电台（站），或者擅自使用无线电频率，干扰无线电通讯秩序”：

（一）未经批准设置无线电广播电台（以下简称“黑广播”），非法使用广播电视专用频段的频率的；

（二）未经批准设置通信基站（以下简称“伪基站”），强行向不特定用户发送信息，非法使用公众移动通信频率的；

（三）未经批准使用卫星无线电频率的；

（四）非法设置、使用无线电干扰器的；

（五）其他擅自设置、使用无线电台（站），或者擅自使用无线电频率，干扰无线电通讯秩序的情形。

第二条　违反国家规定，擅自设置、使用无线电台（站），或者擅自使用无线电频率，干扰无线电通讯秩序，具有下列情形之一的，应当认定为刑法第二百八十八条第一款规定的“情节严重”：

（一）影响航天器、航空器、铁路机车、船舶专用无线电导航、遇险救助和安全通信等涉及公共安全的无线电频率正常使用的；

（二）自然灾害、事故灾难、公共卫生事件、社会安全事件等突发事件期间，在事件发生地使用“黑广播”“伪基站”的；

（三）举办国家或者省级重大活动期间，在活动场所及周边使用“黑广播”“伪基站”的；

（四）同时使用三个以上“黑广播”“伪基站”的；

（五）“黑广播”的实测发射功率五百瓦以上，或者覆盖范围十公里以上的；

（六）使用“伪基站”发送诈骗、赌博、招嫖、木马病毒、钓鱼网站链接等违法犯罪信息，数量在五千条以上，或者销毁发送数量等记录的；

（七）雇佣、指使未成年人、残疾人等特定人员使用“伪基站”的；

（八）违法所得三万元以上的；

（九）曾因扰乱无线电通讯管理秩序受过刑事处罚，或者二年内曾因扰乱无线电通讯管理秩序受过行政处罚，又实施刑法第二百八十八条规定的行为的；

（十）其他情节严重的情形。

第三条 违反国家规定，擅自设置、使用无线电台（站），或者擅自使用无线电频率，干扰无线电通讯秩序，具有下列情形之一的，应当认定为刑法第二百八十八条第一款规定的“情节特别严重”：

（一）影响航天器、航空器、铁路机车、船舶专用无线电导航、遇险救助和安全通信等涉及公共安全的无线电频率正常使用，危及公共安全的；

（二）造成公共秩序混乱等严重后果的；

（三）自然灾害、事故灾难、公共卫生事件和社会安全事件等突发事件期间，在事件发生地使用“黑广播”“伪基站”，造成严重影响的；

（四）对国家或者省级重大活动造成严重影响的；

（五）同时使用十个以上“黑广播”“伪基站”的；

（六）“黑广播”的实测发射功率三千瓦以上，或者覆盖范围二十公里以上的；

（七）违法所得十五万元以上的；

（八）其他情节特别严重的情形。

第四条 非法生产、销售“黑广播”“伪基站”、无线电干扰器等无线电设备，具有下列情形之一的，应当认定为刑法第二百二十五条规定的“情节严重”：

（一）非法生产、销售无线电设备三套以上的；

（二）非法经营数额五万元以上的；

（三）其他情节严重的情形。

实施前款规定的行为，数量或者数额达到前款第一项、第二项规定标准五倍以上，或者具有其他情节特别严重的情形的，应当认定为刑法第二百二十五条规定的“情节特别严重”。

在非法生产、销售无线电设备窝点查扣的零件，以组装完成的套数以及能够组装的套数认定；无法组装为成套设备的，每三套广播信号调制器（激励器）认定为一套“黑广播”设备，每三块主板认定为一套“伪基站”设备。

第五条 单位犯本解释规定之罪的，对单位判处罚金，并对直接负责的主管人员和其他直接责任人员，依照本解释规定的自然人犯罪的定罪量刑标准定罪处罚。

第六条　擅自设置、使用无线电台(站),或者擅自使用无线电频率,同时构成其他犯罪的,按照处罚较重的规定定罪处罚。

明知他人实施诈骗等犯罪,使用“黑广播”“伪基站”等无线电设备为其发送信息或者提供其他帮助,同时构成其他犯罪的,按照处罚较重的规定定罪处罚。

第七条　负有无线电监督管理职责的国家机关工作人员滥用职权或者玩忽职守,致使公共财产、国家和人民利益遭受重大损失的,应当依照刑法第三百九十七条的规定,以滥用职权罪或者玩忽职守罪追究刑事责任。

有查禁扰乱无线电管理秩序犯罪活动职责的国家机关工作人员,向犯罪分子通风报信、提供便利,帮助犯罪分子逃避处罚的,应当依照刑法第四百一十七条的规定,以帮助犯罪分子逃避处罚罪追究刑事责任;事先通谋的,以共同犯罪论处。

第八条　为合法经营活动,使用“黑广播”“伪基站”或者实施其他扰乱无线电通讯管理秩序的行为,构成扰乱无线电通讯管理秩序罪,但不属于“情节特别严重”,行为人系初犯,并确有悔罪表现的,可以认定为情节轻微,不起诉或者免予刑事处罚;确有必要判处刑罚的,应当从宽处罚。

第九条　对案件所涉的有关专门性问题难以确定的,依据司法鉴定机构出具的鉴定意见,或者下列机构出具的报告,结合其他证据作出认定:

(一)省级以上无线电管理机构、省级无线电管理机构依法设立的派出机构、地市级以上广播电视主管部门就是否系“伪基站”“黑广播”出具的报告;

(二)省级以上广播电视主管部门及其指定的检测机构就“黑广播”功率、覆盖范围出具的报告;

(三)省级以上航空、铁路、船舶等主管部门就是否干扰导航、通信等出具的报告。

对移动终端用户受影响的情况,可以依据相关通信运营商出具的证明,结合被告人供述、终端用户证言等证据作出认定。

第十条　本解释自 2017 年 7 月 1 日起施行。

《最高人民法院、最高人民检察院、公安部、国家安全部关于依法办理非法生产销售使用“伪基站”设备案件的意见》(公通字〔2014〕13号)

二、严格贯彻宽严相济刑事政策

对犯罪嫌疑人、被告人的处理,应当结合其主观恶性大小、行为危害程度以及在案件中所起的作用等因素,切实做到区别对待。对组织指挥、实施非法生产、销售、使用“伪基站”设备的首要分子、积极参加的犯罪分子,以及曾因非法生产、销售、使用“伪基站”设备受到行政处罚或者刑事处罚,又实施非法生产、销售、使用“伪基站”设备的犯罪分子,应当作为打击重点依法予以严惩;对具有自首、立功、从犯等法定情节的犯罪分子,可以依法从宽处理。对情节显著轻微、危害不大的,依法不作为犯罪处理。

三、合理确定管辖

(一)案件一般由犯罪地公安机关管辖,犯罪嫌疑人居住地公安机关管辖更为适宜的,也可以由犯罪嫌疑人居住地公安机关管辖。对案件管辖有争议的,可以由共同的上级公安机关指定管辖;情况特殊的,上级公安机关可以指定其他公安机关管辖。

(二)上级公安机关指定下级公安机关立案侦查的案件,需要逮捕犯罪嫌疑人的,由侦查该案件的公安机关提请同级人民检察院审查批准,人民检察院应当依法作出批准逮捕或者不批准逮捕的决定;需要移送审查起诉的,由侦查该案件的公安机关移送同级人民检察院审查起诉。

(三)人民检察院对于审查起诉的案件,按照《刑事诉讼法》的管辖规定,认为应当由上级人民检察院或者同级其他人民检察院起诉的,将案件移送有管辖权的人民检察院,或者报上级检察机关指定管辖。

(四)符合最高人民法院、最高人民检察院、公安部、国家安全部、司法部、全国人大法工委《关于实施刑事诉讼法若干问题的规定》有关并案处理规定的,人民法院、人民检察院、公安机关可以在职责范围内并案处理。

四、加强协作配合

人民法院、人民检察院、公安机关、国家安全机关要认真履行职责,加强协调配合,形成工作合力。国家安全机关要依法做好相关鉴定工作;公安机关要全面收集证据,特别是注意做好相关电子数据的收集、固定工作,对疑难、复杂案件,及时向人民检察院、人民法院通报情况，对已经提请批准逮捕的案件，积极跟进、配合人民检察院的审查批捕工作，认真听取意见；人民检察院对于公安机关提请批准逮捕、移送审查起诉的案件，符合批捕、起诉条件的，应当依法尽快予以批捕、起诉；人民法院应当加强审判力量，制订庭审预案，并依法及时审结。

第十九讲

淫秽电子信息犯罪

一、淫秽电子信息及相关数量的认定

(一)涉低龄未成年人淫秽电子信息的认定

为严厉打击制作、复制、出版、贩卖、传播不满十四周岁的未成年人的淫秽电子信息犯罪,进一步体现对未成年人的特殊保护,《淫秽电子信息犯罪解释(二)》规定以牟利为目的,利用互联网、移动通讯终端制作、复制、出版、贩卖、传播内容含有不满十四周岁未成年人的淫秽电子信息行为构成传播淫秽物品牟利罪或者传播淫秽物品罪的定罪量刑标准,在《淫秽电子信息犯罪解释(一)》规定的基础上下调一半,进一步加大了对未成年人合法权益的保护。因此,在司法实践中,应当准确把握和认定"内容含有不满十四周岁未成年人的淫秽电子信息",以准确定罪量刑。综观司法实践的具体情况,参考国外的司法经验,对此问题应当注意把握以下几点:

1."内容含有不满十四周岁未成年人的淫秽电子信息"的范围。"内容含有不满十四周岁未成年人的淫秽电子信息"包括动画、文章等形式的淫秽电子信息。动画、文章等形式的淫秽电子信息虽然本身是虚构的,但如果虚构的内容涉及不满十四周岁的未成年人,其仍然能够满足不法分子对幼童实施性侵害的特殊心理需求,对未成年人权益造成了严重侵害。从司法解释的制定背景来看,宜将此类动画、文章等也认定为"内容含有不满十四周岁未成年人的淫秽电子信息",以实现对此类淫秽电子信息犯罪的依法严惩和对低龄未成年人的特殊保护。

2."内容含有不满十四周岁未成年人的淫秽电子信息"的判断标准。判定动画、文章等形式的淫秽电子信息是否属于“内容含有不满十四周岁未成年人的淫秽电子信息”，应当采取客观的标准，即以动画、文章所实际标明的情况为依据。

判定淫秽电影、音频文件、图片等是否属于“内容含有不满十四周岁未成年人的淫秽电子信息”，应当采用一般人的标准，即以一般人的眼光判定该类淫秽电子信息是否涉及不满十四周岁的未成年人，但是如果有证据证明其中的内容不涉及未满十四周岁的未成年人的除外。理由如下：(1)不同于传统淫秽物品犯罪，淫秽电子信息犯罪的最大特点在于无国界，目前在我国泛滥的淫秽电影等大多来自欧美、日韩、港台等国家和地区。在这种背景之下，要求司法机关查证该类淫秽电子信息中表演者或者角色的具体年龄，事实上难以操作。(2)如果某部淫秽电影被一般人视为其内容涉及不满十四周岁的未成年人，则该部淫秽电影能够满足不法分子对幼童实施性侵害的特殊心理需求，符合“内容含有不满十四周岁未成年人的淫秽电子信息”条款的设置目的。(3)从国外的司法经验来看，采用一般人的标准判断“内容含有不满十四周岁未成年人的淫秽电子信息”，也是通常的做法。例如，德国联邦最高法院就在判决中确立了该项原则，即如果根据一般人的合理推断，作品中人物的年龄未满十四周岁，则该作品中的人物事实上是否已满十四周岁无关紧要。①

(二)淫秽电子信息犯罪相关数量的认定

《淫秽电子信息犯罪解释(一)》和《淫秽电子信息犯罪解释(二)》的定罪量刑标准主要是依据个数、件数、点击数等数量，因此，准确认定相关数量，对于淫秽电子信息犯罪的定罪量刑至关重要。从司法实践来看，以下几个问题需要重点把握：

1. 淫秽视频文件、音频文件的数量认定。随着手机淫秽网站泛滥，利用该类网站传播的淫秽视频文件、音频文件往往较小，时间长度较短。淫秽文章也存在长短不一的问题。因此，准确认定淫秽视频文件、音频文件的个数以及淫秽文章的件数，是司法实践必须面对的问题。对于该问题，存在两种不同意见：

---

① Vgl. Thomas Fsicher, Strafgesetzbuch und Nebengesetze, 55. Aufl., § 184b, Rund. 6.

一种意见认为,对于淫秽视频、音频文件、文章等,应当以自然的个数计算数量,不进行合并或者拆分。以视频为例,只要每个视频文件能够独立打开并具有声音、图像等视频要素,就应当认定为一个视频文件,即使各个视频之间内容存在关联性或者连续性,也应当累计计算视频的个数。另一种意见认为,如果淫秽视频时长较短,而各视频之间内容存在关联性或者连续性,甚至是由一个大的视频拆分而成,则可将较短的视频合并为一个视频文件予以认定。

本书认为,司法实践中对于相关案件的处理,应当综合考虑上述两种观点,而不宜将二者对立起来。一方面,对淫秽电子信息进行合并或者拆分,在技术上过于烦琐,难以找到统一的标准,不具有可操作性;无论是时长较长的淫秽视频,还是时长较短的淫秽视频,均满足了视频的构成要素,都能带给观看者诲淫性的刺激,都应当认定为独立的视频文件。因此,对于淫秽视频、音频文件、文章等淫秽电子信息,原则上应当以自然的个数计算数量,但是在量刑时可以考虑文件大小、影响范围、获利多少及危害大小。另一方面,在一些案件中,确实对单个视频进行了拆分,而拆分后的各个视频时长畸短,根据拆分后的视频定罪量刑明显过重的,可以考虑对合并后认定,以实现罪责刑相适应。

2. 淫秽图片的数量认定。从实践来看,淫秽图片涉及一组或者多张图片,往往表现为一组由穿着正常逐步到具体描绘性行为或者露骨宣扬色情的淫秽图片。有观点认为,这种情况下,整组图片是一个完整的整体,每张图片均发挥着作用,不宜有所区分,应当将整组图片均认定为淫秽图片,从而计算淫秽图片的数量。本书认为,上述观点确有一定道理,但是一组图片中的正常图片不符合淫秽图片的认定标准,将其认定为淫秽图片有违基本事实和刑法规定,故应当只将该组图片中具体描绘性行为或者露骨宣扬色情的诲淫性的图片认定为淫秽图片,从而计算淫秽图片的数量。

3. 境外淫秽网络点击数的认定。对于服务器在境内的淫秽网站,司法机关可以通过鉴定查获的服务器直接查明被点击数。对于服务器在境外的淫秽网站,司法机关无法查获服务器,从而无法直接获取真实点击数。对于此类案件,能否根据网站显示的点击数等来认定点击数,司法实践中存在不同的认识。本书认为,对于涉及境外服务器网站的案件,应当首先考虑通过文件数量、违法所得数额等标准定罪量刑。如果在上述标准无法适用的情况下,可以通过该淫秽网站网页上显示的点击数认定实际被点击数，从而据此定罪量刑。

二、淫秽电子信息犯罪主观方面及共同犯罪的认定

（一）淫秽电子信息犯罪主观方面的认定

制作、复制、出版、贩卖、传播淫秽物品牟利罪的主观方面是故意，而且只能是直接故意，同时必须具有牟利的目的。从司法实践来看，准确认定制作、复制、出版、贩卖、传播淫秽电子信息犯罪的主观方面十分重要。

1. 淫秽电子信息犯罪主观目的的认定。“以牟利为目的”是区分制作、复制、出版、贩卖、传播淫秽物品牟利罪与传播淫秽物品罪的关键。“以牟利为目的”，是指行为人制作、复制、出版、贩卖、传播淫秽物品，主观上具有牟取非法利益的目的。需要注意的是，牟利不仅仅表现为通过贩卖淫秽物品牟取非法利益。从司法实践来看，随着信息技术的飞速发展，在互联网上刊载淫秽电子信息以吸引网民、增加访问量，赚取广告收入的行为日益普遍，这种行为也应当认定为“牟利”，从而认定行为人主观上属于“以牟利为目的”。

例如，何某某、杨某传播淫秽物品牟利案。1999 年 7 月至 11 月，被告人何某某利用被告人杨某为其提供和自己申请的互联网免费主页空间，在商丘信息港建立“酷美女国际乐园”，在武汉建立“酷美女”，在四川青衣建立“色情艺廊”，在安阳信息港建立“六库全书”4 个色情网站。被告人杨某在商丘信息港和国外的服务器上建立“色情写真图库”和“全球色情引擎”两个色情网站。二被告人共在上述网络中刊载淫秽图片 7200 余张、淫秽小说 94 篇、淫秽小电影 2 部，并共同对上述网站进行维护、更新。为了牟取非法利益，二被告人利用上述色情网站为国外公司做广告，先后收到汇款 519.28 美元（未兑付）。从本案来看，用户访问网站和网页一般不支付费用，网站、网页经营者的收入来自国外公司支付的广告费用，而广告费用的高低又取决于网民对该网站、网页的访问量。因此，一些网站、网页的经营者为了获取广告收入，采取各种方法以吸引网民，增加访问量，从而赚取广告收入。由此可见，网站、网页经营者的广告收入，实际上就是其非法牟利的利益。对于在互联网上刊载淫秽电子信息以吸引网民、

增加访问量，赚取广告收入的行为，应当依法认定为牟利。[①]

2. 淫秽电子信息犯罪"明知"的认定。制作、复制、出版、贩卖、传播淫秽物品牟利罪是故意犯罪，以主观明知作为犯罪成立的前提条件。随着信息网络技术的发展，在淫秽电子信息犯罪中，明知是淫秽电子信息而不履行法定管理职责，允许或放任他人在自己所有或管理的网站或网页上发布，以及明知是淫秽网站，而提供资金支持或提供服务从中获利的行为越来越突出。然而，在司法实践中，"明知"的认定是打击上述犯罪的难点，行为人往往通过声称自己不"明知"以规避打击并牟取暴利。对此，存在两种情形：一种情形是确实不知道，只是疏于管理；另一种情形则是虽然明知，但放任或者允许上述行为的发生，而司法机关又难以获得其明知的证据。有鉴于此，《淫秽电子信息犯罪解释（二）》第 8 条根据刑法理论和刑事司法实践的一贯做法，明确了"明知"的认定标准，形成四种具体情形和一个兜底条款：第 1 项是指公安机关等行政主管机关，告知网站建立者、直接负责的管理者，他人在其所有、管理的网站或者网页上发布淫秽电子信息后，其仍然实施允许或者放任行为的，或者告知电信业务经营者、互联网信息服务提供者某一网站是淫秽网站后，其仍然提供服务的，应当认定为"明知"；第 2 项是指网站建立者、直接负责的管理者、电信业务经营者、互联网服务提供者，接到有关人员或者单位举报淫秽信息或者淫秽网站后，不履行《电信条例》《互联网信息服务管理办法》规定的法定管理职责的，应当认定为"明知"；第 3 项是指电信业务经营者、互联网信息服务提供者、第三方支付平台等，为淫秽网站提供互联网接入、服务器托管、网络存储空间、通讯传输通道、代收费、费用结算等服务，如果收取服务费明显高于市场价格的，也应当认定为"明知"；第 4 项是指广告主、广告商投放广告，如果广告点击数明显异常的，也应当认定为"明知"，淫秽网站在设置广告链接后，往往以点击广告作为获取淫秽电子信息的前提条件，从而其点击数明显高于投放到普通网站的广告；第 5 项是关于兜底条款的规定。考虑到司法实践中的情形比较复杂，可能存在虽然具有上述规定的各种情形，但有证据证明行为人确实不知道的情况，因而特别

① 参见最高人民法院刑事审判第一、二、三、四、五庭：《中国刑事审判指导案例——妨害社会管理秩序罪》，法律出版社 2009 年版，第 302－305 页。

规定了例外原则。

(二)淫秽电子信息犯罪共同犯罪的认定

在淫秽物品犯罪中,二人以上共同故意制作、复制、出版、贩卖、传播淫秽物品的情形较为突出。尤其是在淫秽电子信息犯罪中,多个环节分工配合,共同实施制作、复制、出版、贩卖、传播淫秽电子信息犯罪的行为较为多见。在处理制作、复制、出版、贩卖、传播淫秽物品牟利罪的共犯问题时,要注意把握如下两个问题:

1.《淫秽电子信息犯罪解释(二)》对《淫秽电子信息犯罪解释(一)》第7条关于共犯的规定作出了重大调整。《淫秽电子信息犯罪解释(一)》第7条规定:"明知他人实施制作、复制、出版、贩卖、传播淫秽电子信息犯罪,为其提供互联网接入、服务器托管、网络存储空间、通讯传输通道、费用结算等帮助的,对直接负责的主管人员和其他直接责任人员,以共同犯罪论处。"然而,从司法实践来看,该条款在适用的过程中遇到了一些问题,亟须作出调整。《淫秽电子信息犯罪解释(二)》第6条明确了为淫秽网站提供互联网接入、服务器托管、网络存储空间、通讯传输通道、代收费等服务,并收取服务费的行为按照传播淫秽物品牟利罪定罪处罚,并规定了定罪量刑标准;第7条明确了以牟利为目的,通过投放广告等方式向淫秽网站直接或者间接提供资金,或者提供费用结算服务的行为以制作、复制、出版、贩卖、传播淫秽物品牟利罪的共同犯罪论处,并规定了单独的定罪量刑标准。对于上述调整变化,在司法实践中要注意把握,正确处理相关案件。

2. 关于隔地共同犯罪的问题。由于淫秽电子信息犯罪的无国界,使在淫秽电子信息犯罪中呈现出隔地共同犯罪和对主犯通常无法行使刑事管辖权这一突出问题。由于我国对淫秽电子信息犯罪的有力打击,大量淫秽网站转移到境外,租用境外服务器经营淫秽网站。根据所在地的法律,实施淫秽电子信息行为并不违法。在此种情况下,可能存在对主犯的刑事管辖权无法实际行使的情况。对此,有两个问题需要明确:(1)位于境外的犯罪人实际上是在中华人民共和国领域内犯罪,构成了相应的淫秽电子信息犯罪,只是刑事管辖权无法实际行使而已。根据《刑法》第6条的规定,犯罪的行为或者结果有一项发生在中华人民共和国领域内的，就认为是在中华人民共和国领域内犯罪。因此，境外的行为人利用境外的服务器针对中华人民共和国公民制作、复制、出版、贩卖、传播淫秽电子信息，其危害后果最终发生在中华人民共和国领域内，应当认为是在中华人民共和国领域内犯罪，应当适用我国《刑法》的相关规定。(2)在对境外实行犯无法实际行使刑事管辖权、实行犯未归案的背景下，对于境内为境外网站提供互联网接入、服务器托管、网络存储空间、通讯传输通道、代收费等帮助，并牟取利益的行为人，则应当依照我国《刑法》的相关规定定罪处罚。

三、淫秽信息电子犯罪的其他法律适用疑难

（一）以手机卡为载体复制、贩卖淫秽电子信息的处理

在司法实践中，出现了以手机卡为载体复制、贩卖淫秽电子信息的刑事案件。基本案件事实大致如下：手机、电脑个体店主在销售、维修手机、手机卡、电脑过程中，应顾客要求或者主动向顾客的手机卡或者存储卡内复制淫秽视频文件（几十个到数百个不等），并收取费用（十元至数十元不等）。针对该类案件的罪名选定和定罪量刑标准，司法实践存在不同意见。[①]

1. 罪名选定。对于此类案件应当如何确定罪名，存有不同看法：第一种意见认为，行为人通过复制淫秽电子信息的方式牟利，应当将罪名确定为复制淫秽物品牟利罪；第二种意见认为，行为人复制淫秽电子信息的行为，是为了出卖电子信息并牟取物质利益，系贩卖行为不可分割的组成部分，其既非单纯的复制行为，亦非复制和贩卖两个独立的行为，而应当认定为贩卖淫秽物品牟利罪；第三种意见主张根据行为人实际实施的行为确定罪名，行为人向他人手机卡、存储卡内贩卖淫秽电子信息并收取费用，且已复制于电脑内的淫秽电子信息也是为了牟利而复制的，实施的是复制、贩卖两个行为，故应当认定为复制、贩卖淫秽物品牟利罪。本书赞同第三种意见。制作、复制、出版、贩卖、传播淫秽物

---

① 正如有论者所指出的，一方面，手机卡是移动通讯终端最重要的组成部分，其可以存储大量淫秽电子信息，有别于光盘、书刊、画册等传统实物载体。另一方面，通过读卡器向手机卡中复制、贩卖淫秽视频只是一种“点对点”传播淫秽物品的行为，不同于利用互联网等途径传播淫秽物品。这些新的特点，导致这类案件在审判上产生诸多分歧，案件处理结果迥异。参见肖江峰：《利用手机卡存储功能复制、贩卖淫秽物品牟利犯罪的法律适用》，载《人民司法》2014 年第 17 期。

品牟利罪系选择性罪名，对于选择性罪名的适用应当以准确概括犯罪行为为标准，本案中行为人的实施行为既涉及贩卖前的复制行为，也涉及了贩卖行为，故应当认定为复制、贩卖淫秽物品牟利罪。①

2. 定罪量刑标准。对于此类案件的定罪量刑标准，存在两种不同意见：第一种意见认为，手机属于移动通讯终端，以手机卡为载体复制、贩卖淫秽电子信息系利用移动通讯终端复制、贩卖淫秽电子信息，应当适用《淫秽电子信息犯罪解释（一）》第 1 条的规定，即复制、贩卖淫秽视频文件 20 个以上的，以复制、贩卖淫秽物品牟利罪定罪处罚。第二种意见认为，以手机卡为载体复制、贩卖淫秽电子信息的，仍然属于手对手贩卖以实物为载体的淫秽物品，不适应《淫秽电子信息犯罪解释（一）》的规定，而应当将淫秽视频扩张解释为软件，从而适用《非法出版物犯罪解释》的相关规定定罪量刑。②

本书认为，以上两种意见均值得进一步商榷。《淫秽电子信息犯罪解释（一）》只适用于利用互联网、移动通讯终端、声讯台制作、复制、出版、贩卖、传播淫秽电子信息的犯罪。这类利用互联网、公共通讯网络实施的淫秽电子信息犯罪，较之传统的淫秽物品犯罪，具有广泛性、迅速性的特点，从而社会危害性更大。因此，《淫秽电子信息犯罪解释（一）》针对这类犯罪规定了单独的定罪量刑标准，较之一般淫秽物品犯罪，从严予以打击。利用移动通讯终端实施淫秽电子信息犯罪，实际上是指利用移动通讯网络实施淫秽电子信息犯罪，不包括以手机卡为载体实施的淫秽电子信息犯罪。以手机卡为载体复制、贩卖淫秽电子信息，无异于传统的手对手方式的贩卖淫秽电子信息，确实更为接近于《非法出版物犯罪解释》中规定的行为。但是，将“淫秽视频”解释为“淫秽软件”，超

---

① 有论者进一步指出：“行为人不可能只实施复制行为，与顾客之间还必然会有关于淫秽视频交易的合意过程，包括价格商讨、视频选择等，这些内容则属于贩卖行为。可见，不论是贩卖淫秽物品牟利罪，还是复制淫秽物品牟利罪，都无法全面涵盖行为人的所有行为。”肖江峰：《利用手机卡存储功能复制、贩卖淫秽物品牟利犯罪的法律适用》，载《人民司法》2014 年第 17 期。

② 也有意见主张将淫秽视频视为淫秽影碟，指出：“淫秽影碟的载体虽是光盘，但在使用过程中设备读取播放的其实是刻录于光盘上的淫秽视频。作为外在形式的光盘数量按‘张’为单位计，但作为光盘内容的淫秽视频亦可按‘个’为单位计。我们计算作为载体的光盘的数量，其实就是在计算淫秽视频的数量。所以，两者适用同一个司法解释不存在根本冲突。”肖江峰：《利用手机卡存储功能复制、贩卖淫秽物品牟利犯罪的法律适用》，载《人民司法》2014 年第 17 期。

越了司法解释用语的可能含义，且以手机卡为载体传播的淫秽视频通常时间长度较短，也不能同《非法出版物犯罪解释》规定的影碟、录像带直接等同，故直接适用《非法出版物犯罪解释》也不可取。较为适宜的是，对相关案件的定罪量刑可以参照适用《非法出版物犯罪解释》规定的标准，并注意切实把握罪责刑相适应原则。

（二）在互联网上网服务营业场所制作、复制、传播淫秽电子信息的处理

2010 年，某地破获了一起利用互联网上网服务营业场所制作、复制、传播淫秽电子信息的案件。经鉴定，属于淫秽电子信息的视频文件有 68 个。但是，对于互联网上网服务场所内部局域网是否属于互联网，该案是否可以适用《淫秽电子信息犯罪解释（一）》的有关规定进行定罪处罚存在争议。

关于利用互联网上网服务营业场所制作、复制、传播淫秽电子信息行为，是否应当适用《淫秽电子信息犯罪解释（一）》的相关规定，主要存在以下三种意见：

第一种意见认为，利用互联网上网服务营业场所制作、复制、传播淫秽电子信息行为不应当适用《淫秽电子信息犯罪解释（一）》的相关规定。根据《计算机信息网络国际联网管理暂行规定》第 3 条第 2 项的规定，互联网络是指直接进行国际联网的计算机信息网络；互联单位是指负责互联网络运行的单位。因此，互联网上网服务营业场所内部局域网不属于互联网，不适用《淫秽电子信息犯罪解释（一）》的规定。对于传播淫秽物品构成犯罪的，应当依照《刑法》第 364 条第 1 款的规定，以传播淫秽物品罪定罪处罚；不构成犯罪的，应当依照《治安管理处罚法》第 68 条的规定予以处罚。

第二种意见认为，在局域网内制作、复制、传播淫秽电子信息，应当适用《淫秽电子信息犯罪解释（一）》的相关规定。主要理由如下：（1）从立法本意上看，传播淫秽物品罪打击的是具有社会危害性的传播淫秽物品的行为，所以对于通过局域网传播淫秽物品，造成严重社会危害的，应当适用《淫秽电子信息犯罪解释（一）》的规定追究行为人的刑事责任。（2）从社会危害性来看，通过局域网传播淫秽物品的危害性并不一定比通过互联网传播的危害性小。《淫秽电子信息犯罪解释（一）》中已经规定根据传播的淫秽物品数量等多个角度衡量传播淫

秽物品行为的社会危害性并确定情节的严重程度。所以，只要达到《淫秽电子信息犯罪解释（一）》规定的数量标准，应当按照《淫秽电子信息犯罪解释（一）》的规定追究行为人的刑事责任。(3)从网络的本质上看，《计算机信息网络国际联网管理暂行规定》主要是针对计算机信息国际联网管理的规定，而《淫秽电子信息犯罪解释（一）》中所称“互联网”应当理解为通过网络连接的计算机，而不应当仅仅指全球互联的公共网络。

第三种意见认为，在局域网内制作、复制、传播淫秽电子信息，是否应当适用《淫秽电子信息犯罪解释（一）》的相关规定，应当视具体情况而定。互联网上网营业场所内对公众开放供不特定对象使用的局域网，应视为互联网，在该场所内在局域网内制作、复制、传播淫秽电子信息，应当适用《淫秽电子信息犯罪解释（一）》的相关规定；仅供特定人员内部使用的局域网，不应视为互联网，在该场所内在局域网内制作、复制、传播淫秽电子信息，不应当适用《淫秽电子信息犯罪解释（一）》的相关规定。

本书认为，互联网是指直接进行国际联网的计算机信息网络。互联网上网服务营业场所内部局域网不属于互联网，在互联网上网服务营业场所内部局域网内制作、复制、传播淫秽电子信息的行为不适用《淫秽电子信息犯罪解释（一）》的规定。主要考虑如下：

第一，从解释的界限来看，不宜将互联网上网服务营业场所内部局域网解释为互联网。《计算机信息网络国际联网管理暂行规定》第3条第2项对互联网有着明确的界定，即“直接进行国际联网的计算机信息网络”。这也是人们对于互联网的通行理解。通过查阅国务院及各部委的有关法律、规章，虽未见对局域网是否属于互联网有明确界定，但从相关规定来看，互联网应当不包括局域网。《互联网上网服务营业场所管理条例》第16条第2款规定：“互联网上网服务营业场所经营单位提供上网消费者使用的计算机必须通过局域网的方式接入互联网，不得直接接入互联网。”从这一规定可以看出，互联网上网服务营业场所内部局域网实际上是连接上网消费者使用的计算机与互联网的媒介，虽然同互联网相连，但不属于互联网。因此，在《淫秽电子信息犯罪解释（一）》未对互联网作出特殊界定的前提下，不宜对互联网作出不同于通行理解和专门法规的解释。

第二,从《淫秽电子信息犯罪解释(一)》的起草背景来看,互联网不包括内部局域网。《淫秽电子信息犯罪解释(一)》只适用于利用互联网、移动通讯终端、声讯台制作、复制、出版、贩卖、传播淫秽电子信息的犯罪。这类利用互联网、公共通讯网络实施的淫秽电子信息犯罪,较之传统的淫秽物品犯罪,具有广泛性、迅速性的特点,因而社会危害性更大。因此,《淫秽电子信息犯罪解释(一)》针对这类犯罪规定了单独的定罪量刑标准,较之一般淫秽物品犯罪,从严予以打击。以互联网为例,由于互联网能够直接进行国际联网,其开放性、及时性、大容量等特点使淫秽色情内容不断泛滥,且表现出不同于传统淫秽物品的特征,从而有必要专门针对这些行为作出统一规定。内部局域网不具备上述特性,不属于《淫秽电子信息犯罪解释(一)》的规制对象。

第三,从《淫秽电子信息犯罪解释(一)》的具体内容来看,互联网上网服务营业场内部局域网不属于互联网。《淫秽电子信息犯罪解释(一)》是针对利用直接进行国际联网的计算机信息网络制作、复制、出版、贩卖、传播淫秽电子信息作出的专门规定。例如,《淫秽电子信息犯罪解释(一)》第 3 条规定的制作、复制、出版、贩卖、传播淫秽电影、表演、动画等视频文件、淫秽音频文件、淫秽电子刊物、图片、文章、短信息等定罪量刑的标准就是依据互联网能够直接进行国际联网的特性而制定的。正是基于互联网开放性、及时性、大容量等特点,利用互联网实施上述行为的社会危害性远大于传统方式,从而定罪量刑的标准也应专门予以规定。利用相对封闭的互联网上网服务营业场内部局域网制作、复制、传播淫秽电子信息行为在社会危害性上小于利用互联网实施的行为,因而不应适用《淫秽电子信息犯罪解释(一)》规定的定罪量刑标准。

第四,从罪责刑相适应原则的要求来看,不宜对利用互联网上网服务营业场内部局域网制作、复制、传播淫秽电子信息行为适用《淫秽电子信息犯罪解释(一)》的相关规定定罪量刑。罪责刑相适应原则是我国刑法的基本原则。根据《刑法》第 5 条的规定,刑罚的轻重,应当与犯罪分子所犯罪行和承担的刑事责任相适应。这就要求根据行为的社会危害性程度,来确定相对合理的刑罚。由于局域网的相对封闭性和使用主体的相对小范围,使得通过局域网传播淫秽物品的危害性一定比通过互联网传播的危害性小。通过互联网传播淫秽电子信息,可以将淫秽电子信息传播至互联网连接的世界各国,而通过局域网传播淫秽电子信息,只能传播至局域网内部的使用者。在互联网上发布淫秽电子信息,互联网上数以亿计的网民都可以访问查看,而在局域网上发布淫秽电子信息,只有局域网内部相对少的使用者可以查看。由此可见,利用互联网上网服务营业场内部局域网制作、复制、传播淫秽电子信息行为同利用互联网制作、复制、传播淫秽电子信息行为相比,前者的社会危害性程度远远低于后者,在刑罚上自然应当轻于后者。因此,基于罪责刑相适应原则,对利用互联网上网服务营业场内部局域网制作、复制、传播淫秽电子信息行为,不能直接适用《淫秽电子信息犯罪解释(一)》,其定罪量刑标准应远远高于《淫秽电子信息犯罪解释(一)》的定罪量刑标准。

第五,不适用《淫秽电子信息犯罪解释(一)》的规定,并不会导致放纵违法犯罪行为。对于不属于《淫秽电子信息犯罪解释(一)》规定的制作、复制、传播淫秽电子信息的案件,可以根据数量、后果等综合判断其社会危害性,构成犯罪的,直接根据《刑法》规定定罪处罚;不构成犯罪的,依照《治安管理处罚法》的规定予以处罚。

(三)利用网络云盘制作、复制、贩卖、传播淫秽电子信息的处理

近年来,随着网络技术的不断发展,特别是云技术的发展,网络云盘的应用越来越广泛。网络云盘为用户免费或者收费提供文件的存储、访问、备份、共享等文件管理功能,是一种网络存储工具,可以看成一个网络上的硬盘或者优盘。网络云盘具有速度快、容量大、允许大文件存储等特点。由于网络云盘存储、传输、共享信息较为方便,一些不法分子开始利用其传播淫秽电子信息。据统计,在全国"扫黄打非"办 2016 年挂牌督办的大要案件中,云盘类案件占比近 20%。[①] 由于网络云盘的存储空间大,此类案件的涉案淫秽电子信息往往数量巨大。有的案件单个云盘账号含淫秽视频可达上万部,个别案件涉及云盘账号

① 参见《一个云盘账号可存上万部淫秽视频》,载搜狐网,https://www.sohu.com/a/76404337_119700,最后访问日期:2017 年 12 月 2 日。

数万个。有的案件形成复杂的组织结构,分工明确,犯罪产业链成熟。[①]

从实践来看,不排除个别案件中行为人违法所得数额高、传播人数多,[②]但多数案件获利数额不大、传播人数不多。如套用《淫秽电子信息犯罪解释(一)》《淫秽电子信息犯罪解释(二)》的标准定罪量刑[③],可能出现量刑畸重的结果,有违罪责刑相适应原则的要求。例如,自2014年12月开始,被告人李某甲注册云盘账号后从其他QQ群下载淫秽视频、图片,再向他人有偿提供云盘账号和密码的方式贩卖淫秽视频、图片。其间,李某甲将其QQ取名为"海量AV资源手机电脑随便",将其QQ签名亦写成类似内容,通过加入别人QQ群的方式散布贩卖信息,并通过QQ与买家联系。2015年4月15日,公安机关抓获李某甲,并查获作案工具苹果牌平板电脑一部及一个网络云盘的账号、密码。经鉴定,从被查获的云盘内获取的1053个疑似淫秽视频及189张疑似淫秽电子图片中,有533个视频文件及120张电子图片属于淫秽物品。经查,李某甲将该云盘贩卖给李某乙,获利68元。[④] 本案如果依据《淫秽电子信息犯罪解释

① 例如,四川绵阳"12·21"云盘传播淫秽物品案,涉案团伙为四级组织架构,分工明确,犯罪产业链成熟:第一层为软件工具的提供者;第二层为利用专门工具制作淫秽母盘者;第三层为批量制作淫秽网盘账号者;第四层为批发、零售淫秽网盘账号者。参见杨傲多、邹艳平:《四川破坏网络云盘传播淫秽视频案》,载《法制日报》2016年4月12日,第8版。

② 例如,浙江绍兴"12·23"网络贩卖淫秽视频牟利案。该团伙共有上、下线100余人,淘宝成交记录从几百单到几十万单不等,个别行为人获利30多万元。公安机关抓获犯罪嫌疑人17名,查获存储淫秽视频的百度云、360等云盘账号200余个,淫秽视频或漫画文件10万余个,涉案总金额达100余万元。参见《全国扫黄打非办:破获多起通过云盘贩卖淫秽视频案》,载光明网,https://politics. gmw. cn/2017－02/24/content_23809541. htm,最后访问日期:2017年12月2日。

③ 利用互联网、移动通讯终端、声讯台制作、复制、出版、贩卖、传播淫秽电子信息刑事案件,较之传统的淫秽物品犯罪,传播范围更为广泛,社会危害性更大。因此,上述司法解释针对此类淫秽电子信息犯罪规定了单独的定罪量刑标准,较之一般淫秽物品犯罪,从严予以打击。例如,《淫秽电子信息犯罪解释(一)》明确以牟利为目的,利用互联网、移动通讯终端制作、复制、出版、贩卖、传播淫秽视频文件20个以上的即构成犯罪,100个以上的即应当在"三年以上十年以下有期徒刑,并处罚金"的幅度内量刑,500个以上的即应当在"十年以上有期徒刑或者无期徒刑,并处罚金或者没收财产"的幅度内量刑。《淫秽电子信息犯罪解释(二)》进一步规定利用互联网、移动通讯终端制作、复制、出版、贩卖、传播内容含有不满十四周岁未成年人的淫秽电子信息的,定罪量刑标准减半计算。

④ 参见李某甲犯制作、复制、出版、贩卖、传播淫秽物品牟利罪二审刑事裁定书,(2016)浙03刑终316号。

（一）》的相关标准量刑，则无疑应当在10年以上量刑，但明显有悖一般人的法感情，不符合罪责刑相适应原则。因此，本案最终在法定刑以下判处被告人有期徒刑2年3个月，并报请最高人民法院核准。[①]

近年来出现的利用云盘贩卖、传播淫秽电子信息案件，是一类新型的淫秽电子信息犯罪，是信息网络技术不断发展下的新类型犯罪。《淫秽电子信息犯罪解释（一）》制定于2004年，当时难以预见利用此类技术传播淫秽电子信息的情形。因此，适用《淫秽电子信息犯罪解释（一）》相关规定定罪量刑，将利用云盘贩卖、传播的淫秽电子信息的数量与《淫秽电子信息犯罪解释（一）》规定的淫秽电子信息的数量等同起来，难免会出现量刑畸重的现象，有违罪责刑相适应原则的要求。如果像前述案件那样适用《淫秽电子信息犯罪解释（一）》，但在法定刑以下判处刑罚，进而报最高人民法院核准，程序过于烦琐，也不可取。基于此，针对利用网络云盘制作、复制、贩卖、传播淫秽电子信息牟利案件的新情况、新特点，最高人民法院会同最高人民检察院，在公安部等有关部门的大力支持下，经深入调查研究、广泛征求意见，起草了《网络云盘批复》。2017年8月28日最高人民法院审判委员会第1724次会议、2017年10月10日最高人民检察院第十二届检察委员会第70次会议审议通过了《网络云盘批复》，自2017年12月1日起施行。

根据《网络云盘批复》的规定，对于利用网络云盘制作、复制、贩卖、传播淫秽电子信息牟利行为的定罪量刑，应当综合考虑有关情节，做到罪责刑相适应。[②] 具体而言：

1. 利用网络云盘制作、复制、贩卖、传播淫秽电子信息牟利行为的入罪标准。《网络云盘批复》规定："对于以牟利为目的，利用网络云盘制作、复制、贩卖、传播淫秽电子信息的行为，是否应当追究刑事责任，适用刑法和《最高人民

---

① 对于本案在法定刑以下判处的刑罚，温州市人民检察院、瓯海区人民检察院仍然认为量刑畸重，提出抗诉。

② 本书认为，虽然《网络云盘批复》直接针对利用网络云盘制作、复制、贩卖、传播淫秽电子信息牟利行为的定罪量刑问题，但在办理其他新型淫秽电子信息刑事案件时，直接适用《淫秽电子信息犯罪解释（一）》《淫秽电子信息犯罪解释（二）》的定罪量刑标准明显失衡的，也应当借鉴《网络云盘批复》的精神，综合考虑有关情节，充分运用自由裁量权，做到罪责刑相适应。

法院、最高人民检察院关于办理利用互联网、移动通讯终端、声讯台制作、复制、出版、贩卖、传播淫秽电子信息刑事案件具体应用法律若干问题的解释》（法释〔2004〕11号）、《最高人民法院、最高人民检察院关于办理利用互联网、移动通讯终端、声讯台制作、复制、出版、贩卖、传播淫秽电子信息刑事案件具体应用法律若干问题的解释（二）》（法释〔2010〕3号）的有关规定。"从实践来看，利用网络云盘制作、复制、贩卖、传播淫秽电子信息牟利案件所涉及的淫秽视频往往数量较大（通常会远多于20个视频的入罪标准），故适用《淫秽电子信息犯罪解释（一）》《淫秽电子信息犯罪解释（二）》规定的入罪标准，并不存在问题。当然，对于此类案件，虽然达到《淫秽电子信息犯罪解释（一）》《淫秽电子信息犯罪解释（二）》规定的入罪标准，但根据具体情况属于犯罪情节轻微的，也可以不起诉或者免予刑事处罚。

2. 利用网络云盘制作、复制、贩卖、传播淫秽电子信息牟利行为的量刑标准。《网络云盘批复》规定："对于以牟利为目的，利用网络云盘制作、复制、贩卖、传播淫秽电子信息的行为，在追究刑事责任时，鉴于网络云盘的特点，不应单纯考虑制作、复制、贩卖、传播淫秽电子信息的数量，还应充分考虑传播范围、违法所得、行为人一贯表现以及淫秽电子信息、传播对象是否涉及未成年人等情节，综合评估社会危害性，恰当裁量刑罚，确保罪责刑相适应。"据此，对于利用网络云盘制作、复制、贩卖、传播淫秽电子信息牟利行为的量刑，基于网络云盘的特点，不应唯数量量刑，特别是升档量刑，而应综合考虑有关情节量刑，确保罪责刑相适应。主要考虑如下：

（1）《淫秽电子信息犯罪解释（一）》《淫秽电子信息犯罪解释（二）》制定之时，无法预见到利用网络云盘制作、复制、贩卖、传播淫秽电子信息的情形，将其量刑标准，特别是升档量刑标准直接适用于相关案件，存在不妥。

（2）从实践来看，由于网络云盘存储量大，利用网络云盘制作、复制、贩卖、传播淫秽电子信息的案件，涉案淫秽电子信息往往数量巨大，以淫秽视频为例，普遍在500个以上，甚至成千上万个。但由于网络云盘系相对封闭的网络空间，利用其制作、复制、贩卖、传播淫秽物品，往往传播范围、获利数额又不大。特别是，有的案件传播人数、违法所得极少（仅向一两人传播，获利仅数百元甚至数十元）。如果适用《淫秽电子信息犯罪解释（一）》《淫秽电子信息犯罪解释

(二)》的量刑标准,则对于此类案件应当在10年以上量刑,明显畸重。

(3)《网络云盘批复》明确,对利用网络云盘制作、复制、贩卖、传播淫秽电子信息牟利案件,量刑时,不应单纯考虑制作、复制、贩卖、传播淫秽电子信息的数量,还应充分考虑传播范围、违法所得、行为人一贯表现以及淫秽电子信息、传播对象是否涉及未成年人等情节,综合评估社会危害性,恰当裁量刑罚,确保罪责刑相适应。这为此类案件处理提供了量刑指引。根据规定,如行为人具有利用网络云盘传播淫秽电子信息范围广、获利多或者有前科等严重情节的,仍可判处重刑,不会导致轻纵犯罪。

(四)网络淫秽视频聊天的处理

1. 网络淫秽视频聊天行为的类型。近年来,网络淫秽视频聊天的问题较为突出。从司法实践来看,网络淫秽视频聊天主要存在以下四种情形:(1)免费会议厅形式,即多人在同一聊天室进行淫秽视频表演,每个人都可以看到其他任何一个人的表演,且通常无须支付费用。(2)付费单聊形式,即两个人之间的淫秽视频聊天,其中一人支付给另一人相应费用,即可观看对方的淫秽表演。(3)两个特定网民之间的私密性淫秽视频聊天,通常是夫妻之间、男女朋友、熟悉网友之间为寻求刺激而进行。(4)诈骗形式,即冒充色情视频聊天网站,骗取用户通过手机注册收费。

2. 对于免费会议厅形式的网络淫秽视频聊天宜认定为组织淫秽表演罪。免费会议厅形式的网络淫秽视频聊天通常不牟利,参与人员也通常不固定,无严格的组织者。通常有人主持,会议室的管理员可以指定任何人主持,但会议室的管理员不一定参与淫秽表演活动。任何人均可免费注册自己的号码,并登录到任意会议室。建设者或者管理员可以设定权限或密码,只有知道密码的人才能登录会议室。也有视频表演的会议室通常是任何人均可自愿登录。关于此种情形的淫秽视频聊天行为的定罪量刑,存在如下不同观点:有观点认为,构成传播淫秽物品牟利罪或者传播淫秽物品罪;也有观点认为构成聚众淫乱罪;还有观点认为构成组织淫秽表演罪。本书认为,对此种行为不宜按照传播淫秽物品牟利罪(传播淫秽物品罪)或者聚众淫乱罪追究刑事责任,而对组织者宜以组织淫秽表演罪定罪处罚。分析如下:

(1)传播淫秽物品牟利罪(传播淫秽物品罪)的犯罪对象为淫秽物品,即必须有物品这个载体,包括有形载体和无形载体。无论是有形载体,还是无形载体,都必须具有可再现性。"传播淫秽物品的行为之所以具有需要刑法惩治的必要性,是因为淫秽物品具有反复被多人传观的可能性,具有波及范围广、涉及人数多的特点。否则,如果不具有被多数人反复观看的可能性,就不具备传播淫秽物品(牟利)罪罪质所要求的社会危害性,不能以传播淫秽物品(牟利)罪论处,构成其他犯罪的,可以按其他犯罪论处。"①网络淫秽视频聊天采取的是实时视频信息传输的模式,淫秽视频信息不能保存在服务器硬盘中,也不能够在事后再现,随案移送的光盘中记录的视频信息仅是公安机关通过技术手段录制下的视频文件,并不代表其原始的存在形态。② 因此,网络淫秽视频聊天并非以淫秽物品的形式存在,而仅仅是以视频流的形式存在。

(2)即使将视频流理解为淫秽物品,也存在量化的困难。根据现有司法解释的规定,传播淫秽视频文件 20 个以上的,方可构成传播淫秽物品牟利罪,传播淫秽视频文件 40 个以上的,方可构成传播淫秽物品罪。这就对视频流的量化提出了要求,而视频流的量化难以操作。而且,这还要求公安机关通过技术手段录制下视频,会造成取证困难,难以据此定罪量刑。

(3)将网络淫秽视频聊天的行为认定为传播淫秽物品,会导致刑法适用的混乱。网络淫秽视频聊天,传播的仅仅是视频流,如果将此认定为传播淫秽视频,则组织播放淫秽的电影、录像等音像制品的行为也应当是在传播淫秽视频,应当认定为传播淫秽物品罪。《刑法》实际上专门规定了组织播放淫秽音像制品罪。那么,司法实践中,组织播放淫秽的电影、录像等音像制品的行为实际上同时触犯了传播淫秽物品罪和组织播放淫秽音像制品罪,根据从一重处断原则,应当以传播淫秽物品罪定罪处罚,这明显同司法实践的做法不符。

(4)网络淫秽视频聊天的行为也不符合聚众淫乱罪的犯罪构成。聚众淫乱罪主要表现为群奸群宿、跳全裸体舞或进行性交以外的其他性变态活动,如鸡

---

① 王明辉、唐煜枫:《"裸聊行为"入罪之法理分析》,载《法学》2007 年第 8 期。

② 参见刘兆欣等:《管理网络聊天室并进行"裸聊"如何处理》,载《人民检察》2007 年第 7 期。

奸、兽奸等。[①] 由此可见，聚众淫乱以多人进行身体之间有接触的性行为或变相性行为为前提，而网络淫秽视频聊天的行为不符合这一特性。需要注意的是，法律确实未明确规定聚众淫乱以身体接触为前提。但是，从民众的通常认识出发，“淫乱活动”应当理解为有身体接触，虚拟空间中的聚众裸聊由于未发生身体接触，解释为“淫乱”，似不符合民众的一般预期。而且，就处罚力度而言，聚众淫乱罪的法定刑为“五年以下有期徒刑、拘役或者管制”，而组织淫秽表演罪的法定刑为“三年以下有期徒刑、拘役或者管制”“三年以上十年以下有期徒刑”，故适用组织淫秽表演罪似更能加大惩治力度。因此，聚众裸聊的行为不应认定为聚众淫乱罪，认定为组织淫秽表演罪更为合适。

（5）对组织者应当以组织淫秽表演罪追究刑事责任。[②] 在免费会议厅形式的淫秽视频聊天中，存在多个人员角色：①建设者，开设会议室需要缴纳一定费用，且往往根据会议室大小的不同而费用有所区分；②管理员，建设者不一定是管理员，很多情况下建设者不是管理员，而是由其他人管理；③主持人，负责在会议室内主持活动，管理员不一定是主持人（也可能不存在主持人）；④参与者。本书认为，建设者、管理员、主持人都应当认定为网络淫秽视频聊天的组织者，应当以组织淫秽表演罪定罪处罚。

3. 对付费单聊形式的网络淫秽视频聊天应当认定为组织淫秽表演罪。在付费单聊形式的网络淫秽视频聊天中，存在如下人员角色：（1）组织者，其建设视频聊天网站（通常位于境外），从手机支付中收取费用；（2）观看者，其通过手机注册付费，可以付费购买“鲜花”等物品；（3）表演者，其与观看者聊天，根据

---

① 参见高铭暄、马克昌主编：《刑法学》（第3版），中国法制出版社2007年版，第649－650页。

② 有论者对此类案件属于组织淫秽表演行为作了进一步论证：“此类案件应属于组织淫秽表演行为。其一，组织性。综观本案，从聊天软件的设计到‘宝贝’的招募，从广告的发布到费用的收取和分发，从表演的方式到会员的发展都是有组织、有计划的过程。其二，互动性。表演者表演的内容是根据观看者购买的虚拟礼物的价值而定的，双方可以通过远程语音实现互动交流，表演者可以根据观看者的要求作出相应动作，组织者还可以通过公共广播等形式制造现场气氛，煽动表演者和观看者情绪，从而制造更火爆的表演效果。其三，从观看者的角度考察。观看者之所以愿意支付较高的对价、并在特定时间、登录特定系统观看表演，正是因为这种具备互动性的现场表演可以更大满足其欲望，比观看录制好的、不能互动的视频更刺激、更具吸引力。”吴加明、季爱华：《利用网络聊天室组织淫秽表演的定罪与量刑》，载《中国检察官》2012年第22期。

观看者赠送其“鲜花”等物品的数量从组织者处领取报酬。本书认为，对于组织者应当依据组织淫秽表演罪定罪处罚，主要理由同上。

4. 对两个特定网民之间的私密性淫秽视频聊天不宜以犯罪论处。该种形式的网络淫秽视频聊天通常是夫妻之间、男女朋友、熟悉网友之间为寻求刺激而进行的行为，不存在特定的组织者，不能认定为组织淫秽表演罪，也不宜依据其他罪名追究刑事责任。

5. 对诈骗形式的网络淫秽视频聊天应当以诈骗等犯罪论处。对于冒充色情视频聊天网站，骗取用户通过手机注册收费的行为，符合诈骗罪的犯罪构成的，应当以诈骗罪追究刑事责任。

相关规定

《中华人民共和国刑法》

第三百六十三条第一款　【制作、复制、出版、贩卖、传播淫秽物品牟利罪】以牟利为目的，制作、复制、出版、贩卖、传播淫秽物品的，处三年以下有期徒刑、拘役或者管制，并处罚金；情节严重的，处三年以上十年以下有期徒刑，并处罚金；情节特别严重的，处十年以上有期徒刑或者无期徒刑，并处罚金或者没收财产。

第三百六十四条第一款、第四款　【传播淫秽物品罪】传播淫秽的书刊、影片、音像、图片或者其他淫秽物品，情节严重的，处二年以下有期徒刑、拘役或者管制。

向不满十八周岁的未成年人传播淫秽物品的，从重处罚。

第三百六十五条　【组织淫秽表演罪】组织进行淫秽表演的，处三年以下有期徒刑、拘役或者管制，并处罚金；情节严重的，处三年以上十年以下有期徒刑，并处罚金。

第三百六十六条　【单位犯本节规定之罪的处罚】单位犯本节第三百六十三条、第三百六十四条、第三百六十五条规定之罪的，对单位判处罚金，并对其直接负责的主管人员和其他直接责任人员，依照各该条的规定处罚。

第三百六十七条　【淫秽物品的范围】本法所称淫秽物品，是指具体描绘性行为或者露骨宣扬色情的诲淫性的书刊、影片、录像带、录音带、图片及其他淫秽物品。

有关人体生理、医学知识的科学著作不是淫秽物品。

包含有色情内容的有艺术价值的文学、艺术作品不视为淫秽物品。

《最高人民法院关于审理非法出版物刑事案件具体应用法律若干问题的解释》(法释〔1998〕30号)

第八条　以牟利为目的,实施刑法第三百六十三条第一款规定的行为,具有下列情形之一的,以制作、复制、出版、贩卖、传播淫秽物品牟利罪定罪处罚:

(一)制作、复制、出版淫秽影碟、软件、录像带五十至一百张(盒)以上,淫秽音碟、录音带一百至二百张(盒)以上,淫秽扑克、书刊、画册一百至二百副(册)以上,淫秽照片、画片五百至一千张以上的;

(二)贩卖淫秽影碟、软件、录像带一百至二百张(盒)以上,淫秽音碟、录音带二百至四百张(盒)以上,淫秽扑克、书刊、画册二百至四百副(册)以上,淫秽照片、画片一千至二千张以上的;

(三)向他人传播淫秽物品达二百至五百人次以上,或者组织播放淫秽影、像达十至二十场次以上的;

(四)制作、复制、出版、贩卖、传播淫秽物品,获利五千至一万元以上的。

以牟利为目的,实施刑法第三百六十三条第一款规定的行为,具有下列情形之一的,应当认定为制作、复制、出版、贩卖、传播淫秽物品牟利罪"情节严重":

(一)制作、复制、出版淫秽影碟、软件、录像带二百五十至五百张(盒)以上,淫秽音碟、录音带五百至一千张(盒)以上,淫秽扑克、书刊、画册五百至一千副(册)以上,淫秽照片、画片二千五百至五千张以上的;

(二)贩卖淫秽影碟、软件、录像带五百至一千张(盒)以上,淫秽音碟、录音带一千至二千张(盒)以上,淫秽扑克、书刊、画册一千至二千副(册)以上,淫秽照片、画片五千至一万张以上的;

(三)向他人传播淫秽物品达一千至二千人次以上,或者组织播放淫秽影、像达五十至一百场次以上的;

(四)制作、复制、出版、贩卖、传播淫秽物品,获利三万至五万元以上的。

以牟利为目的，实施刑法第三百六十三条第一款规定的行为，其数量（数额）达到前款规定的数量（数额）五倍以上的，应当认定为制作、复制、出版、贩卖、传播淫秽物品牟利罪“情节特别严重”。

第十条第一款　向他人传播淫秽的书刊、影片、音像、图片等出版物达三百至六百人次以上或者造成恶劣社会影响的，属于“情节严重”，依照刑法第三百六十四条第一款的规定，以传播淫秽物品罪定罪处罚。

《最高人民法院、最高人民检察院关于办理利用互联网、移动通讯终端、声讯台制作、复制、出版、贩卖、传播淫秽电子信息刑事案件具体应用法律若干问题的解释》（法释〔2004〕11号）

为依法惩治利用互联网、移动通讯终端制作、复制、出版、贩卖、传播淫秽电子信息、通过声讯台传播淫秽语音信息等犯罪活动，维护公共网络、通讯的正常秩序，保障公众的合法权益，根据《中华人民共和国刑法》、《全国人民代表大会常务委员会关于维护互联网安全的决定》的规定，现对办理该类刑事案件具体应用法律的若干问题解释如下：

第一条　以牟利为目的，利用互联网、移动通讯终端制作、复制、出版、贩卖、传播淫秽电子信息，具有下列情形之一的，依照刑法第三百六十三条第一款的规定，以制作、复制、出版、贩卖、传播淫秽物品牟利罪定罪处罚：

（一）制作、复制、出版、贩卖、传播淫秽电影、表演、动画等视频文件二十个以上的；

（二）制作、复制、出版、贩卖、传播淫秽音频文件一百个以上的；

（三）制作、复制、出版、贩卖、传播淫秽电子刊物、图片、文章、短信息等二百件以上的；

（四）制作、复制、出版、贩卖、传播的淫秽电子信息，实际被点击数达到一万次以上的；

（五）以会员制方式出版、贩卖、传播淫秽电子信息，注册会员达二百人以上的；

（六）利用淫秽电子信息收取广告费、会员注册费或者其他费用，违法所得一万元以上的；

（七）数量或者数额虽未达到第（一）项至第（六）项规定标准，但分别达到其中两项以上标准一半以上的；

（八）造成严重后果的。

利用聊天室、论坛、即时通信软件、电子邮件等方式，实施第一款规定行为的，依照刑法第三百六十三条第一款的规定，以制作、复制、出版、贩卖、传播淫秽物品牟利罪定罪处罚。

第二条 实施第一条规定的行为，数量或者数额达到第一条第一款第（一）项至第（六）项规定标准五倍以上的，应当认定为刑法第三百六十三条第一款规定的“情节严重”；达到规定标准二十五倍以上的，应当认定为“情节特别严重”。

第三条 不以牟利为目的，利用互联网或者移动通讯终端传播淫秽电子信息，具有下列情形之一的，依照刑法第三百六十四条第一款的规定，以传播淫秽物品罪定罪处罚：

（一）数量达到第一条第一款第（一）项至第（五）项规定标准二倍以上的；

（二）数量分别达到第一条第一款第（一）项至第（五）项两项以上标准的；

（三）造成严重后果的。

利用聊天室、论坛、即时通信软件、电子邮件等方式，实施第一款规定行为的，依照刑法第三百六十四条第一款的规定，以传播淫秽物品罪定罪处罚。

第四条 明知是淫秽电子信息而在自己所有、管理或者使用的网站或者网页上提供直接链接的，其数量标准根据所链接的淫秽电子信息的种类计算。

第五条 以牟利为目的，通过声讯台传播淫秽语音信息，具有下列情形之一的，依照刑法第三百六十三条第一款的规定，对直接负责的主管人员和其他直接责任人员以传播淫秽物品牟利罪定罪处罚：

（一）向一百人次以上传播的；

（二）违法所得一万元以上的；

（三）造成严重后果的。

实施前款规定行为，数量或者数额达到前款第（一）项至第（二）项规定标准五倍以上的，应当认定为刑法第三百六十三条第一款规定的“情节严重”；达到规定标准二十五倍以上的，应当认定为“情节特别严重”。

第六条　实施本解释前五条规定的犯罪，具有下列情形之一的，依照刑法第三百六十三条第一款、第三百六十四条第一款的规定从重处罚：

（一）制作、复制、出版、贩卖、传播具体描绘不满十八周岁未成年人性行为的淫秽电子信息的；

（二）明知是具体描绘不满十八周岁的未成年人性行为的淫秽电子信息而在自己所有、管理或者使用的网站或者网页上提供直接链接的；

（三）向不满十八周岁的未成年人贩卖、传播淫秽电子信息和语音信息的；

（四）通过使用破坏性程序、恶意代码修改用户计算机设置等方法，强制用户访问、下载淫秽电子信息的。

第七条　明知他人实施制作、复制、出版、贩卖、传播淫秽电子信息犯罪，为其提供互联网接入、服务器托管、网络存储空间、通讯传输通道、费用结算等帮助的，对直接负责的主管人员和其他直接责任人员，以共同犯罪论处。

第八条　利用互联网、移动通讯终端、声讯台贩卖、传播淫秽书刊、影片、录像带、录音带等以实物为载体的淫秽物品的，依照《最高人民法院关于审理非法出版物刑事案件具体应用法律若干问题的解释》的有关规定定罪处罚。

第九条　刑法第三百六十七条第一款规定的“其他淫秽物品”，包括具体描绘性行为或者露骨宣扬色情的诲淫性的视频文件、音频文件、电子刊物、图片、文章、短信息等互联网、移动通讯终端电子信息和声讯台语音信息。

有关人体生理、医学知识的电子信息和声讯台语音信息不是淫秽物品。包含色情内容的有艺术价值的电子文学、艺术作品不视为淫秽物品。

《最高人民法院、最高人民检察院关于办理利用互联网、移动通讯终端、声讯台制作、复制、出版、贩卖、传播淫秽电子信息刑事案件具体应用法律若干问题的解释（二）》（法释〔2010〕3号）

为依法惩治利用互联网、移动通讯终端制作、复制、出版、贩卖、传播淫秽电子信息，通过声讯台传播淫秽语音信息等犯罪活动，维护社会秩序，保障公民权益，根据《中华人民共和国刑法》、《全国人民代表大会常务委员会关于维护互联网安全的决定》的规定，现对办理该类刑事案件具体应用法律的若干问题解释如下：

第一条　以牟利为目的,利用互联网、移动通讯终端制作、复制、出版、贩卖、传播淫秽电子信息的,依照《最高人民法院、最高人民检察院关于办理利用互联网、移动通讯终端、声讯台制作、复制、出版、贩卖、传播淫秽电子信息刑事案件具体应用法律若干问题的解释》第一条、第二条的规定定罪处罚。

以牟利为目的,利用互联网、移动通讯终端制作、复制、出版、贩卖、传播内容含有不满十四周岁未成年人的淫秽电子信息,具有下列情形之一的,依照刑法第三百六十三条第一款的规定,以制作、复制、出版、贩卖、传播淫秽物品牟利罪定罪处罚:

(一)制作、复制、出版、贩卖、传播淫秽电影、表演、动画等视频文件十个以上的;

(二)制作、复制、出版、贩卖、传播淫秽音频文件五十个以上的;

(三)制作、复制、出版、贩卖、传播淫秽电子刊物、图片、文章等一百件以上的;

(四)制作、复制、出版、贩卖、传播的淫秽电子信息,实际被点击数达到五千次以上的;

(五)以会员制方式出版、贩卖、传播淫秽电子信息,注册会员达一百人以上的;

(六)利用淫秽电子信息收取广告费、会员注册费或者其他费用,违法所得五千元以上的;

(七)数量或者数额虽未达到第(一)项至第(六)项规定标准,但分别达到其中两项以上标准一半以上的;

(八)造成严重后果的。

实施第二款规定的行为,数量或者数额达到第二款第(一)项至第(七)项规定标准五倍以上的,应当认定为刑法第三百六十三条第一款规定的"情节严重";达到规定标准二十五倍以上的,应当认定为"情节特别严重"。

第二条　利用互联网、移动通讯终端传播淫秽电子信息的,依照《最高人民法院、最高人民检察院关于办理利用互联网、移动通讯终端、声讯台制作、复制、出版、贩卖、传播淫秽电子信息刑事案件具体应用法律若干问题的解释》第三条的规定定罪处罚。

利用互联网、移动通讯终端传播内容含有不满十四周岁未成年人的淫秽电子信息,具有下列情形之一的,依照刑法第三百六十四条第一款的规定,以传播淫秽物品罪定罪处罚:

(一)数量达到第一条第二款第(一)项至第(五)项规定标准二倍以上的;

(二)数量分别达到第一条第二款第(一)项至第(五)项两项以上标准的;

(三)造成严重后果的。

第三条 利用互联网建立主要用于传播淫秽电子信息的群组,成员达三十人以上或者造成严重后果的,对建立者、管理者和主要传播者,依照刑法第三百六十四条第一款的规定,以传播淫秽物品罪定罪处罚。

第四条 以牟利为目的,网站建立者、直接负责的管理者明知他人制作、复制、出版、贩卖、传播的是淫秽电子信息,允许或者放任他人在自己所有、管理的网站或者网页上发布,具有下列情形之一的,依照刑法第三百六十三条第一款的规定,以传播淫秽物品牟利罪定罪处罚:

(一)数量或者数额达到第一条第二款第(一)项至第(六)项规定标准五倍以上的;

(二)数量或者数额分别达到第一条第二款第(一)项至第(六)项两项以上标准二倍以上的;

(三)造成严重后果的。

实施前款规定的行为,数量或者数额达到第一条第二款第(一)项至第(七)项规定标准二十五倍以上的,应当认定为刑法第三百六十三条第一款规定的"情节严重";达到规定标准一百倍以上的,应当认定为"情节特别严重"。

第五条 网站建立者、直接负责的管理者明知他人制作、复制、出版、贩卖、传播的是淫秽电子信息,允许或者放任他人在自己所有、管理的网站或者网页上发布,具有下列情形之一的,依照刑法第三百六十四条第一款的规定,以传播淫秽物品罪定罪处罚:

(一)数量达到第一条第二款第(一)项至第(五)项规定标准十倍以上的;

(二)数量分别达到第一条第二款第(一)项至第(五)项两项以上标准五倍以上的;

(三)造成严重后果的。

第六条　电信业务经营者、互联网信息服务提供者明知是淫秽网站，为其提供互联网接入、服务器托管、网络存储空间、通讯传输通道、代收费等服务，并收取服务费，具有下列情形之一的，对直接负责的主管人员和其他直接责任人员，依照刑法第三百六十三条第一款的规定，以传播淫秽物品牟利罪定罪处罚：

（一）为五个以上淫秽网站提供上述服务的；

（二）为淫秽网站提供互联网接入、服务器托管、网络存储空间、通讯传输通道等服务，收取服务费数额在二万元以上的；

（三）为淫秽网站提供代收费服务，收取服务费数额在五万元以上的；

（四）造成严重后果的。

实施前款规定的行为，数量或者数额达到前款第（一）项至第（三）项规定标准五倍以上的，应当认定为刑法第三百六十三条第一款规定的"情节严重"；达到规定标准二十五倍以上的，应当认定为"情节特别严重"。

第七条　明知是淫秽网站，以牟利为目的，通过投放广告等方式向其直接或者间接提供资金，或者提供费用结算服务，具有下列情形之一的，对直接负责的主管人员和其他直接责任人员，依照刑法第三百六十三条第一款的规定，以制作、复制、出版、贩卖、传播淫秽物品牟利罪的共同犯罪处罚：

（一）向十个以上淫秽网站投放广告或者以其他方式提供资金的；

（二）向淫秽网站投放广告二十条以上的；

（三）向十个以上淫秽网站提供费用结算服务的；

（四）以投放广告或者其他方式向淫秽网站提供资金数额在五万元以上的；

（五）为淫秽网站提供费用结算服务，收取服务费数额在二万元以上的；

（六）造成严重后果的。

实施前款规定的行为，数量或者数额达到前款第（一）项至第（五）项规定标准五倍以上的，应当认定为刑法第三百六十三条第一款规定的"情节严重"；达到规定标准二十五倍以上的，应当认定为"情节特别严重"。

第八条　实施第四条至第七条规定的行为，具有下列情形之一的，应当认定行为人"明知"，但是有证据证明确实不知道的除外：

（一）行政主管机关书面告知后仍然实施上述行为的；

（二）接到举报后不履行法定管理职责的；

（三）为淫秽网站提供互联网接入、服务器托管、网络存储空间、通讯传输通道、代收费、费用结算等服务，收取服务费明显高于市场价格的；

（四）向淫秽网站投放广告，广告点击率明显异常的；

（五）其他能够认定行为人明知的情形。

第九条　一年内多次实施制作、复制、出版、贩卖、传播淫秽电子信息行为未经处理，数量或者数额累计计算构成犯罪的，应当依法定罪处罚。

第十条　单位实施制作、复制、出版、贩卖、传播淫秽电子信息犯罪的，依照《中华人民共和国刑法》、《最高人民法院、最高人民检察院关于办理利用互联网、移动通讯终端、声讯台制作、复制、出版、贩卖、传播淫秽电子信息刑事案件具体应用法律若干问题的解释》和本解释规定的相应个人犯罪的定罪量刑标准，对直接负责的主管人员和其他直接责任人员定罪处罚，并对单位判处罚金。

第十一条　对于以牟利为目的，实施制作、复制、出版、贩卖、传播淫秽电子信息犯罪的，人民法院应当综合考虑犯罪的违法所得、社会危害性等情节，依法判处罚金或者没收财产。罚金数额一般在违法所得的一倍以上五倍以下。

第十二条　《最高人民法院、最高人民检察院关于办理利用互联网、移动通讯终端、声讯台制作、复制、出版、贩卖、传播淫秽电子信息刑事案件具体应用法律若干问题的解释》和本解释所称网站，是指可以通过互联网域名、IP 地址等方式访问的内容提供站点。

以制作、复制、出版、贩卖、传播淫秽电子信息为目的建立或者建立后主要从事制作、复制、出版、贩卖、传播淫秽电子信息活动的网站，为淫秽网站。

第十三条　以前发布的司法解释与本解释不一致的，以本解释为准。

《最高人民法院、最高人民检察院关于利用网络云盘制作、复制、贩卖、传播淫秽电子信息牟利行为定罪量刑问题的批复》（法释〔2017〕19 号）

近来，部分高级人民法院、省级人民检察院就如何对利用网络云盘制作、复制、贩卖、传播淫秽电子信息牟利行为定罪量刑的问题提出请示。经研究，批复如下：

一、对于以牟利为目的，利用网络云盘制作、复制、贩卖、传播淫秽电子信息的行为，是否应当追究刑事责任，适用刑法和《最高人民法院、最高人民检察院关于办理利用互联网、移动通讯终端、声讯台制作、复制、出版、贩卖、传播淫秽电子信息刑事案件具体应用法律若干问题的解释》(法释〔2004〕11号)、《最高人民法院、最高人民检察院关于办理利用互联网、移动通讯终端、声讯台制作、复制、出版、贩卖、传播淫秽电子信息刑事案件具体应用法律若干问题的解释(二)》(法释〔2010〕3号)的有关规定。

二、对于以牟利为目的,利用网络云盘制作、复制、贩卖、传播淫秽电子信息的行为,在追究刑事责任时,鉴于网络云盘的特点,不应单纯考虑制作、复制、贩卖、传播淫秽电子信息的数量,还应充分考虑传播范围、违法所得、行为人一贯表现以及淫秽电子信息、传播对象是否涉及未成年人等情节,综合评估社会危害性,恰当裁量刑罚,确保罪责刑相适应。

《最高人民检察院法律政策研究室对北京市人民检察院〈关于利用移动存储介质复制、贩卖淫秽视频电子信息牟利如何适用法律问题的请示〉的答复意见》(2015年4月7日)

北京市人民检察院:

你院《关于利用移动存储介质复制、贩卖淫秽视频电子信息牟利如何适用法律问题的请示》(京检字〔2014〕167号)收悉。经研究,答复如下:

以牟利为目的,利用手机存储卡、U盘等移动存储介质复制、贩卖淫秽电子信息的,依照刑法第三百六十三条第一款的规定定罪处罚。有关定罪量刑标准可以参考《最高人民法院关于审理非法出版物刑事案件具体应用法律若干问题的解释》第八条规定,同时综合考虑移动存储介质数量、传播人数、获利金额等情节。对于移动存储介质中淫秽视频电子信息的数量计算以电子视频文件的个数为单位,一个淫秽文件视为一张影碟、一个软件、一盘录像带;具体定罪量刑标准,可以参考制作、复制、贩卖淫秽影碟、软件、录像带的相关规定。

指导性案例

钱某制作、贩卖、传播淫秽物品牟利案(检例第139号)

【关键词】

制作、贩卖、传播淫秽物品牟利　私密空间行为　偷拍　淫秽物品

【要旨】

自然人在私密空间的日常生活属于民法典保护的隐私。行为人以牟利为目的,偷拍他人性行为并制作成视频文件,以贩卖、传播方式予以公开,不仅侵犯他人隐私,而且该偷拍视频公开后具有描绘性行为、宣扬色情的客观属性,符合刑法关于"淫秽物品"的规定,构成犯罪的,应当以制作、贩卖、传播淫秽物品牟利罪追究刑事责任。以牟利为目的提供互联网链接,使他人可以通过偷拍设备实时观看或者下载视频文件的,属于该罪的"贩卖、传播"行为。检察机关办理涉及偷拍他人隐私的刑事案件时,应当根据犯罪的主客观方面依法适用不同罪名追究刑事责任。

【基本案情】

被告人钱某,男,1990 年出生,无固定职业。

钱某曾因偷拍他人性行为被行政拘留,仍不思悔改,产生通过互联网贩卖偷拍视频文件从中牟利的想法。2017 年 11 月,钱某从网络上购买了多个偷拍设备,分别安装在多家酒店客房内,先后偷拍 51 对入住旅客的性行为,并将编辑、加工的偷拍视频文件保存至互联网云盘,通过非法网站、即时通讯软件发布贩卖信息。2018 年 5 月 9 日,公安机关将钱某抓获,并在上述互联网云盘中检出偷拍视频 114 个。

此外,钱某还以"付费包月观看"的方式,先后 182 次为他人通过偷拍设备实时观看入住旅客性行为或者下载偷拍视频提供互联网链接。

【检察履职情况】

(一)引导侦查取证

2018 年 6 月 8 日,四川省成都市公安局锦江分局以钱某涉嫌传播淫秽物品罪向检察机关提请批准逮捕。

四川省成都市锦江区人民检察院审查认为,钱某偷拍他人性行为后既有传播扩散行为,也有编辑加工、贩卖牟利行为,故以制作淫秽物品牟利罪对钱某批准逮捕,并向公安机关提出对扣押在案的手机进行电子数据检查和恢复,对其注册使用的互联网云盘信息进行提取和固定的取证意见。此后,公安机关进一步查明了钱某的作案方式、获利情况和危害后果。

（二）审查起诉

2018 年 8 月 15 日，锦江分局以钱某涉嫌制作、贩卖、传播淫秽物品牟利罪移送锦江区人民检察院审查起诉。审查起诉期间，钱某辩解其上传到互联网云盘的淫秽视频文件并非偷拍所得，而是从他人处获取后上传互联网用于个人观看。对此，检察机关自行补充侦查，对涉案多家酒店实地察看，详细了解装有偷拍设备的酒店客房布局、特征和偷拍设备安装位置、取景场域，通过与起获的视频文件中拍摄的客房画面逐一比对，结合其有罪供述，发现有 114 个视频文件中的场景与偷拍现场具有同一性，结合其他证据认定相关视频确系钱某偷拍。

2019 年 1 月 29 日，锦江区人民检察院以钱某涉嫌制作、贩卖、传播淫秽物品牟利罪提起公诉。

（三）指控与证明犯罪

2019 年 7 月 17 日、7 月 24 日，四川省成都市锦江区人民法院不公开开庭审理本案。

庭审中，辩护人对视频文件的性质和数量认定等提出了辩护意见。一是涉案的视频文件形式上不具有实物特征，内容上不具有淫秽特征，不属于淫秽物品；二是多个视频文件描绘的是同一对旅客的性行为，即便属于淫秽物品，也应当以被偷拍的旅客的对数认定数量，不能以设备自动分段或人为编辑制作的数量认定。

公诉人答辩指出，偷拍的视频文件属于淫秽物品，数量应当以钱某编辑、制作的数量为标准。一是涉案的视频文件属于淫秽物品。形式上，淫秽物品的视频文件形式与刊物、光盘等有形物具有同质性。对此，《全国人民代表大会常务委员会关于维护互联网安全的决定》明确规定，在互联网上建立淫秽网站、网页，提供淫秽站点链接服务，或者传播淫秽书刊、影片、音像、图片的，依照刑法有关规定追究刑事责任。最高人民法院、最高人民检察院的司法解释对制作、贩卖、传播视频文件、音频文件等淫秽电子信息也有明确规定。内容上，自然人在私密空间的性行为本身不具有淫秽性，但被告人将其编辑、贩卖、对外传播，则具有描绘性行为或者露骨宣扬色情的客观属性，符合刑法对“淫秽物品”的界定；二是视频文件的数量应当以钱某编辑、制作数量为标准，而非依据旅客区分。本案中每个视频文件都是钱某偷拍后通过筛选、剪辑而成；每个视频文件都能够独立播放，内容涉及不同性行为；每个视频文件都是露骨宣扬色情，被非法传播后都能给观看者带来淫秽性刺激，社会危害性不会因为数个片段均反映同一对旅客的性行为而降低。

（四）处理结果

2019年7月26日，锦江区人民法院作出判决，采纳检察机关指控的犯罪事实和意见，以制作、贩卖、传播淫秽物品牟利罪判处钱某有期徒刑三年六个月，并处罚金人民币五千元。宣判后，钱某未提出上诉，判决已生效。

（五）制发检察建议

旅客入住酒店偷拍事件频发，导致隐私安全无法得到保障，严重侵犯消费者的个人隐私，暴露出相关行业主管部门监管不力、经营者管理不善问题，检察机关从建立健全旅客隐私保护、落实实名登记入住制度、增加安防设施投入、加强日常检查巡查等方面，向治安主管部门和行业组织发出检察建议。治安主管部门落实整改，对辖区旅馆业进行滚动摸排、对场所软硬件开展检查，强化旅客入住"人证合一"，开展公民隐私权法制宣传，会同市场监管部门联合核查网络摄像头生产、销售商家，督促落实市场主体责任。行业组织开展了旅馆、酒店会员单位法制宣传、隐私安全保护培训，增加安防设备，会同治安主管部门制定治安安全防范规范，加强旅馆业安全管理水平，加大保护公民隐私安全力度。

【指导意义】

（一）准确界定"淫秽物品""贩卖、传播行为"，依法严惩网络背景下传播淫秽物品犯罪。自然人的私人生活安宁和不愿受他人干扰的私密空间、私密活动、私密信息，依法不受侵犯。发生在酒店、旅馆、民宿等非公开空间内的性行为，属于隐私保护的范围。行为人偷拍他人性行为并经互联网传播扩散的视频，不仅侵害个人隐私，而且客观上具有描绘性行为的诲淫性，具有宣扬色情的危害性，符合刑法对"淫秽物品"的界定。行为人有偿提供互联网链接，他人付费后可以实时在线观看，与建立并运营"点对面"式互联网直播平台的传播行为性质相同，应当认定为贩卖、传播行为。

（二）行为人偷拍他人隐私，行为方式、目的多样，应当区分不同情形依法惩处。行为人非法使用偷拍设备窥探他人隐私，未贩卖、传播的，如果相关设备经鉴定属于窃听、窃照专用器材，造成严重后果的，应当以非法使用窃听、窃照专用器材罪追究刑事责任；如果行为人又将偷拍的内容贩卖、传播的，应当按照处罚较重的罪名追究刑事责任。行为人通过远程操控侵入他人自行安装的摄像头后台信息系统，对他人私密空间、行为进行窥探，进行遥控并自行观看，情节严重的，应当以非法控制计算机信息系统罪追究刑事责任；如果行为人在侵入上述计算机信息系统以后，又将偷拍的视频贩卖、传播的，应当按照处罚较重的罪名追究刑事责任。行为人以非法占有他人财物为目的，通过偷拍获取他人隐私，进而要挟他人、获取财物，构成犯罪的，应当以敲诈勒索罪追究刑事责任。上述行为尚未构成犯罪的，应当依法从严追究其行政违法责任。

（三）通过制发检察建议促进社会治理。个人隐私被非法收集、买卖，成为电信网络诈骗、网络传播淫秽物品等犯罪的源头，并催生出一条黑灰产业链，严重侵扰公民生活安宁、财产安全，破坏社会秩序。检察机关办案中要注意剖析案发地区、案发领域管理、制度上的漏洞，研究提出有针对性、可操作性的检察建议，推动有关部门建章立制、堵塞漏洞、消除隐患，促进完善社会治理。

【相关规定】

《中华人民共和国刑法》第三百六十三条、第三百六十七条

《最高人民法院、最高人民检察院关于办理利用互联网、移动通讯终端、声讯台制作、复制、出版、贩卖、传播淫秽电子信息刑事案件具体应用法律若干问题的解释》第一条

《最高人民法院、最高人民检察院关于办理利用互联网、移动通讯终端、声讯台制作、复制、出版、贩卖、传播淫秽电子信息刑事案件具体应用法律若干问题的解释（二）》第一条

第二十讲

网络黑灰产业链犯罪

随着互联网的不断普及和信息技术的飞速发展，网络犯罪日益分工细化，黑灰产业链迅速滋生蔓延。黑灰产为网络犯罪"输血供粮"，严重危害网络安全和秩序，侵犯人民群众合法权益，亟须有效规制。本讲在分析网络犯罪黑灰产业链概况的基础上，主张对网络犯罪黑灰产业链的刑事规制持积极解释的立场，用足用好刑法现有规定，将帮助信息网络犯罪活动罪作为堵截性罪名，并注重实现罪刑均衡；在此基础上，针对当前刑事规制的困境，主张注重分析相应黑灰产滋生的原因，完善相关前置法律，综合施策、标本兼治，真正实现对网络犯罪黑灰产业链的有效规制。

一、网络犯罪黑灰产业链与刑事规制立场

（一）网络犯罪的分工细化与黑灰产业链

如前所述，当前网络犯罪通常表现为"协同作案"。值得进一步关注的是，网络犯罪不仅表现为共同犯罪凸显和共犯人数众多，更为重要的是犯罪活动分工细化，逐步形成"流水线"式作业。在此背景下，各类网络犯罪盘根错节，滋生进化出复杂的网络犯罪生态体系，形成了分工合作、彼此依赖、利益共享的黑灰产业链。

网络犯罪黑灰产业链并非严谨的法律术语，而是基于实践状况的形象概述。一般认为，黑产通常是指触犯法律的网络违法犯罪行为。例如，为下游网络犯罪窃取、提供账号密码和研制钓鱼网站、仿冒网站等黑产行为，显属违法甚至犯罪行为。与黑产有所不同，灰产则游走在法律边缘，通常距离直接实施的

网络犯罪较远，甚至只是为黑产提供辅助，对其定性需要视具体情况而定，甚至存在一定争议。例如，恶意注册账号、身份认证等灰产行为，本身并未明显违反规定，相关行为又并非只能用于违法犯罪，故对其定性难以一概而论。但是，黑产与灰产之间的界限并非泾渭分明，而是相互依附、交织，形成庞大的黑灰产业链。据有关数据，网络黑色产业与灰色产业交织在一起，产业规模保守估计过千亿元，社会危害性巨大。①

（二）网络犯罪的要素与黑灰产业链的样态

各类网络犯罪方式有异，所需要素也会相应不同。概而观之，网络犯罪的实施通常离不开推广、技术、物料（信息类物料和工具类物料）、支付等要素：②（1）随着网络犯罪不断增多，宣传推广成为网络犯罪行为人吸引受害人或者参与人的主要渠道，发挥着桥梁纽带的作用。例如，网络开设赌场需要通过宣传推广吸引参赌人员，电信网络诈骗需要通过宣传推广吸引被骗群众。（2）网络犯罪是技术犯罪，需要以现代信息技术作为支撑。当前，行为人通过使用他人研发的各种程序、工具实施网络犯罪，大大降低了犯罪成本和技术门槛，导致网络犯罪迅速蔓延。（3）物料包括信息类物料和工具类物料。信息类物料主要为网络犯罪提供虚假身份，如提供居民身份证信息、银行卡信息等，成为其逃避实名制的重要“屏障”。工具类物料主要为网络犯罪提供猫池、卡池、手机群控设备或者其他工具，以通过自动化手段组合各种资源实施违法犯罪活动。（4）网络犯罪的主要目的在于非法牟利，资金支付结算和变现是关键。正是通过资金支付环节，网络犯罪行为人套取、漂白违法所得，逃避国家资金监管，最终实现犯罪目的。

以上述要素作为标准，可以发现在宣传推广、信息类物料供应、工具类物料供应、技术支撑、资金结算等五个关键阶段滋生出大量的黑灰产，形成了复杂的网络犯罪生态体系。具体而言：（1）在宣传推广环节，主要包括搜索引擎排名、

① 参见《聚集网络黑灰产业链：规模超千亿　病毒式扩张》，载《法制日报》2015 年 8 月 28 日。

② 此外，就境外电信网络诈骗、开设赌场等案件而言，可能还需要组织人员偷越国（边）境，故还可能存在为此类网络犯罪提供人员招聘、培训、偷渡等帮助的人力资源环节。鉴于此类黑灰产主要存在跨境网络犯罪之中，且实践中法律适用争议不大，限于篇幅，不作详细阐释。

微信公众号广告、短信群发等推广引流活动；(2)在信息类物料供应环节，主要包括提供银行卡"四件套"①、企业"八件套"②、精准公民个人信息以及计算机信息系统数据等信息类资料；(3)在工具类物料供应环节，主要包括提供猫池、卡池、手机群控设备等工具；(4)在技术支持环节，主要包括非法 App 制作研发、网站开发维护、虚拟定位、服务器租赁、网站域名技术服务、伪客户端工具平台等；(5)在资金结算环节，主要包括支付渠道、跑分平台、卡商平台、电商平台、话费充值、地下钱庄等。需要注意的是，上述黑灰产的关键环节和节点，不仅与网络犯罪相连，而且彼此相互交织，最终形成产业链。

(三)刑事对策的调整与刑法适用的立场

1. 新近刑法修正案对网络犯罪黑灰产业链的规制

日益壮大的黑灰产业链是网络犯罪迅速蔓延的关键，故一段时期以来对网络犯罪的应对主要就是对黑灰产业链的规制。针对网络犯罪黑灰产业链不断滋生蔓延的现状，我国及时调整刑事对策，在刑事立法中作出针对性规定，涉及适度扩张犯罪圈、前移刑事防线和惩治产业链等多个方面。特别是，新近刑法修正案中不少关于网络犯罪的修正，实际直指黑灰产。具体而言：

一是针对突出的黑灰产形态增设专门罪名。通过总结常见的网络犯罪黑灰产运行实际状况，刑法修正案将一些常见的黑灰产样态直接纳入刑事规制范围，设置专门罪名。例如，非法获取、提供公民个人信息是信息类黑灰产的主要样态，《刑法修正案(七)》《刑法修正案(九)》先后通过增设和完善《刑法》第 253 条之一，设置侵犯公民个人信息犯罪专门法条的方式将其直接纳入刑事规制范围。又如，针对为黑客攻击破坏活动提供程序、工具的技术支持类黑灰产日益蔓延，且按照共犯处理证明困难的现实情况，《刑法修正案(七)》增设《刑法》第 285 条第 3 款，规定了专门的提供侵入、非法控制计算机信息系统程序、工具罪，将本属共同犯罪帮助犯的行为独立入罪评价。③

---

① 即身份证原件、身份证对应的手机卡、身份证对应的银行卡和网银 U 盾。

② 即对公银行卡、U 盾、法人身份证、公司营业执照、对公账户、公章、法人私章、对公开户许可证。有了这"八件套"，意味着一家经合法注册的公司及对公账户可以随时运营使用。

③ 参见黄太云：《〈刑法修正案(七)〉解读》，载《人民检察》2009 年第 6 期。

二是增设非法利用信息网络罪。从实践来看,不少黑灰产涉及设立网站、通讯群组、发布信息等形式。例如,宣传推广环节的黑灰产,常见形式就是发布违法犯罪信息。又如,技术支撑环节的黑灰产,不少表现为设立用于实施违法犯罪活动的网站、通讯群组。基于此,根据“打早打小”的策略要求,《刑法修正案(九)》增设《刑法》第287条之一,适度前移网络犯罪的刑法防线,将为实施违法犯罪活动而设立网站、通讯群组、发布信息的行为独立入罪。

三是增设帮助信息网络犯罪活动罪。《刑法修正案(九)》增设《刑法》第287条之二,针对无法构成共同犯罪,或者按照共同犯罪处罚较轻的情况,将明知他人利用信息网络实施犯罪,为其犯罪提供互联网接入、服务器托管、网络存储、通讯传输等技术支持,或者提供广告推广、支付结算等帮助,情节严重的行为规定为帮助信息网络犯罪活动罪,实现了网络犯罪利益链条中的帮助行为独立入罪。显而易见,该法条在罪状描述上就直接涉及技术支持、宣传推广、资金结算等多类黑灰产。

2. 网络犯罪黑灰产业链的刑法适用立场

刑法是网络犯罪治理的重要手段,如何实现对网络犯罪黑灰产业链的有效刑事规制,是当前网络治理中的一项重要课题。就网络犯罪黑灰产业链的刑法适用而言,本书主张积极刑法观,从宏观层面而言,针对网络犯罪产业链条发展、进而形成生态的现状,要坚持全生态全链条的惩治对策;从微观层面而言,要用足用好刑法现有规定,根据网络犯罪黑灰产的特点,准确适用相关罪名,不断压制萎缩网络犯罪的生存空间。以此立场为基点,下文将选取网络犯罪黑灰产业链中手机黑卡产业链、网络账号产业链、网络流量产业链、资金通道产业链所涉问题进行探讨。在具体探讨前,有必要进一步提及如下几个基本观点:

其一,黑灰产不是犯罪绝缘体,全链条考察才是根本。当前,网络黑灰产实际上已经与直接实施的网络犯罪交织在一起,难以完全界分开来。例如,为电信网络诈骗、网络赌博等违法犯罪活动提供公民个人信息或者资金支付结算等直接帮助,甚至在上游进行宣传推广、提供工具等间接帮助的,实际上已经成为整个犯罪链条的有机组成部分。基于此,本书主张将黑灰产置于整个犯罪链条之中进行分析,以准确判断行为性质,更好地适用刑法相关规定。网络犯罪黑灰产业链中的某段行为,孤立来看,可能难以查明其危害性,导致对其行为的性质难以判断,从而出现了所谓处于法律灰色地带的"灰产"。例如,所谓的恶意注册账号、虚假认证,就其行为本身难以判断性质,但如果结合后续的流向特别是对后续电信网络诈骗等网络犯罪的影响而言,则难以否认其社会危害。一言以蔽之,黑产与灰产既非法律术语,也无难以逾越的界限,从刑法适用的角度而言,立足点应当是刑法规定,对于符合刑法犯罪构成要件的行为,无论是黑产行为还是灰产行为,都可以依法追究刑事责任。

其二,其他罪名优先适用,帮助信息网络犯罪活动罪堵截。[①] 对于网络犯罪黑灰产业链的刑事规制,在其他罪名难以适用的前提下,可以充分考虑帮助信息网络犯罪活动罪的适用。一方面,这符合《刑法》第 287 条之二第 3 款规定的立法精神,[②]即优先适用其他罪名。另一方面,这符合帮助信息网络犯罪活动罪作为网络犯的"堵截性罪名"的属性。[③] 申言之,对于严重危害网络秩序,具有严重社会危害性的网络犯罪黑灰产行为,如果不符合其他犯罪构成的,要秉持积极解释的立场,在坚持罪刑法定原则的前提下将其纳入帮助信息网络犯罪活动罪的适用范围,以尽力堵塞刑法规制漏洞。对此,本讲在"二、手机黑卡产业链的检视"部分对帮助信息网络犯罪活动罪的司法适用有详细论述。

其三,刑罚并非越重越好,罪刑均衡最为重要。网络犯罪黑灰产业链的滋生,原因较为复杂,既有刑事规制不力的原因,也有前置法律不健全和管理不到位的原因。因此,运用刑法惩治网络犯罪黑灰产切不可"一打了之""一味从重"。特别是,我国现行刑法关于网络犯罪的部分罪名设置距今较为久远,相关司法解释的制定系在黑灰产泛滥之前,对相关定罪量刑标准的设置可能未考虑到适用于黑灰产的情况。个别情形下,可能出现罪名形式符合但刑罚过重的现象。例如后文所述的流量劫持案件,一律适用破坏计算机信息系统罪,形式上

---

① 同理,《刑法》第 287 条之一规定的非法利用信息网络罪也具有堵截性质。就网络犯罪黑灰产业链的刑事规制而言,对于相关设立网站、通讯群组、发布信息的行为,在不构成其他犯罪的前提下,也可以充分考虑非法利用信息网络罪的适用。

② 《刑法》第 287 条之二第 3 款规定:"有前两款行为,同时构成其他犯罪的,依照处罚较重的规定定罪处罚。"

③ 参见喻海松:《新型信息网络犯罪司法适用探微》,载《中国应用法学》2019 年第 6 期。

似都符合构成要件，但刑罚可能存在畸重的现象。在此背景下，宜考虑对破坏计算机信息系统罪的构成要件作适当限缩解释，对部分案件选择适用罪刑更加均衡的非法控制计算机信息系统罪。总之，对网络犯罪黑灰产业链的刑法适用，应当特别注重罪责刑相适应原则的把握，妥当选择罪名，准确裁量刑罚，在司法裁判中确保刑罚轻重与所犯罪行和承担的刑事责任相适应。

其四，刑法只是最后手段，标本兼治方为上策。近年来，网络犯罪层出不穷，背后是黑灰产业链的迅速发展和助推。在相当长时期内网络犯罪仍处于高发、频发态势的背景下，运用刑法对网络犯罪黑灰产业链进行有效规制，无疑是必要的。但是，刑法的积极作为不意味着刑法的万能，刑法在黑灰产治理中虽然作用明显，但只能治标、尚难治本。应对网络犯罪黑灰产业链，要靠刑事惩治开路，更要靠健全相应的前置行政法律法规建立长效机制。以前文所述的黑卡产业链为例，网络实名制的落实尚未完全到位是主因，对物联网卡和海外卡未采取相应有效监管措施，更是导致此类黑卡在网络犯罪黑灰产业链之中的泛滥。而且，在运用刑法进行惩治的过程中，成功追究刑事责任的实际上是少数，多数仍游离在规制之外，形成所谓的灰产，其原因还在于前置的法律规定和管理不健全。总而言之，有效应对网络犯罪黑灰产业链，要靠提升网络社会治理能力，注重分析相应黑灰产滋生的原因，综合施策，注重健全前置法律规定，实现防范、惩治、治理一体化。既要靠刑法惩治，更要靠行政管理、行业自治等手段进行规制。

二、手机黑卡产业链的检视

买卖手机黑卡属于网络犯罪黑灰产中物料供应环节的重要组成部分，其与后续的恶意注册账号、养号等活动往往交织在一起，形成了手机黑卡产业链，为下游网络犯罪提供帮助。在手机黑卡产业链中，黑卡的作用是隐蔽身份，使得有关部门无法查证行为人的真实身份。

（一）手机黑卡的出现与流向

自 2013 年 9 月我国电话实名制登记实施以来，不仅新入网用户实现了实名登记,未实名老用户也进行了补登记。[①] 然而,由于各种原因,非实名手机卡仍在一定范围内存在,不少变成了“黑卡”。黑卡是指未进行实名登记或者无法查实使用人员并被用于违法犯罪活动的移动电话卡(含无线上网卡)。实际上,使用他人身份进行实名登记的虚假认证的手机卡亦属于黑卡的范畴。

手机黑卡主要有物联网卡、海外卡以及使用他人身份注册的实名卡。具体而言:(1)物联网卡。物联网卡是指主要用于工业、交通、物流等领域的手机卡,无须实名认证,但需要以企业名义办理,提供营业执照即可办理。而且,实践中还存在利用虚假证件或者购买营业执照等方式办理物联网卡的现象。目前流通的手机黑卡中绝大部分是物联网卡。(2)海外卡。由于我国实行实名制的原因,手机黑卡产业大量获取国内手机卡越来越难。在此背景下,近年来,大量来自东南亚国家的手机卡开始进入我国手机黑卡产业。这些卡支持 GSM 网络,进入国内后可以直接使用,无须实名认证。而且,这些手机卡基本是零月租、接收短信免费、成本低,适合手机黑卡产业使用,且使用比例越来越高。(3)实名卡。此类实名卡规避实名注册,大致包括使用虚假身份注册、冒用他人身份注册以及收购他人实名注册的手机卡三种情形。

从实践来看,以手机黑卡为源头,形成了手机黑卡产业链,主要涉及如下几个环节:(1)卡源卡商,其掌握大量手机黑卡货源,加价转卖给卡商。(2)猫池产家,其负责生产猫池设备,并将设备出售给卡商使用。(3)卡商,其通过从卡源卡商购买大量手机黑卡,将黑卡插入猫池设备并接入卡商平台,然后通过卡商平台接各种验证码业务,以牟取利益。(4)接码平台,其负责连接卡商和羊毛党、号商等有手机验证码需求的群体。[②] (5)羊毛党、号商。羊毛党主要靠批量注册账号以获取企业特定活动时的奖励。[③] 号商则靠批量注册和维护账号,并通过出售账号获取收益。如后一部分“网络账号产业链的检视”所述,部分账号

---

① 2013 年 9 月 1 日开始,我国在全国范围内对新增固定电话、移动电话(含无线上网卡)用户实施真实身份登记,实行“先登记,后服务;不登记,不开通服务”。

② 目前,还存在“众包”型接码平台,让手机用户出租本人手机卡(一张或者多张)在平台上“挂单接码”。

③ 近年来,各企业为争夺用户投入大量资金,开展各种补贴大战,竞争非常激烈。广大用户在这些竞争中获取了实惠,但不少收益被掌握巨量手机黑卡资源的羊毛党获取。

可能继续流向下游的网络犯罪,成为犯罪工具。手机卡产业链如图 20 - 1 所示。

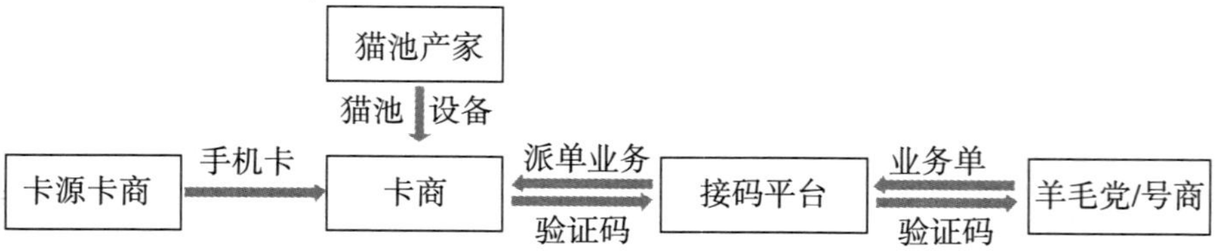

图 20 - 1　手机卡产业链

(二)买卖手机黑卡行为的定性

1. 侵犯公民个人信息罪的区分适用

对于倒卖手机黑卡行为,司法实践中有观点主张适用侵犯公民个人信息罪。本书主张区分情况处理,对于未实名登记的黑卡,不宜适用本罪;但对于实名登记的黑卡,可以适用本罪。主要考虑如下:

其一,物联网卡和海外卡无法认定为侵犯公民个人信息罪的对象“公民个人信息”。具体而言:(1)公民个人信息的主体必须是自然人,而不包括单位。物联网卡属于单位开办的手机卡,不符合这一主体身份要求。(2)公民个人信息必须具有可识别性的特征,即“能够单独或者与其他信息结合识别特定自然人身份或者反映特定自然人活动情况”。但是,无论非实名卡,还是海外卡,由于未进行实名登记,在没有附加其他识别信息的情况下,似难以认为具有个人信息所要求的可识别性。

其二,批量倒卖实名登记手机卡的行为可以构成侵犯公民个人信息罪。具体而言:(1)与未实名登记的物联网卡、海外卡不同,实名手机卡符合公民个人信息的认定要求,可以成为侵犯公民个人信息罪的犯罪对象。(2)无论是收购行为,还是出售行为,手机卡实名登记人的自愿不能阻却行为的违法性。根据《刑法》第 253 条之一的规定,侵犯公民个人信息罪的前提条件是“违反国家有关规定”。司法实践中反对适用侵犯公民个人信息罪的观点认为,对于征得手机卡实名登记人的同意,甚至其主动出售手机卡的行为,不能认定为“违反国家有关规定”。[①] 这一观点乍一看似有道理,但细究起来是不能成立的:①从《民法典》关于个人信息的规定来看,最终未明确将个人信息规定为“个人信息权”,而是采用了“个人信息保护”的表述,并将自然人的个人信息权益归属于人格权益,实际上排除了自然人对其个人信息的排他权利。[②] ②虽然《刑法》将侵犯公民个人信息罪置于“侵犯公民人身权利、民主权利罪”一章,但不能排除侵犯公民个人信息罪所保护的是双重法益,既包括其人身权益,又包括国家关于公民个人信息的管理秩序。③根据《网络安全法》《反恐怖主义法》等法律规定,电话卡是标识身份,依法用于身份核验的凭证。出售和收购实名手机卡的行为,无论实名登记人是否同意,均违反了有关法律规定,属于非法出售或者获取。[③] (3)对于倒卖实名登记手机卡的行为适用侵犯公民个人信息罪,应当准确把握“情节严重”的入罪要件。根据宽严相济刑事政策的要求,对于相关行为的刑事追究应当限于主观恶性较大、客观危害严重的情形,重点惩治“卡头”(组织者)。[④]

2. 帮助信息网络犯罪活动罪的再解释

对于明知他人利用信息网络实施犯罪,为其犯罪提供黑卡,情节严重的,可

---

① 与之类似,有学者提出:“在这种公民自愿提供个人信息的情况下,不存在侵犯公民个人信息权益的问题,因此收购者和使用者的行为不构成侵犯公民个人信息的犯罪。对于这些大批量地收购居民身份证等个人信息的行为,确实具有较大的社会危害性,但我国刑法对此没有明文规定,目前尚不构成犯罪。”陈兴良:《互联网账号恶意注册黑色产业的刑法思考》,载《清华法学》2019 年第 6 期。

② 《网络安全法》关于个人信息的规定,更是侧重于网络信息安全和秩序,未赋予信息主体以排他权利。

③ 例如,《网络安全法》第 24 条第 1 款规定:“网络运营者为用户办理网络接入、域名注册服务,办理固定电话、移动电话等入网手续,或者为用户提供信息发布、即时通讯等服务,在与用户签订协议或者确认提供服务时,应当要求用户提供真实身份信息。用户不提供真实身份信息的,网络运营者不得为其提供相关服务。”《反恐怖主义法》第 21 条规定:“电信、互联网、金融、住宿、长途客运、机动车租赁等业务经营者、服务提供者,应当对客户身份进行查验。对身份不明或者拒绝身份查验的,不得提供服务。”虽然这些条文是对提供服务主体进行规制,但无疑规定了用户的配合义务。根据上述规定,对于用户提供他人或者虚假身份证明骗取认证的情况下,似不能认为用户的行为属于合法行为,而应当认为其违反了法律规定。

④ 司法实践中,“两卡”案件,即倒卖手机卡、银行卡案件,对“卡头”追究刑事责任,并无争议。对于向他人出售、提供本人或者近亲属的手机卡、银行卡的案件,则应当区分情况处理:对于涉案卡的数量不大,主观明知程度不高的,不以犯罪论处;对于个别主观恶性较大、社会危害严重的,如受人组织跨越多地批量开卡,获利较大的,也可以视情纳入刑事规制范围。

以视情适用帮助信息网络犯罪活动罪。具体而言：

其一，帮助信息网络犯罪活动罪纯正网络犯罪之否定。本书认为，帮助信息网络犯罪活动罪并非纯正的网络犯罪，其所涉客观方面可以由线下帮助行为构成。《刑法》第287条之二第1款将帮助信息网络犯罪活动罪的行为方式并列规定为"提供互联网接入、服务器托管、网络存储、通讯传输等技术支持"和"提供广告推广、支付结算等帮助"。这就使对于线下的帮助行为解释为"等帮助"之中，从体系解释的角度完全没有问题。据此，可以将为网络犯罪提供手机黑卡的行为纳入"等帮助"的范畴。

其二，帮助信息网络犯罪活动罪主观明知之把握。根据《刑法》第287条之二第1款的规定，本罪的主观方面表现为"明知他人利用信息网络实施犯罪"，《新型信息网络犯罪解释》第11条对主观明知的认定确立了推定规则。其中，第4项规定为"提供专门用于违法犯罪的程序、工具或者其他技术支持、帮助的"。这主要是针对"并非社会正常活动所需，而系为违法犯罪活动提供帮助的专门服务"的活动，允许对相关从业人员推定主观明知。① 需要注意的是，该项规定限定相关帮助行为系专门用于"违法犯罪"，而此处的"违法"并未明确要求限定为刑法分则规定的构成要件行为，而是应当理解为包括其他违法行为在内。据此，手机黑卡产业链中的相关行为，如果违反有关规定，且排除系正常社会所需要的活动，可以视情推定为"明知"。例如，根据相关规定，"物联网行业卡不得开通点对点短信业务"，可以认为正常物联网业务活动不需要开通点对点短信业务。故而，如果相关物联网卡违规开通点对点短信业务，且相关业务流向下游犯罪的，可以推定主观明知。

其三，帮助信息网络犯罪活动罪帮助对象之把握。根据《刑法》第287条之二第1款的规定，本罪的帮助对象为"犯罪"。根据《新型信息网络犯罪解释》第12条的规定，帮助对象"犯罪"原则上要求查实；同时，在查证帮助对象"犯罪"困难的情况下，要求查实系刑法分则规定的构成要件行为，是否达到犯罪的程度在所不论。从帮助信息网络犯罪活动罪的办案实践来看，前者是应然状况，

---

① 周加海、喻海松：《〈关于办理非法利用信息网络、帮助信息网络犯罪活动等刑事案件适用法律若干问题的解释〉的理解与适用》，载《人民司法》2019年第31期。

实践中难以适用。故而,帮助信息网络犯罪活动罪主要适用的场景是帮助刑法分则规定的构成要件行为的情况。但即便如此,要求一一查明被帮助对象实施的每一笔刑法分则构成要件行为也存在相当困难。

帮助信息网络犯罪活动罪涉及的被帮助对象多系电信网络诈骗等涉众型网络犯罪。对于手机黑卡产业链的相关行为,最终用于下游网络犯罪的,在查实部分行为系刑法分则构成要件行为的基础上,应当允许对其他行为作综合认定。例如,通过黑卡注册大量金融账号,进而被用于电信网络诈骗,如果发现该账号共涉及多笔资金的,只要查实部分资金系电信网络诈骗所得即可,对于其他资金应当允许综合认定。

三、网络账号产业链的检视

网络账号是用户的“网络身份”。在以账号体系为基础的网络环境中,网络犯罪乃至黑灰产的实施,均以大量获取账号资源为前提。在网络犯罪黑灰产业链中,这些网络账号为行为人隐蔽真实身份、逃避溯源追究,极大危害网络秩序安全。

(一)网络账号产业链的样态

当前网络犯罪持续高发多发,恶意注册产业成为滋生助长网络犯罪的核心利益链条之一。从实践来看,网络账号链条涉及上游、中游和下游三个环节:(1)上游非法获取网络账号,即通过批量注册、入侵拖库、钓鱼盗号、撞库、收购租用等方式非法获取网络账号;(2)中游养号,即通过系统模拟正常用户行为规避平台监管措施,或者通过人工添加好友等方式为下游犯罪物色目标人群,同时提升账号活跃度和价值;[①](3)下游违法犯罪,即网络账号最终被用于网络诈

① 养号可以分为自动方式和人工方式:前者通过设置自动脚本或者使用群控软件等方式,让新账号模拟使用率、互动率、发布信息等正常用户行为,避免获取的网络账号被封号或者限制使用;后者通过人工添加好友等方式,为下游违法犯罪提供较为精准的目标人群,如刷单诈骗、投资理财类诈骗对象等。根据注册时间和账号内容丰富性不同,网络账号的价格会有较大差异。例如,刚注册的微信账号价格为10元左右,注册时间满一个月的为40元左右,注册时间满一年的为200元左右。更有甚者,活跃度较高且有固定目标人群的优质账号会被以数百元甚至数千元的价格进行倒卖。

骗、网络招嫖等违法犯罪活动。网络账号产业链如图 20－2 所示。

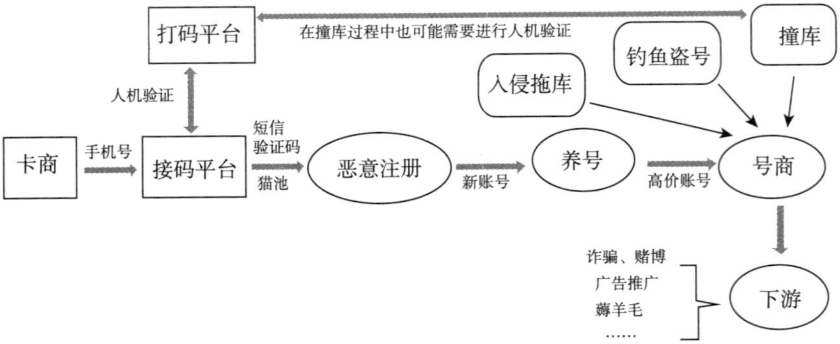

图 20－2　网络账号产业链

（二）网络账号产业链相关行为的定性

其一，非法获取计算机信息系统数据罪的适用。通过入侵、盗号、撞库等手段非法获取网络账号。具体涉及入侵拖库，即通过非法侵入并下载网络服务应用的数据库，从而获取网络账号信息；钓鱼盗号，即通过设立钓鱼网站，使用欺诈手段骗取用户的网络账号信息；撞库，包括两种情况：一是使用自动化批量处理工具，采用反复登录验证的方式，对批量获取的账号、密码信息（往往杂乱无章、无法匹配）与网络应用平台数据库中的数据信息进行关联比对，从而获取相互匹配的账号和密码，取得网络账号的控制权和使用权。二是将某一网络平台的账号密码与其他网络平台的账号密码进行关联比对，从而获取不同网网络平台的网络账号信息。对于上述行为，特别是入侵、盗号行为，往往属于《刑法》第 285 条第 2 款规定的“侵入前款规定以外的计算机信息系统或者采用其他技术手段，获取该计算机信息系统中存储、处理或者传输的数据”，对于情节严重的行为可以适用非法获取计算机信息系统数据罪。

需要注意的是，实践中，对于利用网络工具绕过网络服务提供者的安全验证等风控措施，获取账号密码等数据的行为，实践中有观点主张适用非法获取计算机信息系统数据罪。本书持否定立场，主要考虑如下：绕过网络服务提供者的账号验证、风控规则，获取验证数据的行为，确实违反了《网络安全法》等要求网络运营者对用户真实身份进行核验的法律规定。但是，非法获取计算机信息系统数据罪的客观方面必须表现为“侵入行为”或者“采用其他技术手段”。对于利用网络工具注册账号的行为，实际上并未侵入网络服务提供者的系统，也没用采用其他技术手段，似不符合非法获取计算机信息系统数据罪的客观要件。

其二，侵犯公民个人信息罪的适用。对于恶意注册账号环节涉及非法获取或者提供公民个人信息的行为，显然可以适用侵犯公民个人信息罪。对此，应无疑义。需要注意的是，对于后续倒卖恶意注册账号的行为，也可以构成侵犯公民个人信息罪。网络账号密码，特别是具有信息发布、即时通信、支付结算等功能的网络账号密码，应当认定为公民个人信息。对此，《侵犯公民个人信息罪解释》第 1 条也作了明确列举。因此，对于符合可识别性特征的自然人网络账号密码，可以纳入公民个人信息的范畴，对其非法出售、获取的行为可以适用侵犯公民个人信息罪。

其三，其他罪名。例如，《刑法》第 280 条之一规定了使用虚假身份证件、盗用身份证件罪。对于在网络账号恶意注册产业链中，黑产人员利用使用伪造、变造的或者盗用他人的居民身份证、护照、社会保障卡、驾驶证等依法可以用于证明身份的证件，进行虚假注册，如相关行为属于依照法律、行政法规等国家规定应当提供身份证明的活动的，则可以考虑适用该罪名。此外，对于明知他人利用信息网络实施犯罪，为其犯罪提供账号，情节严重的，可以视情适用帮助信息网络犯罪活动罪。

四、网络流量产业链的检视

在网络犯罪中，网络流量多被作为网络犯罪的目标和工具。就前者而言，主要是指修改网页数据，将用户强制跳转至目标网页，以窃取、劫持流量；就后者而言，主要是指通过非法侵入计算机信息系统等方式，大量控制计算机信息系统，形成“肉鸡”，进而实施倒卖。从司法适用来看，对于以网络流量作为目标的行为，多表现为实施 DDoS 攻击，可以适用破坏计算机信息系统罪，对此并无争议，兹不赘言。在此只探讨流量劫持行为的定性问题。

（一）流量劫持的样态

从实践来看，流量劫持案件的表现有多种形态：有的篡改正规网站数据，将定制的数据展现在修改后的网页上,从而窃取正规网站用户流量;有的通过黑客技术对域名解析服务器进行攻击,篡改域名解析策略,将网民流量牵引到目标网站。

流量劫持的目的行为多种多样,但主要涉及如下几种:(1)劫取流量,即劫取目标网站的流量,进而将获取的流量出售套现。(2)非法获取身份信息,即通过仿制需要登录或者支付的官方网站,再通过流量劫持等方式使用户访问,获取用户登录或者支付所用的账号密码等信息资料。这些身份信息被进而用于注册各类网络账号服务或者其他违法犯罪。(3)骗取资金,即通过仿制官方网店、第三方线上交易网站,通过流量劫持等方式让用户点击登录假网站进而进行支付,从而骗取支付的资金。

(二)流量劫持案件的区别对待

案例1:①2013年年底至2014年10月,行为人租赁多台服务器,使用恶意代码修改互联网用户路由器的DNS设置,使用户登录"2345. com"等导航网站时跳转至其设置的"5w. com"导航网站,行为人再将获取的网络用户流量出售给"5w. com"导航网站所有者,违法所得合计754762. 34元。法院经审理认为,行为人违反国家规定,对计算机信息系统中存储的数据进行修改,后果特别严重,均已构成破坏计算机信息系统罪。

案例2:②自2017年7月开始,行为人为赚取赌博网站广告费用,对存在防护漏洞的目标服务器进行检索、筛查后,向目标服务器植入木马程序(后门程序)进行控制,再使用"菜刀"等软件链接该木马程序,获取目标服务器后台浏览、增加、删除、修改等操作权限,将添加了赌博关键字并设置自动跳转功能的静态网页,上传至目标服务器,提高赌博网站广告被搜索引擎命中概率。截至2017年9月底,行为人链接被植入木马程序的目标服务器共计113台,其中包含部分政府服务器。法院经审理认为,行为人构成非法控制计算机信息系统罪。

---

① 参见付宣豪、黄子超破坏计算机信息系统案,最高人民法院指导案例102号。

② 参见张竣杰等非法控制计算机信息系统案,最高人民法院指导案例145号。

案例1是全国首例流量劫持入刑案件,审理过程中,对于具体罪名适用,存在盗窃罪和破坏计算机信息系统罪等不同主张,法院最终认定为破坏计算机信息系统罪。案例2在审理过程中,对于具体罪名适用存在非法控制计算机信息系统罪与破坏计算机信息系统罪等不同主张,法院最终认定为非法控制计算机信息系统罪。本书赞同上述两个指导性案件的最终裁判结果,认为对流量劫持类案件的罪名适用应当注意如下两个问题:

第一,不宜适用盗窃罪。根据《刑法》第264条的规定,盗窃罪的对象为公私财物。因此,构成盗窃罪的前提是犯罪对象的财物性质。但是,网络流量是否属于财物,目前尚无明确的前置法律规定。特别是,《民法典》第127条尚未明确承认数据、网络虚拟财产的财物性质,规定:“法律对数据、网络虚拟财产的保护有规定的,依照其规定。”基于刑法“二次法”的属性要求,在前置法律规定不明的情况下,对于盗窃网络流量案件适用盗窃罪尚需慎重。

第二,适用非法控制计算机信息系统罪和破坏计算机信息系统罪应当具体情况具体分析。根据《刑法》第286条的规定,破坏计算机信息系统罪在客观方面表现为三种行为方式:(1)破坏计算机信息系统功能。(2)破坏计算机信息系统数据、应用程序。(3)以传播计算机病毒等破坏性程序形式破坏计算机系统。对于流量劫持类案件,不会涉及第三种行为方式,而主要是前两种行为方式。

就DNS劫持而言,行为人对域名解析服务器进行攻击,应当认定为破坏计算机信息系统功能的情形。而且,《危害计算机信息系统安全犯罪解释》第4条专门提及了“域名解析服务器”。[①] 因此,可以认为,对于案例1所涉DNS劫持案件适用破坏计算机信息系统罪并无太大争议。需要进一步探讨的是,对于案例2通过修改目标网站数据的方式进行浏览劫持的案件,究竟应当适用破坏计算机信息系统罪还是非法控制计算机信息系统罪。此种情形下,可能适用破坏计算机信息系统罪的情形只能是第二种行为方式,即对数据进行“删除、修改、

① 该条第2款规定:“实施前款规定行为,具有下列情形之一的,应当认定为破坏计算机信息系统‘后果特别严重’:……(二)造成为五百台以上计算机信息系统提供域名解析、身份认证、计费等基础服务或者为五万以上用户提供服务的计算机信息系统不能正常运行累计一小时以上的;……”

增加的操作”。但是,从技术原理上而言,对计算机信息系统进行非法控制,也可能涉及对数据的增删改操作。这就要求从两罪的立法精神上予以区分,以作出准确界分。所谓破坏计算机信息系统罪,应当重在破坏,虽然《刑法》第 286 条第 2 款不要求对数据的增删改达到“造成计算机信息系统不能正常运行”或者“影响计算机信息系统正常运行”的后果,但恐怕也不宜理解为只要对数据有增删改即可构成破坏计算机信息系统罪。作此理解,将无法对通过破坏非主要数据进而控制计算机信息系统的行为与破坏计算机信息系统的行为区分开来。① 因此,对于《刑法》第 286 条第 2 款对数据的增删改的行为应当限定为危害数据安全的相关行为,而非只要对数据进行增删改即可构成。而且,从非法控制计算机信息系统罪和破坏计算机信息系统罪的罪刑配置来看,也宜认为破坏计算机信息系统罪是重罪,应当对破坏数据的行为作适当限缩解释,解释为对主要数据进行增删改操作的情形。就案例 2 所涉情形来看,行为人通过植入木马程序的方式,非法获取网站服务器的控制权限,进而通过修改、增加计算机信息系统数据,向相关计算机信息系统上传网页链接代码的,应当认定为《刑法》第 285 条第 2 款规定的“采用其他技术手段”非法控制计算机信息系统的行为。在此过程中,确实存在对数据进行增加、修改的操作,但所修改的并非主要数据,也未影响所针对计算机信息系统的正常运行,实际上是非法控制的操作,故认定为非法控制计算机信息系统罪更为适宜,更符合罪责刑相适应原则的要求。

五、资金通道产业链的检视

网络犯罪的目的通常在于非法获利,故资金通道是网络犯罪链条中最为关键的一环。资金通道链为网络犯罪提供支付、电子商务、游戏、取现等资金流转、掩饰、套现通道,涉及通道搭建、资金转移、取现、洗钱等环节。从实践来看,资金通道链条涉及购买虚拟产品、三方/四方支付、虚拟货币、租码跑分平台、地

---

① 更有甚者,如果不作限定,批量注册账号、组织刷单的行为实际都会对计算机信息系统中存储、处理或者传输的数据进行增加,形式上也符合了《刑法》第 286 条第 2 款的规定,但该结论明显有悖一般认知。

下钱庄等多种形式和环节。①

（一）非法经营罪的适用

对于未经批准从事网络资金支付结算业务的可以适用非法经营罪。当前，跑分平台、第四方支付等平台未获得国家支付结算许可，违反国家支付结算制度，聚拢大量个人、商户的支付宝、财付通、云闪付等支付账号或者银行账号，通过“化整为零”的方式，为网络赌博、电信诈骗、淫秽色情等网络违法犯罪提供资金代收代付服务，掩饰资金来源，规避国家反洗钱调查。对此，《最高人民法院、最高人民检察院关于办理非法从事资金支付结算业务、非法买卖外汇刑事案件适用法律若干问题的解释》（法释〔2019〕1 号）将违反国家规定，使用受理终端或者网络支付接口等方法，以虚构交易、虚开价格、交易退款等非法方式向指定付款方支付货币资金的情形解释为《刑法》第 225 条第 3 项规定的“非法从事资金支付结算业务”。据此，对于网络犯罪资金通道链，符合上述情形的，可以适用非法经营罪。需要注意的是，对于此处规定的“资金支付结算业务”，不宜作过于泛化的理解，从而将为提供银行卡供人接收流转资金等行为也纳入其中，以符合社会一般观念的认知。②

（二）妨害信用卡管理罪的适用

当前，实践中出现了贩卖他人信用卡（包括贷记卡和借记卡）的活动，甚至出现了交易四件套的现象。由于此类交易除信用卡外，往往还包括该信用卡绑定的身份证信息、U 盾、密码及手机卡，故实践中适用的罪名有异：有的适用妨害信用卡管理罪，有的适用收买、非法提供信用卡信息罪。本书主张适用妨害

---

① 鉴于司法实践中对于相关行为可以视情适用洗钱罪，掩饰、隐瞒犯罪所得、犯罪所得收益罪等罪名没有争议，兹不赘言。此部分只探讨非法经营罪、妨害信用卡管理罪和帮助信息网络犯罪活动罪的适用问题。

② 例如，如前所述，出租、出售银行卡，后被他人用于资金流转的案件，对于相关银行卡的资金流水金额则不宜直接认定为“资金支付结算金额”，从而套用《新型信息网络犯罪解释》第 12 条“支付结算金额二十万元以上的”入罪标准。

信用卡管理罪。[1]

根据《刑法》第 177 条之一第 1 款的规定,“非法持有他人信用卡,数量较大的”,构成妨害信用卡管理罪。而根据第 2 款的规定,“窃取、收买或者非法提供他人信用卡信息资料的”,构成窃取、收买、非法提供信用卡信息罪。根据《最高人民法院、最高人民检察院关于办理妨害信用卡管理刑事案件具体应用法律若干问题的解释》的规定,非法持有他人信用卡 5 张以上不满 50 张的构成前罪;窃取、收买、非法提供他人信用卡信息资料,足以伪造可进行交易的信用卡,或者足以使他人以信用卡持卡人名义进行交易,涉及信用卡 1 张以上不满 5 张的,即构成后罪。从字面意义上作客观解释,似可以认为贩卖他人信用卡的行为同时符合两罪的构成要件。但是,如果探究立法精神作主观解释,就不难发现司法解释设置相差悬殊入罪标准的原因。究其原因,就在于“行为人掌握涉及 1 张信用卡的信息资料后,只要将其写入信用卡内,即可用于提取现金或者刷卡消费,或者以信用卡持卡人名义进行无磁交易”,[2]即所涉犯罪主要针对的是“在银行卡的磁条或者芯片上写入实现非法获取的他人银行卡磁条或芯片信息”这一伪造信用卡的最后也是最关键的环节[3]。有鉴于此,对于网络犯罪黑灰产业链中的贩卖他人信用卡行为,主要是为了转移支付资金,而通常不会涉及伪造信用卡,故不宜适用窃取、收买、非法提供信用卡信息罪。而且,从具体刑罚来看,适用妨害信用卡管理罪,也更加符合罪责刑相适应原则的要求,将危害较大的“卡头”作为主要惩治对象。[4] 对此,《断卡会议纪要》第 7 条、第 8 条明确,对于收购、出售、出租信用卡的行为,一般不以窃取、收买、非法提供信用卡

① 根据前述分析,对此类行为,不构成妨害信用卡管理罪的,可以视情适用帮助信息网络犯罪活动罪。

② 刘涛:《〈关于办理妨害信用卡管理刑事案件具体应用法律若干问题的解释〉的理解与适用》,载《人民司法》2010 年第 1 期。

③ 参见王爱立主编:《中华人民共和国刑法 · 条文说明、立法理由及相关规定》,北京大学出版社 2021 年版,第 632 页。

④ 需要注意的是,具体办案中,对于《刑法》第 177 条之一第 1 款规定“非法持有他人信用卡”,似不能作过于机械的理解,要求行为人必须实际接触信用卡。例如,“卡头”让卖家直接寄给买家;又如,“卡头”雇佣他人组织开卡交易行为。上述情形中,“卡头”可能并未实际接触信用卡。基于实质解释的立场,本书主张可以认定“卡头”非法持有他人信用卡。

信息罪追究刑事责任。对于收购、出售、出租信用卡“四件套”行为,一般以帮助信息网络犯罪活动罪论处;对于涉案信用卡“四件套”数量巨大,同时符合妨害信用卡管理罪构成要件的,择一重罪论处。

（三）帮助信息网络犯罪活动罪的适用

对于明知他人利用信息网络实施犯罪,为其犯罪提供资金支付结算,情节严重的,可以构成帮助信息网络犯罪活动罪。就此而言,不仅相关平台可能构成,直接参与的行为人也可能构成。

以租码跑分为例,租码即出租(微信、支付宝等平台的)收款码,“跑分”源自电脑或者手机的性能评测,在网络支付领域指非法网络平台利用高额收益为诱饵,诱导用户充值保证金获取相应积分,支付一定报酬,账户积分被相应扣减的一系列流程。这名义上是一种赚取佣金的网络兼职,实际上是一种新型洗钱手段。跑分平台提供的实际上是为犯罪团伙收款的服务。对于明知是信息网络犯罪活动,而为其提供跑分服务的,对于平台和参与者而言,可以认定为帮助信息网络犯罪活动罪所涉的“帮助”行为。而且,如前所述,此类跑分活动明显不是正常社会所需,可以认定为“提供专门用于违法犯罪的帮助”。

相关规定

《中华人民共和国刑法》

第二百五十三条之一　【侵犯公民个人信息罪】违反国家有关规定,向他人出售或者提供公民个人信息,情节严重的,处三年以下有期徒刑或者拘役,并处或者单处罚金;情节特别严重的,处三年以上七年以下有期徒刑,并处罚金。

违反国家有关规定,将在履行职责或者提供服务过程中获得的公民个人信息,出售或者提供给他人的,依照前款的规定从重处罚。

窃取或者以其他方法非法获取公民个人信息的,依照第一款的规定处罚。

单位犯前三款罪的,对单位判处罚金,并对其直接负责的主管人员和其他直接责任人员,依照各该款的规定处罚。

第二百二十五条　【非法经营罪】违反国家规定,有下列非法经营行为之一,扰乱市场秩序,情节严重的,处五年以下有期徒刑或者拘役,并处或者单处违法所得一倍以上五倍以下罚金；情节特别严重的，处五年以上有期徒刑，并处违法所得一倍以上五倍以下罚金或者没收财产：

（一）未经许可经营法律、行政法规规定的专营、专卖物品或者其他限制买卖的物品的；

（二）买卖进出口许可证、进出口原产地证明以及其他法律、行政法规规定的经营许可证或者批准文件的；

（三）未经国家有关主管部门批准非法经营证券、期货、保险业务的，或者非法从事资金支付结算业务的；

（四）其他严重扰乱市场秩序的非法经营行为。

第二百八十五条　【非法侵入计算机信息系统罪】违反国家规定，侵入国家事务、国防建设、尖端科学技术领域的计算机信息系统的，处三年以下有期徒刑或者拘役。

【非法获取计算机信息系统数据、非法控制计算机信息系统罪】违反国家规定，侵入前款规定以外的计算机信息系统或者采用其他技术手段，获取该计算机信息系统中存储、处理或者传输的数据，或者对该计算机信息系统实施非法控制，情节严重的，处三年以下有期徒刑或者拘役，并处或者单处罚金；情节特别严重的，处三年以上七年以下有期徒刑，并处罚金。

【提供侵入、非法控制计算机信息系统程序、工具罪】提供专门用于侵入、非法控制计算机信息系统的程序、工具，或者明知他人实施侵入、非法控制计算机信息系统的违法犯罪行为而为其提供程序、工具，情节严重的，依照前款的规定处罚。

单位犯前三款罪的，对单位判处罚金，并对其直接负责的主管人员和其他直接责任人员，依照各该款的规定处罚。

第二百八十六条　【破坏计算机信息系统罪】违反国家规定，对计算机信息系统功能进行删除、修改、增加、干扰，造成计算机信息系统不能正常运行，后果严重的，处五年以下有期徒刑或者拘役；后果特别严重的，处五年以上有期徒刑。

违反国家规定，对计算机信息系统中存储、处理或者传输的数据和应用程序进行删除、修改、增加的操作，后果严重的，依照前款的规定处罚。

故意制作、传播计算机病毒等破坏性程序，影响计算机系统正常运行，后果严重的，依照第一款的规定处罚。

单位犯前三款罪的，对单位判处罚金，并对其直接负责的主管人员和其他直接责任人员，依照第一款的规定处罚。

第二百八十七条之一　【非法利用信息网络罪】利用信息网络实施下列行为之一，情节严重的，处三年以下有期徒刑或者拘役，并处或者单处罚金：

（一）设立用于实施诈骗、传授犯罪方法、制作或者销售违禁物品、管制物品等违法犯罪活动的网站、通讯群组的；

（二）发布有关制作或者销售毒品、枪支、淫秽物品等违禁物品、管制物品或者其他违法犯罪信息的；

（三）为实施诈骗等违法犯罪活动发布信息的。

单位犯前款罪的，对单位判处罚金，并对其直接负责的主管人员和其他直接责任人员，依照第一款的规定处罚。

有前两款行为，同时构成其他犯罪的，依照处罚较重的规定定罪处罚。

第二百八十七条之二　【帮助信息网络犯罪活动罪】明知他人利用信息网络实施犯罪，为其犯罪提供互联网接入、服务器托管、网络存储、通讯传输等技术支持，或者提供广告推广、支付结算等帮助，情节严重的，处三年以下有期徒刑或者拘役，并处或者单处罚金。

单位犯前款罪的，对单位判处罚金，并对其直接负责的主管人员和其他直接责任人员，依照第一款的规定处罚。

有前两款行为，同时构成其他犯罪的，依照处罚较重的规定定罪处罚。

《最高人民法院、最高人民检察院关于办理非法利用信息网络、帮助信息网络犯罪活动等刑事案件适用法律若干问题的解释》（法释〔2019〕15号）

第七条　刑法第二百八十七条之一规定的“违法犯罪”，包括犯罪行为和属于刑法分则规定的行为类型但尚未构成犯罪的违法行为。

第八条　以实施违法犯罪活动为目的而设立或者设立后主要用于实施违法犯罪活动的网站、通讯群组，应当认定为刑法第二百八十七条之一第一款第一项规定的“用于实施诈骗、传授犯罪方法、制作或者销售违禁物品、管制物品等违法犯罪活动的网站、通讯群组”。

第九条　利用信息网络提供信息的链接、截屏、二维码、访问账号密码及其他指引访问服务的，应当认定为刑法第二百八十七条之一第一款第二项、第三项规定的“发布信息”。

第十条　非法利用信息网络，具有下列情形之一的，应当认定为刑法第二百八十七条之一第一款规定的“情节严重”：

（一）假冒国家机关、金融机构名义，设立用于实施违法犯罪活动的网站的；

（二）设立用于实施违法犯罪活动的网站，数量达到三个以上或者注册账号数累计达到二千以上的；

（三）设立用于实施违法犯罪活动的通讯群组，数量达到五个以上或者群组成员账号数累计达到一千以上的；

（四）发布有关违法犯罪的信息或者为实施违法犯罪活动发布信息，具有下列情形之一的：

1. 在网站上发布有关信息一百条以上的；

2. 向二千个以上用户账号发送有关信息的；

3. 向群组成员数累计达到三千以上的通讯群组发送有关信息的；

4. 利用关注人员账号数累计达到三万以上的社交网络传播有关信息的；

（五）违法所得一万元以上的；

（六）二年内曾因非法利用信息网络、帮助信息网络犯罪活动、危害计算机信息系统安全受过行政处罚，又非法利用信息网络的；

（七）其他情节严重的情形。

第十一条　为他人实施犯罪提供技术支持或者帮助，具有下列情形之一的，可以认定行为人明知他人利用信息网络实施犯罪，但是有相反证据的除外：

（一）经监管部门告知后仍然实施有关行为的；

（二）接到举报后不履行法定管理职责的；

（三）交易价格或者方式明显异常的；

（四）提供专门用于违法犯罪的程序、工具或者其他技术支持、帮助的；

（五）频繁采用隐蔽上网、加密通信、销毁数据等措施或者使用虚假身份，逃避监管或者规避调查的；

（六）为他人逃避监管或者规避调查提供技术支持、帮助的；

（七）其他足以认定行为人明知的情形。

第十二条　明知他人利用信息网络实施犯罪，为其犯罪提供帮助，具有下列情形之一的，应当认定为刑法第二百八十七条之二第一款规定的“情节严重”：

（一）为三个以上对象提供帮助的；

（二）支付结算金额二十万元以上的；

（三）以投放广告等方式提供资金五万元以上的；

（四）违法所得一万元以上的；

（五）二年内曾因非法利用信息网络、帮助信息网络犯罪活动、危害计算机信息系统安全受过行政处罚，又帮助信息网络犯罪活动的；

（六）被帮助对象实施的犯罪造成严重后果的；

（七）其他情节严重的情形。

实施前款规定的行为，确因客观条件限制无法查证被帮助对象是否达到犯罪的程度，但相关数额总计达到前款第二项至第四项规定标准五倍以上，或者造成特别严重后果的，应当以帮助信息网络犯罪活动罪追究行为人的刑事责任。

第十三条　被帮助对象实施的犯罪行为可以确认，但尚未到案、尚未依法裁判或者因未达到刑事责任年龄等原因依法未予追究刑事责任的，不影响帮助信息网络犯罪活动罪的认定。

第十五条　综合考虑社会危害程度、认罪悔罪态度等情节，认为犯罪情节轻微的，可以不起诉或者免予刑事处罚；情节显著轻微危害不大的，不以犯罪论处。

第十六条　多次拒不履行信息网络安全管理义务、非法利用信息网络、帮助信息网络犯罪活动构成犯罪，依法应当追诉的，或者二年内多次实施前述行为未经处理的，数量或者数额累计计算。

第十七条　对于实施本解释规定的犯罪被判处刑罚的，可以根据犯罪情况和预防再犯罪的需要，依法宣告职业禁止；被判处管制、宣告缓刑的，可以根据犯罪情况，依法宣告禁止令。

第十八条　对于实施本解释规定的犯罪的，应当综合考虑犯罪的危害程度、违法所得数额以及被告人的前科情况、认罪悔罪态度等，依法判处罚金。

第十九条　本解释自2019年11月1日起施行。

《最高人民法院、最高人民检察院、公安部关于办理电信网络诈骗等刑事案件适用法律若干问题的意见(二)》(法发〔2021〕22号)

四、无正当理由持有他人的单位结算卡的，属于刑法第一百七十七条之一第一款第(二)项规定的“非法持有他人信用卡”。

五、非法获取、出售、提供具有信息发布、即时通讯、支付结算等功能的互联网账号密码、个人生物识别信息，符合刑法第二百五十三条之一规定的，以侵犯公民个人信息罪追究刑事责任。

对批量前述互联网账号密码、个人生物识别信息的条数，根据查获的数量直接认定，但有证据证明信息不真实或者重复的除外。

六、在网上注册办理手机卡、信用卡、银行账户、非银行支付账户时，为通过网上认证，使用他人身份证件信息并替换他人身份证件相片，属于伪造身份证件行为，符合刑法第二百八十条第三款规定的，以伪造身份证件罪追究刑事责任。

使用伪造、变造的身份证件或者盗用他人身份证件办理手机卡、信用卡、银行账户、非银行支付账户，符合刑法第二百八十条之一第一款规定的，以使用虚假身份证件、盗用身份证件罪追究刑事责任。

实施上述两款行为，同时构成其他犯罪的，依照处罚较重的规定定罪处罚。法律和司法解释另有规定的除外。

七、为他人利用信息网络实施犯罪而实施下列行为，可以认定为刑法第二百八十七条之二规定的“帮助”行为：

(一)收购、出售、出租信用卡、银行账户、非银行支付账户、具有支付结算功能的互联网账号密码、网络支付接口、网上银行数字证书的；

(二)收购、出售、出租他人手机卡、流量卡、物联网卡的。

八、认定刑法第二百八十七条之二规定的行为人明知他人利用信息网络实施犯罪，应当根据行为人收购、出售、出租前述第七条规定的信用卡、银行账户、非银行支付账户、具有支付结算功能的互联网账号密码、网络支付接口、网上银行数字证书，或者他人手机卡、流量卡、物联网卡等的次数、张数、个数，并结合行为人的认知能力、既往经历、交易对象、与实施信息网络犯罪的行为人的关系、提供技术支持或者帮助的时间和方式、获利情况以及行为人的供述等主客观因素，予以综合认定。

收购、出售、出租单位银行结算账户、非银行支付机构单位支付账户，或者电信、银行、网络支付等行业从业人员利用履行职责或提供服务便利，非法开办并出售、出租他人手机卡、信用卡、银行账户、非银行支付账户等的，可以认定为《最高人民法院、最高人民检察院关于办理非法利用信息网络、帮助信息网络犯罪活动等刑事案件适用法律若干问题的解释》第十一条第（七）项规定的“其他足以认定行为人明知的情形”。但有相反证据的除外。

九、明知他人利用信息网络实施犯罪，为其犯罪提供下列帮助之一的，可以认定为《最高人民法院、最高人民检察院关于办理非法利用信息网络、帮助信息网络犯罪活动等刑事案件适用法律若干问题的解释》第十二条第一款第（七）项规定的“其他情节严重的情形”：

（一）收购、出售、出租信用卡、银行账户、非银行支付账户、具有支付结算功能的互联网账号密码、网络支付接口、网上银行数字证书5张（个）以上的；

（二）收购、出售、出租他人手机卡、流量卡、物联网卡20张以上的。

十、电商平台预付卡、虚拟货币、手机充值卡、游戏点卡、游戏装备等经销商，在公安机关调查案件过程中，被明确告知其交易对象涉嫌电信网络诈骗犯罪，仍与其继续交易，符合刑法第二百八十七条之二规定的，以帮助信息网络犯罪活动罪追究刑事责任。同时构成其他犯罪的，依照处罚较重的规定定罪处罚。

十一、明知是电信网络诈骗犯罪所得及其产生的收益，以下列方式之一予以转账、套现、取现，符合刑法第三百一十二条第一款规定的，以掩饰、隐瞒犯罪所得、犯罪所得收益罪追究刑事责任。但有证据证明确实不知道的除外。

（一）多次使用或者使用多个非本人身份证明开设的收款码、网络支付接口等，帮助他人转账、套现、取现的；

（二）以明显异于市场的价格，通过电商平台预付卡、虚拟货币、手机充值卡、游戏点卡、游戏装备等转换财物、套现的；

（三）协助转换或者转移财物，收取明显高于市场的“手续费”的。

实施上述行为，事前通谋的，以共同犯罪论处；同时构成其他犯罪的，依照处罚较重的规定定罪处罚。法律和司法解释另有规定的除外。

十二、为他人实施电信网络诈骗犯罪提供技术支持、广告推广、支付结算等帮助，或者窝藏、转移、收购、代为销售及以其他方法掩饰、隐瞒电信网络诈骗犯罪所得及其产生的收益，诈骗犯罪行为可以确认，但实施诈骗的行为人尚未到案，可以依法先行追究已到案的上述犯罪嫌疑人、被告人的刑事责任。

十六、办理电信网络诈骗犯罪案件，应当充分贯彻宽严相济刑事政策。在侦查、审查起诉、审判过程中，应当全面收集证据、准确甄别犯罪嫌疑人、被告人在共同犯罪中的层级地位及作用大小，结合其认罪态度和悔罪表现，区别对待，宽严并用，科学量刑，确保罚当其罪。

对于电信网络诈骗犯罪集团、犯罪团伙的组织者、策划者、指挥者和骨干分子，以及利用未成年人、在校学生、老年人、残疾人实施电信网络诈骗的，依法从严惩处。

对于电信网络诈骗犯罪集团、犯罪团伙中的从犯，特别是其中参与时间相对较短、诈骗数额相对较低或者从事辅助性工作并领取少量报酬，以及初犯、偶犯、未成年人、在校学生等，应当综合考虑其在共同犯罪中的地位作用、社会危害程度、主观恶性、人身危险性、认罪悔罪表现等情节，可以依法从轻、减轻处罚。犯罪情节轻微的，可以依法不起诉或者免予刑事处罚；情节显著轻微危害不大的，不以犯罪论处。

《最高人民法院刑事审判第三庭、最高人民检察院第四检察厅、公安部刑事侦查局关于“断卡”行动中有关法律适用问题的会议纪要》（2022 年 3 月 22 日）①

各省、自治区、直辖市高级人民法院刑事审判庭、人民检察院刑事检察部、公安厅（局）刑侦局、刑侦（警）总队，新疆维吾尔自治区高级人民法院生产建设兵团分院刑事审判庭、新疆生产建设兵团人民检察院刑事检察部、新疆生产建设兵团公安局刑侦总队：

在国务院打击治理电信网络新型违法犯罪工作部际联席会议办公室的统一部署下，各级人民法院、人民检察院和公安机关认真落实习近平总书记重要指示批示精神，加强协作配合，积极履职作为，“断卡”行动深入推进，打击整治成效日益明显，有力遏制了电信网络诈骗犯罪持续高发的势头。2021 年 6 月，最高人民法院、最高人民检察院、公安部联合发布《关于办理电信网络诈骗等刑

① 参见“刑法规范总整理”微信公众号，最后访问日期：2022 年 3 月 31 日。

事案件适用法律若干问题的意见(二)》(以下简称"《意见(二)》"),进一步解决了实践中的部分难点重点问题,为打击治理专项工作提供了有力法律保障。

当前,涉"两卡"(即手机卡、信用卡)犯罪形势依旧复杂严峻,犯罪类型多样且不断发展,需要进一步统一认识,明确依据,更好实现打击治理的目的。为此,2021 年 11 月 26 日和 2022 年 1 月 7 日,最高人民法院刑事审判第三庭、最高人民检察院第四检察厅和公安部刑事侦查局先后召开联席会议,就当前"断卡"行动中各地反映的突出法律适用问题进行研究,就相关问题形成共识。现将会议纪要下发,供各地在办案中参考。

一、关于帮助信息网络犯罪活动罪中"明知他人利用信息网络实施犯罪"的理解适用。认定行为人是否"明知"他人利用信息网络实施犯罪,应当坚持主客观相一致原则,即要结合行为人的认知能力、既往经历、交易对象、与信息网络犯罪行为人的关系、提供技术支持或者帮助的时间和方式、获利情况、出租、出售"两卡"的次数、张数、个数,以及行为人的供述等主客观因素,同时注重听取行为人的辩解并根据其辩解合理与否,予以综合认定。司法办案中既要防止片面倚重行为人的供述认定明知;也要避免简单客观归罪,仅以行为人有出售"两卡"行为就直接认定明知。特别是对于交易双方存在亲友关系等信赖基础,一方确系偶尔向另一方出租、出售"两卡"的,要根据在案事实证据,审慎认定"明知"。

在办案过程中,可着重审查行为人是否具有以下特征及表现,综合全案证据,对其构成"明知"与否作出判断:(1)跨省或多人结伙批量办理、收购、贩卖"两卡"的;(2)出租、出售"两卡"后,收到公安机关、银行业金融机构、非银行支付机构、电信服务提供者等相关单位部门的口头或书面通知,告知其所出租、出售的"两卡"涉嫌诈骗、洗钱等违法犯罪,行为人未采取补救措施,反而继续出租、出售的;(3)出租、出售的"两卡"因涉嫌诈骗、洗钱等违法犯罪被冻结,又帮助解冻,或者注销旧卡、办理新卡,继续出租、出售的;(4)出租、出售的具有支付结算功能的网络账号因涉嫌诈骗、洗钱等违法犯罪被查封,又帮助解封,继续提供给他人使用的;(5)频繁使用隐蔽上网、加密通信、销毁数据等措施或者使用虚假身份,逃避监管或者规避调查的;(6)事先串通设计应对调查的话术口径的;(7)曾因非法交易"两卡"受过处罚或者信用惩戒、训诫谈话,又收购、出售、出租"两卡"的等。

二、关于《最高人民法院、最高人民检察院关于办理非法利用信息网络、帮助信息网络犯罪活动等刑事案件适用法律若干问题的解释》(以下简称"《解释》")第十二条第一款第(一)项的理解适用。该项所规定的"为三个以上对象提供帮助",应理解为分别为三个以上行为人或团伙组织提供帮助,且被帮助的行为人或团伙组织实施的行为均达到犯罪程度。为同一对象提供三次以上帮助的,不宜理解为"为三个以上对象提供帮助"。

三、关于《解释》第十二条第一款第(四)项的理解适用。该项所规定"违法所得一万元"中的"违法所得",应理解为行为人为他人实施信息网络犯罪提供帮助,由此所获得的所有违法款项或非法收入。行为人收卡等"成本"费用无须专门扣除。

四、关于《关于深入推进"断卡"行动有关问题的会议纪要》(以下简称"《2020年会议纪要》")中列举的符合《解释》第十二条规定的情节严重情形的理解适用。《2020年会议纪要》第五条规定,出租、出售的信用卡被用于实施电信网络诈骗,达到犯罪程度,该信用卡内流水金额超过三十万元的,按照符合《解释》第十二条规定的"情节严重"处理。在适用时应把握单向流入涉案信用卡中的资金超过三十万元,且其中至少三千元经查证系涉诈骗资金。行为人能够说明资金合法来源和性质的,应当予以扣除。以上述情形认定行为"情节严重"的,要注重审查行为人的主观明知程度、出租、出售信用卡的张数、次数、非法获利的数额以及造成的其他严重后果,综合考虑与《解释》第十二条第一款其他项适用的相当性。

行为人出租、出售的信用卡被用于接收电信网络诈骗资金,但行为人未实施代为转账、套现、取现等行为,或者未实施为配合他人转账、套现、取现而提供刷脸等验证服务的,不宜认定为《解释》第十二条第一款第(二)项规定的"支付结算"行为。

五、关于正确区分帮助信息网络犯罪活动罪、掩饰、隐瞒犯罪所得、犯罪所得收益罪与诈骗罪的界限。在办理涉"两卡"犯罪案件中,存在准确界定前述三个罪名之间界限的问题。应当根据行为人的主观明知内容和实施的具体犯罪行为,确定其行为性质。以信用卡为例:(1)明知他人实施电信网络诈骗犯罪,参加诈骗团伙或者与诈骗团伙之间形成较为稳定的配合关系,长期为他人提供信用卡或者转账取现的，可以诈骗罪论处。(2)行为人向他人出租、出售信用卡后，在明知是犯罪所得及其收益的情况下，又代为转账、套现、取现等，或者为配合他人转账、套现、取现而提供刷脸等验证服务的，可以掩饰、隐瞒犯罪所得、犯罪所得收益罪论处。(3)明知他人利用信息网络实施犯罪，仅向他人出租、出售信用卡，未实施其他行为，达到情节严重标准的，可以帮助信息网络犯罪活动罪论处。

在司法实践中，应当具体案情具体分析，结合主客观证据，重视行为人的辩解理由，确保准确定性。

六、关于《意见(二)》第三条的理解适用。为严厉打击跨境电信网络诈骗团伙犯罪，该条规定，有证据证实行为人参加境外诈骗犯罪集团或犯罪团伙，在境外针对境内居民实施电信网络诈骗犯罪行为，诈骗数额难以查证，但一年内出境赴境外诈骗犯罪窝点累计时间30日以上或多次出境赴境外诈骗犯罪窝点的，以诈骗罪依法追究刑事责任。在司法适用时，要注意把握以下三个要求：(1)有证据证明行为人参加了境外电信网络诈骗犯罪集团或犯罪团伙，且在境外针对境内居民实施了具体的诈骗犯罪行为；(2)行为人一年内出境赴境外诈骗犯罪窝点累计30日以上，应当从行为人实际加入境外诈骗犯罪窝点的日期开始计算时间；(3)诈骗数额难以查证，是指基于客观困难，确实无法查清行为人实施诈骗的具体数额。在办案中，应当首先全力查证具体诈骗数额；在诈骗数额难以查清的情况下，根据《最高人民法院、最高人民检察院关于办理诈骗刑事案件具体应用法律若干问题的解释》和《最高人民法院、最高人民检察院、公安部关于办理电信网络诈骗等刑事案件适用法律若干问题的意见》的规定，还应当查证发送诈骗信息条数和拨打诈骗电话次数，如二者均无法查明，才适用该条规定。

七、关于收购、出售、出租信用卡的行为，可否以窃取、收买、非法提供信用卡信息罪追究刑事责任的问题。《刑法修正案(五)》设立了窃取、收买、非法提供信用卡信息罪，主要考虑是：利用信用卡信息资料复制磁条卡的问题在当时比较突出，严重危害持卡人的财产安全和国家金融安全，故设立本罪，相关司法解释将本罪入罪门槛规定为1张(套)信用卡。其中的“信用卡信息资料”，是指用于伪造信用卡的电子数据等基础信息，如有关发卡行代码、持卡人账户、密码等内容的加密电子数据。在“断卡”行动破获的此类案件中，行为人非法交易信用卡的主要目的在于直接使用信用卡，而非利用其中的信息资料伪造信用卡。

故当前办理“断卡”行动中的此类案件，一般不以窃取、收买、非法提供信用卡信息罪追究刑事责任。

八、关于收购、出售、出租信用卡“四件套”行为的处理。行为人收购、出售、出租信用卡“四件套”（一般包括信用卡，身份信息，U盾，网银），数量较大的，可能同时构成帮助信息网络犯罪活动罪、妨害信用卡管理罪等。“断卡”行动中破获的此类案件，行为人收购、出售、出租的信用卡“四件套”，主要流向电信网络诈骗犯罪团伙或人员手中，用于非法接收、转移诈骗资金，一般以帮助信息网络犯罪活动罪论处。对于涉案信用卡“四件套”数量巨大，同时符合妨害信用卡管理罪构成要件的，择一重罪论处。

九、关于重大电信网络诈骗及其关联犯罪案件的管辖。对于涉案人数超过80人，以及在境外实施的电信网络诈骗及其关联犯罪案件，公安部根据工作需要指定异地管辖的，指定管辖前应当商最高人民检察院和最高人民法院。

各级人民法院、人民检察院、公安机关要充分认识到当前持续深入推进“断卡行动的重要意义，始终坚持依法从严惩处和全面惩处的方针，坚决严惩跨境电信网络诈骗犯罪集团和人员、贩卖“两卡”团伙头目和骨干、职业“卡商”、行业“内鬼”等。同时，还应当注重宽以济严，对于初犯、偶犯、未成年人、在校学生，特别是其中被胁迫或蒙骗出售本人名下“两卡”，违法所得、涉案数额较少且认罪认罚的，以教育、挽救为主，落实“少捕慎诉慎押”的刑事司法政策，可以依法从宽处理，确保社会效果良好。

各省级人民法院、人民检察院、公安机关要尽快传达并转发本会议纪要，不断提高办案能力，依法准确办理涉“两卡”犯罪案件，确保“断卡”行动深入健康开展。在司法实践中如遇有重大疑难问题，应及时对口上报。

碎片化的网络犯罪与体系化的刑事治理

（代后记）

与其说《网络犯罪二十讲》是一部网络刑事法的“讲义”，还不如说是笔者观察网络犯罪的一本“笔记”。2018 年 5 月出版后，因聚焦网络刑事实务，成为众多一线公检法人员办理网络犯罪案件的“手册”，也成为专家学者研究网络犯罪时常引用的“专著”。出版这样一本书，并非“仓促行事”，而是“谋蓄已久”。毕业后入职司法机关十余载，由于职务便利，笔者得以“近距离”观察我国网络犯罪的发展态势，“全方位”见证相关刑事对策的调适，可谓机缘巧合。

十余载的日积月累，对网络犯罪的实践具体认知越来越多，促使笔者尝试进行理论的体系思考。在《网络犯罪二十讲》第一版中，第一讲“网络犯罪的态势与刑事对策的调整”可以归属为这一思考的初步成果。在此之中，基于对我国网络犯罪刑事立法和司法应对演进历程的观察，笔者将新近以来网络犯罪刑事对策调整概括为“适度扩张网络犯罪圈的范围”“充分发挥网络刑事法的功能”“适度前移网络犯罪的刑事防线”“有效惩治网络犯罪黑灰产业链”“深度融合法律规范与技术规则”等五个主要着力点。至今，笔者仍认为这一概括尚未过时，故在第二版之中予以沿用。

工作的缘故，笔者得以有机会接触到众多办理网络犯罪案件的一线公检法人员，特别是公安民警和检察官，时常听到他们关于网络犯罪办案的各种“抱怨”。可以说，司法实践存在一种怪象：现实空间中的犯罪，刑法规制并无太大问题；但相关案件一旦在网络环境下实施，就会面临规制困境，甚至无从规制。这就促使笔者长久思考网络犯罪“规制难”这一现实问题：难在哪？为何难？怎么办?答案如果概而言之,那就是“碎片化的网络犯罪与体系化的刑事治理”。值《网络犯罪二十讲》再版之际,就上述问题和相关写作进路絮叨如下。

一、碎片化:传统犯罪网络化的显著变异

实行行为是传统犯罪的中心,纵向的预备行为(以及事后行为)和横向的帮助行为,都围绕实行行为进行并呈现出从属关系,这就是传统罪刑规范的基本架构。(见图1)正如德国古典犯罪论体系代表人物贝林格(Ernst Beling)所言,“相对于附属出现的预备行为、伴随行为、事后行为而言,实行行为是构成要件的核心”。① 随着信息网络技术的快速发展,传统犯罪日益向互联网迁徙,利用信息技术获得新的场域和工具。网络环境之下,犯罪的分工细化成为常态,从而导致犯罪的要素和样态发生明显变异。可以说,分工细化之下的网络犯罪绝非传统犯罪在网络空间的简单翻版,而是呈现出全新的犯罪样态。

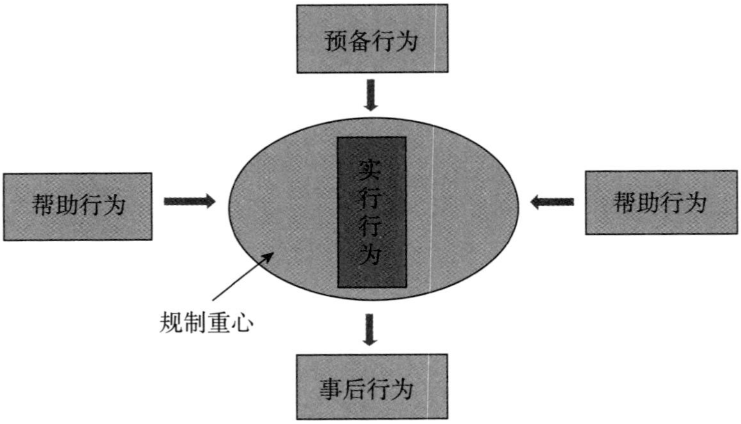

图1 传统罪刑规范的基本架构

缘于信息技术对网络犯罪的进程发挥着关键性作用,共同犯罪成为网络犯罪的常态。在网络环境下实施犯罪,需要以互联网接入、服务器托管、网络存储、通讯传输等技术支持为前提,也离不开广告推广、支付结算等其他帮助。缺乏相关帮助行为,网络犯罪的正犯行为要么难以实施,要么在实施过程中难以为继,要么在实施完成后难以将违法所得变现。在此背景下,一方面,信息技术的介入使

① Vgl. Ernst Beling, Die Lehre vom Verbrechen, 1906, S. 249.

得犯罪的分工细化成为可能,且这一分工细化大幅提升了犯罪的效率,有效分散了被查获的风险,故共同犯罪成为网络时代犯罪的"新宠";另一方面,信息技术的介入又使网络犯罪无法独立完成,分工细化、借助外力成为必然。

传统环境下,技术条件有限,受制于人力物力成本,共同犯罪呈现出"一对一""一对少数"的样态。在信息网络时代,共同犯罪突破传统技术条件的限制,可以"一对多""一对特别多"地提供帮助,甚至形成"人人为我、我为人人"的新型样态。网络环境下,犯罪活动被精细切割为搭建网络平台、提供数据支撑、应用软件开发、网络引流推广、资金支付结算等若干环节,各个环节分工协作、各取所需、各获其利,共同完成准备工具、组织人员、物色目标、实施犯罪、获取利益、销赃分赃等整个犯罪过程,形成了完整的犯罪利益链条。而且,各类网络犯罪盘根错节,形成分工合作、彼此依赖、利益共享的黑灰产业链,滋生进化出复杂的网络犯罪生态体系,可谓"你中有我,我中有你"。由此,同一犯罪被切割成若干环节,区分为不同层级,各环节和层级协同共生,打破了传统犯罪的单一性和完整性,呈现出明显的去中心化,既导致实行行为的纵向中心地位消弭,也使实行行为的横向中心地位弱化。(见图2)

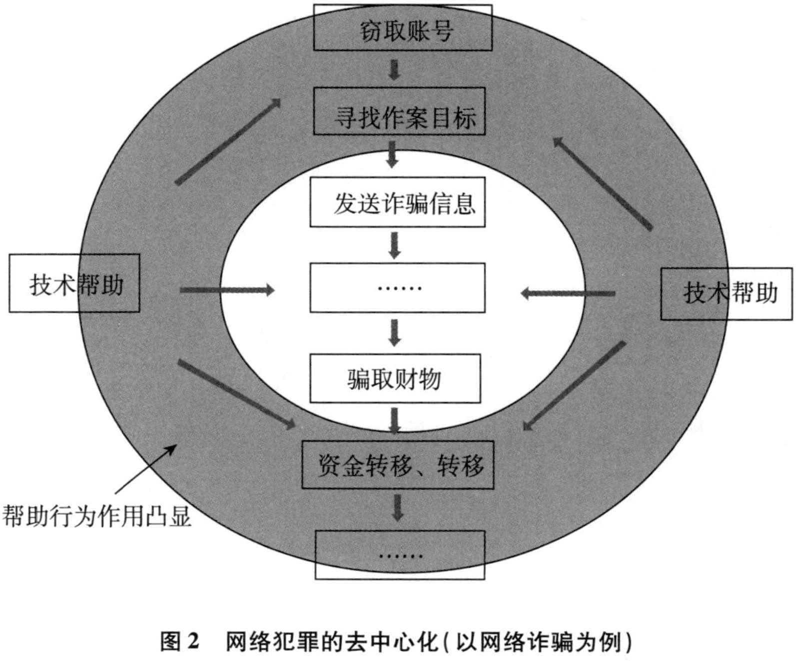

图2　网络犯罪的去中心化(以网络诈骗为例)

世界主要国家的刑法都制定于20世纪,甚至在互联网诞生之前。我国现行刑法制定于1997年,虽经多次修正,但主要罪刑规范定型于制定之时。实践中规制网络犯罪,可以说是“用二十世纪的刑法对付二十一世纪的网络犯罪”。由于传统罪刑规范没有充分考虑网络犯罪在样态构造上与传统犯罪的明显差异,特别是没有顾及网络犯罪“以分工细化为天性”的特征,其直接适用于网络犯罪,所形成的局面是刑法适用的碎片化。具体而言:

一是构成要件行为切割。传统犯罪构成以完整实行行为为设置基准,但网络环境下的犯罪被切分成若干犯罪环节和犯罪层级,导致完整的犯罪构成开始被打破。例如,传统环境下的赌博犯罪,赌客将赌资注入赌场,进而实施赌博行为。这也是《刑法》第303条关于赌博犯罪的罪刑规范设置模式。然而,在网络环境下,赌博犯罪被切割为若干环节,各个环节分工合作,共同完成赌博行为。具体而言,以注入赌资环节为例,这一环节被切割为由赌客将赌资通过汇聚各种支付码的“码池”或者由大量“跑分员”抢单支付的“跑分平台”,注入“第四方支付平台”账户,再由“第四方支付平台”通过地下钱庄、虚拟货币等方式汇入赌博网站账户。这样一来,既可以逃避侦查,防止赌博资金链条被切断,又使传统的赌博犯罪构成被打破,呈现出碎片化的复杂结构。在此背景下,各环节相关行为人只参与一段,加之案件侦查难以做到对整个利益链条的各个环节均查明,导致刑法适用的多数情形是面对碎片化的犯罪事实,难以将刑法分则规定的构成要件直接套用。司法实践中经常遇到的问题是,网络环境下的案件越来越找不到“量身定制”的罪名,对于网络犯罪寄希望在刑法分则找到“直接答案”已越来越困难。

二是行为纵向碎片化。网络犯罪的纵向发展进程,可以大致划分为网络活动环节和现实活动环节。以网络贩卖枪支为例,发布枪支贩卖信息可以归入前一环节,而枪支实际交易则可以归入后一环节。由于网络犯罪的隐蔽性、跨地域性,大量案件中仅能查实犯罪行为的网络活动部分,而难以查实、查全其现实活动部分。能查实的部分犯罪事实,通常只是所实施犯罪的极少部分,难以反映全貌。而且,仅掌握犯罪行为的网络活动部分可能难以独立定罪。这就导致刑法适用于网络犯罪时所评价的犯罪事实是不完整的,实际上是“碎片”。

三是行为横向网格化。立足于传统罪刑规范,对于帮助行为只能立足于正犯作修正构成的评价。一般而言,对于帮助犯的证明难度大于正犯,特别是在主观方面。对于正犯只需要证明其实行行为的故意,而对帮助犯不仅需要证明其所实施行为的故意,还需要证明其对被帮助对象实施行为的明知。利益链条上的各成员之间素未谋面、随意组合,难以在个案中认定其有“犯意勾连”。即使承认片面共犯,由于对整个利益链条难以“一网打尽”,对于多数案件的事实认定也是碎片化的,在刑法适用方面难以全面认定,甚至无法认定,所形成的规制局面实际上是“网格”,“漏网之鱼”不可谓不少。

二、多维度:网络犯罪碎片化的新近应对

在网络时代,滋生蔓延开来的网络犯罪导致刑法适用的碎片化局面,要求采取相应应对措施,对传统罪刑规制模式作适当改造。对此可以从多个维度加以观察。在此主要基于司法、立法两个维度,重点观察如下三个方面:

其一,提倡对网络犯罪“打早打小”的策略。传统犯罪以规制实行行为为常态,主要是基于实行行为才对法益造成实质性侵害。然而,网络犯罪可谓“技术为王”,实行犯罪实际系犯罪预备的延续,预备行为决定了后续实行行为的范围,决定了整个犯罪的法益侵害程度。而且,由于传统犯罪预备行为的发展往往是线性发展,预备行为向实行行为的演进仅仅是将法益的潜在危害转化为现实侵害。但是,由于网络犯罪预备行为可以突破地域和人数的限制,其向实行行为的演进可能是几何倍数的增长,一旦着手就“无法挽回”。基于此,应对网络犯罪迅速蔓延的势头,采取“打早打小”的基本策略,在犯罪既遂之前甚至预备阶段就加以规制,不能“放任自流”。

为有效解决难以查实具体实行犯罪既遂的问题,司法规则开始作出有针对性的规定,最为典型的是司法解释、规范性文件对电信网络诈骗犯罪的有关规定。但更为值得关注的,则是立法上对预备行为独立入罪。预备行为实行化的立法模式在其他犯罪领域也可以见到,但在网络犯罪领域被集中采用。我国网络犯罪的罪刑规范设置,从一开始就采取了预备行为与实行行为独立入罪并重的立法模式。从 1997 年《刑法》的网络犯罪罪名体系来看,第 285 条规定的非法侵入计算机信息系统罪,实际上是预备行为的独立入罪,主要是考虑到违反国家规定,侵入国家事务、国防建设、尖端科学技术领域的计算机信息系统的行

为涉及重大法益侵害,故将刑事规制防线前移至侵入这一预备行为阶段,对其独立入罪处罚。此后,《刑法修正案(七)》增设《刑法》第285条第3款,规定了提供侵入、非法控制计算机信息系统程序、工具罪,实际也可以视为刑法保护由实行行为迈向预备行为的典型例子。当然,这一立法模式的集大成者,则是《刑法修正案(九)》增设非法利用信息网络罪,将为实施诈骗、销售违禁品、管制物品等违法犯罪活动而设立网站、通讯群组、发布信息的行为独立入罪,实现刑法规制的环节前移,以适应网络犯罪实践中不少查获的案件处于既遂之前甚至预备阶段的碎片化现状。

其二,突出对网络黑灰产业链的惩治。传统犯罪中帮助行为通常只是加速了正犯行为的发生,其危害性体现在正犯行为之中且小于正犯行为;而在网络犯罪中,帮助行为的危害性却大于正犯行为。治理网络犯罪的关键是要斩断利益链,突出对黑灰产业链的惩治,以有效应对网络犯罪刑法适用横向碎片化的问题。

在网络犯罪普遍难以将实行行为和帮助行为同时查明,刑法适用陷入碎片化局面的背景下,司法解释开始通过片面共犯解决帮助行为独立入罪的问题。关于淫秽电子信息犯罪相关司法解释首次明确帮助行为的独立入罪。此后,多部司法解释均沿袭了这一思路,对特定领域的网络片面帮助行为独立入罪。

这一思路在立法上的反映,就是帮助行为独立入罪。由于网络犯罪的跨地域特性和分工合作特性,网络犯罪利益链条中的帮助行为本质上是一种相对独立的行为,应当独立定罪。帮助行为正犯化的立法模式并不限于网络犯罪领域,在其他涉及利益链条较为复杂的犯罪领域也能见到踪迹。通过总结司法经验,立法将共犯正犯化的思路运用于网络犯罪的立法。这一进程起步于《刑法修正案(七)》关于提供侵入、非法控制计算机信息系统程序、工具罪的试探性立法,进而拓展到整个网络犯罪领域。在《刑法》第285条第3款关于帮助行为正犯化的立法尝试取得良好效果的基础上,《刑法修正案(九)》将这一立法思路运用于整个网络犯罪领域,增设《刑法》第287条之二,规定了帮助信息网络犯罪活动罪。无论基于何种模式,目的都是将网络犯罪利益链条中的帮助行为独立入罪,有效铲除黑色灰产业链。

其三,明确网络平台刑事责任。网络平台之上,用户聚合,信息流动。用户群体的庞杂,加之信息内容的广泛,决定了各种角色混杂其中。因此,网络平台自身成为巨大的网络资源,也成为有效防范和规制网络犯罪的关键环节。强化网络平台维护网络安全的责任,特别是信息网络安全管理义务,也进入刑事立法的视野。网络犯罪刑法适用的碎片化,直接原因在于网络犯罪的"高发低破",且多数案件难以查明全部犯罪链条。对此,网络服务提供者未能切实履行网络安全义务是其中的重要原因。如在发现和有效制止黑客攻击行为后,由于网络服务提供者未能有效留存登录日志等原因,无法追查到行为人的,则无法有效惩治和预防这类行为。而且,无论是网络犯罪的纵向分割,还是横向帮助,实际上都离不开互联网平台,如网络犯罪预备阶段大多涉及违法信息的发布,又如公民个人信息的泄露成为后续诈骗、盗窃等犯罪之源。

基于此,《刑法修正案(九)》增设《刑法》第 286 条之一,规定拒不履行信息网络安全管理义务罪。拒不履行信息网络安全管理义务罪的主体范围相对较宽,而通过该罪强化网络服务提供者的信息网络安全管理义务,很大程度上就是明确网络平台刑事责任,对于应对网络犯罪的刑法适用碎片化具有积极意义。

三、体系化:网络犯罪刑事治理的纵深推进

1997 年《刑法》施行以来关于网络犯罪立法和司法规则的发展,实际上就是应对网络犯罪刑法适用碎片化的过程。这一进程汲取了国际社会应对网络犯罪的成功经验,但更多是对本土实践经验的提升和总结。相关应对由刑事司法开启,伴随着刑法理论的更新,成熟于刑法规范修改完善,最终用于司法实务。应当认识到的是,对网络碎片化的应对举措还需要进一步强化,以真正达到压缩网络犯罪生存空间的目的。

近些年来,无论是司法解释,还是刑法修改,主要思路都可以概括为"分而治之",即以分处应对碎片化。无论是基于"打早打小"的对策推进的预备行为的独立入罪,还是基于斩断利益链条的对策推进的帮助行为独立入罪,实际上都是对碎片化的预备行为和帮助行为的独立处理。这一对策可以在一定程度上实现对碎片化网络犯罪案件的有效规制,但也容易陷入"碎片化"的误区:由于非法利用信息网络犯罪和帮助信息网络犯罪活动罪的堵截性条款性质,入罪

相对容易,对不少网络犯罪案件未再“追根溯源”,对网络犯罪的治理停留在碎片惩治的局面,未能实现对整个犯罪链条和生态的进一步规制。例如,当前帮助信息网络犯罪活动罪案件激增,当然可以反映对网络犯罪的惩治力度不断加大,但堵截性罪名的大幅适用,折射出对案件的处理“浅尝辄止”,难以做到“罚当其罪”。

整体而言,为改变刑法适用碎片化的局面,遏制网络犯罪高发频发的态势,未来应当坚持生态治理的刑事对策,形成整合性应对思路。在此对策之下,应立足立法、司法环节,实现网络犯罪的刑法适用由碎片化走向整体考量。在此,着重从立法层面探讨整合现有网络犯罪规则形成体系化的有关问题。

一是坚持生态治理的刑事对策,以整合性应对碎片化。网络犯罪分工合作,形成利益链条,进而演化出复杂的网络犯罪生态。在网络犯罪生态之中,已经呈现出明显的去中心化,各个阶段和环节的法益侵害程度近似。在此背景之下,对网络犯罪的惩治局限于任何一个环节,都难达到预期效果。因此,网络犯罪的规制应当由个案惩治走向生态治理,从单个环节转向全链条、全流程规制,消除网络犯罪赖以生存的环境,以实现对网络秩序和相关法益的有效维护。而且,当前对网络犯罪的规制有了新罪名,实现了规制的从无到有;但是,从惩治力度来看,可能存在力度不够的问题。鉴此,一方面,有必要对网络犯罪各个环节坚持整合思维,防止陷入碎片化的误区;另一方面,要在刑罚水平上作适当提升,防止出现惩治不力的局面。

二是整合罪刑规范,完善网络刑法体系。当前,关于网络犯罪的立法完善整体缺乏体系性思维,多数系“头痛医头脚痛医脚”。传统犯罪向互联网迁徙而形成的传统犯罪网络化已是普遍态势,解决由此带来的网络犯罪刑法适用碎片化问题,不应局限于增设几个网络犯罪罪名,更需要系统整合现有网络犯罪规范,形成规制的体系化和治理的合力。

关于网络犯罪的立法,笔者不赞成另行制定专门的网络刑法,而是主张对《刑法》现有网络犯罪罪名体系作进一步整合。一方面,1997 年《刑法》施行以来,我国刑法形成了统一刑法典的结构,除一部单行刑法以外,基本未在刑法典以外增设专门的罪刑规范;另一方面,更为重要的是,当前我国要规制的网络犯罪,主要是传统犯罪日益向互联网迁徙形成的传统犯罪网络化。从理论上而言,几乎所有的传统犯罪都可能通过互联网实施,成为网络犯罪,故在刑法典之外制定专门的网络犯罪法律,无异于制定另一部刑法典而非专门刑事法律,似不可行。从境外情况来看,目前也未见到专门网络刑法典。

我国现有几个专门网络犯罪规定在《刑法》分则第6章"妨害社会管理秩序罪"第一节"扰乱公共秩序罪"。这一设置模式没有体现出网络犯罪的同类法益特征,亟须作出调整。考虑到网络犯罪大致可以划分为纯正网络犯罪和非纯正网络犯罪两大类,前者应当基于同类法益作出集中规定;而后者几乎涵括刑法分则所有罪名,由于保护的法益存在差别,无法也不应当作出集中规定。基于此,可以考虑对纯正网络犯罪设置"危害网络和数据安全犯罪"专章,①对非法侵入计算机信息系统罪,非法获取计算机信息系统数据、非法控制计算机信息系统罪,提供侵入、非法控制计算机信息系统程序、工具罪,破坏计算机信息系统罪,拒不履行信息网络安全管理义务罪,非法利用信息网络罪,帮助信息网络犯罪活动罪等纯正网络犯罪作出集中规定;同时,在该章设专条,明确"通过危害网络和数据安全,进而实施其他犯罪的,依照处罚较重的规定定罪处罚",从而妥当理顺纯正网络犯罪与其他犯罪的关系。

对于"危害网络和数据安全犯罪"专章的罪名,基于网络犯罪的现实情况以及惩治和防范的需要,宜设置涵盖网络犯罪各种行为过程与行为样态的严密刑法网,适当增设一定罪名。而且,对于现有罪名,也要考虑适当修改完善,特别是激活闲置罪名、简化繁复法条竞合关系,并理顺诸如拒不履行信息网络安全管理义务罪与帮助信息网络犯罪活动罪等界分困难罪名之间的界限。在这一过程中,尤需注意罪刑规范的科学性。具体而言:(1)兼顾立法的明确性与包容性。在信息网络时代,为有效应对网络犯罪形式的快速变异,设置一些包容性相对较强、具有一定张力的罪刑规范已是必然。(2)实现对网络犯罪利益链条惩治的罪刑均衡。鉴于网络犯罪的去中心化特征,整个犯罪链条的法益侵害程度开始发散,实行行为的重要性在明显降低,预备行为和帮助行为的法益侵害程度在明显提升。在此背景下,要适当提升诸如非法利用信息网络罪、帮助信

① 我国台湾地区"刑法"即在分则最后一章"妨害电脑使用罪"中对计算机网络相关犯罪作了集中规定。参见陶百川等编纂:《综合最新六法全书》,台北,三民书局2011年版,第4-79页。

息网络犯罪活动罪等的刑罚配置水平,可以考虑增设一档法定刑,在堵截性条款性质的基础上提升规制力度,破除实行行为中心论,实现对法益侵害程度更大的网络预备行为和帮助行为尽可能罚当其罪。

三是完善《关于维护互联网安全的决定》,探索与网络刑法相融合的程序法规则。《关于维护互联网安全的决定》主要是宣示性规定,制定于 2000 年,2009 年进行过一次修正;时间虽然晚于 1997 年《刑法》,但仍然处于互联网发展的初期和网络犯罪大规模泛滥的"前夜"。按照网络犯罪生态惩治的对策要求,应对当前网络犯罪刑法适用碎片化局面,亟须破解一些程序法难题。基于二十年来网络犯罪案件的应对实践,宜在总结应对经验的基础上适时完善《关于维护互联网安全的决定》,对网络犯罪相关程序规则作出明确。可以说,通过对网络犯罪案件的程序性事项作出针对性规定,便于刑事侦查尽可能实现对网络犯罪利益链条的全流程查获,使碎片化的案件事实不断拼接还原,最大限度接近整个犯罪链条的全况。

四、实践性:网络犯罪二十讲的基本进路

对网络犯罪的研究,肇始于读博期间。导师王作富教授曾言:"作为以刑法为研究对象的刑法学,是一门实践性很强的应用型学科。理论的价值和生命力,归根到底就在于它的实践价值,刑法理论必须为立法和司法实践服务,为不断完善刑事立法和刑事司法工作服务。"①作为中国刑法学,特别是刑法分则研究集大成者,王作富教授的研究之道就在于理论与实践的完美交融,以强烈的"问题意识"贯穿学术研究的始终,深刻诠释"法律的生命力在于应用"这一真理。遵循师门教诲,无论是博士研究生时期的学习,还是入职后工作之余的研究,笔者都偏重于离实务最近的刑法分则,特别是网络犯罪和环境犯罪两大领域。

日本刑法学家西原春夫在《我的刑法研究》中写道:"人生,越重大的事越是偶然决定。"②诚然,很多事情离不开机缘。读博期间,笔者曾在德国马普外国刑

---

① 王作富:《刑法论衡》,法律出版社 2004 年版,自序。

② [日]西原春夫:《我的刑法研究》,曹菲译,北京大学出版社 2016 年版,中文版序。

法暨国际刑法研究所进行为期两年的研修。导师乌尔里希·齐白(Ulrich Sieber)就是享誉欧洲的计算机网络犯罪研究专家,其早在1977年完成的博士论文就是《计算机犯罪与刑法》(Computerkriminalität und Strafrecht)。在齐白教授的指导之下,笔者开始对德国网络刑法有所关注,开启了对网络犯罪研究的“异域”视角。入职后能够十余载不间断从事网络刑事司法工作,更是一种难得的机遇。大体而言,将笔者最初十年研究观察网络犯罪的心得记录下来,有了《网络犯罪二十讲》的初版;而后四年左右的工作与学习,促使笔者对网络犯罪有了相对更深的理解,使《网络犯罪二十讲》的再版得以实现。

《网络犯罪二十讲》就理论层次而言尚够不上真正意义的学术专著,而是以解决网络刑事实务问题为目标,以服务网络刑事实务为宗旨的“办案手册”。具体而言,本书遵循如下基本进路:

一是侧重常用罪名。刑法分则罪名繁多,目前已达到483个。网络时代,绝大多数犯罪可以通过互联网实施,至少与互联网有所牵涉。然而,刑法罪名适用的一大特点是少数罪名适用于绝对多数案件,形象而言,可以说“二十个罪名占据八成以上的案件”。网络犯罪亦是如此,相关罪名的司法适用频率差异很大。基于更好地服务于司法实践的考虑,《网络犯罪二十讲》选取网络刑事实务中疑难问题聚集的常见罪名作为研究的主要着力点,主要是危害计算机信息系统安全犯罪和新型信息网络犯罪;对于其他涉互联网犯罪,则主要是围绕具体问题展开讨论。一言以蔽之,本书求“实”而不求“全”,在编写体例上不苛求体系的完整。

二是坚持以问题为导向。如果刑法总则的研究侧重理论探讨与体系构建,有必要在实务之上研究的话,刑法分则的研究则无法脱离刑法条文的规定,无法离开司法实务具体问题构建抽象理论,只能是“小题大做”。为此,《网络犯罪二十讲》立足具体案件,关注司法实践中已经出现和可能提出的疑难问题,力求“有的放矢”。特别是,本书第四章“网络犯罪的实务问题”选取了实务之中反映突出的问题,分十讲进行专题研究。具体而言,其一,研究“真问题”。本书所讨论的不少问题并非写作过程之中“拍脑袋”而来,而是来自一线公检法人员,基本有实务来源。其二,研究“小问题”。本书侧重研究网络刑事实务的“琐细问题”,关注的是具体案件的裁决,而非理论的完美,渴求的是具体问题的解决,而非体系的完备。其三,研究“新问题”。层出不穷的网络刑事实务新问题是研究的不竭源泉,本书第二版新增 20 万字的内容,根据最新立法、司法解释和规范性文件,围绕司法实务中新的疑难问题进行针对性的研究,力求及时反映网络刑事实务最新进展和理论研究最新成果。

三是用“本土资源”解决“本土问题”。我国接入国际互联网是在互联网诞生 25 年之后的 1994 年 4 月 20 日,就此而言,我国在互联网发展的起始阶段落后于发达国家。但是,我国充分利用后发优势,实现了信息技术的飞速发展和网络空间日益扩大。就网络犯罪而言,我国确实具有明显不同于德日等国的“代际差异”,这就决定了网络犯罪的应对更多要立足“本土资源”,解决我国司法实践中的“本土问题”。基于此,《网络犯罪二十讲》主要立足我国的法律、司法解释和规范性文件的规定,基于我国网络犯罪实际问题和实务案件进行探讨,提出面向我国网络刑事法实践的解决方案。当然,研究之中也借鉴了他国的理论研究成果和司法判例,但目的在于“为我所用”,在于在我国的具体法律规定框架内解决司法实际案件。在此需要强调的是,正所谓“上山千条路,共仰一月高”,各国的实际情况不同,决定了解决问题的方法会有所差异。例如,关于倒卖数据的问题,德国刑法于 2015 年通过增设“窝藏数据”专门罪名加以解决,而我国则是通过司法解释明确对其适用掩饰、隐瞒犯罪所得罪。二者之间并无优劣之分,解决方案的差异恰恰反映了两国的国情有异、传统有别,切不可拿着德国刑法规定和司法判例对标中国刑事实务,甚至作为评判的“标准答案”。

四是摒弃实体法与程序法的分野。与德国刑事实体法与程序法教席往往统一设置不同,我国刑法与刑事诉讼法是两个独立的学科门类。在网络刑事法领域,实体法与程序法交融不足现象的客观存在,使部分罪刑规范的设置没有充分考虑技术发展水平和侦查取证实际,在刑事实体法上合理但在刑事程序中却难实操。例如,《刑法》第 287 条之二将帮助信息网络犯罪活动罪的客观方式规定为为他人利用信息网络实施“犯罪”提供技术支持或者帮助。这主要是基于刑事实体法“帮助他人违法不应构成犯罪”的主张。但是,从刑事程序法的视角来看,如果已查实被帮助对象实施的行为达到“犯罪”程度,则可能择一重罪按照帮助犯进行处理,无须也不应适用帮助信息网络犯罪活动罪;需要按照帮助信息网络犯罪活动罪论处的帮助行为,正是被帮助对象实施的行为是否达到"犯罪"程度无法查明的情形。而且,后一种情形恰恰是当下信息网络犯罪的常态现象。所以,这一立法例实际上就是刑事实体法与程序法分野的结果。以此为鉴,《网络犯罪二十讲》坚持刑事一体化思维,不仅讨论网络犯罪的实体法问题,还专设第三章"网络犯罪的程序问题"(第六讲至第十讲),对网络犯罪案件的管辖、调查取证、电子数据、证明规则等程序法问题加以探讨;而且,对相关实体法问题的研究,实际上也应对程序适用的情况加以考虑,力求所作论证在刑事实体法上合理且在刑事程序中便于操作。在此,笔者也想提及的是,对于新类型犯罪的研究,应当以相关案件的侦查情况作为起点,唯此才能"事半功倍"。笔者工作之中对新类型犯罪案件的调研,主要集中在公安机关和检察机关,而相对较少关注审判环节,原因在于此类案件如能顺利通过立案侦查、批准逮捕和提起公诉,就是比较成熟的案件,需要研究的问题相对较少,存在更多疑难问题的恰恰是停滞于审前阶段的案件。网络犯罪亦不例外,侦查处于刑事追诉的最前端,了解侦查环节关于网络犯罪的情况,才能真正了解网络犯罪的样态和刑事实务中存在的问题,了解"真正的"而非"书本上的"网络犯罪。

五是融通技术规范与法律规则。犯罪是时代的产物,对犯罪的规制必须立足于时代背景和技术条件。技术的发展会对法律规范造成冲击,产生新的法律规范需求。网络犯罪本身是现代信息技术的产物,司法实践中多起案件表明,很多犯罪分子也在"学习"并"运用"现代信息技术,实现犯罪手段的不断翻新和成功率的不断提升。由此,对网络犯罪的规制必须注重法律规制的"因技而变",实现刑事规制现代化。然而,梳理我国网络犯罪现行规定发现,法律与技术脱节的现象客观存在。例如,《刑法》第 286 条关于破坏计算机信息系统罪的规定使用了"计算机信息系统"与"计算机系统"两个概念,其中第 3 款有关制作、传播计算机病毒等破坏性程序的规定使用"计算机系统"的概念,其他两款使用"计算机信息系统"的概念。但是,从技术的角度而言,对"计算机信息系统"与"计算机系统"两个概念不应作区分。以此为鉴,《网络犯罪二十讲》对网络犯罪的研究,遵循先搞清技术原理再谈法律的基本路径,避免法律论证脱离技术原理"自说自话"。例如,第十一讲"网络外挂程序犯罪"专设"网络外挂程序的技术基理与范围界定"部分,对网络外挂程序的基本技术原理作先行介绍,以使后续法律论理与技术原理深度融合。笔者系法学科班出身,相关网络技术知识主要是向公安民警特别是网安民警请教而来。经常出现的场景是,讨论网络犯罪相关问题,网安民警(多系网络技术科班出身)用通俗易懂的"大白话"向笔者介绍技术问题,笔者向对方介绍法律规则,以此实现法律与技术的相融互通,促使问题妥当解决。在此,笔者也想提及的是,刑事法已是技术法,无论是研究者,还是办案人员,都应当紧跟时代步伐,适应技术刑事法的趋势,避免在刑事法学科范围内"画地为牢",实现技术与法律的相融互通。

《网络犯罪二十讲》是笔者长期研究观察网络犯罪的标注。笔者期盼本书既能服务于一线公检法律人员,为办理网络犯罪案件提供有效的操作指引;又能为学术研究供给实务素材,倡导相关理论著述深入广袤的网络刑事实践之中;还能为网络合规经营提供指南,有效防范相关刑事风险。未来,笔者将继续致力于网络犯罪的研究,本书也还会"写下去",伴随着笔者对网络犯罪的研究深入而不断更新拓展。

敬请学界方家和一线公检法律及互联网行业从业人员对《网络犯罪二十讲》批评指正。

喻海松

2022年8月于北京东交民巷